Pohl · Die Herrschaft der Wehrmacht

Quellen und Darstellungen zur
Zeitgeschichte
Herausgegeben vom Institut für
Zeitgeschichte

Band 71

R. Oldenbourg Verlag München 2008

Dieter Pohl

Die Herrschaft der Wehrmacht

Deutsche Militärbesatzung
und einheimische Bevölkerung
in der Sowjetunion 1941–1944

2. Auflage

R. Oldenbourg Verlag München 2009

Bibliographische Information der Deutschen Nationalbibliothek
Die Deutsche Nationalbibliothek verzeichnet diese Publikation in der Deutschen Nationalbibliographie; detaillierte bibliographische Daten sind im Internet über http://dnb.d-nb.de abrufbar.

© 2009 Oldenbourg Wissenschaftsverlag GmbH, München
Rosenheimer Straße 145, D-81671 München
Internet: oldenbourg.de

Umschlaggestaltung: Dieter Vollendorf

Gedruckt auf säurefreiem, alterungsbeständigem Papier (chlorfrei gebleicht)

Satz: Typodata GmbH, München
Druck: Memminger MedienCentrum, Memmingen
Bindung: Buchbinderei Klotz, Jettingen-Scheppach

ISBN 978-3-486-59174-3

Inhalt

Für Theresia, Valentin und Quirin

Vorwort

Der deutsche Krieg gegen die Sowjetunion ist als brutalster und ungeheuerlichster Feldzug in die Geschichte eingegangen. Immer wieder haben es Zeitzeugen, Publizisten und Historiker unternommen, ihre Darstellung von den Ereignissen zu geben. Dennoch fehlt es bis heute an einem Versuch, jenen Bereich dieses Krieges zusammenfassend zu analysieren, der seine historische Besonderheit ausmacht: die gewalttätige Besatzungspraxis in den Gebieten hinter der Front. Dieser Versuch wird hier unternommen, auf der Basis der internationalen Literatur und einer möglichst breiten Auswahl von Quellen.

Das Buch entstand im Rahmen des Forschungsprojektes „Die Wehrmacht in der nationalsozialistischen Diktatur" des Instituts für Zeitgeschichte, lange Zeit gefördert vom Bayerischen Wissenschaftsministerium. Meinen Dank möchte ich dem Direktor des Instituts für Zeitgeschichte, Horst Möller, und meinen Kollegen im Projekt abstatten, Christian Hartmann, Johannes Hürter und Peter Lieb. Vielfältige Hinweise und Hilfestellungen verdanke ich Andrej Angrick, Herwig Baum, Giles Bennett, Karel Berkhoff, Bob Bernheim, Jochen Böhler, Alexander Brakel, Ray Brandon, Jeffrey Burds, Bernhard Chiari, Martin Dean, Christoph Dieckmann, Andreas Eichmüller, Klaus-Peter Friedrich, Gaël Eismann, Christian Gerlach, Wendy Jo Gertjejanssen, Frank Grelka, Jörn Hasenclever, John-Paul Himka, Aleksandr Kruglov, Caroline Lamey-Utku, Wendy Lower, Sjarhej Novikau, Tanja Penter, Pavel Poljan, Katrin Reichelt, David Rich, Thomas Schlemmer, Ben Shepherd, Detlef Siebert, Max Spindler, Wilhelm Stangl, Nick Terry, Krisztián Ungváry, Dani Uziel, Bob Waite, Peter Witte und den zahlreichen Hilfskräften und Praktikanten im Projekt. Für die Betreuung des Manuskripts danke ich Gabriele Jaroschka, Daniela Rebel und Udo Wengst. Überaus dankbar bin ich für den unermüdlichen Einsatz des Militärarchivs in Freiburg, hier besonders vertreten durch Frau Notzke und Frau Waibel. Ein Arthur Schecter Stipendium ermöglichte mir einen mehrwöchigen Aufenthalt im US Holocaust Memorial Museum, wo ich Akten aus osteuropäischen Archiven einsehen konnte.

Das Manuskript wurde im Sommersemester 2007 von der Fakultät für Geschichts- und Kunstwissenschaften der Ludwig-Maximilians-Universität München als Habilitationsschrift angenommen. Für ihre Beteiligung am Habilitationsverfahren und ihre Hinweise möchte ich neben Prof. Möller den Professoren Helmut Altrichter, Hans Günter Hockerts, Martin Schulze Wessel und Georges-Henri Soutou danken.

Ich widme dieses Buch meiner Frau Theresia und unseren Söhnen.

Einleitung

„Daß der deutsche Mensch in der Breite noch nicht reif ist für die Behandlung fremder Völker", musste ein Bericht der Militärverwaltung für die besetzte Sowjetunion 1944 feststellen, nachdem die deutsche Herrschaft dort bereits nicht mehr existierte[1]. Dies erscheint als eine reichlich milde Umschreibung der Tatsachen. Vorausgegangen waren drei Jahre deutscher Besatzungspolitik in den eroberten sowjetischen Gebieten, im Baltikum und in Ostpolen. Während dieser drei Jahre verloren Millionen einheimischer Zivilisten und Millionen von Kriegsgefangenen ihr Leben in Folge der Besatzungsherrschaft. Nicht von ungefähr bezeichneten schon die Zeitgenossen das Geschehen als „Vernichtungskrieg".

Zu keinem Zeitpunkt in der Geschichte hatte sich eine derartige Machtkonzentration in Europa gebildet. Die deutsche Besatzungspolitik im Zweiten Weltkrieg erstreckte sich über nicht weniger als 17 europäische Länder. Und dennoch ragt die Besatzungsherrschaft in der Sowjetunion deutlich heraus. Die dortigen Einwohner mussten den höchsten Blutzoll der nationalsozialistischen Expansion zahlen; allein in der Sowjetunion war die Besatzung nicht Folge eines militärischen Sieges, sondern blieb dauerhaft mit der Kriegführung verbunden.

Der Krieg gegen die Sowjetunion ist als Hitlers ureigenes Projekt bezeichnet worden, als der eigentliche nationalsozialistische Krieg. Zugleich sollte sich dieser militärische Schauplatz als das zentrales Handlungsfeld der Wehrmacht erweisen, der Feldzug mit der größten Ausdehnung, mit dem meisten Personal und mit der längsten Dauer. Die Wehrmacht als das bewaffnete Organ des „Dritten Reiches" war zwar in erster Linie für die militärische Seite dieses Expansionsprojektes verantwortlich, also den Kampf gegen die Rote Armee und die Eroberung weiter Territorien. Doch zugleich übernahm das Militär auch die Beherrschung und Verwaltung des besetzten Gebietes, zunächst nur übergangsweise, in den östlichsten Besatzungsterritorien aber kontinuierlich bis in die Jahre 1943/44 hinein. Alle diese Gebiete zusammen erstreckten sich über eine riesige Fläche, in ihrer maximalen Ausdehnung etwa eine Million Quadratkilometer, zweimal so groß wie Frankreich.

Und dennoch ist das Bild von der Militärverwaltung schemenhaft geblieben. Es fehlte an prominenten Figuren, an „Besatzungskönigen" wie Hans Frank, Erich Koch oder Artur Seyss-Inquart. Statt dessen herrschte lange ein pauschalisierendes, anonymes Bild von der deutschen Besatzung in der Sowjetunion vor; die eine Seite der Interpretation betont einen ständigen Kampf aller Institutionen gegeneinander und den Versuch, 1942/43 eine Reform der Besatzungspolitik einzuleiten. In ande-

---

[1] Hans Umbreit, Strukturen deutscher Besatzungspolitik in der Anfangsphase des deutsch-sowjetischen Krieges, in: Zwei Wege nach Moskau. Vom Hitler-Stalin-Pakt zum Unternehmen „Barbarossa". Hg. von Bernd Wegner. München, Zürich 1991, S. 237–250, hier 237.

rer Perspektive stehen totale wirtschaftliche Ausbeutung, Hungerpolitik, rassistischer Massenmord und brutalster Anti-Partisanenkrieg im Vordergrund.

Erforschung

Veröffentlichungen über die Herrschaft der Wehrmacht in der Sowjetunion gibt es fast so lange wie die Besatzung selbst[2]. Den Anfang machte die sowjetische Propaganda, die seit Ende 1941 die Weltöffentlichkeit auf die barbarische Besatzungspolitik der „Hitleristen" aufmerksam machen wollte[3]. Diese Publikationen unterlagen nicht nur den Prioritäten der stalinistischen Selbstdarstellung, sondern beruhten auf bruchstückhaften und ungenauen Angaben. Freilich verdichtete sich das Bild mit der Rückeroberung der besetzten Gebiete in den Jahren 1943/44. Nun begann die sowjetische Außerordentliche Staatskommission zur Untersuchung der deutsch-faschistischen Verbrechen mit ihren Publikationen, ergänzt um Broschüren zu den ersten NS-Prozessen auf sowjetischem Boden[4].

Alle diese frühen Veröffentlichungen zeichneten ein relativ homogenes Bild einer mörderischen Besatzungsherrschaft, in der sich Wehrmacht und Polizei kaum unterschieden. Aber auch die Spezifik der Verfolgung, die sich in erster Linie gegen Juden gerichtet hatte, wurde zugunsten von Begriffen wie „Sowjetbürger" oder „friedliche Bewohner" bzw. Kriegsgefangene nivelliert. Als eigentliche Helden dieses Dramas galten die Kommunistische Partei und die von ihr angeleiteten Untergrundaktivisten oder Partisanen. Somit waren schon gegen Kriegsende die Leitlinien der staatlich gesteuerten Historiographie festgeschrieben, wie sie im Grunde bis zum Zusammenbruch der Sowjetunion galten.

Auch vielen deutschen Zeitgenossen war der Charakter der Besatzung in der Sowjetunion bewusst, gelegentlich fanden sich sogar Anspielungen in der gleichgeschalteten Presse[5]. Unmittelbar nach Kriegsende fanden konkrete Informationen über die Besatzungspolitik Eingang auch in die deutsche Öffentlichkeit. Zunächst blieb es den neu entstandenen Zeitungen vorbehalten, Facetten der deutschen Herrschaft in der Sowjetunion zu beleuchten, so in der Publikation von Erinnerungen oder in der Berichterstattung zu den ersten NS-Prozessen[6]. Im

---

[2] Über die westsprachige Literatur informieren: Rolf-Dieter Müller, Gerd R. Ueberschär, Hitlers Krieg im Osten 1941–1945. Ein Forschungsbericht. Erw. und vollst. überarb. Neuausg. Darmstadt 2000, bes. S. 310ff.
[3] The Molotov Notes on German Atrocities. London 1942; S. Galadžev, Čto proizchodit v okkupirovannych oblastjach Ukrainy. O.O. 1942; A. Leont'ev, „Zelenaja papka Geringa". Moskva 1942; Genia Demianova, Comrade Genia: The Story of a Victim of German Bestiality in Russia Told by Herself. London 1941 (über Pskov); M. N. Nikitin, P. I. Vagin, The Crimes of the German Facists in the Leningrad Region. London 1943.
[4] Soviet Government Statements on Nazi Atrocities. London 1946; Dokumenty obvinjajut. Sbornik dokumentov o cudoviščnych zverstvach germanskich vlastej na vremenno zachvačennych imi sovetskich territorijach. 2 Bde. Moskva 1943/45; Deutsche Greuel in Rußland. Gerichtstag in Charkow. Wien [1945]; vgl. auch K. Dubina, Zlodejanie nemcev v Kieve. Moskva 1945; K. Dubina, 778 trahičnych dniv Kyjeva. Kyïv 1945.
[5] Etwa im Völkischen Beobachter vom 30.4.1942: „Ein Tag beim SD-Außenkommando in einer sowjetischen Kleinstadt".
[6] Vgl. Jörg Echternkamp, Wut auf die Wehrmacht? Vom Bild der deutschen Soldaten in der unmittelbaren Nachkriegszeit, in: Die Wehrmacht. Mythos und Realität. Hg. von Rolf-Dieter Müller, Hans-Erich Volkmann. München 1999, S. 1058–1080.

Hauptkriegsverbrecherprozess wurden die „verbrecherischen Befehle" und die
Ausbeutungs- und Vernichtungspolitik der Zivilverwaltung thematisiert, weniger
jedoch die Rolle der Wehrmacht in diesem Zusammenhang. Erst im Verfahren gegen Generalfeldmarschall von Manstein und im so genannten OKW-Prozess kam
auch dies in aller Deutlichkeit zur Sprache. Doch erschienen dessen Materialien
erst 1950 in zwei gewichtigen Bänden als offiziöse US-Publikation, die nur wenig
gelesen wurde[7]. Während dessen ließ das Interesse der deutschen Öffentlichkeit an
den Schrecknissen der Gewaltpolitik im Osten immer mehr nach.

Zugleich meldeten sich die Veteranen zu Wort. Schon die sogenannte Generals-
Denkschrift von 1945 sprach die Wehrmacht von allen kriminellen Taten frei. In der
allmählich einsetzenden Flut von Memoirenliteratur wurden solche Aspekte der
Wehrmacht, die über das Militärische und Militärpolitische hinausgingen, einfach
beiseitegeschoben. Im Mittelpunkt standen deutsches Heldentum und die Auseinandersetzungen der Militärführung mit Hitler. Die Vorgehensweise im Partisanenkrieg
wurde als völlig berechtigt präsentiert, Gewalttaten ausschließlich der Gegenseite an-
gelastet. In ähnlicher Manier gestalteten sich die vielen Gutachten und Denkschriften, die die deutschen Akteure als Auftragsarbeiten für die US Army verfassten[8].

Der deutsche Krieg gegen die Sowjetunion geriet nun in den Schatten des eska-
lierenden Ost-West-Konflikts. In der ersten Hälfte der fünfziger Jahre reduzierte
sich die Erinnerung weitgehend auf das Leiden des deutschen Landsers, verkör-
pert in den fast 10 000 Männern, die noch bis 1955/56 in sowjetischer Kriegsgefangenschaft bleiben mussten. In der Debatte um die Bewaffnung der Bundesrepublik
spielte die historische Belastung durch den Ostkrieg kaum eine Rolle, vielmehr
war der Feind derselbe geblieben. Erst die Personalauswahl für die neue Bundeswehr setzte diese Frage wieder auf die Tagesordnung. Freilich glaubten die „Per-
sonalgutachterausschüsse", nur wenige persönliche Verdachtsmomente bei hochrangigen Akteuren des Ostfeldzuges ausmachen zu können. Die Rückkehr der
„Nichtamnestierten" aus sowjetischer Kriegsgefangenschaft setzte zwar straf-
rechtliche Ermittlungen in der Bundesrepublik in Gang, jedoch kaum eine Diskussion um das Verhalten der Militärs. Deutsche Staatsanwaltschaften untersuchten
vereinzelt schon in den 50er Jahren Besatzungsverbrechen auf sowjetischem Territorium, richteten ihre Bemühungen aber nur in den seltensten Fällen gegen Militärs. Spektakuläre Prozesse gegen Wehrmachtangehörige hatten vielmehr die eigenen deutschen Opfer zum Gegenstand: etwa die Tötung deutscher Soldaten oder
zweifelhaftes Verhalten gegenüber Kameraden in der Kriegsgefangenschaft, wie es
in den sogenannten Kameradenschinderprozessen verhandelt wurde[9]. Natürlich
waren die verbrecherischen Seiten des Ostkrieges nicht völlig aus dem öffentlichen
Bewusstsein verschwunden; Millionen Männer waren in der Sowjetunion einge-

[7] Trials of War Criminals Before the Nuernberg Military Tribunals Under Control Council Law
No. 10, Nuernberg, Oct.1946–April 1949. Bände 10/11: „The High Command Case", „The
Hostage Case". Washington 1950.
[8] Vgl. Verbrechen der Wehrmacht: Dimensionen des Vernichtungskrieges 1941–1944. Katalog zur
Ausstellung. Hg. vom Hamburger Institut für Sozialforschung. Hamburg 2002, S. 682.
[9] Frank Biess, „Russenknechte" und „Westagenten". Kriegsheimkehrer und die (De)legitimierung
von Kriegsgefangenschaftserfahrungen in Ost- und Westdeutschland nach 1945, in: Nachkrieg
in Deutschland. Hg. von Klaus Naumann. Hamburg 2001, S.59–89, hier 62ff.

setzt gewesen, viele hatten die Untaten gesehen oder von ihnen gehört. Auch fand dieses Thema gelegentlich durchaus Eingang in die Literatur[10].

Von einer wissenschaftlichen Behandlung der Rolle der Wehrmacht im Osten war man in den 1950er Jahren jedoch weit entfernt. Zwar etablierte sich allmählich eine Militärgeschichtsschreibung zum Zweiten Weltkrieg, in punkto Besatzung war man jedoch – mit einer Ausnahme[11] – auf verharmlosende Publikationen des „Instituts für Besatzungsfragen" in Tübingen angewiesen, einer Institution, die sich vor allem mit der alliierten Nachkriegsbesetzung Deutschlands beschäftigte. Dort konnten sich die Besatzungsfunktionäre selbst zu Wort melden, mit vorhersehbarem Ergebnis[12].

Freilich brachte der Kalte Krieg in Osteuropa auch Publikationen hervor, die zwar politische Zwecke verfolgten, aber die Beteiligung der Wehrmacht an Massenverbrechen mit aller Deutlichkeit benannten. Die ersten dieser Veröffentlichungen sind bis heute nahezu unbekannt geblieben. In Polen erschien aus Anlass der Aufrüstungsentscheidungen in der Bundesrepublik ein umfangreicher Aufsatz von Szymon Datner, einem Überlebenden des Ghettos Bialystok, zu den Verbrechen der Wehrmacht; bald darauf erschien eine jiddische Broschüre zur Rolle der Generäle in diesem Zusammenhang[13]. In der Sowjetunion selbst beschränkte man sich bis in die 80er Jahre zumeist auf die Publikation von Memoiren und fragmentarisch angelegten Dokumentenpublikationen[14].

Erst Ende der fünfziger Jahre erschienen substantiellere Forschungen zur deutschen Besatzungspolitik in der Sowjetunion und zur Rolle der Wehrmacht bei den Massenverbrechen. Auch diese stammten aus dem Ausland: An erster Stelle ist Alexander Dallins fundamentale Studie „German Rule in Russia" zu nennen, die für Jahrzehnte die Weichen stellte[15]. Dallin, Spross einer bekannten Emigranten- und Sowjetologenfamilie, hatte zahlreiche einschlägige Auftragsarbeiten für amerikanische Stellen angefertigt und dabei frühzeitig Zugang zu umfangreichen Materialien erlangt, die über die Nürnberger Prozessakten hinausreichten. Er konnte auf den größten Teil der in amerikanischer Hand befindlichen NS-Akten zurückgreifen und blieb – bis heute – einer der wenigen, die die große Sammlung von Interviews auswerteten, die Anfang der 50er mit Sowjetemigranten geführt worden waren. Dallin beschäftigte sich vor allem mit der deutschen Zivilverwaltung im Osten und ihren inneren Auseinandersetzungen, weniger mit der Wehrmacht. Wo er dies tat, lag der Schwerpunkt auf der Kollaborationspolitik. Die Massenverbrechen – vor allem an Juden – wurden explizit ausgeklammert. Und doch war Dallin einer

---

[10] Beispielsweise in dem Bestseller von Hans Scholz, Am grünen Strand der Spree. So gut wie ein Roman. Hamburg 1955, wo Soldaten zumindest als Gaffer bei Judenerschießungen auftreten.

[11] M. Luther, Die Krim unter deutscher Besetzung im Zweiten Weltkrieg, in: Forschungen zur osteuropäischen Geschichte 3 (1956), S. 28–98.

[12] Vgl. Otto Bräutigam, Überblick über die besetzten Ostgebiete während des Zweiten Weltkrieges. Tübingen 1954.

[13] Szymon Datner, Wehrmacht a ludobójstwo (przyczynek do dziejów drugiej wojny światowej), in: Biuletyn Żydowskiego Instytutu Historycznego H. 4, 1952, S. 86–155; A. Eizenbach, A. Rutkowski, Di remilitarizatzie in Mairev-Daitśland un di rol fun hitleristiśe generaln. Varśe 1955.

[14] Ausnahmen: Nemecko-faśistskij okkupacionnyj režim. Moskva 1965; T. S. Perśina, Faśistskij genocid na Ukraine 1941–1944. Kiev 1985, und zahlreiche Titel zur wirtschaftlichen Ausbeutung.

[15] Alexander Dallin, Deutsche Herrschaft in Rußland 1941–1945. Eine Studie über Besatzungspolitik. Düsseldorf 1958 (engl. 1957).

der ersten, der auf das exorbitante Massensterben unter den sowjetischen Kriegsgefangenen hinwies. Darüber hinaus publizierte er die erste Darstellung der Geschichte einer besetzten sowjetischen Stadt; Odessa befand sich jedoch zumeist unter rumänischer und nicht unter deutscher Herrschaft[16]. Weitere Studien zur deutschen Besatzung, welche für die US-Luftwaffe angefertigt wurden, enthielten detaillierte Ausführungen zur militärischen Verwaltung, blieben jedoch – offensichtlich als Analysen für einen etwaigen Krieg mit der Sowjetunion – unter Verschluss[17].

Erheblich weniger Publizität als Dallin konnte der britische Orientalist Gerald Reitlinger mit seiner grobmaschig gestrickten Darstellung der deutschen Besatzung in der Sowjetunion für sich verbuchen, obwohl auch diese ins Deutsche übersetzt wurde. Somit erging es ihm ähnlich wie bei seiner Synthese zur Geschichte der „Endlösung"; ähnlich aber auch wie Raul Hilberg, der in seiner monumentalen Geschichte des Judenmords extensiv die Rolle der Wehrmacht beleuchtete, dem jedoch lange Zeit eine Übersetzung ins Deutsche wie auch eine breite Rezeption versagt blieb[18]. Als letzter „großer Unbekannter" sei wiederum Szymon Datner genannt, der nach langen Jahren der Forschung eine Geschichte der Kriegsgefangenen in deutscher Hand herausbrachte, die bis Ende der 70er Jahre konkurrenzlos blieb, jedoch ebenso wie seine anderen Veröffentlichungen international nicht wahrgenommen wurde[19]. Diese drei Autoren schrieben sozusagen die Kapitel, die bei Dallin fehlten.

Auch in der Bundesrepublik wurde die Diskussion um die verbrecherischen Seiten der Wehrmacht, die es unmittelbar nach dem Krieg schon einmal gegeben hatte, Ende der 50er Jahre allmählich wieder aufgenommen. Sie konzentrierte sich auf den „Kommissarbefehl", der – nach damaliger Anschauung – dem Ehrbegriff des deutschen Militärs am meisten zuwidergelaufen sei[20]. Im Rahmen des Frankfurter Auschwitz-Prozesses 1963 wurde schließlich das Schicksal aller sowjetischen Kriegsgefangenen in den Blick genommen. Mitte der sechziger Jahre schien es kurzzeitig so, als ob die Involvierung der Wehrmacht in den Vernichtungskrieg nun einer Klärung durch deutsche Historiker unterzogen würde[21]. Doch die wichtigen Ansätze, etwa von Andreas Hillgruber, wurden zunächst nicht weitergeführt.

Erst in den 70er Jahren schließlich begann allmählich das, was man heute als „moderne" Erforschung von Wehrmacht und Besatzungspolitik bezeichnen kann,

---

[16] Alexander Dallin, Odessa 1941-1944. A Case Study of Soviet Territory under Foreign Rule. Santa Monica, CA. 1957.

[17] Besonders: Eric Waldman, German Occupation Administration and Experience in the USSR. Geheime Studie des Operations Research Office der Johns Hopkins University, Unveröff. MS. Chevy Chase 1955.

[18] Gerald Reitlinger, Ein Haus auf Sand gebaut. Hitlers Gewaltpolitik in Rußland 1941-1944. Hamburg 1962 (engl. 1960); Raul Hilberg, The Destruction of the European Jews. Chicago 1961, bes. S.178ff. (erweitert dt.: Die Vernichtung der europäischen Juden. Frankfurt/Main 1990, S.288ff.).

[19] Szymon Datner, Zbrodnie Wehrmachtu na jeńcach wojennych armii regularnych w II wojnie światowej. Warszawa 1961 (russische Ausgabe 1963, gekürzte engl. Ausgabe 1964).

[20] Heinrich Uhlig, Der verbrecherische Befehl, in: Aus Politik und Zeitgeschichte B27/57 vom 17.7.1957; vgl. dasselbe in: Vollmacht des Gewissens. Hg. von der Europäischen Publikation e.V. Frankfurt a.M., Berlin 1965, S.287-410.

[21] Hans-Adolf Jacobsen, Kommissarbefehl und Massenexekutionen sowjetischer Kriegsgefangener, in: Hans Buchheim u.a., Anatomie des SS-Staates. München 1967, Band 2, S.135-232; Andreas Hillgruber, Hitlers Strategie. Politik und Kriegführung 1940-1941. Frankfurt a.M. 1965, bes. S.516ff., daneben viele Hinweise in Memoiren dieser Zeit.

nämlich unter Nutzung aller erhaltenen Militärakten und mit Fragestellungen, welche Politik, Besatzungsregime und Kriegführung berücksichtigen. Dabei wurde erstmals auch ein genauerer Blick in die Regionen und auf das Schicksal der betroffenen Einwohner gewagt.

Den Anfang machte der DDR-Historiker Norbert Müller, der die erste Monographie zur militärischen Besatzungspolitik in der Sowjetunion schrieb. Trotz einer relativ engen Quellenbasis und einer penetranten Politisierung des Textes wurden hier die Grundprobleme benannt und an Einzelbeispielen ausgeführt[22]. Ebenfalls in engem politischen Rahmen musste sich Margers Vestermanis bewegen, der eine erste Regionalstudie zur Rolle der Wehrmacht am Beispiel – des zumeist zivil regierten – Lettlands vorlegte[23]. Bahnbrechend wirkte dann vor allem die Heidelberger Dissertation von Christian Streit[24]. Er zeigte ausführlich und auf breiter Aktenbasis die ideologische Motivierung der Wehrmachtführung und die Hungerpolitik gegenüber den sowjetischen Kriegsgefangenen. Das Buch widmet sich aber auch vielen anderen verbrecherischen Aspekten der militärischen Besatzungspolitik im Osten. Alfred Streim, der spätere Chefermittler in Sachen NS-Verbrechen, vertiefte dieses Wissen durch einen kriminologischen Ansatz. Er konnte bereits auf die Ermittlungsakten aus den NS-Verfahren zurückgreifen[25]. Nahezu gleichzeitig legte Helmut Krausnick die Ergebnisse seiner Forschungen vor. Ihm gelang es, die Zuarbeit der Wehrmachtführung für die „verbrecherischen Befehle" zu dokumentieren und die erste Geschichte der Einsatzgruppen bis Frühjahr 1942 vorzulegen. Dabei wies er die enge Zusammenarbeit zwischen diesen Mordverbänden und vielen Oberkommandos im Detail nach. Hans-Heinrich Wilhelm exemplifizierte diese Vorgänge am Beispiel der Einsatzgruppe A[26]. Als letzte dieser grundlegenden Arbeiten sei schließlich der Band 4 des Weltkriegswerkes, herausgegeben vom Militärgeschichtlichen Forschungsamt, angeführt. Darin wurde ausführlich die verbrecherische ökonomische Planung des Sowjetunion-Feldzuges analysiert und die Besatzungspolitik der Wehrmacht bis Ende 1941 rekonstruiert[27].

Auf diesem Fundus konnten zahlreiche Detailforschungen aufbauen. Nun rückten einzelne Facetten der Wehrmacht im Osten in den Mittelpunkt, so in ersten Aufrissen die Geheime Feldpolizei oder exemplarisch ausgewählte Frontein-

[22] Norbert Müller, Massenverbrechen von Wehrmachtsorganen an der sowjetischen Zivilbevölkerung im Sommer/Herbst 1941, in: Zeitschrift für Militärgeschichte 8 (1969), S. 537-553; ders., Wehrmacht und Okkupation 1941-1944. Zur Rolle der Wehrmacht und ihrer Führungsorgane im Okkupationsregime des faschistischen deutschen Imperialismus auf sowjetischem Territorium. Berlin 1971 (1974 auch russ. Ausgabe).
[23] Margers Vestermanis, Tā rīkojās vērmahts. Vaci militaristu loma nacisticko okupantu noziegumos Latvija 1941-1945. Riga 1973.
[24] Christian Streit, Keine Kameraden. Die Wehrmacht und die sowjetischen Kriegsgefangenen 1941-1945. Stuttgart 1978.
[25] Alfred Streim, Die Behandlung sowjetischer Kriegsgefangener im „Fall Barbarossa". Eine Dokumentation. Heidelberg, Karlsruhe 1981, mit einer gewissen Tendenz zur Entlastung des Heeres.
[26] Helmut Krausnick, Kommissarbefehl und „Gerichtsbarkeitserlaß Barbarossa" in neuer Sicht, in: VfZ 25 (1977), S. 682-738; ders./Hans-Heinrich Wilhelm, Die Truppe des Weltanschauungskrieges. Die Einsatzgruppen der Sicherheitspolizei und des SD 1938-1942. Stuttgart 1981; vgl. die erweiterte Originalfassung von Wilhelms Diss. von 1975: Die Einsatzgruppe A der Sicherheitspolizei und des SD 1941/42. Frankfurt a. M. u. a. 1996.
[27] Das Deutsche Reich und der Zweite Weltkrieg. Band 4: Der Angriff auf die Sowjetunion. Von Horst Boog u. a. Stuttgart 1983 (bes. Beiträge Förster und Müller).

heiten[28], ebenso, wenngleich auf relativ schmaler Quellenbasis, Untersuchungen zum Anti-Partisanenkampf und eine Fallstudie zur frontnahen Besatzungspolitik in Rußland[29].

Freilich mangelte es auch nicht an allgemeinen Versuchen, die Wehrmacht und die Besatzungspolitik neu zu interpretieren. So präsentierte Omer Bartov das Bild einer hochgradig nazifizierten Armee, ein anderer Autor kam – auf denkbar schmaler Quellenbasis – zu eher entlastenden Schlüssen für die deutsche Generalität[30]. Czesław Madajczyk und Hans Umbreit wiederum versuchten, die Okkupation in der Sowjetunion in den Rahmen der gesamten Besatzungspolitik einzuordnen und somit den vergleichenden Blick auf ganz Osteuropa zu lenken[31]. Es fehlte jedoch immer noch an Studien, die sowohl die gesamte Breite des Besatzungshandelns abdeckten als auch am Beispiel von Orten und Regionen plastisch wiedergaben. Wichtige Bausteine hierzu bildeten vor allem die neueren Untersuchungen zu den sowjetischen Zwangsarbeitern oder aber lokale Annäherungen an die Realität der Besatzungsherrschaft[32].

Mitte der neunziger Jahre bahnte sich dann eine Erforschung von Wehrmacht und Besatzungspolitik an, die noch erheblich tiefer ging als alles Vorangegangene. Dafür waren mehrere Faktoren verantwortlich: Der Boom an Forschungen zu den NS-Verbrechen, der seit den 1980er Jahren herrscht, wandte sich nun allmählich den osteuropäischen Schauplätzen zu; zugleich wurden wichtige neue Aktenbestände zugänglich, in den Archiven Osteuropas, aber auch bei deutschen Staatsanwaltschaften. Außerdem wurden bisherige Interpretationen, so etwa die alleinige Motivierung von Verbrechen durch Ideologie, immer mehr in Frage gestellt. Und schließlich erfolgte ein weiterer Anstoß: Im Rahmen der Ausstellung „Vernichtungskrieg" des Hamburger Instituts für Sozialforschung[33] entwickelte sich eine Diskussion um die Wehrmacht, die alles Bisherige in den Schatten stellte. Nun meldeten sich sowohl überkritisch pauschalisierende Stimmen als auch deutliche Apologeten zu Wort[34].

---

[28] Klaus Geßner, Geheime Feldpolizei. Zur Funktion und Organisation des geheimpolizeilichen Exekutivorgans der faschistischen Wehrmacht. Berlin 1986; Omer Bartov, The Eastern Front 1941-45. German Troops and the Barbarisation of Warfare. London 1986.
[29] Matthew Cooper, The Phantom War. London 1979; Theo J. Schulte, The German Army and Nazi Policies in Occupied Russia. Oxford, New York, Munich 1989.
[30] Omer Bartov, Hitlers Wehrmacht. Soldaten, Fanatismus und die Brutalisierung des Krieges. Reinbek 1995 (engl. 1991); Jörg Friedrich, „Das Gesetz des Krieges". Das deutsche Heer in Rußland 1941 bis 1945. Der Prozeß gegen das Oberkommando der Wehrmacht. München 1993.
[31] Czesław Madajczyk, Faszyzm i okupacje 1938-1945. Wykonywanie okupacji przez państwa Osi w Europie. 2 Bde. Poznań 1983-1984; Hans Umbreit, Auf dem Weg zur Kontinentalherrschaft, in: DRZW Band 5/1. Stuttgart 1988, S. 3-345; ders., Die deutsche Herrschaft in den besetzten Gebieten 1942-1945, in: DRZW Band 5/2, Stuttgart 1999, S. 3-272; Umbreit hatte bereits früher eine grundlegende Arbeit zu den ersten Militärbesatzungen in Osteuropa vorgelegt: Deutsche Militärverwaltungen 1938/39. Stuttgart 1977.
[32] Vgl. besonders Paul Kohl, „Ich wundere mich, daß ich noch lebe". Sowjetische Augenzeugen berichten. Gütersloh 1990; Uwe Gartenschläger, Die Stadt Minsk während der deutschen Besetzung (1941-1944). Dortmund 2001 (MA-Arbeit von 1989); Laurie Cohen, Germans in Smolensk: Everyday Life under Nazi Occupation, 1941-1943. Diss. Univ. Wien 2002.
[33] Vgl. Vernichtungskrieg. Verbrechen der Wehrmacht 1941-1944. Ausstellungskatalog. Hg. vom Hamburger Institut für Sozialforschung. Hamburg 1996, und den Beiband: Vernichtungskrieg. Verbrechen der Wehrmacht 1941-1944. Hg. von Hannes Heer, Klaus Naumann. Hamburg 1995.
[34] Zu ersteren: Hannes Heer, Tote Zonen. Die deutsche Wehrmacht an der Ostfront. Hamburg 1999; etwas differenzierter ders., Vom Verschwinden der Täter. Der Vernichtungskrieg fand

Als überragender Markstein einer Neuerforschung ist zweifellos das monumentale Buch von Christian Gerlach über die deutsche Besatzungs- und Vernichtungspolitik in Weißrussland zu bezeichnen[35]. In bisher nie gekannter Breite an Quellennutzung wurden hier die wichtigsten Aspekte der Besatzungspolitik, Ausbeutung und Vernichtung, zu einer kohärenten Interpretation zusammengefasst. Dabei rückte die Rolle der gesamten Militärverwaltung erstmals überhaupt ins Zentrum des Interesses[36]. Die bisherige, eher künstlich anmutende Trennung zwischen Zivil- und Militärverwaltung wurde überwunden und die Wehrmacht einer kritischen Bewertung unterzogen, wenn auch mit Differenzierungen im Detail. Ein erheblich positiveres Bild von der Militärverwaltung bis Ende 1941 zeichnet Klaus Jochen Arnold, der die sowjetische Seite zu einem erheblichen Teil für die Radikalisierung der deutschen Politik verantwortlich macht. Trotz wichtiger Ergänzungen und Differenzierungen im Detail, die hier geboten werden, präsentiert dieses Buch mehr eine Geschichte des innermilitärischen Diskurses denn eine Geschichte der Besatzungspolitik selbst. Dabei werden nicht selten Rechtfertigungsstrategien der damaligen Akteure vom Autor übernommen. Die sowjetische Seite erscheint durchgängig aus der Sicht deutscher Akten. Im Endergebnis erscheint die verbrecherische Praxis, wie sie innerhalb des Heeres herrschte, als quasi von außen aufgezwungen[37].

Während die Besatzungsforschung insgesamt eine neue Qualität erreicht hat, entwickelten sich auch einzelne Untersuchungsfelder dieser Thematik weiter. So konnte die Planung und Befehlsgebung im Vorfeld des Feldzuges und an die Einsatzgruppen einer erneuten Analyse unterzogen werden[38]; in einer Fallstudie zur Einsatzgruppe D wurde deren Zusammenarbeit mit Wehrmachteinheiten im Detail rekonstruiert[39]. Relativ intensiv wurde die Geschichte der Repressalpolitik und der exzessiven Partisanenbekämpfung unter die Lupe genommen[40].

---

statt, aber keiner war dabei. Berlin 2004; ders., „Hitler war's". Die Befreiung der Deutschen von ihrer Vergangenheit. Berlin 2005, S. 237ff. mit pauschalisierender Polemik; zu letzteren vgl. Die Soldaten der Wehrmacht. Hg. von H. Poeppel u.a. München 1998, mit unzulänglichen Artikeln zur Besatzungspolitik.

[35] Christian Gerlach, Kalkulierte Morde. Die deutsche Wirtschafts- und Vernichtungspolitik in Weißrußland, Hamburg 1999. Seine Gesamtinterpretationen auch in: ders., Krieg, Ernährung, Völkermord. Forschungen zur deutschen Vernichtungspolitik im Zweiten Weltkrieg. Hamburg 1998.

[36] Systematisiert: Christian Gerlach, Militärische „Versorgungszwänge", Besatzungspolitik und Massenverbrechen: Die Rolle des Generalquartiermeisters des Heeres und seiner Dienststellen im Krieg gegen die Sowjetunion, in: Ausbeutung, Vernichtung, Öffentlichkeit. Neue Studien zur nationalsozialistischen Lagerpolitik. Hg. von Norbert Frei, Sybille Steinbacher, Bernd C. Wagner. München 2000, S. 175–208.

[37] Klaus Jochen Arnold, Die Wehrmacht und die Besatzungspolitik in den besetzten Gebieten der Sowjetunion: Kriegführung und Radikalisierung im „Unternehmen Barbarossa". Berlin 2005.

[38] Ralf Ogorreck, Die Einsatzgruppen der Sicherheitspolizei und des SD im Rahmen der „Genesis der Endlösung", Diss. phil. TU Berlin 1992; in der publizierten Fassung fehlen wichtige Teile: Die Einsatzgruppen und die Genesis der „Endlösung". Berlin 1996; wenig Neues in Alex J. Kay, Exploitation, Resettlement, Mass Murder. Political and Economic Planning for German Occupation Policy in the Soviet Union 1940-1941. New York u.a. 2006.

[39] Andrej Angrick, Besatzungspolitik und Massenmord. Die Einsatzgruppe D in der südlichen Sowjetunion 1941-1943, Hamburg 2003.

[40] Truman Oliver Anderson III, The Conduct of Reprisals by the German Army of Occupation in Southern USSR, 1941-1943. Diss. phil. Univ. of Chicago 1995; William Harry Wiley, „Onward to New Deeds". The German Field Army and War Crimes during the Second World War, PhD Diss. York University 1996; Philip H. Blood, Hitler's Bandit Hunters. The SS and the

Inzwischen hat sich der Schwerpunkt deutlich auf eine kritische Wehrmachtforschung verlagert[41]: Ausgehend von einem neuen Zugriff, der „Militärgeschichte von unten", konnte auch das alltägliche Handeln und Erleben von Soldaten wissenschaftlich in Augenschein genommen werden, etwa an Hand von Feldpostbriefen[42]. Neue Mikrostudien interpretieren die Rolle der Wehrmacht im Kontext einzelner Fronteinheiten, Sicherungsverbände, Regionen oder gar einzelner Kriegsgefangenenlager. Dabei werden Differenzierungen und unterschiedliche Handlungsspielräume auf allen Hierarchie-Ebenen deutlich[43]. Während für die Besatzungspolitik der 6. Armee bisher nur erste ansatzweise Untersuchungen publiziert wurden, kann die Rolle der 11. und 17. Armee im Süden der Sowjetunion, insbesondere auf der Krim, inzwischen als gut erforscht gelten[44]. Studien zur Rolle der Heeresgruppe Mitte und zur Okkupation in Litauen stehen vor der Veröffentlichung[45], weitere sind in Bearbeitung[46].

Die vorliegende Untersuchung entstand im Rahmen eines größeren Forschungsprojekts zur Geschichte der Wehrmacht in der nationalsozialistischen Diktatur. In diesem Kontext erscheinen Studien zur Behandlung des Völkerrechts in der Wehrmacht, zu den Oberbefehlshabern an der Ostfront 1941/42, zu fünf ausgesuchten Front- und Sicherungsverbänden im Osten sowie zur Eskalation der Repressalpolitik in Frankreich 1943/44[47].

Nazi Occupation of Europe. Washington, D.C. 2006 (mit Schwerpunkt auf dem Zivilgebiet); demnächst weitere Studien von Henning Küppers.

[41] Als Zusammenfassung des Forschungsstandes: Die Wehrmacht. Mythos und Realität; „Wir sind die Herren des Landes". Ursachen, Verlauf und Folgen des deutschen Überfalls auf die Sowjetunion. Hg. von Babette Quinkert. Hamburg 2002; Verbrechen der Wehrmacht. Eine Bilanz. Hg. von Christian Hartmann, Johannes Hürter, Ulrike Jureit. München 2005; Geoffrey P. Megargee, War of Annihilation: Combat and Genocide on the Eastern Front, 1941. Lanham 2006.

[42] Besonders: Klaus Latzel, Deutsche Soldaten nationalsozialistischer Krieg? Kriegserlebnis - Kriegserfahrung 1939–1945. Paderborn u. a. 1998.

[43] Christoph Rass, „Menschenmaterial": Deutsche Soldaten an der Ostfront. Innenansichten einer Infanteriedivision 1939-1945. Paderborn u. a. 2003; Ben Shepherd, War in the Wild East: The German Army and Soviet Partisans. Cambridge 2004; Detlev Bald, Die „Weiße Rose". Von der Front in den Widerstand. München 2003 (über 252. ID); Christian Hartmann, Massensterben oder Massenvernichtung? Sowjetische Kriegsgefangene im „Unternehmen Barbarossa". Aus dem Tagebuch eines deutschen Lagerkommandanten, in: VfZ 49 (2001), S. 97-158; Johannes Hürter, Die Wehrmacht vor Leningrad. Krieg und Besatzungspolitik der 18. Armee im Herbst und Winter 1941/42, in: VfZ 49 (2001), S. 377-440; Peter Lieb, Täter aus Überzeugung? Oberst Carl von Andrian und die Judenmorde der 707. Infanteriedivision 1941/42, in: VfZ 50 (2002), S. 523-557.

[44] Manfred Oldenburg, Ideologie und militärisches Kalkül. Die Besatzungspolitik der Wehrmacht in der Sowjetunion 1942. Köln 2004; Norbert Kunz, Die Krim unter deutscher Herrschaft 1941-1944. Germanisierungsutopie und Besatzungsrealität. Darmstadt 2005.

[45] Nicholas Terry, The German Army Group Centre and the Soviet Civil Population 1942-1944. Diss. phil. Univ. London 2005; vgl. ders. Enforcing German Rule in Russia, 1941-1944: Policing the Occupation, in: Conflict and Legality: Policing Mid-Twentieth Century Europe. Hg. von Gerard Oram. London 2003, S. 121-148; Christoph Dieckmann, Deutsche Besatzungspolitik und Massenverbrechen in Litauen 1941-1944: Täter, Zuschauer, Opfer. Diss. phil. Univ. Freiburg 2002; Jörn Hasenclever, Die Befehlshaber der rückwärtigen Heeresgebiete in der besetzten Sowjetunion 1941-1943. Diss. phil. Münster 2006.

[46] Gert Lübbers, Münster, über die rückwärtigen Armeegebiete.

[47] Vgl. Christian Hartmann u. a., Wehrmacht in der nationalsozialistischen Diktatur. Ein Forschungsprojekt des Instituts für Zeitgeschichte München, in: Zeitgeschichte 30 (2003), S. 192-206; vgl. ders., Verbrecherischer Krieg – verbrecherische Wehrmacht? Überlegungen zur Struktur des deutschen Ostheeres 1941-1944, in: VfZ 52 (2004), S. 1-75; Johannes Hürter, Hitlers Heerführer: Die deutschen Oberbefehlshaber im Krieg gegen die Sowjetunion 1941/42. 2. Aufl. München 2007; Peter Lieb, Konventioneller Krieg oder NS-Weltanschauungskrieg? Kriegführung und Partisanenbekämpfung in Frankreich 1943/44. München 2007.

Trotz der Vielfalt der neuen Ansätze und Untersuchungsthemen lassen sich doch einige gemeinsame Interpretationslinien herausarbeiten: Insbesondere die Mikrostudien spüren der Wechselwirkung von Systemzwängen und Handlungsspielräumen nach. Damit ist zum einen das Wechselspiel zwischen der NS-Diktatur und dem Verhalten vor Ort gemeint, zum anderen aber auch die Bedeutung der Kriegführung, der abenteuerlichen logistischen Planung und der Besatzungspolitik in den einzelnen Gebieten. Untrennbar verbunden damit bleibt die Untersuchung der Ideologisierung und der Bedeutung rassistischer Muster für das Verhalten in der Wehrmacht. So stellt sich auch die Frage nach der Verflechtung mit der gesamten Gesellschaftsgeschichte des Dritten Reiches, ja bis zurück ins Kaiserreich. Inzwischen rücken auch die militärischen Wertsysteme und ihre Transformierung ins Blickfeld der Forscher[48]. Kaum eine moderne Biographie eines Militärs, der an der Ostfront tätig war, kann es sich noch leisten, die Besatzungspolitik völlig auszuklammern. Bis heute fehlt jedoch eine wissenschaftliche Arbeit über Leben und Tätigkeit des obersten „Militärverwalters", des Generalquartiermeisters Eduard Wagner[49]. Die langfristige Perspektive öffnet den Blick für Kontinuitäten und Diskontinuitäten im Kleinen wie im Großen, aber auch für die historische Urteilsbildung im Vergleich. Neben Ansätzen zum Vergleich beider Weltkriege vermisst man allerdings immer noch komparatistische Untersuchungen mit Bezug auf andere Konflikte, andere Besatzungen, Armeen anderer Länder und andere Gesellschaften.

Erst langsam rücken die „Objekte" der deutschen Besatzung ins Sichtfeld, zunächst insbesondere die Opfer der Vernichtungspolitik. Hier schreitet die Erforschung der Verbrechen an den Juden voran, in der zusehends auch Interviews von Überlebenden usw. herangezogen werden[50]. Gering ist jedoch der Kenntnisstand über die Vorprägungen der Bevölkerungsteile, die 1941/42 unter deutsche Herrschaft gerieten, und die alltäglichen oder weniger alltäglichen Erlebnisse. Weißrussische Bauern, russische Städter, Kriegsgefangene überhaupt, wie nahmen sie die Besatzungsmacht wahr und wie die Massenverbrechen? Als bahnbrechend sind hier die Forschungen von Bernhard Chiari zu Weißrussland und Karel Berkhoff zur Ukraine anzusehen, die allerdings die Bevölkerung unter Herrschaft der Zivilverwaltung, also weiter westlich, zum Gegenstand haben[51]. Welche Erfahrungen machten die Frauen, also die Bevölkerungsmehrheit unter Besatzung, wie erging es Rotarmistinnen in Gefangenschaft[52]? Diffus bleibt auch das Bild von

---

[48] Vgl. den Essay von Wolfram Wette, Die Wehrmacht. Feindbilder, Vernichtungskrieg. Frankfurt/Main 2002; mit einem grundlegenden Neuansatz: Thomas Kühne, Kameradschaft. Die Soldaten des nationalsozialistischen Krieges und das 20. Jahrhundert. Göttingen 2006.

[49] Knapp: Roland Peter, General der Artillerie Eduard Wagner, in: Hitlers militärische Elite Band 2, S. 263–269.

[50] Vgl. die monumentale Gesamtdarstellung von Yitzhak Arad, Toledot has-Šo'a. Berit ham-Moasot we-has-setahim ha-mesuppahim. 2 Bde. Yerušalayim 2004.

[51] Bernhard Chiari, Alltag hinter der Front. Besatzung, Kollaboration und Widerstand in Weißrußland 1941–1944. Düsseldorf 1998; Karel C. Berkhoff, Harvest of Despair. Life and Death in Ukraine under Nazi Rule. Cambridge, Mass. 2004.

[52] Vgl. David A. Snyder, The Prosecution and Punishment of Sex Offenders in the Wehrmacht. Diss. Lincoln 2002; Birgit Beck, Wehrmacht und sexuelle Gewalt. Sexualverbrechen vor deutschen Militärgerichten 1939–1945. Paderborn u. a. 2004; Wendy Jo Gertjejanssen, Victims, Heroes, Survivors. Sexual Violence on the Eastern Front During World War II. Diss. Univ. of Minnesota 2004 (ich danke der Autorin für die Überlassung eines Exemplars).

den – in der Minderheit befindlichen – Teilen der Bevölkerung, die entweder in deutsche Dienste traten oder am bewaffneten Widerstand teilnahmen. Die Interaktion zwischen Durchschnittsbevölkerung – Zielgruppen von Verfolgung – Kollaborateuren – Partisanen und deutscher Besatzungsmacht bleibt ein weißer Fleck auf der historischen Landkarte, trotz beachtenswerter Ansätze zu ihrer Erforschung[53]. Auch hier sind die Regionen unter Zivilverwaltung erheblich besser untersucht[54].

Erst in den letzten Jahren hat sich auch die Historiographie in den Ländern, die unter deutscher Besatzung standen, von den überkommenen Mustern sowjetischer Prägung gelöst. Stand noch der 50. Jahrestag des Krieges 1995 ganz im Zeichen der Heldenverehrung für Rote Armee und Partisanen, so rückt allmählich auch das Leiden der Einheimischen in den Fokus der Historiker. Neue Akzente werden auch bei der Betrachtung des antikommunistischen Widerstands gesetzt, insbesondere im Baltikum und in der Ukraine. Diese Tendenz versperrt jedoch bisweilen die Untersuchung des schwierigsten Themenfelds der Besatzungsgeschichte – der Kooperation Einheimischer mit den Deutschen. Zur Geschichte der Gebiete, die längere Zeit unter Herrschaft der Wehrmacht standen, sind erst neuerdings Forschungen vorgelegt worden[55], auch zum Mord an den Juden in diesen Regionen[56]. Erfreulicherweise nähern sich dabei nicht nur westliche und östliche Perspektiven an, es entwickeln sich auch eine Vielzahl von Kooperationsprojekten von Historikern aus Deutschland und den Staaten der GUS.

Fragestellungen

Den neueren Forschungsansätzen fühlt sich auch die vorliegende Untersuchung verpflichtet. Ihr Augenmerk richtet sich auf die sowjetischen Gebiete, die unter Hoheit der Wehrmacht standen. Dies galt anfangs in allen eroberten Territorien, dann nur noch in deren Osthälfte, d. h. den östlichen Teilen Weißrusslands und der Ukraine, vor allem aber den West- und Südgebieten der russischen Föderation, deren Besatzungsgeschichte bis heute nur spärlich erforscht ist. Vereinfacht gesagt, kann man sich den Schauplatz der Militärbesatzung als ein Dreieck vorstellen, das

---

[53] Truman Anderson, Incident at Baranivka: German Reprisals and the Soviet Partisan Movement in Ukraine, October–December 1941, in: Journal of Modern History 71 (1999), S. 585–623; Alexander Hill, The Partisan War in North-West Russia 1941–44: A Re-Examination, in: Journal of Strategic Studies 25 (2002), H. 2, S. 37–55; ders., War Behind the Eastern Front. Soviet Partisans in North-West Russia. London 2005; Tanja Penter, Die lokale Gesellschaft im Donbass unter deutscher Okkupation 1941–1943, in: Kooperation und Verbrechen. Formen der „Kollaboration" im östlichen Europa 1939–1945. Hg. von Babette Quinkert, Christoph Dieckmann, Tatjana Tönsmeyer. Göttingen 2003, S. 183–223.
[54] Alexander Brakel, Baranowicze 1939–1944. Eine Region der kresy wschodnie unter sowjetischer und deutscher Besatzung. Diss. phil. Univ. Mainz 2006 (ich danke dem Autor für die Überlassung eines Exemplars).
[55] Boris V. Sokolov, Okkupacija: Pravda i mify. Moskva 2002; B. N. Kovalev, Nacistskaja okkupacija i kollaboracionizm v Rossii, 1941–1944. Moskva 2004; A. V. Skorobohatov, Charkiv u časi nimec'koi okupacii (1941–1943). Charkiv 2004; Oleg Roman'ko, Sovetskij legion Gitlera. Graždane SSSR v rjadach vermachta i SS. Moskva 2006 (mit Schwerpunkt Krim).
[56] Il'ja Al'tman, Žertvy nenavisti. Cholokost v SSSR 1941–1945 gg. Moskva 2002, bes. S. 247–288; Aleksandr M. Ermakov, Germanskaja armija i Cholokost. Monografija. Jaroslavl' 2004, S. 59–137.

seine Spitze bei Leningrad hatte, seinen linken Fuß auf der Krim und seinen rechten bei Stalingrad. Angesichts der Zersplitterung der Forschung wie auch der ungleichen Untersuchungsdichte von Region zu Region wird hier eine Synthetisierung sowohl der westlichen als auch der östlichen Forschungsergebnisse angestrebt. Im Zentrum dieser Untersuchung steht die Frage danach, wie die Felder der militärischen Besatzung funktionierten, die auf die verbliebene Bevölkerung, aber auch die in diesem Gebiet gefangengehaltenen Rotarmisten am meisten einwirkten. Im Vordergrund stehen dabei die Maßnahmen, die für die Einheimischen von existentieller Bedeutung waren, also Leib und Leben bedrohen konnten. Damit ist nicht nur die massenhafte Gewalt gemeint, sondern auch die Regelung der Existenzgrundlagen wie auch die Zwangsmigrationen.

Die vordere zeitliche Zäsur ergibt sich von selbst, der 22. Juni 1941. Der zeitliche Schwerpunkt liegt sodann auf der Phase bis Oktober 1943, als die meisten rückwärtigen Heeresgebiete faktisch aufgelöst wurden, reicht in Teilen jedoch bis zum Juni/Juli 1944, dem Zusammenbruch der Heeresgruppe Mitte. Nach Aufhebung der Heeresgebiete seit Herbst 1943 überlappten sich militärische und zivile Kompetenzen, was damals zu andauernden Querelen führte und eine gesonderte Betrachtung militärischer Besatzungspolitik deutlich erschwert.

Will man die militärische Besatzungspolitik im Osten ab 1941 in eine größere Perspektive rücken, so kann man nicht bei der Untersuchung von deren unmittelbarer Vorbereitung seit Anfang 1941 stehen bleiben. Vielmehr ist nach Erfahrungen zu fragen, die politische Entscheidungen, aber auch alltägliches Handeln der Besatzer vorstrukturierten. Diese Vorprägungen, etwa die Stereotypen über Russland, sind älteren Datums, wurden jedoch besonders im Ersten Weltkrieg aktualisiert. Die deutsch-österreichische Besatzung in den Westteilen des Zarenreichs ab 1915 gab hierzu Anlass, aber auch das kurze Vordringen bis ans Kaspische Meer im Jahre 1918 sind dazu zu zählen. Eine deutliche Radikalisierung erfuhr die „Osterfahrung" in den Kämpfen gegen den Kommunismus, vor allem im Baltikum, dann aber auch im Reich. Die Bedeutung aller dieser Erfahrungen kann nicht außer Acht gelassen werden. Sie bestimmten auch die militärisch-politische Diskussion in der Zwischenkriegszeit. Die Militärführung stand in dem Bewusstsein, eine Revision der Pariser Vorortverträge, ja überhaupt der deutsch-österreichischen Niederlage entweder auf friedliche oder auf militärische Weise erreichen zu wollen. Welche Rolle spielten hierbei die Überlegungen für eine Besatzungs- und Ausbeutungspolitik der Zukunft? Nach der Machtergreifung 1933 konnte sich auch das deutsche Militär der allgemeinen Radikalisierung nicht entziehen. Wie wirkte die öffentliche Propagierung von Antisemitismus, Antibolschewismus und Gewaltbereitschaft auf die Einstellungen in der Wehrmacht? Wie wurden Rote Armee und Sowjetstaat als Gegner eingeschätzt? Mit dem Einmarsch in Polen 1939 begann auch Hitlers Rassenkriegsführung. Haben wir es hier bereits mit einem Vernichtungskrieg en miniature zu tun, wie mancher Historiker meint? Neben den Parallelen der Gewaltentfesselung sind jedoch auch die deutlichen Unterschiede herauszuarbeiten, bei politischen Entscheidungen, Rahmenbedingungen der kurzen militärischen Besatzungspolitik und den lokalen Impulsen zu Massenverbrechen. Als Kontrastprogramm

kommen hier die nachfolgenden Feldzüge in West- und Nordeuropa in den
Blick.

Weniger um Vorprägungen als vielmehr um Vorentscheidungen dreht sich die
Analyse der unmittelbaren Planung des „Barbarossa"-Feldzuges seit Jahresbeginn
1941. Wie bestimmten die strategische und operative Anlage und die logistische
Konstruktion die späteren Rahmenbedingungen für die Besatzung? Noch konkretere Vorentscheidungen fielen bezüglich der Zusammenarbeit der Wehrmacht
mit dem SS-Polizei-Apparat und mit den „verbrecherischen Befehlen". Aber auch
hier ist die Offenheit der Situation und die damalige Zukunftserwartung einzukal-
kulieren. Als Testfeld hierzu bietet sich auch der erste Feldzug des Jahres 1941
gegen Jugoslawien und Griechenland an, der zwar früher vom Zaun gebrochen,
aber nahezu parallel geplant wurde.

Eine Analyse der militärischen Besatzung setzt zwar die Kenntnis der Strukturen voraus, kann jedoch nicht dabei stehen bleiben. Lassen sich Spezifika des Personals erkennen, bei Militärverwaltung, Wirtschaftsorganisation und Fronttruppe?
Wie gestaltete sich die Logik der lokalen und regionalen Besatzung, die Herrschaft
weniger Deutscher über Zehntausende Einheimischer? Nahezu zwangsläufig rückt
damit die Zusammenarbeit aller Besatzungsinstitutionen an einem Ort in den Vordergrund, also der alltägliche Kontakt mit den Kollegen von der SS oder anderen
Institutionen. Auch innerhalb der Wehrmacht herrschte Aufgabenteilung, nicht
selten Kompetenzkonflikt. Hier ist das Verhältnis von Militärverwaltung und
Wirtschaftsstab Ost, die Rolle von Geheimer Feldpolizei und Feldgendarmerie einer näheren Betrachtung zu unterziehen. Nur mittelbar lässt sich die Wahrnehmung der einheimischen Bevölkerung durch die Besatzer valide rekonstruieren. Es
schwankte zwischen der Annahme, sie seien besonders deutsch-freundlich und
dem umfassenden Partisanenverdacht. Hier ist zu fragen, wie diese Bevölkerung
überhaupt strukturiert war, wie stark vom Stalinismus vorgeprägt bzw. geschädigt.
Welche Erwartungen stellten die verschiedenen Gruppen an die Besatzungsmacht?
Wie sah der alltägliche Kontakt mit deutschen Soldaten aus? Dies führt zu den
allgemeineren Bereichen der Besatzungspolitik, die nicht so sehr den obersten Prioritäten der Herrschaft, Ausbeutung und „Sicherheit", unterworfen waren. Damit
sind die Themen gemeint, die der Mehrheit der Einheimischen auf den Nägeln
brannten, die Wiederherstellung des Privateigentums vor allem in der Landwirtschaft, die freie Religionsausübung, die kulturelle Autonomie der ethnischen
Gruppen und am Rande auch die Frage der Bildung.

Für die militärische Besatzung war dies freilich von sekundärer Bedeutung. Zunächst galten die generellen Anweisungen für die Behandlung der Bevölkerung
und die Einrichtung landeseigener Verwaltung und Hilfspolizei: Grundlage hierfür war die von Berlin bestimmte, nach Nationalitäten unterschiedene, rassische
Einstufung sowie das Ausmaß zugelassener Kollaboration mit seiner Veränderung
im Laufe der Zeit. Die vielzitierten Denkschriften zu einer „Reform" der Besatzungspolitik ab Herbst 1941 sollen daraufhin überprüft werden, inwieweit sie
Auswirkungen auf die Besatzungspolitik hatten. Wichtiger erscheinen konkrete
Maßnahmen zur Besser- oder Schlechterstellung einzelner Volksgruppen, so die
Ansätze zur bevorzugten Behandlung der Esten, der Kosaken und der nichtslawi-
schen Ethnien. Konkret bedeutete dies für die Militärverwaltung die Entlassung

bestimmter Gruppen von Kriegsgefangenen, aber auch die Anwerbung von Männern für deutsche Dienste vor Ort. Die Rekrutierung für militärische Zwecke steht dabei nicht im Zentrum, da sie weniger in den unmittelbaren Bereich der Besatzung fiel, sondern vorzugsweise in den Aufgabenbereich der Kriegführung. Zu berücksichtigen sind ferner die generellen Anweisungen zur Einrichtung und Tätigkeit der Kommunalverwaltungen, die einen großen Teil der deutschen Politik umzusetzen hatten. Hierbei konnte es sich um Stadtverwaltungen mit Bürgermeister, um Staroste oder auch um Kolchosvorsitzende handeln. Im Zentrum der Besatzungspolitik stand zweifelsohne die wirtschaftliche Ausbeutung. Für die Bevölkerung schlug sich dies zunächst in der Ernährungspolitik und dem damit zusammenhängenden Versuch der Entvölkerung der Großstädte nieder. Unter welchen Prämissen wurde die Bevölkerung ernährt, wie war die Versorgung verteilt bzw. gestaffelt und welche Folgen hatte das? Die Ernährungspolitik agierte zunächst im Rahmen der gigantischen Beute-Phantasien, die vor dem Feldzug kursierten. Damit ist die Kalkulation von mehreren zehn Millionen Hungertoten vor allem im Mittel- und Nordabschnitt und in den Großstädten durch deutsche Wirtschaftsinstanzen gemeint. Die Planung war dabei nur mittelbar auf die Versorgung des Reiches ausgerichtet; durch die weitgehende Ernährung der Wehrmacht aus dem Lande sollte die deutsche Bevölkerung entlastet werden. Diese Strategie stellte die Militärverwaltung vor große Probleme, da eine teilweise Aushungerung der Großstädte zahlreiche – als negativ angesehene – Folgen zeitigte: so die unkontrollierte Abwanderung aufs Land, die erhöhte Anfälligkeit für Seuchen sowie deren Ausbreitung und schließlich die sprunghafte Zunahme des Schwarzmarktes. Hier gilt es nachzuverfolgen, wie die einzelnen regionalen Militärbefehlshaber auf diese Situation reagierten, d. h. in welchem Rahmen sie welche Ernährungspolitik betrieben, und welche Unterschiede sich dabei ergaben.

Während die industrielle Beute im Ostfeldzug vergleichsweise gering blieb, rückte 1942 immer mehr die zwangsweise Rekrutierung von Arbeitskräften in den Mittelpunkt der Wirtschaftspolitik, im Zivil- genauso wie im Militärverwaltungsgebiet. Zuvor hatte der lokale Arbeitseinsatz dominiert. Die Erfassung von „Ostarbeitern" für das Reich begann in großem Stil im Frühjahr 1942, zunächst auf der Basis mehr oder weniger freiwilliger Meldungen. Doch bald herrschte eine zwangsweise Rekrutierung vornehmlich der Landjugend in der Ukraine vor. Die Militärverwaltung hatte diese Aufgabe in ihrem Territorium zusammen mit der hier federführenden Wirtschaftsorganisation, in Frontnähe zusammen mit der Kampftruppe, zu übernehmen. Bis Ende 1942 konnten 940 000 Personen, in der Mehrzahl Frauen, ins Reich deportiert werden; somit stammte ein großer Teil der „Ostarbeiter" aus Militärgebieten. Danach entzogen sich immer mehr Einheimische den Razzien auf Arbeitskräfte. 1943 überlagerte sich die Arbeitskräfterekrutierung mit der Anti-Partisanenpolitik; insbesondere Arbeitsfähige aus „Bandengebieten" oder sogar Partisanen kamen ins Reich. Schließlich wurden die massenhaften Evakuierungen beim Rückzug zur Zwangserfassung von Arbeitern genutzt. Bei all diesen Fragekomplexen ist die Rolle der Wirtschaftsinspektionen bzw. -kommandos ausreichend zu beleuchten.

Nicht nur die Zivilbevölkerung, auch die Kriegsgefangenen im Operationsgebiet hingen von der Militärbesatzung ab: In dieser Zone war der Abtransport und die erste Verwahrung in den sogenannten Durchgangslagern die typische Erscheinung, weniger dagegen der dauerhafte Aufenthalt in den sogenannten Stammlagern. Vor allem in letzteren und in den Durchgangslagern vollzog sich ab Herbst 1941 das Massensterben wegen mangelnder Versorgung, ungehinderter Ausbreitung von Seuchen und unzureichender Unterbringung im Winter. Im Militärgebiet gingen etwa 850 000 Kriegsgefangene daran zugrunde. Das Augenmerk gilt zunächst dem Abtransport der Kriegsgefangenen aus dem Gefechtsgebiet, insbesondere nach Kesselschlachten; dann der räumlichen Unterbringung in den Lagern, vor allem im Winter 1941/42 und 1942/43; den Vorschriften und der Realität der Ernährung; dem Arbeitseinsatz der Kriegsgefangenen sowie der Behandlung der Verwundeten bzw. Invaliden. Der Schwerpunkt liegt dabei auf der Entwicklung bis Herbst 1942, da ein großer Teil der Kriegsgefangenen aus dem Militärverwaltungsgebiet weiter nach Westen transportiert wurde und ab dieser Zeit kaum noch in größerer Zahl Gefangene gemacht werden konnten. Darüber hinaus sind die Entlassungen bestimmter Gruppen von Kriegsgefangenen und ihr Einsatz in Hilfseinheiten von Bedeutung.

Ein besonders dramatisches Kapitel ist die Selektion bestimmter Gruppen von Kriegsgefangenen, die anschließend durch die Einsatzgruppen oder teilweise auch durch Wehrmachtverbände, d. h. Landesschützenbataillone, vor allem in der Zeit bis Anfang 1942 ermordet wurden. Da nur ein Teil der Politkommissare und Politruks der Roten Armee unmittelbar nach Gefangennahme von den Fronttruppen erschossen wurde, gelangten sie meist in die Lager und wurden dort ermittelt. Die Juden unter den sowjetischen Kriegsgefangenen wurden in den Lagern nahezu ausnahmslos isoliert, meist schlechter behandelt und in der Mehrheit an die Einsatzgruppen zur Ermordung übergeben. Vergleichsweise wenige jüdische Rotarmisten haben die Kriegsgefangenschaft überlebt. Weiterhin sind eine Reihe von Mordaktionen an invaliden Kriegsgefangenen bekannt.

Ein noch dunkleres Kapitel stellen Massenverbrechen an speziellen Bevölkerungsgruppen, besonders Juden, im Bereich der Militärverwaltung dar: Hierbei gilt es zunächst die Aufgabenteilung mit dem SS- und Polizeiapparat zu umreißen. Nur in den bis Ende August 1941 eroberten Gebieten entwickelte sich eine regelrechte „Judenpolitik", d. h. unter Umständen die Bildung von Gettos, Einrichtung von Zwangsarbeitseinheiten für Juden usw. Je weiter die Militärverwaltung danach nach Osten expandierte, desto öfter wurden alle Juden bereits unmittelbar nach dem Einmarsch ermordet. In beiden Fällen ist das Verhalten der Militärverwaltung gegenüber den großen jüdischen Gemeinden zu dokumentieren, vor allem die gesonderte Registrierung der jüdischen Bevölkerung, etwaige Internierung und die flächendeckende Beraubung. Schätzungsweise 450 000–500 000 Juden wurden im Militärgebiet ermordet, über die Hälfte von ihnen in der Ukraine. Ein besonderes Augenmerk gilt in diesem Zusammenhang den Absprachen zwischen Kommandanturen und SS/Polizeieinheiten vor großen Massenmorden, wie sie in zahlreichen Fällen vorkamen. Auch weitere logistische Hilfe beim Judenmord, so etwa Transport der Opfer, Gestellung von Absperrpersonal und Munition sowie Verwischung der Spuren durch die Wehrmacht sollen – ihrer jeweiligen Bedeutung entsprechend – belegt werden. Schließlich gilt es, eklatante Fälle von Judenmorden zu dokumentieren, die eigenständig von Wehrmachteinheiten begangen wurden.

Ähnliches soll für weitere bedrohte Bevölkerungsgruppen dargestellt werden, so Kranke und Behinderte in Anstalten und Roma. Hierbei ist zu rekonstruieren, ob Initiativen aus der Wehrmacht, etwa zur Räumung von Anstaltsgebäuden oder zur Ermordung von als „spionageverdächtig" angesehenen „Zigeunern", an die SS- und Polizeieinheiten erfolgten. Die Verfolgung von Funktionären aus KPdSU und Sowjetstaat, bisweilen aber auch einfacher KP- und Komsomol-Mitglieder, gehörte in den Aufgabenbereich des SS- und Polizeiapparates. Dennoch spielte die Militärverwaltung auch dabei – regional unterschiedlich – eine aktive Rolle.

Davon kaum abzugrenzen ist die Behandlung der Zivilbevölkerung im Zusammenhang des Anti-Partisanen-Krieges: Die übersteigerte „Sicherheitspolitik" in den rückwärtigen Gebieten führte alsbald zur Verfolgung aller Einwohner, die nicht an ihrem Wohnsitz verblieben. Dies betraf zunächst versprengte Rotarmisten, später aber auch Flüchtlinge aus westlicheren Gebieten oder aus den Großstädten. Wurden sie aufgegriffen, so internierte oder ermordete man sie oftmals. Hier wie in den zahlreichen Repressalerschießungen ist ein fließender Übergang von der Bekämpfung von „Bandenverdächtigen" zum Massenmord zu sehen. Zwar häuften sich schon im August/September 1941 Anschläge auf deutsche Einheiten und Einrichtungen, aber erst ab Frühjahr 1942 wurde die Partisanenbewegung zum ernsthaften bewaffneten Gegner, der zwar einige Landesteile kontrollieren konnte, aber vor Juni 1944 keine militärstrategische Bedeutung hatte.

Der im damaligen Jargon so genannte „Bandenkampf" wurde im gesamten Operationsgebiet sowohl von SS/Polizeieinheiten als auch von der Wehrmacht geführt, meist in unterschiedlichen Mischungsverhältnissen. Allerdings hatte die Wehrmacht im Gegensatz zu den Zivilverwaltungsgebieten auf ihrem Terrain die Entscheidungsbefugnis in diesen als militärisch betrachteten Operationen. Hier gilt es die spezifischen Befehlsstränge und Handlungskontexte der Wehrmacht zu analysieren, insbesondere bei den großen kombinierten „Bandenkampfaktionen" der Jahre 1942/43. Der Schwerpunkt liegt daneben auf der Tätigkeit im Hinterland eingesetzter Wehrmachteinheiten, weniger von Frontdivisionen, die durchaus auch an „Partisanen-Aktionen" teilnahmen. Hierbei soll eine repräsentative Auswahl für die am meisten betroffenen Gebiete in Ost-Weißrussland, der Nordostukraine und dem Raum Brjansk getroffen werden. Zu berücksichtigen ist ferner, dass nicht nur deutsche, sondern auch verbündete Truppen und Kommandanturen den brutalen „Bandenkampf" führten, so vor allem Ungarn, aber auch Slowaken und Italiener.

Das Interesse gilt weniger den militärischen Auseinandersetzungen mit bewaffneten Sowjetpartisanen als vielmehr den Maßnahmen, die in diesem Zusammenhang gegen die Bevölkerung ergriffen wurden. Darunter sind zu verstehen: propagandistische Bekämpfung der Partisanen, Geiselnahmen und Repressalerschießungen, Evakuierung bestimmter Gebiete aber auch die „Pazifizierung" durch Abbrennen von Dörfern und Tötung der gesamten Einwohnerschaft.

Chronologisch am Ende angesiedelt standen die Maßnahmen gegenüber der Bevölkerung beim Abzug der Wehrmacht: Damit ist im allgemeinen die Massenevakuierung gemeint, darüber hinaus aber auch die Errichtung von großen Auffanglagern. Ab Anfang 1943 begann das Territorium der Militärverwaltung mit dem Rückzug der Wehrmacht wegzuschmelzen. Bei den großen Rückzugsbewegungen wurde ein Teil der Zivilbevölkerung Richtung Westen evakuiert. Inwieweit handelte es sich um die Räumung des Gefechtsfeldes, inwieweit um eine Evakuierung der Arbeitsfähigen, oder war gar eine Total-Entvölkerung beabsichtigt? Zu beleuchten sind dabei die Vorkehrungen der Militärverwaltung über Abtransport, Ernährung und Unterbringung. Konkret gilt es, die Evakuierungen beginnend mit dem Kuban-Brückenkopf im März 1943 zu untersuchen, vor allem während der Rückzüge im September/Oktober 1943 und im Frühjahr 1944.

Die ganze militärische Besatzung unterlag einer ungeheuren zeitlichen Dynamik, weil die Sowjetunion nie militärisch niedergeworfen werden konnte. Schon in der zweiten Julihälfte 1941 verlief das „Unternehmen Barbarossa" nicht mehr nach Plan; es änderten sich die Anforderungen an die Wehrmacht und damit auch an die militärische Besatzung. Diese chronologischen Verwerfungen, oft phasenverschoben in den einzelnen Regionen, gilt es im Auge zu behalten.

Schließlich sei noch erwähnt, was *nicht* im Fokus dieser Untersuchung steht: Insbesondere die – oftmals sehr kurze – Besatzungstätigkeit der Fronttruppen außerhalb von Städten[57], aber auch die Rolle des Militärs unter Zivilverwaltung, also in den Reichskommissariaten Ostland und Ukraine, wo die Wehrmacht zwar oftmals ähnlich agierte, aber andere Kompetenzverhältnisse, vereinzelt auch andere politische Vorgaben gültig waren[58]. Daneben wird die deutsch-finnische Besatzung Kareliens keiner näheren Betrachtung unterzogen. Nicht berücksichtigt wird auch eine zentrale Funktion des militärischen Besatzungsapparates, die mehr Energien absorbierte als die Beherrschung und Verwaltung des Landes: seine Rolle in der militärischen Logistik. Sie findet nur insoweit Beachtung, als sie sich direkt auf die Behandlung der Bevölkerung auswirkte.

Konzeptionelle Probleme

Wie viele erregte Debatten um Geschichte lässt sich auch die Diskussion um die Rolle der Wehrmacht erst in ruhigere Fahrwasser bringen, wenn man allgemein gültige Kriterien zur historischen Urteilsbildung ausmachen und über diese Konsens herstellen kann. Dem Historiker scheinen dabei selbstredend historiographische Herangehensweisen am meisten geeignet, zum Beispiel die Frage nach Kausalitäten, Zusammenhängen und prozessualen Entwicklungen. So kann nicht davon abstrahiert werden, dass sich Deutschland 1941 im neunten Jahr einer extremen Diktatur befand, die nicht nur klassische Politikstrukturen zertrümmert, sondern auch individuelle moralische Schwellen – bei Zivilisten und Militärs – deutlich gesenkt hatte. Die Wehrmacht war nicht Fremdkörper in der deutschen Gesellschaft, sondern ein integraler Teil. Wie entwickelten sich die handlungsleitenden Ideen und Interessen der Akteure in diesem System, in welchen Handlungslagen und Spielräumen agierten sie? Freilich muss man sich der zeitgenössischen Selbst- und Fremdwahrnehmung der Militärs kritisch nähern.

Eine rechtliche Ex-post-Prüfung nach dem Völkerrecht kann keine historiographische Analyse ersetzen. Der Historiker ist nun einmal kein Richter. Zwar ist die

---

[57] Als erste Fallstudie vgl. Rass, „Menschenmaterial", S. 348ff.
[58] Für Weißrussland ausführlich: Gerlach, Kalkulierte Morde, passim.

Berücksichtigung völkerrechtlicher Standards wichtig für die Analyse des zeitgenössischen Handlungsrahmens. Freilich zeigte das Rechtsdenken der deutschen Eliten 1941, gerade im Hinblick auf Osteuropa, schwere Deformationen; von den internationalen Abmachungen aus der Zeit vor 1914 und nach 1918 war es meist meilenweit entfernt. Zudem wird auch das Völkerrecht zum Gegenstand der Historisierung, für die Zeitgenossen zur politischen Waffe. Es ist also fraglich, ob dem Historiker die Aufgabe zukommt, quasi ein retrospektives Ermittlungsverfahren zu führen.

Mindestens ebenso fragwürdig erscheint es, wenn bestimmte Tötungen außerhalb der Kampfhandlungen aus heutiger Sicht mit dem Signum „erlaubt" versehen werden. Zwar kann man das heutige hochdifferenzierte Rechtssystem und Rechtsbewusstsein 60 Jahre nach dem Krieg nicht als Maßstab nehmen. Die massenhafte Tötung von Zivilisten und Kriegsgefangenen ist jedoch durchweg als extrem anzusehen, zumal wenn auch Kinder davon betroffen waren. Auch das politische Argument der Gegenseitigkeit, der Konfrontation mit einer anderen totalitären Diktatur, rechtfertigt diese in keiner Weise.

Der Historiker ist gefordert, „Gerechtigkeit mit den Vorvätern" zu üben, d.h. keine Vorverurteilungen etwa deutscher Soldaten auszusprechen. Diese Gerechtigkeit ist aber nicht minder den unbewaffneten, oft hilflosen Einwohnern und Kriegsgefangenen im Besatzungsgebiet widerfahren zu lassen. Häufig dominierte nach dem Krieg ein nationales Paradigma in der Geschichtsschreibung, das den Anderen weniger Beachtung und Wertschätzung schenkte als den Eigenen. Dies galt nicht nur für die deutsche Historiographie. Natürlich hängt die Wahl des thematischen Fokus, sei es auf die Besatzer oder auf die Besetzten, von der jeweiligen Fragestellung ab. Die gegenüberliegende Seite sollte jedoch zumindest immer mitbedacht werden. Nur beide zusammen konstituieren die Wirklichkeit der Besatzung.

Wenn man diese Prämissen im Auge behält, so erscheint ein komparatistischer Blick auf die Vorgänge geeignet, stärker objektivierbare Kriterien an die Hand zu geben. Für vergleichende Betrachtungen eignen sich sowohl synchrone Komplexe wie andere Besatzungsverwaltungen, andere Besatzungsgebiete oder Besatzungsarmeen verbündeter Länder. Darüber hinaus kann aber auch ein Blick auf die Rote Armee oder auf den Ersten Weltkrieg dazu beitragen, die deutsche Besatzungspolitik im Osten schärfer analytisch zu fassen. Allein schon die interne Kritik innerhalb der Wehrmacht deutet unterschiedliche Sichtweisen auf dasselbe Thema an.

Freilich sollte eine Geschichte der Besatzungspolitik sich nicht in der Wiedergabe der internen Debatten unter den Besatzern erschöpfen. Entscheidend ist, welche Politik letztendlich realisiert wurde und welche Folgen sie für die Bevölkerung hatte. Mochten auch viele Offiziere und Soldaten die Massenmorde innerlich missbilligen, für deren Ausführung spielte das kaum eine Rolle.

Quellen

Eine Analyse von Besatzungsapparat und -politik muss zunächst auf die Aktenproduktion der Funktionäre, d.h. des Militärs, zurückgreifen. Leider bestehen in dieser Überlieferung erhebliche Lücken. Erste Akten fielen schon im Februar 1942 einem Brand in der kriegswissenschaftlichen Abteilung des Generalstabs des Heeres zum Opfer. Dieses Schicksal ereilte auch fast alle Dokumente, die noch im Heeresarchiv lagerten, als es im Frühjahr 1945 bombardiert wurde.

Als Ausgangspunkt für die Recherchen bietet sich die Abteilung Kriegsverwaltung, später Militärverwaltung, beim Generalquartiermeister des Heeres an, quasi die Koordinationsstelle für die Militärverwaltungsgebiete im Osten. Leider sind von deren Akten nur noch Bruchstücke überliefert (BA-MA RH 3), darunter allerdings ein zusammenfassender Abschlussbericht zur Kriegsverwaltung. Darüber hinaus sind noch fragmentarische Informationen in dieser Provenienz vorhanden. Nur ganz wenige relevante Dokumente befinden sich im Nachlass des Generalquartiermeisters selbst, Eduard Wagner (BA-MA N 510)[59]. Für die übergeordneten Regelungen der Militärverwaltung war die Abteilung Landesverteidigung im Wehrmachtführungsstab zuständig (BA-MA RW 4). Die Anweisungen des Oberkommandos der Wehrmacht für die militärische Besatzungspolitik waren relativ weit gehalten und galten oftmals für alle europäischen Besatzungszonen, weit über die Militärverwaltung in der Sowjetunion hinaus. In begrenztem Ausmaß konnten Ersatzüberlieferungen für die Bestände des Generalquartiermeisters auch im eigentlichen Bestand des Oberkommandos des Heeres (BA-MA RH 2) lokalisiert werden, in dem sich auch weitere Informationen zur Lage in den Militärverwaltungsgebieten befinden, z.B. bei der Abteilung Fremde Heere Ost.

Den zentralen Bestand für die Untersuchung machen aber die Akten der übergeordneten Militärverwaltungsbehörden in der Sowjetunion aus, der Befehlshaber der rückwärtigen Heeresgebiete (Berück) und der Kommandanten der rückwärtigen Armeegebiete (Korück). Diese Dienststellen haben eine breite Überlieferung hinterlassen (BA-MA RH 22, RH 23), die zum größten Teil auch auf Mikrofilm im Institut für Zeitgeschichte verfügbar ist. In deren Akten finden sich auch Anweisungen des Generalquartiermeisters. Ergänzend zu den Provenienzen Berück und Korück sind die Bestände der unterstellten Sicherungsdivisionen (Mikrofilme im IfZ), in Einzelfällen Infanteriedivisionen heranzuziehen. Diese sind in unterschiedlichem Ausmaß vorhanden. Von den Kommandanturen, die die eigentliche Militärverwaltung ausgeübt haben, sind nur wenige originäre Provenienzen überliefert (Aktensplitter in BA-MA RH 36 und in einigen Nachlässen). Hier sind vor allem die Feldkommandanturen, in Einzelfällen auch die Oberfeldkommandanturen zu nennen. Deren Akten müssen weitgehend über die Provenienz der Sicherungsdivisionen erschlossen werden. Einzelüberlieferungen lassen sich allerdings bis in entlegenste Stellen finden, so etwa bei der Beutestelle der Reichskreditkasse, die geraubte Wertsachen von den Kommandanturen entgegennahm (BA R 2104). Die Akten der Kriegsgefangenenlager, die in unserem Zusammenhang von besonderer Bedeutung wären, müssen als fast völlig vernichtet angesehen werden (Splitter in BA-MA RH 49); ebenfalls haben Geheime Feldpolizei und Feldgendarmerie, beide eminent wichtig für die militärische Besatzung, nur einige Fragmente ihrer Dokumente hinterlassen (BA-MA RH 48), die sich meist in anderen Provenienzen wiederfinden.

---

[59] Die von seiner Witwe publizierten Briefpassagen stellen eine bereinigte Auswahl dar: Der Generalquartiermeister. Briefe und Tagebuchaufzeichnungen des Generalquartiermeister des Heeres, General der Artillerie Eduard Wagner. Hg. von Elisabeth Wagner. München, Wien 1963.

Berück und Korück standen in engstem Kontakt zu dem jeweiligen Oberkommando, dem sie angegliedert waren, also zu den anfangs drei Heeresgruppenkommandos und den Armee-Oberkommandos (BA-MA RH 19 und RH 20). Insbesondere für die Vormarschphasen und die Zeit des Rückzugs enthalten deren Akten wichtige Informationen zur Behandlung der Zivilbevölkerung, so im allgemeinen in den Ic-Berichten, bei den Oberquartiermeistern (Qu 2) und den Abteilungen VII. Zwar sind hier meist noch die Kriegstagebücher vorhanden, aber nur fragmentarisch die Akten der Abteilungen. Offensichtlich wurden gerade die Akten der Ic-Abteilungen bereits ab Ende 1941 manipuliert und wahrscheinlich sogar noch nach Kriegsende „gesäubert", etwa um die Kontakte mit den Einsatzgruppen zu vertuschen[60]. Akten der Generalkommandos der Armeekorps werden nur in Ausnahmefällen herangezogen. Die Dokumente der Kommandos von Infanteriedivisionen erschienen besonders dann interessant, wenn diese verstärkt im Rahmen der Besatzungspolitik eingesetzt wurden, also im Hinterland, in Großstädten oder beim Abtransport von Gefangenen aus den Kesselschlachten. Deshalb wurden bei 24 solcher Divisionen stichprobenartig Akten eingesehen (BA-MA RH 26). Fast völlig verloren sind hingegen die Akten der Regimenter. Diese können, wie ein Vergleich mit den erhaltenen Akten zum Polenfeldzug demonstriert, tiefe Einblicke in das Vorgehen der Fronttruppen gegen die Zivilbevölkerung geben[61].

Für die eminent wichtigen wirtschaftspolitischen Zusammenhänge sind weiter Akten des Wehrwirtschafts- und Rüstungsamtes im OKW (BA-MA RW 19), des Wirtschaftsstabes Ost, der Wirtschaftsinspektionen und im Einzelfall auch der Wirtschaftskommandos einschlägig (alle in BA-MA RW 31), punktuell Bestände der Armeewirtschaftsführer und Wirtschaftsabteilungen der Feldkommandanturen (BA-MA RW 46). Hierbei handelt es sich um eine sehr reiche Überlieferung, die bis heute noch nicht hinreichend ausgewertet worden ist. Die Wirtschaftsstellen waren nicht nur für Versorgung der Einwohner und Rekrutierung von Arbeitskräften zuständig, sie berichteten auch über die Stimmung in der Bevölkerung, die Partisanenbekämpfung und die Evakuierungen 1943/44. Vielfach sind die Berichte der weit verstreuten Wirtschaftskommandos die einzigen überhaupt noch existenten deutschen Quellen zu bestimmten Regionen und Städten.

Generell gilt, dass die Quellenlage für die Gebiete des Baltikums und Weißrusslands als relativ gut anzusehen ist, für die hier interessierenden Gebiete der Ukraine und der Russischen Föderation eher als unzureichend. Signifikante Ausnahmen davon sind die Akten der Militärverwaltung auf der Krim, deren Überlieferung ausgesprochen reich ist, und die fast vollständig erhaltenen Bestände der Ortskommandantur Taganrog (Schwarzmeerküste), die allerdings noch im dortigen

---

[60] Die britische Polizei stellte bereits 1949 entsprechende Manipulationen an Akten fest, die im Manstein-Prozess verwendet wurden: Kunz, Krim unter deutscher Herrschaft, S. 182, 363; zur Nachkriegszeit Indizien bei: Heer, Verschwinden der Täter, S. 101-103, ders., „Hitler war's", S. 303, 414. Vom wichtigsten erhaltenen einschlägigen Aktenband im Militärarchiv, RH 20-11/488, ist das Original verschwunden; jetzt – samt den nachträglichen Unterstreichungen in der Kopie des IfZ – faksimiliert in: Marcel Stein, Die 11. Armee und die „Endlösung" 1941/42. Eine Dokumentensammlung mit Kommentaren. Bissendorf 2006.
[61] Dies demonstriert eindrucksvoll: Jochen Böhler, Auftakt zum Vernichtungskrieg. Die Wehrmacht in Polen 1939. Frankfurt a. M. 2006, S. 80ff.

Filialarchiv verwahrt werden und nur auf der Mikroebene interessant sind. Auf eine Archivreise nach Taganrog wurde deshalb verzichtet.

Bei der Auswahl und der Analyse der Dokumente gilt es zu berücksichtigen, dass militärische Akten eine ganz eigentümliche Struktur haben, die sich von anderen politischen Provenienzen erheblich unterscheidet. Im Vordergrund stehen immer militärische Belange der Kriegführung, der Sicherung (im jeweiligen Selbstverständnis) und der Versorgung. Demgegenüber wurden Fragen der Militärverwaltung und der Bevölkerung meist nicht systematisch thematisiert und finden sich verstreut über viele Bereiche der Aktenproduktion. Das hat zur Folge, dass enorm wichtige Aussagen zur Behandlung der einheimischen Bevölkerung manchmal fast beiläufig im Zusammenhang umfangreicher militärischer Inhalte auftauchen. Darüber hinaus hat die militärische Berichterstattung über Fragen der Bevölkerung oftmals seriellen Charakter (Lageberichte), sodass sie des öfteren identische Inhalte mehrfach reproduzieren. Insgesamt erscheint die Behandlung der Bevölkerung in einer standardisierten Sprache, die einerseits die militärischen Notwendigkeiten in den Vordergrund rückte und somit der Selbstrechtfertigung diente, andererseits Kritik auch lediglich in diesem Rahmen, d. h. oft verklausuliert vorbrachte. Aus den militärischen Akten lässt sich meist nur bedingt auf die Motive oder Einstellungen ihres jeweiligen Autors schließen. Die Formulierungen in Dokumenten aus der Zivilverwaltung oder aus dem SS-Polizei-Komplex erscheinen – in Bezug auf die Bevölkerung – klarer, meist brutaler. Wo eine Ideologisierung in der militärischen Sprache durchbricht, ist dies umso höher in der Interpretation zu veranschlagen. Dies gilt zwar grundsätzlich auch für kritische Äußerungen zu jeweiligen Maßnahmen gegen Bevölkerung oder Kriegsgefangene. Freilich ist hierbei auch der diskursive Kontext in Rechnung zu stellen. So gehörte die Diskussion um die Ernährung der Stadtbevölkerung oder der Kriegsgefangenen durchaus zu den gängigen Debatten innerhalb des Militärs, nicht jedoch die Ermordung der Juden.

Trotz der reichhaltigen Überlieferung von Militärakten ist es unumgänglich, andere Provenienzen zur Besatzungsgeschichte heranzuziehen, um die Zusammenhänge aller Institutionen zu ermitteln und Leerstellen der militärischen Überlieferung zu füllen. Zunächst sind damit die Akten der westlich angrenzenden Zivilverwaltung gemeint, des Reichsministers für die besetzten Ostgebiete (BA R 6). Dort finden sich auch wichtige Wehrmacht-Dokumente, die anderweitig nicht überliefert sind. In eingeschränktem Maße gilt dies auch für die nachgeordneten Reichskommissariate Ostland und Ukraine (BA R 90 und R 94). Im Gebiet der Militärverwaltung agierte der SS- und Polizeiapparat, dessen Überlieferung von zentraler Bedeutung für die Klärung der Frage ist, inwieweit Wehrmachtstellen zusammen mit SS und Polizei Massenverbrechen organisiert und verübt haben. Speziell sind zu nennen die Akten des Persönlichen Stabes des Reichsführers-SS (BA NS 19), des Reichssicherheitshauptamtes (BA R 58), des Hauptamtes Ordnungspolizei (BA R 19) mit dessen Einheiten (BA R 20), sowie die spärliche Überlieferung einzelner Dienststellen und Einheiten im Besatzungsgebiet (vor allem BA R 70 SU). Insgesamt ist jedoch zu berücksichtigen, dass der allergrößte Teil der SS- und Polizeidokumente zur Besatzung vor Kriegsende systematisch vernichtet wurde. Nur einen begrenzten Ersatz liefern dafür die zwei erhalten gebliebenen

Berichtsserien aus dem Reichssicherheitshauptamt, die Ereignismeldungen UdSSR und die Meldungen aus den besetzten Ostgebieten (in BA R 58). Gerade die Provenienzen SS und Polizei finden sich auch in ehemals sowjetischen Archiven, im Falle der Waffen-SS in Prag[62]. Davon wurden Mikrokopien eingesehen, die vergleichsweise problemlos im United States Holocaust Memorial Museum in Washington und im Bundesarchiv-Militärarchiv zugänglich sind. In der Sammlung des USHMM befinden sich auch Akten aus den Staatsarchiven in Minsk[63], Mogilev, Gomel, Charkow und Kiew sowie des ehemaligen Sonderarchivs in Moskau (jetzt im Russischen Staatlichen Kriegsarchiv). Diese enthalten bisweilen eine weitere, bisher kaum genutzte Quellenart: die Überlieferung der einheimischen Kommunalverwaltungen unter deutscher Besatzung. Sie konnte nur ganz stichprobenartig eingesehen werden, da sie über Archive des ganzen ehemaligen Besatzungsgebietes verteilt und bisher noch wenig erschlossen ist[64]. Die Benutzung des Zentralarchivs des russischen Verteidigungsministeriums in Podolsk bei Moskau erwies sich als schwierig; punktuell konnten Akten durch einen beauftragten russischen Historiker benutzt werden.

Vergleichsweise selten sind persönliche Dokumente aus dem militärischen Besatzungsapparat überliefert. Während der eine oder andere Funktionär seine Memoiren verfasst hat, welche meist nur geringen Erkenntniswert für unsere Fragestellung haben, konnten bisher nur wenige zeitgenössische persönliche Notizen aus dem Bereich der Militärbesatzung entdeckt werden[65]. Sehr punktuell ist natürlich die Überlieferung von Feldpostbriefen dieser Provenienz. Einzelne Wahrnehmungsmuster und Detailinformationen lassen sich jedoch auch autobiographischen Dokumenten von Frontsoldaten, die reichhaltig vorhanden sind, entnehmen.

Erheblichen Erkenntniswert haben schließlich die Nachkriegsermittlungen verschiedener Behörden und Justizstellen. Wenn auch mit diesen Akten kritisch umgegangen werden muss, so geben sie doch Einblick in Vorgänge, zu denen keine Akten existieren oder diesbezügliche Dokumente vernichtet wurden. Gemeint sind damit die Dokumente der Nürnberger Nachfolgeprozesse, deren Verhörprotokolle teilweise aber als eher trübe Quelle eingestuft werden müssen. In noch

---

[62] Punktuell wurden auch britische Abhörprotokolle über den deutschen Polizeifunk und deutsche Kriegsgefangene herangezogen, die jetzt in den National Archives (ehemals Public Record Office) bei London lagern.

[63] Vgl. Dokumente zur Geschichte des Zweiten Weltkrieges in den Staatsarchiven der Republik Belarus. Erw. Neuaufl. Dresden u.a. 2003.

[64] Archivy okupacii 1941–1944. Band 1. Bearb. von Natalija Makovs'ka. Kyïv 2006, S. 32–663; für die ostukrainische Stadt Sumy vgl. Rozsekrečeni dokumenty periodu nacists'koï okupacii Sums'koï oblasti 1941–1943: ohljad dokumentiv. Hg. von V. A. Marčenko. Sumy 2003.

[65] Vgl. Hartmann, Massensterben; Lieb, Täter aus Überzeugung; Hubert Orłowski, „Erschießen will ich nicht!" Als Offizier und Christ im totalen Krieg – zum Kriegstagebuch von Dr. August Töpperwien 1939–1945, in: Orbis Linguarum 9 (1998). Bei den angeblichen Tagebuchaufzeichnungen des Korück 559, Walter von Unruh, die in dem wüsten Machwerk von Andreas Naumann, Freispruch für die Deutsche Wehrmacht. „Unternehmen Barbarossa" erneut auf dem Prüfstand. Tübingen 2005, S. 502–530, 560–567, präsentiert werden, handelt es sich offensichtlich um eine manipulierte Nachschrift aus der Nachkriegszeit, wie ein Abgleich mit Diensteakten zeigt. Im dortigen Literaturverzeichnis und bei Ernst Gerber, Im Dienst des Roten Kreuzes. Ein Tagebuch 1941/42. Hg. von Reinhold Busch. Berlin 2002, S. 134, werden sie zu Recht als Memoiren bezeichnet.

größerem Ausmaß gilt dies für sowjetische Verfahren, insbesondere wenn diese als Schauprozess geführt wurden[66]. Ertragreicher ist die Analyse der Vernehmungen bundesdeutscher Staatsanwaltschaften seit den sechziger Jahren. Sie konnte für die vorliegende Untersuchung nur in wenigen Einzelfällen vorgenommen werden, da eine Durchsicht der mehreren tausend Ermittlungsverfahren, die in diesem Zusammenhang angestellt wurden, jede vertretbare Dimension gesprengt hätte. Die Unterlagen der sowjetischen sogenannten Außerordentlichen Staatskommission zur Ermittlung von NS-Verbrechen sind eine Quellengattung, die – vor allem wegen überhöhter Opferzahlen – ein gesteigertes Maß an kritischer Nutzung erfordern, aber wegen ihres flächendeckenden regionalen und lokalen Zugangs immer noch wertvoll für die Forschung bleiben[67].

Trotz der erheblichen Lücken auf oberster und unterer Ebene der militärischen Befehlskette ist die Quellenlage zur Militärverwaltung als vergleichsweise gut anzusehen, gerade wenn man die Schwierigkeiten für die Forschung bei anderen Themen der Besatzungsgeschichte berücksichtigt. Deshalb liegt das Problem weniger in der Ermittlung relevanter Akten als vielmehr in einer vertretbaren Auswahl aus der Masse der Dokumente.

Dagegen haben sich Quellen, die aus der Bevölkerung unter Besatzung stammen, nur in geringem Maß gefunden. Impressionistische Einblicke geben einige Tagebücher, die entweder publiziert wurden oder sich in Aktenbeständen fanden. Von den Rotarmisten, die sich im Operationsgebiet in Gefangenschaft befanden, existieren fast überhaupt keine Selbstzeugnisse[68]. Punktuell geben auch Interviews, die erst seit den 1990ern geführt werden, Aufschluss über die Besatzungsgeschichte[69]. Eine interessante Art von „Gegenüberlieferung" zu den deutschen Akten bildet die Berichterstattung des NKVD aus den besetzten Gebieten, die in erster Linie auf V-Leuten basierte. Natürlich handelt es sich auch hier um ideologisch gefärbte Quellen. Der Korpus ist bisher nur in kleinen Teilen für die Benutzung in Archiven zugänglich, Fragmente wurden jedoch bereits veröffentlicht[70]. Weitge-

[66] Vgl., wenn auch mit einigen Unsicherheiten: Manfred Zeidler, Der Minsker Kriegsverbrecherprozeß vom Januar 1946. Kritische Anmerkungen zu einem sowjetischen Schauprozeß gegen deutsche Kriegsgefangene, in: VfZ 52 (2004), S. 211–244.
[67] Kompletter Titel: Außerordentliche Staatskommission zur Feststellung und Untersuchung der Verbrechen der deutsch-faschistischen Eroberer und ihrer Komplizen und der durch sie verursachten Schäden an Bürgern, Kolchosen, gesellschaftlichen Organisationen, staatlichen Unternehmen und Einrichtungen der UdSSR. Vgl. Kiril Feferman, Soviet Investigation of Nazi Crimes in the USSR: Documenting the Holocaust, in: Journal of Genocide Research 5 (2003), S. 587–602, hier 593–595; und die im Westen nicht zugängliche Dissertation von Aleksandr E. Epifanov, Čresvyčajnaja gosudarstvennaja komissija po ustanovleniju i rassledovaniju zlodejanij nemecko-fašistskich zachvatčikov i ich soobščnikov i pričinnoe imi učerba graždanam, kolchozam, obščestvennym organizacijam, gosudarstvennym predprijatijam i učreždenijam SSSR. Istoriko-pravovoj aspekt. Diss. (A) Volgograd 1995; demnächst die Diss. von Niels Bo Poulsen, Kopenhagen.
[68] Vgl. Pavel Polian, Ego-Dokumente sowjetischer Kriegsgefangener: Tagebücher und Erinnerungen, in: Der Zweite Weltkrieg im deutschen und russischen Gedächtnis. Hg. von Olga Kurilo. Berlin 2006, S. 233–250.
[69] Krieg und Vernichtung 1941–1945. Sowjetische Zeitzeugen erinnern sich. Hg. von Andrea Gotzes. Darmstadt 2006, S. 48ff.; „... und die Wolga brannte." Überlebende aus Stalingrad erinnern sich. Hg. vom Verein zur Förderung der Städtepartnerschaft Köln-Wolgograd. 2. Aufl. Köln 2003.
[70] Unter anderen: Kuban' v gody Velikoj Otečestvennoj vojny 1941–1945. Chronika sobytij. Band 1: 1941–1942. Hg. von A. M. Beljaev u. a., Krasnodar 2000; Kyïv u dni nacysts'koï navaly

hend verschlossen bleiben weiterhin die Berichte der Roten Armee, die deren Aufklärungsabteilungen über die Besatzung zusammenstellen konnten[71].

Schließlich noch einige technische Bemerkungen: Der Terminus „Deutsche" für Besatzungspersonal erscheint zweckmäßig, da er eine eindeutige Abgrenzung gegenüber den Einheimischen enthält, auch wenn sich unter den Besatzungsfunktionären Deutsche, Österreicher oder Auslandsdeutsche befanden. „Wehrmachtführung" meint die Zentralbehörden und die oberste Generalität. Abweichend von der üblichen Nomenklatur werden Strukturen ab der Ebene der Division als „Verbände", darunter als „Einheiten" bezeichnet. Die Bezeichnungen „sowjetische Gebiete" usw. oder „sowjetische Bevölkerung" sollen keine Aussage über die Rechtmäßigkeit der sowjetischen Annexionen von 1939/40 treffen, sondern werden der Praktikabilität halber verwendet. Ostsprachige Eigennamen erscheinen nach der damaligen Bezeichnung in transliterierter Form, sofern es sich nicht um gängige Bezeichnungen handelt (z. B. Kiew, Wilna). Dokumentenköpfe werden in den Fußnoten nicht komplett wiedergegeben, sondern in gekürzter Form[72].

(za dokumentamy radjans'kych specsluzb). Red. S. A. Kokin u. a. Kyiv, L'viv 2003; Ognennaja duga. Kurskaja bitva glazami Lubjanki. Red. A. V. Vasil'ev u. a. Moskva 2003; Stalingradskaja èpopeja. Red. A. T. Zadobin. Moskva 2000.

[71] Kleine Auswahl in: Dokumenty obvinjajut. Cholokost: Svidetel'stva Krasnoj Armii. Hg. von F. D. Sverdlov. Moskva 1996.

[72] Aktenzeichen werden – zur besseren Identifizierung – nur bei zentralen Dokumenten von OKW und OKH wiedergegeben.

I. Erfahrungen

Staatsführung und Militär marschierten im Juni 1941 nicht voraussetzungslos in dieses verbrecherische Abenteuer. Vielmehr waren sie von Erfahrungen geprägt, die bis auf die militärische Besatzungspolitik im Ersten Weltkrieg zurückgingen. Mit den Händen ist dies zu greifen bei der operativen Vorbereitung des Feldzuges, für die 1941 auch umfangreiche Akten aus dem Ersten Weltkrieg herangezogen wurden[1]. Freilich scheinen es weniger direkte Kontinuitäten, etwa biographischer Natur, gewesen zu sein, die die Besatzungspolitik des Ersten mit der des Zweiten Weltkrieges verbanden. Vielmehr waren es Deutungen, Handlungskonzepte und Erfahrungen, die sich erst im Laufe der Nachkriegszeit im Bewusstsein vieler Militärs niederschlugen[2]. Diese mittelbare Wirkung von 1914 auf 1941 ist der eine Aspekt, dem hier Bedeutung zukommt, ein Vergleich der beiden Okkupationsphasen in Osteuropa der andere.

1. Besatzung und Gewalt im Ersten Weltkrieg

Das Deutsche Reich streckte im Zweiten Weltkrieg nicht zum ersten Mal die Hand in den russischen Raum aus. Imperiale Großraumvorstellungen zirkulierten schon seit der Jahrhundertwende unter den deutschen Eliten, kreisten jedoch vor allem um afrikanische und asiatische Besitzungen oder um die Einflussnahme im Osmanischen Reich. Freilich waren diese noch unklar formuliert und fanden ihre Grenzen im europäischen Mächtesystem. Der Erste Weltkrieg schien jedoch neue Großmachtperspektiven in Europa zu eröffnen. Noch zu der Zeit, als es an der Ostfront gar nicht gut für die Mittelmächte aussah, postulierte das berühmte „Septemberprogramm" 1914 Perspektiven wie die Schaffung von Vasallenstaaten im Westteil des Zarenreiches und weitere Annexionen im polnischen Raum. Dieses unverbindliche Programm richtete sich aber vor allem auf Annexion und Dominanz in Westeuropa. Der Krieg sollte mit einem Friedensschluss beendet werden, der – trotz des erwarteten deutschen Sieges – auf Ausgleich bedacht sein musste[3].

---

[1] Gerlach, Kalkulierte Morde, S.128.
[2] Vgl., wenn auch weniger politikgeschichtlich orientiert: Reinhart Koselleck, Der Einfluß der beiden Weltkriege auf das soziale Bewußtsein, in: Der Krieg des kleinen Mannes. Eine Militärgeschichte von unten. Hg. von Wolfram Wette. München, Zürich 1992, S.324–343; Die Erfahrung des Krieges. Erfahrungsgeschichtliche Perspektiven von der Französischen Revolution bis zum Zweiten Weltkrieg. Hg. von Nikolaus Buschmann, Horst Carl. Paderborn u.a. 2001, bes. S.261ff.
[3] Vgl. Klaus Hildebrand, Das vergangene Reich. Deutsche Außenpolitik von Bismarck bis Hitler, 1871–1945. Stuttgart 1995, S.321ff.

Deutsche Truppen standen 1941 nicht das erste Mal in Ostgalizien, in Kiew oder Wilna. Während der zwangsweise Marsch, den die Kontingente deutscher Staaten in der Grande Armée Napoleons 1812 nach Russland unternommen hatten, inzwischen eher als Folklore im Bewusstsein verankert blieb, waren die Besetzungen aus dem Ersten Weltkrieg durchaus auch noch zwei Jahrzehnte später in Öffentlichkeit und Militär unmittelbar präsent.

Den eigentlichen Beginn großräumiger Besatzungsherrschaft im Osten markieren die militärischen Offensiven der Mittelmächte im April 1915 nach Kurland und im Mai/Juni 1915 durch Polen. Bis September 1915 waren riesige Gebiete des Zarenreiches erobert, von der Düna im Norden über Wilna, halb Weißrussland und Teile Wolhyniens; erst im Oktober 1917 kam die Großstadt Riga dazu. Das österreichische Galizien ging 1915 wieder an die K.u.k.-Monarchie zurück.

Während die zentralpolnischen Gebiete einer Zivilverwaltung unterstellt wurden, kamen Kurland, Litauen und der Raum Bialystok-Grodno unter die Militärverwaltung „Ober Ost". Etwa ein Drittel der dortigen Bevölkerung war geflohen, evakuiert oder ums Leben gekommen, sodass fast drei Millionen Personen unter die deutsche Herrschaft fielen. Die Mehrheit dieser Einwohner bestand aus Frauen, Kindern und älteren Personen[4].

Die Verwaltung „Ober Ost" war eine Militärverwaltung im reinsten Sinne. Sie unterstand direkt dem Oberbefehlshaber Ost Hindenburg, der zudem 1916 noch Chef der Obersten Heeresleitung wurde. Zivile Instanzen hatten dort kaum etwas zu sagen. Ein vergleichsweise großer Verwaltungsapparat, dessen Personalstärke im Laufe der Zeit zwischen 10 000 und 18 000 Mann schwankte, regierte diesen Raum von etwa 108 000 qkm. Damit war eine detaillierte Steuerung möglich, formell die Durchsetzung der Politik an fast jedem Ort[5]. Südlich von „Ober Ost" wurde zusätzlich der „Verwaltungsbezirk Ober Ost" eingerichtet, der Wolhynien und Polesien umfasste.

Während Ende 1917 noch über die Zusammenfassung dieser Militärverwaltungen diskutiert wurde, überschlugen sich im Jahr darauf die Ereignisse: Als die Friedensverhandlungen mit den Bolschewiki in Brest Litowsk ins Stocken gerieten, begannen die Mittelmächte am 18. bzw. 28. Februar 1918, unter dem Vorwand einer „Polizeiaktion" gegen den Bolschewismus, mit einem weiteren Vormarsch nach Norden und in die Ukraine. Bis Ende April eroberten sie im Norden die Reste Weißrusslands und des baltischen Raums, im Süden die Ukraine, die Krim, den Donbogen und die Schwarzmeerküste bis Rostov. Damit war ein Territorium eingenommen, das vom Umfang her bereits die Eroberungen im Zweiten Weltkrieg vorwegnahm, wenn es auch weiter westwärts seine Grenzen fand. Schon 1918 rückte das Erdöl auf dem Kaukasus ins Kalkül der militärischen Führung. Bei der „Operation Blau" des Jahres 1942 sollte es eine zentrale Rolle in der Strategie spielen[6]. Die Oberste Heeresleitung war jedoch noch nicht zufrieden,

---

[4] Vejas Gabriel Liulevicius, Kriegsland im Osten. Eroberung, Kolonisierung und Militärherrschaft im Ersten Weltkrieg. Hamburg 2002, S. 33, 46.

[5] Liulevicius, Kriegsland im Osten, S. 76ff.

[6] Kurt Fischer, Deutsche Truppen und Entente-Intervention in Südrußland 1918/19. Boppard am Rhein 1973, S. 11ff.; Liulevicius, Kriegsland im Osten, S. 256ff.; Wegner, Krieg gegen die Sowjetunion 1942/43, S. 768f.

sie entsandte Truppen in den Kaukasus und plante bereits, auf Petrograd vorzu-
marschieren.

Riesige Territorien sollte die russische Regierung abtreten. An eine dichte militärische Besatzung war, angesichts der zeitgleichen Vorgänge an der Westfront,
nicht mehr zu denken. Das deutsche Militär bevorzugte vielmehr einheimische
Regierungen unter deutscher Aufsicht, die vor allem eine ökonomische Ausbeutung zugunsten des Reiches organisieren sollten. Zwar sollten die ukrainischen
Regierungen durchaus stabilisiert werden, um als eigenständiger Machtfaktor gegen Russland bestehen zu können. Eine stringente deutsche Politik ist hier aber
nicht erkennbar, sieht man vom Bestreben ab, aus der Ukraine ein Maximum an
Getreidelieferungen herauszuholen. Freilich zeigt auch die wirtschaftliche Ausbeutung des Landes erhebliche Unterschiede zwischen 1918 und 1941[7].

Versucht man nun, konkrete Vergleichsmomente auszumachen, so zeigen sich
Unterschiede und Ähnlichkeiten deutlicher[8]: Am offensichtlichsten unterschieden
sich natürlich die politischen Rahmenbedingungen der deutschen Besatzungspolitik im Ersten und Zweiten Weltkrieg. Bei einem Vergleich der militärischen Besatzungen beider Weltkriege ist in Rechnung zu stellen, dass sich die Armeen deutlich
voneinander absetzten. Die politischen Anschauungen der Soldaten unterschieden
sich nicht allzu sehr von denen der Gesamtbevölkerung, d. h. sie waren 1915 und
noch mehr 1918 zerklüftet, während die Reichsbevölkerung 1941 in ihrer überwiegenden Mehrheit hinter Hitler stand. Gerade während der Phase maximaler terri-
torialer Ausdehnung im Jahre 1918 hatte hingegen die Kriegsmüdigkeit der Soldaten ihren Höhepunkt erreicht.

Dass das Deutsche Reich von 1914/18 sich fundamental vom NS-Staat unterschied, braucht hier nicht näher erläutert zu werden. Die Konstellation der Akteure war quasi spiegelverkehrt: Während die Reichsleitung zwar einen annexio-
nistischen Kurs verfolgte, aber insgesamt doch durch politische Rücksichtnahmen
eingehegt blieb, vertrat die Heeresleitung und hier insbesondere Generalquartiermeister Ludendorff extremere Positionen der Eroberungs- und Besatzungspolitik.
Im Militär war die Tendenz zur Ignorierung des Kriegsvölkerrechts weit stärker
ausgeprägt[9]. Kein Zweifel besteht darüber, dass sich das Reich schon im Krieg von
1914 aus den Bahnen klassischer Außenpolitik löste, dass offen über Annexionen
im Osten nachgedacht wurde. Dieses Interesse richtete sich, ähnlich wie dann im
Zweiten Weltkrieg, vor allem auf Polen und Teile des Baltikums. Als legitimato-
rische Fundierung mussten dazu wieder mittelalterliche Siedlungen Deutscher

---

[7] Klaus Hildebrand, Das deutsche Ostimperium 1918. Betrachtungen über eine historische „Au-
genblickerscheinung", in: Gestaltungskraft des Politischen. Festschrift für Eberhard Kolb. Hg.
von Wolfgang Pyta, Ludwig Richter. Berlin 1998, S. 109–124; Winfried Baumgart, General Groener und die deutsche Besatzungspolitik in der Ukraine 1918, in: Geschichte in Wissenschaft
und Unterricht 21 (1970), S. 325–340; zur Getreideaufbringung 1918: Caroline Milow, Die ukrainische Frage 1917–1923 im Spannungsfeld der europäischen Diplomatie. Wiesbaden 2002,
S. 141ff.
[8] Einen kompakten Vergleich bietet Madajczyk, Faszyzm i okupacje, Band 2, S. 636–643; differenziert: Rüdiger Bergien, Vorspiel des „Vernichtungskrieges"? Die Ostfront des Ersten Weltkriegs und das Kontinuitätsproblem, in: Die vergessene Front. Der Osten 1914/15. Hg. von
Gerhard P. Groß. Paderborn u. a. 2006, S. 393–408.
[9] Vgl. dazu Isabell V. Hull, Absolute Destruction: Military Culture and the Practices of War in
Imperial Germany. Ithaca 2005.

herhalten. Manche Planungen näherten sich inhaltlich bedenklich dem, was sich dann im Zweiten Weltkrieg zutrug: etwa der extreme Vorschlag, einen „polnischen Grenzstreifen" einzurichten, aus dem ein großer Teil der polnischen Bevölkerung vertrieben werden sollte[10].

Und doch war die Siedlungsutopie nur eine Facette der Politik gegenüber den eroberten Gebieten im Osten. Zur Besiedlung durch Deutsche war nur ein kleiner Teil des Zarenreiches ausersehen, und diese Pläne traten nicht einmal ansatzweise ins Stadium der Realisierung[11]. Statt dessen wurde in den seit 1915 eroberten Räumen eine harte Besatzungspolitik betrieben, in den territorialen Erweiterungen des Jahres 1918 eine Art von „indirect rule". Geprägt wurde die deutsche Herrschaft im Osten zwischen 1915 und 1918 durch quasi koloniale Formen der Politik, aber auch durch eine koloniale Deutung in Öffentlichkeit und Besatzungspersonal. Dieser „koloniale Diskurs" beschäftigte die Deutschen schon seit den 1880er Jahren und bezog sich selbstredend vor allem auf überseeische Besitzungen. In Grundzügen wurde er jedoch auch auf Osteuropa bezogen, das vermeintlich kulturell unentwickelt sei, einen vergleichsweise niedrigen Lebensstandard aufwies und durch die deutsche Herrschaft „kulturalisiert" werden sollte[12]. Besonders deutlich wird dies in kolonialmedizinischen Konzepten, die zuerst in den deutschen Kolonien, dann im Ersten Weltkrieg und – in deutlich radikalisierter Form – in der nationalsozialistischen Besatzungspolitik weitertransportiert wurden[13].

Freilich unterschied sich schon die Betrachtungsweise des Ostens im Ersten Weltkrieg in einigen Punkten fundamental von der Deutung der überseeischen Kolonialisierung: Über kontinentaleuropäische Aspirationen bestand angesichts zwischenstaatlicher Konkurrenz natürlich kein europäischer Konsens. Im Blick auf Osteuropa traten die klassischen antislawischen Vorurteile auf den Plan. Dem Osten wurde keine natürliche „Ursprünglichkeit" zugebilligt, vielmehr galt Russland als „halb-asiatisch", noch von den vermeintlichen Folgen der Mongolenherrschaft geprägt. Die Menschen der bäuerlich dominierten Welt galten als dumpf und unproduktiv, die orthodoxe Religion wirkte fremdartig. Die Verhältnisse insbesondere in den Städten sah man als besonders unhygienisch an, die Metropolen galten als infiziert mit sozialrevolutionärem Aufruhr.

Welche Wirkung hatten diese Deutungsmuster in der Besatzungspolitik? Zunächst muss festgestellt werden, dass das Besatzungsregime der Mittelmächte im Westen und Süden grundsätzlich nicht weniger hart war als im Osten[14]. Überall herrschte ein Mangel an Nahrung, überall bestand Arbeitspflicht, wurden Einwohner zur Zwangsarbeit herangezogen oder – bis 1917 – auch ins Reich depor-

---

[10] Vgl. Wolfgang J. Mommsen, Der „polnische Grenzstreifen", in: ders., Der Erste Weltkrieg. Frankfurt a. M. 2004, S. 118–136.

[11] Liulevicius, Kriegsland im Osten, S. 260ff.

[12] Das ist das Hauptargument von Liulevicius, Kriegsland im Osten.

[13] Wolfgang U. Eckart, Medizin und Kolonialimperialismus: Deutschland 1884–1945. Paderborn u. a. 1997, S. 505ff.; Paul Julian Weindling, Epidemics and Genocide in Eastern Europe 1890–1945. Oxford u. a. 2000, S. 26f.

[14] Vgl. Stéphane Audoin-Rouzeau, Annette Becker, 14–18, retrouver la guerre. Paris 2000, S. 68ff.; Beispiele: Gustavo Corni, Die Bevölkerung von Venetien unter der österreichisch-ungarischen Besetzung 1917/1918, in: Zeitgeschichte 17 (1989/90), S. 311–329; Annette Becker, Life in an Occupied Zone: Lille, Roubaix, Tourcoing, in: Facing Armageddon. The First World War Experienced. Hg. von Hugh Cecil u. a. London 1996, S. 630–641.

tiert[15]. Freilich wurden Osteuropäer oft viel existentieller getroffen, wegen der schlechteren Infrastruktur oder der allgemeinen wirtschaftlichen Mangellagen. Ein Spezifikum der Besatzungsherrschaft im Osten stellten die epidemiologischen Großkonzepte der Okkupationsverwaltung dar. Der Raum galt als „seuchenanfällig", entsprechend galt die Grenze zum Osten auch als „Seuchengrenze". Man organisierte dort groß angelegte Entlausungen und errichtete Einreisebarrieren. Hier zeichneten sich bereits Konzepte ab wie die Einstufung von Ethnien nach „Seuchenanfälligkeit", die später unheilvolle Wirkung entfalten sollten[16].

Massenhafte Tötungen von Zivilisten hatten – in deutlichem Kontrast zum Zweiten Weltkrieg – keine herausragende Bedeutung in der Besatzungspolitik. Anders als in den Kolonien, wo Aufstände der Einheimischen am Beginn des Jahrhunderts zu Massenverbrechen durch deutsche Truppen führten[17], war ein solches Vorgehen im besetzten Europa des Ersten Weltkrieges undenkbar. Freilich schreckten auch die militärischen Besatzer nicht vor Gewalt gegen Zivilisten zurück, wenn sie glaubten, aus deren Kreis auf Widerstand zu treffen. Nach dem Krieg wurden diese Verbrechen gezielt verschleiert und gingen in der propagandistischen Auseinandersetzung um echte oder vermeintliche Kriegsgräuel unter. Am offensichtlichsten ist dies in der Franc-Tireur-Hysterie im deutsch-besetzten Belgien 1914. Ohne greifbare Beweise für bewaffneten Widerstand zu haben, erschossen deutsche Truppen dort über 5000 Zivilisten auf bloßen Verdacht hin[18]. Offensichtlich zurückhaltender reagierte die Militärverwaltung, als sich im Land Ober Ost ab 1916 Widerstände in der Bevölkerung zeigten; aus Sicht der Besatzer handelte es sich um „Banden". Strafaktionen waren hart, aber nicht mörderisch, sie beschränkten sich auf das Abbrennen von Häusern und die Inhaftierung von Verdächtigen. Oft landeten diese in Zivilgefangenenlagern; zumindest in einem Fall sprach man schon damals von „Konzentrationslager". Tötungen erfolgten meist nach Todesurteilen vor Militärgerichten; in Litauen wird deren Zahl auf etwa 1000 geschätzt[19].

[15] Ulrich Herbert, Geschichte der Ausländerpolitik in Deutschland: Saisonarbeiter, Zwangsarbeiter, Gastarbeiter, Flüchtlinge. München 2001, S.105ff.; Hull, Absolute Destruction, S.248ff.; nach 80 Jahren immer noch ein Klassiker der Besatzungsgeschichtsschreibung: Georges Gromaire, L'occupation allemande en France (1914–1918). Paris 1925.
[16] Weindling, Epidemics, S.73ff.
[17] Vgl. jetzt: Völkermord in Deutsch-Südwestafrika. Der Kolonialkrieg (1904–1908) in Namibia und seine Folgen. Hg. von Jürgen Zimmerer u.a. Berlin 2003; Felicitas Becker, Jigal Beez, Der Maji-Maji-Krieg in Deutsch-Ostafrika 1905–1907, Berlin 2005. Zimmerer zieht inzwischen eine übertrieben direkte Kontinuitätslinie von den Kolonien zur deutschen Herrschaft in der Sowjetunion 1941: Ders., Die Geburt des „Ostlandes" aus dem Geiste des Kolonialismus. Die nationalsozialistische Eroberungs- und Beherrschungspolitik in (post-)kolonialer Perspektive, in: Sozial.Geschichte 19 (2004), H. 1, S. 10–43.
[18] Michael Geyer, Gewalt und Gewalterfahrung im 20.Jahrhundert. Der Erste Weltkrieg, in: Der Tod als Maschinist. Der industrialisierte Krieg 1914–1918. Hg. von Rolf Spilker, Bernd Ulrich. Bramsche 1998, S.241–257, hier 248–252; John Horne, Alan Kramer, German Atrocities 1914. A history of denial. New Haven u.a. 2001, bes. S.161ff.; Hull, Absolute Destruction, S.230ff.
[19] Liulevicius, Kriegsland im Osten, S.106; Abba Strazhas, Deutsche Ostpolitik im Ersten Weltkrieg. Der Fall Ober-Ost 1915–1917. Wiesbaden 1993, S.48ff.; Jürgen Matthäus, German Judenpolitik in Lithuania during the First World War, in: Leo Baeck Institute Yearbook 43 (1998), S.155–174, hier 170f. Ausmaß und Charakter des Widerstandes sind umstritten, vgl. Bernhard Chiari, Geschichte als Gewalttat. Weißrußland als Kind zweier Weltkriege, in: Erster Weltkrieg – Zweiter Weltkrieg, Ein Vergleich. Krieg, Kriegserlebnis, Kriegserfahrung in Deutschland. Hg. von Bruno Thoß, Hans-Erich Volkmann, Paderborn u.a. 2002, S.615–633, hier 617.

Weniger bekannt ist das Vorgehen der österreichisch-ungarischen Truppen und Verwaltungen: Ebenfalls schon 1914 massakrierten einzelne Verbände Geiseln in Serbien, vermutlich über 1 000 Personen. Drastisch entwickelte sich das Vorgehen in Galizien und der Bukowina, beim Abzug 1914 und nach der Wiedereroberung im Frühjahr 1915: Dort wurden Zehntausende von Ruthenen unter dem Verdacht der Illoyalität oder der Kollaboration mit der kurzzeitigen russischen Besatzung in Internierungslager nach Österreich deportiert, wo sie unter erbärmlichen Umständen ihr Leben fristen mussten. Die K.u.k.-Truppen nahmen Bewohner als Geiseln, wenn sich Dörfer angeblich als „russophil" gezeigt hatten. Tausende weitere wurden als angebliche Spione oder Verräter kurzerhand erhängt[20]. Hierbei ist hervorzuheben, dass es sich nicht um Gewalt gegen Ausländer in einem Besatzungsgebiet, sondern gegen Einwohner der Monarchie handelte. Es ist jedoch nicht zu übersehen, dass sich die Verbrechen zumeist gegen die slawische Minderheit richteten.

Man wird wohl nicht fehlgehen, wenn man annimmt, dass die Armeen der Mittelmächte im Ersten Weltkrieg zwischen 10 000 und 20 000 Zivilisten, vielleicht sogar mehr, außerhalb von Kampfhandlungen umgebracht haben[21]. Wenn auch hier deutlich die Grundmuster hervortreten, die im Zweiten Weltkrieg galten (Tötung auf Verdacht, kollektive Zuschreibung, extreme Repressalien, ethnische Selektion), so sind die Dimensionen doch andere gewesen. Zwischen 1939 und 1945 wurde nahezu eine Million Menschen im Zusammenhang mit der deutschen Widerstandsbekämpfung getötet[22]. Noch deutlichere Unterschiede zeigt die Behandlung der Kriegsgefangenen. Hier scheinen die Feindbilder gegenüber der gegnerischen Armee im Ersten Weltkrieg noch nicht so ausgeprägt gewesen zu sein. Nicht nur an der Westfront, sondern auch zwischen Deutschen und Russen kam es in Kampfpausen hin und wieder zu Fraternisierungen. Die Behandlung der Kriegsgefangenen gestaltete sich zwar nicht so menschenverachtend wie im deutsch-sowjetischen Krieg zwei Jahrzehnte später, als die Hasspropaganda gegen den Feind drastische Formen annahm, doch schlug die allgemeine Mangelsituation in Deutschland und Russland auf die Lebensbedingungen durch. So starben etwa 5% aller russischen Kriegsgefangenen in deutscher Hand. Immerhin kursierten schon damals mörderische Vorschläge. Das Staatsoberhaupt selbst, also Kaiser Wilhelm II., schlug im September 1914 vor, die russischen Gefangenen aus den ostpreußischen Grenzschlachten auf die Kurische Nehrung zu treiben und dort verhungern zu lassen. Glücklicherweise setzte er sich damit jedoch nicht durch[23]. Die deutschen Kriegsgefangenen in Russland wurden offen gegenüber Gefangenen slawischer Herkunft benachteiligt und in große Lager in Sibirien transportiert. Von den 170 000 Männern verstarb ein vergleichsweise hoher Anteil, etwa 20%.

[20] Horne/Kramer, German Atrocities, S. 85; Manfried Rauchensteiner, Der Tod des Doppeladlers. Österreich-Ungarn und der Erste Weltkrieg. Graz u.a. 1993, S. 177ff.; Walter Mentzel, Kriegsflüchtlinge in Cisleithanien im Ersten Weltkrieg. Diss. phil. Univ. Wien 1997. Schätzungen reichen bis zu 11 000 Exekutionen allein in Galizien/Bukowina.

[21] Weit höhere Zahlen bei Hans Hautmann, Die Verbrechen der österreichisch-ungarischen Armee im Ersten Weltkrieg und ihre Nicht-Bewältigung nach 1918, Paper German Studies Association in Atlanta, Oktober 1999 (je 30 000 Exekutierte in Galizien und in Serbien).

[22] Dieter Pohl, Verfolgung und Massenmord in der NS-Zeit, Darmstadt 2003, S. 121-133.

[23] So John C. G. Röhl in: Gehorsam und Größenwahn. Die Rolle des Militärs in Deutschland zwischen 1871 und 1945, in: Die Zeit vom 23.11.2000 (ZEIT–Forum 48/2000).

Trotz einer begrenzten deutsch-russischen Kommunikation im Kriege konnte eine völkerrechtskonforme Behandlung der Deutschen in russischem Gewahrsam nicht erreicht werden[24]. Ähnlich entwickelte sich die Zahl der Todesfälle unter den Kriegsgefangenen aus der K.u.k.-Armee.

Die entscheidende Differenz deutscher Herrschaft im Osten 1915 und 1941 zeigt sich jedoch in der Behandlung der jüdischen Minderheit. In den 1941 besetzten sowjetischen Gebieten verübten deutsche Einheiten, oft mit Unterstützung einheimischer Helfer, einen präzedenzlosen Völkermord an etwa 2,4–2,5 Millionen Menschen jüdischer Herkunft, an Männern, Frauen und Kindern. Dagegen nimmt sich die deutsche Politik gegenüber den Ostjuden im Ersten Weltkrieg vergleichsweise harmlos aus[25].

So ist allein schon die Tatsache in Rechnung zu stellen, dass in den Heeren der Mittelmächte viele Juden Dienst taten, wenn ihnen auch die Offizierslaufbahn zumeist verschlossen blieb. Selbst in der Militärverwaltung „Ober Ost" arbeiteten Juden[26]. Zwar existierte dort sogar ein regelrechtes „Judenreferat", doch hatte dies deutlich andere Aufgaben als die entsprechenden Sachgebiete der Militärverwaltung ab 1941[27]. Die einheimischen Juden hatten zudem für die Besatzungsmacht eine besondere Bedeutung, waren sie es doch oftmals, die über deutsche Sprachkenntnisse verfügten und somit den Kontakt mit der Bevölkerung herstellen konnten. Von Seiten der Minderheit, in der eine gewisse Affinität zur deutschen Kultur herrschte, wurden die Mittelmächte nicht selten als Befreier gesehen, zumal der zarische Staat die Drangsalierungen von Juden 1914/15 deutlich verschärfte.

Dennoch wäre es blauäugig anzunehmen, der Antisemitismus aus der Zeit vor 1914 sei nun verschwunden gewesen, zumal gegenüber den Ostjuden. Bekannt ist die „Judenzählung" im Preußischen Heer 1916, die dem organisierten Antisemitismus, der sich durch die Kriegszensur beschränkt sah, neuen Auftrieb verlieh. Aber auch in der Besatzungsverwaltung waren Antisemiten nicht eben selten. Sie mokierten sich über die angeblich falsche Freundlichkeit jüdischer Einwohner oder über die miserablen Lebensverhältnisse im Schtetl[28]. Anscheinend blieb der Antisemitismus aber zunächst in den Bahnen der Vorkriegszeit, selbst wenn es im Zusammenhang mit dem deutschen Einmarsch zu Pogromen durch einheimische Truppen kam[29]. Deutlicher in die Zukunft wiesen jedoch die Ausfälle des Haupt-

[24] Rüdiger Overmans, „Hunnen" und „Untermenschen" – deutsche und russisch/sowjetische Kriegsgefangenschaftserfahrungen im Zeitalter der Weltkriege, in: Erster Weltkrieg – Zweiter Weltkrieg, S. 335–365, hier 342–353.
[25] Grundlegend: Frank M. Schuster, Zwischen allen Fronten. Osteuropäische Juden während des Ersten Weltkrieges (1914–1919). Köln u. a. 2004, bes. S. 288ff.; vgl. Matthäus, German Judenpolitik.
[26] Liulevicius, Kriegsland, S. 76f.
[27] Abba Strazhas, Die Tätigkeit des Dezernats für jüdischen Angelegenheiten in der „Deutschen Militärverwaltung Oberost", in: Die baltischen Provinzen Rußlands zwischen den Revolutionen von 1905 und 1917. Hg. von Andrew Ezergailis und Gert von Pistohlkors. Köln, Wien 1982, S. 315–329.
[28] Liulevicius, Kriegsland, S. 151ff.; vgl. Pam Maclean, Control and Cleanliness. German-Jewish Relations in Occupied Eastern Europe during the First World War, in: War & Society 6 (1988), H. 2, S. 47–69.
[29] Vgl. Frank M. Grelka, Selbständigkeitsbestrebungen und Besatzungsherrschaft. Eine vergleichende Studie zur Geschichte der ukrainischen Nationalbewegung im Kontext der deutschen Besatzung 1918 und 1941/42. Diss. phil. Univ. Bochum 2003, S. 224ff. (ich danke Frank Grelka für die Überlassung eines Exemplars).

verantwortlichen für die Besatzungsverwaltung Ludendorff und vor allem seines
rechtsextremen politischen Beraters, Max Bauer. Der Pazifismus, die Sozialdemo-
kratie und schließlich der Bolschewismus, alles dies sei „jüdisch" oder besonders
von Juden betrieben[30]. Noch drastischer gestalteten sich die Hassphantasien des
Vertreters der OHL in Moskau, Bothmer, er „würde gern mal ein paar 100 der
Judenbengels nebeneinander ... an der Kreml-Mauer hängen sehen."[31] Hier zeichnete sich bereits das kollektive Feindbild vom „Judeo-Bolschewismus" ab, auf das
noch einzugehen sein wird.

Insgesamt zeigt ein Vergleich militärischer Besatzung mit dem Zweiten Weltkrieg einige strukturelle Ähnlichkeiten, aber auch recht deutliche Unterschiede:
Die Besatzungspolitik war unfreundlich bis hart, ist aber nicht pauschal als mörderisch zu qualifizieren. Freilich zeichnete sich schon eine gewalttätige Repressalpolitik ab, wenn auch in ganz anderen Dimensionen. Für die Präzisierung eines
Vergleichs ist zu fragen, inwieweit der Erste Weltkrieg nicht seiner zweiten Auflage, sondern anderen Konflikten ähnelte, etwa den besonders blutigen Balkankri-
gen 1912/13. Waren es nicht auch universale Phänomene des Krieges, wie sie besonders seit dem Ende des 18. Jahrhunderts geführt wurden? Vier generelle
Tendenzen wurden damals in Kriegführung und Besatzungspolitik sichtbar, die
vom Ersten Weltkrieg auf den Zweiten verweisen. Diese Tendenzen zeichneten
sich schon im 19. Jahrhundert ab, traten nach 1914 jedoch in neuer Qualität zutage:

1. Die Nationalisierung des Krieges. Seit den französischen Revolutionskriegen
wurden Konflikte immer mehr zur Auseinandersetzung nationaler Kollektive.
Nach innen bedeutete dies, dass die Armeen zu nationalen Gemeinschaft stilisiert
wurden, in Deutschland quasi der Mythos der Volksgemeinschaft geboren wurde.
Nach außen hin fand dies seinen Niederschlag in der offiziellen Propagierung von
nationalen Feindbildern, die sich in den modernen Öffentlichkeiten, aber auch im
Denken der Bevölkerung festmachten. Stereotypen herrschten nun nicht mehr nur
in der alltäglichen Lebenswelt, sondern wurden quasi staatlich sanktioniert. Als
Kehrseite im Innern verschärfte sich der Anspruch auf Loyalität zur jeweiligen Nation im Krieg. Spionagehysterie, aber auch die kollektive Drangsalierung von ethnischen oder religiösen Minderheiten, die als vermeintlich unzuverlässig angesehen
wurden, nahmen immer schärfere Ausmaße an. Jeglicher Widerstand wurde als national und damit grundsätzlich feindlich interpretiert. Diese innere Nationalisierung ist auch in der Besatzungspolitik spürbar. Bestimmte Gruppen wurden kollektiv hierarchisiert, „unzuverlässige" unter Umständen deportiert und interniert.

2. Die Technisierung des Krieges. Massenheere, geschlossene Frontlinien und
die enorme Vernichtungswirkung der neuen Waffentechnik konnten eroberte Gebiete binnen kurzem völlig verwüsten. Kaum ein Dorf auf dem Kriegsschauplatz
blieb verschont. Zugleich ermöglichte die Technisierung eine effektivere Besatzungspolitik. Durch moderne Kommunikations- und Transportmittel konnten

---

[30] Wette, Wehrmacht, S. 47–52; Martin Kitchen, The Political Ideas of Colonel Max Bauer 1916–
18. Militarism and the development of fascist ideology, in: Central European History 8 (1975),
S. 199–220.
[31] Winfried Baumgart, Deutsche Ostpolitik 1918. Von Brest-Litowsk bis zum Ende des Ersten
Weltkrieges. München, Wien 1966, S. 221 (Tagebucheintrag vom 25. 6. 1918).

Gebiete flächendeckend verwaltet, zentrale Maßnahmen binnen kurzem vor Ort durchgestellt werden. Zwangsmigrationen großen Ausmaßes stellten kein logistisches Problem mehr dar.

3. Die Ökonomisierung des Krieges. Der enorme Ressourceneinsatz für die moderne Kriegsführung hatte eine verschärfte Ausbeutung besetzter Gebiete zur Folge. In den modernen Gesellschaften mit ihren politischen Artikulationsmöglichkeiten verschärfte sich die Tendenz, alle Belastungen zu externalisieren, d. h. der „feindlichen" Zivilbevölkerung aufzuerlegen, sei es durch Abgabe von Lebensmitteln und Rohstoffen, sei es durch Zwangsarbeit für die eigene Kriegswirtschaft. Umgekehrt galt es, bei Rückzügen dem Gegner möglichst wenig von diesen Ressourcen zu überlassen, also nach Möglichkeit alle Arbeitskräfte und Waren abzuziehen und alle Infrastruktur zu zerstören.

4. Die Totalisierung des Krieges. Sie wirkte sich nicht nur auf die Mobilisierung der eigenen Bevölkerung und die Form der Kriegführung aus, sondern auch auf die Behandlung der Bevölkerung. Tendenzen moderner Politik in Friedenszeiten, wie eine möglichst genaue Erfassung, Kategorisierung und auch Überwachung der eigenen Bürger, schlugen nun mit umso größerer Wucht unter den Bedingungen des Krieges auf die Einwohner eroberter Gebiete durch.

Diese allgemeinen, ja fast banalen Feststellungen lassen sich für die meisten 1914 bis 1918 kriegsführenden Länder treffen[32]. Um also Kontinuitätslinien fixieren zu können, muss nach einem deutsch(-österreichischen) Sonderweg gefragt werden. Zwar agierte in der zentralen Besatzungspolitik ab 1941 nur der deutsche Staat, die Soldaten wie auch Erfahrungen stammten jedoch sowohl aus dem deutschen wie aus dem österreichischen Kontext. Von einem deutsch-österreichischen Sonderweg kann im Blick auf den Ersten Weltkrieg jedoch nur ganz bedingt gesprochen werden, etwa im Hinblick auf die preußisch-deutsche „Militärkultur", die einerseits den Offizieren einen großen Handlungsspielraum ließ und andererseits jeglicher völkerrechtlicher Bindung entgegenwirkte[33]. Deutlich werden zwar die Unterschiede zu Kriegführung und Besatzungspolitik der Westmächte, kaum jedoch mit Blick auf Russland, Bulgarien und – selbstredend – Ungarn.

Die russische Staatsführung und ihre Armee ließen Hunderttausende Bürger, vor allem jüdischer und deutscher Herkunft, unter dem Vorwand deportieren, sie seien kollektiv als unzuverlässig einzustufen. Innerhalb der zarischen Armee wurde ein erhebliches Maß an Gewalt gegenüber eigenen Minderheiten als auch Ausländern unter Besatzung ausgeübt[34]. Wenn schon von einem Sonderweg in puncto

---

[32] Vgl. Bruno Thoß, Die Zeit der Weltkriege – Epochen- als Erfahrungseinheit?, in: Erster Weltkrieg – Zweiter Weltkrieg, S. 7–30; Peter Holquist, To Count, to Extract, and to Exterminate. Population Statistics and Population Politics in Late Imperial and Soviet Russia, in: A State of Nations. Empire and Nation-Making in the Age of Lenin and Stalin. Hg. von Ronald Grigor Suny, Terry Martin. Oxford 2001, S. 111–144, hier 124–127. Recht kurze Schlüsse zieht Eberhard Demm, Das deutsche Besatzungsregime in Litauen im Ersten Weltkrieg: Generalprobe für Hitlers Ostfeldzug und Versuchslabor des totalitären Staates, in: Zeitschrift für Ostmitteleuropa-Forschung 51 (2002), S. 64–74.

[33] So in etwa das zentrale Argument von Hull, Absolute Destruction, S. 324ff.

[34] Peter Gatrell, A Whole Empire Walking. Refugees in Russia during World War I. Bloomington u. a. 1999, S. 16ff.; Horne/Kramer, German Atrocities, S. 79ff., mit der notwendigen Abgrenzung zur „Greuelpropaganda". Vgl. Daniel William Graf, The Reign of the Generals. Military Government in Western Russia, 1914–1925. Ann Arbor 1972.

Gewalt die Rede sein kann, so trifft das noch viel mehr auf den osmanischen Verbündeten zu, der ab 1915 seine armenische Minderheit zu erheblichen Teilen ausrottete. Nicht nur die deutsche Diplomatie, sondern auch die vielen deutschen Militärs in der Türkei registrierten dies aufmerksam, bisweilen zustimmend. Einige deutsche Offiziere setzten sich sogar aktiv für Deportationen ein, freilich kaum für die dann erfolgten Massenmorde; andere waren an der Niederschlagung des armenischen Widerstandes beteiligt[35].

Es sind also schon vor 1918 Grundstrukturen von radikalisierter Besatzungspolitik und Gewalt erkennbar, die aber unter den gegebenen Bedingungen in deutlich gesetzten Grenzen blieben. Somit bedurfte es einer grundlegend anderen Konstellation, welche erst in der Lage war, die deutsche Besatzungsherrschaft von 1941 an zu erklären. Die Erfahrung deutscher Besatzung im Osten von 1915 bis 1918 blieb jedoch präsent, allein schon bei den zwei bis drei Millionen Mann in „Ober Ost" und der etwa halben Million Soldaten in Südrussland[36]. Einige von ihnen kehrten 1941 als Offiziere zurück, so etwa als Kommandeur der 213. Sicherungsdivision in die Ukraine[37]. Solche biographischen Kontinuitäten blieben jedoch, aufs Ganze gesehen, eher die Ausnahme; sie waren freilich im individuellen Handlungsrahmen wirksam.

Eine Radikalisierung der Besatzungspolitik, die eindeutiger auf den Zweiten Weltkrieg hinausweisen würde, war bis 1918 nicht festzustellen. Zwar hatten Fronterlebnis und Massensterben der Soldaten traumatisierende Wirkungen auf die Männer, doch schien eine Rückkehr zur gesellschaftlichen Normalität zunächst möglich. Erst die Konstellation ab 1919, mit Kriegsniederlage und Verlust sozialer Stellung, Zusammenbruch kultureller Wertsysteme und politischer Orientierungspunkte, schuf die Voraussetzungen für eine neue, radikale Vorstellung von Krieg.

2. Übergang zum Weltanschauungskonflikt: Nachkriegskämpfe 1919–1921

Die Mehrheit des Offizierskorps empfand den Waffenstillstand als Schock. Wie konnte man eine Niederlage unterzeichnen, wo doch im Osten gerade gigantische Territorien erobert worden waren? Genauso wie der Verlust der Kolonien ging der „Ostraum" so in das Versailles-Trauma ein und beflügelte einige, weiterhin entweder von überseeischen Besitzungen oder von einem Ost-Imperium zu träumen. Für viele deutsche Soldaten hatte der Krieg im Osten aber am 9. November 1918 noch kein Ende gefunden. Teilweise waren die Verbände noch nicht abgezogen, teilweise formierten sich neue Kräfte, die sich im Anschluss an die Befreiungskriege von 1813/14 Freikorps nannten. Diese bestanden nur noch zum Teil

---

[35] Weindling, Epidemics, S.106–108; Hull, Absolute Destruction, S.275ff.; Christoph Dinkel, German Officers and the Armenian Genocide, in: Armenian Review 44 (1991), H. 1, S.77–133, hier 99ff.
[36] Liulevicius, Kriegsland, S.301.
[37] BA-MA, RH 22/204, Sich.Div. 213 an Befehlshaber rückwärtiges Heeresgebiet (Berück) Süd, 9.3.1942.

aus Soldaten, vielfach jedoch aus anderen Freiwilligen, etwa jungen Schulab-gängern[38].

In der Ukraine konnte die Heeresgruppe Kiew zeitweise weiterhin verbleiben, auf der Basis von Abmachungen mit den Alliierten und dem Direktorium, der damaligen provisorischen ukrainischen Regierung. Schon durch Auflösungser-scheinungen geschwächt, wurden diese Truppen bis Januar 1919 abgezogen. Ihre Anwesenheit diente vor allem zur Abwehr bolschewistischer Vormärsche oder lo-kaler Versuche der Machtergreifung, so lange bis alliierte Interventionsstreitkräfte eintrafen. Dabei gerieten die deutschen Truppen jedoch zusehends zwischen die unübersichtlichen Fronten des Russischen Bürgerkrieges[39].

Während die regulären Truppen aber meist abgerückt waren, bevor es zu ernst-haften Auseinandersetzungen mit der Roten Armee kam, waren die Freikorps im Baltikum eigens für diesen Konflikt gebildet worden. Schon im Winter 1918/19 tobte in Estland und Lettland ein Guerillakrieg, der mit extremer Gewalt ausge-fochten wurde. Diesen führte zunächst die kleine Baltische Landwehr. Doch bald wurden immer mehr Männer rekrutiert. Etwa 40 000 Freiwillige kämpften zusam-men mit verbliebenen deutschen Truppen und frisch aufgestellten Verbänden der neuen baltischen Staaten. Freilich verfolgten die Freikorps jeweils eigene politische Ziele, viele der Männer waren schlichtweg auf Beute aus. Die Einheiten begannen alsbald, hemmungslos Gewalt gegen die Bevölkerung und sogar gegen ihre einst-maligen lettischen Verbündeten auszuüben. In Jelgava, Riga und anderen Städten richteten sie nach der Rückeroberung regelrechte Massaker unter solchen Ein-wohnern an, die als „bolschewistenverdächtig" galten oder gegen drakonische Be-satzungsbestimmungen verstießen. Die Zahl der Opfer geht in die Tausende. Dieses gewaltsame Vorgehen hielt bis Dezember 1919 an, als die Verbände endgül-tig aus dem Baltikum verdrängt wurden[40].

Bekanntermaßen bildeten sich nicht nur außerhalb der deutschen Grenzen, son-dern auch in vielen Regionen des Reiches Freikorps, Einwohnerverbände und ähnliches. Zunächst von der neuen Reichsregierung und der Heeresleitung einge-richtet, gerieten die Gruppen und Grüppchen, zusammen etwa 120 Einheiten mit einem geschätzten Höchststand von 250 000, insgesamt etwa 400 000 Mann, als-bald außer Kontrolle. Anfangs noch politisch durchaus divergent, dominierte dort alsbald eine antidemokratische Richtung, die gegenüber Arbeiterräten und Kom-munisten an einigen Orten zu hemmungsloser Gewalt neigte. Das größte Gemet-zel auf deutschem Boden verübte das Freikorps Epp bei der Beseitigung der Münchener Räterepublik. Mehrere hundert „Verdächtige" wurden in München umgebracht, unter dem Vorwand der Rache für eine Mordaktion durch Kommu-nisten[41]. Vergleichbare Zeitfreiwilligeneinheiten etablierten sich als „Grenzschutz"

---

[38] Vgl. vor allem Boris Barth, Dolchstoßlegenden und politische Desintegration. Das Trauma der deutschen Niederlage im Ersten Weltkrieg 1914–1933. Düsseldorf 2003, S. 237ff.; Hagen Schulze, Freikorps und Republik 1918–1920. Boppard am Rhein 1969; dazu Streit, Keine Kameraden, S. 322f.

[39] Fischer, Truppen, S. 49ff.

[40] Barth, Dolchstoßlegenden, S. 257ff.; Liulevicius, Kriegsland, S. 279ff.; Bernhard Sauer, Vom „Mythos eines ewigen Soldatentums". Der Feldzug deutscher Freikorps im Baltikum im Jahre 1919, in: ZfG 43 (1995), S. 869–902.

[41] Schulze, Freikorps und Republik, S. 98f.

in Deutschland und Österreich, vor allem gegenüber den neu erstandenen Staaten Polen und Jugoslawien. Sie kämpften nicht gegen den Bolschewismus, sondern gegen Gebietsforderungen etwa in Posen oder Slowenien. Welche Bedeutung haben diese Milizen für die Kriegs- und Nachkriegserfahrung? Zunächst zeigen sie die allmähliche Trennung von Durchschnittstruppe und hoch motivierten Antikommunisten, d. h. eine Entwicklung, die auch in den kommenden Jahrzehnten von Bedeutung blieb. In der Kriegführung unterschieden sie sich mehr und mehr von der regulären Armee: Auf Grund der personellen Schwäche und der fehlenden einheitlichen Führung, aber auch in Anpassung an die Kampfweise der Roten Armee, zeigen die Nachkriegskämpfe deutliche Kennzeichen des irregulären Krieges mit partisanenartigen Strukturen.

Die Feindbilder und auch die Gewaltausübung radikalisierten sich hier in erheblichem Ausmaße. Doch nicht nur stereotype Denkmuster zeichneten hierfür verantwortlich, sondern genauso die gegenseitige Eskalation durch die am Kampf Beteiligten. „Rote" Einheiten terrorisierten ihre politischen Gegner, das Bürgertum und den Adel, bald jeden „Verdächtigen". Die Eskalation des Weltanschauungskrieges ging in Russland seit Ende 1919 weiter. Die deutschen Einheiten wurden abgezogen, deutsche Legionäre blieben nur noch in der „weißen" Westarmee des Generals Bermondt-Avalov vertreten. „Rote" und „weiße" Truppen, teilweise auch bäuerliche Aufständische, massakrierten nach Rückeroberungen meist diejenigen, die man einer „Kollaboration" mit dem jeweiligen Gegner bezichtigte. Gleichzeitig nahmen die Massenverbrechen der Tscheka, der kommunistischen Geheimpolizei, immer schrecklichere Ausmaße an. Dies floss ins Bewusstsein der deutschen Öffentlichkeit nur noch mittelbar ein, meist über dunkle undefinierbare Vorstellungen von kommunistischem Terror[42].

In diesen frühen Jahren bildeten sich bereits die typischen ideologischen Muster aus, die uns im Zweiten Weltkrieg wieder begegnen: Als die Verkörperung des Bösen schlechthin erschien der „Kommissar", der Politoffizier in der Roten Armee. Besondere Verachtung galt den Frauen, die in der Roten Armee kämpften, von den Freikorps verächtlich als „Flintenweiber" apostrophiert[43]. Wie weit diese Vorstellungen wirkten, zeigt ein Blick in die Freikorps-Literatur: Dort wurde das Massaker an 400 bewaffneten Frauen 1919 in Riga regelrecht verherrlicht[44].

Ein Schlüssel zur Analyse der Motivation von Massenverbrechen ab 1941 ist der Stereotyp vom „jüdischen Bolschewismus", der seit 1918 eine Konjunktur unter Militärs und unter Politikern konservativer bis rechtsextremer Couleur erlebte. Auf den ersten Blick schien er auf der Wahrnehmung des hohen Anteils von Funktionären jüdischer Herkunft in der kommunistischen Bewegung zurückzugehen.

---

[42] Vladimir N. Brovkin, Behind the Front Lines of the Civil War. Political parties and social movements in Russia, 1918-1922. Princeton, NJ 1994; Gerd Koenen, Vom Geist der russischen Revolution. Die ersten Augenzeugen und Interpreten der Umwälzungen im Zarenreich, in: Deutschland und die russische Revolution 1917-1924. Hg. von Gerd Koenen u. a. München 1998, S. 49–98, hier 81–85; Michael, Kellogg, The Russian Roots of Nazism. White Émigrés and the Making of National Socialism, 1917–1945. Cambridge, New York 2005, S. 78ff.
[43] Mascha, Nina und Katjuscha. Frauen in der Roten Armee 1941-1945. Hg. von Peter Jahn. Berlin 2002, S. 50ff. Immer noch der Klassiker in der psychologischen Analyse der Freikorps-Literatur: Klaus Theweleit, Männerphantasien. Frankfurt a. M. 1977/78.
[44] Vgl. Sauer, Vom Mythos, S. 882.

Doch nicht diese Zurechnung, sondern antisemitische Vorurteile schufen ein solches Bild. Die Identifizierung von Juden mit der sozialistischen Bewegung und revolutionären Bestrebungen reichte weiter zurück, sie war in weiten Teilen Europas bereits um die Jahrhundertwende gang und gäbe, etwa in der Interpretation der russischen Revolution von 1905[45]. Und sie wurde nur im Falle der Juden zu einer kollektiven Schuldzuweisung. Dass beispielsweise Letten in Tscheka und KP ebenso überdurchschnittliche Repräsentanz aufwiesen, zeitigte nämlich keine Folgen im allgemeinen Bewusstsein. Der jüdischen Minderheit wurde jedoch die Handlungsweise eines winzigen Teils zugerechnet, welcher selbst wiederum fast durchweg die Zugehörigkeit zum Judentum abgelegt hatte[46].

Der Stereotyp vom „jüdischen Bolschewismus" breitete sich seit 1918 in Windeseile aus, war für die deutschen Beteiligten offensichtlich jedoch nur bedingt handlungsrelevant[47]. Massenhafte Verbrechen an Juden verübten ab 1918 noch andere. Nach dem Abzug deutscher Truppen aus der Ukraine im Januar 1919 wurde die jüdische Minderheit besonders im westukrainischen Podolien von regelrechten Massakern heimgesucht. Vor allem die Truppen des ukrainischen Direktoriums, aber auch die Verbände der aufständischen Bauern verübten entsetzliche Massaker an der jüdischen Bevölkerung, die an einigen Orten bereits die Dimension annahmen wie später die ersten Morde unter deutscher Besatzung 1941[48]. Anscheinend hat im Jahre 1919 die Anwesenheit deutscher Truppen, selbst wenn diese durchaus keine großen Sympathien für Juden hegten, noch die allgemeine Sicherheit gewährleistet. Nach dem Rückzug galt dies nicht mehr[49]. Nicht zu übersehen war die antisemitische Motivation dann jedoch bei einzelnen politischen Morden im Reich, wie an Rosa Luxemburg oder einigen Führern der Münchener Räterepublik.

Doch die Milizen sahen sich oftmals nicht im Kampf gegen Kommunisten oder Juden, sondern etwa gegen katholische Antikommunisten wie die Polen. So focht der Grenzschutz zu Polen einzelne Scharmützel just zu dem Zeitpunkt, als die Polen selbst einen Krieg gegen das bolschewistische Sowjetrussland führten. Es war zwar in erster Linie der Antibolschewismus, daneben aber auch antislawische Ressentiments und in der Regel Antisemitismus, die die Vorstellungswelt dieser Männer bestimmten[50]. Auch bei diesen Kämpfen kann man nur bedingt von einem

[45] Leon Poliakov, Geschichte des Antisemitismus. Band 7. Worms u.a. 1988, S. 40.
[46] Wissenschaftliche Forschungen zu diesem Stereotyp fehlen weitgehend, vgl. den Essay über die Familie von Stülpnagel: Hans-Heinrich Wilhelm, Die „nationalkonservativen Eliten" und das Schreckgespenst vom „jüdischen Bolschewismus", in: ZfG 43 (1995), S. 333–350; weitgehend missglückt: Johannes Rogalla von Bieberstein, „Jüdischer Bolschewismus": Mythos und Realität. Dresden 2002.
[47] Vgl. Frank Grelka, „Jüdischer Bolschewismus". Zur Tradition eines Feindbildes in der Ukraine unter deutscher Militärverwaltung 1918 und 1941, in: Besatzung. Funktion und Gestalt militärischer Fremdherrschaft von der Antike bis ins 20. Jahrhundert. Hg. von Günther Kronenbitter, Markus Pöhlmann, Dierk Walter. Paderborn u.a. 2006, S. 177–189.
[48] Für einen expliziten Vergleich: Mark Levene, Frontiers of Genocide: Jews in the Eastern War Zones, 1914 to 1920 and 1941, in: Minorities in Wartime. Hg. von Panikos Panayi. Oxford 1993, S. 83–117, bes. 99ff.
[49] Henry Abramson, A Prayer for the Government. Jews and Ukrainians in Revolutionary Times, 1917–1920. Cambridge 1999, S. 100, 113.
[50] Dennis Showalter, Comrades, Enemies, Victims: The Prussian/German Army and the Ostvoelker. Konferenz-Paper, Edmonton, September 2002.

deutsch(-österreichischen) Sonderweg sprechen, vielmehr stehen sie für eine verbreitete mittel- und osteuropäische Erfahrung in Deutschland, Österreich, Finnland, Ungarn, Baltikum und der Ukraine, sogar in Italien. Bei der Niederschlagung
der ungarischen Räterepublik wurden mindestens 5 000 Menschen getötet, nicht
weniger als 3 000 von ihnen waren Juden[51]. Stark simplifizierend könnte man sagen: hier trifft man schon die Akteure von 1941 an, die deutsche, finnische und
ungarische Armee und die Nationalisten im Baltikum bzw. in der Ukraine. Doch
darf dabei nicht in Vergessenheit geraten, dass auch die Demokratien sich in den
Kampf gegen den Bolschewismus einschalteten, Frankreich, Großbritannien und
die USA entsandten Expeditionskorps, die jedoch bald wieder abgezogen wurden.
Im Vorgehen zeigten diese Verbände jedoch deutliche Unterschiede zu Freikorps
und „weißen" Einheiten.

Betrachtet man die Rolle der Milizen für die deutsch-österreichische Kriegserfahrung, so lässt sich feststellen: Zweifelsohne handelte es sich bei den Männern
der Freikorps um eine Minderheit im Spektrum der bewaffneten Verbände nach
dem Krieg. Da sie sich insbesondere gegen die organisierte Arbeiterbewegung gerichtet hatten, blieben sie in der Weimarer Republik natürlich heftig umstritten.
Zwar wurden viele der Freikorps-Männer schon ab 1920 in die Reichswehr integriert. Doch der autonome Grenzschutz, eine Art Fortsetzung der Milizbildung,
blieb bis 1932 bestehen und war somit ein dauerhafter Zankapfel. Auch im bürger-
lichen Selbstverständnis hatten diese Desperados oftmals einen eher zweifelhaften
Ruhm. Populär wurden sie über die Schwemme von Freikorps-Literatur, die gegen
Ende der Weimarer Republik hohe Verbreitung fand[52]. Die verlorene Schlacht am
Annaberg im Mai 1921, teils auch die Rückeroberung von Riga im Mai 1919, galten in der Öffentlichkeit als Symbole eines „deutschen Kampfes" im Osten.

Die offizielle Anerkennung erfolgte erst im „Dritten Reich". Die amtliche Militärgeschichtsschreibung sprach den Freikorps in den dreißiger Jahren ihre Wertschätzung aus, sie erhielten ab 1936 eine ihnen gewidmete Publikationsreihe[53]. Die
Freikorps-Literatur hatte ihren festen Platz gefunden; eine Flut teilweise extrem
gewaltverherrlichender Bücher ergoss sich über den Büchermarkt[54]. Und viele der
Männer, denen der Weg von den Zeitfreiwilligenverbänden zum 100 000-Mann-
Heer versperrt geblieben war, konnten später in der expandierenden Wehrmacht
eine Stelle finden. Mehr noch als aus dem Ersten Weltkrieg im allgemeinen zeigen
sich deutlich abgrenzbare biographische Linien aus den Freikorps in das „Dritte
Reich". Dabei handelt es sich beileibe nicht nur um NS-Funktionäre. Vielmehr
sammelten die Freikorps ein breiteres Spektrum an Personen, die sowohl dem
Rechtsextremismus als auch dem deutsch-nationalen Lager zuzurechnen sind[55].
Die meisten Schlüsselfiguren im SS-Polizei-Apparat in den besetzten sowjetischen
Gebieten ab 1941 hatten Erfahrungen aus den Freikorps oder anderen Milizver-

---

[51] Rolf Fischer, Entwicklungsstufen des Antisemitismus in Ungarn 1867-1939. Die Zerstörung
der magyarisch-jüdischen Symbiose. München 1988, S. 141.
[52] Wolfram Wette, Ideologien, Propaganda und Innenpolitik als Voraussetzungen der Kriegspolitik des Dritten Reiches, in: DRZW Band 1. Stuttgart 1979, S. 25–173, hier 94ff.
[53] Markus Pöhlmann, Kriegsgeschichte und Geschichtspolitik: Der Erste Weltkrieg. Die amtliche
deutsche Militärgeschichtsschreibung 1914-1956. Paderborn u. a. 2002, S. 220-227.
[54] Barth, Dolchstoßlegenden, S. 544f.
[55] Vgl. Schulze, Freikorps und Republik, S. 333; Sauer, Vom Mythos, S. 902.

bänden, so die Höheren SS- und Polizeiführer Gottberg, Jeckeln, Korsemann und Prützmann[56]. Der spätere Hauptverantwortliche für die Militärverwaltung, Generalquartiermeister Eduard Wagner, fand zunächst keine Anstellung beim Militär und betätigte sich im Freikorps Epp; der Chefplaner der Wirtschaftsorganisation Ost, Hans Nagel, war nach dem Ersten Weltkrieg Stabschef im Freikorps Maercker gewesen[57]. Das extremste Beispiel militärischer Kontinuität repräsentiert Walter Braemer, der eine führende Stellung in den Freikorps einnahm, 1935 hauptamtlicher SS-Führer wurde, 1939 für die Gewalttaten im Raum Bromberg mitverantwortlich zeichnete und 1941 als Wehrmachtbefehlshaber Ostland – zusammen mit dem Freikorpsmann Gustav von Bechtolsheim – den Massenmord an den Juden vorantrieb[58]. Sieht man von den wenigen Männern ab, die sich in den frühen Freikorps befanden und dann den Weg zur Demokratie fanden[59], so zeigt sich hier durchaus das Spektrum des aggressiven Antibolschewismus sowohl von 1919 als auch von 1941.

Auch strukturell lassen sich einige Ähnlichkeiten zwischen den Freikorps-Aktionen und der deutschen Kriegs- und Besatzungspolitik im Osten ab 1941 finden. Im Baltikum wurde nicht mehr allein um Sicherheit, um Grenzen oder um Ressourcen gekämpft, sondern genauso um Siedlungsgebiete und Weltanschauungen. Ein hoher Anteil an älteren Freikorps-Offizieren verfügte über Kolonial-Erfahrung[60]. Hier verschmolzen regulärer und irregulärer Krieg, etwa in der unmenschlichen Behandlung der Kriegsgefangenen. Der Gegner war in jedem Fall zu töten. In Hitlers „Barbarossa"-Feldzug agierten dann allerdings nicht mehr wildgewordene Freikorps-Führer, sondern ein hierarchisierter, durchorganisierter Militärapparat, unter dessen Generälen über den weltanschaulichen Charakter des Krieges Konsens herrschte. 1941 wurden nur geringe Anleihen bei der Struktur irregulärer Kriegführung genommen, etwa bei der Bildung von Partisanen-Jagdkommandos; aber bestimmte Handlungsmuster lassen sich ohne Zweifel wieder finden[61].

Bei näherem Hinsehen fallen jedoch einige andere strukturelle Unterschiede auf: Die Milizen sahen sich als Verteidiger des eigenen Terrains, sei es der alten Grenzen, der alten Ordnung oder der baltendeutschen Minderheit. Sie agierten im Rahmen autoritärer Ordnungsvorstellungen, freilich mit deutlicher Bereitschaft zur Gewalt. Schließlich scheint die Gewalt gegen Zivilisten bei den Freikorps stär-

---

[56] Ruth Bettina Birn, Die Höheren SS- und Polizeiführer. Himmlers Vertreter im Reich und in den besetzten Gebieten. Düsseldorf 1986, S. 334ff.
[57] Der Generalquartiermeister, S. 29ff.; Die deutsche Wirtschaftspolitik in den besetzten sowjetischen Gebieten 1941-1943. Der Abschlußbericht des Wirtschaftsstabes Ost und Aufzeichnungen eines Angehörigen des Wirtschaftskommandos Kiew. Hg. von Rolf-Dieter Müller. Boppard 1991, S. 7.
[58] Hans-Heinrich Wilhelm, Personelle Kontinuitäten in baltischen Angelegenheiten auf deutscher Seite von 1917/19 bis zum Zweiten Weltkrieg?, in: The Baltic in International Relations Between the Two World Wars. Hg. von John Hiden u. a. Stockholm 1988, S. 157-170, hier 165f., dort auch weitere Beispiele; Verbrechen der Wehrmacht, S. 474.
[59] Vgl. die Oppositionsgruppe in der Abwehr: Susanne Meinl, Nationalsozialisten gegen Hitler. Die nationalrevolutionäre Opposition um Friedrich Wilhelm Heinz. Berlin 2000, S. 28ff.
[60] Schulze, Freikorps und Republik, S. 329.
[61] Vgl. Peter Jahn, „Russenfurcht" und Antibolschewismus: Zur Entstehung und Wirkung von Feindbildern, in: Erobern und vernichten. Der Krieg gegen die Sowjetunion 1941-1945. Essays. Hg. von Peter Jahn, Reinhard Rürup. Berlin 1991, S. 47-64, hier 51f.

ker an die Kampfhandlungen gebunden gewesen zu sein als dies ab 1941 der Fall
war: Die meisten Massaker verübten sie unmittelbar nach Rückeroberungen.

Dennoch lassen sich die Jahre 1919–1923 als konstitutive Phase nicht nur des
deutschen Rechtsextremismus, sondern auch von neuen Formen der kriegerischen
Auseinandersetzung interpretieren. Weite Teile des politischen Spektrums, das sich
hier bildete und zum Teil massiv in innerstaatliche Gewalt und kriegerische Konflikte eingriff, waren 1941 wieder am Werk. Die Erfahrung der Nachkriegskämpfe
wurde sozusagen aktualisiert, durch die öffentliche Behandlung in der Weltwirtschaftskrise ab 1930 und dann im „Dritten Reich". Freilich gelang nach 1923 den
meisten Beteiligten zunächst einmal die Rückkehr in die Normalität, ein erneuter
Waffengang gegen Russland stand in weiter Ferne.

3. Krieg, Gewalt und Ideologie in der Diskussion bis 1933

Doch auch in den ruhigeren Jahren der Weimarer Republik spielten Gewalt, Krieg
und Antikommunismus weiterhin eine zentrale Rolle im öffentlichen Bewusstsein.
Zwar nahm die Gewalt im öffentlichen Leben des Reiches nach 1921 deutlich ab,
nicht jedoch die gesellschaftliche Militarisierung, die Rhetorik der Gewalt und bisweilen die Inszenierung eines Bürgerkrieges. Die doppelte Frontstellung galt gegen die KPD, die oftmals mit der SPD in einen Topf geworfen wurde, im Innern,
gegen die Sowjetunion nach außen. Die rechtsextreme Szene scheute nicht vor einer extremen Gewaltrhetorik zurück, wie sie im übrigen auch von Seiten der KPD
selbst zu hören war. Rechtsextreme Morde fanden auch darüber hinaus oftmals
offenen oder versteckten Beifall, besonders wenn sie sich gegen Juden richteten.
Ab 1930 wurde aus der Propaganda wieder blutige Realität, rechtsextreme und
kommunistische Schlägertrupps versuchten, die jeweils anderen Milieus unsicher
zu machen. Gerade im deutschen Bürgertum wurde diese Gewalt recht einseitig
wahrgenommen, von seiten der Kommunisten als bedrohlich, von Seiten der
Rechtsextremen als national und defensiv motiviert. Die Justiz ließ rechtsgerichte-
te Mörder oft genug gewähren, indem sie sie von Bestrafung ausnahm oder mit
lächerlich niedrigen Strafen belegte.

Die Reichswehr blieb in der politischen Gemengelage der Republik keineswegs
„neutral", wie sie sich gern gerierte. Dies galt noch in Grenzen für den größten
Veteranenverband, den Kyffhäuserbund, weniger jedoch für den – mit der Reichswehr kooperierenden – rechten Agitationsverband Stahlhelm und natürlich für die
politisch nahestehende Kraft, die Deutschnationale Volkspartei. Alle lehnten die
Demokratie im Grunde ab, selbst wenn die DNVP zeitweise selbst an der Regierung beteiligt war. Während Reichswehr und DNVP zumindest offiziell für eine
friedliche Revisionspolitik eintraten, sprach die Führung des Stahlhelm deutlich
von der militärischen Option[62]. Allen gemeinsam war der Antisemitismus. Stahlhelm und DNVP führten bereits 1921 bzw. 1924 den „Arierparagraphen" ein, d. h.
das Verbot eines Parteibeitritts von Juden; die DNVP wandte ihn sogar in eindeutig rassistischer Form an, selbst Personen mit nur einem jüdischen Elternteil wur-

---

[62] Vgl. Wette, Ideologien, S. 38ff.

den nicht zugelassen. Sie agitierte in ihrer Politik massiv gegen die Ostjuden in Deutschland, die seit 1915 im Reich lebten[63].

Im Laufe der Weimarer Republik lösten sich rechte Militärs und konservative Politiker mehr und mehr von monarchistischen Ordnungsvorstellungen zugunsten von autoritär-plebiszitären Varianten, bald aber auch in Richtung des völkischen Extremismus. Der Stahlhelm wandte sich bereits seit 1928 allmählich der NSDAP zu; die DNVP, die in der Weltwirtschaftskrise erheblich an Bedeutung verlor, schloss sich 1931 der „Harzburger Front" an. Innerhalb der Reichswehr blieben solche Strömungen in der Minderheit, ja sie musste sich schon aus außenpolitischen Erwägungen deutlich von den nationalsozialistischen Extremisten absetzen. Entscheidende Kriterien für die Militärs blieben die „Wiederwehrhaftmachung" im Innern und die Revisionspolitik nach außen.

Man bereitete sich auf einen erneuten Waffengang in Europa vor. Zentrale Ansatzpunkte hierbei waren Frankreich, das das Rheinland besetzt hielt, die deutschen Ostgrenzen und das als „Saisonstaat" abqualifizierte Polen. Während die Politik besonders 1924/25 Druck auf das wirtschaftlich geschwächte Nachbarland auszuüben suchte, wurden in der Reichswehr Planungen für einen etwaigen Krieg entwickelt. Angesichts der Rüstungsbeschränkungen kam ein mögliche kriegerische Auseinandersetzung erst in ferner Zukunft in Frage; mit Blick auf die Bündnislage, vor allem die polnisch-französische Allianz, war unausweichlich mit einem größeren europäischen Konflikt zu rechnen[64].

Der nächste Krieg würde auf jeden Fall anders geführt werden als der letzte. Darüber waren sich die Militärs nicht nur in Deutschland, sondern überall in Europa einig. Obwohl die Kriegsniederlage dem „Dolchstoß", also der Schwäche der Heimatfront zugerechnet wurde, war man sich innerhalb der Reichswehr durchaus im Klaren, dass sich eine Kriegführung mit den verheerenden deutschen Verlusten im Stellungskampf und der enormen Belastung der Heimat nicht wiederholen dürfe. Da für eine umfassende strategische Neuplanung die Handlungsspielräume fehlten, verlegten sich Militärs und Veteranen auf eine eher theoretische Auseinandersetzung in der Militärpublizistik. Der zentrale Organisator deutscher Kriegführung und Besatzungspolitik Ludendorff propagierte den Totalen Krieg, d.h. eine völlige Mobilisierung der ganzen Bevölkerung und aller Resourcen für eine gigantische Kriegsanstrengung.

Die Mehrheit der Militärs favorisierte jedoch einen kurzen Bewegungskrieg, der die Bevölkerung möglichst wenig belasten sollte. Dies bedeutete jedoch zugleich eine, wenn auch kurzzeitige große Kraftanstrengung zu maximaler Entfaltung der Gewalt. Einig war man sich darüber, dass großräumige, hochgradig motorisierte

[63] Wette, Wehrmacht, S.68ff.; Jürgen Förster, „Aber für die Juden wird dann auch noch die Stunde schlagen, und dann erst ihnen!" Reichswehr und Antisemitismus, in: Deutsche, Juden, Völkermord. Der Holocaust als Geschichte und Gegenwart. Hg. von Jürgen Matthäus und Klaus-Michael Mallmann. Darmstadt 2006, S.21-38, hier 22ff.; Mitteilung Prof. Peter Longerich.
[64] Michael Geyer, Aufrüstung oder Sicherheit. Die Reichswehr in der Krise der Machtpolitik 1924-1936. Wiesbaden 1980, S.81ff., 190f., 215f.; James S.Corum, The Roots of Blitzkrieg. Hans von Seeckt and German Military Reform. Lawrence, Kan. 1992, S.172ff.; erheblich weitergehend, streckenweise spekulativ: Carl Dirks, Karl-Heinz Janßen, Der Krieg der Generäle. Hitler als Werkzeug der Wehrmacht. Berlin 1999, S.13ff., bes. 44f.

Operationen durchgeführt werden müssten und die „Lebenskraft" des Gegners binnen kurzer Zeit vernichtend geschlagen werden müsste. Hier sind die Ursprünge des „Blitzkriegs"-Konzepts zu suchen, das allerdings erst spät zum Tragen kam, nämlich im Feldzug gegen die Sowjetunion 1941.

Genauso wichtig erschien nun die wirtschaftliche Seite des Krieges. Es dominierten Autarkie-Vorstellungen, um einer erneuten Blockade mit negativen Folgen für die Deutschen zuvorzukommen. Interessant erscheint, wie seit 1923 Konzepte für einen Volks- und Partisanenkrieg entwickelt wurden, eine Kampfform, die ab 1939 in besetzten Gebieten mit barbarischen Mitteln bekämpft, ab 1944 dann aber wieder für die eigene Kriegführung erwogen worden ist[65].

Die Überlegungen für eine neuartige Kriegführung erstreckten sich auch auf die Behandlung der feindlichen Zivilbevölkerung. Die Tendenz, eine Trennung von Kombattanten und Nichtkombattanten aufzuheben, zeigte sich am deutlichsten in den Erwägungen zum strategischen Luftkrieg, dem für die Zukunft eine zentrale Bedeutung beigemessen wurde. Manche Autoren meinten gar, ein solcher Krieg würde ganz und gar durch die Luftwaffe entschieden. Am Ende eines zukünftigen Krieges sollte nicht mehr der ausgleichende Friedensschluss, sondern die bedingungslose Kapitulation stehen[66].

Nach der Kriegsniederlage verschärfte sich die traditionelle Haltung im Militär und weiten Kreisen der Politik, völkerrechtliche Maßstäbe und Regelungen nur dann zu beachten, wenn sie dem eigenen Vorgehen nicht im Wege standen[67]. Dies zeigte sich zunächst offen bei der Umgehung von Bestimmungen des Versailler Vertrags, etwa der Verpflichtung zur Bestrafung von Kriegsverbrechern. Diese Klauseln waren als besonders demütigend empfunden worden.

Aber auch insgeheim hielt man sich nicht an das Völkerrecht: Seit 1923 entwickelte sich eine rege militärische Zusammenarbeit mit der Sowjetunion, wo ungestört die illegale Aufrüstung betrieben und getestet werden konnte. Doch das Doppelspiel ging noch weiter. Die Reichswehr schreckte beispielsweise nicht davor zurück, Spanien bei der Niederschlagung des Rif-Kabylen-Aufstands in Marokko ab 1923 mit Giftgas behilflich zu sein. Dabei wurden Dörfer, die als Basis der Aufständischen verdächtigt wurden, durch Flugzeuge systematisch verseucht. Ein wenig makaber mutet an, dass sich das Reich zur gleichen Zeit um den Aufbau einer Giftgas-Fabrik ausgerechnet in Südrussland

[65] Vgl. für die Zeit davor: Michael Geyer, Insurrectionary Warfare. The German debate about a „Levée en Masse" in October 1918, in: The Journal of Modern History 73 (2001), S. 459-527.

[66] Markus Pöhlmann, Von Versailles nach Armageddon. Totalisierungserfahrung und Kriegserwartung in deutschen Militärzeitschriften, in: An der Schwelle zum Totalen Krieg. Die militärische Debatte über den Krieg der Zukunft 1919-1939. Hg. von Stig Förster. Paderborn u. a. 2002, S. 323-392; Ernst Willi Hansen, „Moderner Krieg" im Schatten von Versailles. Die „Wehrgedanken des Auslandes" und die Reichswehr, in: Politischer Wandel, organisierte Gewalt und nationale Sicherheit. Beiträge zur neueren Geschichte Deutschlands und Frankreichs. Festschrift für Klaus-Jürgen Müller. Hg. von Ernst Willi Hansen u. a. München 1995, S. 193-210.

[67] Vgl. dazu Manfred Messerschmidt, Völkerrecht und „Kriegsnotwendigkeit" in der deutschen militärischen Tradition seit den Einigungskriegen, in: German Studies Review 6 (1983), S. 237-269; Andreas Toppe, Militär und Kriegsvölkerrecht. Rechtsnorm, Fachdiskurs und Kriegspraxis in Deutschland 1899-1940. München 2007.

bemühte[68]. Deutlich wird hier wieder die Verlagerung des Völkerrechtsbruches an die Peripherie, in der Hoffnung, dass er sich dort der Aufmerksamkeit der Welt-öffentlichkeit entziehen würde.

Viele dieser Überlegungen zum Krieg der Zukunft waren keine deutschen Spe-zifika, sondern kursierten unter den Militärexperten der meisten europäischen Länder. Gerade die Luftkriegs-Debatte zeigt, wie weit entfernt von den deutschen Realitäten das alles war. Offiziell verfügte die Republik gar nicht über Luftstreit-kräfte, selbst wenn solche insgeheim auf sowjetischem Boden aufgebaut wurden. In der militärischen Planung stand vielmehr die Sicherheit im Vordergrund, die Revision im Hintergrund.

Während innerhalb der deutschen Eliten weitgehender Konsens darüber herrschte, dass die Grenze gegenüber Polen, in Einzelheiten auch gegenüber Li-tauen und der Tschechoslowakei revidiert werden müsse, war das Verhältnis zur bolschewistischen Sowjetunion eher von Ambivalenz gekennzeichnet. Dabei spielten sowohl machtpolitische als auch ideologische Motive eine Rolle[69]. Schon bald nach dem Krieg wurde innerhalb der Reichswehr spekuliert, man könne ge-meinsam mit Sowjetrussland das neue Polen zerschlagen, nachdem die Rote Ar-mee 1920 zeitweise an der Weichsel stand. Diese Form des Wunschdenkens über-schätzte jedoch die Stärke der Roten Armee und unterschätzte die Festigkeit der Westmächte[70].

Gegenüber dem Sowjetstaat schwankte man zwischen Abscheu, Furcht und Be-wunderung[71]. Noch 1923 sah sich Deutschland kommunistischen Versuchen der Machtergreifung gegenüber, die von Moskau aus gesteuert wurden. Trotzdem herrschte innerhalb von Diplomatie und Reichswehr eine Richtung vor, die im Sinne alter russlandpolitischer Traditionen und neuer außenpolitischer Zwänge eine Zusammenarbeit mit dem Sowjetstaat anstrebte. Gerade in den Jahren 1928 bis 1932 intensivierte sich die geheime Zusammenarbeit von Reichswehr und Ro-ter Armee. Es erstaunt, welch positive Urteile einige verantwortliche Offiziere über die Sowjetunion abgaben, gerade als die schlimmste Zeit des Stalinismus an-brach[72].

Demgegenüber war der deutsche wie überhaupt der europäische Rechtsextre-mismus eindeutig antibolschewistisch, zumeist auch antislawisch ausgerichtet. Hitler selbst, damals noch Rechtsextremist in der Provinz, entwarf seine radikalen Zukunftskonzepte just zu der Zeit, als auch die Reichswehr ihre Überlegungen für

---

[68] Rudibert Kunz, Rolf-Dieter Müller, Giftgas gegen Abd-el-Krim. Deutschland, Spanien und der Gaskrieg in Spanisch-Marokko 1922-1927. Freiburg 1990, S. 97 ff, 149ff.; Manfred Zeidler, Reichswehr und Rote Armee 1920-1933. Wege und Stationen einer ungewöhnlichen Zusam-menarbeit. München 1993, S. 80ff.

[69] Ausführlich, wenn auch dürftig für die Zeit nach 1933: Gerd Koenen, Der Rußland-Komplex. Die Deutschen und der Osten 1900-1945. München 2005, S. 11ff.

[70] Vgl. Gerhard Wagner, Deutschland und der polnisch-sowjetische Krieg 1920. Wiesbaden 1979, S. 45ff.

[71] Peter Borowsky, Sowjetrußland in der Sicht des deutschen Auswärtigen Amts und der Reichs-wehrführung 1918-1923, in: Der Westen und die Sowjetunion. Einstellungen und Politik gegen-über der UdSSR in Europa und in den USA seit 1917. Hg. von Gottfried Niedhart. Paderborn 1983, S. 27-52, bes. 34ff.

[72] Manfred Zeidler, Das Bild der Wehrmacht von Rußland und der Roten Armee, in: Das Ruß-landbild im Dritten Reich. Hg. von Hans-Erich Volkmann. Köln 1994, S. 105-123, hier 110.

einen neuen Krieg entfaltete. Freilich hatte der NSDAP-Führer viel Weitgehen-
deres im Sinn: Nicht Revisionismus gegenüber Polen, sondern „Lebensraum" in
der Sowjetunion hieß das Ziel, im Endeffekt wohl Weltherrschaft. Hitler war auf
diesem Feld stark von der „baltischen Mafia" inspiriert, einer Gruppe emigrierter
rechtsextremer Baltendeutscher, von denen die meisten bald ihren Weg zur NSDAP
fanden. Insbesondere der baltische Adlige Karl von Manteuffel scheint Hitler hierbei maßgeblich beeinflusst zu haben[73]. Diese Ideen knüpften zwar an die Sied-
lungskonzepte im Land „Ober Ost" und andere Diskussionen um die Ansiedlung
des deutschen „Menschenüberschusses" im Osten an, gingen jedoch auch deutlich
darüber hinaus[74]. Freilich sind die Parallelen zur Diskussion um den Krieg der
Zukunft unübersehbar, auch Hitler maß wirtschaftlichen Faktoren und der Mobilisierung der „Volksgemeinschaft" eine eminente Bedeutung bei.

Mit seiner Eroberungsutopie gegen die Sowjetunion wie auch mit seiner Kritik
am Vertrag von Rapallo stand Hitler auf der Rechten zunächst weitgehend allein.
Nur wenige Prominente, wie der ehemalige Generalstabschef des Ober Ost Max
Hoffmann, riefen öffentlich zum „Befreiungskrieg" gegen die Sowjetunion auf[75].
Im Ludendorff-Kreis träumte man Anfang der 1920er davon, im Verein mit Exil-
russen an den Russischen Bürgerkrieg anzuknüpfen und alsbald mit Ungarn in die
Ukraine einzumarschieren, um von dort nach Russland zu gelangen[76]. Erst in der
Weltwirtschaftskrise meldeten sich 1931/32 in der Industrie und auch im Militär
Stimmen, die für eine Neuorientierung der Außen-, Wirtschafts- und Militärpoli-
tik angesichts der wirtschaftlichen Misere plädierten. Gemeint waren damit eine
Beendigung der geheimen Kooperation mit der Sowjetunion und zugleich vage
Vorschläge zur Eroberung dieser Gebiete als „wirtschaftlichen Ergänzungsraum".
Dabei wurde einerseits an eine Konzeption mit Satellitenstaaten wie im Jahre 1918
angeknüpft, andererseits ein baldiger Zusammenbruch des Kommunismus pro-
gnostiziert. Reichskanzler von Papen schlug auch offiziell wieder einen offen antibolschewistischen Kurs ein. Selbst in der DNVP, die lange Zeit für eine Zusammenarbeit mit Russland stand, wurden unter dem neuen Vorsitzenden Hugenberg
andere Töne angeschlagen, die schon in Richtung von aggressiven „Lebensraum"-
Vorstellungen gegen die Sowjetunion gingen[77].

Somit lassen sich am Ende der Weimarer Republik eine Reihe von Exponenten
in Politik und Militär finden, die eine Aufrüstung nicht nur für die Revision gegenüber Polen, sondern für eine Eskalation gegenüber der Sowjetunion für nötig
hielten. Hitler traf in dieser Beziehung also durchaus auf einige offene Ohren, als
er die Macht antrat. Die Voraussetzung für diese noch utopisch anmutenden Sze-
narien bildete jedoch ein innerer Umbau des Staates.

---

[73] Rolf-Dieter Müller, Das Tor zur Weltmacht. Die Bedeutung der Sowjetunion für die deutsche
Wirtschafts- und Rüstungspolitik zwischen den Weltkriegen. Boppard am Rhein 1984, S. 248.
[74] Vgl. Johannes Baur, Die Revolution und die „Weisen von Zion". Zur Entwicklung des Ruß-
landbildes in der frühen NSDAP, in: Deutschland und die russische Revolution, S. 165–190.
[75] Die Aufzeichnungen des Generalmajors Max Hoffmann. Hg. von Karl Friedrich Nowak. Berlin 1929, Band 2, S. 364–369 (1922 verfasst, Autor 1927 gestorben).
[76] Bruno Thoss, Der Ludendorff-Kreis 1919–1923. München als Zentrum der mitteleuropäischen
Gegenrevolution zwischen Revolution und Hitler-Putsch. München 1978, S. 444ff.; Kellogg,
Russian Roots of Nazism, S. 180ff.
[77] Müller, Tor zur Weltmacht, S. 206, 234ff., 250f.

Es lässt sich nicht mehr genau ausmachen, welche Faktoren in der Diskussion der Weimarer Jahre die späteren Planungen und Handlungsmuster bestimmten, die neue militärstrategische Anlage, die Gewaltbereitschaft gegenüber dem ideologischen Feind oder die Ignorierung völkerrechtlicher Standards. Vieles war jedoch bereits vorgedacht, bevor der Krieg überhaupt in den Horizont des Möglichen trat. Bei alledem darf man jedoch nicht die geringen Handlungsspielräume, die militärischen Vorstellungen und Planungen im Weimarer Staat gegeben waren, übersehen. Deutschland war bis Mitte der 30er Jahre nicht angriffsfähig. Was jedoch ebenso wichtig erscheint: Obwohl das Militär in Weimar eine Sonderposition einnahm und Wehrverbände das staatliche Gewaltmonopol aushöhlten, waren einer Expansions- oder gar Kriegspolitik in dieser Demokratie ganz enge Grenzen gesteckt. Diese politischen Beschränkungen fielen am 30. Januar 1933 freilich weg.

4. Kriegsvorbereitung in der Diktatur

Mit der „Machtergreifung" stand der außenpolitische Revisionismus wieder ganz oben auf der politischen Agenda. Hitlers erste interne Ankündigungen vor einigen Reichswehr-Generälen ließen keinen Zweifel daran, dass er langfristig auf einen Krieg zusteuerte, und zwar einen Krieg nicht allein um Revision der Grenzen, sondern um Boden und Eroberung. Dabei ließ er zunächst noch offen, ob sich dies nur gegen Polen und die Tschechoslowakei oder auch gegen die Sowjetunion richtete[78]. Zu diesem Zweck waren durch die nationalsozialistische Machtergreifung völlig neue Rahmenbedingungen geschaffen, die allerdings erst inhaltlich aufgefüllt werden mussten.

Die Reichswehrführung hatte auf einen autoritären Umbau des Staates hingearbeitet, weniger auf den Führerstaat Hitlerscher Prägung. Doch sah sie bald genau jene Bedingungen in Aussicht gestellt, die sie sich für eine zukünftige Militärpolitik erhofft hatte. Nicht nur ging eine Welle der nationalen Begeisterung durch das Militär; auch die einheitliche Ausrichtung von Politik und Öffentlichkeit war im Grunde erwünscht, wenngleich man dazu die Selbstauflösung der DNVP und später auch des Stahlhelms hinnehmen musste. Die Medien wurden gleichgeschaltet, Kommunisten, Sozialdemokraten und andere Gegner des Nationalsozialismus inhaftiert oder ins Ausland vertrieben. Den Aufrüstungsplänen und geheimen Übungen waren jetzt keine politischen Grenzen mehr gesetzt, die Völkerrechtslehre völlig nationalistisch ausgerichtet und jeglicher Pazifismus mundtot gemacht[79].

Die Armee blieb auch weiterhin ein eigenständiger Machtfaktor, sicherte sich das Wohlwollen Hitlers jedoch immer mehr durch Anpassung und eigenständige völkische Politik wie die Entlassung der letzten jüdischen Soldaten bis 1935. Der Ter-

---

[78] Andreas Wirsching, „Man kann nur Boden germanisieren". Eine neue Quelle zu Hitlers Rede vor den Spitzen der Reichswehr am 3. Februar 1933, in: VfZ 49 (2001), S. 517–551.
[79] Vgl. Klaus-Jürgen Müller, Das Heer und Hitler. Armee und nationalsozialistisches Regime 1933–1940. Stuttgart 1969, S. 35ff.

ror, der besonders in der Anfangsphase des NS-Regimes wütete, wurde von den meisten Offizieren hingenommen, ja begrüßt, sofern er sich gegen die politische Linke richtete. Nicht erst das Verhalten angesichts der Ermordung der Generäle Schleicher und von Bredow im Rahmen des „Röhm-Putsches" 1934 zeigt die Akzeptanz brutaler Gewalt, sondern schon die Zeit davor. Mit den Morden des 30. Juni 1934 war freilich zugleich die lästige Konkurrenz der SA ausgeschaltet. Auch später, mit der erneuten Zunahme der nationalsozialistischen Gewalt ab 1937/38, blieb es bei internen Unmutsäußerungen einiger weniger Militärs[80]. Dabei konnte die Wehrmacht, insbesondere die Heeresführung, bis 1937/38 noch ein erhebliches Wort in der Politik mitreden. Einerseits forcierte sie selbst die Aufrüstung massiv und legte damit Hitler das Instrument für eine hemmungslose Expansionspolitik in die Hand. Andererseits versuchte sie – weniger erfolgreich – riskante außenpolitische Manöver zu bremsen, welche die Vollendung ebendieser Aufrüstung gefährden könnten. Die Wehrmachtführung verfolgte jedoch nicht nur wehr- und außenpolitische Ziele, verstand sich also als autonome Säule des Staates, sondern war gleichzeitig darauf bedacht, ihren exklusiven Status als soziale Elite aufrecht zu erhalten. Dies galt gerade im Hinblick auf die als „pöbelhaft" empfundene NS-Bewegung. Mit der von der Reichswehr gewünschten personellen und materiellen Expansion ging jedoch auch eine politisch-soziale Transformation des Militärs einher.

Unterhalb der Spitzenmilitärs aus Kaiserreich und Reichswehr kamen mehr und mehr junge Offiziere in die Armee, die sich dem neuen Regime aktiv anschlossen. Der personelle Aufbau vollzog sich gerade in der Phase 1936/37, als der Konsens weiter Teile der Bevölkerung mit dem Regime einen ersten Höhepunkt erreichte und insbesondere der Hitler-Kult grassierte. Das äußere Erscheinungsbild des Regimes, mit einer wirtschaftlichen Konsolidierung und außenpolitischen Erfolgen, blieb nicht ohne Wirkung. Selbst ältere ehemalige Militärs, die in der Reichswehr keine Anstellung gefunden hatten, konnten jetzt wieder auf eine Karriere hoffen. Viele Offiziere wurden 1935/36 aus der Landespolizei rekrutiert, einige selbst unter Rechtsreferendaren. Und auch die 1938 aus dem österreichischen Bundesheer übernommenen Offiziere zeigten sich in der Mehrheit begeistert über Hitlers Machtübernahme in ihrem Land[81]. Diese Art von gesellschaftlicher Öffnung des Offizierskorps erhöhte den Anteil der NS-Sympathisanten. Nicht viel anders wirkte die Massenrekrutierung in der männlichen Bevölkerung nach Wiedereinführung der Wehrpflicht. Millionen von SA-Männern kamen so in die Armee, im Laufe der Zeit auch immer mehr HJ-geschulte Jugendliche, die aus der NS-Organisation bereits eine vormilitärische Ausbildung und massive ideologische Indoktrination mitbrachten. Mit Kriegsbeginn fand sich jedes dritte Mitglied der Allgemeinen SS in der Wehrmacht wieder. Personen, die im Sinne des Regimes als

---

[80] Zur Reaktion auf das Pogrom der „Reichskristallnacht" siehe Richard Giziowski, The Enigma of General Blaskowitz. London u. a. 1997, S. 100, der darauf hinweist, dass just am 10. 11. 1938 reihenweise Generäle auf neue Posten kamen.
[81] Vgl. Rudolf Absolon, Das Offizierskorps des deutschen Heeres 1935–1945, in: Das deutsche Offizierskorps, 1860–1960. Hg. von Hanns Hubert Hofmann. Boppard a. Rh. 1980, S. 247–262, hier 249; Herbert Schottelius, Gustav-Adolf Caspar, Die Organisation des Heeres 1933–1939, in: Deutsche Militärgeschichte in sechs Bänden 1648–1939. Nachdr. Herrsching 1983. Band 4, S. 289–399, hier 370ff.

oppositionell aufgefallen waren, kamen wegen „Wehrunwürdigkeit" als Soldaten ohnehin nicht in Frage[82]. Die Nazifizierung der Armee war also in vollem Gange. Ihren Ausdruck fand sie in der zunehmend ideologisierten Ausbildung und in der Wehrpropaganda. Von der Selbstdarstellung der Reichswehr als vermeintlich unpolitisch blieb nichts mehr übrig[83]. Die Autonomie des Militärs im NS-Staat war also bereits deutlich ausgehöhlt, als es 1938 zur sogenannten Generalskrise kam. Die Auswechslung des Personals auf vielen Spitzenposten und das Vabanquespiel Hitlers um die Tschechoslowakei sorgten zwar für erhebliche Unruhe im höheren Offizierskorps. Doch Hitler, dem man schon seit 1934 den militärischen Eid schwor, wurde nun auch formell Oberbefehlshaber der Wehrmacht.

Mit den Generälen Keitel und Jodl standen Hitler zwei willfährige Berater im neuen Oberkommando der Wehrmacht zur Verfügung, das vergleichsweise wenig Eigengewicht hatte. Das entscheidende Führungsduo des Heeres, Oberbefehlshaber von Brauchitsch und der dominierende Generalstabschef Halder, zog sich immer mehr auf das Militärische zurück. Während von Brauchitsch es von Anfang an bei dieser Rolle beließ, schwankte Halder noch, war sogar zeitweise in die Militäropposition involviert. Von Letzterem sollte Anfang 1941, als er zum zentralen Planer des Krieges gegen die Sowjetunion wurde, nichts mehr spürbar sein.

Das alles soll allerdings nicht heißen, dass sich die Wehrmacht ihre Identität quasi „aufgelöst" hat. Selbstverständlich blieb das Innenleben des Militärs auch weiterhin von traditionellen kulturellen Orientierungen bestimmt, wie dem militärischen Ehrbegriff, dem zentralen Bezugspunkt der militärischen Professionalität und der daran geknüpften Autonomie. Darüber hinaus zeigten die einzelnen Wehrmachtteile, insbesondere Heer und Marine, immer noch Tendenzen zur Abschließung und verfolgten ihre eigenen Interessen. Hitler und die anderen NS-Führer legten ihren Argwohn gegen die alte Generalität nie ab, interne Konflikte waren an der Tagesordnung. Doch schloss dies angesichts einer „Teilidentität der Ziele" mit der NS-Führung nicht aus, es sich in der Diktatur komfortabel einzurichten und, zumindest langfristig, auf die Aggression in Europa hinzuarbeiten.

Offene Vorbereitungen für etwaige militärische Besatzungen konnten selbstverständlich nicht getroffen werden. Diese entwickelten sich eher implizit aus den Regelungen zur Landesverteidigung. Im Reichsverteidigungsgesetz vom 21. Mai 1935 wurden die Vorkehrungen für den Ausnahmezustand, also vor allem bei inneren Unruhen, getroffen. Die vollziehende Gewalt lag zwar bei Hitler, sollte jedoch durch den Reichskriegsminister ausgeübt werden, der sie im Operationsgebiet an den jeweiligen Armee-Oberbefehlshaber delegierte. Diesem wurde zur Landesverwaltung ein Chef der Zivilverwaltung beigegeben. Entsprechende Vorschriften für das Heer enthielt die Heeresdruckvorschrift (H.Dv.) 90 „Versorgung

[82] Vgl. Wolfgang Kern, Die innere Funktion der Wehrmacht 1933–1939. Berlin 1979, S. 113ff. (mit Zahlen bis Ende 1934); Jan Erik Schulte, SS-Mentalität und Karrierismus, in: Vom Funktionieren der Funktionäre. Politische Interessenvertretung und gesellschaftliche Integration in Deutschland nach 1933. Hg. von Till Kössler, Helke Stadtland. Essen 2004, S. 77–108, hier 85.
[83] Manfred Messerschmidt, Die Wehrmacht im NS-Staat. Zeit der Indoktrination. Hamburg 1969, bes. S. 93ff., 155ff.

des Feldheeres" vom selben Jahr. Demnach sollte zunächst nur die Versorgung
und die Heranziehung von Landeseinwohnern zur Arbeit geregelt werden, erst
später eine richtige Verwaltung. Entfernten sich die Armeen recht weit vom
Reichsgebiet, so konnte hinter ihnen ein Militärbefehlshaber etabliert werden. In
der novellierten Fassung des Gesetzes vom 1. Juni 1938 ging die vollziehende Gewalt an den Oberbefehlshaber des Heeres; die Bestimmungen wurden durch die
Einrichtung von Kommandanten der rückwärtigen Armeegebiete ergänzt. Bereits
im Blick auf die Kriegsvorbereitungen gegen Polen wurden die Regelungen auch
auf die regionale und lokale Ebene erweitert, durch die H.Dv. 485 „Dienstanwei-
sungen für Feld- und Ortskommandanturen"[84].

Die „vollziehende Gewalt" sollte aber bei weitem nicht die Ausmaße haben, wie
sie die Oberste Heeresleitung im Ersten Weltkrieg zur Verfügung gehabt hatte.
Daran zeigte die Heeresführung auch kein sonderliches Interesse mehr. Das novel-
lierte Reichsverteidigungsgesetz von 1938 erwähnte die „vollziehende Gewalt" im
Heimatgebiet gar nicht. Im übrigen konnte Hitler ab 1938 als Oberbefehlshaber
der Wehrmacht auch formell diese Kompetenzen selbst regeln. Zunächst für den
Krieg auf eigenem Staatsgebiet vorgesehen, war eine militärische Verwaltungstätigkeit auf das Notwendigste zu beschränken. Bestimmte Sektoren der Herrschaft
wie die NSDAP oder teilweise auch die Wirtschaft sollten ohnehin ausgenommen
bleiben.

Das Modell der Arbeitsteilung, wie es dann im „Unternehmen Barbarossa" zum
Tragen kann, entwickelte sich auch in anderen Bereichen schon vor dem Krieg aus
den Vorkehrungen für die „innere Sicherheit". Für den Fall des Kriegszustandes
oder innerer Unruhen sollte ein Verstärkter Polizeischutz aus Ordnungspolizei
und Polizeirekruten gebildet werden; die Totenkopfverbände der Konzentrationslager würden den Kern für eine innere SS-Truppe abgeben. Die Struktur von Sicherheitspolizei und SD wurde den Wehrkreisen angeglichen, zusätzlich die über-
geordnete Funktion des Höheren SS- und Polizeiführers geschaffen. Zwar sah sich
die Heeresführung durchaus in ihrer Reichweite eingeschränkt, stimmte jedoch
den „Sicherungsaufgaben" von SS und Polizei weitgehend zu. Eine konkrete Zusammenarbeit ergab sich nicht erst bei den Expansionsaktionen in Österreich und
in der Tschechoslowakei, sondern war auch regulär zur Vorbereitung des Kriegs-
falles verabredet[85].

Neben diesen äußeren Kompetenzabgrenzungen war ebenso unübersehbar, dass
in beiden Institutionen, Wehrmacht wie SS/Polizeiapparat, organisatorische Annäherungen zum Tragen kamen. Am deutlichsten ist dies bei der Aufstellung der
SS-Verfügungstruppe erkennbar, der späteren Waffen-SS. Auch die Ordnungspolizei zeigte Tendenzen der Militarisierung. Sie baute systematisch ihre geschlossenen Verbände, die Truppenpolizei, in Form von Polizeibataillonen aus[86]. Auf
der anderen Seite kooperierte die militärische Abwehr eng mit der Gestapo. Ihre
Truppe, die Geheime Feldpolizei, rekrutierte sich zum größten Teil aus Gestapo-

---

[84] Umbreit, Deutsche Militärverwaltungen, S. 13ff.; Kern, Die innere Funktion, S. 202ff.
[85] Kern, Die innere Funktion, S. 149ff., 192ff.
[86] Vgl. Edward B. Westermann, Hitler's Police Battalions. Enforcing Racial War in the East. Lawrence 2005, S. 58ff.

und Kripo-Angehörigen[87]. Die Regelungen für die „vollziehende Gewalt" im Operationsgebiet verzichteten auf jeglichen Hinweis zur Haager Landkriegsordnung, die für die Besatzung eigentlich maßgeblich war und grundsätzlich für jeden deutschen Soldaten galt. Bestimmungen über die Behandlung von Partisanen enthielt bereits die Kriegssonderstrafrechtsverordnung vom August 1938: Demnach waren Aufständische, sofern sie nicht durch bestimmte Kennzeichen äußerlich erkennbar waren, mit dem Tode zu bestrafen. Die Bestrafung fiel jedoch immer noch in die Kompetenz von Militärgerichten. Auch die Festsetzung von Geiseln war, nach dem Völkergewohnheitsrecht, in deutschen Dienstvorschriften vorgesehen[88].

Die eigentliche Kriegsvorbereitung, also vor allem die Rüstung, richtete sich nicht auf einen Konflikt gegen den Osten, sondern gegen Frankreich aus. Auch die Vorkehrungen für den sogenannten A-Fall bezogen sich immer noch auf einen Krieg mit den westlichen oder östlichen Nachbarstaaten, nicht jedoch mit der Sowjetunion, mit der ohnehin keine gemeinsame Grenze bestand. Die Zusammenarbeit von Reichswehr und Roter Armee wurde 1933 freilich gänzlich eingestellt. Statt dessen setzte Hitler mit dem deutsch-polnischen Nichtangriffspakt 1934 ein deutliches politisches Zeichen, das gegen die Sowjetunion gerichtet war. Im Jahr darauf intensivierte das Regime seine antibolschewistische Propaganda massiv; Stimmen, die für eine erneute Zusammenarbeit beider Armeen plädierten, verhallten nun vollends. Jetzt schwadronierte man im Reichskriegsministerium in antisemitischem Ton über die Schwäche des Sowjetstaates; der Kampfwert der Roten Armee wurde infolge der „Säuberungen" der Jahre 1937/38 als immer geringer eingeschätzt[89].

In Kriegsspielen der Wehrmacht wurde ab 1935 ein Konflikt mit der Sowjetunion im Rahmen eines europäischen Krieges, der wegen der Verletzungen des Versailler Vertrages ausbrechen könnte, berücksichtigt. Seitdem spielten Heeresführung und Seekriegsleitung die Konstellation gegen die neuen Paktstaaten Frankreich-Sowjetunion-Tschechoslowakei immer wieder durch[90]. Bis 1936 waren diese Planungen aber noch weitgehend defensiv ausgerichtet, erste Überlegungen zu einem Angriffskrieg gegen die Tschechoslowakei wurden dann im Winter 1936/37 angestellt[91]. Die konkreteren deutschen Kriegsvorbereitungen leitete Hitler bekanntermaßen Ende 1937 ein. Sie waren noch auf einen Kriegsbeginn bis etwa 1943 angelegt und richteten sich zunächst eindeutig gegen die Tschechoslo-

---

[87] Klaus Geßner, Geheime Feldpolizei. Zur Funktion und Organisation des geheimpolizeilichen Exekutivorgans der faschistischen Wehrmacht. Berlin 1986, S. 36–40; Winfried Meyer, Unternehmen Sieben. Eine Rettungsaktion für vom Holocaust Bedrohte aus dem Amt Ausland/Abwehr im Oberkommando der Wehrmacht. Frankfurt a.M. 1993, S. 99ff.; Uwe Brammer, Spionageabwehr und „Geheimer Meldedienst". Die Abwehrstelle X im Wehrkreis Hamburg 1935–1945. Freiburg 1989, S. 75–78.

[88] Verbrechen der Wehrmacht, S. 27; H.Dv. 3/13 (Kriegssonderstrafrechtsverordnung) von 1938.

[89] Krausnick/Wilhelm, Truppe des Weltanschauungskrieges, S. 113f. („Völkerpsychologische Untersuchungen" vom November/Dezember 1935); Wilhelm, Die „nationalkonservativen Eliten", S. 344; Zeidler, Bild der Wehrmacht, S. 114ff.

[90] Geyer, Aufrüstung oder Sicherheit, S. 417f.; Jost Dülffer, Weimar, Hitler und die Marine. Reichspolitik und Flottenbau 1920–1939. Düsseldorf 1973, S. 376f.

[91] Vgl. Klaus-Jürgen Müller, Armee und Drittes Reich 1933–1939. Darstellung und Dokumentation. Paderborn 1987, S. 104ff.

wakei und Österreich. Von der Sowjetunion war nicht die Rede; vielmehr wollte Hitler ein Eingreifen Moskaus, das mit der Tschechoslowakei vertragliche Abmachungen getroffen hatte, in einen solchen Konflikt gerade verhindern[92]. Freilich äußerte er weiterhin seine Vorstellung, Lebensraum im Osten, d. h. im Osten von Polen, langfristig erobern zu wollen[93]. Gleichzeitig führte NS-Deutschland jedoch eine Art Stellvertreterkrieg gegen die Sowjetunion, als es in den Spanischen Bürgerkrieg eingriff. Marine, Luftwaffe und Heer waren in diesem Konflikt aktiv. Sogar eine Einheit Geheimer Feldpolizei, zusammengesetzt aus Gestapo-Personal, wurde nach Spanien entsandt. Die antibolschewistische Zielrichtung der Intervention wurde von der Propaganda groß herausgestellt[94].

Schon dieser Bürgerkrieg wurde mit erbarmungsloser Härte geführt, von Seiten der francistischen Putschisten, aber auch von Seiten der Republikaner. Die sowjetische Geheimpolizei betrieb in Spanien einen Nebenkriegsschauplatz und ermordete ihre Kontrahenten in der Linken. Der vieldiskutierte Krieg der Zukunft war das noch nicht, wenn hier auch neue Waffensysteme „getestet" werden konnten. Stärker in diese Richtung verwiesen die Kriege, die sich zur gleichen Zeit in Afrika und Asien abspielten. Italien und Japan führten in Äthiopien und China nicht nur Angriffskriege; diese waren auch von extremer Brutalität gekennzeichnet, so durch den Giftgaseinsatz und die Massaker im Abessinienfeldzug, besonders aber durch die Massenverbrechen der japanischen Armee in China[95]. Die internationale Anwendung des Völkerrechts befand sich also schon in den Jahren 1936/37 auf einem Tiefststand.

Die ersten nach Osten gerichteten Aggressionen NS-Deutschlands verliefen noch weitgehend ohne Kampfhandlungen. Der Einfall in das Sudetenland 1938 und in die tschechischen Gebiete 1939 richteten sich zwar schon gegen slawische Völker, ohne einen Krieg fielen sie jedoch nicht so gewalttätig aus wie die späteren Besetzungen in Osteuropa. Die organisatorische Grundstruktur späterer Aktionen war freilich schon gegeben: es handelte sich um eine kombinierte Militär- und Polizeiaktion. Hinter der Wehrmacht marschierten – wie schon in Österreich – kleine Einsatzkommandos der Gestapo ein. Im Sudetenland nahmen diese im Oktober 1938 tausende „Verdächtige" fest, ein „Sudetendeutsches Freikorps" und die SS-Standarte „Oberbayern" terrorisierten derweil die tschechische Bevölkerung. Nicht minder umfangreich fielen die Verhaftungsaktionen der zwei Einsatzgruppen beim Einmarsch in Böhmen und Mähren im März 1939 aus. In beiden Fällen hatte das Heer die vollziehende Gewalt im Operationsgebiet inne. Das Verhältnis von Heer und Einsatzgruppen scheint jedoch nicht formell geregelt worden zu sein. Trotz einiger Reibereien um die Komptenzen ist es aber nicht zu einem größeren Konflikt um die „polizeiliche Tätigkeit" im Operationsgebiet ge-

[92] Manfred Messerschmidt, Außenpolitik und Kriegsvorbereitung, in: DRZW Band 1, S.535-701, hier 623ff.
[93] Vgl. Gerd R. Ueberschär, Hitlers Entschluß zum „Lebensraum"-Krieg im Osten, in: „Unternehmen Barbarossa", S.83-110, hier 88f.
[94] Vgl. Geßner, Geheime Feldpolizei, S.20-27, mit etwas unklarer Quellenbasis.
[95] Über die Rezeption der Vorgänge in Deutschland ist wenig bekannt. Den Einsatz von Giftgas in Äthiopien, der in der Nachkriegshistoriographie lange umstritten war, bestätigten die deutschen Experten jedoch schon damals.

kommen[96]. Immerhin überließ die Heeresgruppe 1 im Sudetengebiet schon damals alle Beschlagnahmungen bei Privatpersonen, d. h. vor allem Eigentum von Juden, der Gestapo. Eine regelrechte Militärverwaltung kam im Sudetenland nicht zum Tragen. Die vollziehende Gewalt lag nur zwei Wochen lang beim Heer, die ihr angegliederten Chefs der Zivilverwaltung konnten ihre Tätigkeit kaum entfalten. Deutlich elaborierter gestaltete sich die militärische Besatzung Böhmens und Mährens, die einen Monat lang währte. Auf „slawischem" Territorium wurde auch die Festnahme von Geiseln gestattet, in Ausnahmefällen sogar direkte Repressaltötungen.

Nach der Aktion gegen die Tschechoslowakei war die Militäropposition deutlich zurückhaltender, selbst dann noch, als Hitler die Aggression gegen Polen ankündigte, die in der gegebenen außenpolitischen Konstellation das riskante Spiel von 1938 wiederholte. Trotz interner Äußerungen der Skepsis war von einer breiteren Ablehnung der Kriegspolitik kaum mehr etwas zu spüren. Eine Aggression gegen die Sowjetunion stand nicht auf der Tagesordnung, vielmehr überraschte Hitler die deutsche Bevölkerung genauso wie die Wehrmacht mit einem diplomatischen Paukenschlag, dem Abschluss des deutsch-sowjetischen Nichtangriffspakts.

Nicht erst im Sommer 1940, auf dem Höhepunkt des Konsenses, sondern schon ein Jahr zuvor war die Wehrmacht das Werkzeug der NS-Diktatur geworden[97]. Die Unstimmigkeiten zwischen Hitler und der Führung waren beseitigt, die Bereitschaft zur territorialen Expansion vorhanden, und dies auch über „deutsche Siedlungsgebiete" hinaus. Die Wehrmacht hatte sich ihrem „Führer" untergeordnet und ins nationalsozialistische Herrschaftssystem eingegliedert, sie forderte jedoch weiterhin den institutionellen Vorrang bei den Expansionen.

5. Polen 1939: Der erste Vernichtungskrieg?

Am 1. September 1939 war die Zeit, in der man Erfahrungen sammelte, vorbei. Fast 21 Jahre, nachdem das Deutsche Reich die Waffen niedergelegt hatte, griff die Wehrmacht Polen an. Nun aber schien sich der vorgedachte Krieg abzuzeichnen. Schnelle Panzerverbände stießen vor, großräumige Operationen paralysierten das polnische Militär, das sich zudem ab dem 17. September auch mit dem Einmarsch der Roten Armee konfrontiert sah. Die deutsche Luftwaffe bombardierte mehrere Städte ohne jede Rücksichtnahme auf die Zivilbevölkerung.

Vor allem aber begann am ersten Kriegstag die massenhafte Gewalt gegen polnische Zivilisten und Kriegsgefangene. Nach neueren Schätzungen wurden in den 55 Tagen der Militärherrschaft, also bis zum 25. Oktober 1939, etwa 20 000 Personen außerhalb von Kampfhandlungen und Bombardements getötet. Diese Gewalt ging sowohl von den SS- und Polizeiverbänden als auch von Einheiten der Wehrmacht

---

[96] Krausnick/Wilhelm, Truppe des Weltanschauungskrieges, S. 22–31; Giziowski, Enigma, S. 107ff., u. a. zu Morden von SS-Einheiten.
[97] Ein Schlaglicht wirft darauf Roland Kopp, Die Wehrmacht feiert. Kommandeurs-Reden zu Hitlers 50. Geburtstag am 20. April 1939, in: Militärgeschichtliche Zeitschrift 62 (2003), S. 471–534.

aus. Vermutlich fielen die Einheimischen je zur Hälfte SS bzw. Polizei und zur Hälfte den Heereseinheiten zum Opfer[98]. Die Kontexte der Massenverbrechen unterschieden sich jedoch meist. Die Einsatzgruppen der Sicherheitspolizei, die den Fronttruppen wie schon in die tschechischen Gebiete folgten, hatten den konkreten Auftrag, Angehörige der polnischen Oberschicht und bestimmter polnischer Organisationen zu verhaften oder sofort umzubringen. Ähnlich agierte der hastig aufgestellte Volksdeutsche Selbstschutz, der vor allem in Westpolen damit begann, „missliebige" Polen zu ermorden. Eine spezifische Polizeieinheit, die Einsatzgruppe z.b V., marschierte mit dem Auftrag ein, die jüdische Minderheit in Südostpolen zu terrorisieren und dadurch zur Flucht über die deutsch-sowjetische Demarkationslinie zu veranlassen. Hingegen ähnelten die Massaker der SS-Truppen und Polizeibataillone eher denen in einzelnen Heereseinheiten. Vermeintliche Freischärler wurden erschossen, nach Angriffen auf die Truppe auch wahllos ausgesuchte Zivilisten. In einzelnen Fällen massakrierten deutsche Soldaten polnische Kriegsgefangene, die sie für Freischärler hielten, etwa weil diese sich in einem Wald aufgehalten hatten[99].

Wie konnte es zu dieser Entfesselung der Gewalt kommen? Zweifelsohne sind die Gewalttaten vor dem Hintergrund traditioneller Ressentiments gegen Polen und Juden zu sehen, welche vor allem seit 1918 und seit den „Volkstumskämpfen" der Nachkriegszeit radikalisiert wurden. Durch den deutsch-polnischen Nichtangriffspakt von 1934 waren diese zwar in der Öffentlichkeit zurückgedrängt worden, mit den inszenierten Spannungen seit Anfang 1939 brachen sie jedoch in neuer Schärfe hervor[100]. Entscheidend blieb jedoch die Radikalisierung durch den Oberbefehlshaber Hitler und die Führung der Wehrmacht. Der „Führer" kehrte nun intern zu seiner Rhetorik vom Lebensraum zurück, diesmal auf Polen bezogen. Hielt sich seine Rede vor der Generalität am 23. Mai 1939 noch in den bekannten Bahnen, so verschärfte er den Ton bei einem erneuten Treffen am 22. August deutlich. Zwar ist deren Text nicht zweifelsfrei überliefert, doch sprechen Zeugen davon, klare Vernichtungsdrohungen gegen die Polen vernommen zu haben. Im Kern zeichneten sich hier bereits die Formeln ab, die Hitlers Rede am 30. März 1941, im Blick auf den Krieg gegen die Sowjetunion, prägen sollten.

Die Generalität begrüßte im allgemeinen eine Verschärfung der Politik gegen Polen, wenn auch viele den Zeitpunkt für eine „Abrechnung" noch nicht gekommen sahen. Die Soldaten erhielten üble antipolnische und antisemitische Merkblätter ausgehändigt, die auf den Einsatz vorbereiten sollten. Soldatenzeitungen propagierten bereits die „Entfernung des polnischen Judenvolkes aus dem europäischen Bereich"[101]. Auch viele Tagesbefehle zum Einmarsch trieften vor rassisti-

[98] Jochen Böhler, „Tragische Verstrickung" oder Auftakt zum Vernichtungskrieg? Die Wehrmacht in Polen 1939, in: Genesis des Genozids. Polen 1939–1941. Hg. von Klaus-Michael Mallmann Bogdan Musial. Darmstadt 2004, S. 36–56. Ältere Schätzung (16000 Opfer) bei: Szymon Datner, 55 dni Wehrmachtu w Polsce. Zbrodnie dokonane na polskiej ludności cywilnej w okresie 1 IX – 25 X 1939. Warszawa 1967, S. 619. Diese Angaben sind nicht immer zuverlässig, 1968 wurde eine weitere Erhebung in ganz Polen durchgeführt.
[99] Böhler, „Tragische Verstrickung"; ders., Auftakt zum Vernichtungskrieg. Die Wehrmacht in Polen 1939. Frankfurt a. M. 2006; „Größte Härte...". Verbrechen der Wehrmacht in Polen September/Oktober 1939. Red. Jochen Böhler. Osnabrück 2005.
[100] Alexander B. Rossino, Hitler Strikes Poland: Blitzkrieg, Ideology and Atrocity. Lawrence 2003, S. 2ff.
[101] Soldatenzeitung, Nr. 12, 9.9.1939 (für den Hinweis danke ich Klaus-Peter Friedrich).

schen Stereotypen. Vergleichsweise spät wurden Vorbereitungen für die "Sicherung" des Hinterlandes getroffen. Nicht nur Geiselnahmen waren vorgesehen, unter Umständen sollte in einzelnen Regionen die gesamte männliche Bevölkerung im wehrfähigen Alter interniert werden.

Generalquartiermeister Wagner vereinbarte in den letzten Julitagen 1939 mit dem Chef der Sicherheitspolizei, Reinhard Heydrich, wieder die Tätigkeit von Einsatzgruppen. Darüber hinaus sollten auch Polizeiverbände und die Totenkopfeinheiten der SS einmarschieren. Die Koordination des Einsatzes und die laufende Informierung sollte sowohl über die Ic-Offiziere als auch über die Chefs der Zivilverwaltung, also die eigentlichen Militärverwalter, laufen. Die Geheime Feldpolizei der Wehrmacht, selbst größtenteils aus Gestapo-Personal rekrutiert, würde eine wichtige Koordinationsfunktion im Feld übernehmen. Schon im August hatte der Chef der Abwehr Canaris Bedenken gegen den Einsatz von KZ-Bewachern im Feldzug angemeldet. Freilich hatten die Militärs nicht erwartet, dass die SS- und Polizeiverbände das Land mit einem derart systematischen Terror überziehen würden, und dass sie den Auftrag hatten, gezielt die polnische Oberschicht auszurotten.

Erstmals überhaupt wandten sich zahlreiche Generäle und Offiziere offen gegen die Verbrechen. Die bekannten Proteste sind vielfach beschrieben worden: Etwa die Generäle von Küchler und Lemelsen versuchten gegen Gewalttaten der SS einzuschreiten, ließen SS-Leute und auch Soldaten wegen exzessiver Morde vor Kriegsgerichte stellen. Doch entscheidend blieb, dass die Heeresspitze mit von Brauchitsch, Halder und auch Wagner nur sehr verhalten reagierte und dass Hitler relativ schnell mit politischen Maßnahmen eingriff: Die Militärverwaltung wurde binnen Kurzem durch zivile Besatzer abgelöst, eine generelle Amnestie erlassen und die Angehörigen von SS bzw. Polizei der Militärgerichtsbarkeit außerhalb des Reiches entzogen.

Selbst unter der Generalität war die Ablehnung der Massentötungen wenig verbreitet. Zumeist richtete sie sich allein gegen solche Verbrechen, die nicht durch angebliche „militärische Notwendigkeiten", etwa radikale Repressalien oder Tötungen von Kriegsgefangenen, begründet schienen oder von exzessiven Grausamkeiten begleitet waren. Im Übrigen zielte der Protest in erster Linie auf die Morde von SS und Polizei. Die Massaker von Heereseinheiten, etwa durch das Infanterie-Regiment (IR) 42 in Tschenstochau oder IR 15 bei Ciepielow, wurden überhaupt nicht oder nur sehr lax geahndet[102].

Insgesamt zeigte die Zeit des Polenfeldzuges bereits deutlich die Muster, die im Juni 1941 wiederkehrten: systematische Morde durch SS und Polizei und enthemmte Gewaltbereitschaft in vielen Einheiten des Heeres. Freilich unterschieden sich die Rahmenbedingungen noch deutlich: Weder waren dem Feldzug grundsätzliche verbrecherische Befehle an die Armee vorausgegangen noch konnte hier ein entfesselter Antibolschewismus zum Tragen kommen. Auch fehlte der Zusammenhang zwischen hochriskanter militärischer Planung und radikaler Strukturpolitik, wie er dem „Unternehmen Barbarossa" dann innewohnte. Schließlich wur-

[102] Rossino, Hitler, S.126ff.; Böhler, „Tragische Verstrickung", S.41ff.; Timm Richter, September 1939 – Die 10. Armee und die SS, in: Kontrapunkt. Vergangenheitsdiskurse und Gegenwartsverständnis. Hg. von Sabine Mecking, Stefan Schröder. Essen 2005, S.47-55, hier 49ff.

den die polnischen Kriegsgefangenen deutlich besser behandelt als die sowjetischen, anfangs selbst die Juden unter ihnen.

In der eigentlichen Besatzungspolitik der Wehrmacht zeigen sich jedoch deutliche Parallelen zwischen 1939 und 1941. Von Anfang an übernahm die Militärverwaltung in Polen grundsätzliche Aufgaben bei der Verfolgung von Juden, etwa deren zwangsweise Kennzeichnung, gesonderte Registrierung und Entrechtung. Diese ersten „Verwaltungsmaßnahmen" sollten der Vorbereitung einer zivilen Okkupation dienen[103]. Während allerdings das OKH 1941 selbst die Möglichkeit schuf, Ghettos für Juden einzurichten, wurde eine Heydrich-Order zur Konzentrierung der jüdischen Einwohner in größeren Städten im September 1939 vom OKH gestoppt. Freilich beteiligte sich General Wagner schon 1939 massiv an den Vertreibungen von Juden in Südostpolen, die über die Demarkationslinie in sowjetisch besetztes Gebiet gehetzt wurden[104]. Die Parallelen zwischen der Militärverwaltung in Polen und später in der Sowjetunion finden jedoch dadurch ihr baldiges Ende, dass die Herrschaft der Militärs in Polen nur sechs Wochen währte, in der Sowjetunion jedoch über Jahre.

Unübersehbar sind auch Brüche und Kontinuitäten bei einem Blick auf das eingesetzte Führungspersonal. Während von Brauchitsch auch 1941 wieder ganz lethargisch im Banne Hitlers blieb, entwickelten sich Halder und Wagner zu aktiven Planern des Vernichtungskrieges gegen die Sowjetunion. Die massiven Proteste einiger Generäle im zivil besetzten Polen, insbesondere die bekannten Eingaben von Blaskowitz und Ulex von 1940, blieben die Ausnahme. Für viele andere wurde Polen jedoch zu einem Exerzierfeld des „Rassenkrieges". Ein Extremist wie General Braemer fungierte 1939 als Korück in Bromberg, wo unter dem Vorwand der Ermordung Hunderter Polendeutscher riesige Massaker an der Zivilbevölkerung verübt wurden. General Kuno-Hans von Both, später Berück in Weißrussland, schwadronierte schon 1939 als Divisionskommandeur vom „Lebensraum" im Osten. Sein Kollege Max von Schenckendorff, ab 1941 eine zentrale Gestalt der militärischen Besatzungspolitik, war 1939 als Kommandant von Posen eingesetzt. Die SS-Kavallerieeinheiten, die schon in Polen Massaker an der Zivilbevölkerung verübten, hoben schon damals ihr ausgesprochen positives Verhältnis zu von Schenckendorff hervor; dieses ging auch eineinhalb Jahre danach, während der gigantischen Massaker der SS-Kavallerie, nicht verloren. Der berüchtigte Feldkommandant auf der Krim, Oberst von Coler, prahlte mit eigenen Morden aus seiner Zeit in Polen[105]. Freilich stehen umfassende kollektivbiographische Untersuchungen noch aus. Zudem haben zahlreiche Offiziere, die ab 1941 in der Militärverwaltung dienten, in den Jahren zuvor Funktionen in der Fronttruppe gehabt.

Betrachtet man den Polenfeldzug in längerer Perspektive, so drängen sich doch einige Kontinuitäten seit 1919 auf. Die Revision der Ostgrenzen und der Kampf

---

[103] Umbreit, Deutsche Militärverwaltungen, S. 190ff.; im Detail: Stanisław Nawrocki, Hitlerowska okupacja Wielkopolski w okresie zarządu wojskowego, wrzesień – październik 1939 r. Poznań 1966, S. 194ff.

[104] Müller, Heer und Hitler, S. 433f.; IfZ NOKW-0129, FS GenQu an Hgr. Süd, 13. 9. 1939.

[105] Martin Cüppers, Wegbereiter der Shoah. Die Waffen-SS, der Kommandostab Reichsführer-SS und die Judenvernichtung 1939–1945. Darmstadt 2005, S. 37f., 187; Oldenburg, Ideologie und militärisches Kalkül, S. 213.

gegen den „Saisonstaat" gehörte seit Seeckt zum Programm des Militärs. Dabei wurde durchaus mit einem kriegerischen Vorgehen geliebäugelt. Geradezu frappant erscheint aus der Retrospektive die taktische Annäherung von Seeckts hin zu Sowjetrussland 1920, eine Wendung, wie sie Hitler im Jahre 1939 vollzog. Deutlich wird auch die Revanche für die „Volkstumskämpfe" an der Grenze 1919-1921. Teilnehmer der schlesischen Aufstände oder Angehörige von Westverbänden standen auf den Erschießungslisten der Sicherheitspolizei ganz oben.

Dennoch kann keinesfalls von einer linearen Kontinuität die Rede sein. Nicht mehr die demokratische Regierung zu Anfang der Weimarer Republik, sondern eine enthemmte Diktatur war 1939 am Werk. Diese hatte allerdings zunächst 1934 die Annäherung an Polen gesucht, die sich, im Zeichen der autoritären Diktatur nach Piłsudski, auch auf die staatlichen Beziehungen auswirkte. So fanden deutsche und polnische Politik bis 1938 durchaus Ebenen der Verständigung[106]. Hitler war zunächst offensichtlich gewillt, Polen in die antibritische Politik einzuspannen, in den Anti-Kominternpakt aufzunehmen und auf lange Sicht zum Aufmarschplatz gegen die Sowjetunion zu machen. Doch nach der Weigerung der polnischen Regierung, als Juniorpartner eine solche Funktion wahrzunehmen, schlug Hitler den Weg der totalen Konfrontation ein.

Dabei konnte er durchaus auf Verständnis beim Militär und in Teilen der Bevölkerung hoffen, die 1939 mit antipolnischer Propaganda zu Korridor und Danzig traktiert wurde[107]. Alte antipolnische Ressentiments waren in den 20er Jahren durch die Grenzregelung und ihre blutigen Begleiterscheinungen deutlich radikalisiert worden, traten seit 1934 jedoch zurück. Sie mussten 1939 nur wieder zum Leben erweckt werden. Mit der Propaganda-Kampagne um den „Bromberger Blutsonntag" erreichte die Aufheizung ihren ersten Höhepunkt.

War der Polenfeldzug bereits ein Vernichtungskrieg? Die Beantwortung dieser Frage hängt in erster Linie von der Definition des Begriffs ab. Im zeitgenössischen Selbstverständnis war damit eher die Vernichtung der gegnerischen militärischen Kraft gemeint, oder man setzte den Terminus zur Charakterisierung der gegnerischen Kriegsführung ein[108]. Zweifelsohne zielte der Krieg auf die Vernichtung der polnischen Nation, wenn auch kurzzeitig Ideen eines polnischen „Reststaates" von deutsch-sowjetischen Gnaden zirkulierten. Trotz der systematischen Verbrechen an der polnischen „Intelligenz" fand eine Ermordung von größeren Bevölkerungssegmenten nicht statt, ebensowenig bei den Kriegsgefangenen. Vor allem aber entkoppelte sich der Zusammenhang zwischen Krieg und Vernichtung bereits nach wenigen Wochen[109]. Spekuliert man, der Feldzug hätte länger gedauert, so erscheint es durchaus wahrscheinlich, dass ein Vernichtungskrieg daraus geworden wäre.

[106] Vgl. Carsten Roschke, Der umworbene „Urfeind". Polen in der nationalsozialistischen Propaganda 1934-1939. Marburg 2000.
[107] Vgl. Müller, Heer und Hitler, S. 392.
[108] Beispielsweise Kurt Fervers, Vernichtungskrieg. Düsseldorf 1941 (endet inhaltlich 1940).
[109] Zur Verwendung des Konzepts seit dem amerikanischen Bürgerkrieg, vgl. Geyer, Gewalt und Gewalterfahrung, S. 248. Dagegen: Susanne Kuss, Vernichtungskrieg in Polen 1939: Vernichtung als Kontinuität in der deutschen Militärgeschichte, in: Deutschland und Polen in den schweren Zeiten 1933-1990. Red. Bernd Martin, Arkadiusz Stemplin. Poznań 2004, S. 69-86. Integration bei Hull, Absolute Destruction.

Die Gewalt gegen Zivilisten und Kriegsgefangene im Polenfeldzug zeigt deutlich das Aggressionspotential, das in SS, Polizei und teilweise auch in der Armee steckte. Hier verbanden sich latente Vorurteile mit anstachelnden Befehlen. Vor allem aber wird hier erstmals ein besonderes Spezifikum deutscher Kriegspolitik deutlich: das Fehlen jeglicher äußerer Kontrolle. Weder trafen die Gewalttaten bereits während des Feldzuges auf massiven Protest (dieser erfolgte größtenteils erst später) noch wurde die internationale Öffentlichkeit ins Kalkül gezogen. Die traditionell zögerliche bis ablehnende Haltung des deutschen Militärs zum Völkerrecht erreichte hier eine neue Stufe. Die Gewalt hatte, oberflächlich gesehen, noch deutlich traditionelle Muster, eine Repressalpolitik ohne Legitimation wie in Belgien 1914 oder das antipolnische Vorgehen von Freikorps und Grenzschutz ab 1919. Selbst die Idee eines „Judenreservates", wie sie während des Feldzuges entwickelt wurde, konnte auf koloniale Formen und antisemitische Konzepte seit der Jahrhundertwende zurückgreifen. Und dennoch wird die neue Dimension der Gewalt offenbar: Erstmals wurden Massenmorde an Juden verübt, vor allem aber zeigte die systematische Erschießung der „Intelligenz" die radikale Qualität des neuen Krieges. Zwar war die Entfesselung des Antisemitismus mit Händen zu greifen, die antislawischen Elemente blieben jedoch durch viele Faktoren gebrochen, nicht zuletzt durch die kulturelle Nähe zu Polen und seinem Katholizismus. Die Verbrechen im Polenfeldzug zeigen deutlich, dass es kaum des Antibolschewismus bedurfte, um Massenmorde zu begehen. Die polnische KP, immer eine Quantité négligeable, war schon 1938 durch Stalin komplett vernichtet worden. Polen selbst definierte sich nicht zuletzt aus seiner antirussischen-antibolschewistischen Haltung.

So kristallisierten sich Grundstrukturen einer gewalttätigen Besatzung bereits heraus, diese gestaltete sich im Krieg gegen die Sowjetunion jedoch erheblich radikaler. Gründe dafür waren nicht nur die begrenzte Dauer der Militärherrschaft in Polen, sondern vor allem die strategische Anlage des „Unternehmens Barbarossa", die enthemmende Wirkung des Antibolschewismus und die Eskalation der Judenverfolgung. 1941 erreichte die Besatzungsgewalt ganz andere Dimensionen, die ohne Präzedenz in der Geschichte dastehen.

6. Der Konsens auf dem Höhepunkt: Sommer 1940

Der Sowjetunion-Krieg ist nicht nur als extreme Neuauflage des Polenfeldzuges zu sehen, sondern auch vor dem Hintergrund von anderthalb Jahren weiterer Radikalisierung der NS-Politik von Ende 1939 bis Juni 1941 zu interpretieren. Zwar verliefen die militärischen Unternehmen in Nord- und Westeuropa deutlich weniger gewalttätig als in Polen, insgesamt eskalierten jedoch die Massenverbrechen des Regimes in der Zeit zwischen Ende 1939 und Frühjahr 1941. Dies war in der Wehrmacht nicht nur bekannt; in einigen Fällen war sie darin auch involviert[110].

---

[110] Eine Untersuchung zum Verhältnis der Wehrmacht zu allen NS-Verbrechen vor Frühjahr 1941 bleibt ein Desiderat. Für die Militäropposition vgl. die Anmerkungen von Gerd R. Ueberschär, Der militärische Widerstand, die antijüdischen Maßnahmen, „Polenmorde"

Am schwersten zu leiden hatte die polnische Bevölkerung unter der NS-Herrschaft. Die Massenmorde an der Oberschicht gingen auch nach Ende der Militärherrschaft bis Dezember 1939 weiter, verstärkt wurden nun auch Geisteskranke getötet. Nicht selten übernahm die Wehrmacht die Gebäude von psychiatrischen Anstalten als Lazarett, nachdem SS-Einheiten die Patienten erschossen hatten. Freilich ist ein ursächlicher Zusammenhang zwischen dem Wunsch der Wehrmacht nach bestimmten Gebäuden und den Morden an deren Bewohnern – im Gegensatz zu vielen Fällen in der Sowjetunion 1941 – nicht nachweisbar[111].

Während Westpolen in die Wehrstruktur des Reiches eingegliedert wurde, residierte im Generalgouvernement ein Militärbefehlshaber, der allerdings gegenüber der Zivilverwaltung nur über eingeschränkte Kompetenzen verfügte und sich erst wieder stärker einschalten konnte, als die Front wieder näherrückte. Die Rüstungsinspektionen in Polen gewannen im Laufe der Zeit immer mehr an Bedeutung. Sie beaufsichtigten die Betriebe, die für die Rüstung oder die Wehrmachtausstattung arbeiteten. Gerade in letzterem Sektor hatte die Zwangsarbeit von Juden einen erheblichen Stellenwert. Allein im Ghetto Lodz arbeiteten im Sommer 1941 40 000 der 144 000 Insassen für die Zwecke der Wehrmacht[112].

Typisch gerade für die erste Phase der Besatzung in Polen waren die gigantischen Bevölkerungsverschiebungen, faktisch brutal durchgeführte Massendeportationen. Mit dieser Art der „Siedlungspolitik" war SS-Chef Himmler beauftragt worden. Doch auch OKW und OKH schalteten sich in die Planungen mit einem eigenen Siedlungsbeauftragten ein und beteiligten sich an Vorbesprechungen für Deportationsprogramme. Insbesondere war man an der Ansiedlung von Veteranen auf „freigewordenem" Land interessiert, wie es den Freikorps schon 1919 im Baltikum vorgeschwebt hatte. In Wirklichkeit wurden weniger Deutsche angesiedelt als vielmehr Polen deportiert. Im Generalgouvernement legte man darüber hinaus riesige Truppenübungsplätze an. Zu diesem Zweck vertrieben Wehrmacht und Polizei Zehntausende Einheimischer aus ihren Häusern[113].

Ebenfalls in diesen Zusammenhang gehören die groß angelegten Planungen für einen „Ostwall" an der Demarkationslinie zu den sowjetischen Annexionen. Dort sollte eine befestigte Grenzsicherung eingerichtet werden. Doch die Wehrmachtführung betrachtete das Projekt, das von SS und Polizei mit einer großen Zahl von jüdischen Zwangsarbeitern begonnen wurde, bald als militärisch nutzlos.

Bereits im April 1940 sah sich die deutsche Besatzung in Polen mit ersten Partisanen konfrontiert. Die Zerschlagung einer Untergrundeinheit war von Massakern an der Zivilbevölkerung in der Umgebung begleitet; die Verantwortung hierfür lag

---

und NS-Kriegsverbrechen in den ersten Kriegsjahren (1939–1941), in: NS-Verbrechen und der militärische Widerstand gegen Hitler. Hg. von Gerd R. Ueberschär. Darmstadt 2000, S. 31–43.

[111] Ernst Klee, „Euthanasie" im NS-Staat. Frankfurt a. M. 1983, S. 112; Volker Rieß, Die Anfänge der Vernichtung „lebensunwerten Lebens" in den Reichsgauen Danzig-Westpreußen und Wartheland 1939/40. Frankfurt a. M. u.a. 1995, S. 136, 169.

[112] Vgl. Peter Klein, Zwangsarbeit im Ghetto Lodz. Die Wehrmacht als Auftraggeber, in: Mitteilungen aus dem Bundesarchiv 11, 2003, H. 1, S. 23–28.

[113] Rolf-Dieter Müller, Hitlers Ostkrieg und die deutsche Siedlungspolitik. Die Zusammenarbeit von Wehrmacht, Wirtschaft und SS. Frankfurt a. M. 1991, S. 11ff.; Leon Herzog, Die verbrecherische Tätigkeit der Wehrmacht im Generalgouvernement in den Jahren 1939 bis 1945, in: Zeitschrift für Militärgeschichte 6 (1967), S. 445–458, hier 450.

freilich noch in den Händen von Polizei und SS, Wehrmacht war nur am Rande beteiligt[114]. Hier schälte sich deutlich die unterschiedliche Behandlung der besetzten Gebiete im Osten und im Westen heraus. Als man zur gleichen Zeit die militärische Besatzung Englands plante, war vorgesehen, dabei auftretenden Freischärlern den Status von Kombattanten zuzusprechen, sie also gegebenenfalls in Kriegsgefangenschaft zu nehmen[115].

Nach dem Frühjahr 1940 richteten sich die Verbrechen mehr und mehr gegen die jüdischen Polen. Es waren weniger direkte Tötungen als vielmehr der bewusste Nahrungsentzug, der frühzeitig ein Massensterben in den wenigen großen Ghettos, die abgeriegelt waren, herbeiführte. In Warschau und Lodz starben so bis zum Juni 1941, also vor dem Beginn der großen Massenmorde, weit über 20000 Menschen. An dieser Hungerpolitik war die Wehrmacht nicht beteiligt. Freilich nutzten viele Soldaten ihre Stationierung in Polen beim Aufmarsch gegen die Sowjetunion im Frühjahr 1941, um in einer Art „Ghetto-Tourismus" die erbärmlichen Lebensumstände der Juden oder die Massengräber im Warschauer Ghettofriedhof zu besichtigen[116]. Die Stationierung von großen Kampfverbänden im Osten des Generalgouvernements führte dazu, dass erst Polen auf die Straße gesetzt wurden und dann in die Wohnungen von Juden umziehen mussten, für welche wiederum verstärkt Ghettos errichtet wurden. Vereinzelt waren bereits im März 1941 antijüdische Pogrome zu verzeichnen. In der Kleinstadt Siedlce erschlugen Luftwaffensoldaten fünf Juden und verletzten 150 andere, nachdem angeblich ein Anschlag verübt worden war. Dies führte damals noch zu einer kriegsgerichtlichen Untersuchung, im Feldzug drei Monate später wurde solchen Ausschreitungen dann jedoch Tür und Tor geöffnet[117]. Für den Feldzug gegen die Sowjetunion wurde der Antisemitismus, wie er in der Reichsbevölkerung 1940 ohnehin schon gang und gäbe war, noch einmal aktiviert. Die Richtlinien für das Verhalten der Truppe in Russland enthielten eine eindeutige Sprache, „rücksichtsloses und energisches Durchgreifen" auch gegen Juden war gefordert. Manche Einheit bekam zur Einstimmung in die kommende Judenverfolgung noch antisemitische Spielfilme vorgeführt[118].

Wie das Rechtsbewusstsein im Laufe des Jahres 1940 weiter ausgehöhlt wurde, zeigt etwa das Verhalten des Generals Küchler. Dieser hatte noch im Polenfeldzug 1939 drakonische Strafen an Soldaten zur Ahndung von Gewaltexzessen gefor-

[114] Hitlerowski terror na wsi polskiej 1939–1945. Zestawienie większych akcji represyjnych. Bearb. von Czesław Madajczyk. Warszawa 1965, S. 48, 55; Polski ruch oporu. Von Andrzej Chmielarz u. a. Warszawa 1988, S. 79ff.. Zumindest an den Kampfeinsätzen war die 372. ID beteiligt, Wolfgang Jacobmeyer, Henryk Dobrzanski („Hubal"). Ein biographischer Beitrag zu den Anfängen der polnischen Résistance im Zweiten Weltkrieg, in: VfZ 20 (1972), S. 63–74, hier 70f.

[115] BA-MA RW 5/684, OKW/WR, Vorbereitung einer Militärverwaltung für England, 29.10.1940.

[116] Vgl. Tagebuch Emanuel Ringelblum, 20.5.1941, in: ders., Kronika getta warszawskiego wrzesień 1939 – styczeń 1943. Warszawa 1983, S. 288. Über den Alltag während des deutschen Aufmarsches im Raum Lublin ab Mitte März, über Zwangsarbeit für die Wehrmacht, Plünderungen und einzelne Gewalttaten: Zygmunt Klukowski, Diary From the Years of Occupation 1939–44. Urbana u. a. 1993, S. 141–160.

[117] IfZ, MA 679/2, fr. 900, Monatsbericht OFK 393 (Warschau) für 16.3.–15.4.1941, 25.3.1941; auch weniger antisemitische Signale gegenüber den Juden wurden registriert: IfZ MA 679/3, fr. 293–299, Monatsbericht OFK 379 (Lublin) für 16.4.– 15.5.1941, 20.5.1941.

[118] Bernheim, Commissar Order, S. 81f.

dert. Nach Polen im Juli 1940 zurückgekehrt, verlangte er nun jedoch Verständnis für den „harten Volkstumskampf" in dem Lande. Kurz zuvor waren über 6000 Polen im Generalgouvernement erschossen worden[119].

Doch auch im Reich fiel der Kriegsbeginn mit einer deutlichen Radikalisierung der Verfolgung zusammen. Den Besetzungen folgten Massenverhaftungen und die Auffüllung der Konzentrationslager, deren Existenz weithin bekannt war. Saßen dort Ende 1939 noch 20 000 Personen ein, so waren es 1941 bereits 60 000 Häftlinge. Die größte Mordaktion dieser Zeit richtete sich gegen die Insassen psychiatrischer Anstalten. Bis zum Sommer 1941 wurden im Reich 70 000 Menschen umgebracht. Auch dies blieb weder der deutschen Bevölkerung im Allgemeinen noch der Wehrmacht im Besonderen verborgen. Während insbesondere einige Vertreter der Kirchen gegen den Massenmord an psychisch Kranken protestierten, war von der Wehrmachtsgeneralität, die sich selbst als gesellschaftliche Elite verstand, nichts Vergleichbares zu hören. Lediglich einige wenige, deren Rechtsbewusstsein noch nicht ins Wanken geraten war, wie Hans von Dohnanyi vom Amt Ausland/Abwehr, schlossen sich den internen Beschwerden an[120]. Andere Militärs, so im Wehrwirtschaftsstab, hatten intern schon 1937 „Maßnahmen zur Verringerung der Minderwertigen" ins Kalkül gezogen[121].

Ebensowenig zeitigte die Verschärfung der Judenverfolgung im Reich Proteste beim Militär. Die völlige Entrechtung der Juden war bereits vorangeschritten, eine regelrechte Ghettoisierung in bestimmten Stadtvierteln und Häusern im Gange. Erste Deportationen, etwa 1940 aus Baden und der Saarpfalz nach Südfrankreich, wurden von den örtlichen Wehrmachtstellen genehmigt[122]. Vergleichsweise harmlos nehmen sich noch die rassenkundlichen Untersuchungen an Kriegsgefangenen aus, die Wehrmachtstellen in Zusammenarbeit mit dem Naturhistorischen Museum Wien ab 1940 durchführen ließen[123]. Massiver gestaltete sich die Politik gegen Sinti und Roma im Reich; so forderte das OKW Anfang 1940, dass diese aus Gründen der „Spionageabwehr" aus den westlichen Grenzzonen des Reiches entfernt werden sollten. In der Konsequenz deportierte die Polizei diese Personen ins Generalgouvernement. Im Feldzug gegen die Sowjetunion sollten diese traditionellen antiziganistischen Stereotypen noch verheerender wirken[124].

Während in den Niederlanden die eigentlich geplante Militärverwaltung abrupt abgelöst wurde[125], übernahm das Militär im besetzten Belgien und Frankreich

---

119 Krausnick/Wilhelm, Truppe des Weltanschauungskrieges, S. 112; vgl. eine kritische Bewertung durch den Offizier Hans Meier-Welcker, Aufzeichnungen eines Generalstabsoffiziers 1939–1942. Freiburg 1982, S. 88f. (AOK 4, Warschau).
120 Klee, „Euthanasie", S. 205f.; Meinl, Nationalsozialisten, S. 307; vgl. Giziowski, Enigma, S. 253.
121 Müller, Tor zur Weltmacht, S. 327.
122 Heydrich an Luther (AA), 30. 10. 1940, in: Gerhard J. Teschner, Die Deportation der badischen und saarpfälzischen Juden am 22. Oktober 1940. Frankfurt a. M. u. a. 2002, S. 346.
123 Maria Teschler-Nicola, Margit Berner, Die anthropologische Abteilung des Naturhistorischen Museums in der NS-Zeit; Berichte und Dokumentation von Forschungs- und Sammlungsaktivitäten 1938–1945, in: Untersuchungen zur Anatomischen Wissenschaft in Wien 1938–1945. Hg. vom Senat der Universität Wien. Wien 1998, S. 333–358.
124 Michael Zimmermann, Rassenutopie und Genozid. Die nationalsozialistische „Lösung der Zigeunerfrage". Hamburg 1996, S. 171f.
125 Vgl. Konrad Kwiet, Vorbereitung und Auflösung der deutschen Militärverwaltung in den Niederlanden, in: MGM 3 (1969), H. 1, S. 121–153.

erstmals dauerhaft die führende Rolle in Besatzungs- und Verfolgungspolitik. Der Feldzug 1940 war zwar vereinzelt von Verbrechen an Kriegsgefangenen[126], jedoch nicht von derartiger Gewalt gegen Zivilisten begleitet wie 1939 in Polen. Gegen die teilweise massiven Plünderungen und Vergewaltigungen griffen die Kommandierenden noch vergleichsweise scharf durch[127]. Die „Rassenfrage", soweit sie die Juden betraf, sollte während des Krieges explizit noch keine Rolle spielen. Allerdings hatten die schwarzen Kriegsgefangenen aus der französischen Armee, besonders Senegalesen, unter besonders schlechter Behandlung zu leiden[128].

Als Konsequenz aus den Querelen während des Polenkrieges waren die Kompetenzen der Polizei für den Westen deutlich eingeschränkt worden. Statt in Form von Einsatzgruppen durfte die Gestapo nur im Rahmen der Geheimen Feldpolizei aktiv werden[129]. Doch die Militärbefehlshaber folgten derselben Aufgabenstruktur wie die befristete Militärverwaltung in Polen. So erließen beide Militärbefehlshaber zwischen September und November 1940 eine umfangreiche antijüdische Gesetzgebung, die die Registrierung und Enteignung der Juden einleitete. In die Beraubung der französischen Juden schaltete sich sogar Oberbefehlshaber von Brauchitsch höchstpersönlich ein. Wegen der Weigerung der belgischen Beamten, sich an diesen Plünderungen zu beteiligen, musste das Militär in Belgien die „Arisierung" selbst in die Hand nehmen. Der Militärbefehlshaber Frankreich organisierte die Deportation „unerwünschter" Personen aus Elsass-Lothringen nach Südfrankreich, vor allem nach 1919 dort ansässig gewordene Juden[130]. Im Frühjahr 1941 unterstützte der Militärbefehlshaber die Verschärfung der Judenverfolgung in Frankreich, insbesondere die Massenverhaftungen ausländischer Juden und ihre Internierung in Lagern der Vichy-Regierung[131].

Den Militärbefehlshabern unterstand die Geheime Feldpolizei, aber auch die Kommandeure der Sicherheitspolizei; während die Feldpolizei selbständig Verhaftungsaktionen unter der Bevölkerung vornehmen konnte, musste die Gestapo erst um „Rechtshilfe" ersuchen. Schließlich ist die Tätigkeit der Militärgerichte in den besetzten westlichen Gebieten zu erwähnen, die seit 1940 oftmals fragwürdige Todesurteile gegen Einheimische fällten. In Frankreich verhängten diese bis Juli 1941

---

[126] Neben den bekannten Verbrechen durch Waffen-SS an britischen Kriegsgefangenen gibt es Hinweise auf die Massakrierung schwarzer französischer Kriegsgefangener durch deutsche Einheiten im Frankreichfeldzug. Vgl. Raffael Scheck, Hitler's African Victims. The German Army Massacres of Black French Soldiers in 1940. Cambridge u. a. 2006, S. 28ff., 165; ders., „They Are Just Savages". German Massacres of Black Soldiers from the French Army in 1940, in: Journal of Modern History 77 (2005), S. 325–344, der eine Zahl von zwischen 1500 und 3000 farbigen Kriegsgefangenen annimmt, die von deutschen Truppen erschossen wurden. Tschechische Kriegsgefangene, die in den alliierten Armeen gekämpft hatten, sollten pauschal erschossen werden, Wiley, „Onward to New Deeds", S. 328.
[127] Lieb, Konventioneller Krieg oder NS-Weltanschauungskrieg, S. 15ff., 518; Julia Warth, Verräter oder Widerstandskämpfer? Wehrmachtgeneral Walther von Seydlitz-Kurzbach. München 2006, S. 73ff. (am Beispiel der 12. ID).
[128] Krausnick/Wilhelm, Truppe des Weltanschauungskrieges, S. 108.
[129] Ebenda, S. 107ff.
[130] Hilberg, Vernichtung, S. 633f., 647ff.; Götz Aly, Hitlers Volksstaat. Raub, Rassenkrieg und nationaler Sozialismus. Frankfurt a. M. 2005, S. 242.
[131] Serge Klarsfeld, Vichy-Auschwitz. Die Zusammenarbeit der deutschen und französischen Behörden bei der Endlösung der Judenfrage in Frankreich. Nördlingen 1989, S. 22.

gegen 162 Zivilisten die Todesstrafe, die dann 42-mal vollstreckt wurde[132]. Das OKH selbst forderte im September 1940 explizit eine härtere Bestrafungspraxis in den besetzten Gebieten[133].

Die Integration der Wehrmacht in das NS-Unrechtssystem schritt also auch zwischen Polen- und Balkanfeldzug weiter fort. In dieser Zeit fielen erheblich mehr Menschen den Verbrechen zum Opfer als während des Polenfeldzuges. Man wird jedoch unterscheiden müssen, wo das Militär eher begrenzend auf die Verfolgungen einwirkte, welche es tolerierte und an welchen es beteiligt war. Die Militäropposition war noch nicht verschwunden; gerade im Vorfeld des Westfeldzuges betonten einzelne Offiziere das enorme Risiko eines solchen Unternehmens und wandten sich kritisch gegen Pläne für einen Einmarsch in Holland und Belgien. Doch es blieb bei der lähmenden Gleichzeitigkeit von Hitler-Gegnerschaft, eigenen Großmachtphantasien und rassistischen Grundströmungen. Etwaige Handlungsspielräume, auf die Politik in Berlin Einfluss nehmen zu können, waren inzwischen ohnehin auf ein Mindestmaß zusammengeschrumpft.

Nach dem überraschend schnellen Sieg über Frankreich kann man kaum noch von der Existenz einer Militäropposition sprechen. Der Konsens zwischen Hitler und der Generalität erreichte seinen Höhepunkt. Nicht nur schwenkten viele Skeptiker auf den „Führer" ein, es machte sich auch jene Hybris breit, die die militärische Professionalität in den Hintergrund rücken ließ und den Weg in ein verbrecherisches Abenteuer ebnete. Nach dem Sieg über Frankreich träumte die Wehrmachtführung von einer neuen Kolonialpolitik, in der sie eine bedeutende Rolle zu spielen beabsichtigte. Doch der weitere Verlauf der Geschichte zeigte, dass diese „Kolonien" in Wirklichkeit auf dem Kontinent errichtet werden sollten[134].

Die Sowjetunion war inzwischen Nachbarstaat des Reiches geworden, zunächst noch mit diesem verbündet. Einerseits trat die antibolschewistische Propaganda offiziell in den Hintergrund; militärisch wurde die Rote Armee nach den „Säuberungen" und dem Debakel des Winterkrieges gegen Finnland kaum noch ernstgenommen. Andererseits hielt Hitler unbeirrt an seinem langfristigen Ziel fest, Lebensraum auf dem Boden der Sowjetunion, die nun nach Westen expandiert war, zu erobern. Auch von der Wehrmachtführung musste Polen, das nun Grenzgebiet geworden war, als Aufmarschgebiet ins Kalkül gezogen werden[135].

Ebenso wie man sich Polen zwischen 1934 und 1939 problemlos zuerst zu- und dann abgewandt hatte, war auch die kurzfristige „Entspannung" gegenüber der Sowjetunion äußerst fragil. Der Antibolschewismus konnte jeden Moment wieder aktualisiert werden. Hatte Polen noch als eine Art Emporkömmling gegolten, der

---

[132] Gaël Eismann, L'escalade d'une répression aux apparences légales. Les pratiques judiciaires des tribunaux du Militärbefehlshaber in Frankreich, 1940/44, in: Occupation et répression militaire allemandes 1939–1945. Hg. von Gaël Eismann, Stefan Martens. Paris 2007, S. 127–167.

[133] Die faschistische Okkupationspolitik in Belgien, Luxemburg und den Niederlanden (1940–1945). Hg. von Ludwig Nestler. Berlin 1990, S. 110.

[134] Hildebrand, Das vergangene Reich, S. 726f.; ders., Vom Reich zum Weltreich. Hitler, NSDAP und koloniale Frage 1919–1945. München 1969, S. 662ff.; vgl. Generaloberst Halder: Kriegstagebuch. Tägliche Aufzeichnungen des Chefs des Generalstabs des Heeres 1939–1942. Bearb. von Hans-Adolf Jacobsen. 3 Bde. Stuttgart 1962–64 (im folgenden: Halder KTB), Band 2, S. 74 (23. 8. 1940).

[135] So Ueberschär, Hitlers Entschluß, S. 90ff., gegen andere Interpretationen.

sich 1919 angeblich an deutschem Reichsgebiet bereichert habe, so sah man sich in der Sowjetunion einem Todfeind gegenüber. Dabei spielte allerdings eine geringe Rolle, dass die Ausdehnung des stalinistischen Machtbereichs nach Westen von massiver Gewalt begleitet war, wovon die militärische Abwehr und die Abteilung Fremde Heere Ost über ihre V-Männer relativ gute Kenntnisse besaßen[136].

---

[136] Beispielsweise IfZ MA 190/8, fr.214, Bericht eines Konfidenten aus Ostgalizien und Wolhynien, OKW/WPr, August 1940.

II. Planungen

Bereits Anfang Juni 1940, noch vor dem endgültigen Sieg über Frankreich, äußerte sich Hitler gegenüber mehreren Generälen, dass es nun an der Zeit sei, gegen den Bolschewismus vorzugehen. Am 21. Juli teilte der „Führer" den Oberbefehlshabern seine Entschlossenheit mit, die Sowjetunion angreifen zu wollen; kurz danach galt Mai 1941 als möglicher Termin. Damit knüpfte Hitler an die Ideen an, die er seit Anfang der 20er Jahre immer wieder ventiliert hatte, und die sich im Rahmen der Kriegsvorbereitung ab 1935 verdichteten[1].

Zögernde Stimmen waren Mitte 1940 im Militär nur wenige zu vernehmen; vor allem wies man auf die Gefahr des Zweifrontenkrieges hin, da Großbritannien noch nicht besiegt sei. Ein Angriff auf die Sowjetunion war jedoch keineswegs beschlossene Sache, noch prüfte man strategische Alternativen und versuchte in erster Linie, Großbritannien niederzuwerfen.

OKH und OKW stellten bereits ab Juni 1940 erste Überlegungen für einen eventuellen Feldzug gegen die Sowjetunion an. Diese Planungen erstreckten sich auf die operative Konzeption und geben kaum Hinweise auf die strategische und besatzungspolitische Dimension des Vorhabens. Immerhin notierte Halder als Leitlinien seines „Führers": „Politisches Ziel: Ukrainisches Reich. Baltischer Staatenbund. Weiß-Russland – Finnland."[2] Dies deutete oberflächlich noch auf eine Konzeption im Sinne Ludendorffs hin, die an die Vasallenstaaten des Jahres 1918 anknüpfte. Entsprechend enthielten die ersten operativen Entwürfe Angaben zu kurzfristigen Militärverwaltungen, die sich alsbald auf einheimische Marionettenregierungen stützen würden[3].

Implizit lassen sich die Umrisse der Grundannahmen von 1940 jedoch genauer umreißen, blickt man auf die bisherigen Erfahrungen zurück. Deutlich an 1918 anknüpfen konnten Ausbeutungspläne: Insbesondere die „Kornkammer Ukraine" geisterte konstant durch die Köpfe, wenn auch einige Experten schon um die Zerstörungswirkung der Kollektivierung in der Sowjetunion 1929/30 wussten. Riesige Räume sollten schnell erobert werden. Den Kampfwert der Roten Armee schätzte man gering ein; Kriegsgefangene würden in großer Zahl anfallen. Die sowjetische Elite war auszuschalten, mindestens in demselben Maße wie die polnische, d. h. durch Massenmord oder Lagereinweisung. Für die Juden wird ebenso kaum ein anderes Schicksal zu erwarten gewesen sein als in Polen, d. h. das langsame Massensterben in Ghettos.

---

[1] Ueberschär, Hitlers Entschluß, S. 96ff.
[2] Bericht Brauchitsch über Ausführungen Hitlers am 21.7.1940, Halder KTB, Band 2, S. 33.
[3] Jürgen Förster, Das Unternehmen „Barbarossa" als Eroberungs- und Vernichtungskrieg, in: DRZW Band 4, S. 413–447, hier 413.

Im Laufe des November 1940 akzentuierte Hitler seine gegen die Sowjetunion gerichtete Haltung, nachdem er einen letzten „Test" der sowjetischen Haltung beim Besuch des Außenministers Molotov unternommen hatte. In der Folge betonte er wieder öffentlich die Lebensraum-Thematik und intern die antisemitische Note seiner Sowjetunion-Pläne[4].

Mit einem Spitzengespräch vom 5. Dezember 1940 und seiner Weisung Nr. 21 vom 18. Dezember setzte Hitler die militärischen Vorbereitungen für den Krieg gegen die Sowjetunion in Gang. Bald nach Weihnachten begannen die Militärs, auch konkrete Überlegungen für die militärische Besatzung anzustellen[5]. Diese sind, allein schon wegen der enormen Dimension des Unternehmens, nicht von der strategischen Gesamtanlage des Feldzuges zu trennen.

1. Strategie und Hungerkalkül

Ausgangspunkt für die Planung einer verheerenden Besatzung waren die zwei traditionellen Schwachpunkte deutscher Kriegsplanung und -führung: die Strategie und die Logistik. Der überraschend schnelle Sieg über den „Erbfeind" Frankreich versetzte die militärischen Planer in eine ungeahnte Euphorie. Dies zeigen ganz deutlich bereits die ersten operativen Studien zum Feldzug, die noch im Spätsommer 1940 in OKH und OKW angefertigt wurden. Während sich die kriegerischen Unternehmungen bisher *im Nachhinein* als Blitzfeldzüge erwiesen, wurde nun erstmals ein geplanter Blitzkrieg vorbereitet, der die Wehrmacht binnen Wochen oder weniger Monate nach Leningrad, nach Moskau und an den Don bringen sollte[6].

Natürlich war den Militärs bewusst, dass sich das Territorium der Sowjetunion nur in kleineren Teilen besetzen ließ und somit alles davon abhing, die „Lebenskraft" der Roten Armee möglichst weit westlich vernichtend zu treffen. Insgesamt erhoffte man jedoch, dies in einem „schnellen Feldzug" zu erreichen. Zudem sah der Großteil der Wehrmachtführung die Rote Armee trotz ihrer quantitiven Größe als schwach an, eine Einschätzung, die von vielen internationalen Experten geteilt wurde.

Entscheidend blieb jedoch, dass ein enormes deutsches Überlegenheitsgefühl vorherrschte und sich gerade die Heeresspitze die waghalsige Kriegsplanung Hitlers zu eigen machte. Vergleicht man die Situation mit jener um die Jahreswende 1939/40, so war 1940/41 nichts mehr von einer Militäropposition spürbar, die sich auf das erwartete Risiko gründete. Während die Marineleitung, zeitweise

---

[4] Deutsches Rundfunkarchiv, Hitler-Rede vor 5000 Offiziersanwärtern im Sportpalast Berlin, 18.12.1940; Staatsmänner und Diplomaten bei Hitler. Hg. von Andreas Hillgruber. Band 1, Frankfurt a. M. 1967, S. 345 (Gespräch mit dem bulgarischen Gesandten am 3.12.1940).
[5] Erste Anordnungen für die Sicherungskräfte ergingen am 15.1.1941, Dallin, Deutsche Herrschaft, S. 34. Halder kehrte am 16.1.1941 aus seinem Weihnachtsurlaub zurück, in dem er sich vermutlich in die Planung eingearbeitet hatte, Hartmann, Halder, S. 236.
[6] Vgl. Klink, Die militärische Konzeption, S. 206ff.; kritischer: Klaus A. Friedrich Schüler, Logistik im Rußlandfeldzug. Die Rolle der Eisenbahn bei Planung, Vorbereitung und Durchführung des deutschen Angriffs auf die Sowjetunion bis zur Krise vor Moskau im Winter 1941/42. Frankfurt am Main u. a. 1987, S. 129ff.

sogar Göring die Strategie eher in eine andere Richtung lenken wollten, wurden im Generalstab des Heeres keine Zweifel über das Ob, sondern nur über das Wie eines Krieges gegen die Sowjetunion laut. Das OKW folgte ohnehin der Linie Hitlers.

Divergenzen entwickelten sich zunächst vor allem über die Schwerpunktsetzung des kommenden Feldzuges. Während die Heeresführung einen frontalen Vorstoß gegen Moskau bevorzugte, setzte Hitler auf eine exzentrische Bewegung, zunächst mit dem Schwerpunkt nach Nordosten, d. h. nach Leningrad. Auch über die Reichweite des anvisierten deutschen Vormarsches gab es unterschiedliche Vorstellungen. In seiner Weisung Nr. 21 setzte Hitler die Linie Archangel'sk – untere Wolga an, also bis an den Ural und im Süden weiter als ursprünglich vorgesehen, um den Kaukasus in die Hand zu bekommen.

Untrennbar mit der strategischen Anlage des Feldzuges war seine wirtschaftliche Planung verbunden. Hitler selbst wie auch viele militärische und zivile Wirtschaftsfachleute blieben auf die Blockade des Ersten Weltkriegs fixiert, d. h. die Ernährung sowohl des Reiches als auch der Wehrmacht spielte immer eine hervorgehobene Rolle in den ökonomischen Überlegungen. Für die unmittelbaren Kampfhandlungen hatte die Versorgung des Ostheeres natürlich überragende Bedeutung[7].

Seit August 1940 beschäftigte sich Generalquartiermeister Wagner mit der Planung für die Versorgung in einem etwaigen Ostfeldzug, ab etwa Oktober begannen die konkreten Ausarbeitungen seiner Abteilung. Schon damals standen ihm die Grundprobleme klar vor Augen: Lange Nachschublinien bei teilweise schlechtem Transportsystem. Ab einer Entfernung von etwa 500 km war an einen transportgestützten Nachschub kaum mehr zu denken, zumal im sowjetischen Transportsystem, wo eine andere Spurbreite der Eisenbahn existierte und das Straßennetz von West nach Ost immer schlechter ausgebaut war. Mit Erreichen des Dnjepr war die Versorgung also nicht mehr gesichert. Das hieß, dass die Nahrungsmittelversorgung immer mehr aus dem Lande entnommen werden sollte. Zugleich war gerade für diesen Abschnitt aus deutscher Sicht zu befürchten, dass die Rote Armee auf ihrem Rückzug Vorräte evakuieren oder zerstören würde[8].

Schon die Planspiele der Militärs zur Jahreswende 1940/41 führten die erwarteten Schwierigkeiten deutlich vor Augen und erhöhten die Bereitschaft, später möglichst viel aus dem eroberten Gebiet zu beschlagnahmen[9]. Ließen allein diese Vorstellungen eine rücksichtslose Ausbeutung des Landes, dessen Einwohner man als Menschen zweiter Klasse ansah, erwarten, so radikalisierte sich die Gesamtplanung seit Anfang 1941 deutlich. Inzwischen schälte sich nämlich heraus, dass die wirtschaftliche Ausbeutung während des Feldzuges nicht allein von der Wehrmacht, sondern von einer zivil-militärischen Mischstruktur, der Wirtschaftsorganisation Ost, übernommen werden sollte. In diesem Rahmen wurden Gesamtkonzepte diskutiert, die jeden bisherigen Rahmen sprengten. Der Staatssekretär im

---

[7] Vgl. Müller, Wirtschaftsallianz, S. 113 ff.
[8] Klink, Die militärische Konzeption, S. 248 ff.; Ihno Krumpelt, Das Material und die Kriegführung. Frankfurt a. M. 1969, S. 140 ff.
[9] Vgl. Dieckmann, Besatzungspolitik.

Reichsernährungsministerium, Herbert Backe, legte Berechnungen vor, nach denen der allergrößte Teil der sowjetischen landwirtschaftlichen Erzeugnisse beschlagnahmt werden sollte, zuerst an die Truppen, zum Teil an die Reichsbevölkerung und nur eingeschränkt an die Einheimischen geliefert werden solle. Entscheidend an Backes Hungerplan war die Kalkulation, dass ein erheblicher Teil der sowjetischen Bevölkerung verhungern würde bzw. nach Osten fliehen müsste. Während für die Ukraine und das Baltikum noch eine Grundversorgung bestehen bleiben sollte, waren die „Großrussen", also die ethnischen Russen vor allem in der Mitte und im Norden der Russischen Föderation völlig von der Versorgung abzuriegeln, insbesondere die Einwohner von Großstädten. Backe rechnete mit „zig Millionen" Toten, in der NS-Führung zirkulierte eine Zahl von 30 Millionen Menschen „Bevölkerungsverlust"[10].

Dass diese gigantischen Verbrechenspläne mit der Wehrmacht ernsthaft diskutiert wurden, zeigt das völkerrechtliche Niveau der deutschen Kriegsplanung vom Frühjahr 1941. Zwar vertraten Backe und der Rüstungschef der Wehrmacht Thomas unterschiedliche Berechnungen, Thomas trug jedoch die Umsetzung dieser Strategie teilweise mit, in seinen grundlegenden Anweisungen für die Ernährungswirtschaft. Es war gerade der vielfach geäußerte Pessimismus von Thomas, der die Planungen im Wirtschaftsführungsstab Ost verschärfte. Generalquartiermeister Wagner war spätestens seit Mai in diese Planungen eingeweiht und stellte Überlegungen an, wie Backes Vorstellungen umgesetzt werden könnten[11]. Zwar wurde das Hungerkalkül in den prognostizierten Ausmaßen nie Realität, es zeigt aber zunächst, welche Enthemmung bei den Planern um sich gegriffen hatte. Im Herbst 1941, in einer bestimmten Konstellation, entfaltete sich die Wirkung dieser Strategie mit dem Massensterben unter den sowjetischen Kriegsgefangenen und unter den zumeist russischen Einwohnern mancher besetzter Regionen.

2. Vorbereitung der Militärverwaltung

Die Planung der Militärverwaltung erschien zunächst als nachrangige Aufgabe, sie wurde vom Generalquartiermeister erst Anfang 1941 vorangetrieben. Zwar hatten schon die ersten operativen Studien 1940 Vorschläge enthalten, dass im Gefolge einer Militärverwaltung einheimische Satelliten-Verwaltungen entstehen würden. Diese Gedanken wurden jedoch nicht weiter konkretisiert. Statt dessen betonte der Generalquartiermeister in seinen ersten Richtlinien vom Februar 1941 die Priorität der Truppenversorgung. Die Militärverwaltung habe vor allem die Ausbeutung des Landes zu sichern und damit den Nachschub zu unterstützen. Eine flächendeckende Verwaltung erschien ohnehin nicht denkbar, da die zu besetzenden Räume zu groß bzw. das Personal dafür zu gering sei. Generalstabschef Halder selbst deutete an, dass er für die Militärverwaltung „ganz neue Ideen" verfolge. Schon zu dieser Zeit zeichnete sich ab, dass eine Einhaltung des Völker-

---

[10] Gerlach, Kalkulierte Morde, S. 46–74; Kay, Exploitation, S. 48ff., 120ff.
[11] BA-MA RW 19/739, Bl. 272, WiRüAmt, Arbeitsstab z.b.V. an Thomas, 13.5.1941.

rechts nur in Frage kommen würde, wenn dies zweckdienlich sei. Trotz der Erfahrungen des Polenfeldzuges erwog man, zwischen den Hauptdurchgangsstraßen Polizeieinheiten zur Sicherung einzusetzen. Andererseits wurde auf die Mitnahme einer rudimentären Zivilverwaltung im Rahmen des Militärs, der Chefs der Zivilverwaltung (CdZ), explizit verzichtet[12]. Die Tore für ein völkerrechtswidriges Vorgehen waren bereits geöffnet, bevor Hitler selbst in diese Vorbereitungen eingriff.

Bekanntermaßen lehnte der „Führer" am 3. März einen ersten Entwurf des OKW bezüglich der Kompetenzen in der Besatzung ab. Vielmehr forderte er eine Begrenzung der Militärverwaltung, sowohl hinsichtlich des Raumes als auch hinsichtlich der Aufgaben, vor allem bei der Vernichtung der „jüdisch-bolschewistischen Intelligenz". Versuche Halders und von Brauchitschs, sich organisatorisch an die Militärverwaltungen in Westeuropa anzulehnen, wurden von Hitler abgelehnt[13]. OKW und OKH machten sich nun daran, Hitlers Weisungen umzusetzen. Die eroberten Gebiete, deren Einnahme man ja innerhalb von Wochen erwartete, sollten möglichst bald an eine „politische", d. h. zivile Besatzungsverwaltung abgegeben werden, Himmler als Chef der SS und Polizei erhielt Sonderkompetenzen auch im Operationsgebiet. Damit bestimmten vor allem die Erfahrungen des Polenfeldzuges die Entwicklung: Das Heer solle die Hoheit über die besetzten Gebiete nur kurz übernehmen und möglichst bald an eine zivile Besatzung abgeben, die die eigentliche Besatzungspolitik betreiben würde. Einerseits war damit die Konzeption von Vasallenstaaten zunächst (bis Mitte 1944) ad acta gelegt, anderseits sollte die Herrschaftstruktur Hitler direkt unterstehen und ein besonderes nationalsozialistisches Gepräge haben.

Diese grundsätzlichen Entscheidungen wurden tiefgreifend von der wirtschaftlichen Konzeption des Feldzuges bestimmt. In den letzten Februartagen nämlich zeichnete sich ab, dass die wirtschaftliche Ausbeutung nicht unter der Hoheit des Heeres, sondern in Zusammenarbeit von Vierjahresplan und Wirtschaftsrüstungsamt erfolgen würde. Diese Aufteilung der verschiedenen Kompetenzen hatte zweierlei Folgen: zum einen wurde die Hoheit des Heeres tatsächlich räumlich und inhaltlich eingeschränkt. Darüber herrschte unter den Militärs, die noch die Auseinandersetzung in Polen 1939 in frischer Erinnerung hatten, durchaus Erleichterung. Zum anderen aber, und dies erscheint hier bedeutsamer, war nun abzusehen, dass das Heer in einem weit radikaleren Umfeld agierte als ursprünglich erwartet worden war. Die Aufgaben dieser (unvollständigen) Militärverwaltung orientierten sich nun sowohl in Abgrenzung zu den anderen Säulen der Besatzung als auch in Zusammenarbeit. Hatte man ursprünglich erwartet, die extremsten

<hr />

[12] Rolf-Dieter Müller, Kriegsrecht oder Willkür? Helmut James Graf von Moltke und die Auffassung des Heeres über die Aufgabe der Militärverwaltung vor Beginn des Rußlandfeldkrieges, in: MGM 42, 1987, S. 125-151, hier S. 129 (Zitat Halder). Allerdings übernahm Gauleiter Koch den Bezirk Bialystok am 1.8.1941 offiziell als CdZ. Diese Sonderkonstruktion war sowohl im Hinblick auf die Angliederung ans Reich als auch auf die unmittelbare Unterstellung unter Hitler gewählt.
[13] Vgl. die nicht ganz klare Eintragung bei: Heeresadjutant bei Hitler 1938-1943. Aufzeichnungen des Majors Engel. Hg. von Hildegard von Kotze. Stuttgart 1974, S. 96f. (hier 16.3.1941, aber die Datierungen bei Engel sind nicht gesichert).

Maßnahmen würden erst in die Zeit nach Ende des Feldzuges fallen, so wurden sie nun zeitlich vorgezogen. Dies war nicht die einzige Veränderung gegenüber dem Polenfeldzug. Auch die Aufteilung des militärischen Besatzungsgebietes wurde modifiziert: Nicht mehr allein die Armeen mit ihren starken Oberbefehlshabern sollten rückwärtige Gebiete einrichten. Zusätzlich war hinter den Armeegebieten die Einrichtung sogenannter rückwärtiger Heeresgebiete vorgesehen, den drei Heeresgruppenkommandos zugeordnet und mit jeweils einem eigenen Befehlshaber. Diese Neuerung war zunächst den riesigen Ausmaßen der Territorien geschuldet, die man zu besetzen gedachte. Bis April schälte sich jedoch in den Planungen auch heraus, dass in den Heeresgebieten die Aufteilung der Kompetenzen anders geregelt war als in den Armeegebieten. Die Heeresgebiete stellten genau die Räume dar, die anschließend an die Zivilverwaltung zu übergeben waren, also nach Möglichkeit als „befriedet" gelten mussten. Dort erlangten sowohl der SS- und Polizeiapparat als auch der neue Wirtschaftsstab Ost deutlich breitere Befugnisse als im Armeegebiet, in welchem sich alles an der operativen Kriegsführung orientierte.

Entscheidend war die Frage, wie man mit begrenztem Personal solch gigantische Gebiete gleichzeitig ausbeuten und „sichern" wollte. Der Wirtschaftsstab Ost prognostizierte einen Bedarf von 2000 Kommandanturen, je Rajon eine, mit jeweils einer Kompanie zur Sicherung, mithin 360000 Mann für das Hinterland. Angesichts der Personalknappheit erschien dies dem OKH nicht realisierbar; im Gespräch waren lediglich ca. 60000 Soldaten für die Sicherung der rückwärtigen Räume.

Deshalb war an eine flächendeckende Militärverwaltung nicht zu denken. Vielmehr wollte man sich auf Schwerpunkte konzentrieren, die vor allem von der Ausbeutungsplanung diktiert wurden: Entlang der zentralen Nachschublinien, den etwas besser ausgebauten Durchgangsstraßen oder „Rollbahnen", sollten die Sicherungsdivisionen ein perlenschnurartiges System von Kommandanturen installieren, die sich an den Versorgungsstützpunkten und Verkehrsknoten orientierten, Feldkommandanturen in den größeren, Ortskommandanturen in den kleineren Städten. Da die wirtschaftliche Planung sich auf die fruchtbare Schwarzerdezone, also den Süden der Sowjetunion, konzentrierte, war bei der Heeresgruppe Süd auch das dichteste Verwaltungsnetz zu legen. Die wertvollsten industriellen Gebiete sollten der Wehrmacht im Baltikum in die Hände fallen, wo auch der Schwerpunkt des Feldzuges zunächst gesetzt wurde. Hier war freilich eine baldige Übergabe an eine Zivilverwaltung vorgesehen. Um die Gebiete jenseits der Durchgangsstraßen sollten sich SS und Polizei kümmern[14].

Obwohl immer wieder von „Vasallenstaaten" und Ähnlichem die Rede war, existierte keine durchdachte Regelung bezüglich der Nationalitäten. Vielmehr ergab sich dies implizit aus der Struktur der anvisierten Ausbeutung, d.h. die „Großrussen" galten durchweg als negativ, die Balten und Ukrainer hingegen sollten erhalten bleiben. Etwas unklar blieb die Stellung Weißrusslands, das zwar zur weitgehenden Ausplünderung vorgesehen war, dessen Einwohnern jedoch nicht

[14] Gerlach, Kalkulierte Morde, S.134ff.; Arnold, Die Wehrmacht und die Besatzungspolitik, S.115ff.

das Schicksal der ethnischen Russen zugedacht sein sollte. Allein die militärische Abwehr hielt engen Kontakt mit antikommunistischen Exilvertretern der einzelnen Nationalitäten. Eine eingehende „rassische" Klassifizierung blieb dem zivilen Sektor vorbehalten, sowohl dem – im Entstehen begriffenen – Reichsministerium für die besetzten Ostgebiete als auch den verschiedenen Ost- und Rasseexperten. Unter diesen galten die Esten nahezu als „germanisch", unter den Letten sah man eigentlich nur die Kurländer als wertvoll an, die Lettgallen oder die Litauer etwas weniger. Die Ukrainer wurden deutlich von den „Großrussen" abgesetzt[15].

Weit konkreter, wenn auch im Endeffekt völlig unzureichend, gestalteten sich die Planungen bezüglich der zukünftigen Kriegsgefangenen. Von der strategischen Anlage des Feldzuges her war zu erwarten, dass innerhalb weniger Wochen und Monate ein großer Teil der Roten Armee mit ihren anfangs fünf Millionen Mann eingekesselt und damit in Kriegsgefangenschaft kommen würde. Zunächst plante das OKH, dass die Kriegsgefangenen meist noch in den Armeegebieten zu Arbeiten herangezogen würden, die Arbeitsunfähigen jedoch schnell nach hinten abtransportiert werden sollten. Angesichts der angespannten Versorgungslage im frontnahen Gebiet sollten die Gefangenen nur rudimentär mit Lebensmitteln alimentiert werden. Von entscheidender Bedeutung blieben die geringe Bereitschaft, gegenüber Rotarmisten eine völkerrechtskonforme Behandlung anzuwenden und das hochriskante Kalkül, dass der Feldzug binnen kurzem gewonnen würde und sich somit alle Fragen im Anschluss an die Kampfhandlungen meistern ließen. Insbesondere das OKH wäre nach einer schnellen Einrichtung der Reichskommissariate dieser Probleme weitgehend ledig[16].

In eine etwas andere Richtung gingen die Planungen des OKW. Dort war man überzeugt, dass ein erheblicher Teil der Kriegsgefangenen ins Reich kommen würde, und begann Ende April mit dem Aufbau sogenannter Russenlager. Insgesamt wurde die Aufnahme von etwa zwei Millionen Gefangenen anvisiert, davon ein erheblicher Teil im Reich und im Generalgouvernement[17]. Im Operationsgebiet wurden Transport und Bewachung der Gefangenen wiederum den Sicherungsdivisionen zugewiesen, die ohnehin schon für die Sicherung enormer Gebiete sorgen sollten. In allen Planungen spielte jedoch die Frage der gefangenen Rotarmisten immer eine sekundäre Rolle, abgesehen von den Gruppen, die man als besonders gefährlich erachtete und die deshalb von der Masse der übrigen zu trennen waren: in erster Linie die Kommissare und die Juden, aber auch Offiziere und Asiaten. Die Richtlinien des OKW vom 16. Juni sahen, zumindest auf dem Papier, noch eine weitgehend völkerrechtskonforme Behandlung der übrigen Gefangenen vor. Allerdings wurden auch hier schon Durchbrechungen gestattet[18].

Trotz der enormen Risiken und Schwierigkeiten, die die Vorbereitung einer derart großen Organisation von Logistik und Besatzungsherrschaft mit sich brachten,

---

[15] Vgl. John Connelly, Nazis and Slavs: From Racial Theory to Racist Practice, in: Central European History 32 (1999), S. 1–33.
[16] Streit, Keine Kameraden, S. 76ff.
[17] Reinhard Otto, Wehrmacht, Gestapo und sowjetische Kriegsgefangene im deutschen Reichsgebiet 1941/42. München 1998, S. 34ff.; Arnold, Die Wehrmacht und die Besatzungspolitik, S. 328f.
[18] „Unternehmen Barbarossa", S. 315.

blieb der Generalquartiermeister Wagner euphorisch. So berichtete er seiner Frau: „Unser Geschäft geht gut, die Hochkonjunktur reißt nicht ab u. eins jagt das andere. Kürzlich war ich lange beim Führer zum Vortrag u. zum Kaffee dazwischen im kleinsten Kreise, er ist guter Dinge u. sehr frisch, stellt Fragen."[19] Auch Wagner war ein Exekutor Hitlers geworden.

3. Geplante Morde

Die moralisch enthemmte Großplanung fand ihren konkreteren Ausdruck in den Regelungen, die für die sofortige Ermordung bestimmter Personen in der Sowjetunion ausgearbeitet wurden. Diskussionen über solche Tötungen lassen sich ab Februar 1941 nachweisen, vermutlich reichen sie aber noch weiter zurück[20]. Schon im Februar 1941, also vor den massiven Eingriffen Hitlers in die Vorbereitungen, zeichnete sich ab, dass beim Krieg gegen die Sowjetunion das Völkerrecht als Quantité négligeable angesehen wurde. Allerdings wurde diese Haltung erst nach Hitlers Interventionen vom 3. März in feste Formen gegossen. Das OKW kündigte zehn Tage später eine Neuregelung zweier entscheidender Bereiche an: zur Kriegsgerichtsbarkeit und zum Verhalten gegenüber der Zivilbevölkerung. Insbesondere verlangte der „Führer" in seiner berüchtigten Rede vor den Oberbefehlshabern am 30. März eine stärkere Beteiligung des Heeres an den zukünftigen Gewaltmaßnahmen. Kurz danach arbeiteten die Rechtsabteilungen der drei Teilstreitkräfte an einer „Neugestaltung" der Kriegsgerichtsbarkeit. In Bezug auf die deutschen Soldaten war vorgesehen, dass deren Gewalttaten gegen einheimische Zivilisten nur in eklatanten Ausnahmefällen von den Militärgerichten zu ahnden seien. Diese wurden explizit als Racheakte für die Revolution 1918 proklamiert. Doch die präventive Amnestie vollzog im Grunde nur das, was Hitler schon in seinem Amnestierungserlass vom Oktober 1939 dekretiert hatte. Fataler noch wirkten die Bestimmungen gegenüber der Zivilbevölkerung: Die Truppe selbst sollte sich gegen jede Bedrohung schonungslos zur Wehr setzen. Vorgesehen waren kollektive Erschießungen und Einzelmorde. Die Kriegsgerichte sollten höchstens in Ausnahmefällen eingeschaltet werden.

Der General z.b.V. Müller vom OKH steuerte einen noch weiter gehenden Entwurf bei, der zudem deutlich antisemitische Züge trug. In der entscheidenden Passage hieß es: „Landeseinwohner, die als Freischärler an den Feindseligkeiten teilnehmen *oder teilnehmen wollen*, die durch ihr Auftreten eine unmittelbare Bedrohung bedeuten [...] sind im Kampf oder auf der Flucht zu erschießen."[21] Zwar gelangte diese radikale Formulierung nicht in den endgültigen Text, der am 13. Mai fertiggestellte Kriegsgerichtsbarkeitserlass enthielt jedoch kriminelle Initiativen

---

[19] IfZ ED 100/239, Bl. 1063, Wagner an Ehefrau, 3. 4. 1941. Nicht enthalten in: Generalquartiermeister.
[20] Niederschrift des Chefs des Wehrwirtschaftsamtes OKW über eine Besprechung mit Göring, Georg Thomas, Geschichte der deutschen Wehr- und Rüstungswirtschaft. Boppard 1966, S. 18.
[21] Ogorreck, Einsatzgruppen der Sicherheitspolizei, S. 36–59, auch zum Folgenden (Zitat S. 48, Hervorhebung von mir).

sowohl vom OKW als auch vom OKH. Der Oberbefehlshaber des Heeres ergänzte den Erlass durch einen Zusatz, der bei geringen Vergehen der Landeseinwohner auch andere Maßnahmen als Erschießungen zuließ und somit den Offizieren mehr Handlungsspielraum gab. Zugleich legte er mehr Gewicht auf die Rolle des Führungspersonals[22].

Der Kriegsgerichtsbarkeitserlass stellte zweifelsohne den Freibrief für den ideologischen Vernichtungskrieg dar. Deutsche Soldaten konnten sich sicher fühlen, dass Gewalttaten gegen Zivilisten nur in Ausnahmefällen vor Gericht landeten, während die Einheimischen praktisch entrechtet waren. Die Praxis von Massenerschießungen wurde hier bereits vorgezeichnet. So wurde vorgeschlagen, bei einer Beschießung der Truppe aus Ortschaften heraus sofort 30 Einwohner zu töten. Noch radikaler gestalteten sich die Androhungen des deutschen Militärs in Serbien, die für die Tötung eines deutschen Soldaten aus dem Hinterhalt den Mord von nicht weniger als 100 Personen vorsah[23].

Schon zwei Tage nach der Ausstellung des Erlasses teilte der Generalquartiermeister der Führung der 285. Sicherungsdivision die Entrechtungsmaßnahmen mit, es folgten Unterrichtungen für die Oberkommandos der Heeresgruppen und Armeen. Sowohl die Sicherungsdivisionen als auch die Feldkommandanturen erhielten das Dokument zugestellt. Die zukünftigen Besatzungschefs, die Befehlshaber der rückwärtigen Heeresgebiete, erhielten erst vergleichsweise spät ihre Einweisung[24]. Zu einer generellen Unterrichtung reisten Ic- und Gerichtsoffiziere am 11. Juni nach Warschau. Dort forderte General z.b.V. Müller eine möglichst weitgehende Ausdehnung der kriminellen Repressalpraxis. Jegliche Handlung, die gegen die Wehrmacht gerichtet sei, solle als Freischärlerei mit der Tötung geahndet werden. Soweit heute noch ersichtlich, meldete allein das AOK 4 Bedenken an. Von dort kamen Vorschläge zu einer vorteilhafteren Behandlung der Bevölkerung. Freilich fruchteten diese wenig, nach Kriegsbeginn wurden vom OKH vielmehr noch radikalere Weisungen nachgeschoben[25].

Diese Planungen liefen parallel in den Spitzen von Wehrmacht und Sicherheitspolizei. Innerhalb der Wehrmacht zeichnete für die „Gegnerbekämpfung" das Amt Ausland/Abwehr verantwortlich, unterhalb dieser Ebene die Abwehroffiziere der verschiedenen Dienststellen und die Geheime Feldpolizei. Auf den ersten Blick eröffnete sich hierbei ein großes Tätigkeitsfeld, schienen doch die sowjetischen Geheimdienste sowohl nach außen als auch im Lande sehr aktiv zu sein. Freilich war von Anfang an klar, dass es sich nicht um „Gegnerbekämpfung" im traditionellen Sinne handelte, sondern eher eine radikalisierte Variante des Polenfeldzuges.

Als entscheidender Durchbruch kann die Regelung gesehen werden, dass das Heer die Tätigkeit von SS- und Polizeiverbänden im Operationsgebiet nun explizit gestattete und im Heeresgebiet weitgehend gewähren ließ. Auch der Ursprung

---

[22] Abdruck in: Verbrechen der Wehrmacht, S. 46–50.
[23] BA-MA RH 20-11/334, AOK 11, Ic, Vortragsnotiz über die Besprechung am 16.5.1941 bei GenQu in Wünsdorf, o.D.; zu Serbien siehe unten S. 78.
[24] IfZ MA 856, fr. 335, KTB Berück Mitte (Vortrag OKriegsGerRat über Führererlass), 20.6.1941.
[25] Ogorreck, Einsatzgruppen der Sicherheitspolizei, S. 75–82.

dieser Regelung liegt noch im Dunkeln. Bereits am 18. Dezember 1940, dem Tag der Weisung Nr. 21, legte das OKW einen ersten Entwurf der „Richtlinien auf Sondergebieten" zu ebendieser Weisung vor, der jedoch nicht erhalten ist[26]. Bisher sind die Historiker davon ausgegangen, dass es sich dabei um eine Regelung in traditionellen Bahnen gehandelt haben muss, da Hitler mit dem Entwurf nicht zufrieden war und Veränderungen forderte[27]. Bedenkt man jedoch, dass spätestens seit Ende Januar über den Einbau von Verbänden, die nicht zu Wehrmacht und Waffen-SS gehörten, verhandelt wurde, so liegt eher der Verdacht nahe, dass hier eine Neuauflage der Regelungen des Polenkrieges und nicht des Westfeldzuges ausgearbeitet worden war, allerdings vermutlich mit starken, klar geregelten Kompetenzen der Wehrmacht.

Auf jeden Fall bestand schon im Januar 1941 Klarheit darüber, dass – wie einst 1939 – spezielle Verbände zusammen mit der Wehrmacht einmarschieren würden. Für die „Befriedung" sollten wieder Einheiten der Sicherheitspolizei zuständig sein, wie in allen anderen militärischen Unternehmen nach Osten. Deshalb setzten Ende Januar/Anfang Februar 1941 Verhandlungen zwischen Wehrmacht und Sicherheitspolizei ein. Im Gegensatz zum Polenfeldzug sollten Kompetenzabgrenzung und Zusammenarbeit genau geregelt werden, damit es nicht wieder zu Konflikten kommen würde. Anfang März waren diese Gespräche schon relativ weit gediehen. Die Abwehr verhandelte bereits mit dem Oberkommando der (zukünftigen) Heeresgruppe Mitte.

Die Verhandlungen zwischen den Militärs und den Polizeispitzen sind in der Historiographie ausführlich beschrieben worden[28]; dies braucht hier nicht wiederholt zu werden. Als wichtigste Etappen sind zu markieren: Am 13. März erließ Hitler seine „Richtlinien auf Sondergebieten zur Weisung Nr. 21", die Himmler auch im Operationsgebiet Kompetenzen zuschanzten. Noch am selben Tag trafen Wagner und Heydrich zusammen, vermutlich um Details bezüglich der Einsatzgruppen zu besprechen. Himmler selbst verhandelte am 19. März 1941 mit dem Chef des Allgemeinen Wehrmachtamtes Reinecke; möglicherweise kam dabei auch die zukünftige Behandlung der sowjetischen Kriegsgefangenen zur Sprache. Am 16. April schließlich kam Wagner mit Himmler und dessen wichtigsten SS-Funktionären zusammen. Wagners Abteilung Kriegsverwaltung hatte zuvor bereits einen Entwurf für die Regelung der Zusammenarbeit vorgelegt. Dieser wurde schließlich am 28. April durch von Brauchitsch unterschrieben. Damit war der Grundstein für die Zusammenarbeit im besetzten Gebiet gelegt[29].

Wichtig erscheinen folgende Punkte: SS und Polizei wurden zu einem integralen Bestandteil des Sicherungskonzeptes der Wehrmacht: regional durch den Schwerpunkt in den Heeresgebieten abseits der Rollbahnen, aber auch sektoral durch die „Bekämpfung der Reichsfeinde", d. h. vor allem der kommunistischen Funktio-

[26] Vgl. Das Kriegstagebuch des Oberkommandos der Wehrmacht (Wehrmachtführungsstab). Band 1. Hg. von Hans-Adolf Jacobsen. Frankfurt a. M. 1964 (im Folgenden: KTB OKW), Band 1, S. 340 (Eintrag vom 3. 3. 1941).
[27] Krausnick, Kommissarbefehl, S. 686.
[28] Krausnick/Wilhelm, Truppe des Weltanschauungskrieges, S. 116–138; Förster, Unternehmen „Barbarossa", S. 421–426; Ogorreck, Einsatzgruppen der Sicherheitspolizei, S. 19–46; Angrick, Besatzungspolitik und Massenmord, S. 41–63.
[29] Ausführlich: Ebenda, S. 43–49.

näre und der Juden. Grundsätzlich hatten SS und Polizei freie Hand bei ihrer „Arbeit" in den Heeresgebieten; lediglich militärische Argumente sollten den Einsatz modifizieren. Selbst gegenüber „Exzessen", wie sie viele Militärs im Polenfeldzug kritisiert hatten, bestand keine hinreichende Ahndungsmöglichkeit: für das SS- und Polizeipersonal war deren eigene Gerichtsbarkeit zuständig. Eher ambivalent fielen die Abmachungen für die vorderen Besatzungsräume aus, die Armeegebiete. Dort sollten die Polizeikommandos offiziell nur Objekte sicherstellen sowie gegen „wichtige Einzelpersonen" vorgehen. Freilich erhielten auch sie ihre „fachlichen Weisungen" vom Reichssicherheitshauptamt. Den Militärs war längst klar, dass die Kommandos auch im vordersten Bereich morden würden[30].

Damit waren die Absprachen zwischen Polizei und Heer aber noch nicht vollendet.

Der Einbau von Höheren SS- und Polizeiführern (HSSPF) in die militärische Besatzung war schon 1940 von der Polizei vorgeschlagen worden[31]. Er wurde jedoch erst wieder ins Spiel gebracht, als die grundsätzlichen Regelungen zwischen Heer und SS verhandelt wurden. Mitte April wurde entschieden, in jedem der drei rückwärtigen Heeresgebiete einen HSSPF zu installieren[32]. Diese Konstruktion kann in ihrer Bedeutung kaum überschätzt werden. Damit verfügte der SS-Polizeiapparat im Operationsgebiet über einen eigenen Befehlshaber; im Polenfeldzug wäre dies noch undenkbar gewesen. Um so viele SS- und Polizeieinheiten wie möglich für die Sicherung der rückwärtigen Gebiete zugeteilt zu erhalten, war das OKH bereit, nahezu die komplette SS- und Polizeistruktur mitzunehmen. Die HSSPF sollten sich bereits wenige Tage nach dem Angriff als zentrale Koordinatoren des Massenmordes erweisen.

Zeitlich parallel liefen die Vorbereitungen Himmlers für einen eigenen SS-Stab im Ostfeldzug. Der sogenannte Kommandostab Reichsführer-SS sollte die Tätigkeit von neu zusammengestellten Einheiten der Waffen-SS anleiten, die sowohl im Hinterland als auch an der Front einsetzbar waren. Während die vier Divisionen der Waffen-SS an der Front kämpften, sollten mehrere Regimenter bzw. Brigaden im rückwärtigen Heeresgebiet agieren[33].

Diese formalen Abmachungen mussten nun den Oberkommandos bekanntgemacht und erläutert werden. Während mancher Oberkommandierende sein Führungspersonal auf einen Befreiungskrieg einstimmte, der die „Eindeutschung" des Baltikums zum Ziel habe, äußerten sich andere wie Generaloberst Hoepner deutlich radikaler[34]. Bei den Oberkommandos nahmen die Ic-Abteilungen Schlüssel-

30 OKH, GenQu, Abt. Kr.verw. Nr. II/2101/41, betr. Regelung des Einsatzes der Sicherheitspolizei und des SD im Verbande des Heeres, 28.4.1941, in: Verbrechen der Wehrmacht, S. 58–60; Notiz über Besprechung bei Hgr. B am 6./7.3.1941 für OTL von Tresckow, ebenda S. 57; ein zweites Exemplar hat Pavel Poljan in Moskau entdeckt: CAMO F.500, op. 12454, d. 209, Bl. 121.
31 Vgl. Helmut Krausnick, Hitler und die Morde in Polen. Ein Beitrag zum Konflikt zwischen Heer und SS um die Verwaltung der besetzten Gebiete, in: VfZ 11 (1963), S. 196–209.
32 Halder KTB, Band 2, S. 371 (17.4.1941); Erlass des RFSS über den Einsatz der SS und Polizei in den besetzten Ostgebieten, 21.5.1941, in: Verbrechen der Wehrmacht, S. 62. Offensichtlich stellte das OKH keinen eigenen Erlass dazu aus, sondern versandte lediglich den RFSS-Befehl.
33 Jetzt umfassend: Cüppers, Wegbereiter der Shoah.
34 Küchler am 25.4.1941 und Hoepner am 2.5.1941, in: Hans-Heinrich Wilhelm, Rassenpolitik und Kriegführung: Sicherheitspolizei und Wehrmacht in Polen und in der Sowjetunion 1939–1942. Passau 1991, S. 133–141.

stellungen im Weltanschauungskrieg ein. Die Abwehroffiziere sollten engen Kontakt mit den Einsatzgruppen halten. Halder wies sie am 11.Juni sogar explizit an, der Sicherheitspolizei jedwede Hilfe zukommen zu lassen[35]. Von einer Abgrenzung ist hier kaum mehr etwas spürbar. In eigener Regie waren die Ic-Abteilungen für die Anleitung der Geheimen Feldpolizei zuständig, die im Armeegebiet ähnlich wie die Sonderkommandos aktiv werden sollte.

In einer Reihe von Besprechungen des OKH mit den Oberkommandos wurde die Vielzahl der „neuen", sprich: verbrecherischen Regelungen erläutert. Ab Anfang Juni jagten sich die Konferenzen fast im Tagestakt. Himmler selbst sprach den Oberbefehlshaber der Heeresgruppe B (Mitte), von Bock, und führte diesem gigantische Expansionspläne vor[36]. Die zentrale Absprache mit den Ic-Offizieren der Oberkommandos, quasi den Schnittstellen zu SS und Polizei, traf am selben Tag zunächst Canaris, dann der Generalquartiermeister am 6.Juni. Der SS-Führer Nockemann, designierter Chef der Einsatzgruppe B, erläuterte die Aufgabentrennung von Militär und Polizei[37].

Insgesamt gesehen, blieb der Auswahl des Personenkreises, der als Opfer von Tötung ausersehen war, vor Beginn des Feldzuges eher diffus. Die Sicherheitspolizei verfügte immerhin über das „Sonderfahndungsbuch UdSSR", eine Todesliste, die sich in der Praxis allerdings als wenig tauglich erweisen sollte. Gegenüber den Spitzen der Militärs war von der Ermordung der „Bolschewistenhäuptlinge" die Rede, Hitler sprach von der Beseitigung der „jüdisch-bolschewistische[n] Intelligenz". Zwar war bereits im Polenfeldzug die Ermordung der polnischen Elite anvisiert worden, dabei hatte man jedoch offensichtlich konkretere Vorstellungen gehabt, wen es treffen sollte, nämlich ausgesuchte Politiker, Kleriker, Wissenschaftler und Angehörige antideutscher Verbände. Freilich war auch schon 1939/40 der Elitenbegriff unscharf und dehnbar gewesen. Den grundlegenden Unterschied machte jedoch die politische Zielrichtung aus, die sich 1939/40 gegen die Träger des feindlichen Nationalbewußtseins richtete, 1941 aber gegen die Funktionäre einer Staatspartei und eines Staates, die man als zentrale Träger der Ideologie des Bolschewismus ansah. Freilich schwang auch hier ein nationalspezifisches Element mit, die Ausrichtung gegen das „Großrussentum" oder „Moskowitertum", während man nationalistische Eliten der anderen, nichtrussischen Ethnien sogar bedingt fördern wollte. Auffällig ist, dass zwar die Abrechnung für bolschewistische Verbrechen ein wichtiges Element der eigenen propagandistischen Legitimierung darstellte, an eine konkrete Bestrafung jedoch nicht gedacht war. Weder spielte dies für die geplanten Mordaktionen eine große Rolle noch waren gar individuelle Strafverfahren vorgesehen. Vielmehr stand im Vordergrund die Absicht, durch die Massenmorde an Funktionsträgern und an der vermeintlichen sozialen Basis das

[35] Angrick, Besatzungspolitik und Massenmord, S.42ff.; Förster, Unternehmen „Barbarossa", S.424; IfZ MA 274, fr.9435-9440, OKH, GenStdH, OQu IV, B.Nr.200/41 g.Kdos., 11.6.1941.
[36] Gerlach, Kalkulierte Morde, S.54, 593; Generalfeldmarschall Fedor von Bock. Zwischen Pflicht und Verweigerung. Das Kriegstagebuch. Hg. von Klaus Gerbet. München, Berlin 1995, S.191.
[37] BA-MA RH 20-11/334, (AOK 11/Ic), Notiz über Besprechung Amt Ausland/Abwehr am 5.6.1941; BA-MA RH 19 III/722, Major i. G. Schmidt v. Altenstadt, Besprechung Abwehr und OKH, 6.6.1941; BA-MA WF-10/12769, Bl.198-202, Besprechung OKW/Abwehr und OKH am 5./6.6.1941; BA-MA RH 20-17/76, Tätigkeitsbericht, AOK 17, Ic/AO, 9.6.1941.

sowjetische System möglichst schnell zum Zusammenbruch, d. h. zur militärischen Niederlage zu bringen.

Anfang 1941 hatte die KPdSU etwa 2,5 Mio. Mitglieder. Diese Größenordnungen waren deutschen Stellen durchaus bekannt[38]. Doch musste man davon ausgehen, dass nur ein Teil dieser Personen unter deutsche Herrschaft fallen würde. Ohne Zweifel war anzunehmen, dass sich die bevorstehenden Morde an kommunistischen Funktionären in gigantischen Dimensionen bewegen würden. Welches Ausmaß an Verbrechen die Oberkommandos erwarteten, illustriert eine Vorsichtsmaßnahme der Heeresgruppe B (Mitte). Deren Bevollmächtigter Transportoffizier drang auf eine Absprache mit der zuständigen Einsatzgruppe, damit nicht „sämtliche Eisenbahnbeamte beseitigt oder in Lager verbracht" werden[39].

Doch sollte die Truppe auch direkt an Massenmorden beteiligt werden, im Gefechtsgebiet durch Erschießungen, im Heeresgebiet durch Abgabe an die Sicherheitspolizei. Die Geschichte des „Kommissarbefehls", seiner gedanklichen und konzeptionellen Grundlagen, vor allem seiner Ausführung, ist noch nicht geschrieben worden[40]. Zweifelsohne geht der Hass auf die „Kommissare" auf die Jahre 1918/19 zurück; diese Inkarnation des Bolschewismus war vielleicht das zentrale Feindbild für die „Weißen" im russischen Bürgerkrieg, auch für die Freikorps. Er galt als ideologisches Rückgrat des Sowjetsystems vor Ort, insbesondere aber innerhalb der Roten Armee.

Dieses Feindbild war von Anfang an antisemitisch besetzt. Angeblich sei der größte Teil der Kommissare jüdischer Herkunft, so hieß es. Diese populäre Vorstellung propagierte auch die Heeresleitung in den dreißiger Jahren. Tatsächlich waren 1929 etwa 8% der Kommissare jüdischer Herkunft, 1938 galt dies für etwa 20% der Politoffiziere, ein Anteil, der danach wieder abzusinken begann[41]. Für die Antisemiten spielten solche Statistiken keine Rolle, die antijüdische Konnotation senkte vielmehr die moralischen Schwellen. Nichtjüdische Kommissare wurden hingegen bisweilen gar nur als „Mitläufer" eingestuft[42].

Offensichtlich war es für die Wehrmachtführung im Frühjahr 1941 kaum von Bedeutung, dass die Funktion des Kommissars in der Roten Armee im August 1940 offiziell abgeschafft worden war. Dies war in Deutschland durchaus bekannt, die Nachricht schaffte es sogar auf die Titelseite des Völkischen Beobachters[43].

[38] T. H. Rigby, Communist Party Membership in the U.S.S.R. 1917-1967. Princeton, NJ 1968, S. 52; Dieckmann, Besatzungspolitik.

[39] BA-MA WF-03/9121 (= CAMO F.500, op. 12454, d. 209, Bl. 121, Bl. 46), Hgr. B, ChdGenSt an Berück 102, 11.6.1941 (Entwurf). In der Sowjetunion waren 1940 3,4 Millionen Menschen im Transportsektor, meist Eisenbahnen, tätig: Klaus Segbers, Die Sowjetunion im Zweiten Weltkrieg. Die Mobilisierung von Verwaltung, Wirtschaft und Gesellschaft im „Großen Vaterländischen Krieg" 1941-1943. München 1987, S. 236.

[40] Vgl. Bernheim, The Commissar Order and the 17th German Army, demnächst die Diss. von Felix Römer, Kiel.

[41] Alec Nove, J.A. Newth, The Jewish Population: Demographic Trends and Occupational Patterns, in: The Jews in Soviet Russia Since 1917. Hg. von Lionel Kochan. Oxford u.a. 1978, S. 132-167, hier 165; Pawel Wieczorkiewicz, Łancuch Śmierci. Czystka w Armii Czerwonej 1937-1939. Warszawa 2001, S. 896f. (für den Hinweis danke ich Bogdan Musial); A. Šneer, Plen. Ierusalim 2003, Band 2, S. 25.

[42] Bei einer Besprechung der Abt. FHO am 26.5.1941, Förster, Unternehmen „Barbarossa", S. 436.

[43] Bernheim, Commissar Order, S. 181 (Norddeutsche Ausgabe vom 15.8.1940).

Somit blieb es für die Truppe äußerst vage, wer denn eigentlich unter den Befehl fiel. Ein erster Entwurf des Generals z. b. V. im OKH forderte gar die Beseitigung aller Kommissare, egal ob zivil oder militärisch, durch die Truppe. Nach Modifikationen durch den Wehrmachtführungsstab richtete sich der ausgestellte Kommissarbefehl vom 6. Juni immer noch sowohl gegen zivile als auch militärische Politfunktionäre der Sowjetunion. „Politische Kommissare als *Organe der feindlichen Truppe* [...] sind nach durchgeführter Absonderung zu erledigen." Bei den zivilen Funktionären sollte jedoch von Fall zu Fall entschieden werden, ob diese ermordet werden[44]. Zwei Tage später stellte das OKH den Mordbefehl den Oberkommandos zu. Generalleutnant Müller erläuterte das Vorgehen den Ic-Offizieren auf Heeresgruppen- und Armeeebene, anschließend fanden in den meisten Stäben noch einmal eingehende Besprechungen statt. Kurz vor Angriffsbeginn, meist zwischen dem 19. und 21. Juni, erhielten die Offiziere mündlich Kenntnis über die bevorstehenden Morde[45].

Der Befehl galt genauso für die Kampftruppe wie für die Sicherungs- und Verwaltungseinheiten. Etwa in der 454. Sicherungsdivision sollten die Morde bis auf die Politfunktionäre in den Kompanien der Roten Armee, die sogenannten Politruks, ausgedehnt werden[46]. Grundsätzlich war vorgesehen, die Opfer im Armeegebiet möglichst schnell und unauffällig durch die Einheiten selbst zu erschießen, im rückwärtigen Heeresgebiet jedoch, wo man sich vor allem auf zivile Politfunktionäre konzentrierte, waren sie an die Einsatzgruppen zu überstellen. Genau genommen, gab es die richtigen „Kommissare" beim Einmarsch in die Sowjetunion aber gar nicht. Die Politkommissare in der Roten Armee wurden erst am 15. Juli 1941 wieder als Institution eingeführt, „Kommissare" im Staatsapparat existierten schon lange nicht mehr, stattdessen die sogenannten Sonderabteilungen (osobye otdely) und Parteizellen in Staat und Wirtschaft. Im Grunde richtete sich der Mordbefehl gegen sowjetische Parteifunktionäre und Politarbeiter der Roten Armee im Allgemeinen; somit war der Willkür Tür und Tor geöffnet.

Angesichts der spärlichen Überlieferung von Dokumenten ist nicht klar, ob außer den Politarbeitern der Roten Armee auch andere Gruppen von Kriegsgefangenen von vorne herein zur Ermordung ausersehen waren. Hierzu sind bisher lediglich Indizien und verstreute Hinweise gefunden worden. Die 22. Infanterie-Division wies kurz vor Beginn des Feldzuges darauf hin, dass jüdische Rotarmisten an ihren Ausweisen erkennbar seien. Sie waren von den anderen Gefangenen abzutrennen, die Fachkräfte auszuwählen und die übrigen „gemäss Ic-Besprechung vom 20. 6. 41 zu behandeln."[47] Was das hieß, bleibt unklar. Denkbar wäre jedoch, dass bereits dort eine pauschale Erschießung beschlossen worden war. Den ersten

---

[44] OKW, WFSt./Abt. L IV/Qu Nr. 44822/41 g.K.Chefs., Richtlinien für die Behandlung politischer Kommissare (gez. i.A. Warlimont), in: „Unternehmen Barbarossa", S. 313, Hervorhebung im Original.
[45] Ogorreck, Einsatzgruppen der Sicherheitspolizei, S. 78ff. Vgl. RW 4/v. 578, Bl. 183–188, Kommandeurbesprechung LVII. Pzkorps am 17. 6. 1941: „Der Führer hat angeordnet, dass Russische Politische Kommissare zu ‚liquidieren' sind. Dieser Befehl darf nur mündlich weitergegeben werden."
[46] Förster, Unternehmen „Barbarossa", S. 438f.
[47] BA-MA RH 26-22/67, 22. ID/Ic, 20. 6. 1941. Vgl. Förster, Unternehmen „Barbarossa", S. 439.

Hinweis der Sicherheitspolizei auf die systematische Erschießung jüdischer Kriegsgefangener findet man in einem Entwurf vom 28. Juni, also aus der Zeit nach dem
Einmarsch[48].

Nicht ganz zweifelsfrei lässt sich rekonstruieren, ob die Wehrmacht an der Planung der antijüdischen Gewalt in den Städten beteiligt war. Damit sind die Pogrome gemeint, die in den ersten Kriegstagen teils durch deutsche Stellen initiiert,
teils durch einheimische Untergrundgruppen organisiert wurden. Dass man allgemein eine Welle antijüdischer Gewalt in den ersten Tagen der „Befreiung"
erwartete, war unter den beteiligten Behörden offensichtlich Gemeingut[49]. Inwieweit jedoch die Abwehr-Abteilung II konkret mit ihren osteuropäischen Verbin-
dungsmännern solche Morde an Juden vereinbarte, lässt sich nicht genau sagen.
Zumindest war dort bekannt, dass solche bevorstanden[50].

Trotz der angestrebten Geheimhaltung machten die Vorbereitungen für die
Morde frühzeitig die Runde in der Generalität[51]. So notierte der Deutsche Bevoll-
mächtigte General in Kroatien, Glaise von Horstenau: „Befehle sollen ausgegeben
sein, nach welchen bei einem Krieg mit Russland jeder kommunistische Amtswal-
ter, der gefaßt wird, rücksichtslos niederzuknallen sei. Über sie habe ich schon vor
meiner Abreise nach Agram [17.4.1941] erfahren. Die SS wird es diesmal nicht
allein machen können, die Armee soll mithelfen."[52]

4. Experimentierfeld Südosteuropa

Die kurzfristig angesetzten Feldzüge gegen Jugoslawien und Griechenland im
April dienten nicht nur der strategischen Absicherung des „Unternehmens Barbarossa", sondern offenbarten gleichzeitig die ideologische Aufladung deutscher
Kriegsführung in Osteuropa schon vor dem Angriff auf die Sowjetunion. In gewissem Sinne schlugen sich hier bereits einige neue Vorgehensweisen nieder. Zunächst sind die Parallelen zum Polenkrieg unverkennbar. Dies begann mit der
Aufheizung durch die historischen Vorbelastungen, die bezüglich Serbiens schon
auf das Jahr 1914 datieren. Parallel dazu wurden auch die deutschsprachigen Minderheiten als Vorwand missbraucht, um eine aggressive Atmosphäre herzustellen.
Stärker als 1939 in Polen plante die militärische Abwehr gegenüber Jugoslawien,
Aufstände im Hinterland zu provozieren[53].

[48] IfZ Nürnberger Dok. PS-78, CdS Entwurf Richtlinien betr. Kriegsgefangene, 28.6.1941.
[49] Dies wurde auf einer gemeinsamen Besprechung vom 29.5.1941 thematisiert, Kalis Kangeris,
Die nationalsozialistischen Pläne und Propagandamassnahmen im Generalbezirk Lettland
1941–1942, in: Collaboration and Resistance during the Holocaust. Hg. von David Gaunt, Paul
A. Levine, Laura Palosuo. Bern u.a. 2004, S. 169.
[50] Siehe unten S. 84.
[51] Bisher ist nicht geklärt, inwieweit die sowjetische Führung nicht nur von den militärischen,
sondern auch von den politischen Planungen für das „Unternehmen Barbarossa" Kenntnis hatte. Im RSHA saß nämlich ein Spion des NKVD, Rudolf Lehmann, Razvedka i kontrrazvedka
v licach. Ènciklopedičeskij slovar' rossijskich specslužb. Hg. von Anatolij Dienko. Moskva
2002, S. 282f.
[52] Ein General im Zwielicht. Die Erinnerungen Edmund Glaises von Horstenau. Hg. von Peter
Broucek. Band 3, Wien 1988, S. 101 (basiert auf zeitgenössischen Aufzeichnungen).
[53] IfZ F 23/1, Lahousen-Tagebuch.

Noch während der Eroberung Jugoslawiens führte der Oberbefehlshaber des
Heeres ein rigides Sonderstrafrecht dort ein. Der Oberbefehlshaber der 2.
Armee ordnete „rücksichtsloses Durchgreifen" mit „den schärfsten Mitteln" bei jeglichen
Anzeichen von Widerstand an. Alle aufgegriffenen Waffenträger seien zu erschießen[54]. Allerdings verlief die Entwicklung in den einzelnen Gebieten recht unterschiedlich. Während in Kroatien die rechtsextreme Ustascha die Macht unter
deutscher und italienischer Ägide ergriff, wurde Serbien einer rücksichtslosen Militärherrschaft unterworfen.

Das Militär übernahm nun zusehends radikale Forderungen. Hatte die Militärverwaltung Frankreich im September 1940 noch eine von Hitler anvisierte Repressalquote von 1:100 abgelehnt, so drohte der Oberbefehlshaber der 2. Armee Ende
April 1941 für den Fall der Tötung eines deutschen Soldaten durch Heckenschützen die Erschießung von 100 Serben an, also ein Blutbad enormen Ausmaßes[55].
Zwar blieb es bis in den September 1941 lediglich bei einer entsprechenden Androhung; das soll jedoch nicht heißen, dass nicht schon frühzeitig Serben erschossen wurden. Die Radikalisierung in Richtung „Barbarossa"-Feldzug ist nicht zu
übersehen.

Die größten Massaker dieser Zeit verübten jedoch deutsche Verbände bei der
letzten Militäroperation in Südosteuropa, der Eroberung Kretas. Dort trafen die
deutschen Fallschirmjäger auf unerwarteten Widerstand nicht nur seitens der britischen Soldaten, sondern auch aus der einheimischen Bevölkerung. Offensichtlich
konnten auch Fälle von Gräueltaten an deutschen Soldaten belegt werden. Der
Kommandierende General erließ, nach eigener Darstellung auf eine Weisung Gö-
rings hin, den Befehl zu rücksichtslosen Repressalien, ohne die Militärgerichte zu
bemühen. Der Kommandeur der 5. Gebirgsdivision ordnete an, dass für jeden hinterrücks verwundeten deutschen Soldaten zehn Einheimische erschossen werden
sollten. In der Folge wurden in vielen Dörfern alle wehrfähigen Männer erschossen, bisweilen aber auch Frauen. Im Mai/Juni töteten deutsche Truppen mindestens 400 Kreter aus 18 Dörfern, wahrscheinlich aber erheblich mehr Personen[56].
Damit brach die Entfesselung der Gewalt in den deutsch-besetzten Teilen Griechenlands einstweilen ab.

Die Judenverfolgung im besetzten Jugoslawien eskalierte nicht so schnell wie
1939 in Polen. Schon während der militärischen Operationen kam es zwar zu gewalttätigen Ausschreitungen, diese richteten sich zunächst aber noch gegen Symbole wie Synagogen. So wurde das Gotteshaus in Sarajewo am 16. April in Brand

[54] VO ObdH, 5.4.1941, Bes. Ano. AOK 2, 8.4.1941 (Zitate), in: Die Okkupationspolitik des
deutschen Faschismus in Jugoslawien, Griechenland, Albanien, Italien und Ungarn (1941–1945).
Hg. von Martin Seckendorf u.a. Berlin u.a. 1992, S.138f.
[55] Richard Fattig, Reprisal: The German Army and the Execution of Hostages during the Second
World War, San Diego 1980, S.47f.; Walter Manoschek, „Serbien ist judenfrei!". Militärische
Besatzungspolitik und Judenvernichtung in Serbien 1941/42, München 1993, S.31f.
[56] Marlen von Xylander, Die deutsche Besatzungsherrschaft auf Kreta 1941–1945. Freiburg i.Br.
1989, S.28–33; Ulrich Kadelbach, Schatten ohne Mann. Die deutsche Besetzung Kretas 1941–
1945. Mähringen 2002, S.22–32, 98–100; Hermann Frank Meyer, Von Wien nach Kalavryta. Die
blutige Spur der 117. Jäger-Division durch Serbien und Griechenland. Mannheim, Möhnesee
2002, S.28f.; Okkupationspolitik des deutschen Faschismus in Jugoslawien, S.157.

gesetzt[57]. Ähnlich wie in Polen und Frankreich erließ auch die Militärverwaltung in Serbien alsbald eine antijüdische Gesetzgebung; diese richtete sich ebenso gegen die serbischen Roma. Die Kommandanturen begannen mit dem Raub des jüdischen Eigentums und organisierten Zwangsarbeiten für jüdische Männer.

Im Unterschied zum Polenfeldzug sind aber keine Reibereien zwischen Wehrmacht und Polizei mehr erkennbar. Vielmehr kennzeichnete das OKH zum ersten Mal überhaupt „Juden" explizit als Gegner des Feldzuges. Das war neu, und es ist nur im Zusammenhang mit der parallelen „Barbarossa"-Planung zu verstehen. Jedoch blieb gegenüber Jugoslawien das Ideologem des vermeintlichen „jüdischen Bolschewismus" relativ unbedeutend, d. h. hier deutet sich ein gewalttätiger Antisemitismus an, der weit über die antikommunistische Stoßrichtung hinaus ging. Massenmorde an serbischen Juden, unter dem Deckmantel von Repressalien ausgeübt, setzten dann kurz nach dem Angriff auf die Sowjetunion ein[58].

Den jugoslawischen und griechischen Kriegsgefangenen ging es ähnlich wie den Polen nach dem verlorenen Krieg 1939. Sie wurden nicht so gut wie Westalliierte, aber auch nicht ausnehmend schlecht behandelt[59]. Auffällig ist die Tendenz zur selektiven Abtrennung. Waren schon 1939 die Juden in den Kriegsgefangenenlagern abgetrennt und schlechteren Bedingungen ausgesetzt worden, so schlug sich im Frühjahr 1941 eine Differenzierung auch unter den nichtjüdischen Gefangenen nieder, wie Generalquartiermeister Wagner auf Weisung des OKW anordnete: „Griechische Armee soll ausgesucht gut behandelt werden, serbische Offiziere sollen ausgesucht schlecht behandelt werden"[60]. Während kroatische Gefangene im Laufe der Zeit entlassen wurden, fehlte den Serben eine Schutzmacht. Vielen Serben erging es ähnlich wie den Polen: Sie wurden formell aus der Kriegsgefangenschaft entlassen, damit sie – ohne besonderen völkerrechtlichen Schutz – umso rücksichtsloser als Zwangsarbeiter in der Wirtschaft eingesetzt werden konnten[61].

Der Fall Jugoslawien zeigt wie schon der Polenfeldzug, dass nicht allein der Antikommunismus die Gewaltbereitschaft im deutschen Militär deutlich gesteigert hat. Zwar diente eine prosowjetische Orientierung der neuen jugoslawischen Regierung als Vorwand für den Überfall auf das Land. Die ersten Widerstandsakte gingen jedoch von spontan gebildeten Gruppen oder von den serbisch-nationalistischen Četniki aus, denen kaum Sympathien für den Kommunismus nachgesagt werden können. Der Untergrund-KP hingegen waren wegen des Hitler-Stalin-Paktes so lange die Hände gebunden, bis sie Anfang Juli 1941 von der Komintern zum Aufstand aufgefordert wurde.

---

[57] The Encyclopedia of Jewish Life Before and During the Holocaust. Hg. von Shmuel Spector, Geoffrey Wigoder. New York 2001, S. 1138.
[58] Manoschek, Serbien, S. 36–43.
[59] Vgl. IfZ MA-687, fr. 661, 678, Erlasse MBF Serbien, 13. und 26. 5. 1941.
[60] Halder KTB, Band 2, S. 357 (9. 4. 1941). Das Schicksal der Juden unter den jugoslawischen und griechischen Kriegsgefangenen ist noch nicht erforscht, anscheinend wurden sie aus den Stalag im Reich aussortiert, zurückgeschickt und gerieten dann in die Mordaktionen in ihrem Heimatland, vgl. Rüdiger Overmans, Die Kriegsgefangenenpolitik des Deutschen Reiches, in: DRZW 9/2, S. 729–875, S. 780f., und den Ausstellungskatalog Hayalim Yehudim mi-Yugoslavyah kishevuye milhamah be-Germanyah ha-Natsit. Albom zikaron bi-melot yovel la-shihrur, 1945–1995. Bearb. von G'eni Lebel. Tel-Aviv 1995.
[61] Vgl. Streit, Keine Kameraden, S. 70

Die Aggressivität gegen die Serben beruhte vielmehr auf einem spezifischen Antislawismus, der auf den Ressentiments des Ersten Weltkrieges aufbaute. Deutlich sichtbar ist die unterschiedliche Behandlung im Vergleich zu den Kroaten, zu denen das Verhältnis weniger belastet war, die zugleich aber durch den Katholizismus den Deutschen und vor allem den Österreichern kulturell näher standen. Zwar ist zwischen April und Juni 1941 noch nicht die Eskalation hin zum Massenmord sichtbar, die in Serbien ab September/Oktober 1941 zum Ausdruck kam, doch zeigt die Frühphase deutscher Besatzung in Südosteuropa deutliche Zeichen eines Anknüpfens an die Gewalt im Polenfeldzug. Der Wandel seit 1939 wird durch den erhöhten Konsens zwischen Staatsführung, Militär und Polizei markiert. Kritik übten Stellen der Wehrmacht höchstens an dem brachialen Vorgehen der „wilden" Ustasche[62].

Der Balkanfeldzug und die Anfänge der militärischen Besatzungsherrschaft in Südosteuropa sind jedoch nicht nur als Seismograph für die Ideologisierung und die Gewaltbereitschaft innerhalb der Wehrmacht zu sehen, sondern fügen sich auch bruchlos in die Gesamtkriegführung im Osten ein. OKW und OKH planten beides, Krieg in Südosteuropa und gegen die Sowjetunion, parallel, viele Einheiten wurden aus dem Balkan direkt an die Ostfront geschickt[63].

5. Verbündete für den Weltanschauungskrieg

Das Deutsche Reich marschierte nicht allein auf sich gestellt in der Sowjetunion ein, beim Angriff kam vielmehr jeder sechste Soldat aus dem Ausland. Der Einbau der Verbündeten in das „Unternehmen Barbarossa" ist zwar immer wieder untersucht worden, jedoch kaum im Kontext der Vorbereitung eines Weltanschauungskrieges. In den großen strategisch-militärischen Entscheidungen hatten Rumänien, Ungarn, Italien, die Slowakei und Finnland zwar wenig mitzureden, dafür jedoch einiges in der regionalen Besatzungspolitik.

Das bedeutsamste ausländische Kontingent stellte die rumänische Armee. Rumänien war vor allem daran interessiert, die Mitte 1940 von der Sowjetunion annektierten Gebiete, Bessarabien und die nördliche Bukowina, zurückzuerhalten und zugleich eine politische Ausgangsbasis für die Revidierung des 2. Wiener Schiedsspruchs, also die Rückgewinnung der kurz zuvor an Ungarn und Bulgarien abgetretenen Gebiete zu schaffen. Hitler hatte schon im Dezember 1940 festgelegt, dass bestimmte Regionen, die im Ostfeldzug erobert würden, an Rumänien fallen sollten. Die rumänische Teilnahme am Feldzug wurde jedoch erst vergleichsweise spät und dann informell geregelt. Deshalb erweiterte der „Führer" seine territorialen Angebote noch unmittelbar vor dem Angriff im Juni 1941[64].

Das Reich hatte inzwischen massiven Einfluss auf Politik und Militär in Rumänien erlangt. Seit 1940 residierten deutsche Militärmissionen und einzelne Wehr-

---

[62] Vgl. Ein General im Zwielicht.
[63] Gerlach, Kalkulierte Morde, S. 870 (z. B. 2. Armee); IfZ MA 882, fr. 1071, KTB Korück 559, 24. 6. 1941 (Abmarsch aus Belgrad).
[64] Vgl. Jürgen Förster, Die Gewinnung von Verbündeten in Südosteuropa, in: DRZW 4, S. 327–364.

machtverbände in dem Land. Die Operationsabteilung im OKH wünschte unter anderem, dass die Rumänen alle Juden aus ihrer Armee entfernten[65]. Dazu bedurfte die rumänische Führung keiner gesonderten Aufforderung, hatte sie doch aus eigener Initiative die Judenverfolgung im Lande bereits massiv forciert. Der traditionell virulente Antisemitismus in Rumänien wurde im Zusammenhang mit den sowjetischen Annexionen 1940 noch deutlich radikalisiert. Einem antisemitischen Vorwurf zufolge hätte die jüdische Minderheit in Bessarabien und der Bukowina das Land verraten und der sowjetischen Besetzung Vorschub geleistet. Die Pogrome rumänischer Einheiten beim Rückzug aus diesen Regionen im Juni/Juli 1940, bei denen etwa 450 Juden massakriert wurden, gaben einen Vorgeschmack auf das, was ein Jahr später folgen sollte. Hier zeigte sich bereits das antisemitische Gewaltpotential in der Armee. Aber auch im Kernland selbst wurden die Juden drangsaliert. Seit November 1940 ermordete die „Eiserne Garde" immer wieder zahlreiche Juden, zuletzt bei ihrem gescheiterten Putschversuch im Januar 1941 über 100 Menschen in Bukarest. Marschall Antonescu, nun unumschränkter Herrscher, war zwar der Gegenpart der Gardisten, jedoch nicht minder antisemitisch eingestellt, wie sich bald herausstellen sollte. Bereits im Februar 1941 richtete er ein „Amt für Judenfragen" ein, Ende März kam ein deutscher „Berater für Judenfragen" nach Bukarest[66].

Die deutsche 11. Armee nahm ihre Ausgangspositionen in Ostrumänien ein, ebenso wie die Einsatzgruppe D[67]. Ähnlich wie die deutsche Streitmacht bereiteten die Rumänen nicht nur die Entsendung von Truppen, sondern auch von Einheiten der Gendarmerie und der Geheimpolizei Siguranza vor, also auch hier ein kombinierter militärisch-„polizeilicher" Einsatz. Die konkreten Details der Einsatzplanung für diese Dienststellen liegen noch im Dunkeln[68].

Auch Ungarn bemühte sich, am Feldzug gegen die Sowjetunion teilzunehmen. Zwar hatten beide Länder seit den ungarischen Annexionen von 1938 eine kurze gemeinsame Grenze, irgendwelche Territorialforderungen spielten jedoch keine Rolle. Es war vielmehr ein ähnliches Motiv wie das der Rumänen, nämlich die Annexionen von 1940, deren Beibehaltung die Ungarn zur Beteiligung am Feldzug veranlasste. Verschärft wurde die Abhängigkeit vom Reich noch durch die Mittäterschaft an der Aufteilung Jugoslawiens im April 1941. In beiden Fällen, sowohl 1940 in Nordsiebenbürgen[69] als auch 1941 in der Bačka, traten die ungarischen Truppen und Besatzer mit großer Härte gegen die Einheimischen auf. In der Bačka verübten ungarische Einheiten Massaker an der Zivilbevölkerung, sogar an Jugo-

---

[65] Förster, Gewinnung von Verbündeten, S. 341.

[66] Radu Ioanid, The Holocaust in Romania. The Destruction of Jews and Gypsies Under the Antonescu Regime, 1940–1944. Chicago 2000, S. 37–61; Report of the International Commission on the Holocaust in Romania. Bucharest 2004, S. 90–92; 118ff. Möglicherweise war die „Operationseinheit Nr. 1" sogar der Einsatzgruppe D nachgebildet.

[67] Angrick, Besatzungspolitik und Massenmord, S. 122ff.

[68] Vgl. das Massaker von Iasi, ebenda, S. 141.

[69] Das Ausmaß ist freilich unklar, da es Gegenstand einer ungarisch-rumänischen propagandistischen Auseinandersetzung nach 1945 war, vgl. etwa: Der horthystisch-faschistische Terror im Nordwesten Rumäniens. September 1940–Oktober 1944. Hg. von Mihai Fatu, Mircea Musat. Bukarest 1986, bes. S. 100ff.; im Detail: Gh. I. Bodea, Vasile T. Suciu, Ilie I. Puscas, Administratia militara horthysta în nord-vestul României septembrie – noiembrie 1940. Cluj 1988, S. 172ff., 301ff., die über 900 Opfer von Erschießungen bis November 1940 angeben (für die Übersetzung danke ich Herwig Baum).

slawiendeutschen. Unmittelbar auf die Annexion folgten erste Vertreibungen mit dem Ziel, Ungarn anzusiedeln[70]. Erst im Laufe des Juni wurden die Regelungen zum Einsatz von Honved-Kräften in der Sowjetunion getroffen, fast eine Woche nach dem deutschen Angriff begann auch für die Ungarn der Ostkrieg[71].

Reichsverweser Horthy legitimierte sich zu großen Stücken selbst aus seinem Kampf gegen den Kommunismus, er hatte 1920 die ungarische Räterepublik niedergeschlagen und intensivierte seit 1936 die antibolschewistische Kampagne. Im Juni 1941 wurden jedoch anscheinend kaum politische Vorbereitungen für den Einmarsch getroffen. Die ungarischen Truppen galten zudem als militärisch schwach und operativ unwichtig. Auch deren Männer konnten sich dem politischen Trend nach rechts, wie er seit den dreißiger Jahren dominierte, kaum entziehen. Antibolschewismus und Antisemitismus, oft in der extremen Variante der rechtsextremen „Pfeilkreuzler", grassierten auch im Offizierskorps. Die Truppen marschierten mit Zwangsarbeiter-Bataillonen aus jüdischen Männern in die Sowjetunion ein, für den Feldzug ein recht ungewöhnlicher Vorgang[72].

Vergleichsweise bescheiden nahm sich das slowakische Kontingent am Feldzug aus. Während Hitler eigentlich kaum an eine Beteiligung von Slawen am Ostfeldzug dachte, plante das OKH frühzeitig slowakische Verbände für die Besatzungspolitik im Süden der Sowjetunion ein. Erst am Tag des Angriffs, dem 22. Juni, wurden endgültige Abmachungen hierfür getroffen, zwei Tage später marschierten die Einheiten ab. Auch die slowakischen Beteiligung verstand sich als „Kreuzzug gegen den Bolschewismus", angereichert mit einem ausgeprägten staatlichen Antisemitismus und einer katholischen Note[73].

Eine ganz eigentümliche Stellung nimmt der neue Staat Kroatien in der Politik dieser Zeit ein. Zwar war ganz Jugoslawien militärisch geschlagen und kroatische Soldaten in deutscher Gefangenschaft, doch gleichzeitig proklamierte die rechtsextreme Ustascha einen Unabhängigen Staat Kroatien unter deutscher Ägide. Noch Ende April 1941 begann das neu installierte Regime mit seiner antiserbischen Kampagne. Zwangstaufen, Massenvertreibungen und regelrechte Massaker an der serbischen Minderheit in Kroatien und Bosnien waren nun an der Tagesordnung[74]. Trotz ihrer ausgeprägt antiserbischen Einstellungen standen die deutschen Militärs diesen Verbrechen kritisch gegenüber, gefährdeten sie doch die Sicherheitslage im kroatisch-serbischen Raum. Doch die NS-Führung, allen voran Hitler und Außenminister von Ribbentrop, deckte die Gewaltpolitik. Das OKH untersagte eigenmächtiges Einschreiten der deutschen Truppen[75]. Das kroatische Kontingent

[70] Jozo Tomasevich, War and Revolution in Yugoslavia, 1941-1945. Occupation and Collaboration. Stanford 2001, S. 169f.
[71] Förster, Gewinnung von Verbündeten, S. 357ff.
[72] Vgl. Krisztián Ungváry, Ungarische Besatzungskräfte in der Ukraine 1941-1942, in: Ungarn-Jahrbuch 26 (2002/2003), S. 125-163, hier 145f.; Randolph L. Braham, The Politics of Genocide. The Holocaust in Hungary. New York 1981, S. 198, 308.
[73] Förster, Gewinnung von Verbündeten, S. 362f.; Johann Kaiser, Die Politik des Dritten Reiches gegenüber der Slowakei 1939-1945. Ein Beitrag zur Erforschung der nationalsozialistischen Satellitenpolitik in Südosteuropa. Diss. phil. Bochum 1970, S. 536ff.
[74] Tomasevich, War and Revolution, S. 397f.; Tomislav Dulić, Utopias of Nation. Local Mass Killing in Bosnia and Herzegovina, 1941-42. Uppsala 2005, S. 123ff.
[75] Halder KTB, Band 2, S. 424 (21.5.1941); vgl. Karl Olshausen, Zwischenspiel auf dem Balkan. Die deutsche Politik gegenüber Jugoslawien und Griechenland von März bis Juli 1941. Stutt-

im „Unternehmen Barbarossa" fiel hingegen recht klein aus. Ein Regiment Freiwilliger gelangte Ende August 1941 an die Ostfront[76].

Etwas aus dem Rahmen fiel die italienische Beteiligung am Ostfeldzug, da Italien zwar Verbündeter des Reiches war, aber eigentlich keine eigenen Interessen im sowjetischen Raum vertrat. Mussolini wurde vergleichsweise spät von den deutschen Angriffsplanungen informiert, er entsandte im Juli 1941 zunächst ein Armeekorps, das 1942 zu einer Armee verstärkt wurde[77]. Damit griff Italien immer stärker in die militärische Besatzungspolitik ein. Bei den Italienern war, ähnlich wie bei den Finnen, die ideologische Motivierung nicht so ausgeprägt wie bei den anderen osteuropäischen Verbündeten. Freilich tendierten auch sie in ihren Angriffskriegen ab 1935 zu exzessiver Gewalt, zuletzt seit 1940 in Südosteuropa. Da war der Weg nicht weit, sich allmählich in die „deutschen Formen" der Besatzungspolitik einzugliedern[78].

Insgesamt zeigten die ausländischen Kontingente deutliche Unterschiede zur Wehrmacht auf, was operative Entscheidungsgewalt und militärische Struktur angeht. Die ideologische Grundierung war jedoch bei der Mehrheit der Soldaten und vor allem bei den Offizieren ähnlich, in erster Linie antibolschewistisch, aber auch in unterschiedlicher Ausprägung antisemitisch und – sofern sie nicht selbst slawischer Herkunft waren – antislawisch. Die Nationalisierung in den vorangegangenen Jahrzehnten bereitete den Boden für einen aggressiven Ethno-Nationalismus, der sich an eigenen Minderheiten oder Ausländern austobte. Armeen der Achsenstaaten Italien, Rumänien und Ungarn waren Gewaltmaßnahmen gegen Zivilisten nicht fremd, insbesondere seit den Annexionen der Jahre 1939/40. Selbst die bulgarische Armee, die sich nicht am „Unternehmen Barbarossa" beteiligte, kann davon nicht ausgenommen werden. Nach der Besetzung Ost-Mazedoniens im April 1941 begann sie sofort mit der massenhaften Vertreibung von Griechen[79]. Nicht übersehen werden sollte schließlich die an sich banale Tatsache, dass die Masse des Personals so etwas wie den Rechtsstaat nicht kannte und durchaus an gewalttätige Formen der Konfliktlösung gewöhnt war.

Neben den staatlichen Verbündeten konnte das Reich auch auf politische Untergrundorganisationen bauen, die den Ethnien der Sowjetunion in ihren neuen Grenzen entstammten. Damit knüpfte die deutsche Politik nahtlos an die Versuche im Ersten Weltkrieg an, das Zarenreich durch die Initiierung nationaler Unruhen zu destabilisieren. Relativ peripher blieb dabei die Rolle russischer Emig-

gart 1973, S. 229f.; Jonathan E. Gumz, Wehrmacht Perceptions of Mass Violence in Croatia 1941-1942, in: The Historical Journal 44 (2001), S. 1015-1038.

[76] Peter Gosztony, Hitlers fremde Heere. Das Schicksal der nichtdeutschen Armeen im Ostfeldzug. Düsseldorf, Wien 1976, S. 129-133.

[77] Die Italiener an der Ostfront 1942/43. Dokumente zu Mussolinis Krieg in der Sowjetunion. Hg. von Thomas Schlemmer. München 2005, Einleitung S. 6ff.; Jürgen Förster, Die Entscheidungen der „Dreierpaktstaaten", in: DRZW Band 4, S. 883-901, hier 897f.; Gosztony, Hitlers fremde Heere, S. 122ff.

[78] Vgl. Brunello Mantelli, Die Italiener auf dem Balkan 1941-1943, in: Europäische Sozialgeschichte. Festschrift für Wolfgang Schieder. Hg. von Christof Dipper, Lutz Klinkhammer, Alexander Nützenadel. Berlin 2003, S. 57-74.

[79] Hagen Fleischer, Im Kreuzschatten der Mächte: Griechenland 1941-1944 (Okkupation, Resistance, Kollaboration). Frankfurt am Main, New York 1986, S. 67-72; Mark Mazower, Inside Hitler's Greece. The Experience of Occupation 1941-44. New Haven, London 1993, S. 20.

ranten, waren doch diese meist weiterhin am Zusammenhalt des Vielvölkerreiches interessiert. Zudem lag das ethnisch russische Gebiet zu weit vom Ausgangspunkt der Wehrmacht entfernt, als dass man dort eine Störung im Rücken der Roten Armee herbeiführen konnte. In der weißrussischen Emigration hingegen existierten kaum Ansprechpartner.

Anders verhielt es sich mit der Ukraine. Die militärische Abwehr unterhielt schon seit der Vorkriegszeit Kontakte mit dem rechten Flügel der ukrainischen Untergrund- und Exilbewegung, der Organisation Ukrainischer Nationalisten (OUN). Bereits im Polenfeldzug wurde der Einsatz ukrainischer Exilanten diskutiert, er kam jedoch über Ansätze nicht hinaus. Im Frühjahr 1941 intensivierten sich jedoch die Gespräche zwischen der Abwehr und den beiden Flügeln der – inzwischen gespaltenen – OUN.

Mit der Annexion des Baltikums durch die Sowjetunion 1940 traten auch die dortigen antikommunistischen Untergrundbewegungen stärker ins Blickfeld der deutschen Militärspionage. Insbesondere mit der Litauischen Aktivistenfront (LAF) trat man in Gespräche ein, aber auch mit dem extremeren litauischen Geležinis Vilkas, dem neu gegründeten Estnischen Befreiungskomitee und den lettischen Perkonkrusts, ebenfalls einer rechtsextremen Untergrundgruppe, wurde verhandelt[80].

Für das „Unternehmen Barbarossa" und die anschließende Besatzung wurde diesen Gruppen durchaus einige Bedeutung zugemessen. Zunächst sollten sie mit Feldzugsbeginn, aber noch unter sowjetischer Herrschaft, das Chaos des Rückzuges nutzen, um die Rote Armee zu schwächen und eine Abrechnung mit dem bolschewistischen System beginnen[81]. Zumindest der litauische Untergrund plante in diesem Zusammenhang antijüdische Pogrome, das Estnische Befreiungskomitee bereitete die Entrechtung der Juden vor[82]. Für die Wehrmacht wurden eigene ausländische Verbände aufgestellt, so zwei ukrainische Bataillone im Rahmen des Regiments Brandenburg. Viele Exilaktivisten stellten sich als Dolmetscher zur Verfügung. Freilich stand ein systematischer Aufbau bewaffneter Kräfte aus Einheimischen für die Besatzungspolitik vor Juli 1941 noch nicht zur Debatte, obwohl man sich der künftigen Personalknappheit in den rückwärtigen Gebieten durchaus bewusst war.

Die Untergrundbewegungen verfolgten durchaus ihre eigenen Interessen. So stellte die OUN kleinere „Marschgruppen" auf, die hinter der Wehrmacht in die Ukraine einfallen sollten, dort Milizen einzurichten und die Übernahme der Verwaltung durch die OUN vorzubereiten hatten[83]. Im Kontext der deutschen Politik und Kriegführung ist zu betonen, dass es sich um taktische und damit befriste-

---

[80] Karlis Kangeris, Kollaboration vor der Kollaboration?, in: Okkupation und Kollaboration (1938-1945). Beiträge zu Konzepten und Praxis der Kollaboration in der deutschen Okkupationspolitik. Hg. von Werner Röhr. Heidelberg, Berlin 1994, S. 165-190, bes. 172f., 181 ff; Valdis O. Lumans, Latvia in World War II. New York 2006, S. 161f.

[81] Vgl. IfZ F 23/2, Bl. 149, Abschrift Tagebuch des Abwehr-II-Chefs Lahousen, 10. 6. 1941.

[82] Vgl. Michael MacQueen, Massenvernichtung im Kontext. Täter und Voraussetzungen des Holocaust in Litauen, in: Judenmord in Litauen. Studien und Dokumente. Hg. von Wolfgang Benz, Marion Neiss. Berlin 1999, S. 15-34, hier 23; Kangeris, Kollaboration, S. 182.

[83] Dieter Pohl, Nationalsozialistische Judenverfolgung in Ostgalizien 1941-1944. Organisation und Durchführung eines staatlichen Massenverbrechens. München 1996, S. 47f.

te Bündnisse mit dem Reich handelte. Die nationalistischen Untergrundbewegungen strebten die Errichtung bzw. Wiedererrichtung unabhängiger Nationalstaaten an, was mit einer deutschen Hegemonie oder Herrschaft kaum vereinbar war. Freilich sind die Untergrundbewegungen durchaus dem rechtsextremen Spektrum zuzurechnen, fanden also relativ problemlos eine gemeinsame Sprache mit dem NS-Regime bzw. den nationalkonservativen Partnern bei der Wehrmacht. Die Untergrundbewegungen stellten somit ein ganz spezifisches Element der deutschen Planungen dar. Einerseits radikalisierten sie die Kriegführung, andererseits konnten sie leicht außer (deutsche) Kontrolle geraten.

Sieht man sich die „Verbündeten" des Reiches beim Einmarsch in die Sowjetunion zusammen an, so zeigt sich einerseits, dass der Krieg auf vielen Schultern getragen werden würde, die politischen und militärischen Richtlinien aber fast immer aus Berlin kamen. Allein die deutsche Führung marschierte mit einem politischen Konzept ein, das massiv zerstörerisch angelegt war. Und allein für die deutsche Seite sind Vorplanungen für groß angelegte Massenmorde nachweisbar. Das Personal jedoch, so vielfältig es im Einzelnen auch war, entstammte zumeist einem völkisch-faschistischen Europa.

6. Erfahrungen und Erwartungen

Halten wir vor dem 22. Juni 1941 kurz inne, um die Erfahrungen und Erwartungen zu beleuchten, die unmittelbar vor dem Einmarsch herrschten. Seit Ende 1940 war vielen Spitzenmilitärs bekannt, dass ein Feldzug gegen die Sowjetunion bevorstehen würde. Obwohl schon im Februar gelegentlich über Massenerschießungen gesprochen wurde, erfolgte die Einstimmung darauf erst durch Hitlers Rede vor den Oberbefehlshabern am 30. März. Danach machte die Nachricht von einem bevorstehenden „politischen" Krieg die Runde im höheren Offizierskorps.

Der letzte bewaffnete Kampf gegen den Bolschewismus lag nun 22 Jahre zurück[84]; seitdem hatte sich viel verändert. Zwar waren zentrale politische Ziele des Militärs in Erfüllung gegangen, vor allem eine umfassende Aufrüstung, eine einheitliche Ausrichtung der deutschen Gesellschaft und die Erringung der Hegemonie in Europa. Die Wehrmacht selbst hatte jedoch ihre Eigenständigkeit im politischen System aufgegeben. Zugleich akzeptierte die überwiegende Mehrzahl der Offiziere nicht nur die Expansionspolitik, sondern auch die Gewaltmaßnahmen des Regimes im Innern wie im Äußeren; die Kritik an den Verbrechen seit dem Frühjahr 1940 fiel minimal aus.

Im Frühjahr 1941 herrschte im Europa der Achse ein geradezu epidemischer Antisemitismus. Während die NS-Führung und einige Apparate bereits an „Gesamtlösungen" zur „Judenfrage" arbeiteten, hatte sich der Antisemitismus in die Mehrheit der Reichsbevölkerung eingefressen, d. h. auch in alle Ränge der Armee. Mit Ausnahme von Finnland betrieben die Verbündeten eine explizit antijüdische Politik, die meist Anklang bei den weiten Kreisen der Gesellschaft fand. Öffent-

---

[84] So formulierte es auch der ungarische Reichsverweser Horthy, Gesandter Budapest an AA, 22. 6. 1941, ADAP D XII,2, S. 899.

liche Stimmen gegen die Judenverfolgungen meldeten sich in den Achsenstaaten kaum mehr zu Wort, selbst intern regte sich nur sehr wenig Kritik. Insgeheim hat Hitler den NS-Funktionären schon im März 1941 Versprechungen gemacht, man könne die Juden alle in die neu zu erobernden Gebiete abschieben. Im Reich wurde jetzt immer offener von einer „Gesamtlösung" gesprochen, so etwa bei der Eröffnung des „Instituts für Judenforschung" in Frankfurt, bei der auch Angehörige des OKW vertreten waren. In einem anderen Zusammenhang, bei den Avancen, die arabischen Vertretern im Kampf gegen Großbritannien gemacht wurden, ließen sich Vertreter des OKW bereits Anfang 1941 radikal aus. Oberstleutnant Loßberg vom Wehrmachtführungsstab betonte, dass „wir den Arabern keine nur ‚erträgliche' Regelung der Judenfrage in Palästina zu versprechen brauchen, sondern mit gutem Gewissen den Arabern auf diesem Gebiet *jede* Konzession machen können."[85]

Trotz der zwiespältigen strategischen Lage, Großbritannien war nicht besiegt und der Kriegseintritt der USA bedrohte das deutsche weltpolitische Kalkül, dominierte unter den deutschen Eliten die politische Hybris, die Träume von einem neuen Zeitalter, einem völkischen Europa unter deutscher Führung. Schließlich standen deutsche Truppen vom Atlantik bis zum polnischen Bug, vom Nordkap bis nach Nordafrika. Militärs phantasierten von einem mittelafrikanischen Kolonialreich, Hitler und die Seekriegsleitung von der Weltherrschaft. Nur in diesem Rahmen wird die groteske Selbstüberschätzung im deutschen Militär einigermaßen verständlich, die Sowjetunion in einem kurzen Feldzug niederwerfen zu wollen, laut den Optimisten innerhalb von acht bis zehn Wochen, nach den etwas skeptischeren Einschätzungen in drei bis vier Monaten. Dabei war den zuständigen Stellen durchaus bekannt, dass die Rote Armee der Wehrmacht zu diesem Zeitpunkt materiell überlegen war.

Der neue Ost-Konflikt wurde im Grunde so projektiert, wie der Polenfeldzug – damals unerwartet – verlaufen war, mit einer kurzzeitigen Herrschaft des Militärs, das schließlich nur noch die Grenzräume zu sichern hätte, aber auch mit extremen Reaktionen auf jede Art von echtem oder eingebildetem Widerstand. Solche vermeintlichen Repressalien hatten sich bereits in Polen manifestiert. Wie schon im September 1939 und im Mai 1940, so würde der Krieg wieder die Möglichkeit bieten, extreme Gewalt zu entfesseln, ohne dass die Weltöffentlichkeit darauf ein größeres Augenmerk richtete. Schließlich schaute man ab dem 22. Juni 1941 weltweit gebannt auf den Verlauf der militärischen Auseinandersetzung und weniger auf die besetzten Gebiete.

---

[85] OKW/WFSt./Abt. L an Ausland/Abwehr, 7.1.1941, zitiert bei Klaus-Michael Mallmann, Martin Cüppers, Halbmond und Hakenkreuz. Das Dritte Reich, die Araber und Palästina. Darmstadt 2006, S.74 (Hervorhebung von mir).

III. Militärische Besatzung

1. Leitinstanzen

Sobald die Kampfhandlungen vorüber waren und sich die Hauptkampflinie weiter nach Osten verschob, begann die Besatzung. Schon die Frontdivisionen übernahmen erste Aufgaben bei der Verwaltung und Ausbeutung des von ihnen besetzten Gebietes, auch gegenüber der Bevölkerung. Zumeist verblieben sie jedoch nur kurz in der gleichen Gegend, sodass die eigentliche Militärverwaltung erst später nachfolgte. Militärverwaltung ist ein vieldeutiger Begriff: Sie meint nicht nur die militärische Organisation von Besatzung, sondern auch die interne Verwaltungstätigkeit der Armee[1]. Hier soll der Terminus jedoch nur im Sinne einer militärischen Besatzung verwendet werden. Freilich war, wie bereits beschrieben, für die sowjetischen Gebiete keine Militärverwaltung im klassischen Sinne erstrebt worden, also eine einheitliche Besatzungsgewalt etwa unter einem Militärbefehlshaber wie in Frankreich oder Serbien. Die eigentlichen zentralen Stellen saßen in und um Berlin bzw. bei den Führerhauptquartieren.

Die Eroberung der Sowjetunion war ohne Zweifel im Kern das Projekt eines Mannes: Adolf Hitler. Er hatte in jeder Hinsicht die Entscheidungskompetenz: in seiner politischen Funktion als „Führer", in seiner überragenden charismatischen Stellung, die zwischen Mitte 1940 und Mitte 1941 auch die Wehrmachtführung völlig in ihren Bann zog, und natürlich als Oberbefehlshaber der Wehrmacht, ab Ende 1941 ebenso des Heeres. Mit der Übernahme des letzteren Postens wurde er im übrigen auch formell Inhaber der vollziehenden Gewalt im Operationsgebiet.

Hitler sorgte für die entscheidenden Weichenstellungen zum Vernichtungskrieg und bestimmte die territoriale Abgrenzung und Kompetenzen der Militärverwaltung[2]. Gelegentlich wechselte er einen Oberbefehlshaber aus. Die Grundlinien der Besatzungspolitik legte Hitler zusammen mit der NS-Führung fest, ebenso wie die verheerenden Rahmenbedingungen, etwa die Blockierung des Abtransports der Kriegsgefangenen. Im Allgemeinen trieb er zwar zur Verschärfung der Gewaltpolitik an, griff jedoch in die konkrete Besatzung nur ganz punktuell ein, etwa wenn er jüngere Ortskommandanten im Heeresgebiet B wünschte[3]. Bei Hitlers täglichen militärischen Lagebesprechungen spielte die Besatzungspolitik offensichtlich kaum eine Rolle[4]. Doch Hitlers Macht war nicht allumfassend. In einigen Fällen scheiter-

---

[1] Vgl. Hartmut Schustereit, Deutsche Militärverwaltung im Umbruch. Berlin u. a. 2000.
[2] Vgl. „Führer-Erlasse" 1939-1945. Edition sämtlicher überlieferter, nicht im Reichsgesetzblatt abgedruckter, von Hitler während des Zweiten Weltkrieges schriftlich erteilter Direktiven aus den Bereichen Staat, Partei, Wirtschaft, Besatzungspolitik und Militärverwaltung. Hg. von Martin Moll. Stuttgart 1997.
[3] BA-MA RW 31/59a, FS OKW/WFSt. an WiRüAmt, 28.12.1942.
[4] Zumindest soweit sie überliefert sind: Hitlers Lagebesprechungen. Die Protokollfragmente seiner militärischen Konferenzen 1942-1945. Hg. von Helmut Heiber. Stuttgart 1962.

ten Weisungen des „Führers" am Widerstand der Generalität, zu denken ist an den
teilweisen Abtransport sowjetischer Kriegsgefangener ins Reich, an die Räumung
der Krim zur Besiedlung durch Auslandsdeutsche, oder an die Einwendungen des
„Führers" gegen einen schnellen Aufbau ausländischer Hilfseinheiten.

Die generellen Linien militärischer Besatzung regelte das Oberkommando der
Wehrmacht, das in Frankreich/Belgien, Serbien und in Teilen Griechenlands die
direkt vorgesetzte Dienststelle der Militärverwaltung darstellte. In den besetzten
Teilen der Sowjetunion war zwar das Heer für die Landesverwaltung zuständig,
das OKW griff aber in nicht unerheblichem Ausmaß auch dort ein. Maßgeblich
waren hier in erster Linie die Abteilung Landesverteidigung des Wehrmacht-Führungsstabes[5], aber auch das Amt Ausland/Abwehr, das Kriegsgefangenenwesen im
Allgemeinen Wehrmachtamt und das Wehrwirtschafts-Rüstungsamt, auf welches
noch näher einzugehen sein wird. Nicht zu vergessen ist die Wehrmachtpropaganda, der – etwa bezüglich der Kolchospolitik – eine erhebliche Bedeutung für die
Besatzung beigemessen wurde, die aber zugleich für viele antisemitische Hetzpu-
blikationen verantwortlich zeichnete[6].

Das OKW repräsentierte kein richtiges Oberkommando, sondern setzte als
Hitlers „militärisches Büro" dessen Weisungen ohne zu zögern um. Zweifellos
richtete sich die Weisungstätigkeit in der überwiegenden Mehrzahl der Fälle auf
operative und logistische Themen. Doch hier wurde die militärische Besatzung
europaweit, auch zwischen Zivil- und Operationsgebiet in der Sowjetunion, koor-
diniert und einschneidende Befehle zur Besatzungs- und Gewaltpolitik ausgearbeitet; man denke nur an die berüchtigte „Bandenkampfanweisung". Dafür war in
der Abteilung Landesverteidigung zunächst vor allem der Quartiermeister IV zuständig, dann die Operationsabteilung (Heer). Das OKW stand in kontinuierlicher
enger Fühlungnahme mit dem SS- und Polizeiapparat Himmlers; beim Quartiermeister IV liefen auch viele Tötungsmeldungen der Einsatzgruppen ein[7]. Insgesamt
griff der Wehrmacht-Führungsstab zwar nur punktuell, dann aber umso tiefer in
das Geschehen ein.

Ganz anders die „Fachämter" beim OKW. Sie beschäftigten sich regulär und
dauerhaft zwar nicht ausschließlich, aber doch in erheblichem Ausmaß mit den
sowjetischen Gebieten. Das Amt Ausland/Abwehr trägt einen besonderen Nim-
bus, da sich dort eine frühzeitig aktive Oppositionsgruppe sammelte. Doch dies ist
nur die eine Seite der Medaille. Für unseren Zusammenhang ist vielmehr von Bedeutung, dass das Amt sowohl an der Vorbereitung als auch an der Führung des
Vernichtungskrieges beteiligt war. Während die Abteilung Abwehr II sich mit den
gewalttätigen Aufständen von Untergrundgruppen im Westteil der Sowjetunion
beschäftigte, liefen bei Abwehr III alle Fäden der „Spionageabwehr" zusammen.
Besonders die Führungsgruppe III W koordinierte die Vernehmungen, bisweilen
die Selektion sowjetischer Kriegsgefangener, und die mörderischen Aktivitäten der
Geheimen Feldpolizei, aber auch mancher Abwehrkommandos im Feld.

---

5 Ab 1.1.1942: Stellvertretender Chef des Wehrmacht-Führungsstabes.
6 Vgl. die Kriegsspitzengliederung von 1939, KTB OKW 1, S. 877–946; Martin Moll, Die Abteilung Wehrmachtpropaganda im Oberkommando der Wehrmacht: Militärische Bürokratie oder
   Medienkonzern?, in: Beiträge zur Geschichte des Nationalsozialismus 17 (2001), S. 151–188.
7 Wilhelm, Einsatzgruppe A, S. 51.

Chef OKW | WFSt
OKH | Gen.Qu.

Wehrmachtbefehlshaber im Reichskommissariat

Oberbefh. der HGr.

Befh. des rückw. HGeb.

Oberbefh. der Armee

Generalkommando des Armeekorps

Divisionskommando

Kommandant des rückw. Armeegeb.

Feldkommandantur

Ortskommandantur

Oberfeldkommandantur

Feldkommandantur

Ortskommandantur

Sicherungsdivision

Sicherungstruppen

Gefechtsgebiet

rückwärtiges Armeegebiet

rückwärtiges Heeresgebiet

Gebiet unter Zivilverwaltung

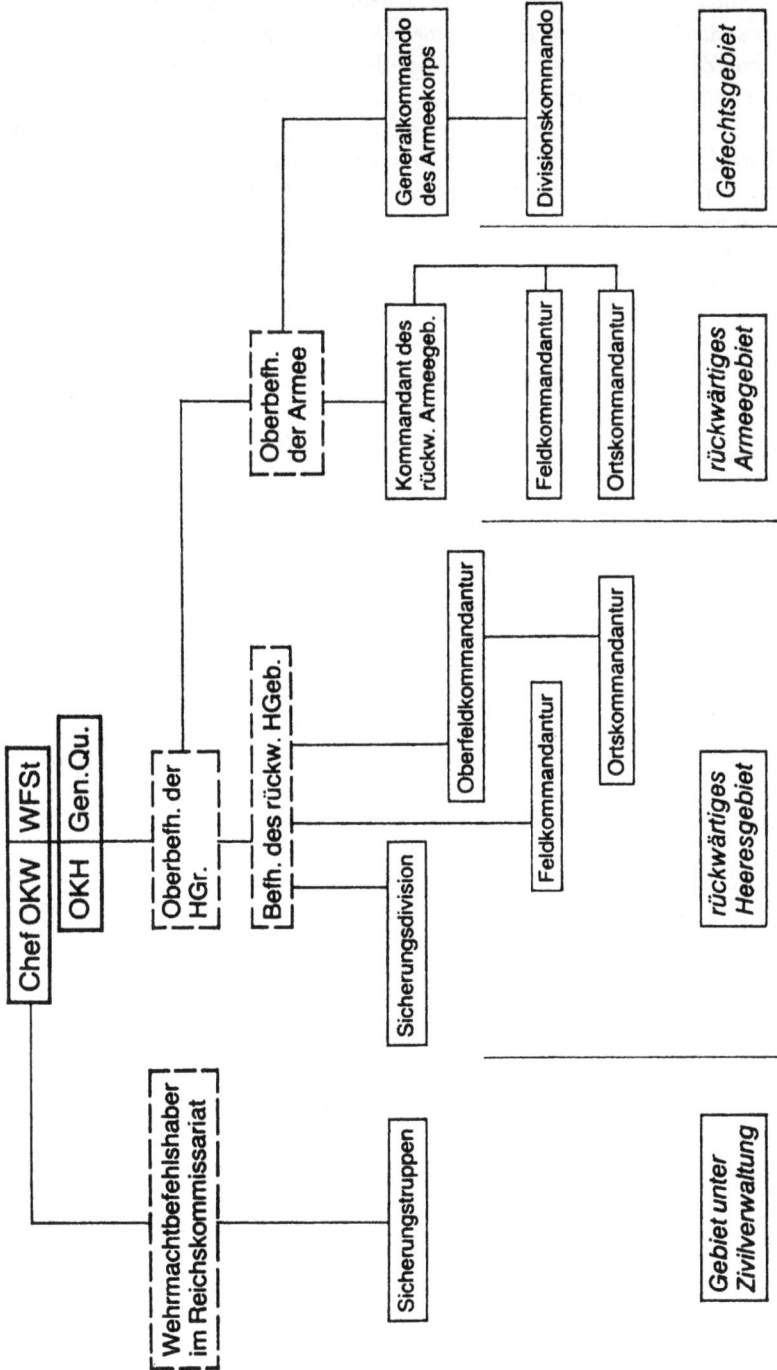

Gliederung des militärischen Besatzungsapparats 1943
(Quelle: Europa unterm Hakenkreuz, S. 619)

Das Amt Ausland/Abwehr stand in andauerndem Konflikt mit dem Sicher-heitsdienst der SS, welcher sich immer mehr Kompetenzen in ihrem Bereich aneig-nete. Ohne Zweifel versuchten Angehörige der Abwehr, insbesondere die Gruppe um Hans Oster und der Amtschef Canaris selbst, Mordbefehle abzumildern oder zugunsten Verfolgter einzugreifen. Das bekannteste Beispiel ist sicher der Kom-missarbefehl, dessen Suspendierung nicht zuletzt den Interventionen von Canaris zu verdanken ist. Freilich war die „reguläre" Arbeit von GFP und Abwehroffizie-ren davon wenig beeinträchtigt, sprich die Ermittlung „Verdächtiger", meist auch deren Tötung[8]. Während im OKW zahlreiche Massenmorde organisiert und koor-diniert wurden, untersuchte man gleichzeitig die sowjetischen Verbrechen, seien es die Massaker der sowjetischen Geheimpolizei NKVD im Juni 1941 oder Kriegs-verbrechen an deutschen Soldaten.

Das Allgemeine Wehrmachtamt zeichnete unter anderem für das Kriegsgefange-nenwesen verantwortlich. Diese Tätigkeit erstreckte sich in erster Linie auf die sowjetischen Kriegsgefangenen im OKW-Bereich, d. h. im Reich und in den zivil-verwalteten Gebieten. Rahmenweisungen bezüglich der Rotarmisten galten jedoch auch für das Operationsgebiet, so etwa zur individuellen Behandlung oder zum Abtransport in die OKW-Kompetenz. Offensichtlich hatte das OKW auch di-rekten Zugriff auf spezielle Überläuferlager im Militärgebiet[9].

Eine ähnliche, wenn auch eher allgemeine Leitfunktion übernahm auch das zivile Pendant der Militärverwaltung im Osten, das Reichsministerium für die besetzten Ostgebiete. In die Hände dieser – spät aus der Taufe gehobenen und personell relativ schwachen – Instanz war die politische Gestaltung der Besatzung gelegt worden. Das Ministerium kann als nationalsozialistische Institution in Reinkultur angesehen werden, hier dominierte die „baltische Mafia" der frühen NSDAP[10]. Natürlich galt seine Leitfunktion in erster Linie für die Gebiete, die ab Mitte Juli 1941 sukzessive von den Militärs an Rosenberg übergeben wurden. Doch im Angesicht der Erwartung, dass in naher Zukunft noch viel mehr Territo-rien an die Zivilverwaltung transferiert würden, konnte das Rosenberg-Ministeri-um schon im Vorgriff Einfluss auf die Gestaltung des Operationsgebietes nehmen. Zudem war die Abgrenzung zwischen Zivil- und Militärgebiet in der Verwaltung-spraxis nicht so strikt, wie es der Blick auf die Landkarten bisweilen suggeriert.

Als Verbindungsmann Rosenbergs zum OKH fungierte bis November 1941 Otto Bräutigam, der 1920 ins Auswärtige Amt eingetreten war und 1923 bis 1930 verschiedene diplomatische Posten in der Sowjetunion innegehabt hatte. Er „hatte darüber zu wachen, dass schon die Militärverwaltung im Sinne und Geiste der späteren Zivilverwaltung arbeitete"[11]. Bräutigams konkrete Tätigkeit auf diesem

---

[8] Vgl. Meyer, Unternehmen Sieben, S. 99ff. Canaris hat vermutlich in einer internen Rede im Dezember 1941 explizit darauf hingewiesen, sich aus den antijüdischen Aktionen herauszuhal-ten, Richard Breitman, Nazi Espionage: The Abwehr and SD Foreign Intelligence, in: U.S. In-telligence and the Nazis. Von Richard Breitman u. a. Washington 2004, S. 93–120, hier 99.

[9] So ein Oflag in Vinnyca.

[10] Vgl. Andreas Zellhuber, „Unsere Verwaltung treibt einer Katastrophe zu ...". Das Reichsminis-terium für die besetzten Ostgebiete und die deutsche Besatzungsherrschaft in der Sowjetunion 1941-1945. München 2006, der aber die Leitfunktion im Militärgebiet kaum thematisiert.

[11] Aus dem Kriegstagebuch des Diplomaten Otto Bräutigam. Hg. von H. D. Heilmann, in: Bie-dermann und Schreibtischtäter. Materialien zur deutschen Täter-Biographie. Von Götz Aly u. a.

Feld hat wenig Spuren hinterlassen, er suchte kaum Kontakt zum OKH. Im Gegensatz zum Verbindungsmann des AA, Hasso von Etzdorf, war ihm Letzteres anscheinend kein besonders wichtiges Anliegen[12].

Dem Oberkommando jeder Heeresgruppe war je ein Vertreter des Ostministeriums beigegeben worden, der gegebenenfalls politisch Einfluss zu nehmen suchte und über die Ereignisse – inklusive der Massenverbrechen – in seinem jeweiligen Bereich berichtete[13]. Bei der Heeresgruppe Nord übernahm diese Funktion der SS-Sturmbannführer Peter Kleist[14]. Darüber hinaus gab es einige Absprachen zwischen Militärs und den Zivilbeamten, besonders im Vorfeld von Gebietsübergaben.

Drei Themen waren es vor allem, die beide Besatzergruppen verbanden: Zunächst die „Befriedung", die die Zivilverwaltung vom Militär forderte, die allerdings zusehends in die Hände des SS- und Polizeiapparats überging. Dann entwickelte Rosenbergs Ministerium eine modifizierte Eigentumsordnung für die Landwirtschaft, die „Neue Agrarordnung", die auch im Militärgebiet gelten sollte. Und schließlich fühlte sich das Ministerium berufen, insbesondere in der Nationalitätenpolitik seine eigenen Leitlinien der Militärverwaltung anzuempfehlen. Während die „Baltenfrage" bald gänzlich in den Händen von Rosenbergs Mitarbeitern lag, galt dies für die Ukrainer nur zum Teil. Freilich dominierte unter der Zivilverwaltung nackte Unterdrückung. Eine besondere Rolle bekam das Reichsministerium für die Besatzung im Kaukasus Mitte 1942 zugewiesen. Obwohl eine Übergabe an die Zivilverwaltung noch in weiter Ferne lag, sollte Rosenberg dort als „Leitinstanz" fungieren, da sich Hitler und die Wehrmacht von einer spezifischen Nationalitätenpolitik in diesem Raum wichtige Vorteile versprachen[15].

Im Rahmen dieser begrenzten Ansätze zur „politischen Kriegführung" kam es durchaus vor, dass das Ostministerium zugunsten der Bevölkerung bei den Militärs intervenierte, etwa wegen Zwangsarbeitern oder Kriegsgefangenen. Dem lagen jedoch kaum humanitäre Motive zugrunde, sondern man fürchtete bei manchen Gewaltmaßnahmen eher politisch und wirtschaftlich negative Rückwirkungen. Insgesamt gestaltete sich die Zusammenarbeit zwischen Militär- und Zivilverwaltung trotz mancher Konflikte bis September 1943 noch gedeihlich, dann häuften sich Auseinandersetzungen wegen Kompetenzüberschneidungen und Ressourcenknappheit[16].

Berlin 1987, S.123–187, Zitat 134 (24.6.1941); vgl. dagegen seine Nachkriegsapologie: Otto Bräutigam, So hat es sich zugetragen ... Ein Leben als Soldat und Diplomat. Würzburg 1968, S.320ff.
[12] Auffallend ist, dass Bräutigam überhaupt nicht im KTB von Halder auftaucht. Zu den Vertretern des AA bei den Oberkommandos vgl. Johannes Hürter, Nachrichten aus dem „Zweiten Krimkrieg" (1941/42). Werner Otto v. Hentig als Vertreter des Auswärtigen Amtes bei der 11. Armee, in: Internationale Beziehungen im 19. und 20. Jahrhundert. Hg. Von Wolfgang Elz, Sönke Neitzel. Paderborn u. a. 2003, S. 361–387.
[13] BA R 6/209, Bl. 2, 48–54, OKH, GenQu, Kr.verw., 29.6.1941 und 22.10.1942. Berichte in BA R 6/51, R 6/65, R 6/245, R 6/354, R 90/311.
[14] Zu Kleist vgl. Klee, Personenlexikon, S.315; Aus dem Kriegstagebuch des Diplomaten Otto Bräutigam, S.171 (Nachfolger Hptm.d.R. Unterstab); Mitte: Hptm. SA-Brigadeführer Friedrich Müller; Süd: Hptm. Hans Koch.
[15] BA R 6/66, Bl.67, OKH, GenQu an Hgr. A (mit Bezug auf Hitlers Befehl vom 28.7.1942), 13.9.1942.
[16] Vgl. BA NS 19/67, Bl.8, RFSS an RMfbO, 20.10.1943.

2. Abteilung Kriegsverwaltung

Die zentrale Schaltstelle der militärischen Besatzungspolitik befand sich im OKH, beim Generalquartiermeister[17]. Diese klassische Dienststelle des preußisch-deutschen Militärs, angesiedelt beim Generalstab des Heeres, wurde 1939 offiziell wieder unter dem alten Namen eingerichtet. Normalerweise in Zossen südlich von Berlin beheimatet, zog das OKH zu Beginn des Ostkrieges mit Hitler ins neue Quartier bei Angerburg in Ostpreußen, Deckname „Mauerwald". Die zunächst 80, später mehrere hundert Angehörigen beschäftigten sich in erster Linie damit, die Versorgung des Heeres zu organisieren, vor allem mit Munition, Treibstoff und Verpflegung. Daneben war die Dienststelle für die Militärverwaltung zuständig, vor dem Krieg für einen etwaigen Kriegsschauplatz Deutschland, mit der Expansion dann für die Besetzungen[18].

Der Generalquartiermeister gehörte zum Generalstab, dessen Chef Halder in erster Linie mit operativen Fragen absorbiert war. Dennoch ist Halders Bedeutung und Verantwortung für die Besatzungspolitik nicht zu unterschätzen. Er hat maßgeblich die Regelungen zur Zusammenarbeit zwischen Heer und SS-Polizei vorangetrieben, selbst wenn seine Spannungen zu SS-Chef Himmler nicht zu übersehen sind. Halder beschäftigte sich nicht nur mit Fragen der Logistik, sondern gelegentlich auch mit den Massenverbrechen, so etwa der Ermordung psychiatrischer Patienten oder dem Massensterben der sowjetischen Kriegsgefangenen. Der Generalstabschef war hier voll im Bilde, wie nicht zuletzt sein Besuch im Lager Molodečno zeigt[19]. Schemenhaft bleibt hingegen die Rolle von Halders Nachfolger ab September 1942, General d. I. Kurt Zeitzler. Dieser hatte als Generalstabschef der 1. Panzerarmee bereits umfangreiche Erfahrungen im Osten sammeln können; er stand dem NS-Regime deutlich näher als sein Vorgänger. Wie Halder zeichnete auch er gelegentlich Befehle zur Besatzungspolitik. Am ehesten schaltete sich Zeitzler in die Führung des Anti-Partisanenkrieges ein[20].

Der Chefversorger des Heeres und damit Schlüsselfigur für die Besatzung war Generalmajor Eduard Wagner[21]. Dieser galt als unumstrittene Autorität im Gebiet der Heeresversorgung; er hatte selbst die Heeresdruckvorschrift 90 verfasst und war an der logistischen Durchführung aller militärischen Einsätze seit 1938 beteiligt. 1939 für kurze Zeit Regimentskommandeur, machte man ihn im August des Jahres zum Generalstabschef des Generalquartiermeisters. Obwohl er bereits vorher faktisch die Aufgaben seines Vorgesetzten übernommen hatte, kam er offiziell

---

[17] Grundlegend: Gerlach, Militärische „Versorgungszwänge".
[18] Generalquartiermeister, S. 247ff.
[19] Hartmann, Halder, S. 252; Halder KTB, Band 3, S. 288f. (Einträge 12./14.11.1941), ein Tag nach der bekannten Besprechung von Orša, auf der faktisch das Todesurteil über die nicht arbeitenden Kriegsgefangenen gesprochen wurde.
[20] Angrick, Besatzungspolitik, S. 516; Gerlach, Kalkulierte Morde, S. 849–951; Geoffrey P. Megargee, Inside Hitler's High Command. Lawrence 2000, S. 183ff. Positive Einschätzung bei: Friedrich-Christian Stahl, Generaloberst Kurt Zeitzler, in: Hitlers militärische Elite. Hg. von Gerd R. Ueberschär. Band 2. Darmstadt 1998, S. 282–292, hier 284f.
[21] Geb. 1.4.1894 Kirchenlamitz; nach dem Abitur 1912 Eintritt ins bayer. Heer; 1914–1918 Frontoffizier an der Westfront; 1919 Aufnahme eines Medizinstudiums; Freikorps Epp; 1920 Reichswehr; 1926 Generalstabsausbildung; 1933 Truppenamt bzw. ab 1935 Generalstab des Heeres; seit 1936 Abteilungschef; 1.4.1942 Gen.lt., 1.8.1943 Gen. d. Artillerie.

erst im August 1940 auf diesen Posten
als Nachfolger des eigentlichen Generalquartiermeisters, Generalleutnant
Eugen Müller.

Mit gewissen Abweichungen glich
Wagners Biographie der vieler anderer Generäle, zwar weder adlig noch
preußisch, doch bayerisch-konserva-
tiv bis deutschnational. Seine Zeit im
Freikorps hatte ihn dem neuen
Rechtsextremismus nahegebracht.
Wie die meisten Offiziere so begrüßte
auch Wagner die Machtübernahme
Hitlers[22]. Wagner stand in Kontakt
mit der sich ab 1938 formierenden
Oppositionsgruppe im Heer, trat ihr
jedoch erst Ende 1939 näher, im Gefolge der überstürzten Weisung Hitlers für einen Westfeldzug und der
Auseinandersetzungen mit der SS[23].
Bei Letzterem sah sich Wagner in seinem ureigensten Terrain berührt, der
militärischen Besatzung.

General d. Art. Eduard Wagner,
Generalquartiermeister des Heeres
(Quelle: Bundesarchiv Bild 146/81/41/16A)

War er Anfang 1940 noch in Pla-
nungen für einen Staatsstreich involviert, so lässt sich nach gewonnenem Frankreichfeldzug bei Wagner kaum noch ein Oppositionsgedanke ausmachen. Vielmehr
arbeitete er mit Hochdruck daran, den Ostkrieg für den „Führer" logistisch zu
planen. Zusammen mit dem Voll-Nationalsozialisten Backe und dem Rüstungschef Thomas, der ebenfalls zeitweise der Opposition nahestand, avancierte Wagner
nun zum Wirtschaftsstrategen des „Unternehmens Barbarossa". Seit den operativen Divergenzen im Sommer 1942 sah er seine Arbeit zunehmend gefährdet und
kritisierte intern die Kriegsplanung Hitlers; nach der Schlacht von Stalingrad fühlte er vor, ob er eine Frontverwendung bekommen könne. Erst als der Ansturm der
Roten Armee auf das Reich drohte, im Juni 1944, wandte er sich wieder der Militäropposition zu. Es ist nicht ganz klar, ob er beim Attentat vom 20. Juli 1944
einen besonderen Part übernahm. Zwei Tage später verübte er Selbstmord, um der
Rache des Regimes zu entgehen; seine Frau wurde anschließend ins Konzentrationslager Ravensbrück eingewiesen[24].

Die Konstruktion, Heeresversorgung und Landesverwaltung organisatorisch zu
vereinigen, geht wohl auf Wagner selbst zurück. Damit integrierte er sich allmäh-

---

[22] Generalquartiermeister, S. 19ff. Über die Haltung Wagners, der 1923 in München arbeitete, zum
Hitlerputsch eher verunklarend S. 55.
[23] Krausnick/Wilhelm, Truppe des Weltanschauungskrieges, S. 85; andere Interpretation bei Peter
Hoffmann, Widerstand – Staatsstreich – Attentat. 3. Aufl. München 1979, S. 166.
[24] Gerlach, Militärische „Versorgungszwänge", S. 177, 207f.; Peter, General der Artillerie Eduard
Wagner, S. 266f.

Generalmajor i. G. Hans Georg Schmidt von Altenstadt, Leiter der Abteilung Kriegsverwaltung beim Generalquartiermeister (Quelle: Bundesarchiv MSg. 109/2375)

lich in die Tätigkeitsbereiche des Militärs, die mit den meisten Massenverbrechen verbunden waren. Schon beim Polenfeldzug führte der Generalquartiermeister nicht nur eine Auseinandersetzung mit der SS, sondern trug daneben seinen Teil zu den Gewaltmaßnahmen bei[25].

Wagner galt als ausgesprochen ehrgeizig und darauf versessen, in seinem Fachgebiet Höchstleistungen zu erzielen. Manche seiner Mitarbeiter, die ihn mit dem Spitznamen „Nero" versahen, zeichnen von ihm das Bild eines arroganten und unnahbaren Menschen[26]. Er wollte als der Mann in die Geschichte eingehen, der den größten Feldzug aller Zeiten glänzend organisiert hat. Dabei war er nicht so Hitler-kritisch, wie es nach 1945 erschien. Persönlich kümmerte er sich in erster Linie um die Truppenversorgung, weniger um die Landesverwaltung oder das Kriegsgefangenenwesen. Wo er jedoch meinte, die Versorgung und Verwaltung der Unterworfenen würde die der eigenen Truppe stören, scheute er vor menschenverachtenden Entscheidungen nicht zurück.

Neben einer Chefgruppe und mehreren Abteilungen für die Versorgung, medizinische Dienste und Postwesen war es im Amt des Generalquartiermeisters vor allem die Abteilung II – Kriegsverwaltung, die die zentrale Rolle in der Besatzung übernahm[27]. Zwar arbeitete sie auch mit den Militärbefehlshabern im OKW-Bereich zusammen, ihr eigentliches Aufgabenfeld blieb jedoch die Besatzungspolitik des Heeres, zunächst in Polen und dann bei den Feldzügen seither. Doch keine Aufgabe absorbierte die Abteilung so sehr wie die Verwaltung des Operationsgebietes in der Sowjetunion.

Als Leiter der Kriegsverwaltung fungierte seit Mitte 1940 Major i. G. Hans Georg Schmidt von Altenstadt[28], der vorher verschiedene Kommandos bei der Truppe eingenommen hatte. Auch Schmidt von Altenstadt sympathisierte zu-

---

[25] Krausnick/Wilhelm, Truppe des Weltanschauungskrieges, S. 63.
[26] Eindrücke bei Ferdinand von der Leyen, Rückblick zum Mauerwald. Vier Kriegsjahre im Oberkommando des Heeres. München 1965, S. 16.
[27] Vgl. die Organigramme in: Ernst Klink, Die militärische Konzeption des Krieges gegen die Sowjetunion. Die Landkriegführung, in: DRZW 4, S. 190–277, hier 250f.
[28] Geb. 21.8.1904 Danzig, 1923 Eintritt in die Reichswehr; 1938 Quartiermeister XVIII. AK, November 1939 Ia-Offizier 18. ID; 10.7.1940–15.6.1943 beim GenQu; 10.8.1943 Chef GenSt LI. AK (Italien), 25.1.1944 dasselbe im XIV. PzK, + 25.7.1944 Bad Tölz, postum zum Gen. maj. befördert; Wolf Keilig, Das deutsche Heer, 1939–1945: Gliederung, Einsatz, Stellenbesetzung. Bad Nauheim 1956, Band 3, S. 300.

nächst mit der Militäropposition. In seiner Position mehr ein Verwalter als ein Gestalter, machte er sich jedoch die verheerende Besatzungspolitik in den sowjetischen Gebieten zunächst voll zueigen und organisierte sie zu weiten Teilen selbst[29]. Als die deutschen Operationen stockten, plädierte er für eine konziliantere Haltung gegenüber den nichtrussischen Nationalitäten[30]. Sein Nachfolger Oberst i. G. Gartmeyer konnte im Osten kaum noch aktiv werden, weil er erst in der Endphase der Militärverwaltung seine Dienstgeschäfte antrat.

In der Abteilung Kriegsverwaltung wurde der Gruppe Qu 4 A, die zunächst Schmidts Stellvertreter Major i.G. von Rosenstil, dann Major i.G. Steinitz, schließlich Major i.G. Bleicken leitete, das Organisationswesen, aber auch das wichtige Kriegsgefangenenwesen zugeordnet; Qu 4 B regelte grundsätzliche Verfügungen und hielt Kontakt mit dem SS-Polizeiapparat. Qu 5 übernahm als Aufgaben die „Abwehr" und Grenzsperre im Operationsgebiet. Die Gruppe V (Verwaltung) hatte sich mit „politischen Fragen" zu beschäftigten und repräsentierte quasi die zivilen Behörden[31]. Hier saßen keine Laufbahnoffiziere, sondern Militärverwaltungsbeamte. Der Stab samt seinem Leiter, Dr. Justus Danckwerts[32], war aus dem Innenministerium übernommen worden.

Die Abteilung Kriegsverwaltung regelte die Administration der besetzten Gebiete eher im Allgemeinen, über Verwaltungsanordnungen oder Rahmenbefehle. Dabei setzte sie den Rahmen dafür, wie mit den Zivilisten umgegangen werden sollte, d. h. auch die Einteilung der Bevölkerung in unterschiedlich wertige Gruppen. Auf die Behandlung der sowjetischen Kriegsgefangenen wirkte die Abteilung unmittelbar ein. Bei der Versorgung der Zivilisten und der Kriegsgefangenen arbeitete sie eng mit dem Wirtschaftsstab Ost zusammen, der selbst vor allem für die Erfassung landwirtschaftlicher Güter verantwortlich zeichnete. Bis zum Sommer 1942 war der Generalquartiermeister offiziell auch mit der Koordination der Partisanenbekämpfung im Operationsgebiet betraut. Mangels Akten lässt sich diese Tätigkeit jedoch nur schwerlich rekonstruieren. Die Befehlshaber der rückwärtigen Heeresgebiete stellten hier die entscheidenden Akteure dar, da diese direkt über Sicherungskräfte verfügten.

---

[29] Diese Seite wird kaum berührt bei Walter Bußmann, Die innere Entwicklung des deutschen Widerstandes gegen Hitler, in: ders., Wandel und Kontinuität in Politik und Geschichte. Hg. von Werner Pöls. Boppard a.Rhein 1973, S.213–228 (zuerst 1964); ders. „Notizen" aus der Abteilung Kriegsverwaltung beim Generalquartiermeister (1941/42), in: Deutsche Frage und europäisches Gleichgewicht. Hg. von Klaus Hildebrand u.a. Köln u.a.. 1985, S.229–240. Bußmann war als Leutnant in Qu 4 B für die Berichtsauswertung zuständig gewesen, darunter auch die Tötungsmeldungen der Einsatzgruppen.
[30] Dies ist die dominierende Perspektive bei Dallin, Deutsche Herrschaft.
[31] BA-MA RW 4/v. 170, Bl.62–70, Diensteinteilung und Stellenbesetzung Abt. Kr.verw., 1.5.1941; BA-MA RH 3/v. 388, GVPl. GenQu Juni 1942.
[32] Geb. 4.6.1887 Pleß, + 27.5.1969 Hannover; Reichsverteidigungsreferent im RMdI; 1939 zum GenQu; 1943 Kriegsdienst; 1945 KV-Chef Belgrad; 1948 für Niedersachsen im Verfassungskonvent Herrenchiemsee; MinRat in der Staatskanzlei Niedersachsen, 1951–54 Bevollmächtigter beim Bund, vgl. Aus dem Kriegstagebuch des Diplomaten, S.169; M.d.B. Volksvertretung im Wiederaufbau 1946–1961. Bundestagskandidaten und Mitglieder der westzonalen Vorparlamente. Eine biographische Dokumentation. Hg. von Martin Schumacher. Düsseldorf 2000, S.68. Nachfolger ab Herbst 1943: Dr. Franz Albrecht Medicus, geb. 18.12.1890 Straßburg, + 5.7.1967 Wiesbaden; MinRat im RMdI, Schriftleiter des RGBl., in Militärverwaltung Frankreich; SS-Sturmbannführer, 1950–1955 Ministerialrat am Bundesrechnungshof, danach Außenamt der EKD, vgl. Ernst Klee, Personenlexikon zum Dritten Reich. Frankfurt a.M. 2003, S.398f.

Gegenüber der Staatsführung war Generalquartiermeister Wagner davon abhängig, dass Generalstabschef Halder seine Wünsche gegenüber Hitler übermittelte[33]. Dies gestaltete sich jedoch im Laufe des Ostfeldzuges immer schwieriger. Reibungsloser verlief der Kontakt zu den anderen beteiligten Instanzen in Berlin, insbesondere zum Persönlichen Stab des Reichsführers-SS und zum Reichssicherheitshauptamt[34].

Der Generalquartiermeister richtete sich für den Feldzug eine eigene Struktur im besetzten Gebiet ein, mit Außenstellen für den Bereich jeder Heeresgruppe, also für die Versorgungsbezirke Nord, Mitte und Süd. Damit konnten die Heeresgruppenkommandos nicht eigenständig über ihre ganze Logistik verfügen. Dieser problematische Zustand wurde erst im Sommer 1942 beendet, als die Organisation der Versorgung direkt an die Heeresgruppen überging.

Die Institution Generalquartiermeister verstand sich selbst als unpolitisch, angeblich nur den militärischen Anforderungen gehorchend. Auf diese Weise ließen sich gelegentlich auch oppositionelle Haltungen gegen Hitler und dessen Entourage mit der vollen eigenen Integration in den Vernichtungskrieg vereinbaren. In Wirklichkeit teilte man die meisten rassistischen Überzeugungen dieser Zeit, dass das Leben eines Russen wenig wert sei und dass die Juden „weg" müssten, auf welche Art auch immer. Noch mehr als bei den militärischen Befehlshabern wirkte sich dabei die Ferne von den eigentlichen Geschehnissen aus. Jede vermeintliche Zwangslage, die meist selbst durch die abenteuerliche Planung produziert worden war, wurde quasi am „grünen Tisch" gelöst, entweder auf Kosten der Einwohner oder durch Terror gegen sie. Die Militärverwalter sahen sich selbst in dieser Hinsicht als reagierende Instanz. Der Ostkrieg musste um jeden Preis gewonnen werden, da man mit dem Angriff selbst das Tor für das Vordringen des Bolschewismus geöffnet hatte.

Innerhalb des OKH nahm der Generalquartiermeister für die Besatzungspolitik eine zentrale Stellung ein, er blieb jedoch nicht der einzige Akteur auf diesem Feld. Für „Rechtsfragen", eigentlich: für das Ausmaß der Völkerrechtsbrüche, blieb weiterhin der General z.b.V. zuständig. Zunehmend gewann auch die Operationsabteilung an Bedeutung; sie übernahm ab August 1942 die zentrale Federführung beim Anti-Partisanenkampf im Militärgebiet, der sich in erheblichem Maße auf die Zivilbevölkerung auswirkte.

Das Oberkommando des Heeres ist in seiner Bedeutung für den Vernichtungskrieg, also die Massenverbrechen und die miserable Behandlung der Bevölkerung im Osten, lange unterschätzt worden. Dies lag zunächst am Image einer stärker militärfachlichen Orientierung – im Vergleich zum „hitlerhörigen" OKW, aber

---

[33] Vereinzelt ließ sich Hitler auch direkt von Wagner informieren, vgl. IfZ ED 100/239, Bl. 1063, Wagner an Ehefrau, 3.4.1941 (Treffen kurz davor); Generalquartiermeister, S. 211f. (27.10.1941); BA-MA RH 22/92, Bl. 39f., Notiz Wagner für Vortrag bei Hitler, 22.6.1942; Notiz Wagner für Vortrag bei Hitler, September 1942, Manfred Zeidler, Das „kaukasische Experiment". Gab es eine Weisung Hitlers zur deutschen Besatzungspolitik im Kaukasus?, in: VfZ 53 (2005), S. 475–500, hier 490.

[34] Als Verbindungsoffizier zum RFSS fungierte der OTL d. Gendarmerie de Niem, zur SS und Ordnungspolizei allgemein OTL d. Schupo Skowronnek; BA-MA RW 4/v. 170, Stellenbesetzung Abt. Kr.verw., 1.5.1941; RH 3/v. 372, GVPl. GenQu (Eingang 7.6.1941); BA-MA RH 3/v. 388, GVPl. GenQu Juni 1942.

auch an der Tatsache, dass das OKH weit größer und komplexer strukturiert war als das OKW. Im OKH fanden sich überproportional viele Angehörige der Militäropposition, die sich 1944 dann dem Attentatsversuch auf Hitler anschlossen. Alle diese Gründe mögen dazu beigetragen haben, dass lange Zeit nur das OKW, nicht jedoch das OKH mit der verbrecherischen Besatzungspolitik assoziiert wurde.

3. Militärverwaltungsstrukturen

Der Raum, auf den sich die Militärverwaltung erstreckte, befand sich während des deutsch-sowjetischen Krieges ständig im Fluss, besonders natürlich beim Vormarsch 1941 und beim Rückzug ab März 1943, im Süden der Sowjetunion aber auch in der zweiten Jahreshälfte 1942. Unter militärische Herrschaft fielen bis Ende Juli 1941 der größte Teil des Baltikums und Weißrusslands, aber nicht einmal die Hälfte der Ukraine. Deshalb begannen die Gebietsübergaben an die Zivilverwaltung Ende Juli erst in Litauen und in Livland. Der Generalquartiermeister hatte frühzeitig gefordert, nicht nur großräumige Gebiete einer anvisierten einheitlichen Verwaltung, sondern auch einzelne Regionen möglichst schnell abzugeben[35]. Am 1. August schieden Ostgalizien und der Raum Bialystok aus dem Militärgebiet aus und wurden an die Besatzungsstrukturen in Polen angegliedert. Erst zum 1. September ging das ganze restliche Ostpolen an Rosenbergs Ministerium, d.h. West-Weißrussland, Wolhynien und Podolien. Damit waren die Gebietsabgaben im Norden weitgehend beendet; lediglich Estland erhielt im Dezember 1941 ebenfalls eine zivile Besatzungsstruktur, blieb aber Operationsgebiet und damit sowohl einem Generalkommissar als auch dem Berück Nord unterstellt.

Im Süden hingegen ging der Transfer von Gebieten auch danach weiter. Im August 1941 erhielt Rumänien ein eigenes Besatzungsgebiet zwischen Dnestr und Südlichem Bug, das sogenannte Transnistrien, das offiziell freilich erst im Herbst 1942 aus dem deutschen Operationsgebiet ausschied. Ende Oktober 1941 erweiterte sich das neue Reichskommissariat Ukraine bis zum Dnjepr[36]. Und im Gefolge der Sommeroffensive 1942 kam am 1. September noch der Raum nördlich der Krim unter Zivilverwaltung. Allerdings schon im Januar 1943 wurden alle Gebiete östlich des Dnjepr wieder Operationsgebiet, wenn auch den Zivilisten die Landesverwaltung belassen wurde[37].

Im Kern waren es also Gebiete der Russischen Föderation, die für längere Zeit unter der Hoheit der Wehrmacht standen, das Vorfeld von Leningrad und von Moskau, zeitweise die Räume bis nach Stalingrad und auf dem Nordkaukasus. Auch die Krim, die damals noch zur RSFSR zählte, blieb unter Militärverwaltung, ebenso wie Teile von Ost-Weißrussland und der Ostukraine.

---

[35] Zellhuber, „Unsere Verwaltung treibt einer Katastrophe zu ...", S. 84, zum Folgenden ebenda S. 130ff.
[36] IfZ MA 1709, fr. 216, KTB WiStOst, 25. 9. 1942; „Führer-Erlasse", S. 190–192, 196, 202–205, 209f. Vgl. Karte 27 im Beiheft von DRZW 4.
[37] OKW/WFSt/Qu (Verw.) Nr. 00372/43 g.K., 21. 1. 1943, in: „Führer-Erlasse" S. 317; vgl. ebenda S. 274; BA-MA RH 22/114, Bl. 5–8, Obkdo. Hgr. Süd, VII, 20. 3. 1943 (mit Bezug auf FS des OKH vom 1. 3. 1943).

Karte: Besetzte Gebiete 1941-1944
(Quelle: Stiftung Topographie des Terrors, Karsten Bremer)

In seiner maximalen Ausdehnung im Herbst 1942 dehnte sich das Militärverwaltungsgebiet auf einen Raum von etwa einer Million Quadratkilometer aus, im Juni 1943 waren es immer noch 620000 qkm, also eine Fläche von der Größe Frankreichs[38]. Von der Front bis zur deutsch-sowjetischen Demarkationslinie, später bis zur Ostgrenze der Zivilverwaltung, erstreckte sich ein gestaffeltes System der Militärverwaltung. Für das Gefechtsgebiet, etwa 20 km breit, und die unmittelbar dahinter liegenden Räume waren die Kommandos der Divisionen und Armeekorps zuständig; dahinter wiederum folgten die großen Besatzungsbereiche der

---

[38] Europa unterm Hakenkreuz. Analysen, Quellen, Register. Hg. von Werner Röhr. Heidelberg 1996, S.91; Gerlach, Kalkulierte Morde, S.135. Insgesamt besetzte die Wehrmacht etwa 1,7 Mio. qkm der Sowjetunion (in den Grenzen von 1941), Ulrike Goeken-Haidl, Der Weg zurück. Die Repatriierung sowjetischer Zwangsarbeiter und Kriegsgefangener während und nach dem Zweiten Weltkrieg. Essen 2006, S.530.

rückwärtigen Armeegebiete und dahinter die gigantischen rückwärtigen Heeresgebiete, also der Kernbereich der Militärverwaltung.

Jede der etwa 120–140 Divisionen, die über die Frontlinie im Osten verteilt waren, hatte auch ihr „kleines" Besatzungsgebiet. Während der Vormärsche und Rückzüge blieben sie nur wenige Tage in derselben Region, seit dem Stillstand großer Teile der Front ab Dezember 1941 richtete man sich in denselben Räumen ein. Die Divisionsgebiete erstreckten sich immerhin über 300 bis 900 qkm, was in etwa der Größe eines Landkreises im Reich entsprach. Abhängig vom jeweiligen Kampfgeschehen, konnten bis zu 80% des Divisionsgebietes als Besatzungsraum angesehen werden. Freilich war die Bevölkerungsdichte erheblich geringer als weiter westwärts, schon bei der Ankunft der Wehrmacht, vor allem aber durch die Evakuierung der Kampfzone.

Die Divisionen richteten ihre Herrschaft ganz an den militärischen Erfordernissen aus, also zum Zwecke von Einquartierung, Sicherung und wirtschaftlicher Ausbeutung. Für diese improvisierte Besatzungspolitik war vor allem der Ib-Offizier im Divisionskommando zuständig, dem wiederum ein zuständiger Offizier zur Verfügung stand[39]. In nicht wenigen Fällen waren Frontdivisionen für kurze Zeit verantwortlich für die Besatzungspolitik in größeren Städten bzw. Stadtteilen.

In generellen Anordnungen, sonst eher fallweise beschäftigten sich die Generalkommandos der Armeekorps mit der Besatzung. Sie koordinierten zwar die wirtschaftliche Plünderung des Landes und das Vorgehen im Partisanenkampf, meist blieb den Divisionen aber die alltägliche Besatzungstätigkeit überlassen. Am massivsten griffen die Generalkommandos dann ein, wenn sie gerade eine Stadt erobert hatten und dort zeitweilig Unterkunft nahmen. Vor allem die Quartiermeister und die Ic-Offiziere schalteten sich in Fragen der Behandlung der Bevölkerung ein[40].

Hinter den frontnahen Räumen befanden sich die rückwärtigen Armeegebiete, also Besatzungsräume der – zumeist – zwölf Armeen[41]. Deren Größe konnte, je nach Entwicklung der Frontlage, erheblich variieren, zwischen 10 000 und 40 000 Quadratkilometer, auf denen jeweils zwischen einer halben und einer Million Einheimische lebten[42]. Der Kommandant des rückwärtigen Armeegebiets (Korück), von der militärischen Stärke einer Sicherungsdivision vergleichbar, war eng an das jeweilige Armee-Oberkommando und damit an die militärischen Operationen angebunden. Während der Korück vor allem für die allgemeine Sicherung und Landesverwaltung verantwortlich zeichnete, traf das Armeeoberkommando alle wichtigen Entscheidungen für den Partisanenkampf, aber auch in Wirtschaftsfragen. Der Armeewirtschaftsführer nahm in diesem Feld eine zentrale Position ein und arbeitete wiederum eng mit den Wirtschaftskommandos im Armeegebiet zusammen.

---

[39] Rass, „Menschenmaterial", S. 348ff. Diese Form der Besatzung ist noch wenig untersucht.
[40] Zum LV. AK vgl. demnächst Hartmann.
[41] Korück 531 (PzAOK 1), 532 (PzAOK 2), 550 (AOK 17), 553 (AOK 11), 559 (AOK 4), 580 (AOK 2), 582 (AOK 9), 583 (AOK 18), 584 (AOK 16), 585 (AOK 6), 590 (PzAOK 3) und 593 (PzAOK 4). Nicht mitgerechnet wird hier Korück 525 (AOK Lappland).
[42] BA-MA RH 23/353, Bl. 107–112, Korück 593, VII, 10.4.1943; IfZ MA 883, fr. 103, Korück 559 an AOK 4, 31.10.1941.

Deshalb hatten die Gruppen VII bei den Quartiermeistern 2 der Korück, die anscheinend nicht sofort eingerichtet wurden[43], auch nicht eine solche Bedeutung wie ihre Kollegen weiter im Hinterland, bei den Berück und bei den Sicherungsdivisionen. Zudem verfügten die Armee-Oberkommandos ab Herbst 1942 über eigene Gruppen VII. Ende 1943 fielen die entsprechenden Strukturen bei den Korück deshalb weg[44].

Als bedeutsamste Institutionen der militärischen Besatzung sind sicher die Befehlshaber der rückwärtigen Heeresgebiete (Berück) einzustufen, weil sie die größten Territorien verwalteten. Diese Institution war eigens für den Ostfeldzug aus der Taufe gehoben worden. Die Berück waren den Heeresgruppen zugeordnet, d. h. zuerst drei, ab Mitte 1942 dann viermal vorhanden[45]. Die Anbindung an das jeweilige Heeresgruppenkommando gestaltete sich jedoch nicht so eng wie zwischen Armeen und Korück, bis Herbst 1942 insbesondere in Fragen der Landesverwaltung. Erst im Herbst 1942, als die Front wieder zum Stillstand kam, übernahmen die Heeresgruppenkommandos selbst eigene Oberquartiermeister-Abteilungen mit Gruppen VII; diese wurden in Personalunion mit dem Berück geführt. Allein die Heeresgruppe A, die für den Kaukasus bestimmt war, verfügte seit ihrer Bildung im Juli 1942 über eine eigene Abteilung VII[46].

Als Befehlshaber der rückwärtigen Heeresgebiete hatte man ältere Generäle ausgewählt, die wieder reaktiviert worden waren und bereits seit 1939 in Besatzungsverwaltungen Erfahrungen gesammelt hatten. Während Karl und Franz von Roques dabei anscheinend weniger hervorgetreten sind, war Max von Schenckendorff als Kommandant von Posen bereits Ende 1939 an einem Brennpunkt der Massenverbrechen eingesetzt. Erich Friderici hatte als Wehrmachtbevollmächtigter im Protektorat 1940 einer aktiven „Rassenpolitik" das Wort geredet[47]. Erst später übernahmen die Generäle Kuno-Hans Both und Otto Hartmann diese Posten. Im Herbst 1943 häuften sich dann die Umbesetzungen[48].

[43] Vgl. BA-MA RH 23/70, Bl. 280, GVPl. Korück 553, Qu, 14.12.1941 (hier noch als Abt. Verwaltung).

[44] BA-MA RH 20-17/591, Bl. 44, KTB AOK 17, OQu, 15.10.1942; Oldenburg, Ideologie und militärisches Kalkül, S. 62–64; Gerlach, Kalkulierte Morde, S. 136.

[45] Eine Sonderstellung nahm der Befehlshaber Krim ein, der im August 1942 nach dem Abzug der 11. Armee gebildet wurde und mit dem XXXXII. AK weitgehend identisch war. Er sollte sowohl für die Truppenführung als auch für die Besatzung verantwortlich zeichnen. Vgl. Angrick, Besatzungspolitik, S. 539; Kunz, Krim unter deutscher Herrschaft, S. 77. Ab 29.9.1943 unterstand die Militärverwaltung dem AOK 17: BA-MA RW 31/755, AOK 17, VII, 5.10.1943.

[46] BA-MA RH 19 III/613, Bl. 210, KTB OKH, GenQu, Befehlsstelle Nord, 6.9.1942; BA-MA RH 20-9/386, AOK 9, OQu/Qu 2, Militärverwaltungsbesprechung in Smolensk, 11.10.1942; vgl. die Akte BA-MA RH 20-17/711.

[47] Rossino, Hitler Strikes Poland, S. 127. IfZ MA 185, fr. 5848–57, Denkschriften Friderici, 1939/40. Kurzbiographien der Generäle in Keilig, Das deutsche Heer, Band 3; zu Karl von Roques vgl. Trials of War Criminals Band 10/11. Vgl. demnächst ausführlich Hasenclever.

[48] Berück Nord: Franz von Roques, ab 1.4.1943 Kuno-Hans Both; Berück Mitte: Max von Schenckendorff, Ludwig Kübler 22.7.–1.10.1943 m.d.W.d.G.b.; Edwin Graf von Rothkirch und Trach; Berück Süd: Karl von Roques, 27.10.1941–10.1.1942 vertreten durch Friderici; Berück A: Karl von Roques, ab 1.1.1943 Otto Hartmann, ab 17.9.1943 Helge Auleb; Berück B: Friderici, Joachim Witthöft 21.7.–1.10.1943; Berück Don: Friedrich Mieth 24.11.1942 m.d.W.d.G.b.

Jeder Befehlshaber hatte zwischen 80 000 und 200 000 Quadratkilometer zu verwalten, also Gebiete von der Größe Rumäniens, in denen freilich lediglich je sechs bis neun Millionen Menschen wohnten[49]. Dazu stand ihnen wenig Stammpersonal zur Verfügung, zunächst je zwei bis drei Sicherungsdivisionen, im Jahre 1943 etwa je 7 000 Wehrmachtangehörige und 20 000 Ausländer[50]. Die Berück waren in erster Linie für die Sicherung der rückwärtigen Gebiete, d. h. insbesondere die Versorgungslinien ihrer jeweiligen Heeresgruppe, verantwortlich. Als zunehmend Kämpfe im Heeresgebiet auftraten, erhielten die Berück ab April 1942 den Namenszusatz „Kommandierender General der Sicherungstruppen". Wegen vergleichbarer Truppenstärken wurden die Berück militärisch wie ein Armeekorps eingestuft[51]. Neben der „Sicherung" sorgten sie für

General d. I. Erich Friderici, Befehlshaber der rückwärtigen Heeresgebiete Süd und B
(Quelle: Bundesarchiv Pers. 6/147)

Unterbringung der Logistik-Truppen und den Transport der Ersatz-Einheiten an die Front. Die Landesverwaltung mag aus militärischer Sicht weniger Priorität genossen haben, für die Besatzung nahm sie ohne Zweifel einen zentralen Stellenwert ein.

Organisatorisch war die Besatzungspolitik beim Berück selbst, seinem Stabschef, dem Oberquartiermeister und dem Quartiermeister 2 angesiedelt. Daneben nahm der Ic-Offizier im Stab eine wichtige Funktion ein, da er für die Niederhaltung des Widerstandes und für die Zusammenarbeit mit Sicherheitspolizei und SD verantwortlich zeichnete. Die eigentliche Landesverwaltung oblag der Abteilung VII. Obwohl personell relativ schwach, ähnelten diese Abteilungen doch den Chefs der Zivilverwaltung früherer Feldzüge, quasi kleinen Innenministerien für gigantische Territorien. So erreichte die Abteilung VII beim Heeresgruppenkommando Mitte erst 1943 eine Höchststärke von 116 Mann[52]. Das Verwaltungspersonal entstammte denn auch weitgehend der Innenverwaltung des Reiches. Der entsprechende Abteilungsleiter beim Berück Süd, Hans Pagenkopf, war gar Leiter des Kommunalwissenschaftlichen Instituts gewe-

---

[49] Vgl. IfZ MA 863/3, fr. 782, Vortragsnotiz Berück Süd für GenQu in Poltava am 24.5.1942; IfZ MA 870, fr.1037f., Berück B, VII, 6.10.1942; Hill, War Behind the Eastern Front, S. 26.
[50] Berück Süd, 9.4.1943, T-501, r. 29, fr.766–768.
[51] Vgl. Halder KTB, Band 2, S.371 (17.4.1941); IfZ MA 676, fr.392–394, Korpsbefehl Berück Mitte, 21.3.1942; BA-MA RH 22/261, Bl.17, Korpsbefehl Berück Nord, 31.3.1942.
[52] Terry, Enforcing German Rule, S.128.

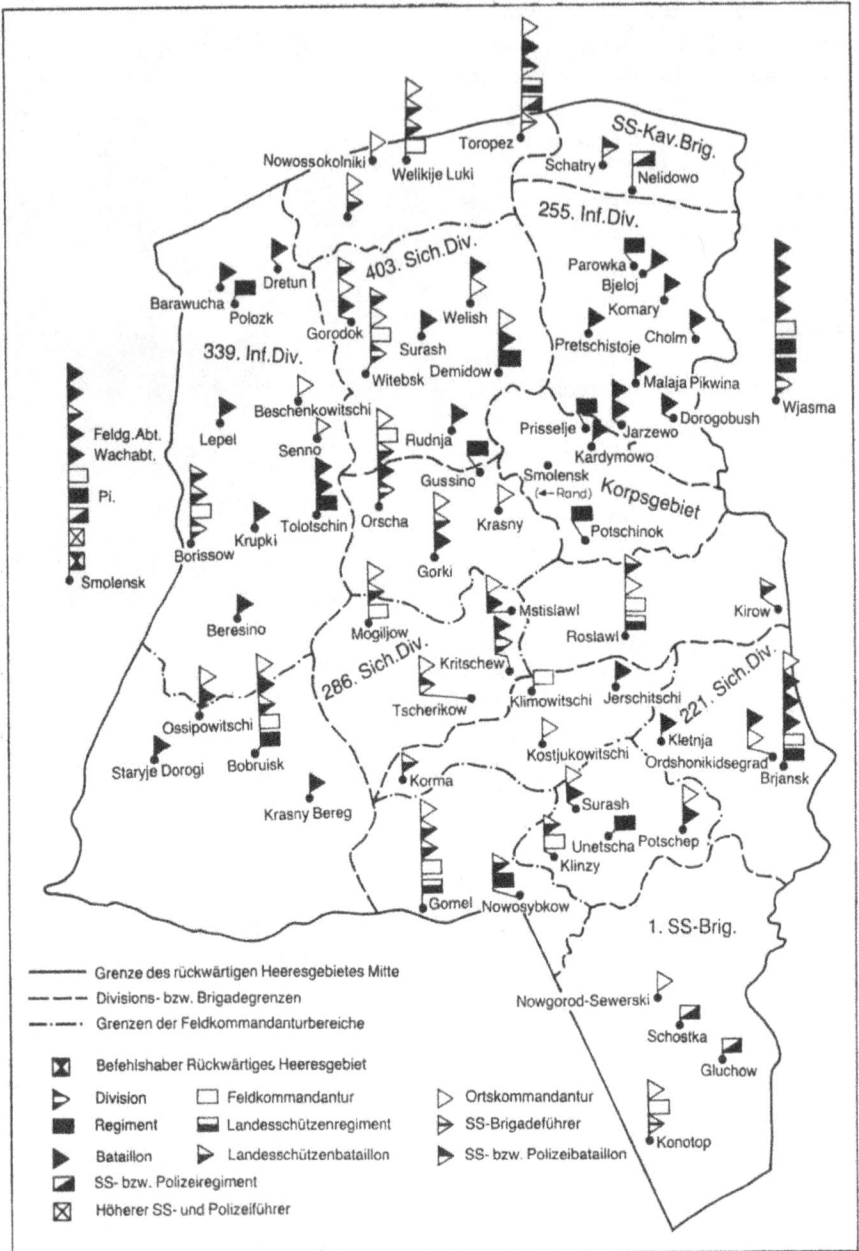

Gliederung des rückwärtigen Heeresgebietes Mitte zum 19. November 1941
(Quelle: Europa unterm Hakenkreuz, S. 614)

sen[53], sein Nachfolger beim Berück A, Werner Füßlein, ein Verfassungsspezialist[54]. Diese Verflechtung zwischen ziviler Innenverwaltung und Militär ist bisher kaum beachtet worden.

Als regionale Mittelinstanzen der Besatzungsverwaltung dienten die Sicherungsdivisionen, also mobile Verbände, deren Ib-Abteilungen ebenso über eine Abteilung VII Kriegsverwaltung verfügten. Auch hier finden sich – meist je zwei bis drei – Männer aus der Innenverwaltung wieder[55].

4. Sicherungseinheiten

Zwar haben wir es in den Stäben mit qualifizierten – militärischen oder zivilen – Funktionären zu tun, doch stellten diese nur eine Minderheit des militärischen Besatzungspersonals. Die Masse dieser Männer dienten in den unterschiedlichen Sicherungstruppen, die über das besetzte Gebiet, vor allem die rückwärtigen Heeresgebiete, verteilt waren. Jedem Befehlshaber unterstanden zwei oder drei Sicherungsdivisionen[56]. Da sie zumeist nicht ortsfest eingesetzt waren, organisierten diese Verbände vor allem die Einrichtung der Besatzungsverwaltung, bestimmten die Dislozierung der Kommandanturen und die Installierung von einheimischer Hilfspolizei. Sie gaben die Richtlinien für die Besatzungspolitik aus, kontrollierten die Kommandanturen und koordinierten die Berichterstattung. Die Besatzungspolitik der Sicherungsdivisionen war, quantitativ gesehen, zwischen Berück und Korück angesiedelt. Oft war ihnen zu diesem Zweck je ein Polizeibataillon beigegeben, das während dieser Zeit Massenverbrechen beging. Regelmäßig führten die Divisionen zwei bis drei Feldkommandanturen, sechs bis zehn Ortskommandanturen und zwei bis drei Durchgangslager (Dulag) für Kriegsgefangene mit. Eine Sicherungsdivision konnte für die Verwaltung von etwa 40000 qkm mit bis zu zwei Millionen Einwohnern verantwortlich sein[57]. Freilich variierten diese Dimensionen wegen der Mobilität der Verbände erheblich.

Wie allein schon der Name sagt, lag der eigentliche Schwerpunkt der Verbände aber auf der Sicherungstätigkeit, d. h. vor allem der Niederhaltung von Widerstand in den Räumen nahe der Hauptdurchgangsstraßen[58]. Im Gegensatz zu den Berück kümmerten sich die Sicherungsdivisionen nur wenig um allgemeine Fragen der

---

[53] Geb. 4.11.1904 Finkenwalde, + 23.2.1983 Münster; Verwaltungsjurist, Dr. Dr.; 1932 NSDAP; 1936 Hauptleiter im Hauptamt Kommunalpolitik der NSDAP; Bürgermeister und Stadtkämmerer Dortmund; Leiter des Kommunalwissenschaftlichen Instituts; 1962–1969 Geschäftsführendes Vorstandsmitglied des Instituts Finanzen und Steuern e.V. Bonn. 1968–1971 Mitglied der Steuerreformkommission der Bundesregierung, Klee, Personenlexikon zum Dritten Reich, S.447.
[54] Diss.: Reichstag, Reichspräsident und Reichsrat in ihrem gegenseitigen Verhältnis, verglichen mit den entsprechenden Organen der alten Reichsverfassung. Jena, Jur. Diss., 1923; Staatsprüfung 18.6.1926; 26.6.1951 BMdI, Referent UAbt. I A (Verfassung und Staatsrecht).
[55] Vgl. BA R 94/26, Werner von Froreich, Dokumentation Militärverwaltung Russland, o.D. (Abt. VII. 454 Sich.Div.).
[56] 201. und 203. Sicherungsbrigade, dann Sicherungsdivision, 207., 213., 221., 281., 285., 286., 403., 444., 454. und (ab 1944) 52. Sicherungsdivision.
[57] IfZ MA 864, fr.668, Lagebericht 213. Sich.Div., VII, 21.12.1942; BA-MA RH 26-403/2, Bl.78, KTB 403. Sich.Div., 26.9.1941.
[58] Vgl. Shepherd, German Army Security, S.38ff.

Logistik und somit kaum um die Wirtschaftspolitik. Im Regelfall beschäftigten sich die Divisionskommandeure höchstens am Rande mit der allgemeinen Besatzungspolitik, außer wenn sie dafür ein besonderes Interesse entwickelten. Umso mehr bestimmten sie die Gewalt, die in ihrem Divisionsgebiet gegen die Zivilbevölkerung ausgeübt wurde.

Nicht nur Sicherungsdivisionen, sondern fallweise auch Infanteriedivisionen wurden in den rückwärtigen Gebieten eingesetzt[59]. Dies galt insbesondere für solche Gebiete, in denen wegen des zügigen Vormarsches zeitweise überhaupt keine Besatzungstruppen zur Verfügung standen; Infanteriedivisionen kamen aber auch für den Abtransport der Kriegsgefangenen aus den Kesselschlachten zum Einsatz, der von wenigen Wacheinheiten allein nicht bewerkstelligt werden konnte. Auch zur Verwendung in Partisanengebieten wurden gelegentlich Infanterie-Divisionen aus der Front herausgezogen. Alle diese Divisionen sind deshalb von besonderem Interesse, weil sie sich sowohl an Struktur als auch an Erfahrungen von den Sicherungsdivisionen unterscheiden und somit in begrenztem Rahmen die Möglichkeit zum Vergleich bieten[60].

Deutlich andere Strukturen zeigt jedoch die Militärpolizei. Ihr regulärer Zweig, die Feldgendarmerie, war vor allem für Einhaltung der Disziplin und die Ermittlung von Regelverstößen innerhalb der Wehrmacht, aber auch für die Regelung des Verkehrs zuständig. Jeder Korück und jeder Berück erhielt eine Feldgendarmerie-Abteilung zugeteilt, jedes Armeekorps und jede Division einen Feldgendarmerietrupp. Die Sicherungsdivisionen verfügten in der Regel über keine eigene Polizeieinheit, da den unterstellten Feld- und Ortskommandanturen selbst kleine Trupps angeschlossen waren. Somit stand die Feldgendarmerie mitten in der Besatzungspolitik, fungierte quasi als Exekutive der Kommandanturen, zumal sie als besonders gut motorisiert galt. Ihre Aufgaben veränderten sich deutlich gegenüber den vorangegangenen Feldzügen. Feldgendarmerie war in der besetzten Sowjetunion auch bei Verfolgungen und Massenmorden eingesetzt.

Von vornherein war die andere Militärpolizei, die Geheime Feldpolizei (GFP), mit „politischen" Aufgaben bedacht worden. Diese war 1935 mit der Einführung der Wehrpflicht wieder eingerichtet worden, um gegen politische Opponenten innerhalb der Wehrmacht, bald auch gegen vermeintliche Opposition in besetzten Gebieten vorzugehen. Die GFP rekrutierte ihr Personal von Anfang an aus der Gestapo und arbeitete bis Kriegsende mit dieser eng zusammen; schon im Polenfeldzug beteiligten sich die Militärpolizisten an Kriegsverbrechen. Formell unterstand die GFP dem Amt Ausland/Abwehr im OKW. Für ihren Einsatz im Ostfeldzug zeichnete vor allem der Heeresfeldpolizeichef Cuno Schmidt verantwortlich, der beim Generalquartiermeister ressortierte[61]. Jedem Berück war ein Leitender Feldpolizeidirektor zugeteilt, der wiederum die GFP-Gruppen in seinem Bereich führte, die meist den Sicherungsdivisionen angehängt wa-

---

[59] 24., 62., 99., 113., 132., 162., 252., 255., 339., 385. und 707. Infanteriedivision, dazu die 381., 382., 388., 390. und 391. Feldausbildungsdivision (letztere auch Sicherungsdivision z. b.V.), Teile der 10. und 11. Panzerdivision.
[60] Vgl. demnächst Christian Hartmann.
[61] BA-MA RW 4/v. 170, Stellenbesetzung Abt. Kr.verw., 1.5.1941; später beim General z.b.V. im OKH.

ren[62]. Der Einsatz der GFP wurde für den Ostfeldzug bedeutend ausgebaut, die Feldpolizeibeamten mit militärischer Befehlsbefugnis versehen. Der Schwerpunkt ihrer Tätigkeit, die Bekämpfung von Partisanen und „Verdächtigen", führte im Laufe der Zeit zu einer immer stärkeren Dezentralisierung, sodass die Gruppen und ihre Außenstellen oft autonom agierten. Trotz verschiedener Bemühungen blieb die Abgrenzung der Kompetenzen zwischen Sicherheitspolizei und GFP weiterhin offen. Während die Ermordung der Juden in das Ressort der Sicherheitspolizei fiel, teilten sich beide Institutionen die polizeiliche Bekämpfung der Partisanen[63]. Auch die Abgrenzung der Tätigkeitsfelder zwischen GFP und Feldgendarmerie gestaltete sich nicht durchweg eindeutig[64]. Im Endeffekt verhielt es sich meist so, dass diejenige Polizei- oder Militärpolizeieinheit aktiv wurde, die gerade dem Einsatzraum am nächsten lag. Die Tätigkeit der GFP trug in verheerendem Ausmaß einen verbrecherischen Charakter. Zwar lag der Schwerpunkt ihrer Arbeit auf Vernehmungen, und sie entließ einen erheblichen Teil der Festgenommenen wieder. Insgesamt jedoch hat sie im Ostfeldzug etwa 35 000 Personen erschossen, das entspricht der Mordstatistik eines Einsatzkommandos der Sicherheitspolizei. Dabei sind noch gar nicht die Hilfeleistungen bei den großen Massakern der Polizei berücksichtigt[65]. Hingegen führten die Abwehrkommandos, die eigentlichen Truppen der Abwehr, offiziell keine Fahndungsmaßnahmen durch. Ob es in der Realität bei dieser Beschränkung blieb, ist noch zu klären[66].

Zu Beginn des Ostfeldzuges bestand die angreifende Streitmacht zu einem Sechstel aus Ausländern, aus den Heeren der Achsenstaaten. Hervorzuheben ist hier vor allem der rumänische Beitrag. Allein Rumänien marschierte zunächst mit Trupps der eigenen Geheimpolizei ein, allein Rumänien erhielt ein autonomes Besatzungsgebiet in der Sowjetunion, das sogenannte Transnistrien, zwischen Südlichem Bug und Dnjestr gelegen. Während die rumänischen Truppen weiterhin im Süden der Ostfront kämpften, vor Ort auch Besatzungspolitik betrieben, ging Transnistrien in die Hände einer zivilen Okkupationsverwaltung über. Die Angehörigen der ungarischen Honvéd-Armee wiederum waren schwerpunktmäßig in den rückwärtigen Gebieten, vor allem in der Ukraine, in Zentral- und Südrussland eingesetzt. Sie verfügten de facto über eigene regionale Besatzungsgebiete, in denen auch ungarische Kommandanturen stationiert wurden. Bis 1943 kamen nicht weniger als neun Divisionen zum Einsatz, die etwa 25% der Besatzungstruppen stellten[67]. Die überwiegende Mehrzahl der italienischen Truppen war an der Front

[62] Geßner, Geheime Feldpolizei, S. 80ff.; BA-MA RH 22/271, Bl. 196–199, OKH, GenQu, Qu 4b/Org/GFP, Unterstellung GFP, 30.4.1941.

[63] BA-MA RH 22/271, Bl. 185–189, OKH, GenQu, Merkblatt Zusammenarbeit zwischen Gestapo und GFP (21.12.1936), 28.5.1941; BAL, Dok.-Slg. UdSSR (Heft 2), Teil IV/8, Bl. 164–168 (RGVA 1369k-1-29), Erlass Heeresfeldpolizeichef im OKH über Aufgaben GFP und Sipo, 18.7.1941.

[64] IfZ MA 856, fr. 205, Korpsbefehl Nr. 35 Berück Mitte, 28.7.1941.

[65] Vgl. die Ausarbeitung der ZStL: Neue Erkenntnisse über die Geheime Feldpolizei – Einsatz Südrussland –, 13.2.1968 (im BAL).

[66] Überblick in: Sergej Gennad'evič Čuev, Specslužby Tret'ego Rejcha. Moskva 2003, Band 1, S. 56–152; BA-MA RH 2/2082, Bl. 130–132, OKW, Abw. III Nr. 1825/41 g.Kdos., Einsatzbefehl für die Abwehrkommandos und Abwehrtrupps, 11.6.1941. In anderen besetzten Gebieten sind Massentötungen durch Abwehrkommandos bekannt.

[67] Krisztián Ungváry, Das Beispiel der ungarischen Armee, in: Verbrechen der Wehrmacht Bilanz, S. 98–116, hier 98.

disloziert, am Rande jedoch auch in die Besatzungsherrschaft involviert. So beherrschte die 8. italienische Armee in der zweiten Jahreshälfte 1942 immerhin ein Gebiet, in dem 476 000 Menschen lebten. Die slowakische Division beschränkte sich von vorneherein auf die Sicherung in den rückwärtigen Gebieten[68].

Die Strukturen und Eigenheiten dieser ausländischen Kontingente sind noch nicht völlig ausgeleuchtet. Wichtig erscheint, dass sie zwar über eigene Oberkommandos verfügten, jedoch insgesamt in die deutsche Kriegführung und in die militärische Besatzungspolitik eingebaut waren. Somit wurden ihnen spezifische Einsatzräume, oft auch bestimmte Aufgaben zugewiesen. Die ständige Kooperation mit deutschen Stellen ist ebenso kennzeichnend für die Tätigkeit ausländischer Einheiten wie auch das Bewusstsein, gegen denselben Feind zu kämpfen. Dabei wirkte oftmals das deutsche Verhalten beispielgebend, und man hielt die gleichen Methoden für angebracht. Zwar kam das jeweilige Offizierskorps, von Finnland einmal abgesehen, aus autoritären politischen Kulturen und nicht wenige der Männer waren Rechtsextremisten. Doch überwog ein nationales Eigenbewusstsein, das sich nicht immer mit den Anforderungen der deutschen Führung in Einklang bringen ließ. Insbesondere verfolgten die einzelnen Regierungen der Achsenstaaten durchaus unterschiedliche ideologisch-politische Linien, auf die sich die militärischen Führer jeweils berufen konnten. Vom Herbst 1942 an begannen die Ziele und Zukunftserwartungen auseinanderzulaufen. Zweifelsohne stellten die Achsenstaaten zahlenmäßig aber einen bedeutenden Teil des militärischen Besatzungspersonals.

5. Kommandanturen

Den unmittelbaren Kontakt zur einheimischen Bevölkerung hatten in erster Linie die Kommandanturen, in den großen Städten meist als Feldkommandanturen[69], in den kleineren als Ortskommandanturen[70]. Dabei hat man sich diese Strukturen kaum als ein dichtes Netz von Verwaltung vorzustellen. Einerseits waren die Räume riesig und das Personal gering, andererseits war eine intensivere Verwaltungstätigkeit durch deutsche Militärs gar nicht vorgesehen. Deshalb setzten sich die Kommandanturen vor allem an den Durchgangsstraßen fest, in einer Art Perlenschnursystem, wobei abwechselnd große Feldkommandanturen (60-80 Mann), Ortskommandanturen I (30-40 Mann) und II (15-20 Mann) stationiert wurden[71]. Insbesondere in den Vormarschphasen wurden die Kommandanturen ausgetauscht, ihr Personal weiter nach Osten versetzt.

---

[68] Vgl. Italiener an der Ostfront, S. 32ff.; S. I. Filonenko, N. V. Filonenko: Krach fašistskogo „novogo porjadka" na Verchnem Donu (ijul' 1942 – fevral' 1943). 2. Aufl. Voronež 2003, S. 8; Kaiser, Politik, S. 536ff.
[69] In Großstädten als Stadtkommandantur (z. B. Charkow, Kiew, Minsk, Rostov), in Städten mit großer Truppenbelegung als Standortkommandantur.
[70] Vgl. IfZ Da 034.08, H.Dv. 485, Dienstanweisung für Feld- und Ortskommandanturen, 16. 5. 1939.
[71] Vgl. Förster, Sicherung des „Lebensraumes", S. 1032; Oldenburg, Ideologie und militärisches Kalkül, S. 65f.; IfZ MA 1699, fr. 26, Iststärke 444. Sich.Div., 15. 4. 1942.

In allen besetzten sowjetischen Gebieten agierten insgesamt etwa 65–70 Feldkommandanturen und 300–350 nummerierte Ortskommandanturen, von denen
jeweils über die Hälfte ausschließlich im Militärverwaltungsgebiet tätig war[72]. Sie
waren unterschiedlichen Verbänden nachgeordnet, meist den Sicherungsdivisionen, aber auch den Korück. Nur in einem Fall wurde eine Zwischeninstanz eingeführt, die es sonst nur in anderen besetzten Gebieten gab: die Oberfeldkommandantur Donez, die von der Größe her in etwa einer Sicherungsdivision entsprach[73].
Die Frontdivisionen richteten eigene kleine Ortskommandanturen ein, welche vor
allem der militärischen Ordnung und Disziplin, unter Umständen der eigenen
Versorgung dienten und meist erst Verwaltungsaufgaben übernahmen, wenn sich
die Frontlinie stabilisierte. Diese Ortskommandanturen waren nicht als eigene Militäreinheiten nummeriert, sondern erhielten Ortsbezeichnungen und wurden bei
Bedarf eingerichtet bzw. aufgelöst[74]. In Ausnahmefällen richteten auch Einheiten
der Marine oder solche der Ordnungspolizei, welche den Sicherungsdivisionen
unterstellt waren, kurzzeitig Ortskommandanturen ein, da es an ausreichendem
Personal im rückwärtigen Gebiet fehlte[75].
Die Kommandanturen bildeten, je länger sie an einem Ort verblieben, einen Teil
eines lokalen Besatzungs-Netzwerks. Immer mehr deutsche Dienststellen richteten sich häuslich ein, die Wirtschaftskommandos und deren Außenstellen, manchmal Teilkommandos der Sicherheitspolizei, in den weiter westlich gelegenen Gebieten auch Schutzpolizei in den Großstädten und Gendarmerie auf dem Lande.
Zusammen mit den technischen Diensten der Wehrmacht, manchmal NS-Kraft-
fahrerkorps oder Organisation Todt usw., etablierte sich so eine regelrechte Infrastruktur von Besatzern.
Die Kommandanturen zeigten für die Einwohner ein zwiespältiges Gesicht. Einerseits organisierten sie die lokalen einheimischen Verwaltungen und hatten, sofern sie länger an einem Ort blieben, durchaus auch Interessen ihres Gebietes, d. h.
unter Umständen auch der dortigen Einwohner im Auge. Andererseits waren die
Ortskommandanturen in ihrem Zuständigkeitsbereich auch massiv an der Terrorisierung der Bevölkerung, oft auch an der Ermordung lokaler Juden beteiligt.

6. Wirtschaftsstab Ost

Als sich die zentrale Bedeutung der Ausbeutungsplanung für den kommenden
Feldzug herauszuschälen begann, entschieden Hitler und Göring, die militärische
Besatzungsmacht in zwei Teile aufzugliedern. Allem Anschein nach wollten beide
die extreme Ausbeutungspolitik nicht in die Hände des Heeres legen, das aus na-

---

[72] Ausgezählt nach Tessin, Verbände und Truppen, Band 14.
[73] Die OFK 242 und 395 im Reichskommissariat Ukraine befanden sich ab 21.1.1943 auch in
  Operationsgebiet.
[74] Vgl. Rass, „Menschenmaterial", S. 351; Befehl 50. ID über Aufgaben der Ortskommandanturen,
  19.11.1941, z. T. in Deutsche Besatzungspolitik, S. 62f.; BA-MA RH 26-75/82, Bl. 59, 75. ID,
  Dienstanweisung für OK Sumy, 3.4.1943; IfZ NOKW-2560, Befehl 170. ID über die Einset-
  zung von Ortskommandanten, 23.1.1942; IfZ NOKW-2816, Tätigkeitsbericht 227. ID, Ic, für
  1.10.–31.12.1941.
[75] Dieckmann, Besatzungspolitik, Kap. C.2.

tionalsozialistischer Sicht als zu wenig radikal galt. So stand auf der einen Seite die Militärverwaltung, die für Sicherung und Landesverwaltung verantwortlich zeichnete, und auf der anderen die Wirtschaftsorganisation Ost, die die Wirtschaftspolitik in all ihren Facetten betrieb. Deren Spitze, der Wirtschafts*führungs*stab Ost, stellte eine neuartige militärisch-zivile Mischkonstruktion dar, die von Göring und seiner Vierjahresplanbehörde geleitet wurde. Der in der Sowjetunion aktive Wirtschaftsstab Ost war die eigentliche Lenkungszentrale der Ausbeutung[76]. Er zeigte auf den ersten Blick parallele Strukturen wie die Militärverwaltung: Militärs an der Spitze, Kriegsverwaltungsbeamte in den Fachabteilungen. Doch Offiziere befanden sich dort nur wenige und die zahlreichen Funktionäre der Fachabteilungen, meist in Personalunion mit den zuständigen Ministerien, waren viel enger an zivile Instanzen angebunden als ihre Kollegen in der Kriegsverwaltung.

Entworfen hatte diese Konstruktion Generalmajor Hans Nagel, ehemals deutschnationaler Aktivist, der sich zum führenden Theoretiker der Wehrwirtschaftsorganisation entwickelte und dann auch in der Rüstung im besetzten Böhmen, Polen und Belgien tätig war. Als „Generalreferent für die Wirtschaft im Operationsgebiet Ost" bei Göring sollte er die Koordination mit dem eigentlichen Wehrwirtschaftsbereich organisieren[77]. Diesen wiederum leitete General Georg Thomas. Thomas galt als ausgewiesener Rüstungsexperte und vertrat als solcher meist relativ nüchterne Einschätzungen der deutschen Kräfte. Zudem war er durchaus einer deutsch-sowjetischen Kooperation zugeneigt, ebenso wie er zum Umfeld der Militäropposition zuzurechnen ist. Freilich hat auch Thomas sich die mörderische Wirtschaftsplanung des „Unternehmens Barbarossa" in nicht unerheblichem Ausmaß zueigen gemacht[78].

Nicht Nagel selbst, sondern der General der Luftwaffe Wilhelm Schubert übernahm die Leitung des Wirtschaftsstabes. Schubert war seit den zwanziger Jahren ein intimer Kenner der sowjetischen Verhältnisse, zugleich ein extremer Antibolschewist. Gerade in der Anfangsphase des Feldzuges 1941 agierte er mehr unter ideologischen als unter militärischen Gesichtspunkten. Ihm folgte im Juni 1942 zunächst für kurze Zeit Thomas selbst, ab 1. August 1942 dann Generalleutnant Otto Stapf nach, ein Truppengeneral, der die Wirtschaftsorganisation wieder näher an die Militärverwaltung heranführte[79].

Von den Fachorganen, den sogenannten Chefgruppen, sollte zunächst die Sparte Landwirtschaft zentrale Bedeutung in der Besatzungspolitik gewinnen. Sie wurde von Hans-Joachim Riecke geleitet, der eine steile Karriere im Landwirtschaftsapparat vorweisen konnte. Riecke, bereits seit 1925 Mitglied der NSDAP, war nicht nur Backes Vertreter beim Vierjahresplan, sondern auch dessen verlängerter Arm in die besetzten Gebiete[80]. Ab 1942 rückte dann mehr und mehr die

[76] Gerlach, Kalkulierte Morde, S.142ff.
[77] Die deutsche Wirtschaftspolitik, S.7ff., der ganze Abschlussbericht geht auf Nagel zurück.
[78] Thomas, Geschichte der deutschen Wehr- und Rüstungswirtschaft; erheblich kritischer: Gerlach, Kalkulierte Morde, S.46ff.; dagegen: Arnold, Die Wehrmacht und die Besatzungspolitik, S.81ff. Eine Biographie bleibt weiterhin ein Desiderat.
[79] Die deutsche Wirtschaftspolitik, S.10ff.; vgl. BA-MA RW 19/555, Bl.194–199, WiRüAmt, Inspekteursbesprechung beim WiStOst am 24.2.1942.
[80] Gerlach, Kalkulierte Morde, S.147.

Generalleutnant Dr. Wilhelm Schubert,
Leiter des Wirtschaftsstabes Ost 1941/42
(Quelle: Bundesarchiv MSg. 109/2439)

General Otto Stapf, Leiter des Wirtschafts-
stabes Ost 1942
(Quelle: Bayerische Staatsbibliothek, Fotoarchiv
Hoffmann 3677)

Gruppe Arbeit, geleitet von Günter Rachner, in den Mittelpunkt der Ausbeutungspolitik, da sie für die Deportation der Zwangsarbeiter verantwortlich zeichnete.

Der Wirtschaftsstab war räumlich zunächst neben dem Generalquartiermeister in Ostpreußen untergebracht. Zwar konnte Wagner nicht sein Ziel erreichen, sich die Organisation selbst zu unterstellen, doch hatten beide Strukturen dasselbe zentrale Ziel vor Augen, die Versorgung des Ostheeres. Die Wirtschaftsorganisation setzte den Hebel dabei vor allem bei der Requirierung landwirtschaftlicher Güter an, die der Bevölkerung entzogen werden sollten. Die andere Seite der Medaille war, dass die Wirtschaftsorganisation auch für die Versorgung der Einheimischen, insbesondere der Arbeiter zuständig wurde. Zudem regelte sie das alltägliche Wirtschaftsleben unter deutscher Hoheit, natürlich immer zum Vorteil der Besatzungsmacht[81].

In den besetzten Gebieten verfügte der Wirtschaftsstab über ein Netz von territorialen Organisationen, das an den Aufbau der Militärverwaltung angepasst war. An oberster Stelle in jedem Heeresgebiet stand eine Wirtschaftsinspektion, die im Oktober 1943 mit dem jeweiligen Heeresgruppen-Wirtschaftsführer vereinigt wurde. Dabei kam der Wirtschaftsinspektion Süd unter Generalleutnant Hans

[81] Die deutsche Wirtschaftspolitik, S. 24f., 84ff., 297ff., im zeitgenössisch verharmlosenden Ton.

Stieler von Heydekampf[82] eine besondere Bedeutung zu, war ihr es doch aufgegeben, die fruchtbare Schwarzerde-Zone auszubeuten. Zudem entwickelte sich im Süden durch die deutsche Offensive 1942 das größte Besatzungsgebiet. Wegen dieser territorialen Ausdehnung bildete man im Mai 1942 noch die zusätzliche Bezirks-Wirtschaftsinspektion Donez, die dann in der Wirtschaftsinspektion A, später „Kaukasus", aufging. Die Wirtschaftsinspektion B wurde im September 1942 in „Don-Donez" umgewandelt, welche wiederum kein geringerer als Nagel selbst leitete. Diese Inspektion beutete den Raum zwischen Donezbecken und Wolga aus, der aus kriegswirtschaftlicher Sicht als zentral angesehen wurde. Etwa die Hälfte des gesamten Personals der Wirtschaftsorganisation war hier eingesetzt[83].

Innerhalb der Inspektionsgebiete wurden die Wirtschaftskommandos verteilt, zunächst 23, schließlich etwa 50 an der Zahl. Ihre Dislozierung sollte sich in etwa an den sowjetischen territorialen Verwaltungseinheiten, den Oblasten, und nicht an der Struktur der Militärverwaltung orientieren. Die Wirtschaftskommandos und ihre Außenstellen waren in fast allen größeren Städten des eroberten Gebietes präsent. Sie stellten die eigentlichen Ausführungsorgane der Ausbeutungspolitik[84].

Die Verbreitung der Wirtschaftsorganisation ging noch weiter. Bei jeder der zwölf Armeen arbeitete ein Verbindungsoffizier des Wirtschaftsrüstungsamtes (später Armeewirtschaftsführer), ebenso hatte jede Feldkommandantur eine Abteilung IV Wi. Am Ende der langen Befehlskette der Wirtschaftsorganisation stand der Landwirtschafts- oder auch La-Führer. Dieser war selbst dort präsent, wo sonst kaum ein Deutscher blieb, in den Kleinstädten und auf den Dörfern. Obwohl eigentlich für die Organisation der Landwirtschaft und die Erfassung von deren Produkten zuständig, übten sie auf dem Lande faktisch die Herrschaftsgewalt vor Ort aus, gelegentlich sogar als Ortskommandanten. Anfangs 3000, schließlich über 12000 La-Führer agierten über die ganzen besetzten Gebiete verstreut[85].

Gerade im Wirtschaftsbereich gesellten sich immer mehr Akteure zur Besatzungspolitik. Ab März 1942 intervenierte der neue Generalbevollmächtigte für den Arbeitseinsatz auch in den besetzten Gebieten. Deutsche Arbeitsämter schickten „Anwerbekommissionen" in den Osten, und natürlich fanden sich eine Reihe von „Einsatzfirmen", die in den besetzten Gebieten Gewinn zu machen hofften.

[82] Geb. 24.8.1880 Berlin, seit 1899 Armee, bis 1934 in der Polizei; 1937 reaktiviert; RüInsp. III, 30.11.1942 ausgeschieden; angebl. 1945 in sowjet. Kgf. gestorben, vgl. V. A. Lebedev, Kak Vermacht „inspektiroval" Ukrainu, in: Voenno-istoričeskij žurnal 1994, H. 2, S.73–78 (Vernehmung in sowjetischer Haft, 12.11.1945). Nachfolger ab 7.1.1942: Gen.maj. Gerhard von Nostitz-Wallwitz, geb. 31.12.1885 in Dresden, seit 1903 Armee, 1919 ausgeschieden, 1933 Wiedereintritt, 1938 RüInsp. XVIII, Keilig, Heer, Band 3, S.238, 328.
[83] Die deutsche Wirtschaftspolitik, S.10, 51f.
[84] Ebenda, S.34, 42ff.
[85] Ebenda, S.127ff.; BA-MA RH 22/225, Bl.115, Korpsbefehl Nr.58 Berück Mitte, 7.10.1941; als Einzelstudie vgl. Christian Gerlach über Axel de Vries: I responsabili degli stermini, le motevazioni e la politica d'occupazione: Il caso dell' occupazione tedesca in Bielorussia dal 1941 al 1944, in: L'umanita offesa: Stermini e memoria nell'Europa del Novecento. Hg. von Gustavo Corni, Gerhard Hirschfeld. Bologna 2003, S.137–162.

7. Personal

Ebenso wie die Wehrmacht insgesamt so war auch das Personal der militärischen Besatzung recht heterogen zusammengesetzt. Angesichts des streng hierarchischen Systems im Militär lassen sich jedoch für die Entscheidungsträger durchaus konkrete Aussagen treffen. Schon das Profil der Generalität in den rückwärtigen Gebieten hatte sehr spezifische Züge[86]. Waren es doch meist ältere Generäle oder hohe Offiziere, die eigens für den Dienst in der Besatzung reaktiviert wurden. Den Jahrgängen zwischen 1875 und 1888 entstammend, hatten sie schon im Ersten Weltkrieg als Offiziere meist an der Front gedient und waren oftmals Anfang der dreißiger Jahre aus dem aktiven Dienst ausgeschieden. Damit wiesen sie eine ähnliche Herkunft auf wie die Oberbefehlshaber[87], waren jedoch im Durchschnitt älter als die Frontgeneräle, also zwischen Ende 50 und Ende 60. Die politische Sozialisation war ohne Zweifel noch im Kaiserreich abgeschlossen worden und trotz der Zugehörigkeit zu Armeen unterschiedlicher deutscher Länder wohl homogen national-konservativ. Freilich traten einige von ihnen ab 1933 der NSDAP, vereinzelt sogar der SS bei. Anscheinend lassen sich diese auch als besondere Scharfmacher identifizieren[88].

Über die anderen Offiziere, die in den rückwärtigen Stäben oder als Ortskommandanten tätig waren, lassen sich nur wenige Aussagen treffen. Das Offizierskorps insgesamt erhielt durch seine enorme Ausdehnung im Krieg auf eine Viertelmillion Mann eine ziemlich amorphe Struktur. Schließlich bestand 80% dieses Personals nicht mehr aus Laufbahnoffizieren, sondern aus Reservisten. Während die Masse der Frontoffiziere, also besonders Leutnante und Oberleutnante, meist jüngeren Jahrgängen zuzurechnen sind, galt dies weniger für die Offiziere im Besatzungsapparat. Als Ortskommandanten fungierten durchweg Hauptmanns- oder Majorsränge, als Feldkommandanten oder Kommandanten von Kriegsgefangenenlagern Dienstgrade vom Oberstleutnant an aufwärts. Sie alle waren älter als Frontoffiziere, befanden sich meist schon im fünften Lebensjahrzehnt[89].

NSDAP-Mitgliedszahlen für die Offiziere in den rückwärtigen Gebieten sind bis jetzt noch nicht ermittelt worden. Stichproben für die Frontoffiziere schwanken zwischen 25 und 35%, also ein – im Vergleich zur erwachsenern Reichsbevölkerung – überdurchschnittlicher Satz, der zu einem erheblichen Teil den Reserveoffizieren zuzurechnen ist. Offensichtlich war die Generation der Frontoffiziere, also die Jahrgänge vor allem zwischen 1910 und 1915, weitaus stärker im Nationalsozialismus sozialisiert worden und zumeist erst nach der Aufnahmesperre bis 1937 eingetreten, was die politische Signifikanz dieses Schrittes allerdings deutlich

[86] Generalsränge hatten die Befehlshaber der rückwärtigen Heeresgebiete inne, die Kommandanten der rückwärtigen Armeegebiete, die Kommandeure der Sicherungsdivisionen und die meisten Feld- bzw. Oberfeld- und Standortkommandanten.
[87] Vgl. Hürter, Hitlers Heerführer.
[88] So Kurt Eberhard, vgl. Verbrechen der Wehrmacht, S. 161; Bechtolsheim: Hannes Heer, Gustav Freiherr von Mauchenheim, genannt Bechtolsheim – ein Wehrmachtsgeneral als Organisator des Holocaust, in: Karrieren der Gewalt. Nationalsozialistische Täterbiographien. Hg. von Klaus Michael Mallmann, Gerhard Paul. Darmstadt 2004, S. 33–46; Vortrag Timm Richter Hamburg März 2004.
[89] Schulte, German Army, S. 75. Vgl. demnächst das Projekt von Christian Hartmann.

112   III. Militärische Besatzung

relativiert[90]. Somit ist zu vermuten, dass die Offiziere der Militärverwaltung eher einen geringeren Grad an NS-Mitgliedschaften auswiesen. Generell hatte die Parteimitgliedschaft während des Wehrdienstes ohnehin zu ruhen, anders als die Gesinnung.

Auch die Unteroffiziere und Mannschaften, die in der militärischen Okkupation eingesetzt wurden, waren im Schnitt älter und weniger kriegstauglich als ihre Kameraden an der Front[91]. Da jedoch anscheinend nur in ganz geringem Maße politische Kriterien bei der Auswahl des Personals griffen, sind diese Männer zweifelsohne als repräsentativ für die männliche Bevölkerung des Reiches in ihrem Alter anzusehen, also mit durchaus unterschiedlichen weltanschaulichen Ausrichtungen, wenn auch hier der nationalsozialistische Diskurs dominierte. Zwar dürfte der Anteil der NSDAP-Mitglieder niedriger gelegen haben als bei den Offizieren, zahlreich waren jedoch Mitglieder der SA vertreten. Wegen des vorgerückten Alters dürften hingegen wohl vergleichsweise wenige ehemalige HJ-Angehörige, wie sie in den Fronttruppen vielfach zu finden waren, unter den Soldaten gewesen sein[92]. Amerikanische Analytiker, die massenhaft Verhörprotokolle gefangener deutscher Soldaten auswerteten, schätzten, dass selbst noch 1944 unter diesen 15% fanatische Nationalsozialisten zu finden seien. Diese hätten einen überaus starken Einfluss auf das Meinungsbild der ganzen Truppe[93].

Im Gegensatz zu den Fronttruppen war der personelle Wechsel im rückwärtigen Gebiet vergleichsweise gering. Die teilweise horrenden Verluste, die schon seit Juli 1941 die Einheiten in den vordersten Linien dezimierten, kamen durch Partisanenangriffe nicht zustande. Der Dienst im Hinterland war also im allgemeinen viel ungefährlicher. Dies änderte sich – in eingeschränktem Ausmaß – erst ab der zweiten Jahreshälfte 1942 und dann regional unterschiedlich, vor allem in den ausgesprochenen Partisanengebieten, also im Osten Weißrusslands und im Großraum Brjansk.

Die Sicherungsdivisionen bestanden in ihrer Mehrheit aus Landesschützeneinheiten. Deren Soldaten waren im Schnitt älter und physisch weniger belastbar, meist nur unzureichend ausgebildet. Die höheren Offiziere entstammten durchweg älteren Jahrgängen, vielfach Veteranen des Ersten Weltkrieges. Die Sicherungsdivisionen verfügten zudem nur über eine vergleichsweise geringe Personalstärke und eine schwache Bewaffnung. Deshalb nahm der Einsatz von Hilfswilligen in diesem Bereich relativ große Ausmaße an[94]. Ähnliches galt für die Kräfte der Korück, die sich vor allem auf Sicherungsbataillone stützten und von Fall zu Fall andere Einheiten unterstellt bekamen[95].

[90] Für einzelne Divisionen in Rass, Menschenmaterial, S.121ff.; Bartov, German Troops, S.49ff.
[91] Schulte, German Army, S.80ff.
[92] Vgl. Armin Nolzen, Die NSDAP, der Krieg und die deutsche Gesellschaft, in: DRWZ Band 9/1, S.99–193.
[93] Rafael A. Zagovec, Gespräche mit der „Volksgemeinschaft". Die deutsche Kriegsgesellschaft im Spiegel westalliierter Frontverhöre, in: DRZW Band 9/2, S.289–381, hier 344f. Dabei handelt es sich natürlich um keine repräsentativen Meinungsumfragen, wie wir sie heute kennen.
[94] Ausführlich: Arnold, Die Wehrmacht und die Besatzungspolitik, S.413ff.; Shepherd, War in the Wild East.
[95] Schulte, German Army, S.78ff.

Bei den im Hinterland eingesetzten Fronttruppen variierte die Personalstruktur deutlicher. Fallweise eingesetzte Verbände wie die 24. oder die 62. Infanterie-Division sind eher als durchschnittliche Fronttruppen anzusehen, während die – später berüchtigt gewordenen – 339. und 707. Infanterie-Divisionen vergleichsweise späten Aufstellungs-Wellen entstammten[96]. Zwar entsteht oberflächlich der Eindruck, dass die schwach und überaltert besetzten Verbände von der Besatzungssituation völlig überfordert waren und deshalb besonders zur Brutalität neigten. Wichtiger erscheint jedoch der jeweilige Einsatzraum und das Verhalten der Divisionsstäbe in diesem Zusammenhang.

Drei Personengruppen, die in der militärischen Besatzung eine besondere Position einnahmen, müssen hier separat erwähnt werden: die Militärverwaltungsbeamten, die Angehörigen der Geheimen Feldpolizei, teilweise auch der Feldgendarmerie, und die sogenannten Sonderführer. Sie alle agierten zwar in der Wehrmacht, hatten jedoch einen recht spezifischen Hintergrund, was Rekrutierung und Dienststellung angeht.

Die Kriegsverwaltungsbeamten, später: Militärverwaltungsbeamten waren tatsächlich die Verwalter des Landes unter Militärhoheit. Sie saßen in den Abteilungen VII (Landesverwaltung) der verschiedenen Heeresinstanzen, aber noch zahlreicher in der Wirtschaftsorganisation Ost. Dabei handelte es sich zumeist um abgeordnete Beamte aus der Verwaltung, teilweise auch Fachleute aus der Wirtschaft oder anderen Bereichen, die man in Heeresuniformen steckte. Allein aus der Innenverwaltung des Reiches und der Kommunen folgten fast 1 200 Männer ihrer Abordnung ins deutsch besetzte Europa[97]. Sie waren zwar weder Soldaten noch Wehrmachtbeamte, unterstanden aber voll der Wehrmacht[98]. Ihr Bildungsgrad überstieg den Durchschnitt deutlich; unter den Kriegsverwaltungsräten (und höheren Dienstgraden) fanden sich Doktoren haufenweise. In gewissem Sinne handelte es sich hier um Angehörige der deutschen Eliten. Einige Militärverwaltungsbeamte in anderen Besatzungen haben später regelrechte Berühmtheit erlangt, man denke etwa an Carlo Schmid[99].

Zur Altersstruktur liegen nur ganz fragmentarische Informationen vor, zumeist standen die Männer voll im Berufsleben, zwischen 35 und 50 Jahre alt. Sie erhielten eine militärische Grundausbildung, bevor sie in den Osten abrückten[100]. Die ideologische Durchdringung dürfte ähnlich gewesen sein wie in Innen- und Wirtschaftsverwaltung des Reiches, d.h. mit einem hohen Anteil an Parteigenossen, einer bedingungslosen Bereitschaft zur Erfüllung jedweder „Dienstpflichten", aber durchaus in gewisser persönlicher Distanz zum Nationalsozialis-

[96] Vgl. Truman O. Anderson, Die 62. Infanterie-Division, in: Vernichtungskrieg, S. 297–322, hier 301f.
[97] BA-MA RH 3/v. 153, Bl. 26, Aufstellung der aus der inneren Verwaltung hervorgegangenen Militärverwaltungsbeamten, [1944/45].
[98] Rudolf Absolon, Die Wehrmacht im Dritten Reich. Band 5. Boppard am Rhein 1988, S. 220f. Vgl. Hans Umbreit, Die deutsche Besatzungsverwaltung: Konzept und Typisierung, in: Michalka, Der Zweite Weltkrieg, S. 710–727, hier 714.
[99] Studie zu einem Militärverwaltungsbeamten (in der Besatzung Griechenlands): Wolfgang Breyer, Dr. Max Merten – ein Militärbeamter der deutschen Wehrmacht im Spannungsfeld zwischen Legende und Wahrheit. Diss. phil. Univ. Mannheim 2003.
[100] BA-MA RW 19/177, Bl. 212, OKW/WiRüAmt, Stab I/O, 8.9.1941.

mus[101]. Letzteres wird man von einigen Schlüsselfiguren allerdings kaum behaupten können, so insbesondere vom Leiter der Abteilung VII bei Berück Mitte, Hans Tesmer. Dieser war SS-Standartenführer und vor seinem Einsatz in Weißrussland Referent im Reichssicherheitshauptamt gewesen. Sein Stellvertreter und späterer Nachfolger hielt einen Rang als SS-Untersturmführer[102].

Eine besondere Struktur wies die Militärpolizei auf. Die Feldgendarmerie rekrutierte einen großen Teil ihres Personals aus der Ordnungspolizei, d. h. reguläre Schutzpolizisten oder Gendarmeriebeamte. Funktionsäquivalent bestand die Geheime Feldpolizei hingegen zumeist aus verpflichteten Gestapobeamten[103]. Damit waren sozusagen alle Polizeizweige in die Wehrmacht hineinverlegt worden, mit entsprechendem Hintergrund, ja oftmals mit Erfahrungen in der „Gegnerbekämpfung". Allein die Feldgendarmerie verfügte über größere „fremdvölkische" Einheiten.

Gesondert zu erwähnen sind auch die zahllosen „Sonderführer", die für den Ostfeldzug rekrutiert wurden. Dabei handelte es sich meist um fachlich besonders qualifizierte Funktionäre, die die Wehrmacht für Kriegführung und Besatzung brauchte, also Dolmetscher in Ostsprachen, Wissenschaftler mit Sowjetunion-Spezialisierung oder die Landwirtschaftsführer, letztere meist abgeordnete Funktionäre aus dem Reichsnährstand oder Freiwillige.

Ergibt sich somit auf den ersten Blick ein buntscheckiges Bild des Personals, so ist auf der anderen Seite doch auf die Haltungen und Logiken zu verweisen, die dieses Personal zusammenhielt und dem ganzen Besatzungsapparat eine derart durchschlagende Kraft verlieh. Selbstverständlich agierten Soldaten wie auch andere uniformierte Funktionäre im Rahmen fester Organisationen, waren den militärischen Hierarchien und Regelungen unterworfen. Bei aller Unterschiedlichkeit der Einstellungen im Einzelnen, stammten sie doch in ihrer überwiegenden Mehrheit aus der nazifizierten politischen Kultur des Deutschen Reiches Anfang der vierziger Jahre. Hier verschmolzen eigene Anschauungen mit beständiger Indoktrination, zumal in der Euphorie des schnellen Vormarsches und – bis 1943 – im Bewusstsein eigener Unbesiegbarkeit. Immer wieder ist der Zusammenhalt im Militärischen betont worden, also die Kohäsion gegenüber dem Feind, aber auch im damaligen nationalen Selbstverständnis und in der Kameraderie der Gruppe[104].

Man teilte ein Leben fernab der Heimat, ja für viele war dies die erste größere „Reise". Zugleich fühlte man sich in einem fremden bedrohlichen Umfeld, sei es gegenüber den zivilisatorischen Zuständen im Osten, sei es gegenüber einer undurchschaubaren Bevölkerung und der vermeintlich allgegenwärtigen Partisanengefahr. Im Hinterland kristallisierte sich eine Mischung aus pseudokolonialem

[101] Beispielhaft: Michael Ruck, Korpsgeist und Staatsbewußtsein. Beamte im deutschen Südwesten 1928-1972. München 1996, S. 216ff., 260ff., 304f. Bei den Geburtsjahrgängen 1890–1909 der höheren Beamten der Innenverwaltung in Südwestdeutschland fand Ruck ca. 85% Parteigenossen, NSDAP-Eintritt von allen ca. 15% vor 1933 und ca. 40% 1933. Als NS-Aktivisten schätzte er ca. 30% der Beamten ein.
[102] Gerlach, Kalkulierte Morde, S. 136; Michael Wildt, Generation des Unbedingten. Das Führungskorps des Reichssicherheitshauptamtes. Hamburg 2002, S. 944.
[103] Vgl. Paul B. Brown, The Senior Leadership Cadre of the Geheime Feldpolizei, 1939-1945, in: Holocaust and Genocide Studies 17 (2003), S. 278-304.
[104] Dazu v. a. Kühne, Kameradschaft, bes. S. 140ff.

Leben und unterschwelliger Angst. Gerade in der Sowjetunion veränderten sich – noch mehr als in Polen – die moralischen Koordinaten des Personals, das sich immer weiter von den Umgangsformen im Reich oder etwa im besetzten Frankreich entfernte. Im Ostkrieg blieb die Gewalt dauernd präsent, sei es auf dem Kriegsschauplatz, sei es im Anti-Partisanenkrieg oder in der alltäglichen Unterdrückung und Ausbeutung der Bevölkerung. Dieser Zusammenhalt entwickelte sich ganz ähnlich auch bei den verbündeten Truppen bzw. bei deren Militärverwaltung.

Unterschiede zum SS- und Polizeipersonal sind deutlich erkennbar. In den Kernbereichen existierte bei letzterem eine homogene Rekrutierungspolitik, die Extremisten, die in der Wehrmacht von Fall zu Fall an den entscheidenden Stellen zu finden waren, dominierten bei SS und Polizei durchweg. Einheitliche Personalpolitik war in der Wehrmacht schon deshalb ein Ding der Unmöglichkeit, weil der Personalbedarf weit höher lag. Bei SS und Polizei definierte sich der Zusammenhalt stärker im Ideologischen. Die Aufgabenstellung lag weniger in der militärischen Auseinandersetzung als unter weltanschaulichen Prioritäten. Lediglich bei der Waffen-SS rückte letzteres in den Vordergrund. Freilich zeigt die Tätigkeit von zwei der drei SS-Brigaden, dass man problemlos zwischen Massenmord und Kampfeinsatz hin- und herwechseln konnte. Die SS führte tatsächlich einen Lebensraumkrieg, der ohne jede Rücksichtnahme auf die Bevölkerung zu führen war und Massenmorde von vornherein als probates Mittel sah. Widerstände gegen die Ermordung der Juden sind hier kaum erkennbar. Somit lässt sich der SS- und Polizeiapparat im Kern als nationalsozialistisch charakterisieren, die Wehrmacht hingegen – soweit solche Urteile überhaupt möglich sind – als nationalistisch, wenn auch freilich mit einem nicht unerheblichen Anteil an fanatischen Anhängern des Nationalsozialismus.

Die gesamte Personalstärke der militärischen Besatzung lässt sich nicht präzise feststellen. Zunächst ergibt sich das Problem, welche Einheiten diesem Terminus zugerechnet werden. Den Befehlshabern waren oft Truppen mit riesigen Verpflegungsstärken zugeordnet, aber nicht militärisch unterstellt. Auf der anderen Seite wurden viele Fronteinheiten zur Auffrischung aus den vordersten Linien herausgezogen und waren dann in der Besatzung im rückwärtigen Armeegebiet tätig.

Anfangs blieben die Sicherungstruppen zahlenmäßig sehr beschränkt, im Juni 1941 etwa 50000–60000 Mann[105]. Für die Expansionsphase der militärischen Besatzung bis Sommer 1942 kann man davon ausgehen, dass etwa 20000 Mann in der Militärverwaltung selbst aktiv waren und dass jedem Berück 30000 bis 50000 und jedem Korück ca. 5000 bis 10000 Mann Sicherungstruppen zur Verfügung standen, d.h. insgesamt über 200000 Mann[106]. Darunter befand sich, insbesondere ab Mitte 1942, ein erheblicher Anteil von einheimischen Hilfskräften. Hinzuzurechnen sind die ausländischen Sicherungsverbände, vor allem solche der ungarischen

[105] Vgl. BA-MA RW 19/739, Bl. 278–280, WiRüAmt, ChdSt., 10.5.1941.
[106] Zum 1.7.1942 werden 212000 Mann für die „besetzten Ostgebiete" angegeben, es ist aber unklar, was darunter zu verstehen ist, KTB OKW II/1, S. 52 (Einleitung, Bezug auf GenStdH/Org.abt. (I) Nr. 908/42 g.Kdos. Chefs. vom 8.8.1942). Auch Soviet Partisans in World War II. Hg. von John A. Armstrong. Madison, Wisc. 1964, S. 37, schätzt den Umfang der Sicherungstruppen für 1943/44 auf 200000 bis 250000 Mann.

Armee. Nach den ersten Rückzügen schrumpfte die Personalstärke der Sicherungstruppen bis Herbst 1943. Etwa zum Zeitpunkt der Auflösung der reinen Militärverwaltung zählte man 96 000 Mann Sicherungstruppen, 19 400 Verwaltungstruppen, 5 000 Feldgendarmen und 7 500 Mann in den Kommandanturen[107]. Nicht gerechnet ist hier das Personal der Wirtschaftsorganisation Ost mit etwa 20 000 Angehörigen und das der Geheimen Feldpolizei mit etwa 3 000 Mann[108]. In allen Bereichen waren fast durchweg ausschließlich Männer eingesetzt. Der Einsatz von deutschen Frauen, etwa als Stenotypistinnen der Militärverwaltung, wurde erwogen, aber anscheinend kaum realisiert[109]. Unter dem einheimischen Hilfspersonal befanden sich jedoch zahlreiche Frauen[110]. Kaum mehr klären lässt sich die regionale Herkunft der Besatzungsfunktionäre. Sie dürfte im großen und ganzen repräsentativ für das Deutsche Reich gewesen sein, d. h. inklusive Österreichern und Sudetendeutschen. Lediglich bei den Sicherungsverbänden kann man – wegen des landsmannschaftlichen Rekrutierungsprinzips – die Herkunft genauer eingrenzen. Sie kamen zumeist aus Nord- und Ostdeutschland, vorzugsweise aus den Wehrkreisen II (Stettin), III (Berlin), IV (Dresden) und VIII (Breslau); nur die 444. Sicherungsdivision und die im rückwärtigen Gebiet eingesetzte 707. Infanteriedivision stammten aus Süddeutschland. Österreichische Verbände spielten hier offensichtlich kaum eine Rolle, sie wurden stattdessen bevorzugt im besetzten Jugoslawien stationiert. Ähnliches galt anscheinend auch für die Generalität im Besatzungsregime[111]. Nicht unerheblich erscheint die Rolle der Baltendeutschen im Besatzungsapparat. Im zivilen Bereich des Reichsministeriums ist die „baltendeutsche Mafia" eindeutig zu identifizieren, weniger in der militärischen Besatzung. Doch dürfte „Osterfahrung" eine erhebliche Rolle bei den Freiwilligenmeldungen oder bei der Rekrutierung gerade von Militärverwaltungsbeamten oder Sonderführern gespielt haben. Schließlich benötigte man Dolmetscher in großer Zahl[112].

Blickt man also auf die Gesamtheit des militärischen Besatzungspersonals, so wird man nur wenige Spezifika feststellen können. In der überwiegenden Mehrheit handelte es sich um durchschnittliche deutsche Männer.

[107] Burkhart Müller-Hillebrand, Das Heer 1933–1945. Entwicklung des organisatorischen Aufbaus, Frankfurt a. M. 1969, S. 217; zur Verteilung vgl. Hartmann, Verbrecherischer Krieg, S. 7–9.
[108] Die deutsche Wirtschaftspolitik, S. 2 (Oktober 1942); insgesamt waren etwa 40 GFP-Gruppen eingesetzt, die ihre Sollstärke von je 103 Mann aber nicht erreichten und auch nicht alle dauerhaft im Osten tätig waren; vgl. Geßner, Geheime Feldpolizei, S. 80.
[109] IfZ MA 911, fr. 150, Korück 531 an OKH, 8. 10. 1942.
[110] Vgl. das Tagebuch der Angestellten eines Wirtschaftskommandos: Elena Skrjabina, After Leningrad. From the Caucasus to the Rhine, August 9, 1942 – March 25, 1945. A diary of survival during World War II. Carbondale u. a. 1978, S. 37ff.
[111] Vgl. Walter Manoschek, Hans Safrian, Österreicher in der Wehrmacht, in: NS-Herrschaft in Österreich. Ein Handbuch. Hg. von Emmerich Tálos u. a. Wien 2001, S. 125–158, hier 137ff. Vgl. demnächst die Studie von Christian Hartmann zur 45. ID, die aus Österreich kam. Gen. lt. Erich Hoffmann, Kdr. der 207. Sich.Div., und Gen.lt. Adalbert Mikulicz, Kdr. der 444. Sich. Div., sowie einige Feldkommandanten stammten aus Österreich.
[112] Vgl. Deutschbalten, Weimarer Republik und „Drittes Reich". Hg. von Michael Garleff. 2 Bde. Köln 2001/2.

IV. Die Bevölkerung im Westteil der Sowjetunion

Erheblich weniger wissen wir über die andere Seite der Besatzung, die Einheimischen. Die Bevölkerung der Sowjetunion war 1941 ihrem Umfang nach doppelt so groß wie die des Altreiches; immerhin etwa jeder dritte Einwohner geriet unter deutsche Herrschaft. Dies galt ohnehin für alle, die erst 1939/40 – in Ostpolen, im Baltikum, in Bessarabien/Bukowina – Opfer der stalinistischen Besatzung wurden und anschließend die sowjetische Staatsbürgerschaft übernehmen mussten. In der wissenschaftlichen Literatur über die deutsche Besatzung stellt sich die einheimische Bevölkerung zumeist als amorphe Masse dar, von der man höchstens impressionistische Eindrücke gewinnen kann. Tatsächlich erstreckte sich die befristete deutsche Herrschaft über eine Bevölkerung, die sich nicht nur zahlenmäßig, sondern auch in ihrer Komplexität durchaus mit der deutschen Gesellschaft vergleichen lässt. Auch die folgenden Ausführungen müssen sich darauf beschränken, die Einwohnerschaft, wie sie sich im Sommer 1941 darstellte, in Umrissen zu beschreiben. Obwohl nahezu alle Einwohner der besetzten Gebiete für eine begrenzte Zeit unter deutscher Militärherrschaft lebten, soll dabei der Schwerpunkt auf die dauerhaft von der Wehrmacht verwalteten Räume, also Ostweißrussland, die östlichsten Teile der Ukraine und die besetzten Territorien der RSFSR, gelegt werden.

1. Struktur

Die Mehrheit dieser Bevölkerung lebte 1941 auf dem Lande. Größere Städte befanden sich vor allem im Westen, wie im Baltikum und im Westen von Weißrussland und der Ukraine. Riga, Wilna und Lemberg verblieben jedoch nur wenige Wochen unter Hoheit der Wehrmacht, Minsk, Kiew und Odessa ebenso, wenn sie auch etwas später erobert wurden. Nur wenige sowjetische Metropolen gerieten für längere Zeit unter Militärverwaltung, so besonders Charkow, Krasnodar, Stalino und Rostow.

Die ländliche Bevölkerung musste fast durchweg in den Kolchosen, manchmal in Sowchosen, leben und wirtschaften. Während die Vollkollektivierung, die Ende 1929 eingesetzt hatte, in den altsowjetischen Gebieten längst abgeschlossen war, befand sie sich im Frühjahr 1941 in den annektierten Gebieten Ostpolens und des Baltikums noch im Gange. Das gewaltsame stalinistische Vorgehen gegen die Bauern, vor allem gegen die größeren Höfe, war 1941 noch frisch im Gedächtnis. In den Kolchosen mussten die Bauern ein kümmerliches Dasein fristen, das vom jährlichen Ernteertrag und der staatlichen Landwirtschaftspolitik abhing. Die Reisemöglichkeiten der Landbevölkerung waren seit der Einführung des Pass-Systems 1933 fast völlig eingeschränkt worden, die Bauern zu Bürgern zweiter Klasse gemacht worden. Trotz der Kollektivierung war die traditionelle bäuerliche Lebenswelt noch nicht völlig zerschlagen. So hat sich insbesondere die Religiosität gerade auf dem Land noch erhalten[1].

Der brutalste Einschnitt im ländlichen Leben vor 1941 lag gerade acht Jahre zurück: Die Hungerkatastrophe im Süden der Sowjetunion, die 1931 bis 1934 Millionen Opfer gekostet hatte. Vor allem die ländliche Bevölkerung in den zentralen, südlichen und östlichen Gebieten der Ukraine, also die Oblaste Kiew, Poltawa, Charkow und Cherson, aber auch im Kuban-Gebiet hatte furchtbar gelitten, manche Dörfer waren komplett ausgelöscht worden; auf dem Land lebte in diesen Regionen kaum jemand, der nicht Hungertote in der Verwandtschaft zu beklagen hatte. Nicht wenige ukrainische Bauern setzten 1933 ihre letzte verzweifelte Hoffnung daran, dass Polen oder Deutschland die Sowjetunion angreifen und sie damit retten würde[2]. Gerade die Gebiete, die von der Hungerkatastrophe heimgesucht worden waren, standen dann ab September 1941 bzw. August 1942 zeitweise unter deutscher Militärverwaltung.

In der deutschen Besatzungspolitik wurde oft eine strenge Unterscheidung zwischen städtischer und ländlicher Bevölkerung getroffen, insbesondere bei der Ernährung. Tatsächlich hatten die Besatzer – wie meist im Blick auf die Einwohner – aber keine Ahnung, wer denn in den urbanen Zentren eigentlich lebte. Die sowjetischen Städte waren nämlich in den zwanziger und dreißiger Jahren enorm expandiert, und das hieß: Ein Großteil der Stadtbewohner hatte noch kurz zuvor als Bauern gegolten. Charkow verdoppelte seine Einwohnerzahl zwischen 1926 und 1939 von 417000 auf 833000, Dnepropetrovsk gar von 233000 auf 500000[3]! So entwickelte sich nicht nur ein beständiges Wohnungsproblem, die Menschen vom Lande brachten auch ihre traditionelle Mentalität in die Stadt mit. Viele dieser Stadtbewohner betätigten sich als „Nebenerwerbslandwirt" oder pendelten weiter zu ihrem Dorf, nach Ablauf des Berufslebens kehrten sie oftmals an ihren Herkunftsort zurück. In der Ukraine wirkte dies, im Kontext der Ethnisierungspolitik der zwanziger Jahre, sogar „entrussifizierend" auf die Städte. Die Evakuierungen vor dem deutschen Einmarsch verstärkten diesen Trend noch, weil dabei vorzugsweise Russen abtransportiert wurden. So stieg der Anteil der Ukrainer an der Bevölkerung in Charkow von 38% im Jahre 1925 auf fast 69% im Herbst 1942[4].

Die städtische Bevölkerung war also relativ instabil und recht unterschiedlich ausgerichtet, was die Unterstützung der Bolschewiki oder die Religiosität anging. Zu dieser Instabilität trug natürlich auch der stalinistische Terror bei, dessen extremste Formen die Städte später erreichten als das Land. Von der landesweiten Mordkampagne der Jahre 1937 bis 1939 waren beide gleichermaßen betroffen.

---

[1] Sarah Davies, Popular Opinion in Stalin's Russia. Terror, Propaganda and Dissent, 1934–1941. Cambridge 1997, S.74ff.

[2] Vgl. Stephan Merl, Bauern unter Stalin. Die Formierung des sowjetischen Kolchossystems 1930–1941. Berlin 1990; Holod 1932–1933 rokiv v Ukraini. Pryčyny ta naslidky. Red. Valerij Andrijovyč Smolij u.a. Kyïv 2003, S.509ff.; Timothy Snyder, Sketches from a Secret War. A Polish Artist's Mission to Liberate Soviet Ukraine. New Haven 2006, S.110.

[3] John A. Armstrong, Ukrainian Nationalism 1939–1945. 3. Aufl. New York 1990, S.243.

[4] Vgl. George O. Liber, Soviet Nationality, Policy, Urban Growth, and Identity Change in the Ukrainian SSR 1923–1934. Cambridge u.a. 1992, S.107ff.; YVA M 37/330 (CDAHO 1-30-21), Bericht NKVD Ukraine an Chruščev, Mai 1943.

Nach neueren Erkenntnissen kann man davon ausgehen, dass 1937/38 etwa 300000 Menschen in dem Gebiet, das Jahre später unter deutsche Besatzung kam, den Tod im „Großen Terror" gefunden hatten. Eine erheblich größere Zahl von Menschen war zeitweise inhaftiert und den Foltermethoden des NKVD ausgesetzt worden[5]. Besonders die polnische Minderheit, die im Westen der Sowjetunion lebte, wurde einem kollektiven Verdacht ausgesetzt und hatte überdurchschnittlich schwer zu leiden. Etwa 70000 Personen polnischer Herkunft wurden während des „Großen Terrors" im Westen der Sowjetunion erschossen. Aber auch in die Reihen der Sowjetdeutschen rissen der Kollektivierungsterror, der Massenhunger und die Verfolgungen ab 1937 große Lücken. Um die 50000 Sowjetdeutsche wurden 1937/38 ermordet, zum allergrößten Teil stammten sie aus den westlichen Gebieten[6].

Während die Massenmorde und Deportationen vor Kriegsbeginn 1939 zunächst etwas abflauten, blieb die alltägliche Angst erhalten. So wurden weiterhin Menschen durch Wirtschaftsgesetze kriminalisiert, sei es wegen Kleindiebstählen auf dem Kolchos oder auf der Basis der brutalen Arbeitsstrafgesetze des Jahres 1940. Jedes Jahr wurden über drei Millionen Bürger, d.h. etwa 2% der Bevölkerung, von Gerichten verurteilt[7]. Die Massenverfolgungen richteten sich ab September 1939 verschärft gegen die Einwohner der neu besetzten Gebiete, jenen Gürtel von Estland im Norden bis nach Bessarabien im Süden. Im Anschluss an die Annexionen der Jahre 1939/40 spielte sich quasi im Zeitraffer eine ähnliche Entwicklung ab, wie es sie vorher auf alt-sowjetischem Territorium gegeben hatte. Das NKVD verhaftete potentielle Gegner des neuen Sowjetregimes, allein in Ostpolen etwa 110000–130000 Menschen, mindestens 15000 im Baltikum. 21000 dieser Häftlinge saßen im Sommer 1941 noch in westlich gelegenen NKVD-Gefängnissen, als die Wehrmacht mit ihrem Einmarsch begann[8]. 380000–390000 Personen wurden aus den sowjetisch annektierten Gebieten in mehreren Wellen ins Innere des Landes deportiert, weitere zur Arbeit zwangsverpflichtet, etwa in den Osten Weißrusslands oder im Kohlerevier des Donbass[9].

Bezieht man die Familienangehörigen mit ein, so waren mindestens 10% der Bevölkerung direkt oder indirekt von stalinistischen Verfolgungen und noch weit mehr vom Massenhunger betroffen. Doch die Wirkung ging noch darüber hinaus. Die vorangegangenen Jahre stalinistischer Herrschaft hatten eine moralische Wüste an Verfolgungserfahrung hinterlassen. Am härtesten hatte es die Bauern getroffen, die in der Sowjetunion weitgehend ausgeplündert und entrechtet worden waren. Mit Massenerschießungen und Deportationen hatte man diese Gebiete, insbesondere den 1939/40 annektierten Westen, meist der Eliten beraubt. So nimmt es nicht Wunder, dass die deutschen Truppen 1941 vielerorts als Befreier begrüßt wurden.

---

[5] Vgl. Istorija stalinskogo Gulaga. Band 1. Red. N. Vert, S. V. Mironenko. Moskva 2004 (proportionale Hochrechnung der Gesamtstatistiken für die später besetzten Gebiete).
[6] Repressii protiv poljakov i pol'skich graždan. Hg. von A.E. Gurianov. Moskva 1997, S.35ff.
[7] Istorija stalinskogo Gulaga, Band 1, S.611.
[8] Edwin Bacon, The Gulag at War. Stalin's Forced Labor System in the Light of the Archives. London 1994, S.91.
[9] Pavel Poljan, Ne po svoej vole... Istorija i geografija prinuditel'nych migracij v SSSR. Moskva 2001, S.102.

Dennoch gilt es, nicht nur die Leidenserfahrung der Bevölkerung zu berücksichtigen, sondern auch andere mentale Muster, die dann auch unter deutscher Herrschaft Wirkung entfalteten. So hatte sich die Sowjetunion zum Hort einer pausenlos tönenden Propaganda entwickelt. Gleichzeitig sorgte die weitgehende Alphabetisierung für einen Hunger nach Druckerzeugnissen. Die neuen Publikationen, die die deutsche Besatzungsmacht verbreitete, wurden begierig aufgenommen. Für jede Art von Information war man dankbar.

Die Gesellschaft der Sowjetunion war zum Zeitpunkt des deutschen Einmarsches keineswegs „stillgestellt". Zwar konnten die Massenproteste, die sich der Kollektivierung entgegenstellten, bis 1934 vom Sowjetregime brutal unterdrückt werden. Doch flammten gerade nach Beginn des Zweiten Weltkrieges wieder nationale Unruhen auf. In Tschetschenien führte das NKVD seit 1940 wieder einen Guerillakrieg gegen einheimische Aufständische, der sich bedeutend zuspitzte, nachdem sich die Nachricht vom deutschen Angriff verbreitet hatte[10].

Überhaupt bedeutete der Eintritt der Sowjetunion in den Krieg am 17. September 1939 einen Einschnitt auch für die sowjetische Bevölkerung. Die Abfolge der kriegerischen Operationen, von der Besetzung Ostpolens über den Finnlandkrieg und die anderen Annexionen, wirkte sich deutlich negativ auf das Leben aus. Junge Männer wurden nun in erhöhtem Maße zur Roten Armee einberufen. Gleichzeitig verschlechterte sich die Versorgung mit Lebensmitteln wieder, nachdem man sich von der Katastrophe Anfang der 30er Jahre mühsam erholt hatte. Die Krise des Agrarmarktes, die 1936/37 einsetzte, verschärfte sich nun. Mangelerscheinungen waren in manchen Gebieten also schon vor dem deutschen Einmarsch präsent. Allem Anschein nach ging ab 1939 sogar die Geburtenrate in der Sowjetunion zurück[11].

Am wenigsten von den Einschränkungen der Kriegszeit betroffen waren die Staats- und Parteifunktionäre. Ein erheblicher Teil der 2,5 Mio. Mitglieder und 1,4 Mio. Kandidaten der KPdSU lebte westlich von Moskau. Trägt man jedoch der Tatsache Rechnung, dass gerade in der Ukraine, in Weißrussland und natürlich in den 1940 annektierten Gebieten die Mitgliedschaft unterdurchschnittlich ausgeprägt blieb, so lässt sich schätzen, dass etwa 700000–800000 KP-Mitglieder Anfang 1941 in den Territorien wohnten, die dann später von der Wehrmacht besetzt wurden. Da diese Personen jedoch bevorzugt evakuiert oder zur Roten Armee eingezogen wurden, trafen die deutschen Truppen sie nur noch in begrenzter Zahl an. Immerhin muss es sich immer noch um mehrere Hunderttausend Kommunisten gehandelt haben; in der Ukraine gelangte eine interne KP-Untersuchung zu dem Schluss, dass 113000 Angehörige der Staatspartei oder ihrer Massenorganisationen unter deutsche Herrschaft in diesem Gebiet fielen. Allein unter den 1945 aus Deutschland repatriierten „Ostarbeitern" befanden sich mindestens 28000

10 Vgl. Alexander Statiev, The Nature of Anti-Soviet Armed Resistance, 1942–44. The North Caucasus, the Kalmyk Autonomous Republic, and Crimea, in: Kritika 6 (2005), S. 285–318; Jeffrey Burds, The Soviet War Against „Fifth Columnists": The Case of Chechnya, 1942–1944, in: Journal of Contemporary History 42 (2007), S. 267–314.
11 Elena Osokina, Za fasadom „stalinskogo izobilija". Raspredelenie i rynok v snabženii naselenija v gody industrializacii, 1927–1941. Moskva 1998, S. 206ff.

KP- und 133 000 Komsomol-Mitglieder[12]. Die Dichte der unter deutscher Herrschaft verbliebenen Kommunisten nahm von West nach Ost deutlich ab. Beispielsweise in der Oblast' Smolensk, vergleichsweise spät erobert, sollen nur 8 000 der 32 000 Kommunisten zurückgeblieben sein[13].

Die Kommunisten waren vor allem in den Städten verankert, insbesondere solchen mit ausgeprägter industrieller oder gewerblicher Wirtschaft. Der latente Antikommunismus herrschte hingegen vor allem in den 1940 annektierten Räumen, aber auch allgemein auf dem Lande vor, so besonders in der Ukraine. Er richtete sich sowohl gegen das stalinistische System mit seinen Gewalt- und Enteignungsmaßnahmen als auch gegen den Import von Funktionären aus der alten Sowjetunion. Ein Indikator für die Virulenz des Antikommunismus ist das Auftreten der Untergrundbewegungen, die sich 1940 entlang der neuen sowjetischen Westgrenze formierten, vor allem in Lettland und Litauen, aber auch in der Westukraine und in Bessarabien. Die polnische Untergrundbewegung versuchte in alten polnischen Ostgebieten Untergrundzellen einzurichten. Wegen der brachialen Verfolgungsaktionen seitens der sowjetischen Geheimpolizei, die sich vor allem gegen das soziale Umfeld möglicher Opposition richteten, kam man aber über Ansätze kaum hinaus[14].

Zum Antikommunismus gesellte sich in vielen Regionen auch ein spezifischer Antisemitismus in der Bevölkerung. Dies galt nicht nur für die annektierten Gebiete, die im Frühjahr und Sommer 1941 als Hochburgen antijüdischer Einstellungen gelten müssen[15]. Auch innerhalb der ursprünglichen Grenzen der Sowjetunion war der Judenhass keine seltene Erscheinung. In erster Linie nährte er sich an der Identifizierung von Juden mit dem kommunistischen System. Doch ähnlich wie in ganz Europa wirkten auch in der Sowjetunion traditionelle antikapitalistische Elemente in die Judenfeindschaft hinein, eigentlich wenig verwunderlich im Sowjetstaat, obwohl dieser 1931 eine explizite Kampagne gegen den Antisemitismus gestartet hatte. Traditionell hielten sich antisemitische Stimmungen beispielsweise im Donezbecken, wo sie schon vor dem Ersten Weltkrieg zum Ausbruch gekommen waren[16]. Die andauernde Heraufbeschwörung der Kriegsgefahr, die die stalinistische Propaganda betrieb, wirkte auf die jüdische Minderheit durchaus

---

[12] Ukraïna u Druhij svitovij vijni. Von V. I. Kučer u.a. Kyïv 2003, S. 380; Pavel Poljan, Žertvy dvuch diktatur. Žizn', trud, uniženie i smert' sovetskich voennoplennych i ostarbajterov na čužbine i na rodine. 2. erw. Aufl., Moskva 2002, S. 528.
[13] Die offizielle Gesamtzahl der KP-Mitglieder sank 1941/42 um 335 000 Personen, die der Kandidaten sogar um 470 000. Darunter sind jedoch sicher auch Armeeverluste zu rechnen. Rigby, Communist Party Membership, S. 52, 261, 503. In der Ukraine wurden 1940 521 000 Mitglieder und Kandidaten der KP(b)U gezählt, John A. Armstrong, The Soviet Bureaucratic Elite. A Case Study of the Ukrainian Apparatus. New York 1959, S. 135.
[14] Vgl. The Anti-Soviet Resistance in the Baltic States. Hg. von Arvydas Anušauskas, Vilnius 1999.
[15] Vgl. Marek Wierzbicki, Polacy i Żydzi w zaborze sowieckim. Stosunki polsko-żydowskie na ziemiach północno-wschodnich II RP pod okupacja sowiecka (1939–1941). Warszawa 2001, S. 180ff.
[16] Davies, Popular Opinion in Stalin's Russia, S. 85ff.; Daniel Romanovsky, The Soviet Person as a Bystander of the Holocaust: The Case of Eastern Belorussia, in: Nazi Europe and the Final Solution. Hg. von David Bankier, Israel Gutman. Jerusalem 2003, S. 275–306; Matthias Vetter, Antisemiten und Bolschewiki. Zum Verhältnis von Sowjetsystem und Judenfeindschaft 1917–1939. Berlin 1995, S. 171ff.; Hiroaki Kuromiya, Freedom and Terror in the Donbas. An Ukrainian-Russian Borderland. Cambridge 1998, S. 43ff.

beängstigend. Sie fürchtete nicht so sehr einen deutschen Angriff als vielmehr den Ausbruch von Pogromen, wie die Erfahrung der Jahre von 1914 bis 1921 gelehrt hatte[17].

2. Evakuierung

Obwohl es bereits vor dem 22. Juni an geheimen Warnungen vor einem deutschen Angriff nicht gefehlt hatte, schienen sowohl die sowjetische Führung als auch die Einwohner weitgehend überrascht zu sein. Anscheinend gab es nur wenige Vorkehrungen für die Evakuierung von Teilen der Bevölkerung. Erst am 7. Juni, nach den Warnungen des sowjetischen Generalstabs, wurde mit der Ausarbeitung von entsprechenden Plänen begonnen[18]. Hinzu kam, dass im Zeichen des Bündnisses mit Deutschland die Kritik am Nationalsozialismus, wie sie noch in den dreißiger Jahren überwogen hatte, aus den sowjetischen Medien verschwunden war. Somit konnte man nur über informelle Kanäle, etwa durch Briefwechsel, Kenntnisse vom Charakter der deutschen Gewaltherrschaft in Polen erlangen. Dies galt insbesondere für Ostpolen, wohin 1939/40 zahlreiche Einwohner, vor allem Juden, aus dem deutsch besetzten Gebiet flüchteten. Von diesen wiederum verschwanden die meisten bei den sowjetischen Deportationen bis Frühjahr 1941[19].

So verliefen die sowjetischen Evakuierungsmaßnahmen zunächst völlig überstürzt, in den Westgebieten chaotisch. Nach den offiziellen Anordnungen sollten zunächst vor allem hohe Funktionäre aus Partei, Staat, NKVD und Armee – samt ihren Familien – evakuiert werden, dann vor allem Facharbeiter mit der Familie und dem ganzen Betrieb und schließlich Kinder unter 15 Jahre. Darüber hinaus konnten die regionalen Verwaltungen über weitere Evakuierungen entscheiden. Erst im Laufe des Juli gelang erstmals der organisierte Abtransport ganzer Bevölkerungsteile. Entscheidend für das Ausmaß der Evakuierungen war natürlich die Schnelligkeit des deutschen Vormarsches. Aus den Gebieten, die sich bereits Ende Juni unter deutscher Kontrolle befanden, konnten etwa 10% der Stadtbevölkerung flüchten oder einen organisierten Transport erreichen. In bis Mitte Juli eroberten Territorien gelang etwa 20% der urbanen Einwohner die Flucht. Man nimmt an, dass etwa 8,5–9,5 Mio. Personen unter staatlicher Ägide weiter nach Osten transportiert wurden; über die individuelle Flucht existieren keine Gesamtzahlen[20]. Präzisere Daten liegen für einzelne Großstädte vor, wo ein Vergleich zwischen der Einwohnerzahl am 22. Juni und nach deutscher Besetzung möglich ist: In Lemberg und Wilna nahm der Umfang der Bevölkerung kaum ab, Minsk verlor etwa ein Drittel, in Kiew und Dnepropetrovsk halbierten sich die Einwohnerzahlen nahezu. Besonders in den Gebieten weiter ostwärts, die dauerhaft unter

---

[17] Arkadij Zel'cer, Evrei sovetskoj provincii: Vitebsk i mestečki 1917–1941. Moskva 2006, S. 327.
[18] Wadim Dubson, On the Problem of Evacuation of the Soviet Jews in 1941 (New Archival Sources), in: Jews in Eastern Europe 40 (1999), H. 3, S. 37–55, hier 39f.
[19] Vgl. Ben-Cion Pinchuk, Soviet Media on the Fate of Jews in Nazi-Occupied Territory (1939–1941), in: Yad Vashem Studies 11 (1976), S. 221–233; Ukraïna u Druhij svitovij vijni, S. 278, mit Informationen aus der NKVD-Briefzensur.
[20] Dubson, On the Problem of Evacuation, S. 51ff. Darin sind auch Evakuierungen aus Leningrad und Moskau enthalten.

Militärverwaltung bleiben sollten, hatte sich die städtische Einwohnerschaft deutlich reduziert, so in Charkow und Bobrujsk etwa auf die Hälfte, im schwer beschädigten Gomel auf ein Drittel, im völlig zerstörten Smolensk sogar auf etwa ein Viertel[21]. In Novgorod und Pskov im Norden blieb zunächst überhaupt nur jeder achte Bürger anwesend[22]. Lediglich in den südrussischen Großstädten, die erst 1942 erobert wurden, fiel der Rückgang nicht ganz so drastisch aus. Offensichtlich hatte die sowjetische Führung nicht mit diesem erneuten Eroberungszug gerechnet. In Rostov verblieben etwa 300000 der einst 500000 Einwohner, in Taganrog immerhin 150000 von 180000[23]. Teilweise gehen diese zahlenmäßigen Reduzierungen natürlich auch auf die Rekrutierung junger Männer zur Roten Armee zurück. Ein erheblicher Teil der Einwohner verließ kurz vor dem deutschen Einmarsch die Stadt in Richtung Umland oder zu Verwandten, um dann nach einigen Tagen oder Wochen wieder zurückzukehren. So stiegen die Bevölkerungszahlen dann noch einmal kurzfristig an. Auf dem Land, wo die Mehrheit der Bevölkerung lebte, kam es hingegen weniger zu Evakuierungen, sieht man einmal vom führenden Staats- und Parteipersonal ab. Hier lässt sich der Bevölkerungsverlust, der bisweilen immer noch bei etwa 15% lag, weitgehend auf die Einziehung junger Männer zur Armee zurückführen[24].

Nach dem Angriff der Wehrmacht begann die Sowjetführung damit, Angehörige der deutschen Minderheit zwangsweise zu deportieren. Diese wurden pauschal als „fünfte Kolonne" stigmatisiert und sollten dem Zugriff NS-Deutschlands entzogen werden. Wegen des schnellen Vormarsches der Wehrmacht gelang die Deportation jedoch nur teilweise. Ohne Ausnahme traf dieses Schicksal die Einwohner der Wolgarepublik; dieses Gebiet wurde jedoch von deutschen Truppen nie erreicht. Anders hingegen die Regionen in der Ostukraine, in denen eine größere deutsche Minderheit lebte. Ein Teil der dortigen Einwohner wurde Opfer der Zwangsumsiedlung, um dann im unbesetzten Gebiet einem Leben unter extremen Strapazen ausgesetzt zu werden[25].

Die ehemals starke deutsche Minderheit im Baltikum, in Wolhynien und Galizien befand sich zu diesem Zeitpunkt schon nicht mehr in ihrer Heimat. Nach deutsch-sowjetischen Absprachen von Ende 1939 musste sie für die Umsiedlung ins deutsch-beherrschte Gebiet „optieren". Ähnlich erging es den Bessarabiendeutschen im Jahre 1940. Lediglich die Schwarzmeerdeutschen im Raum Odessa verblieben weitgehend unverändert an ihren Heimatorten, wo die Mehrzahl von ihnen die Besetzung durch Wehrmacht und rumänische Armee erlebte[26].

[21] Gerlach, Kalkulierte Morde, S.419; Kyïv u dni nacysts'koï navaly, S.19; Skorobohatov, Charkiv, S.19; Cohen, Germans in Smolensk, S.54. Für Stalino konnte nur eine spätere Zahl ermittelt werden: Ende 1942 lebten dort noch 248000 von einst 462000 Einwohnern, BA-MA RH 22/206, Lagebericht OFK Donez, 20.11.1942.
[22] Hill, War Behind the Eastern Front, S.33.
[23] BA-MA RH 20-17/709, Lagebericht FK 538, VII, 15.11.1941; BA-MA RH 22/98, Bl.282-298, Besichtigungsreise des Berück B vom 6.-16.9.1942.
[24] Zahlen für einen Uezd: Hill, War Behind the Eastern Front, S.31.
[25] Deportation, Sondersiedlung, Arbeitsarmee. Deutsche in der Sowjetunion 1941 bis 1956. Hg. von Alfred Eisfeld, Viktor Herdt. Köln 1996, S.14-16, 46ff.
[26] Meir Buchsweiler, Volksdeutsche in der Ukraine am Vorabend und Beginn des zweiten Weltkrieges – ein Fall doppelter Loyalität? Gerlingen 1984, S.290ff.

3. Zusammenfassung

Insgesamt erlebten wohl an die 55–65 Mio. Menschen die deutsche Besatzung, etwa 25 Mio. von ihnen blieben konstant 1942/43 unter Militärverwaltung[27]. Diese Zahl nahm im Laufe der Besatzung kontinuierlich ab, wegen der Massenmorde, der Arbeitsdeportationen, vor allem aber wegen des Sterbeüberschusses, der oft durch Hunger und Krankheit verursacht war. Insbesondere in den größeren Städten reduzierte sich die Bevölkerungszahl rapide.

Sieht man sich die Zusammensetzung der Bevölkerung unmittelbar nach dem deutschen Einmarsch an, so zeigen sich deutliche Veränderungen gegenüber dem Zustand vor dem 22. Juni: Die sowjetische Führungsschicht fehlte weitgehend, ebenso ein großer Teil der Männer im Alter zwischen 18 und 35 Jahren. Diese waren entweder als qualifizierte Arbeiter oder in die Armee abtransportiert worden. Offensichtlich wurden jedoch Angehörige von solchen Personen, die vom NKVD verfolgt worden waren, wegen vermeintlicher Unzuverlässigkeit nicht zur Roten Armee eingezogen, sie verblieben also am Ort[28]. In der überwiegenden Mehrzahl herrschte die Militärverwaltung nun jedoch über Frauen, Kinder und ältere Menschen. Beispielsweise im Gebiet Ostrov bei Leningrad fiel der Anteil der Männer an den 15–65jährigen auf 37%. Noch drastischer das Ungleichgewicht im besetzten Charkow: Dort kamen auf 1000 Frauen im Alter zwischen 20 und 29 Jahren gerade mal 354 Männer. Die 3. Panzerarmee konstatierte im Sommer 1942, dass in ihrem Operationsgebiet nur noch 20% Männer lebten, dafür jedoch 30% Frauen und 50% Kinder[29]. Zwar hatte es solche demographischen Verzerrungen schon seit dem russischen Bürgerkrieg gegeben, unter deutscher Herrschaft nahmen sie jedoch neue Dimensionen an. Deutlich zeigten sich auch Änderungen in der ethnischen Zusammensetzung: Russen wurden überproportional evakuiert, ebenso die besonders bedrohten Juden. Östlich der Dnepr-Linie, also aus der Zone des stabilen Militärgebietes, war etwa zwei Drittel der Juden die Flucht gelungen[30].

Es bleibt also festzuhalten, dass der Großteil der Funktionseliten nach dem deutschen Einmarsch nicht mehr anwesend war, also Funktionäre von Staat und Partei, aber vor allem Fachkader. Freilich verblieben Teile der „Intelligenz", welche an sich schon durch die Verfolgungen bis dahin massiv dezimiert war. Gerade die vom Stalinismus Verfolgten, die nicht deportiert oder ermordet worden waren, versuchten am Ort auszuharren und die Evakuierungsmaßnahmen zu unterlaufen. Schließlich dürfte ein Teil der lokalen Führung der unteren Ebene, insbesondere der Kolchosvorsitzenden, im besetzten Gebiet verblieben sein.

Im Großen und Ganzen trafen die deutschen Truppen aber auf eine weitgehend paralysierte Gesellschaft, der die Eliten abhanden gekommen waren. Dies trifft

---

[27] Höhere Schätzung (30 Mio. unter Militärverwaltung) bei Müller, Wirtschaftspolitik, S. 5, 301. Ljudskie poteri SSSR v period vtoroj mirovoj vojny. S.-Peterburg 1995, S. 145 schätzt 65–68 Mio. Sowjetbürger unter Besatzung allgemein.
[28] Cohen, Germans in Smolensk, S. 44.
[29] Hill, War Behind the Eastern Front, S. 32; Skorobohatov, Charkiv, S. 20; Eric Waldman, German Use of Indigenous Auxiliary Police in the Occupied USSR. Geheime Studie des Operations Research Office der Johns Hopkins University, Unveröff. MS. Chevy Chase 1955, S. 42.
[30] Dubson, On the Problem of Evacuation, S. 53.

zwar nur mit Einschränkungen für die Gebiete zu, die 1939/40 von der Sowjetunion annektiert worden waren. Dort wirkten noch vorkommunistische politische Traditionen, dort agierten nationalistische Untergrundgruppen. Doch mit Ausnahme Estlands verblieben diese Territorien nur kurz unter deutscher Militärherrschaft. Deutlich wird der Unterschied zur deutsch-besetzten Westhälfte Polens: Hier hatte ein differenziertes gesellschaftliches und politisches Organisationswesen existiert, dessen Personal nun in den Untergrund abtauchte. In Polen gewährleistete die Exilregierung eine Kontinuität der Staatlichkeit und eine zentralisierte politische Willensbildung. In den altsowjetischen Gebieten fehlte Vergleichbares, da die Sowjetführung zwar auch mittelbar im besetzten Gebiet präsent war, aber von der Mehrheit der Bevölkerung abgelehnt wurde.

V. Wehrmacht und Zivilbevölkerung

1. Bilder vom „Russen"

Die überwiegende Mehrzahl der deutschen Soldaten hatte keine Ahnung von den Realitäten der Sowjetunion und bezog ihr Vorwissen aus traditionellen, meist antirussischen Stereotypen oder aus der Propaganda; mancher ehemalige KPD-Anhänger in Uniform hegte wohl noch die Vorstellung vom „Arbeiterparadies". Gering war auch die Zahl derjenigen Militärs, die über russische Sprachkenntnisse verfügten, meist handelte es sich um Offiziere, die entweder vor 1919 im Osten gelebt hatten oder im Ersten Weltkrieg in russische Kriegsgefangenschaft geraten waren.

So dominierten traditionelle Muster aus dem 19. Jahrhundert, seit dem Ersten Weltkrieg angereichert mit deutlich rassistischen Konnotationen und oftmals mit einem extremen Antibolschewismus[1]. Schon die Geringschätzung der Roten Armee beruhte auf diesen Stereotypen; nicht untypisch ist etwa die Äußerung des Oberst Blumentritt vom AOK 4: „Die Geschichte aller russischen Kriege zeigt, dass der Russe als Kämpfer, Analphabet und Halbasiate anders denkt und fühlt."[2] Das Erscheinungsbild der Millionen von sowjetischen Soldaten, die frühzeitig in Kriegsgefangenschaft gerieten, schien alle Vorurteile zu bestätigen: als amorphe Masse auftretend, nach entbehrungsreichen Kämpfen oft erschöpft und mit zerschlissener Uniform, erfüllt von Angst über ihr weiteres Schicksal; zahlreich waren die Kriegsgefangenen mit orientalischem Aussehen, die meist aus dem Kaukasus oder den asiatischen Sowjetrepubliken stammten. Hieran nährte sich das Stereotyp vom vermeintlich asiatischen Einfluss im russischen Wesen.

Noch stärker wirkte die Konfrontation mit den Lebensverhältnissen der Einheimischen. Mit der Ausnahme von vergleichsweise westlich geprägten Städten wie Lemberg oder Riga trafen die Soldaten zumeist auf Dörfer und Kleinstädte, die einen ärmlichen Eindruck machten. Während großartige Landschaften die Invasoren oft tief beeindruckten, wirkten besonders die Wohnverhältnisse in den Dörfern, aber auch in manchen Vierteln der Städte desolat und abschreckend auf die Deutschen. Diese Motive treten dem Leser von Feldpostbriefen fast überall entgegen. Dies war kein spezifisch auf die Sowjetunion bezogenes Muster, sondern findet sich auch während der Feldzüge in Polen oder Südosteuropa, durchaus sogar schon im Ersten Weltkrieg[3]. Neben den universellen zivilisatorischen Vorurteilen

---

[1] Vgl. Das Rußland-Bild im Dritten Reich.
[2] Notiz vom 8.5.1941, in: Fall Barbarossa. Dokumente zur Vorbereitung der faschistischen Wehrmacht auf die Aggression gegen die Sowjetunion. Hg. von Erhard Moritz. Berlin 1970, S. 258f.
[3] Sven Oliver Müller, Nationalismus in der deutschen Kriegsgesellschaft 1939-1945, in: DRZW 9/2, S. 9–92, hier 74ff.

stand im Ostfeldzug jedoch meist eine spezifisch politisch-rassistische Interpretation. Der russische Mensch sei zur Zivilisation nicht fähig, der Bolschewismus habe ein Übriges getan. Deutlich spezifischere Züge trägt die Wahrnehmung der besetzten sowjetischen Großstädte, sie seien „bolschewistisch verseucht", die Neubauten wurden gar als „jüdische Architektur" identifiziert[4].

Politik und Propaganda gaben die rassistischen Abstufungen vor, die für die Bevölkerung der Sowjetunion gelten sollten. An oberster Stelle figurierten dabei, neben den Sowjetdeutschen, die Esten, denen – vergleichbar den Finnen – eindeutig germanische Wurzeln zugesprochen wurden. Komplizierter war die Betrachtung der Letten: Während die Kurländer als besonders wertvoll galten, traf dies nur noch bedingt auf die Livländer und kaum noch auf die Lettgallen im Osten des Landes zu. Dahinter rangierten die Litauer. Eine etwas unklare Position in dieser Hierarchie nahmen die Ukrainer ein: Während die Westukrainer, besonders die Galizier als höherwertig eingestuft wurden, hatte die übrige Mehrheit der Ukrainer wohl eher einen Status wie die Litauer und die Weißrussen: also zwar harmlos, aber auch sehr einfach. Ihre Stellung in der Hierarchie definierte sich in erster Linie über die Abgrenzung von den „Großrussen", also den ethnischen Russen. Diese galten als primitiv und, insbesondere soweit sie in Städten wohnten, als gefährlich. Der „Beratende Anthropologe beim OKH" meinte immerhin, bei den Russen im Nordabschnitt auch „nordische" Elemente ausmachen zu können. Er schlug allerdings eine brachiale Alternative vor: „Entweder die Ausrottung des russischen Volkes oder aber die Eindeutschung des nordisch bestimmten Teils des russischen Volkes."[5]

Wie sich das offizielle Bild wandeln konnte, zeigt insbesondere die politische Linie gegenüber den Asiaten. Während die Kaukasier im allgemeinen als relativ höherwertig angesehen wurden, fielen Kriegsgefangene mit asiatischem Aussehen, etwa Kalmyken, 1941 oft Morden zum Opfer. Ab 1942 hingegen wurden sie als besonders kollaborationsfreudig eingestuft und auch bevorzugt behandelt[6].

Diese propagandistischen Einstufungen waren nicht allein von Rassentheoretikern geschaffen worden, sondern beruhten oftmals auf weit verbreiteten Einschätzungen von zivilisatorischem Niveau und politischer Einstellung[7]. Nicht selten trafen sie gar mit Vorstellungen der Einheimischen zusammen, die durchaus innerhalb der Sowjetunion oder im Baltikum der Zwischenkriegszeit Abneigungen für bestimmte Ethnien pflegten. Zudem waren sie nicht durchweg Gemeingut der deutschen Besatzungssoldaten. Diese trafen oft andere Differenzierungen, etwa nach dem Stadt-Land- oder West-Ost-Unterschied. Den meisten gemeinsam – unisono im NS-Apparat, aber auch unter der Mehrheit der Soldaten – blieb der radikalisierte Antisemitismus, der sich gegen die Juden in der Sowjetunion richtete. Kaum jemand wäre auf die Idee gekommen, Juden genauso wie Nichtjuden zu

[4] Latzel, Deutsche Soldaten, S. 146ff., 166ff.
[5] So Prof. Wolfgang Abel auf der „Osttagung der deutschen Wissenschaft", Vom Generalplan Ost zum Generalsiedlungsplan. Hg. von Czesław Madajczyk u. a. München u. a. 1994, S. 69 (Stellungnahme des RMfbO zum Generalplan Ost, 27. 4. 1942).
[6] Vgl. BA-MA RH 20-17/565, OKH/GenSt des Heeres/Abwehr III Nr. 2111/41, betr. Behandlung der Bevölkerung, 12. 7. 1941; Connelly, Nazis and Slavs.
[7] Vgl. Gerhard Teich, Völker, Volksgruppen und Volksstämme auf dem ehemaligen Gebiet der UdSSR, Leipzig 1942.

behandeln. Variierte auch die Breite der antijüdischen Maßnahmen, die man guthieß, so galten Juden doch durchweg als weniger wert im Vergleich zu den übrigen Einwohnern, und meist auch zu den mitteleuropäischen Juden.

2. Soldaten und Einheimische

a. Kontakt

Für die überwiegende Mehrheit der Bevölkerung war es der erste Kontakt mit Ausländern überhaupt. Nur die Älteren waren schon im Ersten Weltkrieg an der Front gewesen oder hatten die deutsch-österreichischen Besetzungen ab 1915 bewusst miterlebt. Die Wahrnehmung des deutschen Einmarsches hing zunächst einmal von dessen militärischer Konstellation ab. Grundsätzlich erfolgte die Eroberung von Städten fast durchweg sehr schnell, innerhalb weniger Tage oder gar Stunden. Lediglich in einem Fall, Sevastopol' auf der Krim, ging der Einnahme eine längere blutige Belagerung voraus; Stalingrad konnte nur in Teilen nach langen Kämpfen erobert werden. Entsprechend gestalteten sich die Folgen für die Städte recht unterschiedlich. Viele der urbanen Zentren waren von der deutschen Luftwaffe bombardiert worden, manche durch Artilleriebeschuss oder innerstädtische Kämpfe in Mitleidenschaft gezogen worden. Beispielsweise Smolensk wurde zu 90% zerstört, im Osten Weißrusslands auch Polock, Vitebsk oder Gomel schwer getroffen, das ostukrainische Černigov war fast völlig dem Erdboden gleichgemacht. Hingegen wiesen Borisov, Bobrujsk oder Klincy kaum Schäden auf[8]. Systematische Sprengungen durch Rote Armee oder NKVD, die in Kiew die Innenstadt zerstörten, konzentrierten sich weniger auf Wohnviertel als vielmehr auf Infrastruktureinrichtungen. Auf die massiven Zerstörungen und den Abtransport wichtiger Güter und Anlagen durch sowjetische Behörden reagierte die Bevölkerung mit Verbitterung; teilweise kam es in diesem Zusammenhang zu heftigen Auseinandersetzungen[9].

In vielen Städten ging dem deutschen Einmarsch bereits eine Welle der Gewalt voraus. Insbesondere in den Westgebieten begann das NKVD damit, systematisch die politischen Gefangenen zu ermorden. Etwa 750000 Häftlinge aus Lagern oder Gefängnissen wurden größtenteils evakuiert. Schätzungen über die Morde beim Abzug reichen von 25000-50000 Todesopfern. Zeitgleich verschärfte sich die Repression gegen andere „Verdächtige"; eine regelrechte Spionage-Hysterie griff um sich. In Kiew begannen Anfang Juli Massenverhaftungen angeblich „unzuverlässiger Elemente". Vermutlich wurden allein dort etwa 500 Verdächtige sofort erschossen und nicht nach Osten evakuiert. Eine Vielzahl antikommunistisch eingestellter Personen, besonders im Baltikum und in der Westukraine, versuchte sich der Evakuierung oder der Rekrutierung zur Roten Armee zu entziehen, um den

[8] Gerlach, Kalkulierte Morde, S.374ff.; Cohen, Germans in Smolensk, S.44ff.; Ein deutscher General an der Ostfront. Die Briefe und Tagebücher des Gotthard Heinrici 1941/42. Hg. von Johannes Hürter. Erfurt 2001, S.85ff.
[9] Vgl. Georgi Dimitrov, Tagebücher 1933-1943. Berlin 2000, S.414 (Eintrag 8.8.1941).

deutschen Einmarsch abzuwarten. Somit fand das Phänomen der Massendeserti-
onen aus der Roten Armee, das bis Ende 1941 auf breiter Front zu beobachten
war, seine Entsprechung unter Zivilisten[10]. Im Vakuum der Herrschaft, nach dem
Abzug der Roten Armee und vor dem Eintreffen der Wehrmacht, regierte oft die
Anarchie. Einwohner plünderten Geschäfte und verlassene Wohnungen, nicht selten wurde die herrschaftslose Zeit für persönliche und politische Abrechnungen
genutzt[11]. Über die konkrete Haltung der Einwohner ab dem 22. Juni 1941 ist nur
wenig bekannt. Die sowjetische Geheimpolizei vermeldete, dass die Mehrheit der
Bevölkerung unmittelbar nach Kriegsbeginn patriotisch eingestellt sei, es aber
auch panische und pro-deutsche Äußerungen gegeben habe[12].

Wie die einheimische Bevölkerung tatsächlich auf den deutschen Einmarsch reagierte, lässt sich nur mehr mittelbar rekonstruieren. Ist es generell schon proble-
matisch, „Volksmeinungen" in historischen Perioden nachzuspüren, so wird dies
doppelt erschwert durch Diktatur und Krieg. Die vorhandenen staatlichen Dokumente, von Seiten der deutschen Eroberer wie auch der abziehenden bzw. im Untergrund tätigen sowjetischen Stellen, geben zumeist ein ideologisch verzerrtes
Wunschbild wieder. Individuelle Zeugnisse hingegen können in der Regel keine
Repräsentativität für sich in Anspruch nehmen.

In der deutschen Propaganda, vor allem in der fotographischen Berichterstat-
tung, dominierte das Bild eines freundlichen Empfangs durch die einheimische
Bevölkerung, ganz im Unterschied zu den bisherigen Besetzungen in Osteuropa.
Tatsächlich scheint eine positive Aufnahme deutscher Truppen durch interessierte
Bevölkerungskreise durchaus verbreitet gewesen zu sein, insbesondere im Baltikum und der Westukraine, aber auch in ländlichen Gebieten der Ostukraine. Nach
Überschreiten der westlichen Grenzen der Sowjetunion von 1939 ließ dieses Phänomen offensichtlich deutlich nach[13]. Im Laufe der deutschen Besatzung sollte
sich dieses Bild deutlich verschieben, im Baltikum und der Westukraine etwas
langsamer, in den übrigen Gebieten bereits ab Herbst 1941.

Im Allgemeinen wird das Verhalten der Bevölkerung als „abwartend" geschildert, insbesondere 1941 auch als „willig" an der Arbeit. Obwohl die Berichterstattung eher als impressionistisch und ideologisch gefärbt einzustufen ist, kann
man mit guten Gründen davon ausgehen, dass ein großer Teil der verbliebenen
Einwohner zunächst große Hoffnungen in die neue deutsche Herrschaft setzte.
Das sowjetische Terrorsystem und oftmals auch seine Vertreter waren verschwunden, man erwartete ein schnelles Kriegsende und musste somit mit einer dauerhaften deutschen Hoheit rechnen. An erster Stelle standen die Erleichterung, nicht
mehr politischen Verfolgungen ausgesetzt zu sein, und die Hoffnung auf Rückgabe des Privateigentums, vor allem für Bauern. Freilich war das sowjetische System
auch nach dem deutschen Einmarsch noch ein wenig präsent, ab 1942 in Form der
Partisanen, die die Bevölkerung bestimmter Landstriche unter ihre Kontrolle brin-

---

[10] Ukraïna u Druij svitovij vijni, S. 141f.
[11] Berkhoff, Harvest of Despair, S. 16, 23f.
[12] Für Kiev: Kyïv u dni nacysts'koï navaly, S. 92ff.
[13] Vgl. beispielsweise BA-MA Film 59105, Sich.Div. 454, Ic, an Berück Süd, 19.7.1941; BA-MA
RH 26-24/72, 24. ID, Ic, an IV. AK, Ic, 26.8.1941; BA-MA RH 26-60/40, Tätigkeitsbericht 60.
ID, Ic, 29.3.1942.

gen konnten, in den Städten gelegentlich auch durch die Bombardements der eigenen, d.h. sowjetischen Luftwaffe[14].

Die Erfahrungen mit den deutschen Fronttruppen konnten sich sehr unterschiedlich gestalten, abhängig von der Verweildauer der Soldaten, von deren Versorgungslage und vom ersten Kontakt zwischen Fremden und Einheimischen. Während der Vormarschphasen, vor allem bis November 1941 und im Sommer 1942, verblieben die Truppen meist nur kurz an einem Ort. Lediglich Ersatz- und Logistikverbände quartierten sich schon über längere Zeit ein. Im Winter 1941/42 und ab Herbst 1942 kam die Front mehr zum Stillstand, und es entwickelte sich ein dauerhafteres Gegenüber.

In allen Phasen, besonders aber während Zeiten unzureichender Truppenversorgung, waren Plünderungen deutscher Soldaten zu beklagen. Während Einzelfälle von Plünderungen nur sehr sporadisch dokumentiert sind, etwa in Kriegsgerichtsverfahren, lassen Befehle zur Eindämmung dieser Raubaktionen schon eher Rückschlüsse über deren Ausmaß zu. So kamen Beschwerden aus fast allen besetzten Gebieten[15].

Massiv auf Kosten der einheimischen Bevölkerung gingen auch die Einquartierungen deutscher Soldaten. Während auf dem Lande des Öfteren die Einzelunterbringung bei Bauern organisiert wurde, obwohl dies eigentlich verboten war[16], mussten in den größeren Städten nahe der Front Tausende Einheimischer ihre Wohnungen verlassen, um Platz für die Besatzer zu machen. Insbesondere ab Herbst 1941 ließen die Kommandanturen ganze Stadtviertel räumen, um eine Durchmischung von Soldaten und Zivilisten zu verhindern, die man für ein großes Risiko hielt. In den Großstädten wie Kiew oder Charkow sollten die Belegungszahlen ohnehin gering gehalten werden, da man – nach den ersten Erfahrungen – weitere Sprengstoffanschläge fürchtete.

In manchen Städten entwickelte sich die Belegung durch Truppen in einem derartigen Ausmaß, dass die Einwohner selbst in die Minderzahl gerieten. So lebten in Smolensk zeitweise 50000 deutsche Soldaten neben 37000 Einheimischen, in Vjaz'ma überwogen Zehntausende Wehrmachtangehörige die verbliebenen 10000 Zivilisten. In den ostweißrussischen Städten dominierten Deutsche das Straßenbild: 18000 Mann in Borisov, 12000 in Mogilev, 10000 in Orša[17]. Generell bedeutete dies eine enorme Belastung für die Einheimischen durch Verlust der Wohnung, drohende Ausweisung aus der Stadt oder die Gefahr andauernder Plünderungen und Gewalttaten[18]. Besonderes Interesse richteten deutsche Besat-

[14] Etwa in südukrainischen Städten: BA-MA RH 36/300, Lagebericht OK 908 (Melitopol), 15.4.1942; BA-MA RH 20-11/422, KTB AOK 11, OQu, 24.5.1942 (Simferopol); BA-MA RH 20-17/709, Lageberichte FK 538, VII, 15.5. und 15.6.1942 (Mariupol); in Luga: BA-MA RW 4/v. 237, Bl.297–309, Propagandaabt. Ostland, 6.10.1942; im Mittelabschnitt: BA R 58/7146, Bl. 1–44, Tätigkeits- und Lagebericht Egr. B für 16.–31.1.1943.

[15] Vgl. Halder KTB, 14.7.1941, Band 3, S.76 (Litauen); BA-MA RW 19/711, Bl.33–36, WiRüAmt, Stab Ia, Auszug aus Reisebericht zu Hgr. Mitte, 22.7.1941; BA-MA RH 23/234, Bl.35, Hgr. Mitte, Ic/AO, 31.8.1941 (Orša); IfZ MA 1702, fr.129, KTB 454. Sich.Div., 1.9.1941; BA-MA RW 46/260, Bl.106, KTB VO WiRüAmt bei AOK 16, 30.10.1941 (Raum Novgorod), usw.

[16] Vgl. BA-MA RH 22/230, Bl.133, Korpsbefehl Nr.95 Berück Mitte, 1.3.1942.

[17] BA-MA RH 21-3/627, Bl.89–94, Stokdtur Wjasma, 1.8.1942; BA-MA RH 19 II/201, Bl.21, AOK 4 an Okdo. Hgr. Mitte, 30.12.1943.

[18] IfZ MFB 4/42870, fr.243, AWiFü AOK 2, Lagebericht für Zeit vom 1.–15.6.1942 (Kursk).

zer auf Wohnungseinrichtungen, die sie für eigene Zwecke zwangsweise requi-
rierten. Freilich konnte sich dies im Einzelfall auch anders verhalten, etwa durch
Hilfeleistungen einzelner Soldaten für die ausgeplünderten Einwohner.

b. Frauen

Nur wenig Gesichertes weiß man vom Verhältnis der deutschen Soldaten zu den
einheimischen Frauen, also zur Bevölkerungsmehrheit. Fundierte Untersuchungen
zu diesem Thema liegen nur für andere Besatzungsgebiete außerhalb der Sowjetunion vor. A priori ist davon auszugehen, dass sich das Verhalten deutscher Militärs
nicht von dem in anderen Gebieten unterschied. Freilich wirkten hier andere Stereotypen als in West- oder Nordeuropa. Die Frauen in der Sowjetunion wurden
im allgemeinen als „bäuerlich-derb" und besonders „gebärfreudig" betrachtet.
Hingegen glaubte man in der Roten Armee und in den größeren Städten auf einen
Typus der angeblich besonders fanatischen und hinterhältigen Bolschewistin zu
treffen. Dies zeitigte verheerende Effekte bei der Behandlung der weiblichen Rotarmistinnen in Kriegsgefangenschaft.

Generell war der Kontakt von Frontsoldaten zur einheimischen weiblichen Bevölkerung jedoch auf die – an sich untersagte – Einquartierung beschränkt. Nur in
erheblich eingeschränktem Ausmaß, so 1943 in Estland, wurde der persönliche
Umgang mit einheimischen Frauen offiziell zugelassen[19]. Über das Ausmaß an
Vergewaltigungen lassen sich kaum genaue Aussagen treffen, weil hierzu nur wenige beweiskräftige Quellen vorhanden sind. Doch die Typologie dieser Verbrechen gilt für die Sowjetunion genauso wie für andere Kriegs- und Besatzungs-
schauplätze. Nicht selten, wahrscheinlich in einem Drittel aller Fälle, praktizierten
Soldaten Gruppenvergewaltigungen, Einzelfälle von Tötungen nach der Vergewaltigung sind nachweisbar[20]. Gelegentlich wandten sich Befehlshaber gegen solche
Brutalitäten. Im Gegensatz zum westlichen Kriegsschauplatz war die Zahl der
Kriegsgerichtsverfahren wegen Vergewaltigung im Osten gering. Dies lag sicher
nicht an einer unterdurchschnittlichen Zahl von Fällen, sondern eher an der drastisch eingeschränkten Strafverfolgung. Kriegsgerichtsbarkeitserlass, der allgemeine
Antislawismus und die Kameraderie verhinderten, dass jede bekanntgewordene Vergewaltigung bestraft wurde. Aus Sicht der Militärgerichtsbarkeit war ohnehin nicht
die Schädigung der Frau entscheidend, sondern die Verletzung der „Manneszucht",
also der innermilitärischen Disziplin, und die Herabsetzung des Ansehens der Wehrmacht. Von einem völkerrechtlichen Schutz der Bevölkerung waren diese Verfahren
meilenweit entfernt[21]. Öfter tauchen in den Akten Hinweise auf die Gewalttätig-
keiten verbündeter Truppen wie der Rumänen oder Ungarn gegen Frauen auf[22].

---

[19] Vgl. Gertjejanssen, Victims, S.186; IfZ MA 899, fr.334, Kdturbefehl Korück 585, Qu,
6.2.1942.
[20] Beck, Wehrmacht und sexuelle Gewalt, S.231ff., Gertjejanssen, Victims, S.292ff. mit Fallbei-
spielen aus dem Raum Čerkassy.
[21] Beck, Wehrmacht und sexuelle Gewalt, S.177ff.; Manfred Messerschmidt, Die Wehrmachtjustiz
1933–1945. Paderborn u.a. 2005, S.288ff.; Snyder, Prosecution and Punishment of Sex Offenders, S.222f., geht aber von einer durchschnittlich härteren Bestrafung als im Westen aus.
[22] Beispielsweise IfZ T-312, roll 745, fr.8787–89, Bericht AOK 17, VII, 14.6.1943; BA-MA RH
26-75/131, 75. ID, Ic, an VII. AK, 29.3.1943.

Gerade die im rückwärtigen Gebiet eingesetzten Militärs hatten natürlich mehr Kontakte mit den einheimischen Frauen, sei es mit Hilfspersonal oder im Alltagsleben. Generell sollte der sexuelle Kontakt vermieden werden[23]. Es war jedoch auch den höheren Kommandos wie der Staatsführung klar, dass sich dies auch in Osteuropa nicht durchsetzen ließ. Bestrafung drohte lediglich bei sogenannter „Rassenschande" mit Jüdinnen[24]; doch auch hier sind fast keine Verfahren bekannt geworden. In der Realität war der Kontakt mit einheimischen Mädchen gang und gäbe. Letztere versuchten meist, auf diese Weise ihr Überleben zu sichern; dabei waren die Übergänge zwischen Liebesverhältnissen und Armutsprostitution fließend. Eindeutig standen hier, jenseits aller Romantisierung, ungleiche Machtpositionen im Hintergrund[25].

In der Wehrmacht wurde spekuliert, dass deutsche Männer in der Sowjetunion über eine Million Kinder gezeugt hätten. So sandte der Oberkommandierende der 2. Panzerarmee im September 1942 einen Bericht direkt an Hitler, wonach nun, über ein Jahr nach Beginn der Besatzung, wohl jedes Jahr 1,5 Mio. Kinder von deutschen Soldaten mit einheimischen Frauen gezeugt würden. Die Zivilverwaltung bezifferte die Zahl solcher Kinder in ihrem Gebiet hingegen in realistischer Dimension, registriert wurden bis Ende 1943 zwischen 10000 und 12000[26]. Auch Studien zum besetzten Norwegen, wo etwa eine halbe Million Soldaten eingesetzt waren, zeigen, dass manche Schätzungen als weit überhöht anzusehen sind. Deutsche Männer setzten 10000-12000 Kinder mit norwegischen Frauen in die Welt; für den polnischen Warthegau wird eine Zahl von 2000 solcher Kinder geschätzt. Die Zahl in den militärisch besetzten sowjetischen Gebieten wird kaum um ein Vielfaches größer gewesen sein[27]. Beim Rückzug wurden vom Militär und SS Pläne erwogen, solche Kinder, die als „rassisch wertvoll" angesehen wurden, mit oder ohne Mütter ins Reich zu deportieren[28]. Nach der Rückeroberung durch die Rote Armee erwartete viele der Frauen ein schlimmes Schicksal. Wer denunziert wurde, Verhältnisse mit Deutschen eingegangen zu sein oder gar Kinder von diesen bekommen zu haben, geriet in die Fänge des NKVD[29].

[23] IfZ MA 330, fr.4609-11, Erlass des OKW/WFSt. 02560/42 g. vom 15.9.1942.
[24] Gertjejanssen, Victims, S.309. Vgl. schon IfZ MA 856, fr.110, Merkblatt OKH zum Verhalten gegenüber der polnischen Bevölkerung, ca.Mai 1941. Einzelfall von „Rassenschande": IfZ MA 859, fr.97-98, Bericht Berück Nord, IIIO, 3.6.1942.
[25] Gertjejanssen, Victims, S.78ff.; Berkhoff, Harvest of Despair, S. 182ff., S.169-171 (für Kiew); Rolf Dieter Müller, Liebe im Vernichtungskrieg. Geschlechtergeschichtliche Aspekte des Einsatzes deutscher Soldaten im Rußlandkrieg 1941-1944, in: Politische Gewalt in der Moderne. Festschrift für Hans-Ulrich Thamer. Hg. von Frank Becker u.a., Münster 2003, S.239-268, hier 246ff.
[26] Regina Mühlhäuser, Between Extermination and Germanization: Children of German Men in the ‚Occupied Eastern Territories' 1942-1945, in: Children of World War II: The Hidden Enemy Legacy. Hg. von Kjersti Ericsson, Eva Simonsen. Oxford, New York 2005, S.167-189, hier 167, 171.
[27] Hans-Christian Harten, De-Kulturation und Germanisierung. Die nationalsozialistische Rassen- und Erziehungspolitik in Polen 1939-1945, Frankfurt u.a. 1996, S.305; Gerlach, Kalkulierte Morde, S.1081; IfZ MA 253, fr.103f., Lagebericht Generalkommissar Riga, 29.4.1944.
[28] Gerlach, Kalkulierte Morde, S.1081 (AOK 4, Hgr. Mitte).
[29] Müller, Liebe im Vernichtungskrieg, S.260ff. Ob das NKVD tatsächlich, wie vielfach kolportiert wird, bei der zeitweisen Rückeroberung von Charkow 4000 Frauen mit dieser Begründung erschossen hat, darf bezweifelt werden. Charkower Historiker haben bis heute keine Beweise dafür gefunden.

Wie in allen besetzten Ländern, so richtete die Wehrmacht auch in den besetzten sowjetischen Gebieten Bordelle für Soldaten ein[30]. Allerdings wurden diese nicht selten als Sicherheitsgefahr angesehen, da man oftmals glaubte, dass Partisaninnen die Einrichtungen für feindliche Zwecke nutzen würden. Ob einheimische Frauen tatsächlich zur Prostitution gezwungen wurden, ist bisher noch nicht genau untersucht worden[31]. Auch diese Frauen versuchten, ihrer existentiellen Notlage zu entfliehen. Gegen geschlechtskranke Prostituierte ging die Besatzungsmacht rigoros vor, sie wurden als akute Gefahr für den deutschen Besatzer ausgemacht. Frauen, die man verdächtigte, Soldaten wissentlich zu infizieren, konnten mit dem Tode bestraft werden[32]. Meist internierte man sie, in Einzelfällen ermordete die Sicherheitspolizei sie kurzerhand, so in Taganrog oder in Mariupol: „SD erschoss 50 geschlechtskranke Frauen, um Weiterverbreitung der Krankheit zu vermeiden."[33]

Generell hatten Frauen die Hauptlast der Besatzung zu tragen, wenn sich auch die Tötungsverbrechen deutlich mehr gegen Männer richteten. Aus der Sicht des deutschen Besatzungsapparates wiederum wurde der weiblichen Mehrheit der Bevölkerung eine geringe Bedeutung zugemessen.

3. Erfassung der Bevölkerung

Die Kommandanturen installierten sich unmittelbar nach dem Einmarsch in den jeweiligen Städten. Neben der sofortigen Einrichtung einer Miliz und der Ernennung einer provisorischen Kommunalverwaltung war es der Militärverwaltung zunächst aufgegeben, die verbliebene Bevölkerung einer Registrierung zu unterziehen. An sich handelte es sich dabei um einen Vorgang, wie man ihn aus den meisten militärischen Besatzungen kennt.

Doch im Ostfeldzug dienten diese Registrierungen a priori zur Vorbereitung von Verfolgungsmaßnahmen. So waren getrennte Listen für jüdische Einwohner, oftmals aber auch für (echte oder angebliche) Kommunisten anzulegen; gerade aus diesen beiden Gruppen sollten Listen mit potentiellen Geiseln zusammengestellt werden[34]. Die Registrierungen liefen zwar grundsätzlich unter der Ägide der

---

[30] Sokolov, Okkupacija, S. 326–328; BA-MA RH 12-23/1371, OKH, Heeresarzt, betr. Bordelle in den Ostgebieten, 20.3.1942. Allgemein vgl. Insa Meinen, Wehrmacht und Prostitution während des Zweiten Weltkriegs im besetzten Frankreich. Bremen 2002.

[31] Gertjejanssen, Victims, S. 164ff., 180ff. mit Einzelfällen; implizit: Siegfried Vegesack, Als Dolmetscher im Osten. Ein Erlebnisbericht aus den Jahren 1942–43. Hannover 1965, S. 262 (Poltava). Vgl. die Gerüchte in: Actes et documents du Saint Siège relatifs à la seconde Guerre Mondiale. Hg. von Pierre Blet u.a. Band 8. Città del Vaticano 1974, S. 470, 475, 504, 543f.; Catherine Merridale, Iwans Krieg. Die Rote Armee 1939–1945. Frankfurt a.M. 2006, S. 153 (Kursk).

[32] Gertjejanssen, Victims, S. 149ff.; BA-MA RH 12-23/1371, AOK 2, OQu VII, 24.7.1943; BAL Dok.-Slg. UdSSR 423, Bl. 173–179, Urteil Gericht FK 815 Vitebsk.

[33] IfZ MA 1699, fr. 168–170, Bericht Divisionsarzt 444. Sich.Div., 3.11.1942; BA-MA RH 24-55/111, Tätigkeitsbericht LV. AK, IV b, bis 21.12.1941; USHMM RG-22.002M, reel 10 (GARF 7021-40-632) Tagebuch N. G. Saenko, Taganrog, 21.1.1942; IfZ T-501, roll 29, fr. 1159-63, Korpstagesbefehl Berück Süd, IIa, 9.7.1943; Zitat ebenda, fr. 1244, Reisebericht Berück Süd 8.–13.4.1943. Weitere ähnliche Morde erwähnt bei Terry, Enforcing German Rule, S. 126.

[34] 454. Sich.Div., Sofortaufgaben der OK, (20.8.1941), in: Deutsche Besatzungspolitik S. 57–62.

Kommandanturen, mussten faktisch jedoch von den Kommunalverwaltungen organisiert und durchgeführt werden[35].

Generell gehörten diese Personenerfassungen zu den drängenden Aufgaben der Kommandanturen; oft zog sich ihre Ausführung aber über längere Zeit hin oder setzte erst spät ein, etwa im Zusammenhang mit der Übergabe von Gebieten an die Zivilverwaltung. In vielen Gebieten wurde die Meldepflicht erst im März/April 1942 eingeführt[36].

Zusätzlich sollten alsbald gesondert solche Personen registriert werden, die eigentlich nicht am Ort ansässig waren, insbesondere versprengte Rotarmisten, die wieder in Zivil lebten[37]. In Ergänzung zu den Einwohnerlisten der Gemeinden und Städte begann die Besatzungsmacht mit der Ausgabe von Ausweisen an die Bevölkerung, soweit sie nicht den inkriminierten Gruppen angehörte[38]. Der Befehlshaber des rückwärtigen Heeresgebietes Süd verlangte sogar die Ausstellung von Lichtbildausweisen, was technisch allerdings ein Ding der Unmöglichkeit blieb[39]. Erst im Februar 1942 erließ das OKH einheitliche Richtlinien für die Ausstellung von Ausweisen[40]. Freilich war es nicht einmal möglich, einheitliche Ausweisformulare zu beschaffen; so produzierten viele Rajons eigene Dokumente[41]. Noch einmal verschärft wurden diese Erfassungen in der Phase der Rückzüge ab Sommer 1943. In manchen Regionen wurde nun totaler Ausweiszwang verfügt[42].

Hauptaufgabe dieser Registrierungen war nicht so sehr, einen Überblick über den Umfang der Bevölkerung zu erhalten, sondern eine Klassifizierung der Einwohner nach Gruppen und eine Kontrolle der Mobilität, insbesondere um Widerstandsaktivitäten zu verhindern bzw. zu bekämpfen. Daneben dienten die Erfassungen zur Ermittlung möglichst vieler Arbeitskräfte, um diese dann ins Reich abzutransportieren.

4. Befreiung durch Massenmord?

Als die deutschen Truppen im Juni 1941 einmarschierten, wurden sie vielfach von einer freundlich gesinnten Bevölkerung begrüßt. Die Bilder der Wochenschau aus dieser Zeit waren keineswegs gestellt, sondern entsprachen durchaus den Gefühlen

---

[35] Für Charkow liegen umfangreiche Akten zur Bevölkerungszählung vor: USHMM RG-31.010M (Oblastarchiv Charkiv R-2982).
[36] BA-MA RH 26-213/8, Bl. 67f., Niederschrift über die Besprechung beim Stab 213. Sich.Div., 20.3.1942; BA-MA RH 23/298, Bl. 8, Befehl Korück 584, Qu (OD), 12.3.1942; BA-MA RH 20-17/711, HGr. A, Merkblatt Sofortaufgaben der Feld- und Ortskommandanturen, 16.3.1942; BA-MA RH 23/99, Bl. 90, Korück 553, VII, 3.5.1942; IfZ T-312, roll 744, fr. 7861, AOK 17, VII, 2.7.1943.
[37] BA-MA RH 26-281/25A, 281. Sich.Div., VII, Bes. Ano.f.d. innere Verw. Nr. 7, 25.10.1941; BA-MA RH 26-444/18, Bl. 11, Befehl 444. Sich.Div., Ic, 14.1.1942.
[38] IfZ NOKW-1620, Anordnung Berück Süd, 29.7.1941.
[39] BA-MA RH 23/87, Bl. 3–6, Korück 553, Qu, 31.1.1942.
[40] BA-MA RH 20-9/374, Befehl OKH, GenQu, Kr.verw. (Qu. 5 Gr.) Nr. II/1950/42, 14.2.1942 (mit Anschreiben AOK 9/OQU./Qu 2 vom 22.4.1942). Vgl. USHMM RG-31.002M, reel 13 (CDAVO 3676-4-479), Befehl OKH, GenQu, Kr.verw., Ausgabe von Ausweisen, 19.11.1942.
[41] BA-MA RH 23/343, Bl. 129–135, Lagebericht Korück 590, VII, 26.11.1942.
[42] BA-MA RH 20-8/217, Bl. 55, KTB AOK 8, OQu, 26.11.1943.

einer breiten Mehrheit in den annektierten Westgebieten der Sowjetunion. Diese
erwarteten sich vom deutschen Einmarsch die Befreiung, das Ende der bolschewistischen Gewaltherrschaft. Allerdings hat dieser visuelle Eindruck die Wahrnehmung der Zeitgenossen wie auch der Nachgeborenen übermäßig stark geprägt. Es
muss also offen bleiben, wie verbreitet diese Empfangszeremonien waren und in-
wiefern diese von nationalistischen Untergrundgruppen organisiert wurden.

Eine Befreiung der Einheimischen ließ sich in mehrfacher Hinsicht vorstellen:
zunächst ganz simpel die Befreiung aus sowjetischer Haft, dann eine Wiederherstellung des Rechts nach dem Ende der stalinistischen Terrorherrschaft, schließlich
aber auch die Verwirklichung individueller wie nationaler Selbstbestimmung. Die
Idee vom antibolschewistischen Befreiungskrieg geisterte von Anfang an, d. h. seit
1918 durch die Köpfe vieler Europäer. Freilich rückte sie ab 1921 in weite Ferne
und konnte selbst im nationalsozialistischen Deutschland kaum noch offen ventiliert werden, zumal nach dem Hitler-Stalin-Pakt von 1939. Im Vorfeld des Angriffs auf die Sowjetunion tauchte sie bei vielen Militärs wieder auf. Designierte
Oberbefehlshaber wie Küchler sprachen intern von einer Befreiung der Völker der
Sowjetunion und einer, wenn auch kollektiven Bestrafung der Schuldigen an den
stalinistischen Verbrechen[43]. Doch wurden diese Stimmen deutlich überlagert von
den extremen Vernichtungsvorstellungen in der NS-Führung, aber auch von der
brutalen kriegswirtschaftlich-strategischen Anlage des Feldzuges. Zwar existierten
durchaus allgemeine Kenntnisse von den stalinistischen Verbrechen, an eine konkrete verfahrensmäßige Sühne bolschewistischer Massenmorde dachte aber kaum
jemand. Schon im Polenfeldzug war vorexerziert worden, dass keine rechtliche
Bestrafung, sondern eine „Abrechnung" mit dem feindlichen Staat Priorität hatte.
Summarische Massenerschießungen, meist auf der Basis struktureller Merkmale
der Opfer, galten als probates Mittel. Der Kriegsgerichtsbarkeitserlass schob dann
1941 einer individuellen Strafverfolgung ohnehin den Riegel vor.

Die neuen stalinistischen Verbrechen, die deutsche Truppen bei ihrem Vormarsch in die annektierten Westgebiete der Ukraine entdeckten, konnten keine
wirkliche Überraschung sein, sondern bestätigten vielmehr ein Bild, das man von
der „GPU", wie die sowjetische Geheimpolizei im Westen immer noch genannt
wurde, hatte. Man ging allgemein davon aus, dass die sowjetische Seite nach dem
Angriff schwere Völkerrechtsbrüche begehen würde[44]. Dennoch überraschte das
Ausmaß der NKVD-Massaker in den ersten Feldzugstagen. Sie wurden zum Gegenstand sowohl einer breiten Propaganda-Kampagne als auch militärjuristischer
Untersuchungen, wobei beides Hand in Hand ging und die Legitimität des Angriffs unterstreichen sollte. Trotz der vergleichsweise genauen Untersuchungen
der Militärjuristen folgten diesen kaum Bemühungen um die Identifizierung der
Täter[45]. Vielmehr nutzten die einrückenden Einsatzgruppen das Bekanntwerden

---

[43] Vgl. Vortragsnotiz Küchler für 25. 4. 1941, in: Wilhelm, Rassenpolitik, S. 137f.

[44] Vgl. BA-MA RW 4/v. 578, Bl. 34–39, OKW/WFSt./WPr., Handhabung Propaganda im Fall
Barbarossa, Juni 1941; BA-MA RH 20-17/276, Entwurf AOK 17, Ic/AO, Propaganda im Fall
Barbarossa, 18. 6. 1941.

[45] Alfred de Zayas, Die Wehrmacht-Untersuchungsstelle. Deutsche Ermittlungen über alliierte
Völkerrechtsverletzungen im Zweiten Weltkrieg. Frankfurt a. M., Berlin 1984, S. 333ff. Zum
propagandistischen Charakter der Wehrmacht-Untersuchungsstelle vgl. Zagovec, Gespräche
mit der „Volksgemeinschaft", S. 318f.

der sowjetischen Verbrechen als Vorwand, um Massaker in großem Stil zu organisieren. Dabei wurden vor allem Männer aus der jüdischen Oberschicht ermordet, gelegentlich auch angebliche kommunistische Aktivisten oder Angehörige der polnischen Intelligenz.

Freilich handelte es sich dabei nicht um Repressalien im eigentlichen Sinne. Denn hier wurden Morde von Einheimischen an Einheimischen „geahndet", wenn auch hin und wieder deutsche Kriegsgefangene unter den NKVD-Opfern gefunden worden waren. Irgendeine Verfahrensförmigkeit oder Verhältnismäßigkeit ist bei diesen Massenerschießungen nicht zu erkennen; vielmehr stellten sie den Beginn der „Endlösung der Judenfrage" dar und wurden vor der einheimischen Öffentlichkeit keineswegs als Repressalien bekanntgemacht. Die militärischen Kommandostellen waren frühzeitig im Bilde, vermutlich auch viele in der Nähe stationierte Soldaten. In einigen Fällen beteiligten sich Heereseinheiten an den Morden.

Danach spielten bolschewistische Verbrechen an den Einheimischen kaum mehr eine Rolle für die deutsche Politik. Nur noch sporadisch ließ die Militärverwaltung Ermittlungen über solche Massenmorde anstellen[46]. So erscheint es erstaunlich, dass den Militärs offensichtlich frühzeitig Kenntnisse über die riesigen Massengräber mit NKVD-Opfern bei Kiew und anderswo zugegangen sind, sie aber offensichtlich weder genauere Untersuchungen dazu anstellten noch eine größere Propagandaaktion in die Wege leiteten[47]. Erst im Frühjahr 1943, als die Rote Armee ihren Vormarsch begann und dabei allmählich auch die Massengräber mit den Opfern von deutscher Polizei und Wehrmacht entdeckte, wurden hastig international wirksame Kampagnen inszeniert. Die Gräber von Katyn bei Smolensk befanden sich auf dem Gebiet der Militärverwaltung. Doch die Katyn-Propaganda richtete sich vor allem an die Polen und kaum die Einheimischen[48]. Den einzigen umfängliche Fall mit einheimischen Opfern, die Massengräber bei Vinnica, fand man im Bereich der Zivilverwaltung[49]. Durchweg dominierte auf deutscher Seite das Interesse an einem internationalem Propagandaerfolg, nicht jedoch an einer Bestrafung der Verbrechen.

Es war nun auch nicht so, dass die deutschen Eroberer im Sommer 1941 generell die sowjetischen Gefängnisse öffnen wollten. Vielmehr trat diese Problematik erst einige Tage nach dem Angriff ins Bewusstsein, und man hütete sich davor, Häftlingen mit dem Herrschaftswechsel sofort die Freiheit zu geben. In Brest ließen Wehrmachteinheiten die Insassen des zentralen Gefängnisses frei; dies veranlasste die Heeresgruppe Mitte sofort zu einem Gegenbefehl. Lediglich Gefängnisinsassen mit deutscher Herkunft waren freizulassen. Bei den übrigen konnten die Ein-

---

[46] BA-MA RH 19 III/483, Bl. 72–73, OKW/WPr. an Gen. z. b. V., 4. 4. 1942; BA R 55/1289, Bl. 142, ProMi, Liste des von der Antikomintern gewünschten Bildmaterials, (22. 5. 1942); USHMM RG-53.006M, reel 2 (GA Mogilev 300-1-2), Anordnung OK Propoisk, ca. 1. 7. 1942; BA-MA RH 21-2/720, Bl. 64–71, Tätigkeitsbericht PzAOK 2, Ic/AO, 1. 5. 1943 (Massengrab bei Orel).
[47] Vgl. BA-MA RH 20-6/492, Bl. 38, AOK 6, Ic/AO, Berichtsmaterial, 25. 9. 1941; Terry, Enforcing German Rule, S. 124 (Mogilev, Smolensk).
[48] Vgl. de Zayas, Wehrmacht-Untersuchungsstelle, S. 355ff.; USHMM RG-53.002M, reel 1 (NARB 378-1-36, Bl. 33), Flugblatt Prop.-Abt. W, „Gegen jedes Kriegsgesetz und Menschenrecht!", (April 1943).
[49] Vgl. de Zayas, Wehrmacht-Untersuchungsstelle, S. 362ff.

satzgruppen Prüfungen vornehmen[50]. Polnische Kriegsgefangene in sowjetischen Händen sollten ebenso nicht in Freiheit kommen, sondern waren in deutsche Gefangenschaft zu überführen[51].

In der Propaganda für die Bevölkerung spielte die Befreiungsrhetorik natürlich eine gewichtige Rolle[52]. Diese ging in erster Linie von den höheren Kommandostellen aus, weniger von der zentralen Propaganda-Koordination bei Goebbels oder im OKW. Befehlshaber und Militärverwalter proklamierten die „Befreiung vom jüdischen Joch!" und veranstalteten regelrechte Befreiungsfeiern zusammen mit einheimischen Nationalisten[53]. Sehr bald reagierten andere Stellen mit Kritik. Die „Befreiungspropaganda" müsse aufhören, weil sonst zu viele unrealistische Erwartungen geweckt würden[54]. Dieser Trend erreichte seinen Höhepunkt mit der Senkung der Lebensmittelrationen Anfang November 1941: Diese sollte propagandistisch damit begründet werden, dass eine Befreiung der Einwohner gar nicht beabsichtigt sei, diese vielmehr Mitschuld am bolschewistischen System getragen hätten[55]. Die Propaganda verlagerte sich 1942 mehr und mehr auf die vermeintliche Neuregelung der agrarischen Besitzverhältnisse. Trotzdem ließen es sich viele militärische Stellen nicht nehmen, am jeweiligen 22. Juni oder am Jahrestag der Eroberung eines Ortes eine Feier für die Bevölkerung zu organisieren[56]. Erst Anfang 1943, als sich die Wehrmacht bereits in der Krise befand, stellte man in Berlin die Weichen auf eine propagandistische Aufwertung der Einheimischen um[57].

5. Politik für die Einwohner? Kirche, Kolchos, Schule

Das Ende der stalinistischen Gewaltherrschaft war das eine, die Wiederherstellung traditioneller Lebenswelten das andere Anliegen weiter Teile der Bevölkerung. Ganz oben bei den Erwartungen rangierten die Zulassung des religiösen Lebens und die Eigentumsfrage.

[50] Gerlach, Kalkulierte Morde, S. 546f.; IfZ Fb 101/32 (RGVA 504k-2-8), Schnellbrief CdS an Egr., 2.7.1941, betr. Befehl Hgr. Mitte; BA-MA RH 20-11/488, Bl. 102, FS Hgr. Süd, Ic, an AOK 11, 10.7.1941.
[51] BA-MA RH 20-17/276, FS AOK 17, Ic/AO, 28.6.1941.
[52] Ortwin Buchbender, Das tönende Erz. Deutsche Propaganda gegen die Rote Armee im Zweiten Weltkrieg, Stuttgart 1978, S. 88ff.; detailliert zur Propaganda am Beispiel der Krim: Roman'ko, Sovetskij legion Gitlera, S. 42–72; umfangreiche Dokumentation zum Raum Voronež: S. I. Filonenko, N. V. Filonenko, Psichologičeskaja vojna na Donu. Mify fašistskoj propagandy 1942-1943. Voronež 2006, S. 87ff.
[53] BA-MA RH 23/234, Bl. 134, Befehl Nr. 23, Korück 582, IIa, Aufruf an Bevölkerung, 3.7.1941.
[54] BA-MA RW 31/12, Bl. 74–78, WiStOst, Reisebericht Donner u.a. durch Südrussland, 10.9.1941.
[55] BA-MA RW 31/310, GenQu, Kr.verw. Nr. II/7732/41 geh., 4.11.1941; BA-MA RH 19 III/483, Bl. 157-163, OKW/WPr., Richtlinien für die Propaganda in den besetzten Ostgebieten, (24.11.1941).
[56] BA-MA RH 22/175, Tätigkeitsbericht Prop.-Abt. U für Okt. 1942, 1.11.1942; BA-MA RH 23/19, Bl. 88-96, Lagebericht PzAOK 1, VII, 30.6.1943.
[57] Vgl. BA R 55/1434, ProMi, Bericht über Propagandalage im Osten, gez. Hadamovsky, 17.9.1942; BA-MA RH 21-2/710, Bl. 303-306, OKH, GenQu, Kr.verw. Nr. II/1321/43 geh., 15.3.1943.

a. Kirchenpolitik

Ein zentrales Anliegen der einheimischen Bevölkerung, insbesondere unter der Landbevölkerung, aber auch unter den älteren Stadtbewohnern, lag in der Zulassung der Religionsausübung. Das religiöse Leben war in der Sowjetunion von Anfang an Verfolgungen ausgesetzt gewesen, Priester verhaftet oder ermordet worden, Kirchen geschlossen, praktizierende Gläubige von der sowjetischen Geheimpolizei als verdächtig eingestuft und vielfach verfolgt. Dies wussten sowohl die deutschen Strategen in Berlin als auch die einmarschierenden Truppen, die selbst von Militärpfarrern begleitet wurden.

Im Unterschied zum Polenfeldzug traf die deutsche Besatzungsmacht weiter östlich auf eine Vielzahl von Religionsgemeinschaften, die teilweise miteinander konkurrierten. Eine dominante Stellung hatte natürlich die russische orthodoxe Kirche inne. In den annektierten Westgebieten hingegen herrschten andere religiöse Traditionen vor, der Protestantismus in Estland und Lettland, der Katholizismus in Litauen und bei der polnischen Minderheit Ostpolens, sowie die griechisch-katholische Kirche in Ostgalizien. In der Ukraine trat darüber hinaus die Ukrainische Autokephale Kirche wieder auf den Plan, die im Stalinismus verboten worden war. Mit dem Vordringen der Wehrmacht nach Süden und Südosten kamen weitere Religionsgemeinschaften hinzu, Muslime auf der Krim und im Nordkaukasus, in Kalmykien sogar der Buddhismus.

Die Führung von Staat und Wehrmacht sahen sich bereits im Balkanfeldzug mit den orthodoxen Kirchen konfrontiert. Eine regelrechte Ostpolitik für die Kirchen arbeiteten das designierte Ostministerium und das Reichssicherheitshauptamt aus, das die orthodoxe Kirche im Reich überwachte[58]. Ein erster Aufruf des OKW vom Mai 1941 sah lediglich vor, dass Soldaten – zu erwartende – einheimische Dankgottesdienste weder fördern noch verhindern sollten[59]. Ende Juli fühlte sich dann Hitler selbst genötigt, zur „Kirchenfrage" im Osten Stellung zu nehmen.

Nun konnten grundsätzlich Kirchen wieder eröffnet werden. Allerdings sollten Militärgeistliche vom einheimischen religiösen Leben fernbleiben, ebenso wie die Bevölkerung nicht zu Militärgottesdiensten zugelassen wurde. Eine politische Ausrichtung der Kirchen, das hieß im Klartext eine andere als die nationalsozialistische, war zu unterbinden, ebenso Konsultationen der Hierarchie auf oberer Ebene. Emigrierte Geistliche konnten nicht in die sowjetischen Gebiete zurückkehren[60].

Die Heeresgebiete gossen diese Richtlinien in konkrete Anordnungen: So durfte pro Gemeinde wieder eine Kirche eröffnet werden. Für Unmut sorgte in gläubigen Kreisen der Bevölkerung die Bestimmung, dass der Religionsunterricht nur

---

[58] Vgl. Hans-Heinrich Wilhelm, Der SD und die Kirchen in den besetzten Ostgebieten 1941/42, in: Militärgeschichtliche Mitteilungen H. 29, 1981, S. 55–99.
[59] Anlage zu Ano. Nr. 1 OKW zu Weisung Nr. 21, 19. 5. 1941, in: Deutsche Besatzungspolitik, S. 53.
[60] RMfbO, 3. 8. 1941, in: Politika Tret'ego rejcha po otnošeniju k Russkoj pravoslavnoj cerkvi v svete archivnych materialov. Sbornik dokumentov. Hg. von M. V. Škarovskij. Moskva 2003, S. 194; dort der Hinweis auf den Befehl des OKW vom 6. 8. 1941 (RGVA 1470k-2-5, Bl. 387).

außerhalb der Schulen erteilt werden durfte[61]. Entgegen den Anweisungen veranstalteten viele Militärgeistliche „Dankgottesdienste" gemeinsam für Truppe und Bevölkerung. Erst nach Interventionen der Sicherheitspolizei wurde dieses Verhalten im Gebiet der Heeresgruppe Mitte untersagt. Nicht an diese Weisungen gebunden fühlten sich hingegen die Militärpfarrer bei den (mehrheitlich orthodoxen) rumänischen und (mehrheitlich katholischen) ungarischen bzw. italienischen Truppen[62].

Die Religionspolitik stand selbstverständlich unter der Prämisse, dass sie der deutschen Besatzungspolitik so viel wie möglich nutze. Zum einen erwartete man eine erhebliche Beeinflussung der (gläubigen) Bevölkerung im deutschen Sinne, zum anderen erhoffte man auch einen Effekt auf die religiös gebundenen Einwohner im unbesetzten Gebiet, wo weiterhin die stalinistische Unterdrückung der Kirchen ihren Fortgang nahm. Insofern erwies sich die Religionspolitik als „billiges" Mittel einer effektiven Pazifizierung[63]. Dabei meinten die Armeen durchaus Erfolge zu vermelden: „Die russ. Geistlichkeit stellt die besten und zuverlässigsten Propagandisten für die deutsche Sache."[64]

Im Gegensatz zur Besatzung im katholischen Polen war allerdings ein konkrete konfessionelle Gemeinsamkeit mit den Gläubigen in den Ostgebieten kaum gegeben, sieht man einmal vom weitgehend protestantischen Estland und den ohnehin protegierten Sowjetdeutschen ab.

Viele Kirchenoberhäupter erließen nach dem Einmarsch der deutschen Truppen Aufrufe, die die neue Besatzungsmacht willkommen hießen. Allein in den militärisch besetzten Teilen der Ukraine wurden etwa 1500 Kirchen wieder eröffnet, manche von ihnen sogar mit dem Geld des Wirtschaftsstabes Ost renoviert[65]. Vor allem die einheimischen Kommunalverwaltungen gingen schnell daran, die Gotteshäuser in ihre alte Funktion zu setzen und die wenigen verbliebenen Kleriker in Amt und Würden zu bringen. Die Reaktion der Einheimischen auf die Wiedergeburt des öffentlichen religiösen Lebens ist nicht umfassend erforscht. Offensichtlich fand sie bei der älteren Generation und vor allem auf dem Lande großen Anklang. In manchen Rajons wurde ein sonntäglicher Kirchgang von mehr als 50% der Bevölkerung festgestellt[66]. Dennoch sind am Bild einer umfassenden religiösen Wiedergeburt unter deutscher Besatzung auch Zweifel angebracht. Zu kurzfristig blieb die Entwicklung, zu wenige Priester konnten wieder in ihre Stellen einge-

[61] BA-MA RH 22/188, Bl. 330–331, Bes. Ano. zur Versorgung Nr. 59 Berück Süd, Qu, 18. 8. 1941; BA-MA RH 26-285/44, Berück Nord, 8. 7. 1942, (OKH, Kr.verw. vom 24. 6. 1942).

[62] Wilhelm, SD und die Kirchen, S. 64f.

[63] Harvey Fireside, Icon and Swastica. The Russian Orthodox Church under Nazi and Soviet Control. Cambridge 1971, S. 117–121.

[64] BA-MA RH 22/69, Bl. 47–53, Notizen zur Reise Berück B, 15. 12. 1942 (Achtyrka); BA-MA RH 19 III/659, Bl. 19, AOK 16, Ic/AO, Abt. Presse, an HGr. Nord Ic/AO, 30. 4. 1943 (Zitat); RH 26-285/42, Bl. 73–83, Lagebericht 285. Sich.Div., VII, 25. 10. 1943.

[65] Errechnet aus: Michail V. Škarovskij, Nacistskaja Germanija i Pravoslavnaja cerkov'. Nacistskaja politika v otnošenii Pravoslavnoj Cerkvi i religioznoe vozroždenie na okkupirovannoj territorii SSSR. Moskva 2002, S. 471; Karel C. Berkhoff, Was There a Religious Revival in Soviet Ukraine under the Nazi Regime?, in: Slavonic and East European Review 78 (2000), S. 536–567, hier 539.

[66] BA-MA RW 4/v. 236, Bl. 161–175, Tätigkeitsbericht Propagandaabt. W, ca. März/April 1942; BA-MA RH 26-403/7, Tätigkeitsbericht 403. Sich.Div., Ic, 1. 7. 1942 (Raum Kursk); IfZ MA 911, fr. 879–890, Monatsbericht PzAOK 1, VII, 30. 6. 1943.

setzt bzw. im Eilverfahren herangebildet werden[67]. Zunehmend intervenierten die deutschen Stellen auch in das innerkirchliche Leben.

Anders als in Polen wurden Kleriker nicht systematisch verfolgt oder ermordet, sofern sie nicht jüdischer Herkunft waren. In der stalinistischen Sowjetunion stellten Priester eine unterdrückte Gruppe dar, die im Krieg – im Gergensatz zu Polen – kaum noch zur nationalen Elite zu rechnen war. Eine Überwachung der Priester hielt man dennoch auch unter deutscher Militärverwaltung für geboten. So wurde mit den Einsatzgruppen auch eine politische Überprüfung der Geistlichen vereinbart[68]. Zudem verhinderte die Militärverwaltung größere kirchliche Synoden, wie sie beispielsweise in Charkow geplant waren. Die geistliche Hierarchie musste deshalb auf das zivilverwaltete Gebiet ausweichen. Als besonders verdächtig galten vor allem polnische katholische Priester im Osten, die man als nationale Aufrührer einschätzte. Freilich ließ die Militärverwaltung die polnischen Siedlungsgebiete bald hinter sich. Von kirchenpolitischer Bedeutung blieb die implizite Förderung der Ukrainischen Autokephalen Kirche, die sich nach ihrer Wiederzulassung gegen die von Moskau geleitete Orthodoxie in Stellung brachte. Die Autokephalen brachten in der Ukraine fast die Hälfte der orthodoxen Gläubigen hinter sich; vor den Augen der Kommandanturen spielten sich vielfach heftige Kämpfe um Kirchengebäude und Eigentum zwischen beiden Richtungen ab[69].

Insgesamt betrachtet, war die Religionspolitik einer der wenigen Aspekte der deutschen Besatzungsherrschaft, dem man auch positive Seiten abgewinnen kann. Freilich rührte das daher, dass diesem Bereich von den neuen Herren keine besondere Bedeutung beigemessen wurde. Auf keinen Fall sollte man schließlich vergessen, dass diese zurückhaltende Religionspolitik sich nur an Christen (und Buddhisten) richtete, kaum an andere. Die Verbrechen gegen Juden waren selbst von einer religiösen Verfolgung begleitet, von der Zerstörung von Synagogen und Kultgegenständen. Muslimische Kriegsgefangene zählten in den ersten Monaten des Feldzuges zu den bevorzugten Opfern der Selektionen in Kriegsgefangenenlagern, viele von ihnen wurden erschossen. Erst danach wandelte sich das Verhältnis zu den Muslimen. Obwohl in der Zivilverwaltung deutlich mehr antiklerikale Elemente, allen voran Rosenberg, tätig waren, unterschied sich deren Religionspolitik nur wenig von der im Militärgebiet, wo die konservative Militärelite dominierte, die doch erheblich stärker in kirchlich-religiösen Traditionen verankert blieb als Rosenbergs Männer.

b. Eigentumsfrage

Das zweite zentrale Anliegen kam ebenfalls vorzugsweise aus der Landbevölkerung: die Rückgabe der seit 1929/30 enteigneten Landwirtschaften, die Auflösung

---

[67] Berkhoff, Was There a Religious Revival?, S. 552ff. (mit Schwerpunkt auf dem RKU).
[68] Wilhelm, SD und die Kirchen, S. 65f. Vgl. BA-MA RH 22/98, 257–270, Notiz Besichtigungsreise des Berück B am 6.–15. 9. 1942 (Ostukraine).
[69] Škarovskij, Nacistskaja Germanija, S. 441ff. Ausführlich dazu: Friedrich Heyer, Die orthodoxe Kirche in der Ukraine von 1917 bis 1945. Köln 1953, S. 170ff., der mit der Wehrmacht in der Ukraine war. BA-MA RH 22/206, Lagebericht 213. Sich.Div., VII, 18. 1. 1943.

der Kolchosen. Im Gegensatz zur Religion hatte jedoch das Agrarwesen für die
deutsche Besatzungsplanung und -politik von Anfang an eine eminente Bedeutung. Mit der Ausbeutung der Landwirtschaft und damit auch mit deren Organisation stand und fiel das deutsche Feldzugskonzept. Auf der anderen Seite war von
Anfang an klar, dass die Eigentumsfrage eine zentrale Rolle beim Umgang mit der
einheimischen Bevölkerung spielen würde. Jegliche Befreiungsrethorik wäre untrennbar mit einer Landreform verbunden gewesen.

So schieden sich denn die Geister zwischen dem Wirtschaftsstab Ost, der eher
zu einer Beibehaltung des Kolchossystems neigte, um die Landwirtschaft maximal
auszubeuten, und den Heeresgenerälen, die sich von einer Rückgabe der Landwirtschaften eine schnellere „Befriedung" des Landes und eine höhere Attraktivität der Kollaboration erhofften. In Ostpolen und im Baltikum war die Kollektivierung nach den sowjetischen Annexionen 1940/41 nicht zum Abschluss gekommen.
Dort bemühten sich die Bauern unmittelbar nach dem deutschen Einmarsch, auf
eigene Faust ihren landwirtschaftlichen Besitz wieder in die Hände zu bekommen[70]. Für die Militärverwaltung und den Wirtschaftsstab stellte sich das Problem
hier also kaum, zumal diese Regionen alsbald in den Bereich der Zivilverwaltung
übergingen. Andernorts wurde diese Art der spontanen Reprivatisierung nicht ge-
duldet. Sie musste rückgängig gemacht werden[71]. Mit Entsetzen registrierten deutsche Landwirtschaftsfunktionäre, dass auch die rumänische Besatzungsarmee die
Kolchosen im Süden aufzulösen begann[72].

Generell galt 1941 jedoch die Devise, dass die Kolchosstruktur beizubehalten
war; ja sogar die Kolchosvorsitzenden sollten übernommen werden, obwohl sie
wichtige Vertreter des stalinistischen Systems auf unterster Ebene dargestellt hatten. Allerdings gerieten auch diese bisweilen in das Visier deutscher Verfolgungspolitik[73]. Statt dessen betrieb das OKH begriffliche Kosmetik: Kolchosen sollten
in Gemeinwirtschaften umbenannt werden, was lediglich einer Übersetzung ins
Deutsche gleichkam, Sowchosen in Domänen. Allerdings wurde das kleine, indi-
viduell bewirtschaftete Hofland Privateigentum und konnte unter Umständen in
seiner Größe verdoppelt werden[74].

Besonders die älteren Bauern zeigten sich tief enttäuscht von der Übernahme
des Zwangssystems aus sowjetischen in deutsche Hände. Nachdem seit Herbst
1941 die interne deutsche Debatte um eine Landreform auf Hochtouren lief, ver-
schaffte sich das Reichsministerium für die besetzten Ostgebiete die Leitfunktion
in der Propaganda und verkündete vollmundig die „Neue Agrarordnung"[75]. Den
Bauern wurde versprochen, dass eine Zwischenform zwischen Kolchos und freier
Landwirtschaft, die sogenannten „Landbaugenossenschaften" eingerichtet würde.

[70] Vgl. IfZ MA 1707, fr. 18, KTB WiStOst, 5. 7. 1941, Chefbesprechung mit Gruppenchefs.
[71] BA-MA RW 46/505, KTB IV Wi bei FK 184 Klinzy für 1.–15. 7. 1941.
[72] IfZ MA 1707, fr. 510-513 KTB WiStOst, 23. 8. 1941, Bericht über Fahrt Riecke im Südbereich.
[73] BA-MA RH 20-17/276, AOK 17, Ic/AO, 12. 7. 1941; BA-MA RH 22/188, Bl. 330-331, Bes.
Ano. zur Versorgung Nr. 59, Berück Süd, Qu, 18. 8. 1941; BA-MA RH 26-281/25A, 281. Sich.
Div., VII, 8. 9. 1941.
[74] BA-MA RH 20-18/954, AOK 18, Ic, 24. 8. 1941; RH 20-17/276, AOK 17, Ic/AO, 5. 9. 1941
[75] BA-MA RW 4/v. 254, Bl. 301, Vortragsnotiz OKW/WPr, AP 2 für Chef WFSt., 14. 2. 1942;
Weisung des OKW zur Durchführung einer Propagandaaktion zur sog. Neuen Agrarordnung,
20. 2. 1942, in: Deutsche Besatzungspolitik, S. 224.

Der Anteil des individuellen Hoflandes wurde darin jedoch von Voneherein auf 10% begrenzt und intern ging man davon aus, dass im Jahre 1942 höchstens 10% der Kolchosen, in denen etwa 20% der Bauern wirtschafteten, umgewandelt werden könnten. Privateigentum sollten vor allem jene Bauern erlangen, die sich in Partisanengebieten aktiv am deutschen Kampf beteiligten[76]. Zwar vermeldete der Wirtschaftsstab schon im August 1942, dass die Neue Agrarordnung in den Bereichen der Heeresgruppen Mitte und Nord durchgeführt sei. Aber weder galt dies für die zentralen Agrargebiete im Süden noch hatte sich Entscheidendes an der Eigentumsordnung verändert; im Umland von größeren Städten sollte die Umwandlung absichtlich verzögert werden[77]. Erst für den Herbst 1942 war die Auflösung von 10% der Kolchosen in der Ukraine angepeilt. Etwas schneller ging dies im neu eroberten Nordkaukasus vonstatten, wo die Bevölkerung kurz nach dem Rückzug der Roten Armee zur Selbsthilfe griff[78]. Hier sollten die Gemeinwirtschaften bei den „Kaukasiern", also den nichtrussischen und nichtukrainischen Bevölkerungsgruppen, sofort abgeschafft werden; diese lebten ohnehin vorzugsweise in landwirtschaftlich wenig ertragreichen Bergregionen[79]. Doch selbst auf dem Nordkaukasus, wo man sich einbildete, eine neue Besatzungspolitik zu führen, stockte die Umwandlung[80]. Bedingt durch den baldigen Rückzug musste die Landreform nach kurzer Zeit wieder abgebrochen werden.

So blieb selbst die „Neue Agrarordnung", die an sich schon inhaltlich dürftig ausgestaltet war, letztlich ein Torso. Berücksichtigt man darüber hinaus die enorme Abgabenlast, die den Bauern von der Besatzungsmacht auferlegt wurde und die permanente Bedrohung der Landarbeiter, zur Zwangsarbeit ins Reich deportiert zu werden, so bleibt von dem Bemühen, die Landbevölkerung zu gewinnen, nicht viel übrig[81].

Erhebliche Hoffnungen richteten auch die noch verbliebenen ehemaligen Unternehmer in den Städten auf die deutsche Herrschaft. Doch die Tätigkeit privater Betriebe blieb unter deutscher Herrschaft auf ein Minimum beschränkt. Juden gelangten ohnehin nicht wieder an ihren Besitz, alle Übrigen waren den harten Anforderungen der deutschen Wirtschaftspolitik unterworfen. Diese konzentrierte sich auf die „kriegswichtigen Betriebe", die in Treuhänderschaft übergingen, und legte kaum Wert auf den privaten Konsum. Viele ehemalige Betriebseigentümer nahmen jedoch selbst das Heft in die Hand und eröffneten ihr Geschäft auf eigene

---

[76] BA-MA RW 4/v. 255, Bl. 372–374, Bericht Prop.abt. U, 8.4.1942.
[77] IfZ MA 1709, fr. 106, KTB WiStOst, 7.8.1942; MA 1710, fr. 515, KTB WiStOst, 13.2.1943; für die Nordostukraine vgl. V. A. Nesterenko, Ahrarni peretvorennja okupacijnych vlastej u vijskovij zoni Ukraïny, 1941–1943, in: Storinky vojennoï istoriï Ukraïny 8 (2004), H. 1, S. 279–298, hier 285ff.
[78] IfZ MA 1709, fr. 184, KTB WiStOst, 11.9.1942; IfZ MA 1725, fr. 332, KTB WiIn Kaukasus, 12.9.1942.
[79] BA R 6/65, Bl. 26–27, WiStOst/La an WiIn, 12.6.1942; MA 1709, Wi/ID. 272, 840–841, WiSt Ost/La (Riecke) an WiIn A, 13.8.1942; IfZ MA 1725, fr. 516, KTB WiIn Kaukasus, 5.11.1942; IfZ MA 1725, fr. 643–646, PzAOK 1, AWiFü, 13.11.1942.
[80] Vgl. BA R 6/65, Bl. 113–114, Aktenvermerk, RMfbO/I 5, (6.11.1942).
[81] Vgl. Christian Gerlach, Die deutsche Agrarreform und die Bevölkerungspolitik in den besetzten sowjetischen Gebieten, in: Besatzung und Bündnis. Deutsche Herrschaftsstrategien in Ost- und Südosteuropa. Von Christian Gerlach u.a. Berlin, Göttingen 1995, S. 9–60.

Faust. Sofern dies gestattet wurde, blieben sie freilich immer noch von der deutschen Zuteilungspolitik abhängig[82].

c. Schulwesen

Wenn über die vermeintlich „konstruktiven" Seiten deutscher Besatzungspolitik in der Sowjetunion gesprochen wird, so fehlt meist der Hinweis auf das Schulwesen nicht. Tatsächlich folgte auf die Vertreibung der bolschewistischen Herrscher auch die Abschaffung der bolschewistischen Indoktrination der Jugend. Doch war keineswegs beabsichtigt, ein ausdifferenziertes Bildungssystem zu schaffen, wie es in der Sowjetunion existierte. Hitler und die NS-Führung wollten „die Slawen" auf ein primitives Bildungsniveau herabdrücken, das gerade noch ausreichen würde, um Hilfsdienste für deutsche Interessen ausführen zu können. Höhere Bildung galt als gefährliches Mittel, einheimische Eliten heranzuzüchten, die dann unter Umständen eigenen nationalen Aspirationen anhängen würden.

Auch im Besatzungsappparat bestand weitgehender Konsens bei Zivil- wie Militärverwaltern, dass ein Bildungsystem wie in der Sowjetunion oder gar wie in Deutschland für die Bevölkerung nicht in Frage komme. Dennoch unterschieden sich die Ansätze der verantwortlichen Besatzer in dieser Hinsicht vom kruden Rassismus eines Hitler oder Himmler. Zwei Antriebsmomente wurden hier wirksam: Zum einen erwies sich alsbald, dass man in der Besatzungswirtschaft dringend auf qualifizierte Kräfte angewiesen war; zum anderen galt ein Schulsystem als wirksames Mittel, um die Jugend zu kontrollieren und deren Abtauchen in die Partisanenbewegung zu verhindern. Immerhin bestand mehr als ein Drittel der Bevölkerung aus Kindern bis 14 Jahren. Zudem erschien der Bildungssektor als ein Feld, auf dem man den nationalkulturellen Aspirationen der bevorzugten Bevölkerungsgruppen, vor allem den Balten und den Ukrainern, zumindest ein wenig entgegenkommen konnte[83].

Die Realität sah zunächst anders aus: Die meisten Schulen blieben geschlossen, weil nur sowjetische Lehrbücher verfügbar waren, weil die Lehrer entweder die Flucht ergriffen hatten oder den nationalsozialistischen Massenmorden zum Opfer gefallen waren. In vielen Gebieten verblieben nur noch 10% der ursprünglich tätig gewesenen Lehrer in ihrem Beruf. So wurde der Unterricht beispielsweise im Bereich der 281. Sicherungsdivision zunächst auf Schulsport reduziert. Erst im Spätherbst 1941 wurde das Schulwesen wieder in Gang gebracht[84]. Selbst für die Ukrainer war lediglich ein Schulwesen auf niedrigem Niveau vorgesehen, allenfalls eine Volksschule von vier oder fünf Klassen. Für diese Elementarausbildung war von den Eltern Schulgeld zu entrichten. Die Einheimischen nahmen dies als Schlag

---

[82] Die deutsche Wirtschaftspolitik, S.180f.; Gerlach, Kalkulierte Morde, S.391ff.; beispielsweise Sokolov, Okkupacija, S.22 (Pjatigorsk).

[83] Vgl. Blanka Jerabek, Das Schulwesen und die Schulpolitik im Reichskommissariat Ukraine 1941–1944. Im Lichte deutscher Dokumente. München 1991, S.60ff.

[84] Klaus Jochen Arnold, „Einfaches Rechnen bis höchstens 500"? Die deutsche Militärverwaltung und das Schulwesen in den besetzten sowjetischen Gebieten 1941–1944, in: Kontrapunkt, S.71–82, hier 76f.; BA-MA RH 26-281/25A, Lagebericht 281. Sich.Div., VII, 15.9.1941; 281. Sich. Div., VII, an Berück Nord, 22.11.1941.

ins Gesicht wahr[85]. Am 20. Dezember 1941 ordnete das OKH eine generelle Schließung aller Schulen in den Armeegebieten an. Erst im Juni 1942 begann allmählich die Wiedereröffnung. Die Schulpflicht sollte sogar bis zum 14. Lebensjahr ausgedehnt werden, um einem „Herumlungern" der Jugendlichen vorzubeugen[86]. Das OKH untersagte jedoch die vorgeschlagene obligatorische Einführung einer siebenklassigen Bildung[87]. Erst in der Endphase der Besatzung wurde damit begonnen, „Fortbildungskurse" auch für die 12- bis 14-Jährigen einzurichten, gelegentlich sogar höhere Schulen wieder zu eröffnen. So unterschied sich das Schulwesen in den einzelnen Gebieten oft beträchtlich; während es in Rostov bei einer vierklassigen Grundschule blieb, konnten Kinder in Smolensk ab Juni 1942 eine zehnjährige Schul- und Lehrausbildung absolvieren[88].

Vorliegende Statistiken deuten darauf hin, dass nur etwa die Hälfte aller Kinder der einschlägigen Jahrgänge tatsächlich zur Schule ging. Im Heeresgebiet Mitte kam statistisch eine Schule auf 1 000 Kinder im entsprechenden Alter[89]. Viele der Heranwachsenden waren gar nicht in der Lage, zur Schule zu gehen, weil die Entfernungen zu groß waren oder es am Allernotwendigsten wie etwa ausreichender Kleidung fehlte. Auch die Zahl der Lehrer blieb deutlich beschränkt; mangels höherer Bildungsanstalten kamen keine neuen qualifizierten Kräfte hinzu. Zudem mussten die Lehrer vielerorts Anschläge durch Partisanen befürchten, da sie als Kollaborateure galten[90]. An den Schulen wurde nun die stalinistische Indoktrination durch eine nationalsozialistische ersetzt. So waren die Lehrer gehalten, den Kindern auch die „Judenfrage" nahezubringen. Insgesamt konzentrierten sich die Lehrinhalte jedoch auf die Lese-, Schreib- und Rechenkenntnisse, auf handwerkliche Fähigkeiten und auf einen weit gefassten Religionsunterricht[91].

Obwohl die Militärverwaltung im allgemeinen als pragmatischer einzuschätzen ist als Rosenbergs Ministerium, verhielt es sich mit der „Bildungspolitik", wenn man sie so nennen will, eher umgekehrt. Allein unter Zivilverwaltung wurden allmählich auch höhere Bildungsanstalten zugelassen, eine Art Rumpfstudium in den sogenannten Fachkursen. Weniger Hemmungen offenbarte da die rumänische Besatzungsmacht in Transnistrien: Sie eröffnete die Universität in Odessa wieder,

[85] Sergej Konstantinow, Konzept und Wirklichkeit. Die Schulpolitik des Dritten Reichs in den besetzten Gebieten, in: Verführungen der Gewalt. Russen und Deutsche im Ersten und Zweiten Weltkrieg. Hg. von Karl Eimermacher, Astrid Volpert u. a. München 2005, S. 887–913, hier 898f.; BA-MA RH 26-444/21, Ano. Nr. 31 Berück Süd, VII, 14. 12. 1941; BA-MA RH 22/202, Lagebericht FK 753 Walki, 16. 5. 1942; BA-MA RH 22/203, Tätigkeitsbericht Berück Süd, VII, 15. 2. 1942. Vgl. Vegesack, Als Dolmetscher im Osten, S. 247f.
[86] BA-MA RH 22/201, Tätigkeitsbericht FK 200 Konotop, 17. 6. 1942; IfZ MA 1699, fr. 780–786, Lagebericht FK 774 Skadowsk, 18. 6. 1942; BA-MA RH 23/90, Tätigkeitsbericht FK 608, 30. 6. 1942; BA-MA RH 20-17/709, Lagebericht FK 538, VII, Stalino 15. 10. 1942
[87] BA R 6/307, 146–147, Berück Süd, VII, an FK 774, 4. 8. 1942; BA-MA RH 20-11/422, KTB AOK 11, OQu, 1. 8. 1942.
[88] BA-MA RH 19 III/658, Bl. 7–11, HGr. Nord, OQu, VII, 3. 5. 1943; BA-MA RH 23/17, Bl. 118–119, Tätigkeitsbericht Korück 531, VII, 12. 2. 1943; Konstantinow, Konzept und Wirklichkeit, S. 897f.
[89] BA-MA RH 23/281, Bl. 52–55, Korück 583, VII, 14. 8. 1942; errechnet aus: BA R 90/111, Bericht Beauftr. RmfbO bei HGr. Mitte, 8. 10. 1942; BA-MA RH 23/17, Bl. 8–30, Bericht Korück 531 für März 1943, o. D.
[90] BA-MA RH 26-203/7, Monatsbericht 203. Sich. Div., VII, 27. 4. 1943.
[91] BA-MA RH 21-2/902, Bl. 62–66, Tätigkeitsbericht PzAOK 2, Ic/AO, 15. 9. 1942 (über die Schulung von Lehrern); Konstantinow, Konzept und Wirklichkeit, S. 898.

freilich im Rahmen einer Rumänisierungsstrategie. Weder das OKH noch die Militärverwaltung sahen Veranlassung, im Operationsgebiet den allgemeinen Universitätsbetrieb wieder in Gang zu setzen, zumal dort vergleichsweise wenige Hochschulen existiert hatten. Lediglich einige wissenschaftliche Institute, insbesondere für medizinische und agrarwirtschaftliche Untersuchungen, wurden wieder zugelassen[92].

Ab 1943 konkurrierte das Schulwesen immer mehr mit der Zwangsarbeiterrekrutierung. Wer älter als 14 Jahre war, oftmals jedoch schon ab 10 oder 12 Jahren, dem drohte der Abtransport zur Zwangsarbeit ins Reich. Wie alle anderen Bereiche der Besatzungspolitik, so hatte auch das Schulwesen für die deutschen Besatzer eine rein funktionale Bedeutung. Für die Kinder und Jugendlichen unter deutscher Besatzung waren es auch in dieser Hinsicht verlorene Jahre.

6. Die Sowjetdeutschen

Die Truppen der Wehrmacht waren ganz überrascht, als sie bei ihrem Vormarsch auf „Volksdeutsche" trafen, hatte man doch angenommen, dass die sowjetische Geheimpolizei diese komplett deportieren oder gar umbringen würde. Insbesondere in der Ukraine gelang es großen Teilen der deutschsprachigen Minderheit, den Rückzug der sowjetischen Truppen unbeschadet zu überstehen. Als die Überraschung unter den deutschen Funktionären verflogen war, setzte sogleich ein Kampf der Dienststellen darüber ein, wer denn diese „wertvollen" Sowjetdeutschen betreuen dürfe[93].

Diese spezielle Kompetenz riss der Reichsführer-SS mit seiner Volksdeutschen Mittelstelle an sich. Diese entsandte ein eigenes SS-Sonderkommando R (für Russland) zur Betreuung der „Volksdeutschen" in die sowjetischen Gebiete. Daneben machte sich eine spezielle Einheit an Volkstumsuntersuchungen über diese Minderheit. Dennoch blieb das Militär nicht außen vor. Die rückwärtigen Befehlshaber ordneten bevorzugte Behandlung der Sowjetdeutschen an, insbesondere bei der Ernährung; Diebstahl an „volksdeutschem Eigentum" sollte mit Tötungen geahndet werden. Wo die deutschsprachige Minderheit vorhanden war, versuchte man ihre Vertreter in den Kommunalverwaltungen zu platzieren[94].

Freilich verlor das Militär bald den Zugriff auf die Mehrheit der Sowjetdeutschen, da diese in Gebieten wohnten, die entweder der Zivilverwaltung oder rumänischen Okkupationsbehörden übergeben wurden. Lediglich die verstreut über die ganzen östlichen Gebiete lebenden Personen, die sich nun als „Volksdeutsche" deklarierten, blieben unter Obhut des Militärs. Dort genossen sie eine Vorzugsbehandlung gegenüber den Einheimischen, vor allem in der Versorgung mit Nahrungsmitteln. Wo

[92] Jerabek, Schulwesen, S. 107ff.; Dallin, Odessa.
[93] Vgl. Buchsweiler, Volksdeutsche, S. 323, 348ff.; Ingeborg Fleischhauer, Das Dritte Reich und die Deutschen in der Sowjetunion. Stuttgart 1983.
[94] BA-MA RH 20-9/286, OKW/Abw. III, Behandlung von Volksdeutschen, 15.7.1941; BA-MA RH 22/271, Bl. 132-133, OKH, GenQu, Behandlung der Volksdeutschen., 5.8.1941; BA-MA RH 22/202, Berück B an FK 774, 15.8.1942.

der Hunger grassierte, wie im Vorfeld von Leningrad oder im Raum Charkow, transportierte man die Sowjetdeutschen kurzerhand in andere Gebiete[95].

Letztendlich blieben die Sowjetdeutschen ein Spielball totalitärer Politik. Vom Sowjetregime seit Anfang der 30er Jahre überproportional stark verfolgt, erhofften sich die meisten von ihnen die Befreiung durch die Wehrmacht. Zwar konnten sie es sich unter deutscher Besatzung etwas vorteilhafter einrichten als die meisten übrigen Einwohner, doch in der Konsequenz war ihr Schicksal nun untrennbar mit dem des NS-Regimes verbunden. Von den Besatzern wurden sie oftmals als Deutsche zweiter Klasse behandelt. Viele Sowjetdeutsche traten in deutsche Dienste, als Kommunalverwalter, bisweilen in der Hilfspolizei oder bei Wehrmacht/Polizei. Nicht wenige wurden zu Tätern bei den nationalsozialistischen Massenmorden. Mit den Rückzügen ab 1943 mussten die „Volksdeutschen" sich evakuieren lassen, da ihnen die Rache des stalinistischen Systems drohte. Wer beim Rückzug überrollt wurde, teilte dann das Schicksal der bereits im Jahre 1941 Deportierten; die meisten kamen nach Sibirien oder Kazachstan, viele wurden in den Gulag verschleppt.

---

[95] Sokolov, Okkupacija, S. 322; IfZ MA 1714, fr. 613, KTB WiKdo Pleskau, 28. 2. 1942; National Archives, London HW 16/6, part 1, Britischer Geheimdienstbericht über deutsche Polizeifunk, 11. 4. 1942 (Charkow).

VI. Von der Hybris zur Ratlosigkeit: Gewalt und Besatzungspolitik in „Barbarossa" bis Frühjahr 1942

Während sich die wirtschaftlichen Kriegsziele erst allmählich entfalteten, stand die allumfassende Gewalt seit dem ersten Feldzugstag auf der Tagesordnung. Dies galt selbstverständlich für die Kriegführung, aber auch für die anvisierten Gewaltmaßnahmen für den Fall, dass sich die Bevölkerung unbotmäßig verhielt. Die ersten Feldzugswochen waren nicht nur für das Gelingen der deutschen Operationsplanung entscheidend, sondern auch für die Herausbildung der Konstellationen, die unter Besatzung herrschen sollten.

1. Euphorie und Gewalt – die ersten fünf Wochen

Die Meldungen über die Erschießung angeblicher Kommissare der Roten Armee liefen seit dem ersten Feldzugstag, dem 22. Juni 1941, ein[1]. Glaubt man polnischen Nachkriegsermittlungen, so begannen auch die Gewaltmaßnahmen gegen Zivilisten an diesem Tag. Der Raum Bialystok, der im Jahr vorher von der Sowjetunion annektiert worden war, erlebte eine erneute Welle der Gewalt, nach einem kurzzeitigen Einmarsch der Wehrmacht im September 1939, der wieder rückgängig gemacht wurde, und nach anderthalb Jahren sowjetischer Terrorherrschaft. Zwischen dem 22. und 26. Juni erschossen deutsche Einheiten, vermutlich zumeist der Wehrmacht zugehörig, über 100 Zivilisten, und brannten in mindestens zwei Fällen ganze Dörfer ab[2].

Am 27. Juni orderte die 221. Sicherungsdivision das ihr unterstellte Polizeibataillon 309 nach Bialystok zur „Säuberung der Stadt von russ. Versprengten und

---

[1] Trials of War Criminals, Band 11, S. 582 (20. ID, 22. und 23.6.1941); BA-MA RH 26-71/34, 71. ID, Ic, Anlage Nr. 14 Tätigkeitsbericht, (23.6.1941); BA-MA RH 26-252/129, KTB 252. ID, Ic, 24.6.1941. Weitere Meldungen aus dem Juni bei Streit, Keine Kameraden, S. 88f. (XXVIII. AK, 61. ID, 99. lei. ID, 298. ID); Obrečennye pogibnut'. Sud'ba sovetskich voennoplennych-evreev vo Vtoroj Mirovoj vojne. Vospominanija i dokumenty. Hg. von Pavel Poljan, Aron Šneer. Moskva 2006, S. 12 (123. ID), Tagebucheintrag bei Jürgen Förster, Die geistige Kriegführung, in: DRZW 9/1, S. 524f.

[2] Rass, „Menschenmaterial", S. 333; Hitlerowski terror na wsi polskiej, S. 27–30 (Landkreise Dąbrowa Białostocka, Grajewo, Siemiatycze, Sokolka); Michał Gnatowski, Białostocczyzna w latach wojny i okupacji hitlerowskiej. Białystok 1979, S. 224f.. Erschießungen von Juden durch Angehörige der 252. ID am 25.6.1941 in Siemiatycze vermerkt Piotr Łapiński, Zbrodnie wojenne w powiecie bielskim w końcu czerwca 1941 roku, in: Początek wojny niemiecko-sowieckiej i losy ludności cywilnej. Red. Jan Jerzy Milewski u.a. Warszawa 2003, S. 98–102. Zu frühen Erschießungen von Zivilisten durch Angehörige der 12. ID: Warth, Verräter oder Widerstandskämpfer, S. 91.

deutschfeindlicher Bevölkerung"[3]. Die Polizisten ermordeten in diesem Zusammenhang, vermutlich auf Initiative einiger Polizeioffiziere, Hunderte von Juden; die meisten der Opfer verbrannten bei lebendigem Leib in der Synagoge, die man angezündet hatte. Weitere Juden und versprengte russische Soldaten fielen dem Infanterie-Regiment 350 zum Opfer[4]. Im Raum von Lida massakrierten Angehörige des Infanterie-Regiments 56 am 28. Juni 50 Juden, nachdem sie die Leichen von fünf Wehrmachtsoldaten entdeckt hatten[5].

Weiter nördlich, im sogenannten litauischen Grenzsstreifen, begannen die ersten großen Massaker an Juden. Ein Kommando der Gestapo Tilsit erschoss dort unter dem Vorwand, Truppen seien hinterrücks beschossen worden, ab dem 24. Juni Hunderte jüdischer Männer und fand dabei sofort Unterstützung von Wehrmachtstellen: „In Krottingen und Polangen wurden durch die jeweiligen Ortskommandanten zusätzlich weitere Exekutionskommandos in Stärke von 20 bzw. 22 Mann gestellt."[6] In Litauen löste die deutsche Sicherheitspolizei weisungsgemäß zusammen mit litauischen Kräften das erste antijüdische Pogrom aus. In Kaunas wurden ab dem 25. Juni Hunderte von Juden misshandelt und getötet, oft im Beisein oder gar unter dem Beifall deutscher Soldaten. Zur gleichen Zeit erschoss das Sonderkommando 1b Tausende von Juden[7]. In Nordlitauen wurde schon Ende Juni 1941 ein Lager für Juden eingerichtet.[8] Lediglich in der Ukraine verlief der Vormarsch so langsam, dass in den ersten Tagen nur wenige Kleinstädte erobert wurden. Dort begannen die Massenmorde ein paar Tage später, am 30. Juni.

Eines der größten Verbrechen dieser Zeit ging nicht von deutschen, sondern von rumänischen Stellen aus. Nicht im besetzten Gebiet, sondern noch auf rumänischem Boden organisierte die rumänische Geheimpolizei ab dem 28. Juni ein „Pogrom" in Iasi, an dem auch Soldaten der dort stationierten rumänischen und deutschen Heeresverbände teilnahmen. Das zuständige AOK 11 sprach zynisch von einem Aufstand der Juden und wollte zunächst nicht eingreifen, besann sich

3 BA-MA RH 26-221/12b, Divisionsbefehl 221. Sich.Div., 27.6.1941.
4 Gerlach, Kalkulierte Morde, S. 542f.; Peter Longerich, Politik der Vernichtung. Eine Gesamtdarstellung der nationalsozialistischen Judenverfolgung. München, Zürich 1998, S. 345–348; eine abgebrochene Repressalaktion der Wehrmacht gegen Juden am 28.6.1941 dokumentiert: Holocaust. Der nationalsozialistische Völkermord und die Motive seiner Erinnerung. Hg. von Burkhard Asmuss. Berlin 2002, S. 159f.; eine andere vom selben Tag in: Verbrechen der Wehrmacht, S. 499.
5 Deutscher Osten 1939–1945. Der Weltanschauungskrieg in Photos und Texten. Hg. von Klaus-Michael Mallmann, Volker Rieß, Wolfram Pyta. Darmstadt 2003, S. 77f. (IR 56 gehörte zur 5. ID; ein kriegsgerichtliches Verfahren in der Sache wurde eingestellt).
6 Schreiben Stapo Tilsit an RSHA, 1.7.1941, Einsatzgruppen in der besetzten Sowjetunion, S. 374. Im Detail: Christoph Dieckmann, Der Krieg und die Ermordung der litauischen Juden, in: Nationalsozialistische Vernichtungspolitik. Hg. von Ulrich Herbert. Frankfurt a. M. 1998, S. 292–329, hier 295–298.
7 BA R 58/214, EM CdS Nr. 19, 11.7.1941. Edmund Dmitrów, Die Einsatzgruppen der deutschen Sicherheitspolizei und des Sicherheitsdienstes zu Beginn der Judenvernichtung im Gebiet von Lomza und Bialystok im Sommer 1941, in: ders., Pawel Machcewicz, Tomasz Szarota, Der Beginn der Vernichtung. Zum Mord an den Juden in Jedwabne und Umgebung im Sommer 1941. Osnabrück 2004, S. 95–208, hier S. 179ff.
8 BA-MA RH 22/271, Bl. 180, 207. Sich.Div. an Berück Nord, 29.6.1941. Eine Erschießung von Juden durch eine Wehrmachteinheit in Dünaburg am 29.6.1941 erwähnt Wolfgang Curilla, Die deutsche Ordnungspolizei und der Holocaust im Baltikum und in Weißrußland 1941–1944. Paderborn 2006, S. 893.

dann aber eines Besseren. Erst am 2. Juli war das Morden, das etwa 4 000 Menschenleben kostete, vorläufig beendet[9].

Allein dieser kursorische Überblick zeigt, dass bereits in der ersten Woche des Feldzuges Tausende von Zivilisten und eine unbekannte Anzahl von Kriegsgefangenen ermordet wurden[10]. Die Zahl der jüdischen Opfer überstieg damit bereits die Dimensionen, die sie im gleichen Zeitraum während des Polenfeldzuges von 1939 gehabt hatten. Diese Massenmorde gingen noch eindeutig von Polizei und SS bzw. rumänischen Stellen aus, doch in einigen Fällen legten Wehrmachteinheiten den organisatorischen Rahmen oder stellten Helfer bei den Mordaktionen.

Erst in den letzten Juni- und ersten Julitagen 1941 wurde das Morden in den neu besetzten Gebieten systematisiert. Nun erreichten die vier Einsatzgruppen samt Teileinheiten ihre ersten Standorte, am 3. Juli kamen zusätzlich Kommandos der Sicherheitspolizei aus dem Generalgouvernement nach Polen. Um diese Zeit ereignete sich etwas, was den Mördern durchaus entgegenkam: Unmittelbar nach dem deutschen Einmarsch hatte die sowjetische Geheimpolizei NKVD damit begonnen, einen Teil ihrer Häftlinge in den Grenzgebieten zu erschießen. Um den 29./30. Juni wurden Tausende von Leichen in ostpolnischen Gefängnissen entdeckt.

Die Nachricht machte in den Militäreinheiten die Runde, alsbald wurden Wehrmachtjuristen ausgeschickt, um die Funde zu untersuchen. Ihnen folgte die nationalsozialistische Propagandamaschinerie auf dem Fuß. Ab dem 3. Juli lief Goebbels' Apparat auf Hochtouren, die Schreckensbilder waren nun in Wochenschau und Presse zu besichtigen[11]. Es ist umstritten, welche Rolle die Entdeckung der sowjetischen Verbrechen für den weiteren Verlauf der deutschen Politik spielten. Selbstverständlich wurde das Sowjetsystem unter deutschen Politikern und Soldaten als verbrecherisch eingestuft, viele rechneten mit einer Radikalisierung des sowjetischen Vorgehens nach dem Angriff. Ohne Zweifel aber verschärften die massenhaften Leichenfunde in den verlassenen NKVD-Gefängnissen die Haltung der neuen Herren.

Dies galt jedoch offensichtlich weniger für die NS-Spitze und den SS/Polizeiapparat. Es gibt keine hinreichenden Belege dafür, dass sich die Dimensionen der – vorher geplanten – Massenmorde unmittelbar wegen der Leichenfunde erweiterten. Freilich dürfte die Propagandakampagne, vereinzelt auch die direkte Konfrontation mit den Opfern des NKVD, zu einer Aufheizung der Stimmung innerhalb der Wehrmacht geführt haben. Insbesondere erhöhte sie offensichtlich die Bereitschaft deutscher Soldaten, an Pogromen teilzunehmen oder die Massenmorde von SS und Polizei zu tolerieren[12]. Die massivste Wirkung hatten diese Vorgänge aber auf die einheimischen Untergrundmilizen, bei denen die antisemitische und antikommunistische Gewaltbereitschaft nun völlig entfesselt war. Für den gesamten Besatzungsapparat ist jedoch festzuhalten, dass die Entdeckung neu-

[9] Angrick, Besatzungspolitik, S. 141ff.; Report of the International Commission on the Holocaust in Romania, S. 135 (Teile des XXX. AK).
[10] Vgl. BA R 58/214, Bl. 39–44, EM CdS Nr. 8, 30.6.1941.
[11] BA-MA RH 20-17/768, Tätigkeitsbericht AOK 17, Ic/AO, 30.6.1941; de Zayas, Wehrmacht-Untersuchungsstelle, S. 333ff.
[12] Vgl. – bei aller quellenkritischen Vorsicht – die Feldpostbriefe aus dieser Zeit: Wolfgang Diewerge, Deutsche Soldaten sehen die Sowjetunion. Berlin 1941.

er stalinistischer Verbrechen in erster Linie ein willkommener Vorwand war, um ohnehin geplante Gewaltmaßnahmen mit scheinbarer Legitimität zu versehen[13].

Selbst Hitlers extreme verbale Ausfälle gegenüber sowjetischen Großstädten, die sich in der ersten und zweiten Juliwoche 1941 häuften, können nicht allein auf die Nachrichten von neuen sowjetischen Verbrechen zurückgeführt werden. Offensichtlich hatte der „Führer" schon vor dem Feldzug erwogen, sowjetische Metropolen wie Moskau oder Leningrad dem Erdboden gleichzumachen[14].

Nach etwa drei Wochen glaubte die NS-Führung wie auch die Wehrmacht, den Feldzug fahrplangemäß gewonnen zu haben. Mitte Juli fielen eine Reihe von Entscheidungen, die das Gesicht der Besatzungspolitik veränderten. Freilich konnten diese Entscheidungen niemanden überraschen. Auf der Spitzenbesprechung am 16. Juli entschied Hitler, welche Territorien als erste von der militärischen in die zivile Verwaltung übergehen würden. Darüber hinaus legte er seine Siedlungspläne für den neuen Osten offen, die sich – mit der Ausnahme der Krim – auf solche Gebiete beschränkten, die nicht mehr lange im Operationsgebiet blieben. Unter Bezugnahme auf Stalins Aufruf vom 3. Juli, hinter den deutschen Linien einen Partisanenkrieg zu entfachen, forderte Hitler erneut brutalstes Vorgehen gegen jegliche Form des Widerstandes[15]. Das OKH selbst war bei dieser Besprechung nicht vertreten, erhielt aber tags darauf die Informationen zur Gebietsabgabe[16]. Am 18. Juli schied die Stadt Brest kurzzeitig ganz aus der Besatzungspolitik aus und wurde dem Militär im Generalgouvernement unterstellt[17].

Der „Neuordnung" im Großen entsprach die Verschärfung im Innern. Im Laufe des Juli erhöhten sich die Exekutionszahlen der SS- und Polizeieinheiten. Ein Grund dafür bildete sicher die Radikalisierung unter den Tätern. Zugleich wurden sie ab Mitte Juli entscheidend personell verstärkt: Vor allem in der Südhälfte des besetzten Gebietes agierten nun neu angekommene Einheiten, besonders die SS-Kavallerieregimenter und die 1. SS-Brigade, aber auch die erstmals eingesetzten Polizeibataillone 45, 303 und 314 in der Ukraine. Sie alle brauchten nicht lange, bis sie ihre ersten Massenverbrechen im Ostfeldzug begingen[18]. Während der Wirtschaftsstab Ost noch erwartete, dass die Juden (ohne die wehrfähigen Männer) umfassend in Ghettos gepresst werden würden, begannen einzelne SS- und Polizeieinheiten in der zweiten Julihälfte 1941 damit, auch Frauen und Kinder in großer Zahl zu ermorden[19].

Mitte Juli fielen auch die formellen Entscheidungen für die Massenmorde in den Kriegsgefangenenlagern. Offensichtlich in Verhandlungen bis zum 16. Juli verein-

---

[13] So auch die Interpretation bei Dieckmann, Besatzungspolitik, Kap. C.2.
[14] Halder KTB III, S. 54 (Eintrag 8.7.1941); Ein General im Zwielicht, Band 3, S. 108 (wahrscheinlich 5.5.1941 Gespräch mit Stahlecker).
[15] Aktenvermerk des Reichsleiters Bormann betr. eine Besprechung über Ostfragen: 16.7.1941, in: IMT, Band 38, S. 86ff. (L-221).
[16] Halder KTB III, S. 86 (Eintrag 17.7.1941).
[17] IfZ MA 856, fr. 162, Korpsbefehl Nr. 28 Berück Mitte, 15.7.1941. Ab 1.9.1941 ging die Stadt ins RKU über.
[18] Vgl. Cüppers, Wegbereiter der Shoah, S. 125ff.; Stefan Klemp, „Nicht ermittelt". Polizeibataillone und die Nachkriegsjustiz – ein Handbuch. Essen 2005, S. 124f., 235, 277.
[19] BA-MA RW 31/66, Bl. 11–13, Wochenbericht WiStOst, 16.7.1941; Dieter Pohl, Schauplatz Ukraine: Der Massenmord an den Juden im Militärverwaltungsgebiet und im Reichskommissariat 1941-1943, in: Ausbeutung, Vernichtung, Öffentlichkeit, S. 135–173, hier 139f.

barten OKW und RSHA, dass die Sicherheitspolizei aus den Lagern „unerwünschte" Gefangene übernahm und ermordete[20]. Zwar schränkte das OKH unmittelbar darauf diese Vereinbarung auf die Stammlager (Stalag) ein, faktisch begannen jedoch schon im Laufe des Juli die Selektionen und die Massenmorde auch in den Durchgangslagern (Dulag)[21].

Bis Ende Juli 1941 verlief der Feldzug nach Plan, ein schneller Sieg schien in greifbarer Nähe. So entfalteten sich die geplanten Gewaltmaßnahmen ohne größere Hemmungen; der Konsens zwischen NS-Führung, Wehrmachtelite und Soldaten hatte einen neuen Höhepunkt erreicht. Weder brauchte man auf eine internationale Öffentlichkeit Rücksicht nehmen noch wollte man dies in Bezug auf die einheimische Bevölkerung.

2. Die Anfänge der Zusammenarbeit mit dem SS- und Polizeiapparat

Dies wirkte sich auch auf das Verhältnis der Militärs zu SS und Polizei aus. Ende Juni, Anfang Juli 1941 machten die meisten Einsatzgruppenführer oder Verbindungsoffiziere der Sicherheitspolizei ihren Antrittsbesuch bei den zuständigen Militärkommandos. Die ersten solchen Treffen fanden im Bereich der Heeresgruppen Nord und Mitte statt, wo die Truppen schnell vormarschierten[22]. Sie sind für viele Armee-Oberkommandos nachweisbar[23].

Grundsätzlich galt für die Zusammenarbeit der OKH-Befehl vom 28. April. Demnach sollten die Sonderkommandos der Sicherheitspolizei in den – weiter vorne gelegenen – Armeegebieten operieren, dort aber mit eingeschränkten Rechten und Aufgabenfeldern. Jedem AOK war ein Verbindungsoffizier der Sicherheitspolizei zuzuordnen, unter Umständen sogar ein ständiger Verbindungsmann zur jeweiligen Ic-Abteilung. Die personalstärkeren Einsatzkommandos wiederum waren mit größeren Kompetenzen ausgestattet, sie sollten nur in den rückwärtigen Heeresgebieten tätig sein und entsprechend Verbindungsleute zu den drei Berücks benennen, unter Umständen sogar zu den jeweils nächstgelegenen Sicherungsdivisionen. Ein völliges Novum stellten die drei Höheren SS- und Polizeiführer in den Heeresgebieten dar, die direkt den Berück zugeordnet waren. Schon vor dem Feldzug war in zusätzlichen Weisungen und bei mündlichen Besprechungen eine weitere Ausdehnung der Abmachungen vom 28. April angelegt worden[24]. Relativ un-

---

[20] Erwähnt in Einsatzbefehl CdS Nr. 8, 17. 7. 1941, in: Die Einsatzgruppen in der besetzten Sowjetunion. Die Tätigkeits- und Lageberichte des Chefs der Sicherheitspolizei und des SD 1941/42. Hg. von Peter Klein, Berlin 1997, S. 336. Zur Interpretation: Streit, Keine Kameraden, S. 87ff., 101f.

[21] Gerlach, Kalkulierte Morde, S. 835ff. (Dulag 131, 155); USHMM RG 48.004M, reel 1 (VHA Prag, Kommandostab RFSS, Karton 1), Pol.bat. an Pol.Rgt Mitte, 12. 7. 1941 (Dulag 185).

[22] IfZ MA 856, fr. 704, Monatsbericht Berück 101/Ic, 1. 7. 1941 (22. 6. 1941 Bespr. mit Stubaf Wessel, VO zum BdS).

[23] Beispielsweise BA-MA RH 20-11/334, Entwurf KTB AOK 11, Abw. I, 1. 7. 1941; BA-MA RH 20-6/493, Bl. 240, Tätigkeitsbericht, AOK 6, Ic/AO, 3. 10. 1941 (Ablösung Verbindungsführer Sk 4a).

[24] Siehe oben, S. 72.

Polizeiparade in Warschau, Juni 1941: Höherer SS- und Polizeiführer Russland-Mitte,
Erich von dem Bach-Zelewski, Befehlshaber des rückwärtigen Heeresgebietes Mitte,
Max von Schenckendoff, und Kommandeur des Polizeiregiments Mitte, Max Montua
(Quelle: Landesarchiv Baden-Württemberg, Staatsarchiv Freiburg, F 176/13, 1420, Pack 159, Bild 16)

klar blieb von Anfang an lediglich die Abgrenzung zu den Aufgaben der Abwehrkommandos und der Geheimen Feldpolizei.

Diese eher formalen Regelungen wurden nach Beginn des Feldzuges mit Leben gefüllt. Soweit sich das – nach der fast vollständigen Vernichtung der einschlägigen Akten – noch rekonstruieren lässt, standen die Berücks in laufendem Kontakt mit ihren HSSPF, die Heeresgruppen- und Armeeoberkommandos hielten regelmäßige Korrespondenz und trafen sich zwar oft, aber eher unregelmäßig mit den Vertretern der Sicherheitspolizei[25]. Bei den Sicherungsdivisionen sind solche Kontakte nur sporadisch nachzuweisen. Sicher spielten hier die äußeren Rahmenbedingungen eine große Rolle, also die Eroberung großer Städte, in deren Gefolge die Kooperation meist besonders eng war, oder die Präsenz in sogenannten Partisanengebieten. Nicht zu unterschätzen ist die räumliche Nähe der Hauptquartiere von Militär und Polizei. Nicht selten residierten diese sogar im selben Gebäude. Zum dienstlichen trat dann oft der außerdienstliche Verkehr, etwa das gemeinsame Essen im Kasino[26]. Im Allgemeinen wird der Umgang zwischen beiden Herrschaftsträgern als korrekt, kollegial, ja oft freundlich geschildert. Von den endemischen Kompetenzkonflikten, wie sie im Reich oder in anderen besetzten Gebieten virulent waren, war weit im Osten zunächst wenig zu spüren.

---

[25] Vgl. dazu Hürter, Hitlers Heerführer, S. 521ff.
[26] Jörn Hasenclever, Generalleutnant Karl von Roques. Unveröff. MA-Arbeit. Münster 1998, S. 114.

Entscheidend hierfür waren mehrere Faktoren: Zunächst sah die Heeresführung in den SS- und Polizeieinheiten eine willkommene Verstärkung der schwachen Personaldecke im gigantischen rückwärtigen Gebiet, das als durchsetzt mit extrem feindlichen Personen galt. Die Massenmorde der Polizei entwickelten sich stufenweise, der völkermörderische Charakter wurde erst nach Wochen klar. Die offizielle Arbeitsteilung erleichterte es den Spitzenmilitärs, der Polizei die „Drecksarbeit", also die Ermordung vermeintlich verdächtiger Zivilisten, zu überlassen. Entscheidend blieb freilich, dass man sich im Antibolschewismus einig wusste, über weite Strecken auch in einem extremen Antisemitismus und in der Geringachtung der slawischen, insbesondere der ethnisch russischen Bevölkerung. So nimmt es nicht wunder, dass die Oberbefehlshaber der Armeen alsbald den *umfassenden* Einsatz der Sicherheitspolizei in ihren Gebieten gestatteten, sowohl im Hinblick auf das Aufgabenspektrum als auch auf die Einsatzräume; ja sie ließen diese sogar gelegentlich im Gefechtsgebiet gewähren[27]. Lediglich das AOK 11 nutzte im ersten Monat des Feldzuges die Möglichkeiten, die ihm im Heydrich-Wagner-Abkommen gegeben worden waren und führte den Einsatz der Einsatzgruppe D an der kurzen Leine. Damit wollte der Oberkommandierende von Schobert, selbst bekennender Nationalsozialist, jedoch keineswegs Massenverbrechen verhindern, sondern vielmehr die volle Hoheit über alle Einheiten in seinem Gebiet ausüben[28]. Zu einem Konflikt mit einem rückwärtigen Heeresgebiet, dem Berück Nord, kam es dann, als die Militärverwalter Kritik an den exzessiven Massenmorden der Einsatzgruppe A zu üben begannen; doch davon später[29].

Nicht nur Oberkommandos und Sicherungseinheiten traten in Kontakt mit den Kollegen vom „SD". Auch Fronteinheiten wurden allgemein über den Einsatz der Sonderkommandos in Kenntnis gesetzt[30]. Konkrete Kontakte unterhielten solche Infanteriedivisionen, die kurzzeitig in den rückwärtigen Gebieten eingesetzt wurden[31]. Sie hatten es meist nicht mit größeren Polizeieinheiten, sondern eher mit kleineren Trupps zu tun.

Von entscheidender Bedeutung für die Besatzungspolitik war natürlich die Zusammenarbeit zwischen Militär und Polizei vor Ort, d. h. vor allem bei den Feld- und Ortskommandanturen. Zwar waren auch bei den Feldkommandanturen die allgemeinen Regelungen zu diesem Thema bekannt, die Kontakte und die Zusammenarbeit waren jedoch nicht so kontinuierlich wie zwischen den Großverbänden und den SS- und Polizeieinheiten. Oft hielt sich das jeweilige Kommando der Si-

[27] Krausnick/Wilhelm, Truppe des Weltanschauungskrieges, S. 209ff.
[28] Angrick, Besatzungspolitik, S. 172ff.; zum Kenntnisstand im AOK 11 vgl. Vernehmung Hubert Miketta, 4.10.1962, in: Stein, Die 11. Armee und die „Endlösung" 1941/42, S. 331f.
[29] Siehe unten S. 269.
[30] BA-MA RH 26-11/61 (auch NOKW-2962), 11. ID, Ic, 26.6.1941; Warth, Verräter oder Widerstandskämpfer, S. 84 (12. ID). Im militärischen Sprachgebrauch wurden die Kommandos von Sicherheitspolizei und SD fast durchweg als „SD" bezeichnet. Dies lag darin begründet, dass die Angehörigen der Einsatzgruppen im Osten in Uniform einer SS-Formation im Einsatz waren und auch die Angehörigen der Gestapo und der Kripo die SD-Raute darauf trugen, allerdings durch die Paspelierung von den richtigen SD-Funktionären unterschieden werden konnten; Wolfgang Scheffler, Die Einsatzgruppe A 1941/42, in: Einsatzgruppen in der besetzten Sowjetunion, S. 29–51, hier 29.
[31] BA-MA RH 26-252/129, KTB, 252. ID, Ic, 21.7., 3.8.1941; BA-MA RH 26-87/25, 87. ID, 6.8.1941 („Bandenverdächtige" an Ek 8 abzugeben). Zur 87. ID: Gerlach, Kalkulierte Morde, S. 556, 562.

cherheitspolizei nur wenige Tage in einer Stadt auf und suchte die Zusammenarbeit mit der Kommandantur bzw. Letztere wandte sich an den „SD". Mit dem zeitweisen Stillstand der Front richteten sich Militärverwaltung und SS/Polizei dann stabiler nebeneinander ein, allmählich kamen auch ortsfeste Dienststellen der Polizei in den Osten.

Die Kommandanturen hatten meist einen Vorsprung in der Kenntnis ihres jeweiligen Gebietes angeeignet und galten schon deshalb als wichtiger Ansprechpartner für die Polizei. Unmittelbar nach ihrer Einrichtung traten vorzugsweise die Feldkommandanturen mit den Einsatzgruppen ins Benehmen. Diese Zusammenarbeit erstreckte sich oft nur auf wenige Tage, da die Sicherheitspolizei anschließend meist weiterzog. Nach der Bildung von Teilkommandos verstreuten sich die Einsatzorte der Sicherheitspolizei immer mehr, sodass auch die Ortskommandanturen immer öfter in Kontakt mit diesen kam. Ab Herbst 1941 begann die Sicherheitspolizei dann, unterschiedlich je nach Region, mit der Installation ortsfester Dienststellen in den Städten[32]. Diese wiederum, die Kommandeure der Sicherheitspolizei und des SD samt ihrer Außenstellen, standen in dauerhaftem Austausch mit den Feldkommandanturen. Wenig ist bekannt über die Zusammenarbeit der Kommandanturen mit einer anderen Art von Tötungseinheiten, den Polizeibataillonen. Doch auch hier lässt sich fallweise eine Zusammenarbeit nachweisen. Die stationäre Organisation der Ordnungspolizei wurde unter Militärverwaltung offensichtlich nur rudimentär aufgebaut. Damit ist die Schutzpolizei in einigen wenigen größeren Städten gemeint, vor allem aber der Transfer von Gendarmerie ins Operationsgebiet. Diese wurde ab Ende 1941 beispielsweise in der Ostukraine oder auf der Krim eingesetzt, ab Sommer 1942 auch im Kaukasusgebiet[33]. Einerseits hatte dies eine gewisse Dopplung der Ordnungstätigkeit zur Folge, da nun Feldgendarmerie und Gendarmerie nebeneinander existierten. Damit wurde meist die Hilfspolizei bzw. der Ordnungsdienst in die Hände der Polizei übergeben. Andererseits führte dies zu wenig Reibungen, da man angesichts der Personalknappheit und der gleichen besatzungspolitischen Überzeugungen gerne zur Zusammenarbeit bereit war[34]. Gelegentlich konnte die Schutzpolizei sogar direkt der Ortskommandantur unterstellt werden[35].

Die Oberkommandos, die rückwärtigen Gebiete und der Wirtschaftsstab waren frühzeitig darüber im Bilde, welche Massenverbrechen die SS- und Polizeiverbände verübten. Neben der mündlichen folgte auch eine schriftliche Informierung bzw. Berichterstattung. Heydrichs Vertrauen zu den Militärs war so groß, dass er ihnen sogar einen Geheimbefehl an die Einsatzgruppen, die Auslösung von Pogromen betreffend, zukommen ließ. Anfang Juli versandte der Generalquartiermeister eine entsprechende Abschrift an die Heeresgruppen Mitte und Süd sowie an das AOK 17. Darin stellt Heydrich klar, „dass die Reinigungsaktionen sich

---

[32] Vgl. Krausnick/Wilhelm, Truppe des Weltanschauungskrieges, S. 177ff.
[33] Kunz, Krim unter deutscher Herrschaft, S. 82; Angrick, Besatzungspolitik, S. 606. Vgl. IfZ NO-84, Vortrag Chef der Ordnungspolizei am 1.-4.2.1943 (12 000 Ordnungspolizisten im Operationsgebiet); BAL Dok.-Slg., RFSS (gez. von Bomhard) an HSSPF Riga, Kowno, Russland-Nord, Mitte und Süd, Vorläufige Richtlinien für den Einsatz der Gendarmerie in den besetzten Ostgebieten, 8.1.1942.
[34] Kunz, Krim unter deutscher Herrschaft, S. 84.
[35] BA-MA RH 26-75/82, Bl. 59, 75. ID, Dienstanweisung für OK Sumy, 3.4.1943.

primär auf die Bolschewisten und Juden zu erstrecken haben", weniger auf Polen[36]. Das Heeresgebiet Mitte wandte sich explizit an das dortige Polizeiregiment, die polnische und weißrussische Bevölkerung zurückhaltender zu behandeln, d. h. nicht sofort Erschießungen vorzunehmen[37].

Auch die ersten detaillierten Tötungsmeldungen gingen in diesen Tagen bei den Oberkommandos ein. Das Sonderkommando 10 b informierte den Ic-Offizier der Heeresgruppe Süd darüber, dass es bereits über 600 Juden ermordet habe, die Einsatzgruppe B lieferte einen genauen Bericht an die Heeresgruppe Mitte. Ähnliche Mitteilungen erhielten Ic-Offiziere in den Armeeoberkommandos[38]. Gleich in ihrem ersten Lagebericht teilte die Verwaltungsabteilung der 281. Sicherungsdivision eher distanziert mit, was sich in Lettland abspielte: „Das sofortige Eingreifen der Feldkommandantur konnte eine weitergehende nächtliche Erschießung einiger tausend Kommunisten und Juden nicht verhindern."[39] Der Stab der 403. Sicherungsdivision setzte hingegen auf Kooperation beim Morden: „Eine große Anzahl von Erschießungen hat bereits stattgefunden. Ich habe mit dem sehr loyalen Führer des SD, Obersturmbannführer Dr. Filbert, vereinbart, dass diese Erschießungen möglichst unauffällig stattfinden und der Truppe verborgen bleiben [...] Trotzdem erschien eine kurze Notiz darüber in der hier von der Propaganda-Komp. herausgegebenen Soldatenzeitung ‚Der Durchbruch'"[40]. Präzise Kenntnisse waren von Anfang an auch im Wirtschaftsstab Ost vorhanden[41].

Nicht nur die Oberkommandos wussten offiziell über die Massenmorde Bescheid, auch in manchen Fronteinheiten machten die neuen Nachrichten schon im Juli die Runde[42]. Vereinzelt wurde sogar bekannt, dass diese Informationen schon Ende Juli auf der feindlichen Seite angelangt waren: „Beim Feind hat sich rasch herumgesprochen, dass die Juden zu Tausenden von Deutschen ermordet werden (Lachwa, Pinsk), daher Vermehrung der Partisanen und Flüchtlingsbewegungen"[43]. Schließlich ist auf die Tatsache zu verweisen, dass viele unbeteiligte Soldaten Augenzeugen von Massenerschießungen waren, gerade in den ersten Wochen des Feldzuges. So berichtete ein Offizier von einer Erschießung, die er Ende Juli 1941 bei Žitomir gesehen hatte: „Im weiten Umkreis rings herum standen unzählige Soldaten dort bereits liegender Truppenteile, teilweise in Badehose als Zuschauer, eben-

[36] BA-MA WF-03/9121, Bl.106–107, OKH, GenStdH, GenQu, Az. Abt. Kr.Verw. Qu 4 B an Hgr. Mitte, Hgr. Süd, AOK 17 mit Heydrichs Befehl zu Pogromen, (Datum unlesbar, Eingang 6.7.1941).
[37] USHMM RG 48.004M, reel 2 (VHA Prag, Pol.Rgt. Mitte), Pol.Rgt. Mitte an Polizeieinheiten, 17.7.1941.
[38] BA-MA RH 20-11/488, Bl.35, Sk 10b an Hgr. Süd, Ic, 9.7.1941; Johannes Hürter, Auf dem Weg zur Militäropposition. Tresckow, Gersdorff, der Vernichtungskrieg und der Judenmord. Neue Dokumente über das Verhältnis der Heeresgruppe Mitte zur Einsatzgruppe B im Jahr 1941, in: VfZ 52 (2004), S.527–562 (Bericht der Egr. B für die Zeit von 9.–16.7.1941); Krausnick/Wilhelm, Truppe des Weltanschauungskrieges, S.233 (AOK 17, 5.7.1941)
[39] BA-MA RH 26-281/25A, 281. Sich.Div., VII, erster Lagebericht an Berück Nord, 10.7.1941.
[40] IfZ MA 1697, fr.237, 403. Sich.Div., Bericht über die Tätigkeit des Div.-Stabes in Wilna, o.D. [August 1941]. In Wilna hat das EK 9 unter Filbert zwischen dem 4. und 20.7.1941 4000–5000 Juden erschossen, Gerlach, Einsatzgruppe B, S.56.
[41] BA-MA RW 31/90b, WiStOst, Erkundungsergebnis Bialystok, 4.7.1941.
[42] Beispielsweise BAL, Dok.-Slg. Verschiedenes 63, Bl.337–338, Tagesmeldung 72. ID u.a. Judenerschießung in Czernowitz, 8.7.1941.
[43] KTB 293. ID, 25.7.1941, zit. in: Der Bericht der Internationalen Historikerkommission [zum Fall Waldheim]. Wien 1988, S.7. Vermutlich handelte es sich um Mordaktionen des sogenannten EK z.b.V. des KdS Lublin.

so zahlreiche Zivilisten mit Frauen und Kindern."[44] Erst Ende August 1941 erließ
die Führung der Sicherheitspolizei Geheimhaltungsregeln, welche allerdings in der
Folge offensichtlich nur wenig fruchteten und deshalb mehrfach erneuert werden
mussten: Es sei nun „auf Grund der bisher gemachten Erfahrungen, nach Möglichkeit bei Massen-Exekutionen das Ansammeln von Zuschauern, *auch wenn es
sich um Wehrmacht-Offiziere handelt,* zu verhindern."[45]

Nach den ersten groß angelegten Verbrechen gegen Juden verstärkte sich in der
Wehrmacht die Tendenz, „exekutive Maßnahmen" gegen diese nicht selbst zu
übernehmen, sondern ganz an die Sicherheitspolizei zu delegieren. Selbst die Geheime Feldpolizei, die durchaus vergleichbare Exekutionszahlen meldete, hielt an
dieser Aufgabenteilung fest[46].

Im Laufe des Sommers 1941 begann sich die Zusammenarbeit zwischen der
Wehrmacht und dem SS- und Polizeiapparat im Operationsgebiet einzuspielen.
Dabei wurden selbst die weitgehenden Regelungen der Heydrich-Wagner-Abma-
chungen noch übertroffen. Dass die einstigen Reibereien aus dem Polenfeldzug
vergessen waren, lag an mehreren Faktoren, vor allem an zwei: der Übereinstim-
mung der Verantwortlichen im Antibolschewismus, streckenweise auch im Antisemitismus, sowie dem Gefühl, dass man aufeinander angewiesen sei. Dabei blieben die unterschiedlichen Ziele, Vorgehensweisen, wie auch die vereinbarte
Arbeitsteilung weitgehend intakt. Erst ab August/September 1941, als der Feldzug
nicht mehr dem anvisierten Fahrplan entsprach, veränderte sich die Konstellation
allmählich. Während weite Teile des Militärs auch während der Eskalation der
Massenmorde weiterhin vertrauensvoll mit SS und Polizei zusammenarbeiteten,
machten sich daneben schon Zweifel an der Richtigkeit sowohl der extensiven
Massenmorde als auch an der schlechten Behandlung der Bevölkerung breit.
Grundsätzlich blieb die Zusammenarbeit aber während der ganzen Dauer der Besatzungszeit bestehen.

3. Politische Gewalt ab August 1941

Während die Sicherheitspolizei bereits systematisch echte oder vermeintliche Sow-
jetfunktionäre erschoss und viele Heereseinheiten Politfunktionäre der Roten Armee umbrachten, wurde das Vorgehen gegen die gesamte sowjetische Bevölkerung
Ende Juli 1941 noch einmal systematisiert. Zwar verlief der Feldzug zu diesem
Zeitpunkt noch nach dem Plan der deutschen Führung, mit fortschreitender Zeit
und der rapiden Expansion des Besatzungsgebietes fürchtete man nun jedoch, dass
allmählich die Ausbeutung der Landwirtschaft auf Kosten der Bevölkerung zu
Buche schlagen würde, Hungerunruhen und sogar bewaffneter Widerstand drohe.

---

[44] Bericht Major Roesler an IX. AK, 3.1.1942, in: „Schöne Zeiten". Judenmord aus der Sicht der
Täter und Gaffer. Hg. von Ernst Klee, Willi Dreßen, Volker Rieß. Frankfurt a.M. 1988, S.115;
Beispiel aus der 253. ID: Rass, „Menschenmaterial", S.336 (Erschießung von 300 Kriegsgefangenen durch Waffen-SS im Juli 1941).
[45] Schreiben des Gestapochefs Müllers an die Einsatzgruppen, 30.8.1941, in: Einsatzgruppen in
der besetzten Sowjetunion, S.349 (Hervorhebung vom Autor).
[46] BAL Dok.-Slg. UdSSR (Heft 2), Teil IV/8, Bl.164–168 (RGVA 1369k-1-29), Erlass Heeresfeldpolizeichef im OKH, 18.7.1941.

Keitel selbst schlug vor, in meuternden Dörfern Massenerschießungen durchzuführen[47].

Im Laufe des Juli verdichteten sich auf deutscher Seite die Indizien, dass Stalins
Aufruf zur Bildung von Partisaneneinheiten auch Taten folgen würden[48]. In der
Folge erließ der General z. b.V. im OKH am 18. Juli einen präzisierenden Befehl
zur Behandlung von Freischärlern, der zunächst den völkerrechtlichen Gepflogen-
heiten zu entsprechen schien, aber Zivilisten für vogelfrei erklärte, die den Partisanen angeblich „in irgendeiner Weise Vorschub leisten" würden[49]. Nun griff Hitler
selbst in dieses Geschehen ein. Hatte er schon bei der Spitzenbesprechung vom
16. Juli mehr Erschießungen gefordert, so erging einen Tag nach einem Vortrag
durch von Brauchitsch am 23. Juli ein formeller Befehl, die Ergänzung zur Weisung Nr. 33, an die Wehrmacht. Als Teil der zweiten Phase des Feldzuges sollte die
Herrschaft im Hinterland vor allem durch offenen Terror gesichert werden. In
unverblümten Worten forderte sie, dass die „Besatzungsmacht denjenigen Schrecken verbreitet, der allein geeignet ist, der Bevölkerung jede Lust zur Widersetzlichkeit zu nehmen."[50]. Präziser wurde der General z. b.V. in seinem grundlegenden
Befehl vom 25. Juli, der ein brutales Vorgehen gegen jede *vermutete* Widersetzlichkeit forderte. Einwohner, die nur geringste Zeichen der Opposition an den Tag
legten, sollten erschossen werden; Personen, die allein wegen ihrer Einstellung als
verdächtig galten, waren an die Einsatzgruppen zu übergeben. Im Grunde stellte
diese neue Weisung jedoch kaum eine Verschärfung gegenüber dem Kriegsgerichtsbarkeitserlass dar, sondern wollte dessen Durchsetzung unter den aktuellen
Umständen noch einmal einfordern. Denn bis dahin hatte sich noch keineswegs
ein Partisanenkrieg entwickelt. Vielmehr interpretierte die Wehrmacht den Kampf
gegen versprengte Truppenteile der Roten Armee, wie schon im Polenfeldzug, oftmals als irregulären Krieg. Explizit nannte der Befehl die Erweiterung des Besatzungsgebietes, vor allem aber die vermeintliche Nachlässigkeit deutscher Soldaten
als Motive für den Erlass der neuen Order[51]. Ein echter Partisanenkrieg wurde zu
diesem Zeitpunkt erst erwartet, d. h. die Anordnungen blieben auf der bisherigen
Linie präventiver Gewalt. Für die Ukraine konstatierte Halder sogar, dass dort ein
Partisanenkrieg überhaupt nicht wahrscheinlich sei[52].

Nach vereinzelten Attentaten im Juli zeigten sich ab August 1941 erstmals
Zeichen von organisiertem Widerstand außerhalb der Roten Armee, also von
Partisaneneinheiten. Insbesondere im Bereich der Heeresgruppe Mitte, regional
auch bei der Heeresgruppe Nord, verstärkten sich nun die Anschläge auf deutsche
Truppen und Infrastruktur im Hinterland. Der Aufbau der Einheiten lag

---

[47] BA-MA RW 4/v. 578, Bl.105-106, Keitel an BdE, 5.7.1941 (auszugsweise in: Deutsche Besatzungspolitik, S.104); BA-MA RW 31/90b, WiStOst, Schubert an Thomas, 6.7.1941.
[48] Vgl. BA R 20/58, Bl.222, Hgr. Mitte an Berück Mitte, 15.7.1941 mit einem erbeuteten Befehl
der Politischen Hauptverwaltung der Roten Armee.
[49] Befehl des OKH, General z.b.V. Az.454 Gr.R.Wes. Nr.1260/41, 18.7.1941, in: Deutsche Besatzungspolitik, S.105f.
[50] Ergänzung zu Weisung Nr.33 des Chefs des OKW, 23.7.1941, in: IMT, Band 34, S.258-259.
[51] Befehl des OKH, General z.b.V Az.453 Gr.R.Wes. Nr.1332/41, 25.7.1941, in: Deutsche Besatzungspolitik, S.106-108. Vgl. Halder KTB III, S.98 (21.7.1941). Stärker aus der Sicht der
Wehrmachtführung: Arnold, Die Wehrmacht und die Besatzungspolitik, S.203ff., 445ff.
[52] Halder KTB III, S.104 (23.7.1941).

weitgehend in Händen der Geheimpolizei NKVD, die dazu eigene Verwaltungs-strukturen entwickelte und vor allem auf das Personal der so genannten Vernich-tungsbataillone (istrebitel'nye bataliony) zurückgriff. Der Anteil versprengter Rotarmisten unter ihnen ist – nach neueren Forschungen – eher gering anzusetzen. Daneben traten Gruppen auf, die vom NKVD eigens im Hinterland abgesetzt wurden[53].

Im Laufe des August 1941 intensivierten die ersten Partisanengruppen ihre Tä-tigkeit[54]. Ihr Ziel war es zunächst, die deutsche militärische Infrastruktur zu schä-digen und möglichst viele Soldaten zu töten. Gleichzeitig sollte der Aufbau neuer Untergrundgruppen vorangetrieben werden. Erst allmählich begannen sich die Aktionen der Partisanen auch gegen die einheimische Bevölkerung zu richten. Grundsätzlich konkurrierten sie mit der Besatzungsmacht um die Versorgung mit Lebensmitteln. Immer mehr stand jedoch auch die Ermordung einheimischer Kol-laborateure, seien es Hilfspolizisten oder Kommunalverwalter, auf der Agenda. Nicht selten wurden diese erbarmungslos zusammen mit ihren Familien umge-bracht. Im Hinterland wurden immer wieder Partisanen abgesetzt, die nicht nur die militärische, sondern die ganze Infrastruktur in Frontnähe zerstörten, d.h. un-ter Umständen auch Dörfer abbrannten.

Im September/Oktober 1941 entstanden auch besser organisierte Gruppen. Ins-besondere weiter östlich, im Raum Brjansk, hatte die sowjetische Führung einen größeren Zeitvorsprung, um solche Einheiten aufzustellen und auszurüsten, bevor die Wehrmacht eintraf. Insgesamt schätzt man, dass bis Ende 1941 zwischen 50 000 und 100 000 Personen in die Widerstandseinheiten kamen, etwa ein Drittel davon aus dem unbesetzten Gebiet eingeschleust.

Dennoch sollten diese Zahlen nicht über die Instabilität und die Schwäche des bewaffneten Widerstandes in den besetzten Gebieten hinwegtäuschen. Einem er-heblichen Teil der Aktivisten fehlte die militärische Ausbildung; es herrschte nicht nur ein eklatanter Mangel an Waffen, sondern oftmals auch an ausreichender Be-kleidung und medizinischem Material. Von einer zentralen Steuerung, d.h. Bildung einer regelrechten Partisanenbewegung, war man noch meilenweit entfernt. Höchs-tens 15% der Gruppen hielten Verbindung zum unbesetzten Gebiet. Nicht nur fehlte es an Funkgeräten, sondern bei den autonom organisierten Gruppen vielfach am Willen zur Unterordnung. Lediglich in frontnahen Gebieten wie etwa dem Vor-feld von Leningrad gelang eine ansatzweise Koordination der Aktionen[55].

Auch deutsche Stellen stuften die Partisanen bis Anfang 1942 nicht als reale militärische Gefahr ein[56]. Noch waren die deutschen Sicherungstruppen, samt der

[53] Grundlegend: Hill, War Behind the Eastern Front, S.69ff.; Brakel, Baranowicze 1939–1944, S.293; Vjačeslav I. Bojarskij, Partizany i armija. Istorija uterjannych vozmožnostej. Minsk 2003, S.69ff.; Arnold, Die Wehrmacht und die Besatzungspolitik, S.429ff.
[54] Vgl. RH 19 III/776, Bl.84, KTB OKH, GenQu, Befehlsstelle Nord, 22.8.1941.
[55] Bojarskij, Partizany i armija, S.76ff.; Aleksej Popov, NKVD i partizanskoe dviženie, Moskva 2003, S.53; Kenneth D. Slepyan, „The People's Avengers": Soviet partisans, Stalinist society and the politics of resistance, 1941-1944. PhD diss. Univ. of Michigan 1994, S.71ff.; vgl. die Fallstu-dien in: Soviet Partisans.
[56] Georg Meyer, Adolf Heusinger: Dienst eines deutschen Soldaten 1915 bis 1964. Hamburg u.a. 2001, S.176 (Brief Heusingers vom 2.2.1942); BA-MA RH 22/225, Bl.251-256, Monatsbericht Berück Mitte an OKH, GenQu, für Dezember 1941, 10.1.1942; vgl. IfZ ZS 416, Aufzeichnung Rübesamen über Partisanen bei Mitte, o.D.

drei SS-Brigaden, den Widerständlern zahlenmäßig überlegen; für die Bewaffnung, Ausrüstung und Kommunikationsmitteln galt dies ohnehin. Die Partisanen bedrohten freilich das Leben deutscher Soldaten, die Verkehrswege und das Material der Wehrmacht, teilweise auch die rücksichtslose Versorgung aus dem Lande. Zudem konnten sie, besonders je brutaler die Besatzungspraxis sich entwickelte, immer mehr Einfluss auf die einheimische Bevölkerung nehmen, mittels Propaganda, aber auch durch Zwang.

Somit wurden die Partisanen 1941 als Gefahr im *Besatzungsgebiet* angesehen, sowohl was die allgemeine Sicherheit als auch was den Nachschub der Wehrmacht betraf; entsprechend blieb der Generalquartiermeister für die Koordinierung der Bekämpfung zuständig. Diese Gefahr nahm man politisch-ideologisch wahr. Natürlich galt der Widerstand als kommunistisch gesteuert und motiviert. Sowohl von der deutschen Sicherheitspolizei als auch von den einschlägigen Militärstellen wurde die Widerstandstätigkeit jedoch gleichzeitig antisemitisch interpretiert; Juden galten generell als „Mittelsmänner" der Partisanen. In der Berichterstattung wurde immer wieder hervorgehoben, dass sich angeblich Juden in dieser oder jener Gruppe befänden oder diese sogar anführten[57]. Den hemmungslosesten Ausdruck fand dieses Ideologem beim berüchtigten gemeinsamen Lehrgang von Heeresgebiet und HSSPF Mitte, bei dem Juden quasi zu Übungszwecken ermordet wurden[58].

Militärisch war die Wehrmacht denkbar schlecht gerüstet für die Bekämpfung von Untergrundorganisationen. Nicht nur fehlten ausreichende Kräfte in dem immer weiter expandierenden Besatzungsgebiet, auch die vorhandenen galten als wenig kampfstark. Weder existierte eine Ausbildung für den Partisanenkrieg noch waren 1941 taktische Konzepte entwickelt. So griff die Wehrmachtführung zu einem Bündel an Maßnahmen, das nur zum Teil auf militärischen Aktionen beruhte. Vielmehr richtete sich diese Strategie direkt gegen weite Teile der Zivilbevölkerung: Verdächtige Bevölkerungsgruppen, also Juden und Kommunisten, sollten interniert, die „gefährlichsten" unter ihnen getötet werden. Auf jede Art von Widerstand war mit extremen Repressalien zu reagieren, die sich an rassistischen Kriterien orientierten. Schließlich sollte die Bevölkerung, insbesondere im Westteil der Sowjetunion, durch Propaganda gegen die Partisanen auf die deutsche Seite des Kampfes gezogen werden.

Einen umfassenden Charakter hatten die Totalinternierungen erwachsener Männer in einigen Städten unmittelbar nach der Eroberung. Dieses Vorgehen hatte durchaus Tradition in der Kriegsgeschichte, entwickelte in der besetzten Sowjetunion allerdings extreme Ausprägungen. So wurden etwa in Minsk etwa 40 000 Zivilisten tagelang auf offenem Feld ohne ausreichende Versorgung festgehalten. In Kursk musste die männliche Bevölkerung im wehrfähigen Alter noch im November unter freiem Himmel hausen[59]. Die bei den Totalinternierungen vorgenommenen Selektionen blieben jedoch, allein schon wegen des geringen Zeitauf-

---

[57] Besonders deutlich bei: BA-MA RH 20-18/1238, Bl. 138-139, 207. Sich.Div., 4. 7. 1941; BA-MA RH 26-339/5, 339. ID an Berück Mitte, 5. 11. 1941.
[58] Gerlach, Kalkulierte Morde, S. 643f., 882.
[59] Ebenda, S. 503ff.; Merridale, Iwans Krieg, S. 152f.

wandes, oberflächlich. In der Regel wurden jüdische Männer aussortiert und solche, die entweder Papiere kommunistischen Inhalts bei sich trugen oder von anderen denunziert wurden. Alle diese Männer wurden in der Regel von den Einsatzgruppen ermordet. Bei den flächendeckenden Registrierungen waren von den einheimischen Verwaltungen meist gesonderte Listen mit „Kommunisten" anzufertigen. Wegen des engen lokalen Zusammenhangs wurde auf diese Weise ein erheblicher Teil der am Ort verbliebenen Funktionäre und Mitglieder kommunistischer Organisationen ermittelt.

Nicht nur die Gefängnisse in den Städten füllten sich alsbald wieder, darüber hinaus entstanden weitere Haftstätten für Zivilisten. In vielen der Durchgangslager für Kriegsgefangene (Dulag) richtete die Militärverwaltung Abteilungen für Zivilisten ein, ab September 1941 offenbar flächendeckend[60]. Dort fanden sich eben jene „Verdächtigen" wieder, die oft von der Geheimen Feldpolizei eingeliefert worden waren, aber auch Personen, die ohne Ausweis aufgegriffen oder bei der Flucht überrollt worden waren. Grundsätzlich drängte das OKH zwar darauf, diese Personen nach Prüfung durch die Einsatzgruppen entweder an diese zu überstellen oder freizulassen[61]. Viele Lagerkommandanten folgten jedoch diesen Anordnungen nicht und entließen lediglich alte oder kranke Personen. Die Übrigen waren somit denselben Elendsbedingungen ausgesetzt wie die Kriegsgefangenen auch. Ebenso wie die Häftlinge, die an die Sicherheitspolizei ausgeliefert wurden, fielen auch innerhalb der Lager Insassen Erschießungen zum Opfer[62].

Über die Dulags hinaus errichteten manche Militärkommandos eigene Lager für Zivilisten, im damaligen Chargon nicht selten „Konzentrationslager" genannt. Auch diese dienten sowohl zur Internierung „Verdächtiger" als auch der Bereitstellung von Geiseln im Falle von Repressalien. In Pskov wurde die gesamte erwachsene männliche Bevölkerung in ein Lager gesperrt, etwa 2000 Personen. Die Ortskommandantur in Ostrov verfügte über ein eigenes „Konzentrationslager", in das reihenweise Verdächtige, z.B. Kolchosfunktionäre eingeliefert wurden[63]. In Charkow ließ das LV. AK ebenfalls sofort nach der Einnahme der Stadt ein solches Lager installieren[64]. Das AOK 17 ordnete im November 1941 explizit die Erstellung eines Konzentrationslagers an. Dieses wurde dann Anfang Dezember in der Stadt Kramatorskaja im Donezbecken eingerichtet. Waren die Lebensbedingungen der Tausenden von Inhaftierten an sich schon schlecht, so eskalierten die Verbrechen im Januar 1942 dramatisch: Im Zuge eines Gegenstoßes der Roten Armee sollte das Lager überhastet nach Gorlovka verlegt werden. Statt die Insassen zu evakuieren, wurden mindestens 379 von ihnen kurzerhand erschossen[65].

---

[60] Gerlach, Kalkulierte Morde, S. 510–513, 881.
[61] OKH, Gen Qu Nr. 8809/41 vom 1.7.1941, erwähnt in: BA-MA RH 26-22/67, XXX. AK, Ic, 7.9.1941.
[62] IfZ MA 887, fr. 756, Dulag 240, 10.12.1941; IfZ MA 883, fr. 944–945, Befehl Korück 582, IIa, 27.8.1941; BA-MA RH 26-281/22, 281. Sich.Div., Ib, Bes. Ano.f.d. Vers. Nr. 81, 9.9.1941.
[63] BA-MA RW 31/122, Bl. 95–120, WiRüAmt, Bericht Dienstreise Thomas zur HGr. Nord und Mitte vom 27.–31.8.1941; BA-MA RH 26-281/25A, 281. Sich.Div., VII, 8.9.1941.
[64] BA-MA RH 26-57/39, Standortkommandanturbefehl Nr. 4 LV. AK, 11.11.1941.
[65] BA-MA RH 20-17/276, Befehl AOK 17, Ic/AO, 25.11.1941; vgl. Befehl XXX. AK, 26.11.1941, in: Deutsche Besatzungspolitik, S. 115f.; Oldenburg, Ideologie und militärisches Kalkül, S. 248f.

Die Bezeichnung „Konzentrationslager" spiegelt weniger eine formale Kategorisierung als vielmehr eine Zielrichtung wieder, die man schon aus dem Reich kannte.

Über die Gesamtzahl der in Haftstätten verstorbenen Zivilisten kann man nur spekulieren. Einige Anhaltspunkte sind jedoch über Täter- und Opfergruppen in Erfahrung zu bringen. So hat die Geheime Feldpolizei relativ genau über ihre Opfer Buch geführt und diese Überlieferung ist – im Gegensatz zu ähnlichen Aktengruppen – teilweise vorhanden. So erschoss allein die GFP-Gruppe 723 bis Dezember 1941 487 Menschen. Für alle etwa 20 Gruppen gehen diese Zahlen insgesamt in die Tausende. Im ersten Halbjahr 1942 ermordete die GFP nicht weniger als 12 000 Menschen[66]. Zieht man nur die nichtjüdischen Opfer in Betracht, so sind dies Dimensionen, die denen der Einsatzgruppen durchaus ähnlich sind.

Die KPdSU hat nach dem Krieg zu ermitteln versucht, wie viele Kommunisten unter Besatzungsherrschaft ermordet wurden. Auch wenn diese Zahlen mit Vorsicht zu genießen sind, haben sie doch eine höhere Plausibilität als die Statistiken über Gesamtopfer, da ihnen genauere Ermittlungen zugrunde liegen und sie anscheinend nicht veröffentlicht wurden. Demnach starben in der Ukrainischen SSR etwa 46 000 Kommunisten, davon etwa die Hälfte oder etwas weniger unter Militärverwaltung. Im sowohl militärisch als auch zivil verwalteten Estland wurden etwa fast 18 000 Personen als Kommunisten verhaftet, von diesen etwa 4 700 erschossen. In Litauen hingegen fielen etwa 1 500–2 000 Kommunisten den Massenmorden zum Opfer, die meisten während der kurzen Periode der militärischen Besatzung[67]. Für die besetzten Teile der Russischen Föderation liegen keine Zahlen vor, Einzeldaten weisen jedoch darauf hin, dass dort sehr viele Personen als „Kommunisten" registriert wurden und ein erheblicher Teil von ihnen die Besatzung nicht überlebte[68].

Einsatzgruppen und Wehrmacht teilten sich die Jagd auf Kommunisten. Als politische Gegner eingestuft, fielen sie eigentlich in die Kompetenz der Sicherheitspolizei[69]. Doch sowohl die Sicherungseinheiten und Kommandanturen als auch die GFP setzten solche Verdächtige fest, die dann meist von der GFP verhört wurden. Danach übernahmen die Feldpolizisten die Erschießungen selbst oder übergaben die Delinquenten der Sicherheitspolizei[70].

Das Vorgehen gegen echte oder vermeintliche Kommunisten verlief anscheinend in mehreren Wellen. Zunächst richtete es sich offiziell gegen Staats- und Partei-

---

[66] Geßner, Geheime Feldpolizei, S. 129; BA-MA RH 19 III/458, Bl. 201, Bericht des Heeresfeldpolizeichefs über die Entwicklung der Partisanenbewegung im ersten Halbjahr 1942, 31.7.1942.

[67] Ukraïna u Druij svitovij vijni, S. 381; Einsatzgruppen in der besetzten Sowjetunion, S. 279; Wildt, Generation des Unbedingten, S. 586f.; Anton Weiss-Wendt, Murder without Hatred: Estonians, the Holocaust, and the Problem of Collaboration. Ph.D. Diss. Brandeis University 2005, S. 613; Estonia 1940–1945. Reports of the Estonian International Commission for the Investigation of Crimes Against Humanity. Tallinn 2006, S. 644 (insgesamt ca. 6 800 nichtjüd. Opfer in Estland). Dieckmann, Besatzungspolitik, Kap. C 3.5.

[68] Vgl. IfZ MA 883, fr. 119–121, Korück 559, 6.11.1941, wo allein für die Stadt Kaluga ca. 1 000 Kommunisten festgestellt wurden.

[69] Dies unterstrich erneut: BA-MA RH 22/171, Bl. 159, Ano. Ob.Kdo. HGr. Süd, Ic/AO (Abw. III), 24.9.1941.

[70] BA-MA RH 26-221/12a, Berück Mitte, 26.7.1941.

funktionäre. In den ersten Wochen nach der Besetzung eskalierten diese Morde jedoch, teilweise unter massiver Beteiligung oder auf eigene Initiative lokaler Antikommunisten. Die Einsatzgruppen bezogen zunehmend auch Komsomol-Funktionäre oder einfache Parteimitglieder in ihre Mordaktionen mit ein. Im Herbst 1941 verbanden sich die Verbrechen dann mit dem Antipartisanenkrieg. Ob sich radikalere Vorschläge vom Sommer 1942 durchsetzten, etwa die kommunistische „Dorfintelligenz" auszurotten, ist bisher nicht geklärt[71]. Jedoch folgte auch im Frühjahr 1943 eine weitere Verfolgungswelle gegen KP-Mitglieder[72].

Es ist allerdings nicht zu übersehen, dass gegenüber nichtjüdischen Kommunisten keine totale Vernichtungspolitik wie gegenüber allen Juden betrieben wurde. Viele KP-Mitglieder, bisweilen auch Funktionäre, wurden nicht mit dem Tode bedroht, einer nicht unerheblichen Anzahl gelang es sogar, auf Posten unter der deutschen Herrschaft zu gelangen[73].

Neben der Ermordung kommunistischer Funktionsträger rückte zusehends die Unterdrückung unkontrollierter Wanderungen in den Mittelpunkt der frühen Partisanenbekämpfung. Dabei waren im Sommer und Herbst 1941 enorme Menschenmassen in den besetzten und unbesetzten Regionen der Sowjetunion unterwegs. Dem deutschen Militär fielen zunächst vor allem die versprengten oder desertierten Rotarmisten ins Auge, die sich im Hinterland der Front bewegten. Doch auch eine große Zahl von Zivilisten befand sich fern ihrer Heimatorte; viele wurden während der Evakuierung von der Wehrmacht überrollt, andere verließen die Städte aus Angst vor Kampfhandlungen und Zerstörungen, viele suchten vermisste Angehörige. Wie groß das Ausmaß der Migration im deutschen Besatzungsgebiet 1941 war, lässt sich wohl nicht mehr rekonstruieren. Die Flucht war jedoch auch dort ein hunderttausendfaches, wenn nicht gar ein millionenfaches Schicksal. Die 403. Sicherungsdivision vermerkte im November 1941, dass sich allein in ihrem Operationsgebiet an die 100 000 Flüchtlinge befinden würden[74].

Aus der Sicht der deutschen Militärs stellten diese Menschenmassen jedoch eine eklatante Sicherheitsgefahr dar, vermutete man unter ihnen doch viele Partisanen oder ihre Zuträger. Schon von Anfang an versuchte die Militärverwaltung, jede unkontrollierte Bevölkerungsbewegung zu unterbinden. Männer im wehrfähigen Alter, die aufgegriffen wurden, sollten in Gefangenschaft genommen, unter Umständen sogar erschossen werden[75]. Am 25. Juli 1941 ordnete das OKH an, dass die Militärverwaltung für ihren Bereich Fristen festsetzen und öffentlich plakatieren sollte, bis zu denen sich untergetauchte Rotarmisten im Hinterland zu melden

---

[71] Gerlach, Kalkulierte Morde, S. 687, 1056f.

[72] Vgl. Terry, Enforcing German Rule, S. 129 (Armeegebiet AOK 2); parallele Vorgänge ereigneten sich in der Ostukraine: BA-MA RH 20-2/1275, Tätigkeitsbericht, AOK 2, Ic/AO, 8. 3. 1943.

[73] Kovalev, Nacistskaja okkupacija, S. 38; V. O. Šajkan, Kolaboracionizm na teritoriï rejchskomisariatu „Ukraïna" ta vijs'kovoï zony v roky Druhoï svitovoï vijny. Monohrafija. Kryvyj Rih 2005, S. 232ff.; BA-MA RH 26-281/25A, 281. Sich.Div., VII, Bes. Ano.f.d. innere Verw. Nr. 2, 5. 9. 1941. Das ergeben auch neue Forschungen von Jeffrey Burds, der entsprechende KP-Unterlagen eingesehen hat.

[74] IfZ MA 855, fr. 549-551, Zehntagesmeldung Berück Mitte an GenQu, 21. 11. 1941.

[75] IfZ MA 856, fr. 136-139, Korpsbefehl Nr. 23 Berück 102 (Mitte), 5. 7. 1941; BA-MA RH 26-162/51, 162. ID, Ib, Bes. Ano.f.d. Vers. Nr. 124, 15. 7. 1941; Gerlach, Kalkulierte Morde, S. 878.

hatten; andernfalls sollten sie erschossen werden. Im Heeresgebiet Süd wurde die
Frist auf den 18. August terminiert, bei Mitte schließlich bis 15. September, soweit
sie Gebiete westlich des Dnjepr betraf[76]. Die Durchführung dieser Mordbefehle
lässt sich nur bedingt rekonstruieren. Zweifellos haben Einheiten von Polizei, SS
und Wehrmacht zahllose Männer erschossen, die sie für flüchtige Rotarmisten
hielten. Die Sicherungsdivisionen meldeten Erschießungen in großer Zahl, bisweilen auch die Ortskommandanturen[77]. Zumeist orientierten sich die Täter am Alter
und am Haarschnitt, um ihre Opfer zu identifizieren.

Doch auch „richtige" Zivilisten, die sich fern ihrer Heimat befanden, galten
grundsätzlich als verdächtig. Waren sie in kleinen Gruppen oder gar einzeln auf
den Landstraßen unterwegs, so drohte ihnen oft die Gefahr der Internierung. Insbesondere in Gebieten, in denen auch Partisanen aktiv waren, war man schnell mit
Verhaftungen bei der Hand[78]. Sowohl Polizei als auch Sicherungseinheiten
betonten dabei, dass sie nicht nur nach getarnten Rotarmisten und Partisanen, sondern auch nach vermeintlich „Asozialen" suchten, also besonders ärmlich aussehenden Personen, die zudem oft bettelten, um überleben zu können. Insbesondere
Polizeieinheiten erschossen unter diesem Vorwand Hunderte, die ihnen nicht selten von der Wehrmacht zugestellt worden waren[79].

Die eigentlichen „Ortsfremden" suchte man jedoch in den Städten. Den einheimischen Kommunalverwaltungen wurde auferlegt, neu zugezogene Personen
gesondert zu registrieren und zu melden. Nicht selten war damit die Drohung
verbunden, die Bürgermeister, Staroste usw. persönlich dafür haftbar zu machen,
wenn sie entsprechende Angaben nicht umfassend machten[80]. Für die Überprüfung dieser Personen waren sowohl die Sicherheitspolizei als auch die GFP zuständig. In vielen Fällen folgte daraufhin die Einweisung in ein Durchgangslager,
„Verdächtige" wurden ermordet.

In ihrer Mehrzahl handelte es sich bei den vorstehend aufgeführten Maßnahmen
um ein Vorgehen, das sich präventiv gegen jede Art von Widerstand richten sollte.
Viele Militärs rechneten auch die Ermordung der Juden unter eine pervertierte
„Sicherheitspolitik". Für dieses Spektrum an Gewaltaktionen hatte es nur eingeschränkte Regelungen vor Beginn des Feldzuges gegeben, so bekanntlich gegen
kommunistische Funktionäre und – innerhalb der Sicherheitspolizei – vermutlich
auch gegen jüdische Männer im wehrfähigen Alter. Von vornherein war den Militärs jedoch klar, dass bei jeder Art von Widerstand mit extremer Gewalt reagiert
werden sollte. Wie es der Kriegsgerichtsbarkeitserlass vorgesehen hatte, so wurde
es in die Tat umgesetzt, wenn auch im Einzelnen in recht unterschiedlichem Aus-

[76] BA-MA RH 22/6, Bl. 4-5, Tätigkeitsbericht Berück Süd, Ic, für 1.-10.8.1941; BA-MA RH 22/225, Bl. 48, Korpsbefehl Nr. 52 Berück Mitte, 14.9.1941.
[77] Gerlach, Kalkuierte Morde, S. 880; Sheperd, German Army Security, S. 84ff.; Bericht Berück Nord, 29.10.1941, in: Deutsche Besatzungspolitik, S. 114f. (v.a. 207. Sich.Div.); BAL Dok.-Slg. UdSSR 405, Bl. 19-38 (RGVA 1303k-3-222), OK I/532 Toropec, Exekutionsmeldungen, September 1941, u.a. „wegen Überschreitung der Meldefrist".
[78] BA-MA RH 26-213/4, Befehl 213. Sich.Div., 22.8.1941; BA-MA RH 26-454/7, Div.bef. Nr. 50, 454. Sich.Div., 22.8.1941.
[79] Gerlach, Kalkulierte Morde, S. 880; IfZ NOKW-2239, PzAOK 3, Feindnachrichtenblatt Nr. 18, 8.8.1941.
[80] IfZ MA 883, fr. 104-105, Korück 559 an AOK 4, 2.11.1941; BA-MA RH 21-1/470, PzAOK 1, Ic/AO, 16.1.1942.

maß. Zwar kann man die gewalttätigen Repressalien durchaus als reaktiv bezeichnen, sie vermengten sich jedoch in der Praxis oftmals mit der nationalsozialistischen Variante der „strukturellen Sicherheitspolitik", d.h. mit dem Massenmord an bestimmten Bevölkerungsgruppen.

Der Kriegsgerichtsbarkeitserlass gab den Kommandeuren die Handhabe, nach Widerstandsakten extreme Repressalien durchführen zu lassen. Dabei wurden konkrete Regelungen über die Verhältnismäßigkeit von Repressalien, wie sie im Völkerrecht vorgesehen waren, bewusst nicht getroffen. Selbst so fragwürdige Vorstellungen wie die sogenannte Martenssche Klausel zirkulierten nicht. Letztere hatte es als Kriegsbrauch hingestellt, dass für einen hinterrücks erschossenen Soldaten zehn Geiseln getötet werden konnten. Freilich wäre ein völkerrechtlich einigermaßen gedecktes Geiselverfahren formalen Regeln unterworfen gewesen. Es war von Vorneherein nicht beabsichtigt, solche einzuhalten[81].

Vielmehr deutete sich schon frühzeitig an, dass auf Widerstand mit Massenmord reagiert werden würde. Schon vorher in Serbien war eine Tötungsquote von 1:100 vorgeschlagen worden. In den ersten Tagen des „Unternehmens Barbarossa" wurde die unbegrenzte Repressalie dann Realität. Polizei und Wehrmacht-Einheiten erschossen bereits vom 24. bis 27. Juni in drei westlitauischen Städten über 500 Menschen, zumeist Juden. Als offizielle Begründung für diese Massaker galten rückwärtige Beschießungen der Wehrmacht, bzw. die Tötung von vier Wehrmachtangehörigen durch Heckenschützen[82]. Bereits damit war eine Tötungsquote von fast 1:100 erreicht, lange bevor das OKW eine solche im September 1941 europaweit für verbindlich erklärte. Explizit machte etwa die Ortskommandantur in Libau im Juli bekannt, dass für jeden Anschlag auf die Besatzungsmacht zunächst 30, dann 100 „bolschewistische und jüdische Geiseln" erschossen würden. Die Feldkommandantur in Minsk drohte öffentlich damit, bei Kabelsabotage 100 Männer erschießen zu lassen. In Brest Litovsk massakrierte man 48 Einwohner, nachdem ein Eisenbahner dort angeschossen worden war[83].

Diese Dimension an Gewalt lässt sich jedoch nicht flächendeckend nachweisen. Vielmehr entschieden die einzelnen Kommandos in eigener Regie, welche Reaktion ihnen auf Anschläge oder das, was sie dafür hielten, angemessen erschien. Das XXV. Armeekorps und der Korück 584 meldeten je die Tötung von 10 Einwohnern als Repressalie für die Zerstörung von Telefonleitungen. Hingegen sah es die Feldgendarmerieabteilung 696 als ausreichend an, als Repressalie für die Tötung zweier deutscher Soldaten je vier Einwohner zu erschießen[84].

Ab Ende Juli/Anfang August begannen die militärischen Unternehmungen gegen einzelne Widerstandsgruppen. Auch diese bestanden von Anfang an nicht nur

[81] Die Haager Landkriegsordnung. Hg. von Rudolf Laun. 5. Aufl., Hannover 1950, S.141ff.
[82] Stapo Tilsit an RSHA, 1.7.1941, in: Einsatzgruppen in der besetzten Sowjetunion, S.373f.
[83] IfZ Fb 101/33, Bekanntmachung OK Libau, 8.7.1941; Zeitung Kurzemes Vards, 8.7.1941, Andrew Ezergailis, The Holocaust in Latvia 1941-1944. Riga, Washington 1996, S.286; Plakat FK Minsk, 25.7.1941, in: V. P. Ramanouski, Saudžel'niki un zlačynstvach. Minsk 1964, S.37; IfZ MA 855, fr.322, Tagesmeldung Berück Mitte, 14.7.1941.
[84] IfZ NOKW-2245, XXV. AK. an Pz.Gr. 3, 15.7.1941; BA-MA RH 23/295, Bl.74, Korück 584, Ic, 11.8.1941; IfZ MA 888, fr.542-543, Feld.gend. 696 an Korück 582, 22.9.1941. Ähnliche Geiselquoten (1:2) nennt für deutsche Verbände: Leonid D. Grenkevich, The Soviet Partisan Movement, 1941-1944. A Critical Historiographical Analysis. London, Portland 1999, S.79.

aus Kampfhandlungen, sondern waren mit Massenerschießungen verbunden. Nicht nur bewaffnete Einwohner konnten erschossen werden, sondern auch unbewaffnete Angehörige der Gruppen, zufällig aufgegriffene Personen oder Einwohner in sogenannten Partisanendörfern. Das AOK 6 forderte gar, auch vor der Erschießung von Kindern nicht zurückzuschrecken, sofern diese als verdächtig erschienen[85]. Bei den Antipartisanen-Kämpfen des Jahres 1941 waren die deutschen Einheiten zwar noch heillos militärisch überlegen, sie hatten jedoch große Schwierigkeiten, Partisanen als solche zu identifizieren. So breitete sich explosionsartig die Tendenz aus, jeden irgendwie verdächtig Erscheinenden zu internieren oder gar zu erschießen. Schon im August erreichten die Tötungen riesige Ausmaße. Einzelne Kommandeure feuerten ihre Truppe an, radikal vorzugehen, so in der 162. Infanterie-Division: „Wir müssen überall, wo wir hinkommen, nach den Partisanen forschen und ihre Helfershelfer, die führenden Sowjets, beseitigen." Bis die Polizei komme, sei es meist zu spät. Entsprechend handelte die Truppe: Die Männer in Partisanendörfern wurden zusammengetrieben und alle „Verdächtigen" erschossen[86]. So erschossen einzelne Divisionen bereits im August 1941 Hunderte von Einwohnern[87]. Am radikalsten gestaltete sich das Vorgehen im rückwärtigen Heeresgebiet Mitte. In diesem Bereich wurden bereits bis Mitte August 1941 etwa 4000 angebliche Partisanen und untergetauchte Rotarmisten getötet[88].

Eine deutliche Steigerung erfuhr die Gewalt jedoch im September und Oktober 1941. Nicht nur verstärkten sich die Aktivitäten der Widerstandsgruppen, sondern auch Hitler und das OKW forderten ein extremes Vorgehen zu deren Unterdrückung. Inzwischen war der überoptimistische Fahrplan für den Feldzug in Verzug geraten, und Nervosität begann sich breitzumachen. Die Führungsstellen trieben jetzt zu immer größerer Brutalität an. Am 16. September ordnete das OKW an, dass für jeden hinterrücks erschossenen Soldaten 100 Personen als Repressalie getötet werden sollten. Damit wurden ältere Vorschläge aufgegriffen, aber auch die Praxis einzelner SS- und Wehrmachtstellen in der besetzten Sowjetunion. Freilich ist dieser Befehl in einem größeren Kontext zu sehen, nämlich der Verschärfung der Besatzungspolitik in vielen europäischen Ländern, allen voran Frankreich und Serbien[89]. In der Militärverwaltung im Osten finden sich kaum Bezugnahmen auf diese Weisung, dort wurde das Geschehen weiterhin von den einzelnen Befehlshabern und Truppenführern bestimmt, die ihre eigenen Quoten festsetzten.

Konkrete Bedeutung erlangten hingegen die Weisungen des OKH, das beispielsweise den Freischärler-Begriff auch auf versprengte Rotarmisten in Uniform ausdehnte[90]. In den besetzten Gebieten überschlugen sich nun die Funktionäre

[85] BA-MA RH 26-454/7, AOK 6, Qu. 2, 21.8.1941.
[86] BA-MA RH 26-162/10, Kommandeur 162. ID, 17.8.1941 (Zitat); ebenda, 14.8.1941.
[87] BA-MA RH 26-87/25, 87. ID, 16.8.1941; IfZ MA 888, fr.764, OK 930 an Korück 582, 18.8.1941; Warth, Verräter oder Widerstandskämpfer, S. 91ff. (12. ID).
[88] BAL Dok.-Slg. Verschiedenes 18, Bl. 30-37, Bericht Berück Mitte, 17.8.1941.
[89] Erlass Chef OKW/WFSt/Abt. L (IV/Qu) Nr.002060/41 g. Kdos. über die Bekämpfung kommunistischer Aufstandsbewegungen in den besetzten Gebieten, 16.9.1941, in: KTB OKW Band I/2, S.1068f. Zur Debatte in Frankreich und Serbien vgl. Fattig, Reprisal, S.67ff., 143ff.
[90] BA-MA RH 22/171, Bl.220, OKH/Gen. z.b.V.b. ObdH/Az. 454 Gr. R. Wes. Nr.1678/41 geh. 13.9.1941 (Umdruck mit Anschreiben Gruppe von Roques, 23.9.1941, Bl.219); vgl. USHMM RG-53.002M, reel 4 (NARB 655-1-1), Berück Mitte, 17.9.1941; BAL Dok.-Slg. Verschiedenes 18, Bl.60-61, Korpsbefehl Nr.54 Berück Mitte, 19.9.1941.

mit Vorschlägen, welche Gewaltmaßnahmen geeignet erschienen, den Widerstand zu unterdrücken. Insbesondere der Berück Mitte, von Schenckendorff, trat hier hervor. Nicht nur förderte er die Zusammenarbeit mit dem SS- und Polizeiapparat, er stellte auch die SS-Kavalleriebrigade, die gerade Massenmorde von enormem Ausmaß verübte, als vorbildlich für die Partisanenbekämpfung mit. Enger konnte der Schulterschluss mit den Massenmördern kaum sein[91]. Doch auch andere Oberkommandos warteten mit eigenen Vorschlägen auf. So brachte das AOK 11 schon zu dieser Zeit die Räumung ganzer Landstriche ins Spiel, wie sie dann ab Anfang 1943 praktiziert wurde[92].

Von September bis November 1941 steigerten sich die Anti-Partisanen-Aktionen zu einem massenhaften Gemetzel. Vor allem im Bereich der Heeresgruppe Mitte meldeten die Einheiten aus dem Hinterland nahezu täglich die Tötung oder Gefangennahme von „Partisanen", „Partisanenhelfern" und anderen Personen. Das Kommando der 221. Sicherungsdivision verschärfte das Vorgehen ab dem 6. September, manche ihrer Einheiten erschossen an einigen Tagen Dutzende von Zivilisten, die als verdächtig erschienen[93]. Der Berück von Schenckendorff selbst schätzte später aus der Retrospektive, dass in dieser Phase täglich 300–400 angebliche Partisanen getötet worden seien[94].

Insgesamt vermeldete der Berück widersprüchliche Zahlen: So seien bis Jahresende 1941 59000 Gefangene gemacht worden, bis Februar 1942 jedoch über 62000 Menschen „im Kampf vernichtet"[95]. Doch selbst sehr konservative Schätzungen gehen davon aus, dass mindestens 20000 Personen in diesem Zeitraum erschossen wurden[96]. Für den Süden des Operationsgebietes liegen zwar keine globalen Statistiken vor, doch allein ungarische Sicherungstruppen haben bis März 1942 in diesem Bereich mindestens 10000 Menschen massakriert. Zusammen mit den Verbrechen deutscher Einheiten ergibt sich sicher eine weit schlimmere Bilanz; etwa die Verbände des XXIX. Armeekorps teilten mit, dass sie zwischen Oktober und Dezember 1941 1400 Menschen erschossen hatten[97]. Auch der Berück Nord meldete hohe Zahlen von Erschießungen, bis Ende September mit fast 2000 Opfern, davon allein durch die Einheiten der 207. Sicherungsdivision 1272 Personen; bis Ende November stieg die Zahl der Opfer auf fast 8500[98]. Man wird also wohl kaum fehlgehen, wenn man eine Dimension von 40000 bis 85000 Todesopfern der brutalen Anti-Partisanenpolitik im Jahre 1941 ansetzt, in einem Zeitabschnitt, in dem die Partisanen noch weit davon entfernt waren, einen ernsthaften militärischen Gegner darzustellen.

Wer diese Einheimischen waren, lässt sich den Quellen nur undeutlich entnehmen. Zweifellos befanden sich darunter auch bewaffnete Widerstandskämpfer. Doch

---

[91] Cüppers, Wegbereiter der Shoah, S. 219–222.
[92] BA-MA RH 23/69, Bl. 72, AOK 11, Ic/AO, 5.9.1941.
[93] Sheperd, German Army Security, S. 83–91.
[94] Gerlach, Kalkulierte Morde, S. 876.
[95] BA-MA RH 22/225, Bl. 251–256, Monatsbericht, Berück Mitte an OKH, GenQu, für Dezember 1941, 10.1.1942. Unklar bleibt, ob dies als Tarnbegriff für Tötungen gemeint war, wie Gerlach, Kalkulierte Morde, S. 875 vermutet.
[96] Arnold, Die Wehrmacht und die Besatzungspolitik, S. 478.
[97] Ungváry, Beispiel der ungarischen Armee, S. 102; Johannes Hürter, Felix Römer, Alte und neue Geschichtsbilder von Widerstand und Ostkrieg, in: VfZ 54 (2006), S. 301–322, hier 309.
[98] Bericht Berück Nord, 29.10.1941, in: Deutsche Besatzungspolitik, S. 114f.; Arnold, Die Wehrmacht und die Besatzungspolitik, S. 478.

sowohl die geringe Waffenbeute als auch die vergleichsweise minimalen Verluste auf deutscher Seite 1941 – beim Berück Mitte bis Ende November 254 Tote[99]! – deuten darauf hin, dass letztere nur eine kleine Minderheit ausmachten. Vielmehr dürften sich unter den Opfern viele versprengte oder untergetauchte Rotarmisten befunden haben, vor allem aber Personen, die bei Razzien aufgegriffen waren und „verdächtig" erschienen, etwa weil sie sich nicht ausweisen konnten oder bei den Verhören in Widersprüche verwickelten. Besonders gefährdet waren Juden bei solchen Razzien, weil sie apriori als vermeintliche „Bandenhelfer" ins Visier genommen wurden.

Es kennzeichnete also nicht allein die enorme Zahl an Opfer den spezifisch nationalsozialistischen Charakter der Widerstandsbekämpfung, sondern vor allem ihre rassistische Grundstruktur. Die Partisanen wurden nicht nur als kommunistischer Gegner angesehen, was sie in ihrer Mehrheit sicher waren, sondern auch als dominiert von ethnischen Russen und unterstützt von Juden. Zwar gab es durchaus ein Übergewicht russischer Kader in den Gruppen, vor allem wenn diese durch die Frontlinien geschickt worden waren. Die Hervorhebung von Juden in diesem Zusammenhang war zunächst eine antisemitische Fehlinterpretation, schließlich aber eine Self-fulfilling Prophecy, als die deutschen Massenmorde immer mehr Juden in den Widerstand trieben[100]. Zum Tragen kam das rassistische Modell vor allem bei der Ausgestaltung der Repressalien; diese sollten vor allem besonders „minderwertige" Bevölkerungsteile treffen, aus Sicht der Besatzer vor allem Juden und Kommunisten, aber auch ethnische Russen. Gegenüber der polnischen Minderheit in den westlichen Besatzungsgebieten bestand kein einheitliches Bild; einerseits galten sie als höherstehend, in anderer Sicht aber auch als besonders anfällig für Widerstandstätigkeit. Unter den Ukrainern hingegen vermutete man kaum den Hang zur Opposition[101].

Entsprechend versuchten die Befehlshaber die massenhaften Repressalien zu strukturieren. Im Falle der ohnehin bevorzugten baltischen Bevölkerung stellte sich die Frage kaum, da es in diesem Raum wenig Partisanen gab. Freilich sollten auch hier Juden und Kommunisten als Geiseln gefangengehalten werden[102]. Für Weißrussland hingegen musste der Berück explizit darauf hinweisen, dass sowohl Polen als auch Weißrussen etwas zurückhaltender behandelt werden sollten[103]. In der Ukraine wiederum sollten ethnische Ukrainer zunächst nicht als Geiseln herangezogen werden. Während die SS- und Polizeieinheiten immer wieder „verdächtige" Ukrainer erschossen, hielt sich die Wehrmacht lange Zeit offenbar an diesen Selektionsmechanismus. Erst nach einem Anschlag auf Offiziere des AOK

99	BA-MA RH 19 II/127, Bl.295–298, HGr. Mitte, IIa, Verluste 22.6.–30.11.1941, 12.12.1941. Völlig inakzeptabel ist die Tendenz bei Arnold, Die Wehrmacht und die Besatzungspolitik, S.465ff., Verlustrelationen bei den Partisanen mit Getöteten, bei den deutschen Truppen aber inklusive der Verwundeten anzugeben.

100	Das wurde durchaus auch erkannt, allerdings verbunden mit dem Vorschlag, die Juden noch schneller auszurotten: BA-MA RH 26-339/5, 339. ID an Berück Mitte, 5.11.1941; vgl. auch BA-MA RH 26-286/4, 286. Sich.Div. an Berück Mitte, 7.11.1941.

101	Vgl. BA-MA RH 20-17/565, OKH, GenStdH, Abwehr III Nr.2111/41, betr. Behandlung der Bevölkerung, 12.7.1941; BA-MA RH 26-213/4, Bericht 213. Sich.Div., 31.8.1941; RH 26-50/85, Tätigkeitsbericht 50. ID, Ic, 6.9.1941.

102	207. Sich.Div., 5.7.1941, in: Einsatz im „Reichskommissariat Ostland". Dokumente zum Völkermord im Baltikum und in Weißrußland 1941–1944. Hg. von Wolfgang Benz, Konrad Kwiet, Jürgen Matthäus. Berlin 1998, S.85.

103	USHMM RG 48.004M, reel 2 (VHA Prag, Pol.Rgt. Mitte), Pol.Rgt. Mitte an Pol.einheiten, 17.7.1941.

6 wandelte sich dieses Verhalten im November 1941. Nun ermordete man in Einzelfällen auch Ukrainer[104].

Auf der Basis der rassistischen Einteilung der Bevölkerung entwickelte sich auch eine weitere Komponente der deutschen Anti-Partisanen-Politik. Frühzeitig hatten Militärs, wie übrigens auch die Zivilverwalter Rosenbergs, erkannt, dass sie sich bei der Bekämpfung der Partisanen auch auf die Mitarbeit, oder zumindest Neutralität der Bevölkerungsmehrheit stützen müssten, um dauerhafte Erfolge zu erzielen. Dies wurde jedoch von Anfang an durch die blutige Besatzungspolitik und die radikale Ausbeutung des Landes konterkariert. Die Besatzungsmacht setzte hingegen auf antibolschewistische Einstellungen, die durch Propaganda intensiviert werden sollten. Vor allem aber kam ihr entgegen, dass die Untergrundgruppen immer mehr dazu übergingen, sich gewaltsam zu versorgen und manchmal auch zu rekrutieren, sowie echte oder vermeintliche Kollaborateure zu ermorden[105]. So geriet die Bevölkerung in den Gebieten mit Partisanentätigkeit schon im Herbst 1941 allmählich zwischen die Fronten.

Insgesamt wird man konstatieren müssen, dass die Maßnahmen gegen die Partisanen aus deutscher Sicht bis Ende 1941 durchaus zum Erfolg führten. Tatsächlich war es Wehrmacht und Polizei gelungen, größere Partisanengruppen vor allem in der Ukraine und auf der Krim zu zerschlagen, die Aktivitäten des Untergrundes ließen bis Februar 1942 deutlich nach. Im Winter 1941/42 lösten sich die meisten Grüppchen auf[106].

Dies lag jedoch nur zum Teil an der deutschen Politik. Vielmehr zerfielen viele der Widerstandsgruppen ab November 1941, weil sie in immer größere Versorgungsschwierigkeiten gerieten und dem Kampf im Winter überhaupt nicht gewachsen waren. Die deutsche Partisanenbekämpfung traf jedoch vor allem andere Opfer, die Masse der Bevölkerung. Hunderttausende wurden kurzfristig unter entsetzlichen Bedingungen interniert, zehntausende „Verdächtige" ermordet. In den sogenannten Partisanengebieten konnte es jeden treffen. Wie nur wenige andere operative Bereiche handelte es sich hier eindeutig um eine verbrecherische Kriegführung, die auf der Annahme basierte, dass das Leben eines Einwohners im Osten weniger wert sei als anderswo in Europa.

4. Überlegungen zu einer Modifizierung der Politik ab Herbst 1941

Bereits Anfang August 1941 war den hellsichtigen Militärführern klar, dass der ursprünglich für den Feldzug anvisierte Zeitplan nicht mehr einzuhalten war. Man hatte die Rote Armee völlig unterschätzt. Zudem brach das alte Dilemma wieder auf, welcher operative Schwerpunkt im Osten als richtig galt.

[104] Truman O. Anderson, Incident at Baranivka: German Reprisals and the Soviet Partisan Movement in Ukraine, October-December 1941, in: Journal of Modern History 71 (1999), S.585-623; ders., Germans, Ukrainians, and Jews: Ethnic Politics in Heeresgebiet Süd, June-December 1941, in: War in History 3 (2000), S.325-351.
[105] BA-MA RH 26-281/25A, Lagebericht, 281. Sich.Div., VII, 4.9.1941.
[106] Popov, NKVD i partizanskoe dviženie, S.53.

Vor September 1941 waren allerdings kaum Stimmen zu vernehmen, die für eine Modifizierung der brutalen Kriegs- und Besatzungspolitik plädierten. Lediglich die Überlegungen zur Aufstellung kleiner einheimischer Verbände lassen sich bis in den August zurückverfolgen, blieben zu diesem Zeitpunkt aber noch ohne Konsequenzen[107]. Erst im September, vor allem unter dem Eindruck der Verschiebung des Angriffs auf Moskau, lassen sich substantiellere Überlegungen und Initiativen feststellen. Zunächst entbrannte eine interne Debatte um die Zweckmäßigkeit des Kommissarbefehls. Die Morde an gefangenen Politarbeitern hatten sich, obwohl die entsprechenden schriftlichen Anweisungen bei Feindannäherung zu vernichten waren[108], bis in die Rote Armee herumgesprochen und drohten somit, ihren Zweck zu verfehlen. Die Politoffiziere in den sowjetischen Truppen verstärkten nun den Druck, den Widerstand gegen den deutschen Vormarsch mit allen Mitteln zu versteifen. Nicht nur Abwehrchef Canaris, sondern sogar der General z. b. V. Müller, ein maßgeblich Verantwortlicher für diese Verbrechen, plädierten nun für eine taktische Wendung. Während sich Canaris grundsätzlich für eine bessere Behandlung der sowjetischen Kriegsgefangenen aussprach, wollte Müller lediglich den Kommissarbefehl zeitweise suspendieren[109]. Bekanntlich scheiterten diese Initiativen zunächst am OKW. Vielmehr verschlechterte sich die Lage der gefangenen Rotarmisten gerade in dieser Phase deutlich.

Eine eher langfristige Wirkung hatte auch die Bildung einer kleinen Oppositionsgruppe im Oberkommando der Heeresgruppe Mitte, die auch in die Septembertage 1941 zurückreicht. Der Kreis um den Ersten Generalstabsoffizier der Heeresgruppe von Tresckow rang sich im Laufe der Zeit zu einer grundsätzlichen Kritik an der NS-Diktatur durch, die schließlich im Attentat auf Hitler münden sollte. Unmittelbaren Einfluss auf die Politik der Heeresgruppe Mitte hatte dies jedoch kaum[110].

Verschiedentlich mahnten zu dieser Zeit Truppenführer eine "politische Kriegführung" an, in der auch die einheimische Bevölkerung berücksichtigt würde[111]. Eher von konzeptioneller denn von tagespolitischer Bedeutung waren die „Reformvorschläge", die im Herbst 1941 im Oberkommando der Heeresgruppe Süd ventiliert wurden. Dort war seit August der rechtsextreme Ostforscher Theodor Oberländer als Abwehr II-Bearbeiter eingesetzt, der für den – noch nicht eroberten – Kaukasus zuständig sein und zunächst Vorschläge zur differenzierten Be-

---

[107] Einzelne Hinweise bei Förster, Russlandbild der Militärs, S. 153; BA-MA RH 20-17/768, Tätigkeitsbericht, AOK 17, Ic/AO, 17.8.1941; Joachim Hoffmann, Die Ostlegionen 1941 bis 1943. Turkotataren, Kaukasier und Wolgafinnen im deutschen Heer, 3. Aufl., Freiburg i.Br. 1986, S. 17f. Vgl. BA-MA RW 6/v. 276, Bl. 1–2, Denkschrift Bräutigam (RMfbO), 26.8.1941.
[108] Vgl. BA-MA RW 4/v. 578, Bl. 114, OKW/WFSt., 27.7.1941; BA-MA WF-03/9121, OKH, Gen. z.b.V., 31.7.1941.
[109] Förster, Sicherung, S. 1068; Vortragsnotiz Canaris für Heydrich, 15.9.1941, EC-338, IMT Bd. 36, S. 317–320; BA-MA RW 4/v. 578, OKH/Gen. z.b.V. Az. 501 Nr. 516/41 g. Kdos., 23.9.1941; vgl. noch Müllers Haltung Wochen zuvor: BA-MA RH 20-18/1238, Bl. 93 (= NOKW-3149), AOK 18, Ic an Qu. 2, 14.7.1941.
[110] Vgl. Hürter, Auf dem Weg zur Militäropposition.
[111] Förster, Sicherung, S. 1070 (AOK 4, III. und XXXIX. AK); BA-MA RH 24-26/132, XXVI. AK, Ic, Denkschrift zum Verhältnis zur russischen Zivilbevölkerung, 20.10.1941; Johannes Hürter, Die Wehrmacht vor Leningrad. Krieg und Besatzungspolitik der 18. Armee im Herbst und Winter 1941/42, in: VfZ 49 (2001), S. 377–440, hier 418f. (Korück 583).

handlung der Kriegsgefangenen nach Nationalitäten machen sollte[112]. Ende Oktober verfasste Oberländer die erste seiner Denkschriften für eine Umorientierung der Besatzungspolitik: „In dem geschickten Heranziehen der Masse und in der erbarmungslosen Vernichtung der Partisanen als Volksschädlinge liegt der Erfolg." Insbesondere die Ukrainer sollten besser behandelt werden als bisher, um die Sicherheit im Hinterland zu gewährleisten. Die Juden hingegen, gegen die zu diesem Zeitpunkt im Operationsgebiet eine totale Vernichtungskampagne im Gange war, galten weiterhin als Feinde[113].

Im Oktober war gerade der Versuch der Wehrmacht im Gange, doch noch durch einen schnellen Vorstoß Moskau zu erobern. Zwar wurden die operativen Ziele nicht erreicht, man hoffte jedoch, in einem zweiten Anlauf im November den Umschwung erzielen zu können. Dies war das zentrale Anliegen der berühmten Besprechung der Oberbefehlshaber in Orša am 13. November. In der Erwartung, mit größter Anstrengung doch noch den Sieg erringen zu können, entschied Generalquartiermeister Wagner, nur noch bestimmten Gruppen von Einwohnern und Zivilisten Ernährung zukommen zu lassen. Damit blieben die vereinzelten Bemühungen um eine Modifizierung der Politik weiterhin ohne Chance.

Erst das Steckenbleiben des Angriffs Ende November und die sowjetische Gegenoffensive Anfang Dezember machten klar, dass der Feldzug auf mittlere Sicht nicht gewonnen werden könnte. Nun gewannen die „Denkschriften" immer mehr Anhänger, sogar bei Generalfeldmarschall von Reichenau, der zunächst vor allem als Scharfmacher hervorgetreten war[114]. Allen Vorschlägen zur „Reform" war ihr Ziel gemeinsam: den Krieg gegen die Sowjetunion möglichst schnell zu gewinnen und eine dauerhafte deutsche Herrschaft im Osten zu sichern.

Ein Faktor, der im Kalkül der Besatzer zunächst kaum eine Rolle spielte, war die Stimmung der Bevölkerung. War man beim Einmarsch vor allem während der ersten zwei Wochen noch vielerorts freundlich begrüßt worden, so beschränkten sich die Empfangskundgebungen im altsowjetischen Gebiet auf einzelne Orte. Dennoch schätzten die Militärs, dass auch dort eine freundliche bis zurückhaltende Einstellung zur neuen Macht überwog. Dies findet sogar gelegentlich seine Bestätigung in Geheimberichten des NKVD[115].

Ab Herbst begann sich dieses Bild jedoch, auch in der subjektiven Sicht der Wehrmacht, zu ändern. Plünderungen deutscher Einheiten schlugen negativ zu Buche, Erwartungen über eine schnelle Reprivatisierung wurden enttäuscht, die Arbeit unter der neuen Macht wurde kaum adäquat bezahlt. Vor allem aber zeigte die deutsche Herrschaft ein grausames Gesicht: Die Massenmorde an Juden, inzwischen auch an Frauen und Kindern, waren weithin bekannt. Endlose Ko-

---

[112] Philipp-Christian Wachs, Der Fall Theodor Oberländer (1905–1998). Ein Lehrstück deutscher Geschichte. Frankfurt u. a. 2000, S. 99f.

[113] IfZ MA 1725, fr. 132–139, Hgr. Süd/Abwehr II, Voraussetzungen für Sicherheit des Nachschubes und Ernährungsüberschüsse, 28. 10. 1941; Wachs, Fall Theodor Oberländer, S. 173–175, ohne Berücksichtigung des zeitlichen Kontextes.

[114] Bernd Boll, Generalfeldmarschall Walter von Reichenau, in: Hitlers militärische Elite, S. 195–202; BA-MA RW 4/v. 254, Bl. 207–217, OKW, WFSt. Qu an WPr., Denkschrift Hptm. d. R. Pauls, durch von Reichenau eingereicht, 20. 1. 1942.

[115] Vgl. die Berichte von Untergrundeinheiten in: Na okkupirovannych territorijach, in: Vlast: Kommersant 2001, H. 29–31 (für eine Kopie danke ich Jeffrey Burds).

lonnen sowjetischer Kriegsgefangener marschierten in elendem Zustand westwärts durch die Lande, nicht selten wurden geschwächte Rotarmisten auf offener
Straße erschossen. Auch die erbärmlichen Lebensumstände in den Kriegsgefangenenlagern entgingen der umliegenden Bevölkerung nicht. Willkürliche Bestrafungen wurden oftmals öffentlich vollzogen, etwa massenhafte Erhängungen. In
den Städten verschlechterte sich die Versorgungslage, mit Einbruch des Winters
häuften sich die Todesfälle. Und schließlich kam der deutsche Vormarsch Ende
November/Anfang Dezember 1941 zum Stillstand; die Zukunft erschien unge-
wiss[116].

5. Rekrutierung von Hilfskräften

Ursprünglich war es nicht geplant gewesen, Einheimische mit irgendwelchen
wichtigeren Aufgaben in der Besatzung zu betrauen. Sicherlich ging man vor dem
Feldzug davon aus, dass Fachkräfte wie Kolchos-Vorsitzende oder Betriebsleiter
weiter arbeiten würden, dass man Personal für die Kommunalverwaltungen
brauchte und dass man Einheimische für Hilfsarbeiten bei der Wehrmacht und im
übrigen Besatzungsapparat einsetzen würde. Kaum jemand konnte sich jedoch
vorstellen, dass Männer aus der Sowjetunion Polizei- oder gar Kampfaufgaben
übernehmen würden, die ohne Bewaffnung kaum auszuführen sind. Hitler selbst
betonte noch am 16. Juli 1941: „Nie darf erlaubt sein, daß ein anderer Waffen trägt
als der Deutsche!"[117]
Doch schon zu diesem Zeitpunkt war klar, dass man nicht ohne bewaffnete einheimische Kräfte auskommen würde. Seit den ersten Tagen des Feldzuges kooperierte das Militär mit einheimischen Kräften. Den Anfang machten autonome
irreguläre Verbände, meist Milizen genannt. Die antikommunistischen Untergrundbewegungen in dem Landgürtel, der 1939/40 von der Sowjetunion annektiert worden war, erhielten nun massenhaften Zulauf und gingen nach dem 22. Juni
1941 zum offenen Kampf gegen Rote Armee und Sowjetsystem über. So bildete
sich etwa eine regelrechte estnische Armee mit mehreren Zehntausend Mann, ähnliches war in Lettland, Litauen und in der Westukraine zu beobachten. Nach der
Einnahme der Ortschaften durch die Wehrmacht versuchten diese Milizen, die
Kontrolle der öffentlichen Ordnung in die Hand zu bekommen[118].
Die deutsche Militärverwaltung stand diesen autonomen Einheiten zwiespältig
gegenüber. Einerseits unterstützten Letztere das deutsche Vorgehen und füllten

---

[116] BA-MA RW 19/711, Bl. 33-36, WiRüAmt, Stab Ia, Auszug aus Reisebericht zu Hgr. Mitte,
22.7.1941; IfZ MA 1707, fr. 683-735 Halbmonatsbericht WiStOst 1.-15.9., 29.9.1941; BA-
MA RW 19/556, Bl. 174-181, Tätigkeitsbericht WiIn Ukraine, 21.9.1941; BA-MA RH 22/189,
Bl. 30-32, Zehntagesbericht Berück Süd an GenQu, 20.12.1941. Na okkupirovannych territorijach.
[117] Aktenvermerk des Reichsleiters Bormann betr. eine Besprechung über Ostfragen, 16.7.1941,
in: IMT, Band 38, S. 86ff. (L-221).
[118] Die einheimische Literatur zu diesen Einheiten, die heutzutage oft als Vorläufer der Armeen
in diesen Ländern stilisiert werden, ist inzwischen kaum mehr zu überblicken; vgl. Dieckmann, Besatzungspolitik; I. K. Patryljak, Vijskova dijal'nist' OUN(B) u 1940-1942 rokach.
Kyïv 2004, S. 171ff.; Ukraïns'ke deržavotvorennja. Akt 30 červnja 1941. Zbirnyk dokumentiv
i materialiv. Hg. von Orest Dzjuban. L'viv, Kyïv 2001, S. 76ff.

schnell das Machtvakuum nach dem Abzug der Roten Armee, andererseits ließen sich die Milizen schwerlich kontrollieren und verfolgten eigene Ziele, nicht selten Bereicherungen oder blutige Abrechnungen. So versuchte die Militärverwaltung die Größe der Milizen zu reglementieren und ihre Bewaffnung, meist aus Untergrundbeständen oder von der Roten Armee erbeutet, zu begrenzen. Es sollte auf 100 Einwohner höchstens ein Miliziant kommen[119]. Manche besonders extremistischen Gruppen wie die lettischen Perkonkrusts (Donnerkreuzler) wurden von der Militärverwaltung aufgelöst[120].

Das Militär erhoffte sich von den Einsatzgruppen eine politische Überprüfung des „Selbstschutzes", was jedoch nur an größeren Orten praktikabel erschien. Erst einige Zeit nach der Besetzung begann die Neuaufstellung von Miliz bzw. Hilfspolizei. Waren Einheiten der Einsatzgruppen anwesend, so übernahmen diese die Installierung; war dies nicht oder nicht mehr der Fall, ging diese Frage in die Obhut der Kommandanturen über. Dabei wurde zum Teil auf das Personal der bisherigen Milizen zurückgegriffen, ab August/September 1941 jedoch verstärkt auf entlassene Kriegsgefangene nichtrussischer Nationalität. Reichte die Zahl der so rekrutierten Männer nicht aus, so wurden weitere aus der ortsansässigen Bevölkerung angeworben.

Das OKW trat an den SS-Chef Himmler heran, damit dieser „eine aus zuverlässigen Landeseinwohnern gebildete Hilfspolizei" aufstellen lasse[121]. Dabei war nicht nur an lokale Kräfte gedacht, die vor Ort die deutsche Militärverwaltung und Polizei unterstützten, sondern bald auch an bewaffnete Verbände zum Einsatz gegen Partisanen[122]. So entwickelte sich ein vielfältiges Netz von Hilfsinstitutionen, die teilweise den HSSPF, teilweise aber auch direkt der Militärverwaltung unterstanden.

In jeder Stadt bzw. in jedem Rajon wurde eine Hilfspolizei eingerichtet, je etwa 100 Mann stark, in Großstädten mehr. Die Bezeichnung variierte; so sprach man im Süden meist von Hilfspolizei, im Heeresgebiet Mitte hingegen durchweg von „Ordnungsdienst". Mit der vollen Etablierung der Polizeiorganisation, besonders der Stellen der Ordnungspolizei, ging die Hilfspolizei – offiziell als „Schutzmannschaft" – in die Hände des SS- und Polizeiapparates über. Auch dies war eigentlich ein Vorgriff auf die Zivilverwaltung und beschränkte sich vor allem auf die Gebiete, die schon relativ weit von der Front entfernt waren. Allerdings hatte die Wehrmacht weiterhin ein Mitspracherecht, so auch im zivilverwalteten Estland[123].

---

[119] BA-MA RH 20-18/1238, Bl. 121–122, AOK 18, Qu 2, lettischer Selbstschutz, 6.7.1941; BA-MA RH 22/170, Bl. 94–96, Berück Süd, Ic, Bewaffnung der Miliz (Abschrift), 2.7.1941, Berück Süd, Regelung ukr. Milizwesen, 22.7.1941; RH 20-17/276, AOK 17, Ic/AO, ukr. Selbstschutz und Miliz, 7.7.1941; Waldman, German Use, S. 14.
[120] Lumans, Latvia in World War II, S. 165. Das Personal trat freilich zu einem erheblichen Teil in die Dienste der Sicherheitspolizei.
[121] IfZ MA 1707, fr. 51, KTB WiStOst, 25.7.1941 (über Mitteilung des OKW vom 20.7.); vgl. BA-MA RH 23/219, OKH, GenQu, Abt. Kr.verw. (Qu 4 B/Kgf) Nr. II/4590/41g., 25.7.1941; BA R 19/326, Befehl RFSS, 25.7.1941.
[122] BA-MA RH 22/271, Bl. 69–72, Hgr. Nord, Ic, 6.8.1941 (lettische und estnische Polizeibataillone).
[123] Ruth Bettina Birn, Die Sicherheitspolizei in Estland 1941-1944. Eine Studie zur Kollaboration im Zweiten Weltkrieg. Paderborn u. a. 2006, S. 14f.

Einen erheblichen Faktor für die Bildung der Hilfspolizei stellten auch die einheimischen Kommunalverwaltungen dar, welche wiederum nach deutschen Weisungen zu handeln hatten. Nicht nur waren die Verwalter für die konkrete Organisation und Aufstellung der Hilfspolizei zuständig, sondern oftmals auch für deren Bezahlung. Die Stadt- und Dorfverwaltungen allein schienen in der Lage zu sein, gezielt junge Männer aus der Bevölkerung zu rekrutieren, nicht selten ohne deren Einverständnis. In begrenztem Ausmaß trat eine eigene Gemeindepolizei, kurz „Gema", in Erscheinung[124].

Erst im Spätherbst 1941 wurde der Einsatz der Hilfspolizei verstärkt und standardisiert. Nun sollte für jeden Polizisten eine Waffe, meist ein Gewehr, zur Verfügung stehen, das allerdings nur für den Zweck des jeweiligen Einsatzes ausgegeben wurde. Obwohl die Hilfspolizei zahlenmäßig expandierte, machten die Männer bis Ende 1941 nur einen kleineren Teil des Herrschaftsapparates aus. So unterstanden der Militärverwaltung im Heeresgebiet Mitte um die Jahreswende 1941/42 11 500 einheimische OD-Männer[125]. Erst im Laufe des Jahres 1942 verstärkte sich die Rekrutierung, sodass die einheimischen Männer den größten Teil des Personals stellten, also zumindest zahlenmäßig die deutschen Sicherungskräfte überwogen. So steigerte sich die Stärke im Frühjahr 1943 im Gebiet der Heeresgruppe Mitte auf 45 000 Mann, davon allein 31 000 im rückwärtigen Heeresgebiet. Dabei sind sogenannte Hilfs-Ordnungsdienstmänner, die andere Berufe ausübten und nur fallweise zum Einsatz kamen, noch gar nicht mitgerechnet[126]. Die Ursprünglichen politisch-ethnischen Präferenzen bei der Auswahl der Hilfskräfte wurden immer mehr aufgeweicht. Waren es zunächst vor allem Balten und Ukrainer, die in solche Dienste genommen wurden, so traten alsbald Weißrussen und mit der Eroberung von Gebieten der Russischen Föderation auch Russen. Letztere wurden fast ausschließlich unter der lokalen Bevölkerung rekrutiert, da eine Entlassung ethnisch russischer Kriegsgefangener nicht vorgesehen war.

Die Motive der einheimischen Männer, sich zur Hilfspolizei zu melden, waren recht unterschiedlich. Offensichtlich spielten dabei politische Gründe nicht immer eine wichtige Rolle. Nur ein Teil der Hilfspolizisten hatte selbst oder in der Verwandtschaft stalinistische Verfolgungen erlitten oder war besonders prodeutsch eingestellt. Zumeist erhoffte man sich in deutschen Hilfsdiensten eine bessere Versorgung als die Durchschnittsbevölkerung und bald auch den Schutz vor der Deportation zur Zwangsarbeit ins Reich. In der Hilfspolizei bekam man eine Reihe von Vergünstigungen, in bescheidenem Maße war auch ein beruflicher Aufstieg möglich. Für eine umfassende Beurteilung des Personals fehlen noch eingehende Untersuchungen, zumal sich die neuere Forschung fast ausschließlich auf die Gebiete unter Zivilverwaltung konzentriert[127].

[124] BA-MA RH 22/67, Befehl Berück B, 3. 10. 1942.
[125] Waldman, German Use, S. 17ff.; BA-MA RH 23/228, Berück Mitte, VII, Dienstvorschrift für den Ordnungsdienst, (27. 11. 1941).
[126] Gerlach, Kalkulierte Morde, S. 202ff.; Waldman, German Use, S. 32ff.; BA-MA RH 2/2129, Bl. 139, ObKdo. Hgr. Mitte, Chef Mil.verw., Erfahrungsbericht, 10. 8. 1944.
[127] Brakel, Baranowicze 1939–1944, S. 201ff.; Martin Dean, The „Local Police" in Nazi-occupied Belarus and Ukraine as „Ideal Type" of Collaboration, in: „Kollaboration" in Nordosteuropa. Erscheinungsformen und Deutungen im 20. Jahrhundert. Hg. von Joachim Tauber. Wiesbaden 2006, S. 414–433, hier 422f. Für die Ukraine: Dieter Pohl, Ukrainische Hilfskräfte beim Mord

Ohne die Hilfspolizisten bzw. OD-Männer war an eine flächendeckende Besatzungsherrschaft nicht zu denken. Sie kontrollierten die Bevölkerung, konnten im Einzelfall Festnahmen durchführen und waren an den meisten deutschen Polizeiaktionen beteiligt. Manche entwickelten sich zu Herrschaftsträgern im Kleinen und terrorisierten ihre Umwelt. Zumeist waren die „policaj", wie sie in der Bevölkerung hießen, nicht sonderlich beliebt. Dennoch muss man auch die Grenzen ihres Einsatzes sehen: Sie standen fast durchweg unter deutscher Anleitung und erwiesen sich vielfach – aus deutscher Sicht – als „undiszipliniert". Nicht selten wurden deutsche Befehle nur lasch ausgeführt oder eine eigene korrupte Herrschaft ausgeübt. Die Hilfspolizisten wurden von den deutschen Besatzern keineswegs als gleichberechtigte Kollegen, sondern meist als minderwertig angesehen, schlecht behandelt und versorgt. Vor allem in der Frühphase fehlten oft Schuhwerk und ausreichende Bekleidung.

Zudem litt die Hilfspolizei unter der Doppelstrategie der meisten Partisanengruppen: Einerseits brachten die Widerständler solche Kollaborateure in großer Zahl um, gelegentlich samt deren Familien. Im Gebiet der Heeresgruppe Mitte starben bis Mai 1944 mindestens 4400 OD-Männer, d. h. etwa 10% der Gesamtstärke. Andererseits begann der Untergrund insbesondere ab Sommer 1942, die Hilfsorgane der Besatzungsmacht systematisch zu unterwandern. Schließlich nahmen die Desertionen aus der Hilfspolizei immer größere Dimensionen an. Ein nicht unerheblicher Teil der späteren Partisanenbewegung speiste sich aus desertiertem Hilfspersonal[128].

Während die geschlossenen Hilfspolizei-Formationen als „Schutzmannschafts-Bataillone" unter Kontrolle der Polizei standen, stellte das Heeresgebiet Nord auch eigene Milizeinheiten auf, die sogenannten Einwohner-Kampfabteilungen. Diese waren offensichtlich noch schlechter organisiert als der Ordnungsdienst, obwohl ihnen eine nicht unerhebliche Funktion im Anti-Partisanenkampf zukam[129].

Die meisten Einheimischen rekrutierte die Wehrmacht jedoch nicht für die unmittelbare Besatzung, sondern als Hilfskräfte innerhalb des Heeres, als Hilfswillige (Hiwi) in deutschen Einheiten, als Hilfswachmänner (Hiwa) oder in geschlossenen ausländischen Einheiten, den Osttruppen bzw. – stärker national ausgerichtet – Ostlegionen. Schon im Juli 1941 setzte die Personalsuche ein, zunächst unter Kriegsgefangenen ukrainischer und kosakischer Herkunft. Ein erheblicher Teil der etwa 300000 Kriegsgefangenen nichtrussischer Herkunft, die bis Anfang 1942 entlassen wurden, musste sich zur Arbeit für die Wehrmacht verpflichten. Im Zuge der Massenrazzien auf Zwangsarbeiter wurde es immer schwieriger, Personal

---

an den Juden, in: Die Täter der Shoah. Fanatische Nationalsozialisten oder ganz normale Deutsche? Hg. von Gerhard Paul. Göttingen 2002, S. 205–234. Für russische Gebiete: Kovalev, Nacistskaja okkupacija, S. 117–136. Die detailliertesten Studien beschäftigen sich mit dem Baltikum: Estonia 1940–1945; Stankeras, Lietuvių policija, und die Studien von Arūnas Bubnys in der Zeitschrift Genocidas ir rezistencija.

[128] Waldman, German Use, S. 55ff.; Sokolov, Okkupacija, S. 49; Slepyan, People's Avengers, S. 285ff.

[129] IfZ MA 859, fr. 1007, Berück Nord, 28.2.1942; vgl. den zusammenfassenden NKGB-Bericht über die Einwohnerkampfabteilungen im Raum Velikie Luki (nicht vor April 1944) in: Popov, NKVD i partizanskoe dviženie, S. 216–222.

zu finden. So griff die Militärverwaltung mehr und mehr zu Zwangsrekrutierungen[130].

Zumeist wurden die Kräfte für einzelne Wach- und Hilfsdienste herangezogen, sogar zur Bewachung anderer Kriegsgefangener. Erst allmählich konnten ab Oktober 1941 auch kleine geschlossene Einheiten gebildet werden, sogenannte Ukrainerkompanien und Kosakenhundertschaften, auf regionale Initiative hin auch estnische Bataillone und sogar eine kleine Einheit der Abwehr, die aus Russen bestand[131]. Während viele Militärs, die sich ab Herbst 1941 zunehmend in einer operativen Sackgasse wähnten, diesen Einsatz forcierten, wurde er immer wieder von Hitler abgelehnt bzw. auf die Polizei beschränkt. Erst im August 1942, als gleichzeitig der Partisanenkrieg seinen ersten Höhepunkt erreichte und die Wehrmacht den Nordkaukasus besetzte, wurde der Einsatz „landeseigener" Einheiten generell genehmigt und auf eine einheitliche Basis gestellt. Während Angehörige der Turkvölker, Kaukasier und Kosaken auch an Frontkämpfen teilnehmen sollten, waren die Männer aus den Westgebieten der Sowjetunion für den Einsatz im Hinterland ausersehen.

Viele von ihnen waren gerade erst mit knapper Not den höllischen Bedingungen in den deutschen Kriegsgefangenenlagern entkommen[132]. Auch in deutschen Diensten trat nur eine relative Verbesserung der Situation ein. Es dauerte eine Weile, bis Versorgung und Ausrüstung einigermaßen gewährleistet waren. Von einer Gleichberechtigung mit den deutschen Soldaten konnte nicht die Rede sein. Vielmehr drohten den Hiwis im disziplinarischen Fällen erheblich härtere Bestrafungen als den Soldaten der Wehrmacht[133]. Vor allem aber wurden sie dazu missbraucht, die gewalttätigen Aktionen im Hinterland zu unterstützen oder sogar selbst zu exekutieren.

Somit stellten die Ausländer ab Mitte 1942 einen erheblichen Teil nicht nur des ortsfesten Polizeipersonals, sondern auch der Sicherungstruppen. Ende 1942 verfügte das Heer insgesamt über etwa 200000 ausländische Helfer, in der Endphase der rein militärischen Besatzungsherrschaft, Ende 1943, dienten etwa 370000 Mann Osttruppen und 200000 Hiwis in der Wehrmacht[134]. Ein erheblicher Teil dieses Personals war hinter der Front eingesetzt. So waren bei jeder Division etwa 2000 Ausländer etatisiert, die Korück verfügten 1943 überhaupt nur noch zur Hälfte über reichsdeutsches Personal, der Rest bestand aus Hiwis, Osttruppen und OD-Männern[135]. Im Heeresgebiet lag dieser Anteil jedoch offensichtlich niedriger. Je-

130 BA-MA RW 31/588, KTB WiIn Nord, 4.1.1943.
131 Hoffmann, Ostlegionen, S. 17ff.; Sergei Kudryashov, Russian Collaboration with the Nazis and the Holocaust. Unveröff. Paper Jerusalem o.J.
132 Hoffmann, Ostlegionen, S. 53ff., 81f., mit deutlich verherrlichender Tendenz; BA-MA RW 31/310, OKH, GenSt/Org., Landeseigene Hilfskräfte, August 1942 (vgl. BA-MA RH 2/824, Bl. 23f., KTB OKH, Org. Abt., 11.–20.8.1942).
133 Vgl. BA-MA RH 19 III/492, Bl. 19, OB Hgr. Nord, 27.9.1943 (mit Befehl OKH, General der Osttruppen vom 26.9.1943); BA-MA RH 23/195, Bl. 148, Korück 580, Ic, 19.9.1943.
134 Müller-Hillebrand, Das Heer, Band 3, S. 141; Velikaja Otečestvennaja vojna 1941–1945. Voenno-istoričeskie očerki. Red. V. A. Zolotarev u.a. Moskva 1999, Band 4, S. 155; aus der umfangreichen Literatur v.a. S.I. Drobjazko, Pod znamenem vraga. Antisovetskie formirovanija v sostave germanskих vооружennych sil 1941–1945 gg. Moskva 2004.
135 BA-MA RH 23/148, Bl. 63, Korück 559, IVa, Verpflegungsstärke, Februar 1943.

der Feldkommandantur sollten 50, jeder Ortskommandantur (I) 40 Hilfskräfte zugeteilt werden[136].

Allerdings begannen sich die Ostverbände nach der Wende von Stalingrad allmählich aufzulösen, Deutschland bot vielen keine Zukunft mehr und so desertierten sie massenhaft. Allmählich wurde mit der Versetzung solcher Einheiten an andere Kriegsschauplätze begonnen, viele der Hiwis wurden schließlich zur Zwangsarbeit ins Reich gepresst[137].

Von der Forschung kaum beachtet blieb bisher ein anderer Zweig der Kollaboration, dessen Bedeutung kaum zu überschätzen ist: die einheimische Verwaltung. Grundsätzlich war es aus Sicht der NS-Führung undenkbar, in der Sowjetunion eine Kollaborationsregierung à la Vichy zu installieren. Entsprechend scheiterten derartige Vorstöße von Rosenberg oder aus der militärischen Abwehr. Gleichzeitig mit dem deutschen Einmarsch im Juni 1941 versuchten jedoch die antikommunistischen Untergrundbewegungen im Baltikum und in der Ukraine, eigenständig autonome Regierungen zu bilden, natürlich in der Hoffnung auf den schützenden Schirm einer deutschen Oberhoheit. Doch diese Bestrebungen scheiterten schon im Ansatz.

Während die selbsternannte ukrainische Regierung in Lemberg sofort verhaftet wurde, duldete man in den baltischen Staaten vergleichbare Einrichtungen und wandelte sie in Landesverwaltungen unter deutscher Herrschaft um, die jedoch von nationalistischen Aktivisten gesäubert wurden. Für das Militärgebiet blieb allein die estnische Landesverwaltung von Bedeutung, die im September 1941 gebildet wurde. Ihr stand der Berück Nord mit deutlichem Wohlwollen gegenüber, sodass sie durchaus – in beschränktem Rahmen – ihre eigene Politik betreiben konnte. Allerdings ging auch sie in die Kuratel der Zivilverwaltung, also des Generalkommissars für Estland, über[138].

Im Gegensatz zu diesem Sonderfall wurden überall in den militärisch besetzten Gebieten Rajon-, Stadt- und Ortsverwaltungen weitergeführt, freilich unter anderen Vorzeichen. Entsprechende Regionalverwaltungen blieben anscheinend eher die Ausnahme[139]. Die Aufrechterhaltung der kommunalen Verwaltung erwies sich für beide Seiten als unabdingbar: Die Besatzungsmacht verfügte nicht über genügend Personal und benötigte Ausführungsorgane für ihre Maßnahmen; für die Bevölkerung blieb eine funktionierende Verwaltung lebensnotwendig, da nur sie allein das öffentliche Leben, die Versorgung auf allen Gebieten und die Konfliktregelung im Kleinen gewährleisten konnte.

[136] BA-MA RH 23/191, Bl. 196, Korück 580, 25. 8. 1943 (nach OKH, Chef HRü, BdE Nr. 4500/42 vom 4. 11. 1942); IfZ T-501, r. 29, fr. 766–768, Berück Süd, Belegungsstärke, 9. 4. 1943.

[137] IfZ MA 1710, fr. 604f., KTB WiStOst, 27. 3. 1943; BA-MA RH 21-3/653, Bl. 196–197, OKH, GenQu, Kr.verw. (Qu. 5) Nr. II/5820/43 geh., 2. 9. 1943; BA-MA RH 19 II/154, Bl. 213, KTB Hgr. Mitte, 15. 9. 1943.

[138] Vgl. Estonia 1940–1945, S. 541ff.; Meelis Maripuu, Indrek Paavlem, Die deutsche Zivilverwaltung in Estland und die estnische Selbstverwaltung, in: Vom Hitler-Stalin-Pakt bis zu Stalins Tod. Estland 1939–1953. Hg. von Olaf Mertelsmann. Hamburg 2005, S. 96–129, hier 104ff.; Alvin Isberg, Zu den Bedingungen des Befreiers. Kollaboration und Freiheitsstreben in dem von Deutschland besetzten Estland 1941 bis 1944. Stockholm 1992, S. 48ff.

[139] Šajkan, Kolaboracionizm, S. 192ff.; USHMM RG-11.001, reel 92 (RGVA 1275k-3-667), FK 240 an Wikdo. Stalino, 5. 12. 1941.

Wie sich das Verwaltungspersonal rekrutierte, ist noch nicht genau erforscht. In der Regel handelte es sich dabei um eine Art lokaler „Honoratioren", etwa Professoren, Juristen oder ähnliche, die nicht evakuiert worden waren. Gelegentlich kamen Volksdeutsche oder Emigranten, denen die Einreise eigentlich untersagt war, zum Zuge. Im Baltikum und in der Ukraine gelang es oftmals den nationalistischen Gruppen, ihr Personal in die Schlüsselpositionen zu bugsieren. Bekennende Antikommunisten und NKVD-Verfolgte hatten es hier zweifelsohne leichter; freilich wurde ebenso ein höheres Bildungsniveau und Organisationstalent verlangt. Wegen dieser Anforderungen schafften es gelegentlich sogar aktive Kommunisten, in solche Posten zu gelangen, etwa der Bürgermeister von Feodosija auf der Krim[140].

Die territoriale Verwaltungsstruktur gestaltete sich im Besatzungsgebiet nicht einheitlich. Manche Regionen wurden nach den inzwischen abgeschafften Einheiten Okrug und Uezd eingeteilt, andere wiederum nach der gängigen sowjetischen Oblast'. Darunter rangierten relativ einheitlich die Rajone mit dem Rajonchef, der für mehrere Orte zuständige Bezirksbürgermeister und schließlich der Ortsälteste (Starost)[141]. Alle diese Posten wurden durch die Kommandanturen besetzt, die von der Sicherheitspolizei eine Prüfung des Personals verlangten.

Die Kommunalverwalter befanden sich in einer zwiespältigen Situation: Einerseits hatten sie ein relativ gutes Auskommen, vor allem in Hungergebieten, andererseits waren sie Erfüllungsgehilfen der Besatzungsmacht, teilweise auch bei deren Verbrechen, und Verwalter des Mangels. Die Administrationen mussten die wenigen vorhandenen Lebensmittel verteilen, später auch Zwangsarbeiter und Hilfspersonal für Wehrmacht und Polizei aufbringen. Vielfach machte man die Staroste dafür haftbar, dass sie alle „Ortsfremden" in ihrem Bereich meldeten. Nicht selten wurden Bürgermeister interniert, gelegentlich sogar erschossen. Drastisch formulierte es der Korück 590: „Die Bestrafung ist mitleidlos durchzuführen. Der Bürgermeister muss die deutsche Strafgewalt mehr fürchten als die der Partisanen."[142] Bis zu einem gewissen Grade konnten die Kommunalverwaltungen auf die Hilfspolizei zugreifen, was ihnen sowohl eine Regelung des öffentlichen Lebens erleichterte, sie aber auch noch mehr in die deutsche Gewaltpolitik integrierte[143]. Schließlich trachteten auch ihnen – wie den Hilfspolizisten – viele Partisanengruppen nach dem Leben.

[140] Kovalev, Nacistskaja okkupacija, S. 36ff.; Wendy Lower, Nazi Empire-Building and the Holocaust in Ukraine. Chapel Hill 2005, S. 48ff.; Brakel, Baranowicze 1939–1944, S. 178ff.; Filonenko, Krach fašistskogo „novogo porjadka", S. 11ff.; Ukraïns'ke deržavotvorennja, S. 217ff.; Penter, Die lokale Gesellschaft, S. 201ff.; Skorobohatov, Charkiv, S. 128ff.; Cohen, Germans in Smolensk, S. 58f.

[141] Hill, War Behind the Eastern Front, S. 49f.; Verwaltungsanweisung: IfZ MA 862/1, fr. 540–574, Spravočnik dlja načalnikov rajonov, gorodskich golov, volostnych staršin i sel'skich starost (Druck, gez. von Roques), 1942; BA-MA RH 23/298, Bl. 72, Korück 584, Qu. (OD), 28.4.1942.

[142] BA-MA RH 23/341, Bl. 54, Korück 590, 16.6.1942.

[143] Vgl. Oleg Anisimov, The German Occupation in Northern Russia During World War II: Political and Administrative Aspects. New York 1954, S. 16ff. (Umdruck); Frank Golczewski, Local Government in German-Occupied Ukraine, in: Local Government in Occupied Europe (1939–1945). Hg. von Bruno de Wever, Herman Van Goethem, Nico Wouters. Gent 2006, S. 241–257; Vortrag Markus Eikel, Beihilfe zu Kriegsverbrechen – Die ukrainische Lokalverwaltung unter deutscher Besatzung 1941–1944, auf der Konferenz „Kriegsverbrechen im 20. Jahrhundert", Münster 6.7.2005.

Das gesamte Personal der Kommunalverwaltungen nahm einen erheblichen Umfang an, vermutlich mehrere Hunderttausend Personen; es musste schließlich das Leben von Millionen Menschen organisiert und reguliert werden. Gleichzeitig hatte dieser Arbeitsplatz eine gewisse Attraktivität, bot er doch in der Regel eine ausreichende Versorgung für den Mitarbeiter und seine Familie, ebenso bis Anfang 1943 Schutz vor der Deportation ins Reich[144]. Im lokalen ländlichen Rahmen ist die Position der Kolchosvorsitzenden hervorzuheben, die von zentraler Bedeutung für die landwirtschaftliche Ausbeutung waren. Zwar wurde ein erheblicher Teil der Männer, die diese Funktion ausübten, noch vor dem Einmarsch zur Roten Armee eingezogen, doch scheint es eine gewisse Personalkontinuität in die Besatzung gegeben zu haben. Immerhin 27% dieser Posten wurden bis 1943 von Frauen besetzt[145].

Insgesamt aber wird man diese Form von „Kollaboration" in all ihrer Komplexität erst beurteilen können, wenn sie eingehender erforscht worden ist. Verkürzende Interpretationen wie die von einer verständlichen antikommunistischen Reaktion auf der einen Seite oder, anders gewendet, eines „Vaterlandsverrats" an der Sowjetunion auf der anderen Seite greifen hier zu kurz.

Ein ganz und gar ungewöhnlicher Vorgang spielte sich im Spätherbst 1941 im Raum Lokot, unweit von Brjansk ab. Dort startete der Korück 532 (bei PzAOK 2) die Einrichtung einer Art selbständigen Zone. Dem Bezirksbürgermeister von Lokot, Konstantin Voskobojnikov, wurde quasi regionale Autonomie zugestanden. Die genauen Ursprünge dieses Projektes liegen im Dunkeln; anscheinend aber stand es im Zusammenhang mit der Partisanenbekämpfung der 17. Panzerdivision und der Rekrutierung von Einheimischen. Unter Voskobojnikovs Nachfolger Bronislav Kaminskij etablierte die Militärverwaltung im Februar 1942 eine große Anti-Partisaneneinheit aus Einheimischen, die sich bis Ende des Jahres zur sogenannten Kaminskij-Brigade RONA mit etwa 10 000 Mann auswuchs. Der Korück förderte diese Einheit intensiver als die üblichen OD-Dienste und Kaminskij hatte beträchtliche Freiheiten bei der Rekrutierung seiner Männer[146].

Auf den ersten Blick erstaunt der ganze Vorgang, gerade auf dem Gebiet der Russischen Föderation. Doch einerseits war Kaminskij Führer einer zugelassenen russischen „NS-Partei", obwohl er unter Umständen einst NKVD-Agent gewesen war[147], andererseits führte er den „Selbstverwaltungsbezirk Lokot" mit brutaler Härte nicht nur gegen alle Widerstandsregungen, sondern auch teilweise gegen die

[144] Penter, Die lokale Gesellschaft, S. 201, erwähnt eine Zahl von 6500 Angestellten allein in Stalino.
[145] Jerry F. Hough, The Changing Nature of the Kolkhoz Chairman, in: The Soviet Rural Community. A Symposium. Hg. von James R. Millar. Urbana u. a. 1971, S. 103–120, hier 105.
[146] Schulte, German Army, S. 172–179; Sokolov, Okkupacija, S. 163 ff.; Gerlach, Kalkulierte Morde, S. 1052. Vgl. Alexander Dallin, The Kaminsky Brigade, in: Revolution and Politics in Russia. Hg. von Alexander und Janet Rabinowitch. Bloomington, Ind. 1973, S. 243–280 (beruht auf einem Manuskript von 1952).
[147] BA NS 19/1627, Bl. 12–28, VAA AOK 2, Bericht über Lokot, April 1942 (mit Verweis auf das Manifest vom 25. 11. 1941); BA-MA RW 4/v. 254, Bl. 358–368, OKH, GenQu, Kr.verw. (Qu 4B/Ausw) Nr. II/2251/42 geh. an WFSt., 27. 3. 1942; BA-MA RH 21-2/640, Bl. 1–18, Tätigkeitsbericht PzAOK 2, Ic, 21. 2. 1942; nach Unterlagen des NKVD Brjansk sei er 1940 angeworben worden, Aleksandr Fedosov, „Respublika" karatelej, in: Trud 30. 4. 2002 (für den Hinweis danke ich Jeffrey Burds).

eigene Bevölkerung von etwa 40 000 Köpfen. Dies führte auf lange Sicht dann freilich zu einer Destabilisierung des Gebietes aus deutscher Sicht. Das Kaminskij-Experiment trägt deutlich ähnliche Züge wie die Sonderpolitik im Kaukasus ab August 1942, es geht vermutlich auf die regionalen Befehlshaber zurück. Für die Bevölkerung brachte es nur wenige Vorteile im Vergleich zu anderen Gebieten[148].

Insgesamt nahm die Rekrutierung von einheimischen Hilfskräften in der besetzten Sowjetunion Ausmaße an wie in keinem anderen Land von Hitlers Europa. Geschätzte 1–1,2 Millionen Mann arbeiteten für Wehrmacht und Polizei, weitere Hunderttausende in Kommunalverwaltung und Wirtschaftsapparat. Es ist fraglich, ob diese Dimensionen allein auf eine hohe Kollaborationsbereitschaft in der sowjetischen Bevölkerung zurückzuführen sind. Vielmehr ist zunächst die riesige Größe des Landes als Rahmenbedingung in Rechnung zu stellen. Die Motivationen dafür, in deutsche Dienste zu treten, waren vielfältig: Meist trieben die miserablen Lebensbedingungen die Menschen an, insbesondere in den Kriegsgefangenenlagern und in den Städten. Ab Sommer 1942 trat die Bedrohung hinzu, als Zwangsarbeiter ins Reich deportiert zu werden. Sodann war das Ausmaß an Freiwilligkeit durchaus unterschiedlich. Viele der jungen Männer wurden durch die Kommunalverwaltungen zum Dienst quasi eingezogen, viele Verwalter mussten auf den Posten, die sie schon vor 1941 eingenommen hatten, verbleiben. Zweifelsohne spielten jedoch auch die Erfahrungen mit dem Stalinismus und ausgeprägte antibolschewistische Einstellungen eine Rolle. Freilich waren diese nur zum Teil das unmittelbare Motiv, sich den Deutschen zur Verfügung zu stellen. In den westlich gelegenen Gebieten, insbesondere im Baltikum und in der Westukraine, war vielfach die Hoffnung bestimmend, durch den Dienst bei der Besatzungsmacht auf lange Sicht eine nationale Unabhängigkeit zu erzielen.

Dies spielte natürlich in den Territorien unter Militärverwaltung, die sich zusehends nach Osten verschoben, kaum eine Rolle. Dort diente der größte Teil der Hilfskräfte der Wehrmacht, also die Osttruppen und die Hiwis, die einzelnen Front- und Besatzungseinheiten zugeordnet waren.

---

[148] BA-MA RH 23/26, Bl. 141f., Korück 532, Reisevermerk, 8.10.1942.

VII. Ernährungspolitik

Grundsätzlich traf die Härte der deutschen Besatzungspolitik Stadt und Land, allerdings in recht unterschiedlichen Ausmaßen und Formen. Herrschte auf dem Land die landwirtschaftliche Ausplünderung vor, so wurde der Stadtbevölkerung allmählich ihr ganzer Besitz abgenommen, über Konfiszierungen, vor allem aber über die Entwertung des Rubel und den Schwarzmarkt. Im ersten Jahr der Besatzung, also bis Sommer/Herbst 1942, litten in erster Linie die Städte unter Gewaltmaßnahmen und Mangelversorgung. Die Massenmorde an den Juden vollzogen sich fast durchweg in den Städten, ebenso die meisten Verbrechen an kommunistischen Funktionären.

1. Politik gegen die Großstädte

Bei Hitler und vielen NS-Führern, aber auch unter der Generalität saß das Misstrauen gegen die sowjetischen Großstädte tief. Schwangen bei einigen noch allgemeine antiurbane Motive mit, so waren sich alle einig, dass es sich hier um „Brutstätten des Bolschewismus" handeln würde, mit einem hohen Arbeiteranteil, einer Dominanz der ethnisch russischen Bevölkerung und einer kraftvollen Organisation der KP. Verhängnisvoll wirkte sich zudem die wirtschaftliche Feldzugsplanung aus: Die Städte waren von der Lebensmittellieferung aus dem Lande abhängig und galten somit als „Konkurrenz" zur Wehrmacht, die selbst einen großen Teil der Nahrung für sich abzweigen wollte. Das Hungerkalkül konzentrierte sich hierbei vor allem auf die russischen Gebiete, und damit gerieten vor allem Metropolen wie Leningrad, Moskau und Stalingrad, aber auch Städte wie Smolensk, Brjansk oder Krasnodar ins Visier.

Es ist noch nicht eindeutig geklärt, ob Hitler bereits im Vorfeld des Angriffs vom 22. Juni Vernichtungspläne gegen die russischen Großstädte hegte[1]. Auf jeden Fall äußerte er sich spätestens in der zweiten Juliwoche 1941 in dieser Richtung: „Feststehender Entschluß des Führers ist es, Moskau und Leningrad dem Erdboden gleichzumachen um zu verhindern, dass Menschen darin bleiben, die wir dann im Winter ernähren müßten". Deutlich wird auch die antirussische Zielrichtung, die Hitler prophezeite: „Volkskatastrophe, die nicht nur den Bolschewismus, sondern auch das Moskowitertum der Zentren beraubt"[2]. Offensichtlich waren damit die sowjetischen Großstädte, die gerade in diesen Wochen besetzt wurden, noch nicht gemeint.

---

[1] So will General Glaise von Horstenau bereits im Mai 1941 erfahren haben, dass beabsichtigt sei, sowjetische Städte komplett zu vernichten; siehe oben S. 152.
[2] Halder KTB III, S. 53 (Eintrag vom 8. 7. 1941, zweites Zitat als wörtliche Zitierung Hitlers).

Freilich hatte man grundsätzlich nur eine zweitrangige Versorgung der Stadtbewohner im Allgemeinen vorgesehen[3]. Verschärfend wirkten sich die Zerstörungen durch Waffengewalt, vor allem bei Infrastruktur und Versorgungseinrichtungen, und allmählich auch die sowjetischen Evakuierungen und Zerstörungen von Lebensmitteln und Transportmaterial aus. Nachdem in weiter westlich gelegenen Städten wie Lemberg durchaus ausreichende Rationen ausgegeben wurden, sollte zunächst auch die urbane Bevölkerung des Baltikums entsprechend versorgt werden[4]. Im Heeresgebiet Mitte freilich hungerten Teile der Bevölkerung bereits in der zweiten Juliwoche, so besonders im schwer von Zerstörungen betroffenen Minsk. Auch das im Norden auf russisches Gebiet vorgestoßene AOK 16 vermeldete zur gleichen Zeit, der Bevölkerung drohe das „Gespenst des Hungers"[5].

Grundsätzlich sollte die Bevölkerung ernährt werden, wenn auch auf niedrigstem Niveau: „Die Ernährung der Bevölkerung im besetzten Gebiet muß im Rahmen des Notwendigsten sichergestellt werden. Nach Feststellung des Truppenbedarfs und Lagerbildung sind Restbestände freizugeben. Wo besonderer Mangel herrscht, sind Gemeinschaftsküchen einzurichten."[6] Nachdem sich schon verschiedene Stellen, allen voran Ernährungsdiktator Backe, gemeldet hatten, die Ernährung für die Einheimischen sei streckenweise zu gut, betonte der Wirtschaftsstab Ost in seiner entscheidenden Besprechung vom 31. Juli noch einmal, dass für die „nicht-landwirtschaftliche Bevölkerung" nur geringste Rationen vorzusehen seien[7].

Erst am 26. August 1941 setzte der Wirtschaftsstab Ost einheitliche Rationierungssätze fest, die nun zwischen arbeitender und nichtarbeitender Bevölkerung unterschieden. Die Wirtschaftsinspektionen konnten eigene, d. h. niedrigere Sätze festlegen. Dies taten sie denn auch umgehend. Noch rigoroser ging der Generalquartiermeister selbst vor: Eisenbahnpersonal und in Wohnortsnähe eingesetzte Hilfskräfte sollten lediglich Zusatzverpflegung erhalten, ansonsten – wie die ländliche Bevölkerung – als „Selbstversorger" auf sich allein gestellt bleiben[8].

Doch die offiziellen Rationen, wie sie auf dem Papier bestanden, waren das eine, die reale Ausgabe das andere. In erster Linie waren dafür die Wirtschaftskommandos zuständig, die eng mit den Abteilungen IV Wi der Feldkommandanturen zusammenarbeiteten. In Kleinstädten waren die Ortskommandanturen, oftmals aber der La-Führer für die Organisation der Ernährung verantwortlich[9]. Die direkte

---

[3] Vgl. BA-MA RW 31/138, Bl. 226–229, WiStOst, Bes. Ano. Nr. 7, 11.7.1941.
[4] IfZ MA 1707, fr. 367–374, Bericht über Dienstreise WiIn Süd mit Schubert 12.–14.7., 16.7.1941; Arnold, Die Wehrmacht und die Besatzungspolitik, S. 247ff.; Grzegorz Hryciuk, Polacy we Lwowie 1939–1944. Życie codzienne, Warszawa 2000, S. 268.
[5] IfZ MFB 4/42872, fr. 91, Lagebericht Nr. 1, AOK 4, IV Wi, 10.7.1941; vgl. Gerlach, Kalkulierte Morde, S. 265ff.; IfZ MFB 4/42881, fr. 88, Besondere Anordnungen AOK 16, IV Wi, (vermutlich 22.7.1941).
[6] IfZ MA 1707, fr. 29, KTB WiStOst, Chefbesprechung 10.7.1941 (Zitat Chefgruppe La); BA-MA RW 31/138, Bl. 226–229, WiStOst, Bes. Ano. Nr. 7, 11.7.1941.
[7] Niederschrift über Besprechung WiStOst, 31.7.1941, in: Deutsche Besatzungspolitik S. 181–184; Arnold, Die Wehrmacht und die Besatzungspolitik, S. 252f.
[8] Gerlach, Kalkulierte Morde, S. 269f.; Berkhoff, Harvest of Despair, S. 166 (WiIn Süd, La, vom 5.9.1941).
[9] Vgl. 454. Sich.Div., Sofortaufgaben der Ortskommandanturen, 20.8.1941, in: Deutsche Besatzungspolitik, S. 60.

Soldaten transportieren Schweine ab
(Quelle: Bibliothek für Zeitgeschichte)

Verteilung übernahmen die einheimischen Kommunalverwaltungen, die sich angesichts der Knappheit der Resourcen oft völlig überfordert zeigten. In Vitebsk wurde zunächst an jede Person (Juden ausgenommen) Getreide für 300 gr. Brot täglich ausgegeben; doch auch die Verteilung dieser Rationen stockte. Im Dezember erhielten Arbeiter noch 200 gr. Brot und 573 gr. Kartoffeln. Verschärfend wirkte sich aus, dass die Zahl der wiedereröffneten Läden, in denen man sich zusätzlich Nahrung besorgen konnte, allmählich wieder reduziert wurde[10]. Doch auch auf die Landbevölkerung wurde der Druck erhöht: Konnten die Ablieferungskontingente nicht erreicht werden oder kam es gar zu Sabotageakten bei der Vorratslagerung, so wurde mit dem Entzug der gesamten Lebensmittelvorräte gedroht, eine Praxis, die an das stalinistische Vorgehen der Jahre 1932/33 erinnerte[11].

2. Beginn des Massenhungers 1941/42

Für die Zeit bis September 1941 gibt es nur wenige Hinweise auf Hungertote in den besetzten sowjetischen Gebieten, sofern man von den Lagern und psychiatrischen Anstalten absieht. Allerdings liegen auch kaum Zahlen über die Opfer vor, die am Anfang jeder Unterversorgung stehen, also über die Entwicklung der Säuglingssterblichkeit[12]. Im Oktober 1941 jedoch änderten sich die Bedingungen.

[10] Gerlach, Kalkulierte Morde, S. 278–282.
[11] IfZ MFB 4/42878, fr. 686, Armeebefehl OB AOK 9, 22.8.1941; IfZ MFB 4/42875, fr. 630, Befehl AOK 6, O.Qu/Qu 2, 18.10.1941.
[12] Vgl. Gerlach, Kalkulierte Morde, S. 289; Skorobohatov, Charkiv, S. 306: in Charkow stieg die Säuglingssterblichkeit unter Besatzung von 12 auf 50%.

Als Hintergrund können zwei Entwicklungen ausgemacht werden: Zunächst forderte die Vierjahresplan-Behörde eine stärkere Hierarchisierung bei der Lebensmittelverteilung und sodann verstärkten sich beim Heer die Transportprobleme, die den eigenen Nachschub zunehmend gefährdeten.

Göring ordnete am 16. September 1941 die Festschreibung einer Liste von Prioritäten in der Nahrungsmittelversorgung an, wie sie ohnehin schon bestanden. Allerdings sollte sich die Versorgung nur noch auf die Teile der Bevölkerung richten, die direkt oder indirekt für die Besatzungsmacht arbeiteten. Nach längeren Debatten mit der Heeresführung wurde festgelegt, dass bei der Lebensmittelverteilung zuerst die Wehrmacht, dann die Reichsbevölkerung, dann die Zivilbevölkerung unter Besatzung und zuletzt die Kriegsgefangenen berücksichtigt werden sollten.

Ab Oktober begann die Hungersterblichkeit in den Kriegsgefangenenlagern nie dagewesene Ausmaße zu erreichen. Doch auch außerhalb der Lager spitzte sich in einzelnen Regionen die Versorgungslage dramatisch zu: Ein Hauptverantwortlicher, der Wirtschaftsoffizier der im Donezbecken stationierten 17. Armee prognostizierte: „Man muß sich bereits jetzt darüber klar sein, dass das Gros der Bevölkerung hungern, wenn nicht z. Teil verhungern wird, da in erster Linie der deutsche Soldat sein Brotgetreide haben muß."[13] In Kerč auf der Krim hungerten im November 1941 bereits große Teile der Bevölkerung, ebenso in Kiew, das bis Mitte des Monats noch unter Militärverwaltung stand[14].

Die größte Hungerkatastrophe bahnte sich freilich nicht unter deutscher Besatzung, sondern unter Belagerung an. Nach einigen Diskussionen mit den Militärs hatte Hitler entschieden, keinen Versuch zur Eroberung Leningrads zu unternehmen, sondern die Stadt einzuschließen, zu beschießen und auszuhungern. Die Ernährung der Stadtbevölkerung spielte bei diesen Entscheidungen eine zentrale Rolle. Diese Strategie zeitigte gleich unmittelbar nach Beginn der Belagerung verheerende Folgen. Bereits im Oktober starben 2500 Leningrader mehr, als es in Friedenszeiten üblich gewesen war, im November etwa 5500, im Dezember aber fast 50000[15]!

Die Tragödie Leningrads war nur mittelbar mit der deutschen Besatzungspolitik verbunden. Freilich wurde sie von denselben Akteuren organisiert, und vor allem zeigt sie deutlich die Einstellung vieler Militärs zum Leben von Zivilisten, insbesondere wenn es sich mehrheitlich um ethnische Russen handelte. Als typisch ist die Äußerung des Generalquartiermeisters Wagner anzusehen, „was sollen wir mit einer 3½ Mill-Stadt, die sich nur auf unser Verpflegungsportemonnaie legt. Sentimentalitäten gibt es dabei nicht." Wagner selbst lehnte alle Vorbereitungen für eine etwaige Versorgung Leningrads ab[16]. Direkt zielten manche Frontverbände auf

---

[13] BA-MA RW 46/277, Bl. 80, Lagebericht VO WiRüAmt bei AOK 17 für 15. bis 30. 9., 7. 10. 1941.

[14] Kunz, Krim unter deutscher Herrschaft, S. 142; Berkhoff, Harvest of Despair, S. 170ff.; Klaus Jochen Arnold, Die Eroberung und Behandlung der Stadt Kiew durch die Wehrmacht im September 1941, in: MGM H. 58, 1999, S. 23–63, hier 37f.

[15] Nikita Lomagin, Neizvestnaja blokada. Band 2. S.-Peterburg, Moskva 2002, S. 266, 281 (nach NKVD-Berichterstattung).

[16] Überpointiert: Jörg Ganzenmüller, Das belagerte Leningrad 1941-1944. Die Stadt in den Strategien von Angreifern und Verteidigern. Paderborn u.a. 2005, S. 32ff., der von einer gezielten Genozidplanung gegen Leningrad ausgeht. Zitat Brief Wagner an seine Frau, 9. 9. 1941, in: Verbrechen der Wehrmacht, S. 311; Hürter, Wehrmacht vor Leningrad, S. 409.

das Massensterben der Großstadtbewohner. Das AOK 18 ordnete an, auf Menschen, die sich aus der Newa-Metropole vor dem Hungertod flüchten und durch die deutschen Linien durchschlagen wollten, erbarmungslos zu schießen. Und tatsächlich meldeten einige Einheiten die Massakrierung solcher Zivilisten. Doch insgesamt ergaben sich erhebliche Widerstände in der Truppe, diese Menschen – vorwiegend Frauen, Kinder und Alte – umzubringen[17].

Der Oktober wurde nicht nur für die Kriegsgefangenen, sondern auch für die Stadtbewohner in den neu besetzten Gebieten zum Schicksalsmonat. Die Stadtbevölkerung galt nicht nur als lästig, sondern streckenweise auch als gefährlich, wie die großen Bombenanschläge in Kiew und Charkow zu unterstreichen schienen. Deshalb sollten größere Städte in Zukunft nicht mehr erobert, sondern eher abgeschnürt werden[18].

Von der Ausnahme Leningrad abgesehen, setzte sich dieses Prinzip aber nicht durch. Großstädte wurden weiterhin besetzt, der Umfang der anschließend dort stationierten Garnisonen sollte aber möglichst gering gehalten werden. Stattdessen wurde die ohnehin schon unzureichende Lebensmittelversorgung noch reduziert. Am 4. November 1941 erließ der Wirtschaftsstab grundsätzliche Regelungen: Als Wochenhöchstsätze für städtische „Bevölkerung, die keine nennenswerte Arbeit leistet", waren 70 gr. Fett, 1,5 kg Brot und 2 kg. Kartoffeln vorgesehen; für Kinder unter 14 Jahren und Juden die Hälfte davon. Die rassistische Grundierung wird nicht nur an der Benachteiligung der Juden sichtbar, sondern auch an der expliziten Ausklammerung der Balten, denen man ein besseres Los zubilligte. Lediglich die arbeitende Bevölkerung, deren Anteil man mit höchstens 20% ansetzte, sollte eine etwas höhere Versorgung als die übrigen Stadtbewohner erhalten[19]. Formal handelte es sich bei den Sätzen vom 4. November nur um eine graduelle Verschlechterung der Nahrungszuteilung, verglichen mit den Normen von Anfang September. In der Realität verminderte sich die Zuteilung jedoch weiter.

Diese Regelungen wurden vom Generalquartiermeister gebilligt und verteidigt. Dieser schob sogar die Verantwortung der Bevölkerung selbst zu, weil diese angeblich die Evakuierungs- und Zerstörungsmaßnahmen der Sowjets mit betrieben habe! Zwar oblag es der Wirtschaftsorganisation Ost, diese tödliche Politik zu exekutieren, die Kommandanturen sollten ihr jedoch zuarbeiten, indem sie beispielsweise die Einwohnerzahlen festlegten. Vor allem aber wurde es den Truppen untersagt, hungernde Bevölkerung aus eigenen Beständen zu unterstützen[20]. Zwar

---

[17] Verbrechen der Wehrmacht, S. 318–321.
[18] BA-MA RW 31/310, Vermerk WiStOst/La, 3.10.1941; Arnold, Die Wehrmacht und die Besatzungspolitik, S. 301 (mit entsprechendem Befehl Hitlers, hier an Hgr. Süd vom 20.10.1941).
[19] Besondere Anordnung Nr. 44 des WiStabes Ost über die Verpflegung der Zivilbevölkerung in den besetzten Ostgebieten, 4.11.1941, Verbrechen der Wehrmacht, S. 302. Vgl. BA-MA RH 26-207/48, OKH, GenQu, IVa Az. I/833 b/42 (IV, 1) Nr. I/14889/42, betr. Verpflegung baltischer Arbeiter, 28.3.1942.
[20] BA-MA RW 31/310, GenQu, Kr.verw. Nr. II/7732/41 geh., 4.11.1941. Widersprüchlich Arnold, Die Wehrmacht und die Besatzungspolitik, S. 282ff., 291, der von einer Ausschaltung der Militärverwaltung, dann von einer engen Zusammenarbeit spricht. Die 281. Sich.Div. forderte eine volle Informierung der Kommandanturen: BA-MA RH 26-281/25A, 281. Sich.Div., VII, Bes. Ano.f.d. innere Verw. Nr. 10, 6.12.1941.

sollten die angegebenen Höchstsätze eingehalten werden, die Bildung von Vorräten durch die Einwohner war jedoch zu unterbinden[21].

In der Militärverwaltung selbst waren diese restriktiven Regelungen freilich umstritten. Insbesondere das Heeresgebiet Mitte fürchtete, dass massenhafter Hunger in seinem Bereich die Ausbreitung des Widerstandes begünstigen würde. Im Heeresgebiet Süd wiederum wollte man die Ukrainer bevorzugt behandelt wissen[22]. Extreme Befehlshaber wie der Kommandeur der 339. Infanteriedivision, die im weißrussischen Raum als Sicherungseinheit eingesetzt war, forderten hingegen unverhohlen, „alle Schädlinge und unnützen Esser auszumerzen."[23]

Insgesamt traten die Stimmen, die für eine notdürftige Versorgung der ganzen Stadtbevölkerung plädierten, in den Hintergrund, da sich das Heer seit dem Oktober mit einer Transport- und Versorgungskrise konfrontiert sah[24]. Nun zeigte sich, dass sich das OKH mit seiner überambitionierten Feldzugsplanung verkalkuliert hatte; ab Oktober verschlechterte sich sogar die Lebensmittelversorgung der deutschen Soldaten. Die Zeche sollte jedoch die Mehrheit der Stadtbevölkerung zahlen.

Den Armeegebieten wurde nun freigestellt, ihre Räume komplett auszuplündern, als sogenannte „Kahlfraßzonen". Insbesondere im Bereich der 6., der 11., der 16., der 17. und der 18. Armee wurde die Landwirtschaft rücksichtslos ausgebeutet mit der Folge, dass kaum noch Lieferungen in die Städte möglich waren und nicht einmal die angegebenen miserablen Höchstsätze erreicht werden konnten.

3. Das Massensterben im Winter/Frühjahr 1941/42

Es ist auffällig, dass sich das massenhafte Hungersterben unter der einheimischen Stadtbevölkerung, das um die Jahreswende 1941/42 seinen Anfang nahm, fast durchweg auf eine Bevölkerung erstreckte, die zahlenmäßig von ethnischen Russen dominiert war. Damit trat im Grunde die Konsequenz im Feldzug ein, die die Wirtschaftsplaner schon vor dem 22. Juni 1941 anvisiert hatten: die gigantische Umverteilung der landwirtschaftlichen Produkte zugunsten der Wehrmacht sollte in erster Linie auf Kosten der „Großrussen" ablaufen.

Nach heutigen Erkenntnissen waren davon vor allem vier Gebiete schwer betroffen: das deutsch-besetzte Hinterland von Leningrad, das Donezbecken, die Nordostukraine mit der Großstadt Charkow und die Krim. Freilich gibt es Hinweise auf Hungerkatastrophen auch in anderen östlichen Regionen des Operationsgebietes[25]. Nicht nur im belagerten Leningrad selbst, sondern auch im deutsch-besetzten südlichen Vorfeld der Stadt wurde die städtische Bevölkerung weitgehend von der Versorgung abgeschnitten. Im unmittelbaren Belagerungsring erhielt die

[21] BA-MA RH 19 III/640, Bl. 29–63, OKH, GenQu, Abt. Heeresversorgung, Qu 2, Nr. I/6273/41 g.Kdos., 11.12.1941, Bes. Ano. für die Versorgung.
[22] Gerlach, Kalkulierte Morde, S. 275; Rolf-Dieter Müller, Das Scheitern der wirtschaftlichen „Blitzkriegsstrategie", in: DRZW 4, S. 936–1029. Ausführlich zur Diskussion des Militärs: Arnold, Die Wehrmacht und die Besatzungspolitik, S. 280ff., 290ff.
[23] 339. ID an Berück Mitte, 5.11.1941, in: Verbrechen der Wehrmacht S. 303.
[24] In extenso: Schüler, Logistik im Russlandfeldzug, S. 412ff.
[25] Gerlach, Kalkulierte Morde, S. 289.

Bevölkerung fast nichts mehr zu essen, sodass sich Tausende, vor allem Frauen, Kinder und alte Menschen, auf den beschwerlichen Weg nach Süden machten, um dort etwas Essbares zu erhalten. „Es besteht der Eindruck, dass diese Menschen über kurz oder lang dem Hungertode verfallen müssen."[26] Doch auch weiter südlich ergab sich kein grundlegend besseres Bild. Der Bereich der 16. Armee war ein landwirtschaftlich ausgesprochen schwach strukturiertes Gebiet. Dort herrschte schon im Oktober 1941 in mehreren Städten, unter anderem in Novgorod, eine drastische Unterversorgung, die deutsche Wirtschaftsoffiziere nicht nur dem Konto der sowjetischen Evakuierungsmaßnahmen, sondern auch den Plünderungen durch die Soldaten der Wehrmacht zurechneten. Einzelne Ortskommandanturen forderten bereits frühzeitig eine Sperrung ihrer Regionen für die Entnahme von Truppenbedarf, konnten sich damit jedoch nicht bei den Wirtschaftsstellen durchsetzen[27]. Im Dezember war die Lage bereits katastrophal. Nicht nur in den Städten, sondern auch auf dem Land schlugen sich radikale Ausbeutung und Unterversorgung nieder: „Im Bereich der Newafront hungert die Masse der Bevölkerung und kann teilweise vor Schwäche das Bett nicht verlassen."[28] In den ersten Monaten des Jahres 1942 verschärfte sich die Situation weiter. In der Stadt Puškin glaubte man sogar, dem Handel mit Menschenfleisch auf die Spur gekommen zu sein. Auch der Frühling brachte kaum Entspannung für die Bevölkerung, besonders in den Regionen um Krasnoe Selo, Krasnogvardejsk, Siverskaja und Vyrica. Selbst die lokalen Hilfskräfte für einzelne Divisionen sahen sich vom Verhungern bedroht, als die Verbände im März 1942 abgezogen wurden und ihre Arbeiter unversorgt zurückließen[29].

Das Massensterben im Bereich der Heeresgruppe Nord hatte mehrere Ursachen. Dort machte sich relativ bald nach der Besatzung die logistische Fehlkalulation des Heeres bemerkbar, wenn sich auch diese, wegen der Nähe zum Reich, in Grenzen hielt[30]. Folgenreich wirkte sich für die Bevölkerung jedoch aus, dass sie nicht nur in Armeegebieten relativ weit im Nordosten des deutschbesetzten Gebietes lebte, sondern dass auch ein rassistischer Unterschied zwischen den – bevorzugten – Esten und den – benachteiligten – Russen gemacht wurde. Estland war nämlich ebenso von der Nachschubkrise betroffen, die dortige Bevölkerung sollte jedoch unter allen Umständen ausreichend ernährt werden[31].

Diese völkisch-rassistische Grundstruktur wird auch in der Politik des Besatzungsapparates im Angesicht des Hungers deutlich. Die einzige Gruppe, für die man im Vorfeld von Leningrad durchgreifende Hilfsmaßnahmen ergriff, waren die

[26] Reisenotiz des Generalstabsschef der Hgr. Nord, 24.10.1941, in: Verbrechen der Wehrmacht, S.320.
[27] BA-MA RW 46/260, Bl.106, KTB VO WiRüAmt bei AOK 16, 30.10.1941; IfZ MBF 4/42880, fr.1120, KTB VO WiRüAmt bei AOK 16, 9.11.1941; IfZ NG-3460, VAA beim AOK 16, 30.10./12.11.1941 (Hungertote in Staraja Russa); BA-MA RW 46/260, Bl.86, KTB VO WiRüAmt bei AOK 16, Besprechung mit OK'en, 25.9.1941.
[28] BA-MA RW 31/46b, Bl.282-309, Halbmonatsbericht WiStOst für 1.-15.12.1941, 15.1.1942.
[29] BA-MA RW 31/310, Auszug Eingabe in Bericht WiIn Nord, 5.3.1942; BA-MA RH 23/278, Bl.184, Korück 583, Qu, 9.6.1942; Müller, Scheitern, S.1014.
[30] Dieckmann, Der Krieg und die Ermordung der litauischen Juden, S.311ff.; BA-MA RH 19 III/615, Bl.177, KTB GenQu, Versorgungsbezirk Nord, 19.11.1941; Schüler, Logistik im Russlandfeldzug, S.432ff.
[31] Vgl. BA-MA RW 31/302a, Bl.70-74, Halbmonatsbericht WiStOst/La, 16.-31.12.1941.

sogenannten „Volksfinnen" im Ingermanland. Diese etwa 16000 Menschen sollten vor dem Hungertode durch eine Evakuierung nach Estland bewahrt werden[32]. Die Masse der hungernden Bevölkerung wollte man hingegen in unwirtliche Gegenden abzuschieben, um sie von den Truppenstandorten zu isolieren; es war sogar von einem „Ghetto" für die Hungernden die Rede. Bis Mai 1942 wurden mindestens 75000 Einwohner aus der Frontnähe in entlegene, schlecht strukturierte Gebiete evakuiert. Überall, wo deutsche Soldaten einquartiert wurden, sollten die Einheimischen, auf engstem Raum zusammengepfercht, von diesen ferngehalten werden, bisweilen sogar mit Stacheldraht isoliert[33]. Auf der anderen Seite nutzte man freilich die Not der Bevölkerung, um möglichst schnell Erfolge in der Zwangsarbeiterrekrutierung für das Reich zu erzielen[34]. Erst in der zweiten Jahreshälfte 1942 entspannte sich die Versorgungslage im Bereich der Heeresgruppe Nord ein wenig[35].

Im Bereich der Heeresgruppe Mitte waren es vor allem die größeren Städte, in denen, sofern sie sich seit Spätherbst 1941 in Frontnähe befanden, der Hungertod drohte. Der Korück 559 meldete schon Anfang November 1941, dass eine Hungersnot unter den 70000–80000 Einwohnern in Kaluga bevorstünde; ähnliches galt für Brjansk[36]. In Orel hungerte die Bevölkerung seit den ersten Tagen der Besatzung Anfang Oktober 1941. Schon im Dezember wurden hier Fälle von Kannibalismus bekannt; die Hungerkatastrophe dauerte bis Juni 1942. Besonders im Bereich der Heeresgruppe Mitte erschien die Evakuierung der urbanen Bevölkerung aufs Land als probates Mittel, um Hungerrevolten vorzubeugen und das Massensterben einzudämmen, so etwa in Brjansk und Orel[37]. Die Einwohnerzahl von Kaluga wurde auf nahezu die Hälfte gesenkt und auch mit der Evakuierung von Kalinin begonnen. Die Städte wurden freilich unmittelbar danach von der Roten Armee zurückerobert, die Sterblichkeit blieb jedoch danach weiterhin hoch[38]. Aber auch in den frontnahen Gebieten, die von den Divisionen ausgeplündert wurden, hungerte die Bevölkerung der kleinen Städte, teilweise sogar auf dem Lande[39].

Besonders schwer betroffen von der deutschen Versorgungspolitik waren die Städte in der Nordostukraine. In Poltava oder Sumy wurden zeitweise nur 100 bis 125 gr Brot täglich an jeden Einwohner ausgegeben. In der Konsequenz verzeichnete man im Januar 1942 erste Hungertote[40]. Das – weiter südlich gelegene – Donezbecken hatte einerseits eine gesteigerte wirtschaftliche Bedeutung für die deutsche Rüstungsökonomie. Auf der anderen Seite existierten in diesem industriellen

---

[32] IfZ MA 1714, fr.609, KTB WiKdo Pleskau, 11.2.1942.

[33] Hürter, Wehrmacht vor Leningrad, S.410ff.

[34] BA-MA RH 23/297, Bl.50–51, AOK 16, Qu 2, 5.1.1942; IfZ MA 1714, fr.621, KTB Wikdo Pleskau, 31.3.1942.

[35] IfZ MA 863/2, fr.899–921, Monatsbericht Berück Nord, 15.8.1942.

[36] BA-MA RH 23/126, Bl.101–103, Korück 559, Qu, 6.11.1941; BA-MA RH 23/27, Bl.3–5, Tätigkeitsbericht Korück 532, Ic, 1.5.1942.

[37] IfZ T 77, r.1142, fr.478, 523, 500, KTB Wikdo. Orel, 18.4.1942, 25.4.1942 (geplante Lieferung von 30 to Roggen), 23.6.1942; Bericht UNKVD Orel, 30.5.1942, in: Ognennaja duga, S.221f.

[38] IfZ MA 883, fr.342, KTB Korück 559, Sonderführer Männer, 4.11.1941; BA-MA RH 23/126, Bl.107, Korück 559, Qu, an OK Kaluga, 8.11.1941; IfZ MA 883, fr.156–160, Korück 559 an AOK 4, 20.11.1941. Vgl. V. I. Zima, Mentalitet narodov Rossii v vojne 1941-1945 godov. Moskva 2000, S.32.

[39] Rass, Menschenmaterial, S.355.

[40] BA-MA RW 31/46a, Bl.219–254, Monatsbericht WiStOst für Januar 1942, 18.2.1942

Ballungsgebiet nur wenige landwirtschaftliche Flächen. Selbst die dort dislozierte 17. Armee konnte sich nicht ausreichend aus dem Lande ernähren und war auf Lieferungen der Bahn angewiesen. Als diese zu Beginn des Winters ausfielen, sank das Versorgungsniveau der Soldaten ständig ab. Für die einheimische Bevölkerung entwickelte sich die Lage entsprechend der brutalen Prioritätensetzung dramatisch. Stadtbewohner, die keine Arbeitsstelle vorweisen konnten, wurden praktisch nicht mehr ernährt; für Arbeiter blieben die Rationen deutlich unter den Höchstsätzen vom 4. November[41].

Der Wirtschaftsoffizier der 17. Armee schlug vor, die Stadtbewohner entweder beim Stillstand der Front ins Niemandsland abzudrängen oder Sterbeghettos nach dem Vorbild Warschau einzurichten, um die Verhungernden von der Wehrmacht zu isolieren. Zwar stimmte man im AOK zu, dass ein massenhaftes Hungersterben wegen der vermeintlich kommunistischen Einstellung der Arbeiter im Donbass grundsätzlich nicht abzulehnen sei. Für die Einrichtung von Sterbeghettos fehlten jedoch die Sicherungskräfte; zudem brauche man auf lange Sicht doch Arbeiter. Wenigstens die massenhaften Fahrten der Stadtbewohner ins Umland zum „Hamstern" sollten unterbunden werden; selbst dies ließ sich jedoch mangels deutschen Personals nicht durchsetzen. Erst nach der massiven Intervention des XXXXIV. AK, das in Frontnähe Hungerunruhen befürchtete, wurden spärlich Truppenbestände an die hungernde Bevölkerung in Kramatorskaja und Slavjansk ausgegeben. Im April 1942 durften einzelne Divisionen diesem Beispiel folgen, wenn die Sicherheit der Truppe unmittelbar gefährdet schien. Als das OKH jedoch im Mai von diesen Hilfsmaßnahmen erfuhr, ordnete es deren sofortigen Stopp an[42].

Stalino war das wirtschaftliche Herz der Ostukraine, das auch für die deutsche Wirtschaftspolitik von hohem Wert erschien. Schon unmittelbar nach der Besatzung vermeldete das Wirtschaftsrüstungsamt, dass die Bevölkerung nichts mehr zu essen habe, weil alle Vorräte von den sowjetischen Stellen abtransportiert worden seien[43]. Freilich war die Wirtschaftsorganisation weit davon entfernt, hier Abhilfe zu schaffen. Noch im Sommer 1942 verhungerten täglich zwischen zehn und 25 Menschen in der Stadt[44]. Erst im Juni 1942 wurden Maßnahmen ergriffen, um die Zahl der Rationsbezieher zu erhöhen. Im November waren immer noch 77 000 der 248 000 Bewohner der Stadt ohne Bezugskarten, zur Jahreswende 1942/43 waren es 25 000[45]. Im Frühjahr 1943 lag die Sterblichkeit in Stalino wieder besonders hoch, bei etwa 4% jährlich. Die geschwächten Einwohner wurden nun zusätzlich von einer Typhus-Epidemie heimgesucht[46]. Die menschlichen Kosten für die Region waren enorm. Schon Anfang März 1942, als das Sterben noch nicht den Hö-

[41] Oldenburg, Ideologie und militärisches Kalkül, S. 228ff.; Müller, Hitlers Ostkrieg und die deutsche Siedlungspolitik, S. 169f.; BA-MA RW 46/277, Bl. 128–130, VO WiRüAmt bei AOK 17, 2. 11. 1941.
[42] Oldenburg, Ideologie und militärisches Kalkül, S. 233ff.
[43] BA-MA RW 31/94, WiRüAmt: Zusammenstellung wichtiger Meldungen über die Ostgebiete Nr. 11, 31. 10. 1941.
[44] BA R 70 SU/18, Bl. 100–103, HSSPF an Berück Süd, 9. 8. 1942.
[45] BA-MA RW 31/042b, Bl. 93–102, Reisebericht KVVChef Küper in die Ukraine, 19. 6. 1942; BA-MA RH 22/206, Lagebericht OFK Donez, 20. 11. 1942; IfZ MA 1722, fr. 836, Monatsbericht WiIn Don-Donez, 1. 1. 1943.
[46] BA-MA RH 23/353, Bl. 12–14, Korück 593, Lt.San.offz., 15. 6. 1943 .

hepunkt erreicht hatte, schätzte die Wirtschaftsverwaltung, dass tausende Einwohner des Donezbeckens verhungert waren[47].

Als besonders gut dokumentiert und untersucht gilt der Fall Charkow. Auch hier plünderten die Truppen, Verbände der 6. Armee, das Umland der Stadt und die Region als „Kahlfraßgebiet" hemmungslos aus. Die Vorräte an Lebensmitteln hatten sowjetische Stellen fast völlig evakuiert. Die deutsche Feldkommandantur war sich frühzeitig darüber im Klaren, dass eine Hungersnot unmittelbar bevorstand. Doch wurde die Versorgung der Stadt weitgehend der einheimischen Stadtverwaltung überlassen, die selbst über ganz begrenzte Mittel verfügte. Selbst die Möglichkeiten der verbliebenen etwa 450 000 Charkower, im Umland auf Nahrungssuche zu gehen, wurden zunächst durch eine Sperrung der Ausfallstraßen eingeschränkt. Freilich plante die Militärverwaltung alsbald selbst, große Teile der Bevölkerung aus der ukrainischen Metropole abzuschieben. Diese Planungen blieben größtenteils theoretisch, wenn auch manche Einheiten damit begannen, Einwohner in die Richtung der sowjetischen Linien zu drängen. Um die Jahreswende versorgte das Wirtschaftskommando gerade einmal 26 000 Einheimische, d. h. etwa 6% der Bevölkerung[48].

Die Folgen waren verheerend. Bereits einige Wochen nach der deutschen Besetzung wurden die ersten Hungertoten gemeldet. Mit dem Temperatureinbruch bei Jahresende entwickelte sich die Lage katastrophal. In den letzten zwei Wochen des Jahres registrierte die Stadtverwaltung 118 Hungertote; eine Zahl, die nun bis Mai 1942 konstant zunahm. In diesem Monat verhungerten jeden Tag 40 Menschen in Charkow. Damit waren Dimensionen erreicht, wie sie sonst nur in den Ghettos für Juden in Polen vorherrschten. Allein die Stadtverwaltung zählte bis Ende 1942 offiziell fast 14 000 Verhungerte. Zeugen, die dort angestellt waren, gehen jedoch davon aus, dass bei weitem nicht alle dieser Opfer registriert wurden. Besonders traf es wieder alte Menschen und Kinder. In einem Kinderheim verhungerten 273 von 1301 der kleinen Insassen im Laufe des Jahres 1942[49]. Wieder nutzte die Militärverwaltung das Argument begrenzter Nahrungsmittelvorräte, um die Ermordung der Juden voranzutreiben, obwohl diese nur etwa 3% der verbliebenen Einwohnerschaft ausmachten und ohnehin nur minimale Rationen erhielten[50].

Auch ganz im Süden, auf der Krim, forderte die deutsche Ernährungspolitik ihre Opfer[51]. Dort plünderten von Mansteins 11. Armee und das Wirtschaftskommando die Halbinsel aus. Dies erwies sich insbesondere für die Bevölkerung der Südküste

---

[47] Oldenburg, Ideologie und militärisches Kalkül, S. 237; Tanja Penter, Zwischen Hunger, Terror und einer „glücklichen Zukunft". Der Arbeitseinsatz im Steinkohlenbergbau des Donezbeckens unter deutscher Besatzung, in: Zwangsarbeit im Bergwerk. Hg. von Klaus Tenfelde, Hans-Christoph Seidel. Essen 2005, Band 1, S. 433–466, hier 440f., schätzt die Sterblichkeit aber geringer als in Charkow ein.

[48] Norbert Kunz, Das Beispiel Charkow: Eine Stadtbevölkerung als Opfer der deutschen Hungerstrategie 1941/42, in: Verbrechen der Wehrmacht. Bilanz, S. 136-144; von Abschiebungen in Richtung Feind spricht auch: Die deutsche Wirtschaftspolitik, S. 325; einseitig aus Sicht des Heeres: Arnold, Die Wehrmacht und die Besatzungspolitik, S. 301ff., bes. S. 310f.

[49] Verbrechen der Wehrmacht, S. 346; Skorobohatov, Charkiv, S. 277ff., 307, 322ff. Realistische Schätzungen liegen bei einer Zahl von 30 000 Hungertoten.

[50] Siehe unten, S. 263f.

[51] Zum Folgenden: Oldenburg, Ideologie und militärisches Kalkül, S. 69–107; Kunz, Krim unter deutscher Herrschaft, S. 146ff.; Verbrechen der Wehrmacht, S. 350-359.

als folgenreich, da diese durch das Krimgebirge, teilweise wegen des dort ausgefoch-
tenen Partisanenkrieges, nur begrenzt erreichbar war. Aber auch jenseits der Berge
hungerten die Menschen in den Städten, besonders in Simferopol' und Kerč. Nicht
nur die Selbstversorgung der Truppen im Süden machte den Einwohnern zu schaffen, sondern auch eine rigorose deutsche Politik, die die Freizügigkeit und damit
auch die Möglichkeit zum „Organisieren" einschränkte[52]. Dabei diskutierten Armeeoberkommando und Wirtschaftskommando frühzeitig über die Gefahren, die
eine Hungersnot unter der Bevölkerung für die Fronttruppe mit sich bringen konnte. Die Versorgung, wie sie nach den Sätzen vom 4. November erfolgen sollte, lief ab
Januar 1942 nur ganz punktuell und unzureichend an. Zur Jahreswende hungerten
allein im Süden der Halbinsel etwa 100 000 Menschen. In Jalta stieg die Zahl der
Todesfälle durch Verhungern Anfang Februar auf 15-17 Menschen jeden Tag. Katastrophal entwickelte sich die Situation der Bevölkerung im bis Juni 1942 belagerten Sevastopol'. Auch nach der deutschen Besetzung hatte die Bevölkerung dort
kaum etwas zu essen. Anstatt sie ausreichend zu ernähren, begann die Militärverwaltung mit der Umsiedlung der Sevastopoler. Offen trat wieder die rassistische
Hierarchisierung der Bevölkerung zu Tage: Die Krimtataren, aus denen man alsbald
mit der Aufstellung von Hilfsformationen begonnen hatte, mussten zwar auch alle
Kühe abliefern, wurden jedoch besser versorgt, so besonders in Bachčisaraj. Am
anderen Ende der Skala standen die Juden. Mit der Begründung, dass die Versorgungslage auf der Krim so schlecht sei, forderte das dortige Wirtschaftskommando
bereits Anfang Dezember 1941 die „Sofortige Lösung der Judenfrage", also einen
Massenmord; offensichtlich wandte sich daraufhin auch das AOK 11 an die Einsatzgruppe, die geplante Ermordung der Juden beschleunigt durchzuführen[53].

Ein erheblicher Teil der Krimbevölkerung hungerte bis in den Sommer 1942, als
sich auch hier die Versorgungslage besserte. Hunderte oder gar Tausend überlebten die restriktive deutsche Ernährungspolitik aber nicht; selbst unter den Partisanen verhungerten Hunderte im Jahre 1942. Dennoch blieb ein Massensterben
in den Ausmaßen wie im Norden oder in der Ostukraine aus, da sich die Bevölkerung offensichtlich selbst weiterhin minimal versorgen konnte und Unterstützung
durch stationierte Soldaten erhielt. Nach den Prognosen der Wirtschaftsinspektion
Süd und der Einsatzgruppe D hätte eigentlich die Hälfte der 700 000 Krimbewoh-
ner verhungern müssen[54].

Die Hungerkatastrophe unter den Zivilisten, die vor allem im ersten Halbjahr
1942 grassierte, war in erster Linie auf die radikale Feldzugsplanung und ihre
rassistischen Prämissen zurückzuführen. Insbesondere der Wirtschaftsstab Ost
übernahm diese Planungen und versuchte sie umzusetzen. Mit der – vorherseh-
baren – Transportkrise ab Oktober 1941 ging auch das Heer, insbesondere die
Oberkommandos und die Militärverwaltung, dazu über, sich dieses Kalkül zu eigen zu machen. Freilich entwickelte sich dabei bald ein militärisches Dilemma:

[52] Beispielsweise: BA-MA RH 26-73/101, 73. ID, Ib, Bes. Ano. für die Versorgung Nr. 110,
  26. 11. 1941.
[53] BA-MA RW 31/257, Bl. 4-11, Bericht Wikdo. Krim/La, 1. 12. 1941; Oldenburg, Ideologie und
  militärisches Kalkül, S. 81f., 84f.
[54] Kunz, Krim unter deutscher Herrschaft, S. 155; Oldenburg, Ideologie und militärisches Kalkül,
  S. 78, 103ff.; Statiev, Nature of Anti-Soviet Armed Resistance, S. 310.

Einerseits sollte die Truppe möglichst gut versorgt werden, und das ging konsequent auf Kosten der Einheimischen. Andererseits konnte ein massenhaftes Verhungern der Bevölkerung im Rücken der deutschen Front nicht im Interesse der Wehrmacht sein, wollte man doch die kriegswichtigen Arbeiter ernähren und fürchtete man doch Hungerrevolten und den Ausbruch von Seuchen, von einer psychischen Belastung der in diesen Gebieten stationierten Soldaten ganz abgesehen.

So entwickelte sich seit Herbst 1941 überall eine konstante Debatte darüber, wie viel man den Einheimischen geben sollte und ob diese im Notfall auch aus Wehrmachtbeständen zu alimentieren waren. Der tonangebende Generalquartiermeister blieb ebenso wie der Wirtschaftsstab Ost bei seiner brutalen Linie. In den besetzten Gebieten hingegen verliefen die Fronten dieser Diskussion nicht immer einheitlich. Zwar waren es zumeist die Wirtschaftsinspektionen und -kommandos, die für eine restriktive Ernährungspolitik plädierten, doch konnten sich auch „seitenverkehrte" Konstellationen entwickeln. Manche Armeeoberkommandos mussten sich Kritik gefallen lassen, weil sie die Hungerpolitik erbarmungslos vorantrieben.

In der Truppe hingegen überwog offensichtlich das Bestreben, die in den Einsatzräumen ansässige Bevölkerung zumindest mit dem Notwendigsten auszustatten. Im Allgemeinen gilt, dass sich besonders solche Einheiten und Dienststellen für eine notdürftige Ernährung der Bevölkerung stark machten, die auch besonders engen Kontakt mit den Einheimischen hatten und die Hungersnot Tag für Tag vor Augen geführt bekamen, also vor allem die Kommandanturen und die Frontdivisionen des Heeres. Sie konnten zwar in begrenztem Ausmaß zur Selbsthilfe greifen, unterlagen jedoch zumeist den restriktiven Anweisungen der Oberkommandos, mittelbar auch der Wirtschaftsorganisation[55]. Immer wieder haben einzelne Soldaten das Leid zu lindern versucht und ein wenig von ihren Rationen an die Einheimischen abgegeben.

Doch all diese Diskussionen und individuellen Hilfeleistungen dürfen nicht darüber hinwegtäuschen, dass die Mehrheit der Wehrmachtführung den Hunger und auch das Verhungern unter der Bevölkerung in Kauf nahm, bzw. angesichts der eigenen Versorgungsprobleme für richtig und notwendig hielt. Das Menschenleben eines Einheimischen, zumal wenn es sich um einen Russen handelte, wurde gering geschätzt.

4. Wende in der Ernährungspolitik 1942/43?

Nicht in allen Städten des Operationsgebietes herrschte massenhafter Hunger, nicht überall starben Menschen. In einigen westlichen Gebieten, vor allem im Baltikum und der westlichen Ukraine, konnte die Lebensmittelversorgung einigermaßen aufrechterhalten werden. Aber auch weiter östlich hing es von der Struktur in Landwirtschaft und Transportwesen, vor allem aber von den Entscheidungen der Befehlshaber und der Militärverwaltung ab, ob die mörderische Politik auch

---

[55] Am Beispiel zweier OK: Oldenburg, Ideologie und militärisches Kalkül, S. 97–103.

durchgesetzt wurde. Gelegentlich setzten sich sogar die Hauptverantwortlichen in der Wirtschaftsorganisation für eine bessere Versorgung ein.

Nachdem die Hungersnot, vor allem aber das Massensterben in den Armeegebieten im Frühjahr 1942 ihren Höhepunkt erreicht hatte, versuchten einzelne Oberkommandos oder die Militärverwaltung stärker zu intervenieren, um doch eine minimale Versorgung der betroffenen Bevölkerung zu gewährleisten. Im Raum Orel entschied der Oberbefehlshaber der 2. Panzerarmee, dass die noch vorhandenen geringen Mengen an Lebensmitteln grundsätzlich zuerst an die Zivilbevölkerung auszugeben seien, erst der Rest an die Truppe. Ebenso sah man es im Oberkommando der 3. Panzerarmee: „Die eindeutigen Befehle des Gen. Qu. verbieten der Zivilbevölkerung Lebensmittel abzugeben. Der O.B. spricht sich nach Vortrag des O.Qu. scharf gegen diese Befehle aus, wegen der auf Truppe zurückschlagenden Folgen."[56] Der Oberquartiermeister der 11. Armee wies zusätzlich darauf hin, dass die Versorgung der Stadtbevölkerung im Vergleich zum Nahrungsaufkommen für die deutschen Soldaten kaum ins Gewicht fallen würde[57].

Der Stab des Berück Mitte hingegen sah in den Einzelinitiativen zur Abgabe aus Heeresbeständen eine Gefahr für die Versorgung der ganzen Front. Auf diese Initiative hin ordnete der Heeresintendant Mitte Mai einen vollständigen Stopp solcher Hilfeleistungen an. Auch Generalquartiermeister Wagner trat jeder Verbesserung der Ernährungssituation aus Armeevorräten entgegen, versuchte aber gleichzeitig die Verantwortung von sich zu wälzen[58]. Als sich die Hungersnot in den ostweißrussischen Städten erneut zuzuspitzen begann, ließ das OKH eine ganz begrenzte Hilfe in Notfällen zu. Obwohl die Heeresgruppe Mitte vergleichsweise gut versorgt war, hatte die Bevölkerung etwa in Bobrujsk, Vitebsk und Polock den ganzen Sommer über kaum etwas zu essen. Besonders die Kinder litten unter diesem Mangel[59]. Noch im Sommer 1942 sahen sich Fronteinheiten mit dem Massenhunger konfrontiert; ein Sanitäter notierte in sein Tagebuch, „wie zerlumpte Kinder die Abfallhaufen durchsuchten. Sie machten sich über blanke Knochen oder schmutziges Papier her, in dem einmal Butter gewesen war, so wie es Hunde tun. Zum ersten mal sah ich hier Kinder und alte Frauen, die buchstäblich nur noch aus Haut und Knochen bestanden."[60]

Ebensowenig verbesserte sich, trotz vollmundiger Ankündigungen, der miserable Zustand des Gesundheitssystems, das unter deutscher Besatzung auf ein Minimum heruntergefahren wurde. Sanitätsmaterial der Wehrmacht durfte nur in äußersten Notfällen ausgegeben werden. Die einheimischen Ärzte waren kaum noch in der Lage, die Kranken zu versorgen, weil sie immer mehr für die Überprü-

[56] IfZ T 77, r. 1142, fr.526, KTB Wikdo. Orel, 11.5.1942; BA-MA RH 21-3/617, KTB PzAOK 3, OQu, 11.8.1942 (Zitat). Vgl. auch BA-MA RW 31/123, Reisebericht WiIn Süd 8.-16.6.1942; BA-MA RH 21-1/337, KTB PzAOK 1, OQu, 7.1.1943.
[57] BA-MA RH 20-11/422, KTB AOK 11, OQu, 1.8.1942.
[58] BA-MA RW 31/310, OKH, GenQu, IV a, Nr.I/833 b/42, 15.6.1942; BA-MA RW 31/412, Aktenvermerk WiIn Süd, Besprechung bei Befehlsstelle Süd mit Wagner am 24.5., 1.6.1942.
[59] Gerlach, Kalkulierte Morde, S.302ff.; zum Bereich der 4. Armee vgl. Ein deutscher General an der Ostfront, S.174.
[60] Eintrag in der Ukraine vom 17.7.1942, in: Wilhelm Hebestreit, Die unsichtbaren Helden. Russisches Tagebuch. Freiburg i.Br. u.a. 1986, S.64.

fung von potentiellen „Ostarbeitern" auf deren Gesundheitszustand herangezogen wurden[61].

Anfang September 1942 griff die Militärverwaltung wieder zunehmend in die Ernährungspolitik ein und änderte das Bezugssystem für die Bevölkerung. Nicht mehr über pauschale Zuweisungen, sondern über Lebensmittelkarten sollte die Versorgung geregelt werden. Letzteres war seit Feldzugsbeginn immer wieder abgelehnt worden, da mit den Karten zumindest formal ein Anspruch auf Nahrung verbunden werden konnte. Nun sollten Kommissionen aus Ortskommandanturen und Wirtschaftskommandos die Lebensmittelverteilung, die ja weiterhin in den Händen der einheimischen Kommunalverwaltung lag, überprüfen.

Doch das System sollte nicht nur eine exaktere Zuteilung ermöglichen, d. h. eine genauere Kontrolle des Empfängerkreises, sondern gleichzeitig die Rekrutierung von Zwangsarbeitern begünstigen. Eine Lebensmittelkarte bekam nur, wer eine Arbeit vorzuweisen hatte oder nachweislich arbeitsunfähig war. Wer sich darüber hinaus meldete, lief Gefahr, nach Deutschland abtransportiert zu werden[62]. Die Rationen hatten sich jedoch nicht verbessert, ja die offizielle Brotzuteilung wurde sogar noch einmal gesenkt. Weder waren auf den Marken Zuteilungsmengen verzeichnet, noch war mit ihnen irgendein realer Wert verbunden. Ganz unverblümt drückte es der Oberquartiermeister der 9. Armee aus: „In den Städten werden Ernährungsmarken eingeführt; ein Anspruch auf Erhalt der Lebensmittel ist damit nicht verbunden." Die Sorge des Wirtschaftsstabes Ost, eine stärkere Beteiligung der Militärverwaltung würde die Bevölkerung über Gebühr begünstigen, erwies sich folglich als unbegründet[63]. Vielmehr blieben die Oberbefehlshaber und Militärverwalter weiterhin auf die Absprache mit den Landwirtschaftsstellen verwiesen, kooperierten also eng miteinander bei der Aushungerung der Stadtbevölkerung[64].

So entwickelte sich die Ernährungssituation in den besetzten Gebieten – trotz der Interventionen seitens mancher Oberkommandos und vieler Kommandanturen – nicht generell besser, sondern regional weiterhin recht unterschiedlich. Das Ostministerium sah in der Neuregelung sogar eine grundsätzliche Verschlechterung[65]. Eine Verknappung der Lebensmittel trat natürlich auch in jenen Gebieten ein, die durch die Sommeroffensive des Jahres 1942 erstmals in deutsche Hand gelangten, vor allem an der unteren Wolga, aber auch in Teilen des Kaukasus[66]. Immerhin war die katastrophale Entwicklung vom Frühjahr, die von einer Verbindung von Massenhunger und Seuchen gekennzeichnet war, einigermaßen gestoppt

[61] Ein Befehl des OKH, GenQu, Kr.verw. II/9370/42 vom 29.7.1942 zur medizinischen Versorgung der Bevölkerung konnte bisher nicht aufgefunden werden, vgl. IfZ MA 863/2, fr. 899–921, Monatsbericht Berück Nord, 15.8.1942; IfZ MA 859, fr. 919, Bes.Ano.f.d. Versorgung Nr. 144, Berück Süd, Qu, 31.7.1942 (Bezug auf Ano. Heeresarzt vom 25.7.1942). Cohen, Germans in Smolensk, S. 105f.

[62] Gerlach, Kalkulierte Morde, S. 306f.; Berück Mitte, VII, 3.9.1942, in: Deutsche Besatzungspolitik, S. 240; IfZ MA 906, fr. 709, KTB Korück 559, 15.9.1942.

[63] BA-MA RH 20-9/386, AOK 9, OQu, Qu 2, Militärverwaltungsbesprechung in Smolensk, 11.10.1942 (Zitat); ebenso der Berück Mitte, Gerlach, Kalkulierte Morde, S. 307; IfZ MA 1709, fr. 756–761, Aktenvermerk über die Chefbesprechung beim WiStOst am 4.9., 7.9.1942; vgl. IfZ MA 1725, fr. 347, KTB WiIn Kaukasus, 23.9.1942.

[64] BA-MA RH 19 V/91, Bl. 111–112, OKH, GenStdH, GenQu, Abt. Kr.verw. (Wi.) Nr. II/8241/42 g., 10.12.1942.

[65] BA R 90/111, Bericht Beauftr. RMfbO bei HGr. Mitte, 8.10.1942.

[66] IfZ MA 871, fr. 12–13, Bericht Leitender Feldpolizeidirektor HGeb. B, 5.11.1942.

worden. Dies ist jedoch vor allem auf die jahreszeitliche Entwicklung zurückzuführen. Fast nichts fürchtete die Bevölkerung mehr als den zweiten Feldzugswinter 1942/43: „Das ganze Denken und Handeln der Bevölkerung in den Städten (Charkow) dreht sich um die Sicherung des nackten Lebens im kommenden Winter."[67]
Und tatsächlich wiederholte sich in vielen östlichen Städten die Tragödie des vorherigen Winters, wenn auch nicht mehr in diesen Dimensionen. Nicht nur in den frontnahen Städten wie Ržev, wo im Januar 1943 wieder jeden Tag etwa zehn Menschen verhungerten, grassierte wieder das Massensterben[68]. Auch die Großstädte im Donbass und Charkow, beide inzwischen weit hinter der Front ins Heeresgebiet übergegangen, verzeichneten solche Todesraten[69].
Erst um die Jahreswende 1942/43 wurde ernsthaft die Nahrungsmittelzuteilung für die ganze Bevölkerung, d.h. inklusive der Menschen ohne Arbeit, anvisiert. Freilich verzögerte sich dieses Vorhaben immer wieder, nicht zuletzt weil der Feldzug im Süden einen für die Wehrmacht unerwarteten Verlauf nahm. Erst am 16. März erließen der Wirtschaftsstab und der Generalquartiermeister eine Neuregelung der zivilen Versorgung. Nun wurde die „Verbrauchergruppe V (schuldlos nichtarbeitende Bevölkerung)" eingeführt[70]. Damit sollte zwar der Kreis der Empfänger neu sortiert und die Rationssätze erhöht werden. Die neuen Sätze wurden jedoch in der Realität wieder nicht erreicht. Statt dessen wies man vielen Stadtbewohnern ein kleines Stück Land zum Kartoffelanbau zu, um sie quasi zu „Selbstversorgern" zu machen[71].
Seit Mitte 1942 veränderte sich allmählich auch die Organisation der Verteilung. Waren es seit November 1941 vor allem die Gruppen Landwirtschaft bei den Wirtschaftskommandos gewesen, so schob sich nun allmählich die Abteilung BB „Berufsförderung und Berufserziehung", die nominell sozialpolitische Funktionen hatte, ins Zentrum des Geschehens. Die Arbeiter erhielten ihr Essen meist in Gemeinschaftsküchen für die Betriebe. Zunächst regional uneinheitlich, gelangte dann ab Mai 1943 das ganze Ernährungswesen unter die Kuratel der Abteilungen BB. Die Ernährungspolitik dieser Abteilungen konzentrierte sich jedoch weiterhin auf die Arbeiter unter der Bevölkerung[72].
Mit dem Rückzug ab März 1943 veränderten sich die Rahmenbedingungen auch für die Ernährungspolitik grundlegend. Einerseits musste der Besatzungsmacht daran gelegen sein, die Bevölkerung im Hinterland einigermaßen zu versorgen, da sonst die Partisanenbewegung noch mehr Zulauf bekommen würde. Auf der anderen Seite gingen allmählich Anbaugebiete verloren und die Zahl der Menschen in

[67] IfZ MA 870, fr. 1265, Stimmungsbericht Prop.Abt. U, 1. 10. 1942.
[68] BA R 58/7146, Bl. 1–44, Tätigkeits- und Lagebericht Einsatzgruppe B für die Zeit vom 16.–31. 1. 1943; in Ržev starben während der Besatzung nach sowjetischen Schätzungen 9000 Menschen an Hunger und Epidemien, vgl. USHMM RG-22.002M, reel 9 (GARF 7021-26-510), Bericht Stadtverwaltung Ržev, 16. 12. 1943; Tagebuch eines Hungeropfers bei: Kohl, Ich wundere mich, S. 165.
[69] USHMM RG-31.010M, reel 7 (Staatsarchiv Charkiv 2982-4-390a), Bericht Stadtverwaltung Charkow, 18. 12. 1942.
[70] BA-MA RW 31/58, Bl. 94–125, Monatsbericht WiStOst für Januar 1943, 19. 2. 1943; BA-MA RW 31/310, WiStOst, GenQu, Abt. Kr.verw./Wi/IVa Az. 833 b/43 (IV, 1), 16. 3. 1943.
[71] Gerlach, Kalkulierte Morde, S. 310ff.
[72] Ebenda.

den Regionen, die lange Zeit durch Deportation, Mord und Unterversorgung im
Sinken war, nahm nun durch die Ankunft von Flüchtlingen und Evakuierten wie-
der zu. In dieser Situation senkte der Wirtschaftsstab Ost allmählich wieder die
Zahl der Versorgungsberechtigten, so im Bereich der Heeresgruppe Mitte von 1,4
Mio. auf 800 000 Personen[73]. Gerade in der chaotischen Rückzugsphase wurden
auf diese Weise wieder viele Menschen dem Verhungern preisgegeben.

Eine Änderung der Misere konnte also erst eintreten, nachdem die Rote Armee
die Gebiete zurückeroberte. Trotz der zwangsweisen Evakuierung von Arbeitskräften und Vieh, trotz der weitgehenden Zerstörung der Infrastruktur durch die
Wehrmacht, und trotz der schlechten Ernte 1943 machten sich die sowjetischen
Behörden sofort daran, die gesamte Bevölkerung ausreichend zu ernähren. Ende
1944 mussten sie etwa 17 Millionen der etwa 44 Millionen im rückeroberten Gebiet lebenden Personen ernähren, also ein Vielfaches der zeitweise aus deutscher
Hand minimal Versorgten[74].

5. Zwei Jahre Hunger

Die nominelle Erhöhung der Rationen im März 1943, als wichtige landwirtschaftliche Gebiete von der Roten Armee zurückerobert oder unter Herrschaft der Partisanen standen, zeigt noch einmal deutlich den künstlichen Charakter, den der
Hunger unter deutscher Besatzung hatte. Auch ein Vergleich mit den unbesetzten
Gebieten der Sowjetunion bestätigt dies. Obwohl die Sowjetunion ihre wichtigsten Erntegebiete verloren hatte und die Rotarmisten, die in der Prioritätenliste
ganz oben standen, viel zahlreicher waren, konnte sie die Mehrheit der Bevölkerung ausreichend ernähren. Nur im Norden, unter den schlechten klimatischen
Bedingungen, und in den Städten, deren Bevölkerungszahl sich durch Evakuierte
enorm erhöhte, herrschte Hunger[75]. Freilich ging diese Politik auf Kosten der Gu-
lag-Häftlinge, deren Todesrate 1942 auf 25% jährlich stieg und von denen bis 1944
etwa eine halbe Million elend zugrunde ging[76].

Wie neuere Forschungen eindrucksvoll vor Augen führen, kommt der Ernährung in der deutschen Kriegs- und Besatzungspolitik eine zentrale Rolle zu. Die
ganze wirtschaftliche Kriegsplanung beruhte auf einem kriminellen Hungerkalkül,
das – je nach Einstellung – einen Massenhunger oder sogar den Tod von Millionen
Menschen vorsah. Diese vor allem gegen die ethnischen Russen gerichteten Überlegungen kamen jedoch erst unter veränderten Vorzeichen zum Tragen, mit dem
Scheitern des militärischen Fahrplans und mit der Fehlkalkulation, die zur Transportkrise führte. Die selektive Hungerpolitik versuchte die Kosten, die die gigan-
tomanische Feldzugsplanung zur Folge hatte, auf die Kriegsgefangenen und die
Mehrheit der städtischen Bevölkerung abzuwälzen. Gleichzeitig beschleunigte
dieser Konnex den Mord an Juden, Psychiatriepatienten und anderen vermeintlich

---

[73] Gerlach, Kalkulierte Morde, S. 314ff.
[74] William Moskoff, The Bread of Affliction: The Food Supply in the USSR during World War II.
Cambridge u. a. 1990, S. 208ff. (hier Verwechslung der Zahlen mit 1943).
[75] Moskoff, Bread of Affliction, S. 137ff.; Zima, Mentalitet, S. 30ff.
[76] Bacon, Gulag at War, S. 149, 167.

„überflüssigen Essern"[77]. Freilich ist es aus der Retrospektive schwer auseinanderzuhalten, ob es sich hier wirklich um eine ursächliche Wirkung oder um eine Rationalisierung ohnehin schon intendierter Verbrechen handelte. Die Ernährungspolitik hatte eine rassistische und eine soziale Komponente. Auffällig ist die Tendenz, ethnische Russen dem Hunger preiszugeben, während den Balten und der Mehrheit der Ukrainer das Auskommen auf niedrigem Niveau gesichert werden sollte. In sozialer Hinsicht wurden die Bauern, die als Nahrungsmittelproduzenten wichtig erschienen und als eher antibolschewistisch galten, besser gestellt als die Stadtbewohner. Unter Letzteren sollte im Grunde nur der arbeitende Teil, sowohl in Betrieben als auch direkt in deutschen Diensten, einigermaßen versorgt werden. Vom Hunger betroffen waren vor allem solche Personen, die selbst keine Arbeitsstelle vorzuweisen hatten oder denen der Ernährer in der Familie fehlte. Sodann traf es den Bevölkerungsteil, der mangels eigener Ressourcen nicht am Schwarzmarkt mit seinen explodierenden Preisen teilnehmen konnten. Besonders arg traf es natürlich die Juden, denen vor ihrer geplanten Ermordung kaum mehr Lebensmittel zugewiesen wurden, und Evakuierte, die in den Bedarfsstatistiken gar nicht oder erst spät auftauchten. Körperlich am meisten zu leiden hatten die Kinder, die oft für ihr ganzes Leben geschädigt waren, und die alten Menschen, denen oft die Kraft fehlte, zusätzlich Nahrung zu organisieren.

Vermutlich die Hälfte der Einwohner unter militärischer Besatzung hungerte, ein erheblicher Teil davon wiederum konstant von Spätherbst 1941 bis Herbst 1943. Die Zahl der Hungertoten unter deutscher Besatzung ist kaum mehr zu eruieren, wegen der mangelhaften Quellenlage, aber auch wegen der fragmentarischen statistischen Erfassung und sicher begründet durch die Schwierigkeit, bestimmte Todesfälle direkt der Mangelernährung zuzurechnen. Die vorliegenden offiziellen Zahlen für Charkow belegen eine Sterblichkeitsrate von mindestens 8% im Jahr, d. h. weit über den etwa 1,5%, die in Friedenszeiten üblich waren. Unklar bleibt dabei, inwieweit die Sterblichkeit von Kleinstkindern hier überhaupt berücksichtigt ist, die in Hungergebieten etwa 25% der Opfer ausmachten[78]. Geht man von den Statistiken für Charkow aus und legt sie auch an die anderen Hungergebiete an, d. h. Städte und Regionen in den Armeegebieten besonders der Heeresgruppe Nord und in der Ostukraine, so liegt die Vermutung nahe, dass Hunderttausende dem Hunger zum Opfer fielen. Möglicherweise geht die Zahl aber auch in die Millionen, wenn man die Personen mit berücksichtigt, die nur mittelbar an Unterversorgung zugrunde gingen. Für viele der älteren Einwohner, besonders im Süden der Sowjetunion, stellte sich die Besatzungszeit als zweite oder dritte Hungerperiode in ihrem Leben dar, nach dem Massensterben während des Russischen Bürgerkriegs und dem Hunger 1932/33 in Ukraine und Kubangebiet; gerade die Nordostukraine wurde zweimal ausgehungert[79]. Wie das stalinistische Hungersterben

[77] Christian Gerlach, Die Ausweitung der deutschen Massenmorde in den besetzten sowjetischen Gebieten im Herbst 1941, in: ders., Krieg, S. 10–84; Dieckmann, Besatzungspolitik, Kap. B 4.4.
[78] Zima, Mentalitet, S. 31, 49, der schätzt, dass in der Ukraine 1942 5% der Bevölkerung gestorben sind, d. h. mehr als dreimal so viel wie üblich.
[79] Vgl. Barbara Falk, Sowjetische Städte in der Hungersnot 1932/33. Staatliche Ernährungspolitik und städtisches Alltagsleben. Köln, Berlin 2005, S. 137ff., mit Schwerpunkt auf dem Gebiet Charkow.

lässt sich auch der Hunger ab 1941 nicht auf Naturkatastrophen oder auf die Transportschwierigkeiten der Wehrmacht zurückführen, sondern letztendlich auf eine menschenverachtende Politik.

VIII. Massensterben der Kriegsgefangenen im Operationsgebiet

Niemals in der Geschichte starben so viele Kriegsgefangene in so kurzer Zeit wie die Rotarmisten in deutscher Hand, besonders während der Monate von Oktober 1941 bis Mai 1942. Der Weg nach der Gefangennahme führte die sowjetischen Soldaten zunächst natürlich durch das Operationsgebiet des deutschen Heeres, bevor sie in die Stammlager weiter westwärts gelangten. Doch Hunderttausende von ihnen starben noch im Gebiet unter militärischer Besatzung.

1. Front und Abtransport

Obwohl scheinbar präzise Statistiken vorliegen, ist im Grunde bis heute nicht geklärt, wieviele Rotarmisten in deutsche Kriegsgefangenschaft gerieten. Diese Unsicherheit hat zwei Gründe: Zum einen existieren widersprüchliche Angaben innerhalb der Wehrmachtsakten selbst, zum andern weichen die inzwischen zugänglichen sowjetischen Militärstatistiken von den deutschen Zahlen signifikant ab. Mit ziemlicher Sicherheit ist davon auszugehen, dass unter den unterschiedlichen deutschen Angaben die höhere, nämlich eine Zahl von 5,7 Mio. bis 1945 in Kriegsgefangenschaft genommener Personen, wie sie von der Abteilung Fremde Heere Ost verzeichnet worden ist, plausibler ist. Dies ergibt sich aus den Einzelmeldungen der Heeresgruppen[1]. Die vielfach genannte Zahl von 5,29 Mio. Gefangenen[2] beruht entweder auf einem Additionsfehler in den Unterlagen des Generalquartiermeisters oder auf einer Aktualisierung der Daten im Frühjahr 1945, als bereits 500000 Gefangene wieder von der Roten Armee befreit waren[3].

Gravierender ist der Unterschied zwischen deutschen Angaben und den offiziellen Vermisstenzahlen der Roten Armee. Letztere werden offiziell mit 4,46 Mio. Rotarmisten angegeben, von denen sicher nicht alle in Kriegsgefangenschaft geraten sind. Dabei ist auffällig, dass die Zahlen für 1941 völlig von den deutschen Angaben abweichen, ab 1942 aber mit diesen relativ synchron verlaufen. Es ist also anzunehmen, dass im Chaos der Rückzüge 1941 die Personalbuchhaltung der Roten Armee deutliche Lücken aufwies und dass die exorbitanten Zahlen an Über-

---

[1] BA-MA RH 2/2773, OKH, FHO, Angaben über sowjetische Kriegsgefangene nach Meldungen der Heeresgruppen.
[2] Vgl. Streim, Behandlung, S. 224.
[3] So schon Dallin, Deutsche Herrschaft, S. 440; IfZ ZS 406/II, Bl. 16; Notiz Heinz-Danko Herre (FHO), o. D. (vermutl. Ende der 40er Jahre). Vgl. Streit, Sowjetische Kriegsgefangene, S. 747-760, hier 758.

läufern verschleiert worden sind[4]. Noch wichtiger erscheint jedoch die Tatsache, dass die Wehrmacht offensichtlich auch solche Personen als Kriegsgefangene registrierte, die gar nicht als reguläre Angehörige der Roten Armee anzusehen sind[5]. Dazu gehören unter anderen sowjetische Rekruten, die ihre Einheiten nicht mehr erreichten, ein erheblicher Teil der im Westen stationierten NKVD-Truppen, aber auch Angehörige von ad hoc zusammengestellten Volkswehr-Einheiten, sowie andere Uniformierte wie Eisenbahner oder gar Personen, die zu Schanzarbeiten für die Rote Armee kolonnenweise eingesetzt wurden[6]. Vermutlich wurden auch andere Zivilisten, die in den Durchgangslagern neben den Kriegsgefangenen interniert waren, mitgerechnet. Insgesamt dürfte wohl – grob geschätzt – jeder achte „Kriegsgefangene" also kein regulärer Rotarmist gewesen sein.

In allen diesen Statistiken fehlen die Rotarmisten, die sofort nach ihrer Gefangennahme auf oder neben dem Gefechtsfeld erschossen wurden oder schon den Weg in die Armeegefangenen-Sammelstelle nicht überlebten. Diese Erschießungen unmittelbar nach den Kampfhandlungen gehörten zum traurigen Alltag des deutsch-sowjetischen Krieges; jedoch bleiben Ausmaß und Verbreitung der Verbrechen mangels Quellen und Detailforschungen im Dunkeln[7]. Tötungen von Kriegsgefangenen standen oft im Zusammenhang mit schnellen Rückzugsoperationen, bei denen man die Gefangenen nicht mitnehmen wollte, oder im Kontext äußerst erbitterter und verlustreicher Kämpfe. Viele deutsche Soldaten hatten nicht erwartet, dass die vermeintlich schwache Rote Armee einen derart rigiden Widerstand beim Rückzug leisten würde. Vielfach verstanden die Täter die Tötungen als Racheaktionen, etwa nach unerwartetem Beschuss oder nach dem Tod von eigenen Kommandeuren. Als Ende Juni 1941 die ersten Fälle von Tötungen deutscher Kriegsgefangener durch Rotarmisten bekannt wurden, eskalierten die Erschießungen in diesen Frontbereichen bereits[8]. Nur in extremen Fällen be-

---

[4] Rossija i SSSR v vojnach XX veka. Statističeskoe issledovanie. Red. G. F. Krivošeev. Moskva 2001, S. 237, 454ff. Die Zahl der ungeklärten Fälle für 1941 wird hier mit 1,16 Mio. Personen angesetzt.

[5] Ebenda, S. 462, mit der Schätzung, dass 450 000–500 000 solcher Personen in Kriegsgefangenschaft gerieten. Das erklärt aber noch nicht eine Abweichung zwischen deutschen und sowjetischen Zahlen in Höhe von einer Mio. Personen für 1941. Deutliche Kritik an diesen Zahlen bei V. I. Fes'kov, K. A. Kalašnikov, V. I. Golikov, Krasnaja Armija v pobedach i poraženijach 1941-1945. Tomsk 2003, S. 551, wo eine Zahl von 6,2 Mio. Vermissten ausgewiesen wird.

[6] Explizit: BA-MA RH 22/170, Bl. 93, Berück Süd, Ic, 25.7.1941; IfZ MA 883, fr. 864, Befehl Nr. 99 Korück 582, IIa, 23.9.1941. Das NKVD hatte 127 000 Mann Grenztruppen im Westen und weitere operative Verbände, David M. Glantz, Colossus Reborn. The Red Army at War. Lawrence 2005, S. 159, 166. Registrierte Zivilisten im Dulag 184 1944: Vojna i plen. Martirolog. Hg. von Jurij Popov. Minsk 2005, S. 54.

[7] Vgl. bereits einen Bericht aus dem IR 504, 22.6.1941, in: Verbrechen der Wehrmacht, S. 219; vgl. die kritisch zu benutzenden Aussagen deutscher Soldaten in: „Stets zu erschießen sind Frauen, die in der Roten Armee dienen". Geständnisse deutscher Kriegsgefangener über ihren Einsatz an der Ostfront. Hg. von Hannes Heer. Hamburg 1995; Vortrag Felix Römer, „Gefangene werden von der über die heimtückische Kampfweise des Gegners erbitterten Truppe nicht mehr gemacht". Gefangenenerschießungen und Gewalteskalation im deutsch-sowjetischen Krieg 1941/42 auf der Tagung des Arbeitskreis Militärgeschichte am 5.11.2005.

[8] Vgl. zum Mittelabschnitt: Christian Gerlach, Verbrechen deutscher Fronttruppen in Weißrußland 1941-1944. Eine Annäherung, in: Wehrmacht und Vernichtungspolitik. Hg. von Karl-Heinrich Pohl, Göttingen 1999, S. 89–114; Rass, „Menschenmaterial", S. 336f.; Beispiel aus dem Süden: BA-MA RH 26-99/21, 99. le. ID, Ic, 2.7.1941.

Soldat schlägt Zivilisten bei der Gefangennahme von Rotarmisten
(Quelle: Bayerische Staatsbibliothek, Fotoarchiv Hoffmann 59735)

mühten sich deutsche Kriegsgerichte um die Bestrafung der Täter aus der Wehrmacht. Rechtskräftige Urteile sind nicht bekannt[9]. Diese Verbrechen blieben nicht nur auf die Zeit des deutschen Vormarsches 1941 beschränkt, sondern wiederholten sich auch während der Offensive 1942. Sowjetischen Untersuchungen zufolge wurden bis ins Vorfeld von Stalingrad gefangene Rotarmisten in vielen Fällen ermordet[10].

Die Kriegsverbrechen haben durch die ideologische Aufladung der deutschen Kriegsführung sicher an Radikalität gewonnen. Dies wird schon allein am Verhalten einiger Waffen-SS-Einheiten deutlich: Sie erschossen ihre Gefangenen manchmal zu Hunderten, mindestens einmal sogar zu Tausenden[11]. Manches Divisionskommando beschwerte sich über diese Gemetzel[12]. Doch auch auf die Fronttruppe der Wehrmacht wirkte sich die Ideologisierung aus. Immer wieder haben Fronteinheiten einzelne oder ganze Gruppen von Rotarmisten unmittelbar

[9] Streim, Behandlung, S. 190–195: Fall des Kdr. des I./IR (mot.) 8 in der 3. ID.
[10] Bericht UNKVD Stalingrad, 8.6.1943, in: Velikaja Otečestvennaja. Red. V. A. Zolotarev. Band 13/3: Nemeckie voennoplennye v SSSR 1941-1955 gg. Moskva 2002, S. 283–286; vgl. Andreas Hilger, Deutsche Kriegsgefangene in der Sowjetunion, 1941-1956. Essen 2000, S. 290; vgl. Bericht Abakumov an Vyšynskij, 2.9.1943, in: Stalingradskaja ėpopeja, S. 356–363 (über Dulag 205).
[11] Rass, „Menschenmaterial", S. 336. Charles W. Sydnor, Soldiers of Destruction. The SS Death's Head Division, 1933-1945. Princeton, NJ 1977, S. 165; George H. Stein, Geschichte der Waffen-SS. Düsseldorf 1967, S. 245.
[12] BA-MA RH 24-4/38, Bl. 68, KTB IV. AK, 2.7.1941 (Beschwerde 295. ID); ebenda Bl. 70, Bericht des 125. ID, Ia, 3.7.1941. Vgl. RH 24-4/39, Nr. 116, FS IV. AK an AOK 17, 2.7.1941; Beschwerde bei Himmler: BA NS 19/3509, Bl. 11, RFSS an Gen.ob. Lindemann (AOK 18), 23.8.1942.

nach Gefangennahme erschossen. Nicht selten wurden Juden, sofern sie sofort als solche erkannt wurden, Opfer solcher Verbrechen[13].

Nur ein begrenzter Teil der Kriegsverbrechen nahe des Gefechtsfeldes basierte auf dem Kommissarbefehl. Dieser wurde, entgegen manchen Schutzbehauptungen aus der Nachkriegszeit, in alle Einheiten weitergegeben und grundsätzlich auch befolgt. Neuere Untersuchungen zeigen, dass in mindestens 60%, möglicherweise sogar in 80% aller Divisionen Erschießungen von echten oder angeblichen „Kommissaren" der Roten Armee gemeldet wurden. Die Zahl der Opfer geht in die Tausende[14].

Frühzeitig ergab sich für die Fronttruppen das Problem, wie sie denn diese spezifische Gruppe von Kriegsgefangenen identifizieren sollten. So galten goldene Sterne mit Hammer und Sichel als Unterscheidungsmerkmal. Diese Symbole trugen jedoch nicht nur Politfunktionäre, sondern auch Kriegskorrespondenten, die Leiter von Soldatenheimen oder Armeemusiker. War die Identifizierung bestimmter Uniformabzeichen überhaupt nicht möglich, so behalf man sich mit Hinweisen wie solchen, dass Kommissare wie auch Offiziere längere Haare als die Masse der kurzgeschorenen Rotarmisten tragen dürften[15]. Allerdings konnte auch dem Heer nicht entgangen sein, dass der eigentliche Posten des Kommissars in der Roten Armee erst mit Erlass vom 15. Juli 1941 wieder eingeführt wurde; bis dahin existierte lediglich die Funktion eines Stellvertreters in politischen Fragen[16].

In der Regel handelte es sich bei den Opfern um die Politruks, also Politfunktionäre auf der unteren Ebene. Während einzelne Einheiten diese frühzeitig ermordeten[17], erfolgte erst im August 1941 die generelle Anweisung, auch diese systematisch zu erschießen. Weitere Fragen nach der Abgrenzung des bedrohten Personenkreises wurden meist zu Ungunsten der Kriegsgefangenen entschieden[18]. Andererseits häuften sich nun die Beschwerden, dass die Erschießung der Kommissare beim Feind bekannt geworden sei und zu einer Versteifung des Widerstandes führen würde. Erst im Spätherbst 1941, nach den großen Kesselschlachten, ging die Zahl dieser Kriegsverbrechen nahe der Front allmählich zurück. Sie verlagerten sich nun mehr und mehr ins Hinterland, in die Kriegsgefangenenlager selbst[19].

Nicht bei allen Militärs traf der Kommissarbefehl auf Zustimmung. Bereits frühzeitig meldeten sich Stimmen, die für eine Suspendierung dieser Mordanweisung plädierten. Doch es dauerte nahezu ein ganzes Jahr, bis diese Meinungen bei Hitler und dem OKW durchdringen konnten. Doch auch im Frühjahr 1942 war es nicht

---

[13] Gerlach, Verbrechen deutscher Fronttruppen, S. 95; Šneer, Plen, Band 2, S. 113ff. siehe oben, S. 149.

[14] Ausarbeitung für die BBC (für eine Kopie danke ich Detlef Siebert, London). Auf die höhere Zahl deuten neuere Untersuchungen von Felix Römer hin, so Hürter, Hitlers Heerführer, S. 396.

[15] BA-MA RH 20-18/1238, Bl. 93, AOK 18, Ic an Qu. 2, 14. 7. 1941; IfZ NOKW-2179, AOK 16, Ic, Morgenmeldung XXVIII. AK, ca. 26. 7. 1941; IfZ NOKW-2259, Pz.-Gr. 3, Ic, Feindnachrichtenblatt Nr. 10 und Nr. 18, 5. 7. und 8. 8. 1941.

[16] Obrečennye pogibnut', S. 23; BA-MA RH 20-17/280, FS AOK 17, Ic/AO u. a. an OKH, FHO, 18. 7. 1941; BA-MA RH 26-22/67, 22. ID, Ic, Feindnachrichtenblatt, 2. 8. 1941.

[17] IfZ NOKW-1570, Funkspruch XXXXI. AK an Pz.-Gr. 4, 9. 7. 1941.

[18] Vgl. Felix Römer, Das Heeresgruppenkommando Mitte und der Vernichtungskrieg, in: VfZ 53 (2005), S. 451–460, hier 457f.

[19] Vgl. Halder KTB, Band 3, S. 139 (Eintrag 1. 8. 1941).

so, dass die Generalität unisono das Töten von kriegsgefangenen Politfunktionären ablehnte. In einzelnen Divisionen hielt man diese Praxis auch weiterhin für angemessen[20].

Eine Personengruppe aus der Roten Armee, die in deutsche Gefangenschaft geriet, fiel ganz besonders auf: die Soldatinnen. Über ihre Zahl 1941/42 liegen anscheinend keine genauen Statistiken vor. Insgesamt waren etwa 800 000 Frauen im Einsatz, etwa die Hälfte davon an der Front, besonders ab 1942[21]. Geht man davon aus, dass sie zwar erst spät massenhaft in die Armee kamen, aber ähnlich oft in Gefangenschaft gerieten wie die Männer, so kann man den Umfang der weiblichen Gefangenen auf mehrere zehntausend Frauen schätzen. In der deutschen Propaganda wurden sie als „Flintenweiber" denunziert, oft fälschlicherweise als „Kommissarinnen" oder Gehilfinnen von Kommissaren vorgeführt. Zwar waren vereinzelt Frauen als „Komsorg", also als Komsomol-Leiterinnen, eingesetzt, in der überwiegenden Mehrzahl aber in den rückwärtigen und medizinischen Diensten oder als Scharfschützinnen[22].

Diesen Frauen galt der besondere Hass vieler Wehrmachtsgeneräle. Bereits eine Woche nach Feldzugsbeginn war dies am Erlass weiterer krimineller Befehle abzulesen. Das AOK 4 ordnete am 29. Juni lapidar an: „Frauen in Uniform sind zu erschießen." Unmittelbar danach intervenierte das OKH und betonte, dass bewaffnete Frauen, soweit sie in Uniform gefangen genommen würden, wie alle anderen Kriegsgefangenen zu behandeln seien[23]. Freilich beschwerte sich der Oberkommandierende der 6. Armee, von Reichenau, noch im Oktober 1941, es würden immer noch „entartete Weiber zu Kriegsgefangenen gemacht"; so erließen auch danach noch einzelne Verbände wie die 75. Infanteriedivision verbrecherische Order, ergriffene weibliche Rotarmisten umzubringen[24]. Einzelfälle, in denen Rotarmistinnen unmittelbar nach der Gefangennahme oder nach Selektion in Kriegsgefangenenlagern erschossen wurden, sind bekannt[25]. Das ganze Ausmaß dieser angeordneten oder auf eigene Faust begangenen Kriegsverbrechen bleibt jedoch im Dunkeln.

Zweifelsohne war die hohe Ideologisierung innerhalb der Wehrmacht der entscheidende Faktor für die Kriegsverbrechen an Rotarmisten in diesem Bereich. Nicht zu unterschätzen ist jedoch die Aufladung des Konfliktes durch sowjetische

---

[20] Abgehört, S. 506 (zur 20. PzDiv); Kommissarerschießung bei der 377. ID am 30.6.1942: Görtz, Stichwort Front, S. 261.

[21] Susanne Conze, Beate Fieseler, Soviet Women as Comrades-in-Arms, in: The People's War. Responses to World War II in the Soviet Union. Hg. von Robert W. Thurston, Bernd Bonwetsch. Urbana, Chicago 2001, S. 211–234, hier 212.

[22] Vgl. Glantz, Colossus Reborn, S. 551 ff.; Kazimiera Janina Cottam, Women in War and Resistance. Selected biographies of Soviet women soldiers. Nepean 1998, S. 189 ff.; Memoiren einer kriegsgefangenen Rotarmistin: Sofija Anvaer, Krovotočit moja pamjat'. Iz zapisok studentki-medički. Moskva 2005, S. 13 ff.

[23] Gerlach, Kalkulierte Morde, S. 777 f.; BA R 20/58, Bl. 181, Abschrift von Abschrift Berück Mitte, Ic, 8.7.1941; BA-MA RH 20-17/276, AOK 17, Ic/AO, 8.7.1941.

[24] Claudia Freytag, Kriegsbeute „Flintenweib". Rotarmistinnen in deutscher Gefangenschaft, in: Mascha – Nina – Katjuscha, S. 32–36, hier 34; Gerlach, Verbrechen deutscher Fronttruppen, S. 97. Reichenau bezog sich aber v. a. auf Partisaninnen.

[25] Šneer, Plen, Band 1, S. 304 f. (u. a. im Bereich der 44. ID); BA-MA RH 26-221/19, Tagesmeldung 221. Sich.Div., 4.10.1941 (u. a. zwei „Flintenweiber" erschossen); Martin Wiedemann, Führerwille und Eigeninitiative: Der Vernichtungskrieg in der Sowjetunion am Beispiel der Tätigkeit des Sonderkommandos 4a. M.A.-Arbeit Universität München 1990, S. 132.

Kriegsverbrechen an deutschen Gefangenen, die sich schon im Juli 1941 auf breiter Front abzeichneten. Einheiten der Roten Armee haben immer wieder deutsche Kriegsgefangene erschossen, oder diese überlebten den Abtransport ins rückwärtige Gebiet nicht. Wegen des schnellen deutschen Vormarsches 1941 blieben diese Verbrechen nicht geheim und wirkten sich somit auf die Brutalisierung des Krieges unmittelbar aus[26]. Neben den NKVD-Morden in den Gefängnissen ist dies der einzige Verbrechenskomplex, für den im Sommer 1941 tatsächlich von einer reziproken Radikalisierung gesprochen werden kann[27]. Dennoch ist zu konstatieren, dass bis November 1941 vergleichsweise wenige Wehrmachtangehörige in die Hände der Roten Armee fielen. Den etwa 30 000 vermissten deutschen Soldaten bis Anfang Dezember 1941 steht das *Hundertfache* an Rotarmisten mit dem gleichen Schicksal gegenüber[28].

Die sowjetischen Soldaten, die überrollt wurden und den Kontakt zu ihren Einheiten verloren hatten, ohne gleich gefangen genommen zu werden, mussten ebenfalls um ihr Leben fürchten. Insbesondere ab September 1941 verschärften das OKH und die Heeresgebiete die Weisungen zur Behandlung dieser Personen. Im Rahmen der Partisanenbekämpfung wurde nicht nur in Zivil untergetauchten Soldaten, sondern sogar aufgegriffenen Uniformierten die Erschießung angedroht. Zwar gelangten die meisten derer, die fern der Front in deutsche Hand gerieten, in die Kriegsgefangenenlager. Immer häufiger gingen die Sicherungsverbände jedoch dazu über, die bei Razzien – mit oder ohne Uniform – aufgegriffenen Rotarmisten zu erschießen. Die 285. Sicherungsdivision strebte Ende November an, jeden aufgegriffenen Rotarmisten zu erschießen[29]. Die Zahl der Opfer allein in diesem Zusammenhang geht in die Tausende.

Doch selbst dies verblasste noch im Angesicht der Radikalität, mit der gegen die „regulär" in Kriegsgefangenschaft geratenen Feindsoldaten vorgegangen wurde. Die gefangenen Rotarmisten wurden generell schlecht, d. h. schlechter als alle bisher gemachten Gefangenen anderer Nationen behandelt. Dies lag grundsätzlich natürlich an den Regelungen, die die Wehrmacht ihren Soldaten an die Hand gegeben hatte. Darin war festgelegt worden, dass für die sowjetischen Kriegsgefangenen das Völkerrecht nicht gelten sollte. Den Gefangenen war mit äußerster Distanz gegenüberzutreten, die geringste Widersetzlichkeit mit Gewalt zu ahnden. Ausbruchsversuche endeten meist in regelrechten Massakern an den Gefangenen.

---

[26] Anatolij Čajkovskij, Plen. Za čužie i svoi grechi. (Voennoplennye i internirovannye v Ukraine 1939–1953 gg.) 2. erhebl. erw. Aufl. Kiev 2005, S. 385, erwähnt eine Zahl von etwa 1 000 getöteten deutschen Kriegsgefangenen in der Anfangsphase des Krieges; de Zayas, Wehrmacht-Untersuchungsstelle, S. 273ff.; konkretes Beispiel: Erich Mößle, „Unsere Division bekommt den Befehl, keine Gefangenen zu machen." Tagebuch eines Konstanzer Soldaten im Russlandfeldzug, Juni–Dezember 1941. Konstanz 2003, S. 24f. (1./2.7.1941).

[27] Ansonsten mit weitgehend überzogenen Thesen: Arnold, Die Wehrmacht und die Besatzungspolitik, S. 177f., der zudem die Radikalisierung der Roten Armee durch die Verbrechen der Wehrmacht unterbelichtet.

[28] Bernhard R. Kroener, Die personellen Ressourcen des Dritten Reiches im Spannungsfeld zwischen Wehrmacht, Bürokratie und Kriegswirtschaft 1939–1942, in: DRZW 5/1, S. 693–1001, hier 885; etwa 9 000 deutsche Kriegsgefangene wurden bis November 1941 im sowjetischen Lagersystem registriert, Voennoplennye v SSSR 1939–1956. Dokumenty i materialy. Red. M. N. Zagorul'ko. Moskva 2000, S. 1041; Vojna i plen, S. 45. Hilger, Deutsche Kriegsgefangene, S. 390, nennt eine Zahl von nur 4 000.

[29] Förster, Sicherung des „Lebensraumes", S. 1042f.

Im Gegensatz zu den bisher in deutsche Hand gelangten Soldaten galten die Rotarmisten grundsätzlich als besonders gefährlich[30].

Gemessen an der Feldzugsplanung, die auf die Gefangennahme erheblicher Teile der sowjetischen Truppen abzielte, spielte der Abtransport und die Versorgung dieser erwarteten Gefangenenzahlen in der Vorbereitung und Organisation eine eher marginale Rolle. Wenn man von den Prämissen der Vorbereitungen auf „Barbarossa" ausgeht, so hätte die Wehrmacht theoretisch in der Lage sein müssen, binnen der ersten zehn Wochen die Mehrheit der mindestens fünf Millionen Rotarmisten (Stand Juni 1941) reibungslos abzutransportieren. Ein Teil der Gefangenen sollte ohnehin in Frontnähe bleiben und Hilfsarbeiten für die deutschen Truppen verrichten[31].

Die ursprünglich vorgesehene Fahrt nach Westen in sogenannten Leerkolonnen, leeren Versorgungszügen auf der Rückfahrt, funktionierte nur teilweise. Vielfach weigerten sich die Transportkommandanturen, die Kriegsgefangenen mitzunehmen, obwohl Frontkommandos und Militärverwaltung dies wünschten. Am 31. Juli ordnete das OKH sogar grundsätzlich an, dass der Abtransport in der Regel in Fußmärschen erfolgen sollte. Nicht nur führten diese über enorme Strecken, meist waren auch die Verpflegung und medizinische Versorgung völlig unzureichend. Erst mit dem Kälteeinbruch im Oktober sollte dem Bahntransport wieder der Vorrang gegeben werden, zumeist allerdings in offenen Waggons! Manchmal überlebten diese Fahrten nur 80% der Insassen. Zwar versuchte die Militärverwaltung nun, die Transportzeiten zu verkürzen oder geschlossene Wagen bereitzustellen, doch auch diese waren, trotz einer entsprechenden Weisung des OKW, nicht beheizt[32]. Zudem verschärfte sich gerade nach den größten Kesselschlachten die Transportkrise.

Bis November 1941 wurde also ein erheblicher Teil der kriegsgefangenen Rotarmisten zu kräftezehrenden Fußmärschen ins rückwärtige Gebiet gezwungen. Für deren Bewachung waren vor allem die Sicherungseinheiten zuständig, bei den großen Kesselschlachten wurden zusätzlich einzelne Infanteriedivisionen für diese Aufgaben eingesetzt. Gerade nach den Kesselschlachten mit ihren enormen Zahlen an eingebrachten Gefangenen konnte sich der Abtransport als lebensbedrohlich erweisen. Allein schon die Dauer der Märsche programmierte die totale Erschöpfung vor: Manche reichten über Hunderte von Kilometern, die in mehreren Wochen absolviert werden mussten. Die Wachmannschaften, meist personell nicht ausreichend ausgestattet, geleiteten die Fußmärsche oft mit äußerster Brutalität. Vielfach wurden Gefangene, die aus Schwäche oder wegen ihrer Verletzungen nicht mehr weiterlaufen konnten, kurzerhand erschossen. Seit August waren solche Vorgänge an der Tagesordnung, Anfang September

---

[30] Gerlach, Kalkulierte Morde, S. 785; zu einem Massaker an 1 000–1 500 Kgf. nach einem angeblichen Ausbruchsversuch in Gaisin, Ende August 1941: Stets zu erschießen, S. 28.

[31] OKH, GenQu, Kr.verw. Nr. II/0315/41 g.Kdos., Bes. Ano. für die Versorgung Teil C, 3. 4. 1941, in: Deutsche Besatzungspolitik, S. 39–41; Arnold, Die Wehrmacht und die Besatzungspolitik, S. 342.

[32] Streit, Keine Kameraden, S. 162ff.; Arnold, Die Wehrmacht und die Besatzungspolitik, S. 344ff.; Bericht Kgf.-Bez.Kdt. J, 22. 11. 1941, in: Verbrechen der Wehrmacht, S. 221 (1 000 Tote auf der Fahrt von Bobrujsk nach Minsk).

wurden sie im Generalstab diskutiert[33]. Zwar versuchten die Generäle gegen diese „Rohheiten" mit Befehlen vorzugehen; letztlich war die rassistische Propaganda und die weitverbreitete Geringachtung der „Russen" aber wirksamer.

Nach den Kesselschlachten von Bialystok-Minsk und Uman war es vor allem die Liquidierung der Schlacht von Kiew, die den größten Aufwand erforderte. Von den etwa 665 000 Gefangenen kamen allein 320 000 ins Reichskommissariat Ukraine, je zur Hälfte per Bahn und zu Fuß[34]. Soldaten der 24. Infanteriedivision übernahmen die Fußmarschierer, die offiziell als gesund galten, von der 113. Infanteriedivision auf dem Weg nach Westen. Sie erschossen während des Marsches im Oktober 1 000 der ihnen anvertrauten etwa 200 000 Kriegsgefangenen[35]. Erst am 18. Oktober griff das Divisionskommando ein und ordnete an, dass Marschunfähige nicht zu töten, sondern unter Bewachung zurückzulassen seien. Zwar beschwerte sich die Heeresgruppe über diese Gemetzel, der Berück sprach der Division doch Tage später eine Anerkennung für den Abschub der Kriegsgefangenen aus, der „trotz mancher Erschwernisse" plangemäß verlaufen sei[36]! Diese Verbrechen waren beileibe keine Einzelfälle[37].

Noch katastrophaler verlief der Abtransport aus der nächsten gigantischen Kesselschlacht bei Vjaz'ma-Brjansk. Auch hier wurden etwa 650 000 Gefangene eingebracht, von denen 365 000 in die Durchgangslager im Armeegebiet gebracht werden sollten[38]. Dabei lag die Hauptlast der Bewachung bei der 137. Infanteriedivision, die etwa 300 000 Rotarmisten nach hinten zu eskortieren hatte. Sie musste etwa 10% der Marschierer zurücklassen, weil diese völlig erschöpft waren, weiteren 10–15% gelang – wegen der unzureichenden Bewachung – die Flucht. Die Angehörigen der Division griffen also nicht sofort zur Waffe, wenn ein Kriegsgefangener am Weg zusammenbrach. Freilich meldete auch die 137. Infanteriedivision, dass sie während dessen weiterhin den Kommissarbefehl ausführte und Dutzende einschlägig Verdächtiger erschossen hatte[39].

Noch deutlich radikaler verhielten sich Soldaten der 8. Infanteriedivision, die weiter hinten eingesetzt war und 12 000 der Gefangenen aus Vjaz'ma nach Smolensk und Dorogobuž bringen sollte. Tatsächlich übernahmen sie dann 9 000 Rotarmisten, kamen jedoch nur mit 3.480 Personen am Zielort an. Auf dem Weg

[33] Streit, Keine Kameraden, S. 167f.; Halder KTB, Band III, S. 221 (11. 9. 1941).
[34] BA-MA RW 41/1, WBU, Bericht Nr. 2, 14. 11. 1941. Da nach offiziellen sowjetischen Angaben in der Schlacht von Kiew nur 677 000 Rotarmisten, dafür jedoch etwa weitere 600 000 mobilisierte Zivilisten, Grenzsoldaten usw. eingesetzt waren, dürfte es sich nur bei einem Teil der Personen um reguläre Kriegsgefangene gehandelt haben. Auch Fotos vom Abtransport der Gefangenen zeigen eine Vielzahl von Zivilisten, z. B. Verbrechen der Wehrmacht, S. 190.
[35] BA-MA RH 26-113/40, 113. ID, Ib, 6. 10. 1941; IfZ MA 858, fr. 1235, KTB Berück Süd, 11. 10. 1941; BA-MA RH 22/8, Bl. 138, FS 24. ID an Berück Süd, 16. 10. 1941.
[36] BA-MA RH 22/188, Bl. 127–128, 24. ID, Anordnung zur Bewachung von Kgf., 18. 10. 1941; BA-MA RH 22/8, Bl. 255, Tagesbefehl Berück Süd, 26. 10. 1941 (Zitat). Ausführlich aus Sicht der Division: Arnold, Die Wehrmacht und die Besatzungspolitik, S. 366–370.
[37] Verbrechen der Wehrmacht, S. 224 (Marsch von Stalino nach Zaporož'e mit 1 000 Todesopfern); YVA M-37/569 (CDAHO 62-9-4, Bl. 15–21), Bericht 8. Abt. der Politverwaltung der Südfront, 26. 10. 1941 (1000 erschöpfte Kgf. bei Chorol erschossen).
[38] IfZ MA 882, fr. 1133, KTB Korück 559, 18. 10. 1941.
[39] BA-MA RH 26-137/18, Aufklärungsabteilung 137 an 137. ID, 22. 10. 1941; BA-MA RH 23/126, Bl. 68–71, 137. ID, 25. 10. 1941; ausführlich Arnold, Die Wehrmacht und die Besatzungspolitik, S. 358–361.

hatte es zahllose Fluchtversuche gegeben; die Differenz in der Statistik beruhte aber vor allem auf dem Massaker, das die Soldaten angerichtet hatten. „Die Gesamtzahl der während des Transportes Erschossenen beträgt nach *vorsichtigen* Schätzungen 3–4 000 Mann."[40] Als 30 000 Rotarmisten nach Smolensk eskortiert wurden und dort im Dulag wegen Überfüllung nicht aufgenommen werden konnten, trieb man sie quer durch die Stadt. Während der „Blutigen Nacht" in Smolensk, am 19. Oktober, wurden etwa 1 000 Kriegsgefangene erschossen, sodass die Straßen der Stadt anschließend mit Leichen übersät waren[41]. Dies war nicht das einzige Massaker an Gefangenen in der Stadt gewesen. Auch danach wurden Rotarmisten in den Straßen von Smolensk niedergemacht.[42] Beim Fußmarsch von 30 000 Kriegsgefangenen aus Juchnov nach Orša erreichte nur etwa die Hälfte von ihnen das Ziel[43].

Eher unfreiwillig evakuierte die Wehrmacht solche Kriegsgefangene, die nahe der Front untergebracht waren, während des Rückzuges bei der Schlacht um Moskau. So mussten aus dem Dulag 127 in Kaluga etwa 12 000 gefangene Rotarmisten bei eisigen Temperaturen zum Lager in Roslavl marschieren. Die Mehrzahl der Gefangenen überlebte diese Torturen und die Gewalttaten der Wachmannschaften vermutlich nicht[44].

Die Ursachen für die hohen Todeszahlen bei den Transporten, die teilweise auch bei Bahnfahrten zu verzeichnen waren, lagen in der unzureichenden Organisation, vor allem aber in den menschenverachtenden Konsequenzen, die daraus gezogen wurden. Insbesondere die Kampftruppen, die als Eskorte eingesetzt waren, waren oftmals nicht richtig auf ihre Aufgabe vorbereitet. Als Faktoren sind neben der unzureichenden Personalausstattung der Wachmannschaften das Fehlen von Proviant für die Kriegsgefangenen, der Mangel an geeigneten Übernachtungsplätzen und an medizinischer Versorgung zu nennen. In manchen Kolonnen brach die Mehrzahl der Marschierer erschöpft zusammen[45]. Ein Teil der Wachmannschaften griff zum Mittel der Gewalt und tötete solche Kriegsgefangene. Dass die Tötungsschwelle gegenüber den Rotarmisten so niedrig war, lässt sich in erster Linie mit der rassistischen Einstellung der Täter erklären. Auch schon frühere Feldzüge der Wehrmacht waren in Einzelfällen von solchen Kriegsverbrechen begleitet, jedoch nicht mit systematischem Charakter und in diesem Ausmaß.

[40] BA-MA RH 23/126, Bl. 80–83, Korück 559, 30. 10. 1941; BA-MA RH 26-8/38, Bl. 144, Meldung IR 38, 9. 11. 1941 (Zitat, Hervorhebung von mir). Vgl. den Augenzeugenbericht in: Kohl, Ich wundere mich, S. 140.
[41] Dulag 240 an Kgf.bez.Kdt. J, 25. 10. 1941, in: Kohl, Ich wundere mich, S. 248; BA R 2104/19, Bl. 622, Beutemeldung Dulag 240, 20. 10. 1941; Cohen, Germans in Smolensk, S. 99f.
[42] Elsi Eichenberger, Als Rotkreuzschwester in Lazaretten der Ostfront: Smolensk, Kriegswinter 1941/42. Ein Erlebnisbericht. Hg. von Reinhold Busch. 2. Aufl. Berlin 2004, S. 192 (Tagebucheintrag, hier fehldatiert auf 13. 9. 1941, die Autorin war aber erst seit Ende Oktober in Smolensk, ebenda S. 64).
[43] Gerber, Im Dienst des Roten Kreuzes, S. 94f. (Tagebucheintrag vom 28. 10. 1941, mit einseitiger Kommentierung des Herausgebers).
[44] S. V. Golubkov, V fašistkom lagere smerti. Vospominanija byvšego voennoplennogo. Smolensk 1963, S. 115f.; YVA M-62/46 (Staatsarchiv Tver R-1122-2-1), Akt AoStKom Kaluga, o.D. (1942); anscheinend bestand ein erheblicher Teil des Bewachungspersonal aus angeworbenen Ukrainern: Vojna i plen, S. 143 (Aussage eines entkommenen Lagerarztes vom 8. 7. 1943).
[45] Beispielsweise: BA-MA RH 26-403/2, Bl. 64, KTB 403. Sich.Div., 2. 9. 1941 (Abtransport von 3 000 Kgf. aus Nevel).

Von der Führung einzelner Verbände wiederum wurde rechtzeitig die Notbremse gezogen und weit gesteckte Marschziele kurzfristig „aus menschlichen und dienstlichen Erwägungen" abgeändert[46]. Insbesondere die Dulags beschwerten sich, dass die Rotarmisten teilweise in katastrophalem Zustand bei ihnen eintreffen und viele von ihnen binnen kurzem an Erschöpfung sterben würden. Nach russischen Schätzungen wurden zwischen 200000–250000 Rotarmisten auf dem Transport getötet; eine Zahl, deren Richtigkeit wohl nur nach aufwendigen Einzelrecherchen annähernd verifiziert werden kann[47].

Auch den deutschen Soldaten, die vor 1944 in sowjetische Hand fielen, erging es außerordentlich schlecht. Nicht wenige deutsche Kriegsgefangene wurden noch in der Nähe des Gefechtsfelds niedergemacht. Freilich waren hier die Rahmenbedingungen für die Kriegsgefangenschaft andere: Die deutschen Soldaten gehörten zu einer Armee von Angreifern, die das Land verwüstet hatten; die Sowjetunion war auf die Aufnahme von Kriegsgefangenen nicht vorbereitet, befand sich mit den Rückzügen und riesigen Gebietsverlusten selbst in einer dramatischen Versorgungslage. Die Transportbedingungen ins sowjetische Hinterland gestalteten sich denkbar schlecht. Dafür war nicht die Rote Armee, sondern die Konvoitruppen des NKVD zuständig[48]. Schließlich herrschten in den Kriegsgefangenenlagern bis 1944 extreme Lebensumstände, sie wurden schlecht versorgt, die Sterblichkeit entwickelte sich genauso exorbitant wie im Gulag. Starben bis zur Kapitulation in deutscher Hand etwa drei Millionen sowjetischer Kriegsgefangener, so waren es in sowjetischem Gewahrsam 600000–800000 Angehörige der Wehrmacht[49].

2. Unterbringung, Arbeitseinsatz, Entlassungen

Für das Kriegsgefangenenwesen im Operationsgebiet war der Generalquartiermeister zuständig, für die Details der Sachbearbeiter 4 B Kgf. bzw. 4/Kgf in der Abteilung Kriegsverwaltung[50]. Das OKW zeichnete vor allem für die Lager unter Zivilverwaltung bzw. im Reich verantwortlich, übte jedoch auch eine gewisse generelle Steuerungsfunktion für das gesamte Kriegsgefangenenwesen aus. Anscheinend hatte das OKW eigene Lager für Überläufer im Operationsgebiet, genauso wie die Waffen-SS in größerem und die Luftwaffe in geringerem Maße Kriegsgefangene unter Militärverwaltung internierte[51]. Im Operationsgebiet unterstand jedem Berück ein „Kommandeur der Kriegsgefangenen", dem wiederum „Kriegs-

---

[46] BA-MA RH 26-454/10, Bl. 60, 454. Sich.Div., Ic, 19.9.1941 (Transport von Kgf. nach Šepetovka).
[47] Rossija i SSSR v vojnach, S. 455.
[48] Vgl. N. E. Eliseeva, Otvetstvennost' za smertnost' … vozložit' na načal'nikov konvoev, in: VIŽ 2000, H. 4.
[49] Rüdiger Overmans, Deutsche militärische Verluste im Zweiten Weltkrieg. München 1999 (hier Sterblichkeit ab Mai 1945 nicht enthalten); Čajkovskij, Plen, S. 384f. Eine gesicherte Zahl ist bis jetzt nicht ermittelt worden.
[50] Laut GVPl. Hptm. Sohn, BA-MA RH 3/v. 372, Geschäftseinteilung GenQu (Eingangsstempel 7.6.1941). Bei ihm konnten die Einsatzgruppen den aktuellen Standort der Dulags einholen, um dort tätig zu werden, vgl. Einsatzgruppen in der besetzten Sowjetunion, S. 340.
[51] Streit, Keine Kameraden, S. 67, 217ff.

gefangenen-Bezirkskommandanten" nachgeordnet waren[52]. Genauso wie die Militärverwaltung von vorne nach hinten – von der Front bis zur sowjetischen Westgrenze – gestaffelt war, so war auch das Kriegsgefangenenwesen räumlich strukturiert. Nach der Gefangennahme durch Divisionsverbände gelangten die Rotarmisten zunächst in Armeegefangenen-Sammelstellen, von dort aus binnen kurzem in Durchgangslager (Dulag)[53]. Dabei handelte es sich um riesige Lager, deren Organisation grundsätzlich mobil blieb und die von Landesschützen bewacht wurden. Die Dulag unterstanden den Korück, den Berück und den Sicherungsdivisionen. Eigentlich war beabsichtigt, einen erheblichen Teil der Gefangenen von dort aus weiter westwärts in die Stammlager (Stalag) des Zivilgebiets abzutransportieren, wo sie dauerhaft bleiben sollten; dazu kam es jedoch nicht im anvisierten Umfang. Statt dessen wurden auch im Operationsgebiet einige Stammlager eingerichtet[54], wohl im Vorgriff an eine erwartete Abgabe des Territoriums an Rosenbergs Ministerium.

Die Lagermannschaften, die mit den deutschen Truppen einmarschierten, richteten alsbald Gelände zur Unterbringung der Kriegsgefangenen ein. Zum Teil nutzten sie dafür verlassene Betriebe oder andere großräumige Einrichtungen, oft aber wurden die Gefangenen schlichtweg in offenen Feldern, die man umzäunt hatte, unter freiem Himmel untergebracht. So lebten im Lager Drozdy bei Minsk zeitweise etwa 140 000 Gefangene quasi auf der Wiese. Zwar blieben die Temperaturen bis September 1941 noch einigermaßen erträglich, doch die Gefangenen waren meist nicht richtig gegen Regen geschützt, und ein organisiertes Lagerleben in puncto Hygiene und Ernährung konnte in dieser Form nicht erreicht werden. Als im Dulag bei Minsk die Feldküchen zur Aufstellung kamen, wurden Hunderte von Gefangenen beim Versuch erschossen, diese zu stürmen[55]. Auffällig ist, dass auch im Reich oder im Generalgouvernement, wo die Kriegsgefangenen ja auf Dauer bleiben sollten, oftmals nur primitivste Unterbringungsmöglichkeiten vorgesehen waren. Selbst dort wurde erst im November 1941 mit dem systematischen Aufbau von Barackenlagern begonnen, in denen wiederum eine maximale Ausnutzung des Raumes, d.h. extrem dichte Belegung herrschen sollte.

Da wundert es wenig, dass der Bau von Gefangenenlagern im Operationsgebiet, wo die Rotarmisten ohnehin nicht auf Dauer bleiben sollten, nur schleppend voranging. Erst im September 1941 begann die Einrichtung von Winterunterkünften. Der Generalquartiermeister war nicht bereit, dafür ausreichend Lastkraftwagen

[52] Ebenda, S.76ff. Ab Mitte 1942: Kommandeur der Kriegsgefangenen im Operationsgebiet (I-IV); im Heeresgebiet agierten zeitweise die Kriegsgefangenen-Bezirkskommandanten A, B, C, E, G, J, M, N und P. Vgl. Tessin, Verbände und Truppen.
[53] Vgl. den Befehl des OKW: BA-MA RW 31/11, Bl.20–21, WiStOst, A 1/41, Arbeitseinsatz von Kriegsgefangenen, 28.6.1941 (Bezug auf WiRüAmt 9.6.1941). Im Operationsgebiet waren insgesamt etwa 50 Dulag tätig, vgl. Gianfranco Matiello, Wolfgang Vogt, Deutsche Kriegsgefangenen- und Internierteneinrichtungen 1939-1945. Koblenz 1986. Nach Berechnungen einheimischer Historiker kommt man aber unter Einschluss der Außenlager zu viel höheren Zahlen, allein 226 Lager bzw. Außenlager für Kriegsgefangene in der RSFSR nennt Poljan, Žertvy dvuch diktatur, S.740-755. Eine realistische Zahl für alle Haftstätten für Kriegsgefangene im Operationsgebiet dürfte also bei 300-400 liegen.
[54] Zeitweise Stalag 310, 313, 314, 320, 332, 341, 350, 353, 359, 363, 370, 372, 373, 381, 384, 386, 387 und 397.
[55] Verbrechen der Wehrmacht, S.230.

Sowjetische Kriegsgefangene in Minsk, Juli 1941
(Quelle: Bundesarchiv Bild 183/75/81/21)

zur Verfügung zu stellen. So blieb es oftmals bei der Aushebung von Erdhöhlen, in denen die Gefangenen hausen mussten. Nicht selten waren diese instabil angelegt worden und brachen zusammen; dabei begruben sie die Gefangenen unter sich. Noch bei eisigen Temperaturen mussten Kriegsgefangene oft im Freien ausharren, so etwa in Vitebsk, Polock, Kričev oder Gomel[56]. Die mangelhafte Unterbringung war eine grundlegende Voraussetzung dafür, dass das Massensterben ab Oktober 1941 solche Ausmaße annehmen konnte. Die tägliche Todesstatistik verlief meist umgedreht zur jeweils herrschenden Außentemperatur. Etwa im Lager Ržev wurde die unzureichende Behausung offen als Hauptgrund für den Massentod angesprochen[57]. So makaber die Feststellung sein mag, aber erst das Massensterben selbst verbesserte die Unterbringungssituation für die Überlebenden. Nach dem katastrophalen Winter von 1941/42 waren also die Belegungsstärken geringer und für den Winter 1942/43 wurden auch bessere Vorkehrungen getroffen. Doch auch in dieser Phase war die Unterbringung bei weitem nicht ausreichend, um den Gefangenen das Überleben zu sichern[58].

Einen entscheidenden Faktor sowohl für die Besatzungspolitik als auch für das Überleben der Gefangenen bildete der Arbeitseinsatz. Ursprünglich war vorgesehen, die Kriegsgefangenen nur im Operationsgebiet zu Arbeiten heranzuziehen

---

[56] Streit, Keine Kameraden, S. 172ff.; Gerlach, Kalkulierte Morde, S. 788f., 810.
[57] Streit, Keine Kameraden, S. 176, 377.
[58] BA-MA RH 23/353, Bl. 12–14, Korück 593, Lt.San.offz., 15.6.1943, führte die hohe Mortalitätsrate seit Jahresbeginn u. a. auf die schlechte Unterbringung zurück.

und die dabei nicht benötigten Kräfte, genauso wie die Gefangenen aus den Grenzschlachten, ins Reich abzutransportieren. Bald sollte der Arbeitseinsatz auch auf
das besetzte OKW-Gebiet ausgedehnt werden[59]. Tatsächlich kam ein erheblicher
Teil der Gefangenen im Operationsgebiet zum Einsatz, so wie es von Vorneherein
vorgesehen war. Dabei handelte es sich um Hilfsarbeiten für die Wehrmacht, oft
verrichtet in Form von Gefangenenkolonnen, die auch außerhalb der Lager untergebracht waren. Zunächst war diese Arbeit vor allem als Vorzugsbehandlung für
die „rassisch wertvolleren" unter den Rotarmisten, also Sowjetdeutsche, Balten
und Ukrainer vorgesehen. Männer mit spezialisierten Berufen, v. a. Bauarbeiter,
Handwerker und aus landwirtschaftlichen Berufen, sollten gesondert eingesetzt
werden[60]. Erschwerte Bedingungen ergaben sich hingegen für die Rotarmisten, die
zum Straßenbau herangezogen wurden, vor allem entlang der großen Durchgangsstraßen[61]. Dennoch blieb die Zahl der Rotarmisten, die Arbeiten verrichteten, begrenzt, so im Dezember 1941 etwa 55 000 Mann bei der Heeresgruppe Süd. Im
weiter westlich gelegenen Reichskommissariat Ukraine waren es bereits mehr als
doppelt so viele[62].

Zu diesem Zeitpunkt war das Massensterben unter den Kriegsgefangenen in
vollem Gange. Allein eine Arbeitsstelle konnte bessere Rationen und damit ein
Überleben einigermaßen sichern. Durch den organisierten Massentod, aber auch
durch den zunehmenden Abtransport ins Reich wurde die Arbeitskraft der Gefangenen immer mehr zur Mangelware. Erst nach Beginn der Sommeroffensive 1942
stieg die Anzahl der Arbeitenden wieder an, so waren im September 1942 fast
450 000, im Oktober 515 000 Gefangene für Wehrmacht und andere Dienststellen
im Operationsgebiet tätig[63].

Eines der größten Zwangsarbeitsprojekte im Operationsgebiet stellte der Bergbau im Donezbecken dar. Dieses wurde nicht direkt durch den Wirtschaftsstab
Ost bzw. die Wirtschaftsinspektion Don-Donez organisiert, sondern durch die
Berg- und Hüttenwerksgesellschaft Ost. Wegen der Hungerkrise im Donezbecken
und der völlig unzureichenden Rationen für die schwere Bergarbeit erwies es sich
zunächst als schwierig, Zivilarbeiter für die Bergwerke zu finden. Am 1. Juli 1942
ordnete Hitler persönlich an, massiv sowjetische Kriegsgefangene dort einzusetzen und gleichzeitig die Rationen tendenziell zu erhöhen. Vorgesehen war die Verwendung von 60 000 Rotarmisten. Bis Ende November 1942 gelangten etwa 48 000
Männer dorthin; doch nur etwa 12 000 arbeiteten in den Minen, die Übrigen waren

[59] BA-MA RH 26-454/6(a), Hgr. Süd, Ib, Bes. Ano. für die Sicherung der rückw. Armeegebiete,
8.6.1941; IfZ Nürnberger Dok. PS-888, OKW/WFSt., Abt. L/Qu, Kgf.-wesen Nr. 26/41 g.
Kdos., 16.6.1941; BA-MA RW 4/v. 578, Bl. 90, OKW/WFSt., Abt. L/Qu, Kgf.-wesen
Nr. 1194/41 g.Kdos., 22.6.1941. Im Heeresgebiet Mitte befanden sich 40 000 Kriegsgefangene in
Arbeitsstellen, weitere in den Lagern: IfZ MA 856, fr. 444, Monatsbericht Berück Mitte, Qu,
6.1.1942.
[60] BA-MA RW 19/2109, Bl. 130, OKW/WFSt./L (IV/Qu), 8.7.1941; BA-MA RH 23/295, Bl. 59–
62, OKH, GenQu, Kr.Verw. Nr. II/4590/41 geh., 24.7.1941; BA-MA RH 23/219, AOK 9, Qu,
1.8.1941.
[61] IfZ MA 887, fr. 859, OKH, GenQu, Az.Abt.Kr.verw. (Qu 4/Kgf) Nr. II/14515/41, 31.8.1941.
Vgl. Halder KTB, Band 3, S. 94, 168 (Einträge 19.7., 10.8.1941).
[62] IfZ MA 858, fr. 1252, KTB Berück Süd, 20.11.1941; BA-MA RH 22/189, Bl. 22, Hgr. Süd, Ib,
21.12.1941.
[63] IfZ MA 1709, fr. 902, 964, KTB WiStOst, 3.10., 3.11.1942.

im Barackenbau beschäftigt oder arbeitsunfähig. Von der OFK 397 nur unzureichend versorgt, schnellte die Sterblichkeit bereits in diesem Monat auf 12% monatlich hoch. Viele erfroren im Winter, weil in den Gebäuden, in denen sie lebten, keine Fenster vorhanden waren. Die meist unqualifizierten Kräfte arbeiteten sich in den Bergwerken regelrecht zu Tode. Bereits im März 1943 musste der Einsatz der Kriegsgefangenen eingestellt werden, die meisten waren tot oder geflüchtet[64].

Es ist ein Irrtum anzunehmen, dass es den sowjetischen Kriegsgefangenen, die ins Reich abtransportiert wurden, grundsätzlich besser erging als im Operationsgebiet. Ursprünglich war vorgesehen gewesen, vor allem die Gefangenen der anfänglichen Grenzschlachten sofort nach Deutschland abzutransportieren. Und tatsächlich gelangten bereits im Juli 1941 erste sowjetische Kriegsgefangene ins Reich. Obwohl Hitler einen Einsatz von Rotarmisten in der deutschen Wirtschaft untersagt hatte, meldeten die Wirtschaftsbehörden dennoch einen Bedarf von etwa 700000 Gefangenen an und das OKW ließ Lager-Kapazitäten für 790000 Personen erstellen. Das Vorhaben, 300000 Rotarmisten sofort nach Deutschland zu bringen, scheiterte jedoch. Auf direkte Intervention Hitlers hin sollte deren Zahl auf 120000 Personen begrenzt werden[65]. Das Interesse von Wirtschaft und Arbeitsbehörden an den billigen Arbeitskräften ließ zunächst wieder nach: Zu aufwendig gestalteten sich die Sicherheitsvorkehrungen, die zur Isolierung der vermeintlichen bolschewistischen Gefahr in der Heimat getroffen werden sollten, zu schlecht war der Zustand vieler Ankommender. Schon im September wendete sich das Blatt wieder: Die Dauer des Feldzuges zog sich hin, entsprechend stiegen die Personalanforderungen für die Front und die Zahl der unbesetzten Arbeitsstellen in der deutschen Wirtschaft. Nach längeren Diskussionen entschied Hitler am 31. Oktober dann doch, den „Russeneinsatz" im Reich zu genehmigen[66].

Die Züge mit Rotarmisten nach Deutschland rollten ohnehin nahezu ohne Unterbrechung. Mitte August befanden sich bereits 150000 von ihnen im Reich, Anfang Oktober waren es 288000[67]. Der Generalquartiermeister hatte schon am 23. September den Transport von weiteren 500000 Rotarmisten ins Reich avisiert; bald war schon von einer Million Gefangener die Rede[68].

Nun sollte der Abtransport der Gefangenen zwar forciert werden, doch gleichzeitig wurden ihnen die Rationen gekürzt, sowohl im Operationsgebiet als auch im Reich. Allein dort verstarben von den 390000 Rotarmisten, die Anfang Dezember verzeichnet wurden, 72000 im Laufe des Monats; Anfang April 1942 lebte nur noch jeder Zweite[69]. Zwar sollte jede Heeresgruppe bis April 40000 Gefangene

---

[64] Penter, Zwischen Hunger, S. 434, 444ff.; IfZ MA 1725, fr. 221-259, KTB WiIn Don-Donez, bes. 1., 11. und 17.7.1942.

[65] Streit, Keine Kameraden, S. 193ff.; Otto, Wehrmacht, Gestapo und sowjetische Kriegsgefangene, S. 42f.

[66] Streit, Keine Kameraden, S. 197ff.; zur Detailplanung: BAL Dok.-Slg. UdSSR 431, Bl. 251-256 (GARF 7445-2-128), Schreiben WiStOst/A (Rachner), 4.12.1941.

[67] Jörg Osterloh, Ein ganz normales Lager. Das Kriegsgefangenen-Mannschaftsstammlager 304 (IV H) Zeithain bei Riesa/Sa. 1941 bis 1945. Leipzig 1997, S. 76.

[68] BA-MA RW 6/v. 276, Bl. 3, OKH, GenQu, Abt. Kr.verw. (Qu 4/Kgf.) Nr. II/6311/41 geh., 23.9.1941; BA-MA RW 31/67, Bl. 1-53, Halbmonatsbericht WiStOst für 1.-15.9.1941, 29.9.1941.

[69] Streit, Keine Kameraden, S. 135.

abgeben. In den meisten Lagern unter Militärverwaltung grassierten jedoch Epidemien, sodass an eine Verlegung der Insassen kaum zu denken war[70]. Da in dieser Phase aber zeitweise kaum mehr neue Gefangene gemacht wurden, kamen nach Hitlers Kehrtwende nicht etwa mehr, sondern eher weniger Rotarmisten ins Reich. Erst nach den Schlachten der Heeresgruppe Süd ab Frühjahr 1942 änderte sich dies. Nun stieg die Zahl sowohl der Kriegsgefangenen im Reich wie auch im Operationsgebiet. Zur Jahreswende 1942/43 wurden die Bemühungen um Verlegung ins Reich verstärkt, seit Juli 1943 sollte jeder neu gemachte Gefangene sofort nach Deutschland kommen[71]. Insgesamt dürften weit über 1,3 Mio. Kriegsgefangene ins Reich, d.h. auch nach Österreich oder in die eingegliederten polnischen Gebiete, gekommen sein. Etwa 400 000 von ihnen haben dies nicht überlebt, vor allem im Winter 1941/42[72].

Die einzige Möglichkeit, dem grauenhaften Schicksal der Kriegsgefangenschaft, wie es sich zwischen Herbst 1941 und Frühjahr 1942 entwickelte, zu entkommen, war somit die Entlassung. Schon unmittelbar nach Beginn des Feldzuges wurde die Entlassung der baltischen und – selbstverständlich – der sowjetdeutschen Rotarmisten diskutiert und von verschiedenen Einheiten auch praktiziert[73]. Eine systematische Regelung konnte jedoch erst erfolgen, als am 24. Juli offiziell die weitere Trennung der Kriegsgefangenen nach Nationalitäten bzw. Ethnien angeordnet wurde. Tags darauf ergingen die Befehle des Generalquartiermeisters, Sowjetdeutsche, Ukrainer und Balten aus der Kriegsgefangenschaft zu entlassen[74]. Freilich erreichten diese Weisungen offensichtlich erst nach zwei Wochen die Heeresgruppen und Armeen. Diese schränkten das Vorgehen sofort ein. So sollten die Rotarmisten erst im rückwärtigen Heeresgebiet zur Entlassung kommen. Selbst dort wurden einzelne Regionen von der Regelung ausgenommen[75]. Erst im September wurde die Entlassung von weißrussischen Rotarmisten vorbereitet; diese kam freilich nie zur Durchführung[76].

Der genaue Verlauf der Entlassungen ist bisher nicht bekannt. Schon nach einigen Wochen intervenierte der Generalquartiermeister bei der Heeresgruppe Nord, das dortige Vorgehen sei zu großzügig angewandt worden. Mitte November wurde die Entlassung von Ukrainern, vermutlich auf Weisung Hitlers hin, zeitweise

[70] IfZ MA 1708, fr. 124, KTB WiStOst, 27.3.1942; IfZ MA 859, fr. 222, Berück an Hgr. Nord, 3.2.1942.
[71] IfZ MA 1708, fr. 572, KTB WiStOst, 22.5.1942; IfZ MA 1709, fr. 82, KTB WiStOst, 31.7.1942; BA-MA RW 31/246, FS OKH, GenQu (Qu 5 Kgf.), II/1719/42 gKdos. an HGr., WBU, WBO, 20.10.1942; IfZ MA 1711, fr. 18–20, WiStOst/A, 10.–16.7.1943.
[72] Vgl. Streit, Keine Kameraden, S. 244 ff.
[73] BA-MA RH 20-18/1238, Bl. 108, AOK 18, Qu 2, 8.7.1941; BA-MA RH 26-11/61, 11. ID, Ic, 7.7.1941; BA-MA RH 26-403/2, Bl. 31, KTB 403. Sich.Div., 10.7.1941; BA-MA RH 22/224, Bl. 172–174, Korpsbefehl Nr. 34 Berück Mitte, 25.7.1941.
[74] BA-MA RH 23/219, OKH, GenQu, 25.7.1941; vgl. Halder KTB Band 3, S. 124 (Wagner am 27.7.1941).
[75] IfZ MA 884/5, fr. 947, Korück 582, Qu, 11.8.1941; BA-MA RH 26-454/7, Div.befehl Nr. 49 454. Sich.Div., 20.8.1941 (nördlich der Rollbahn und östlich Žitomir verboten). Der Berück Süd verzögerte sogar die Entlassung sowjetdeutscher Kriegsgefangener: Lower, Nazi Empire-Building, S. 47.
[76] BA-MA RH 20-16/704, OKH, GenQu, 8.9.1941; Gerlach, Kalkulierte Morde, S. 818.

ganz gestoppt bzw. eng begrenzt[77]. Zunächst fürchtete man vor allem, die Kriegsgefangenen würden sich, sobald auf freiem Fuß, sofort zu den Partisanen schlagen.
Bald jedoch trat ein anderes Problem in den Vordergrund. Bedingt durch die katastrophalen Lebensumstände in den Lagern tobten dort Epidemien. Eine Entlassung aus diesen Sterbelagern hätte aus deutscher Sicht die Gefahr erhöht, dass die
Seuchen auf die ohnehin geschwächte Zivilbevölkerung überspringen könnten[78].

Trotzdem setzten sich der Berück und die Wirtschaftsinspektion Süd weiterhin
für die Entlassung der Ukrainer ein, um diese dem tödlichen Lagerschicksal entkommen zu lassen und der einheimischen Bevölkerung ein wenig entgegenzu-
kommen[79]. Sofern im jeweiligen Lager kein Typhus herrschte, konnten daraufhin
ukrainische Kriegsgefangene den Weg aus den Lagern antreten. Allerdings mussten diese einen Wohnsitz nachweisen, der sich nicht weiter als 100 km vom Lager
weg befand. Alle anderen blieben im Lager, erhielten aber eine Art Sonderstatus.
Nachdem einzelne Lager schon im Dezember 1941 damit begonnen hatten, verkündete das OKH zusätzlich, dass „kriegsverwendungsunfähige" Gefangene unter bestimmten Umständen ebenfalls zur Entlassung anstanden. Zumeist handelte
es sich um Invalide, die aus Gegenden stammten, die nicht weit vom Lager entfernt lagen[80].

Die Entlassung aus deutscher Kriegsgefangenschaft bedeutete für die meisten
keineswegs den Weg in die Freiheit. Vielmehr musste für jeden betreffenden Soldaten einer der zwei Hauptgründe vorliegen: Entweder er meldete sich freiwillig
in Hilfsdienste von Wehrmacht bzw. Polizei oder er war nachweislich in einem
landwirtschaftlichen Betrieb tätig. Etwa jeder Dritte der Entlassenen ging als Hiwi
zur Wehrmacht. Einige von ihnen bewachten anschließend ihre Kameraden. Zumeist forderte jedoch die jeweilige Ortskommandantur bzw. lokale Verwaltung
des Heimatortes den Kriegsgefangenen an, sofern sie von seinem Aufenthaltsort
Kenntnis hatte. Manche Militärs wollten auch die Schullehrer unter den Gefangenen entlassen wissen, weil in diesem Bereich eine große Personalknappheit
herrschte.

Die Freilassung zu landwirtschaftlichen Arbeiten wurde allmählich wieder eingeschränkt, während die Hilfsdienste für deutsche Herrschaft und Militär immer mehr
expandierten. Bald konnten Tataren, Kosaken, Kaukasier und Turkstämmige den
Gefangenenlagern entkommen[81]. Die Mehrheit der Kriegsgefangenen freilich, die

[77] BA-MA RH 26-281/18, FS GenQu II/6938 an Hgr. Nord, 12.10.1941; Aufzeichung WiStOst
über Göring-Richtlinien, 7.11.1941, in: Deutsche Besatzungspolitik, S.284; BA-MA RH
20-18/1209, OKH, 17.11.1941; BA-MA RH 26-213/21, KTB 213. Sich.Div., Qu, 19.11.1941.
Wiederaufnahme durch OKH, GenQu, Abt. Kr.Verw. (Qu4/Kgf.) Nr.II/7970/g., 18.12.1941,
erwähnt in: BA-MA RW 31/139, Bes. Ano. WiStOst Nr.55, 5.1.1942.
[78] BA-MA RW 31/49, Halbmonatsbericht WiStOst für 1.–15.11., 8.12.1941.
[79] BA-MA RH 22/189, Bl.33, 28f., 18, Berück Süd an OKH, 21.12.1941; WiIn Süd/La an Berück
Süd, 22.12.1941; Berück Süd, Qu, 25.12.1941; BA-MA RH 26-213/21, KTB 213. Sich.Div.,
Qu, 31.12.1941; BA-MA RH 26-213/8, Bl.36, Rderl. 213. Sich.Div., 31.1.1942.
[80] BA-MA RH 22/191, Bl.75, Berück Süd, Qu/Kgf., 1.2.1942 (mit Bezug auf OKH vom
22.1.1942). Vgl. BA-MA RH 22/282, Bl.201, OKH, 26.4.1942; IfZ MA 862/1, fr.16, KTB
Berück Nord, Qu, 14.5.1942.
[81] BA-MA RH 20-18/1308, Bl.116, KTB AOK 18, OQu, 5.9.1942; Hoffmann, Ostlegionen,
S.86ff. Kgf. im landwirtschaftlichen Dauereinsatz wurden aus der Hoheit des Heeres genommen: BA-MA RH 21-3/627, Bl.59, Tätigkeitsbericht PzAOK 3, Qu 2, 30.11.1942 (mit Bezug
auf OKH, Kr.verw. (Qu.5.Kgf.) II/7964/42 geh. vom 19.11.1942).

ethnischen Russen, wurden 1941/42 in großer Zahl zum Hungertode verurteilt, sie sollten grundsätzlich nicht entlassen werden. Lediglich in eng begrenzten Ausnahmefällen wurde diese Regel durchbrochen. So gelang es der estnischen Landesverwaltung im Rahmen einer Art „Weihnachtsamnestie" Ende 1941 nicht nur die Esten, sondern auch die Russen freizubekommen, die einstmals estnische Staatsbürger gewesen waren[82]. Erst als 1943 mit dem Aufbau bewaffneter russischer Hilfsverbände begonnen wurde, kamen auch Russen, die die höllischen Lebensbedingungen 1942/43 überlebt hatten, zur Entlassung bzw. sofort in deutsche Dienste.

Insgesamt wurden bis Oktober 1943 340 000, bis Mai 1944 über 533 000 Rotarmisten aus der Kriegsgefangenschaft im OKH-Bereich offiziell entlassen, davon bis Jahresende 1941 270 000. Weiteren Zehntausenden wurde anscheinend eine bedingte Entlassung erlaubt, d. h. sie wohnten außerhalb der Lager, aber in deren Nähe. Am ehesten profitierten davon Rotarmisten ukrainischer Herkunft, sie stellten 1941 260 000 Personen und damit 97% dieser Gruppe[83]. Doch selbst unter allen Ukrainern wurde vermutlich nur jeder zweite entlassen; Rotarmistinnen kamen anscheinend überhaupt nicht in Frage. So verwundert es auch nicht, dass der allergrößte Teil der Entlassungen auf den Bereich der Heeresgruppe Süd fiel, wo auch die meisten Ukrainer in Gefangenschaft geraten waren. Bei der Heeresgruppe Mitte zählte man bis Ende 1941 lediglich etwa 30 000 Entlassungen, auch danach nur je 1 000 bis 1 500 Rotarmisten pro Monat[84]. Mancher Kriegsgefangene, der in deutsche Dienste kam, musste bald wieder den Weg ins Lager antreten, weil er als unzuverlässig angesehen wurde.

3. Das Massensterben

Für das Massensterben unter den sowjetischen Kriegsgefangenen war nicht allein die mangelhafte Versorgung, sondern auch die improvisierte Unterbringung und die schlechte allgemeine Behandlung ursächlich. Die Ernährung der sowjetischen Kriegsgefangenen verschlechterte sich sukzessive im Laufe der ersten Feldzugsmonate. Anfangs fehlte es überhaupt an einer Festsetzung der Rationen, die vom OKH lediglich angekündigt wurde. Offensichtlich wurden diese Sätze im Operationsgebiet selbst festgelegt; so gab die 162. Infanteriedivision an ihre Gefangenen täglich 300 gr. Brot und 20 gr. Graupen aus. Erst sechs Wochen nach Beginn der

---

[82] Vgl. BA-MA RH 23/37, Bl. 153, Tagesbefehl Nr. 25 Korück 550, 30. 6. 1942; Information von Olaf Mertelsmann, Tartu. Nicht erwähnt in: Estonia 1940-1945.

[83] OKW, Nachweisung sowjetischer Kgf. zum 1. 5. 1944, in: Verbrechen der Wehrmacht, S. 189; Gerlach, Kalkulierte Morde, S. 818f. Inklusive OKW-Bereich betrug die Zahl der Entlassungen 815 000.

[84] Die Zahl der ukrainischen Kriegsgefangenen lässt sich nur statistisch erschließen: Ukrainer stellten insgesamt etwa 4-5 Mio. Rotarmisten; wegen der frühen Besetzung wurden sie unterdurchschnittlich mobilisiert, die Mobilisierten allerdings überdurchschnittlich früh in Gefangenschaft genommen. Vermutlich stellten sie mindestens 20% der Kriegsgefangenen 1941, d. h. ca. 700 000, weitere dann 1942. Mindestens 386 000 ukrainische Kriegsgefangene wurden 1944/45 repatriiert; vgl. Ukraïna u Druhij svitovij vijni, S. 142; Rossija i SSSR v vojnach, S. 238f., 463. Überzogen erscheint die Schätzung, 1,3 Ukrainer seien 1941 in Kriegsgefangenschaft geraten und 500 000 von diesen gestorben: Jaroslaw Hrycak, Historia Ukrainy 1772-1999. Narodziny nowoczesnego narodu. Lublin 2000, S. 224; Bezsmertja. Knyha Pam'jati Ukraïny 1941-1945. Red. I. O. Herasymov u. a. Kyïv 2000, S. 559.

Kampfhandlungen erließ das OKH eine einheitliche Anordnung. Normalsätze waren nur solchen Rotarmisten zuzuteilen, die arbeiteten; Gefangene, die schwere Arbeiten beim Aufbau der Lager zu verrichten hatten, konnten erhöhte Rationen erhalten[85].

Doch von Anfang an stockte die Zuteilung von Lebensmitteln. Gerade bei den Märschen oder in den ersten improvisierten Armee-Gefangenen-Sammelstellen und Durchgangslagern war oftmals nicht ausreichend Nahrung bereitgestellt oder die Verteilung erwies sich als schwierig[86]. Schon Mitte August 1941 zeichnete sich ab, dass „eine ungeheure Anzahl von Gefangenen durch mangelhafte Verpflegung und rücksichtslose Behandlung" sterben würde[87]. Im Dulag 131 in Molodečno begann das Massensterben im September 1941, nachdem eine Typhusepidemie ausgebrochen war. Dieses Lager fiel aber alsbald nicht mehr ins Operationsgebiet, sondern wurde an den Wehrmachtbefehlshaber Ostland abgegeben[88].

In den Monat September fielen auch die entscheidenden Weichenstellungen für eines der größten Verbrechen, das die Wehrmacht als Organisation zu verantworten hat. Bereits in der ersten Septemberhälfte beantragte der Wirtschaftsstab beim OKH, die Fleischrationen für arbeitende Gefangene herabzusetzen, mit der fragwürdigen Begründung, die Zivilarbeiter würden auch weniger erhalten. Den Wirtschaftsfunktionären standen die Folgen ihrer Politik klar vor Augen: „Der Eindruck, den man z.Zt. von *arbeitenden* Kriegsgefangenen gewinnt, läßt vermuten, dass viele diesen Winter nicht überleben werden."[89] Vor allem der Chefplaner der deutschen Ernährungswirtschaft, Herbert Backe, und Vierjahresplanchef Göring drängten auf eine deutliche Verschärfung der Ausbeutungspolitik zu Lasten der Einheimischen und der Kriegsgefangenen.

Zwischen dem 8. und dem 13. Oktober konferierten Wirtschaftsstab und Generalquartiermeister mehrfach in dieser Frage, zwischen dem 19. und 23. Oktober auch die Besatzungsbehörden. Zwar waren das OKH und die Oberbefehlshaber an einer notdürftigen Versorgung der Gefangenen interessiert, doch sie beugten sich den Argumenten der Wirtschaftsorganisation. Am 21. Oktober erließ Wagner die neuen Regelungen zur Versorgung der Gefangenen: Für Arbeitende sollten sie in gleicher Höhe wie bisher gegeben werden, für Nicht-Arbeitende aber um 27% gekürzt[90].

Die Konsequenzen dieser Entscheidungen waren für die Verantwortlichen klar. Nach Schätzungen des Wirtschaftsstabes arbeiteten etwa eine Million der 2,3 Millionen Gefangenen Anfang Oktober. Durch den Angriff auf Moskau sollten weitere riesige Massen an Gefangenen gemacht werden.

---

[85] Gerlach, Kalkulierte Morde, S.794; BA-MA RH 26-162/51, 162. ID, Ib, Bes. Ano.f.d. Vers. Nr.113, 1.7.1941; BA-MA RH 23/295, Bl.76, OKH, BdE 62 f VA/Ag. V III/V 3, 6.8.1941; BA-MA RH 20-16/704, AOK 16, OQu, Bes.Ano.f.d. Versorgung Nr.75, 12.9.1941 (mit Bezug auf OKH, ChHRü, BdE vom 30.8.1941).

[86] IfZ MA 888, fr.407–410, Besichtigungsfahrt Korück 582 6.-7.8.1941 (AGSSt. 7).

[87] So der Ic der Hgr. Mitte, von Gersdorff: Meyer, Adolf Heusinger, S.220.

[88] Gerlach, Kalkulierte Morde, S.801f.; vgl. Halder KTB, Band 3, S.289 (Eintrag 14.11.1941).

[89] BA-MA RW 31/67, Bl.1–53, Halbmonatsbericht WiStOst für 1.-15.9.1941, 29.9.1941 (Hervorhebung vom Autor).

[90] Streit, Keine Kameraden, S.142–144; Gerlach, Kalkulierte Morde, S.797ff.; Arnold, Die Wehrmacht und die Besatzungspolitik, S.389ff.

Während das Oberkommando der Heeresgruppe Mitte darauf hinwies, dass alle Kriegsgefangenen ein Arbeitskräftepotential darstellten, machte Wagner auf der Konferenz von Orša klar: „Nichtarbeitende Kriegsgefangene in den Gefangenenlagern haben zu verhungern." Das heißt, man verurteilte über 55% der Gefangenen zum Tode. Im Februar 1942, als bereits über 3,5 Millionen Gefangene gemacht worden waren, blieb die Zahl derer, die zur Arbeit eingesetzt waren, immer noch auf dem Stand vom Oktober 1941, nämlich bei 1,1 Millionen[91].

Es waren nicht allein die neuen Rationssätze, die als ursächlich für das Massensterben anzusehen sind; diese bildeten vielmehr den Rahmen für die Tragödie, die sich hier abspielte. Schon am Tag *vor* der Rationskürzung wurde vermeldet, dass die Kriegsgefangenen in den Lagern im Generalgouvernement massenhaft zugrunde gingen[92]. Vermutlich war auch im Mittelabschnitt des Operationsgebiets die Katastrophe schon Mitte Oktober 1941 im Gange, als zusätzlich die Gefangenen aus der Schlacht von Vjaz'ma-Brjansk ankamen.

Hier wirkten mehrere Faktoren zusammen: Gerade die Gefangenen aus den Kesselschlachten waren oft vom eigenen Nachschub tagelang abgeschnitten und unversorgt gewesen. Wie gezeigt, erfolgte ihr Abtransport dann in völlig unzureichender Form, bei Fußmärschen über lange Distanzen, meist ohne ausreichende Ernährung und Versorgung, nicht selten unter äußerster Brutalität. Die Lager wiederum waren unzureichend eingerichtet, oft ohne Dach über dem Kopf, ohne Heizung bei Frost, ohne systematische Rationszuteilung oder medizinische Versorgung. In dieser Situation wurden nicht nur die Rationen für die Mehrheit der Gefangenen offiziell herabgesetzt, selbst diese reduzierten Sätze wurden in den meisten Fällen gar nicht ausgegeben. Entweder die Wirtschaftsbehörden sahen sich außerstande, in den ausgeplünderten Gebieten genügend Lebensmittel zur Verfügung zu stellen, oder dem Transport der Lebensmittel wurde keine Priorität zugemessen. Selbst die am 21. Oktober vorgesehenen Rationen konnten „nur zum ganz geringen Teil verabfolgt werden"[93].

Deshalb verwundert es nicht, dass das Gegensteuern des OKH seit Mitte November ohne Effekt blieb. Vier Wochen nach der Herabsetzung der Rationen wurden befristete Nahrungsergänzungen für Geschwächte angeordnet, sofern noch eine Gesundung zu erwarten war; es war dies offensichtlich eine Reaktion auf das Massensterben einerseits und den neuerdings in großem Maßstab anvisierten Abtransport ins Reich. Am 2. Dezember ergingen dann neue Ernährungssätze für Kriegsgefangene für das Operationsgebiet[94]. Diese sollten nun wieder graduell

---

[91] Gerlach, Kalkulierte Morde, S. 900f.; IfZ MA 1707, fr. 165, KTB WiStOst, 9.10.1941. Zitat: Notizen Chef GenSt AOK 18 von Chefbesprechung in Orša am 13.11.1941, 18.11.1941, in: „Unternehmen Barbarossa", S. 362; Aktenvermerk aus dem WiRüAmt, 20.2.1942, in: Verbrechen der Wehrmacht, S. 190.

[92] BA-MA RW 6/v. 277, Militärbefehlshaber im GG, Qu 2 an OQu, 20.10.1941, über Besprechung mit OKW/Kgf.wesen.

[93] BA-MA RH 20-11/407, AOK 11, OQu/Qu2 an Hgr. Süd, 23.11.1941. Dort war die Sterblichkeit zu diesem Zeitpunkt aber noch gering. IfZ MA 1714, fr. 510, KTB WiKdo Görlitz, 27.10.1941.

[94] BA-MA RH 19 III/638, OKH, GenQu, Qu IV a, 16.11.1941; BA-MA RH 19 III/639, OKH, GenQu IV a, 27.11.1941; IfZ MA 1707, fr. 206, KTB WiStOst/La, 22.11.1941; BA-MA RH 20-18/1209, OKH, GenQu, 2.12.1941; BA-MA RH 26-213/21, KTB 213. Sich.Div., Qu, 22.12.1941 (mit Befehl Berück Süd, alle hungerkranken Kgf. zu ermitteln und zu ernähren).

besser versorgt werden, auf Kosten der Zivilbevölkerung, für die seit 4. November schlechtere Normen galten. Doch obwohl die Wirtschaftsinspektionen darauf eingeschworen wurden, die neuen Sätze auf jeden Fall zur Verfügung zu stellen, änderte sich die Lage nicht wesentlich. Die Wirtschaftsinspektionen lieferten weiterhin nur in unzureichendem Maße. Lediglich in Estland erhielten die Gefangenen die vollen Sätze[95]. Inzwischen grassierte in vielen Lagern während der eisigen Temperaturen der Typhus. Gegen unzureichende Unterbringung und medizinische Versorgung half auch eine graduelle, d. h. quantitative Verbesserung der Verpflegung nicht[96].

In den Lagern im Operationsgebiet nahm das „lautlose Massensterben" (Gerlach) seinen ungehemmten Fortgang. Seit der Schlacht von Moskau kamen kaum mehr neue Gefangene hinzu. Auf der anderen Seite verringerte sich der Abtransport ins Reich, obwohl dieser ja eigentlich zur Jahreswende 1941/42 erst forciert werden sollte. So starben in fast jedem Lager täglich zwischen 50 und 500 Gefangene, die kaum mehr begraben werden konnten. Viele Kommandanten hatten bereits eine räumliche Trennung zwischen den Arbeitsfähigen und den Todeskandidaten vornehmen lassen.

Auch weitere Korrekturen an den Verpflegungssätzen und die punktuelle Entlassung von Invaliden im Frühjahr 1942 änderten nichts am Verlauf der Katastrophe[97]. Allein jedes der Armee-Oberkommandos, also die vorderen Besatzungszonen, meldete monatlich zwischen 1 000 und 3 000 tote Kriegsgefangene[98]. Erst im Juni 1942 zeichnete sich eine grundlegende Besserung der Misere ab. Für die Schlachten im Süden gab das OKH neue Regelungen aus, die einer Schwächung neu gemachter Kriegsgefangener auf dem Transport vorbeugen sollten[99]. Bis dahin waren mindestens zwei Millionen Kriegsgefangene elend zugrunde gegangen, mindestens jeder vierte davon unter direkter Obhut des Heeres.

Genauere Untersuchungen zum Schicksal der sowjetischen Kriegsgefangenen in den einzelnen Lagern sind bisher nur in geringem Maße angestellt worden, so vor allem für das Gebiet des Reiches, für das besetzte Polen und Litauen[100]. Im Be-

[95] BA-MA RW 31/302a, Bl.51–60, WiStOst/La, Vierzehntage-Lagebericht für 1.–15.12.1941; BA-MA RW 31/304, Besprechung mit den KVVCh der WiIn am 8./9.12., 16.12.1941; BA-MA RH 22/189, Bl.28–29, WiIn Süd/La an Berück, 22.12.1941; BA-MA RW 31/302a, Bl.70–74, Halbmonatsbericht WiStOst/La 16.–31.12.1941.
[96] BA-MA RH 20-16/1016, OKH, GenQu 1282, Abt. Kr.verw. (Qu 4/Kgf.) IVb Nr.I/47688/41, 19.12.1941; IfZ MA 887, fr.981–989, Korück 582, Qu, Besichtigungsfahrt 17.–20.12.1941 (Dulag 240).
[97] BA-MA RH 26-207/48, Bes. Ano. Nr.151 Berück Nord, Qu, 18.4.1942 (Bezug auf GenQu IVa Az. 960/42 (III, 2) vom 31.3.1942).
[98] Beispielsweise BA-MA RH 20-9/374, AOK 9, OQu/Qu 2, Monatsmeldung Kgf., 9.4.1942.
[99] IfZ MA 676, fr.871–895, Tätigkeitsbericht Berück Mitte, Qu, 2.6.1942; IfZ MA 1699, fr.1022–29, Berück Süd, Qu, Bes. Ano.f.d. Vers. Nr.139, 4.7.1942; BA-MA RH 20-2/1461, AOK 2, Qu 1, Bes.Ano.Vers. Nr.198, 4.6.1942 (mit Bezug auf OKH, GenQu/IVa Az. I/833 b/42 Nr.I/25197/42 vom 29.5.1942),
[100] Vgl. vor allem für das Reichsgebiet: Jörg Osterloh, Sowjetische Kriegsgefangene 1941-1945 im Spiegel nationaler und internationaler Untersuchungen. Forschungsüberblick und Bibliographie. Dresden 1995. Auch für die polnischen Gebiete sind Monographien zu einzelnen Lagern publiziert: Jan Piętrzykowski, Stalag 367. Obóz jeńców radzieckich w Częstochowie. Katowice 1976; Edward Kopówka, Stalag 366 Siedlce. Siedlce 2004. Zu Litauen vgl. Dieckmann, Besatzungspolitik.

reich des Operationsgebietes gilt dies allein für den Osten Weißrusslands[101]. Diese Feststellung gilt, obwohl das Massensterben der Kriegsgefangenen eines der größten Kriegsverbrechen des Zweiten Weltkrieges darstellt. In den Stamm- und Durchgangslagern starben jeweils genauso viele Menschen wie in den großen deutschen Konzentrationslagern. Freilich ist die Quellenlage für diese östlich gelegenen Kriegsgefangenenlager außerordentlich schlecht, nur wenige Überlebende haben nach dem Krieg Auskunft gegeben, Strafermittlungen verliefen im Sande.

Deshalb seien hier die wichtigsten und größten dieser Lager kurz vorgestellt: Im Bereich der Russischen Föderation befanden sich diese vor allem in Pskov, Roslavl, Smolensk und Vjaz'ma[102]. Das Dulag in Orel war im ehemaligen Gefängnis untergebracht und wurde nun mit 12000–13000 Gefangenen vollgestopft, denen kaum Nahrung zur Verfügung stand[103]. Jeden Tag mussten Gefangenenkommandos 50 bis 60 Leichen aus dem Gebäudekomplex tragen. In Pskov, wo die gesamte wehrfähige männliche Bevölkerung zeitweise interniert war, installierte sich auch das Stalag 372. Dort waren die Gefangenen zum Teil in Erdhöhlen untergebracht. Das Lager musste zur Jahreswende für Neuaufnahmen gesperrt werden, da sich der Typhus rapide ausbreitete. Im sogenannten „Lazarett" wurde oftmals nur alle zwei bis drei Tage Essen ausgegeben. Sowjetischen Angaben zufolge verstarben dort mindestens 50000 Kriegsgefangene[104].

Die Geschichte der Durchgangslager in Roslavl, zwischen Smolensk und Brjansk gelegen, ist vergleichsweise gut durch Zeugen dokumentiert. Zunächst befanden sich die Dulag 127 und 130 in der Stadt, später auch das Dulag 155. Im August 1941 wurden dort täglich 200–250 gr. Brot als Verpflegung ausgegeben. Die umliegende Bevölkerung versuchte, den Gefangenen angesichts dieser Minimalrationen zu helfen. Dies wurde jedoch spätestens seit Ende September unterbunden. Zu diesem Zeitpunkt befanden sich dort etwa 15000 Rotarmisten und eine steigende Zahl inhaftierter Zivilisten. Ende 1941 hatten sich die Belegungszahlen so erhöht, dass ein erheblicher Teil der Insassen unter freiem Himmel kampieren musste. Gerade zum Jahreswechsel sank die Höhe der Rationen noch einmal.

Binnen kurzem starben die geschwächten Gefangenen in Massen dahin. Nach internen Informationen aus der Lagerverwaltung wurden zwischen dem 26. Dezember 1941 und dem 2. Januar 1942 über 16000 Leichen aus dem Gelände entfernt, davon 1850 allein am 28. Dezember. Am sogenannten Lazarett warf man die Leichen einfach auf den gefrorenen Boden und ließ sie dort liegen. Die Typhusepidemie konnte sich rasend schnell ausbreiten, zumal praktisch keine Waschgelegenheiten für die Gefangenen zur Verfügung standen. Im Frühjahr 1942, als noch etwa 7000 Rotarmisten am Leben waren, gesellte sich zum Typhus noch Ruhr und

---

[101] Gerlach, Kalkulierte Morde, S. 774–858, bes. 796–834; vgl. Lagerja sovetskich voennoplennych v Belarusi 1941-1944. Spravočnik. Von V. I. Adamuško u. a. Minsk 2003, S. 42–88.
[102] Vgl. Kohl, Ich wundere mich, S. 146ff.
[103] Bericht UNKVD Orel, 30. 5. 1942, in: Ognennaja duga, S. 220f.
[104] BA-MA RH 19 III/615, Bl. 224, KTB GenQu, Versorgungsbezirk Nord, 4. 1. 1942; Aussage eines Kgf. aus dem LSchB 889, 7. 8. 1943, in: Stets zu erschießen, S. 42–44; YVA M 62/11 (Staatsarchiv Pskov R-903-3-111), Akt AoStKom Pskov, 20. 5. und 23. 6. 1945; Streim, Behandlung, S. 248; Kniga pamjati. Pskovskaja oblast'. Red. Ju. A. Šmatov u. a. Pskov 1993, S. 19ff. (gibt 75000 Opfer an).

Skorbut hinzu. Erst im Sommer 1942 entspannte sich die Lage etwas. Doch schon im Jahr darauf wurde das Lager wieder vom Typhus beherrscht, der nun vor allem die internierten Zivilisten dahinraffte[105]. Selbst Propagandaminister Goebbels wusste, was der Roten Armee bei der Rückeroberung der Stadt 1943 bevorstand: „Große Massengräber werden die Sowjets bei Roslawl finden."[106]

In Smolensk befand sich gleich eine Reihe von Lagern, das Dulag 126 und zunächst das Dulag 240, letzteres auf zwei Gelände verteilt. Dort sollten 50 000 Rotarmisten untergebracht werden[107]. Schließlich hatten die Durchgangslager einen großen Teil der Gefangenen aus der Schlacht von Brjansk-Vjaz'ma aufzunehmen. Schon im September 1941 wurden dort phasenweise nur 150-180 gr. Brot täglich an die Gefangenen ausgegeben, sodass das Hungersterben schon im Gange war[108]. Das Sterben erreichte mit der Aufnahme der neuen Massen an Gefangenen einen ersten Höhepunkt, allein im Dulag 126 gingen täglich etwa 100 Rotarmisten zugrunde. Für alle Lager wird die Sterblichkeit während des Winters 1941/42 auf 300–600 Kriegsgefangene pro Tag geschätzt[109]. Dies war dem Heeresgruppenkommando, das sich zu dieser Zeit selbst in Smolensk befand, natürlich bekannt. Ein Filiallager befand sich sogar in der Nähe der Generalstäbler. Ia-Offizier von Tresckow versuchte immerhin, einige Transportmittel für das Lager zu organisieren[110].

Ähnlich wie andernorts betrieb die Lagerführung die frühzeitige Trennung der Gefangenen, in solche, die möglicherweise überleben konnten, und die dem Tode Geweihten. In einem abgetrennten Lagerteil wurden die Geschwächten und Typhuskranken isoliert, die fast alle in den ersten Monaten des Jahres 1942 starben[111]. Selbst die arbeitenden Kriegsgefangen wurden in einem derartigen Ausmaß Opfer von Gewalt, dass der Stadtkommandant Erschießungen ausdrücklich untersagen musste[112]. Sowjetische Behörden öffneten nach der Rückeroberung 14 riesige Massengräber mit Leichen von Kriegsgefangenen. Darin befanden sich mehrere zehntausend Opfer aus den verschiedenen Durchgangslagern[113].

In der Stadt Vjaz'ma lebten kaum noch Einheimische, die meisten waren geflüchtet; stattdessen bevölkerte die Wehrmacht die Stadtviertel. Dort war auch das

---

[105] Golubkov, V fašistskom lagere smerti, S. 31ff.; Pavel Poljan, O roslavl'skom lagere dlja voennoplennych i o kategorijach ego uznikov, in: Bor'ba antifašistskich organizacii protiv nacizma v period Vtoroj Mirovoj vojny. Moskva 2003, S. 152–170; Gerber, Im Dienst des Roten Kreuzes, S. 165 (Tagebucheintrag 4.12.1941); IfZ MA 906, fr. 748–750, Korück 559 an Hgr. Mitte, 7.2.1942; IfZ MA 906, fr. 781–783, Stokdt. Roslawl, 19.2.1942.

[106] Goebbels Tagebücher Band II 10, S. 77 (Eintrag 9.10.1943).

[107] IfZ MA 883, fr. 24, AOK 4, OQu, an Korück 559, 21.9.1941.

[108] N. V. Gubernatorov, „Smerš" protiv „Bussarda". Reportaž iz archiva tajnoj vojny. Moskva 2005, S. 42f. (aus Ermittlungen gegen einen Kollaborateur, der das Dulag 126 im September 1941 besuchte).

[109] Hartmann, Massensterben, S. 124f.

[110] Cohen, Germans in Smolensk, S. 97f.; Gerlach, Kalkulierte Morde, S. 809.

[111] Kohl, Ich wundere mich, S. 140, 147; USHMM RG-22.002M, reel 10 (GARF 7021-44-1089), Bericht UNKVD Smolensk über Dulag 126, 23.10.1943.

[112] BAL Dok-Slg. CSSR, Band 330, Bl. 192f., Wehrmachtkommandantur Smolensk, 25.2.1942.

[113] USHMM RG-22.002M, reel 10 (GARF 7021-44-637), gerichtsmedizinischer Bericht, 22.10.1943. Die sowjetische Schätzung von 60 000 Toten dürfte jedoch zu hoch gegriffen sein.

Durchgangslager Vjaz'ma, November 1941
(Quelle: Stiftung niedersächsische Gedenkstätten Nr. 40617)

Dulag 231 stationiert[114]. Die Gefangenen konnten nur zum Teil in einem Fabrikgelände untergebracht werden. Viele jedoch mussten auch die Wintermonate unter
freiem Himmel verbringen, was binnen kurzem zum Tod durch Erfrieren führte.
Die Versorgungslage gestaltete sich denkbar schlecht. Insbesondere fehlte es an
Transportmaterial, um selbst die geringen Rationen heranzuschaffen. Manche Rüben und Kartoffeln wurden in gefrorenem Zustand ausgegeben. Ende Oktober
1941 befanden sich 27 000, Anfang November 34 000 Rotarmisten im Lager. Trotz
der laufenden Abtransporte blieb die Zahl der Lagerinsassen viel zu hoch[115]. Täglich starben 60 bis 100 Menschen, etwa 2% der Kriegsgefangenen. Der zuständige
Korück beschwerte sich explizit über die schlechte Führung des Lagers. Angesichts der deplorablen Lebensumstände versuchten die Gefangenen massenhaft zu
flüchten; mit wilden Schießereien versuchten die Wachmannschaften dem jedoch
Einhalt zu gebieten. Selbst die Ortskommandantur intervenierte; schließlich ordnete der Berück sogar eine kriegsgerichtliche Untersuchung gegen den Lagerkommandanten an. Das Heeresgruppenkommando musste an diesem Beispiel konstatieren, dass das Leben eines gefangenen Rotarmisten praktisch nichts mehr wert

---

[114] Zum Folgenden: Arnold, Die Wehrmacht und die Besatzungspolitik, S. 404–407; Bald, Weiße
Rose, S. 60f., 93; IfZ MA 887, fr. 1013–22, Bericht OK 593 Wjasma, 1.12.1941.
[115] BA-MA RH 23/126, Bl. 80–83, Korück 559, 30.10.1941; IfZ MA 887, fr. 1094–99, Bericht OK
593 Wjasma, 2.11.1941.

sei[116]. Schätzungsweise 17 000 bis 25 000 Kriegsgefangene wurden in Vjaz'ma zugrunde gerichtet[117].

Nicht viel anders sah es im Osten Weißrusslands aus. Dort waren die größten Lager in Bobrujsk, Gomel, Mogilev, Orša und Vitebsk stationiert. In Bobrujsk befand sich das Dulag 131, eines der größten Lager überhaupt. Ein Teil der Gefangenen wurde in der sogenannten Zitadelle untergebracht, ein Teil unter freiem Himmel, sodass die Rotarmisten bei Regen im Schlamm stehen mussten. Allein bis November 1941 kamen 158 000 Rotarmisten durch das Lager, später wurden es noch weit mehr. Zu diesem Zeitpunkt, dem 20. November 1941, waren schon 14 777 Gefangene gestorben, zeitweise 600–800 täglich. Mitten im Hungersterben ereignete sich am 9. November ein schwerer blutiger Zwischenfall. Ein Trakt der Zitadelle fing Feuer, sodass zahllose Gefangene darin verbrannten. Gleichzeitig schossen die Wachmannschaften auf die Gefangenen, die der Feuerhölle zu entfliehen versuchten, und mähten nicht weniger als 1 700 Menschen nieder. Vermutlich kamen in Bobrujsk 30 000 bis 40 000 Rotarmisten ums Leben[118].

In Gomel war zunächst das Dulag 220, dann seit Januar 1942 auch das Dulag 121 stationiert. Das Hungersterben der Kriegsgefangenen begann bald nach der Errichtung der Lager. Allein im Dulag 220 starben Anfang Dezember 1941 jeden Tag 400, auf dem Höhepunkt sogar 700 der Gefangenen. Im anderen Lager waren mitten im Winter nur die Hälfte der 25 000 Insassen in Pferdeställen untergebracht, die andere Hälfte vegetierte unter freiem Himmel und war damit dem sicheren Tod anheimgegeben. Ein Lagerarzt berichtete nach dem Krieg: „Das Regime war grausam. Es gab 200–300 gr. Brot mit Beimischung von Sägemehl sowie eine dünne Suppe mit eingerührtem Mehl oder Kleie, die es bis März 1942 einmal und alsdann zweimal täglich gab. Die Kriegsgefangenen waren dem Hungertod ausgesetzt."[119] Vermutlich starben in den Durchgangslagern Gomels mehr Rotarmisten als in allen anderen Städten des Operationsgebietes. Selbst noch im Juni 1942 konnten die minimalen Verpflegungssätze nicht eingehalten werden[120].

Das Dulag 185 in Mogilev wurde vergleichsweise spät vom Massensterben heimgesucht. Allerdings hatte es dort schon Anfang Oktober 1941 eine Woche lang fast nichts für die Gefangenen zu essen gegeben; zu diesem Zeitpunkt war die

---

[116] BA-MA RH 23/126, Bl. 115–116, Korück 559 an Berück Mitte, 9. 11. 1941; IfZ MA 887, fr. 1065, Kommandanturbefehl Nr. 13 OK 593 Wjasma, 10. 11. 1941; BA-MA RH 22/225, Bl. 194–198, (Berück Mitte), 23. 11. 1941; BA-MA RH 19 II/127, Bl. 228–229, Hgr. Mitte, Ib, Kriegsgefangenenlage, 7. 12. 1941. Das OKH ordnete eine Untersuchung von Misshandlungsfällen in dem Lager an: BA-MA RH 21-3/627, Tätigkeitsbericht PzAOK 3, Qu 2, 20. 7. 1942; YVA M-62/56 (GA Smolensk R-1630-2-28), Akt AoStKom Vjaz'ma, 20. 3. 1943.
[117] Hartmann, Massensterben, S. 125; Matiello/Vogt, Interninierteneinrichtungen Band 2, S. 58.
[118] Gerlach, Kalkulierte Morde, 804ff., 853ff.; Bericht Kgf.-Bez.Kdt. J für Nov. 1941, in: „Lebensraum im Osten". Deutsche in Belorussland. Hg. von Hartmut Lenhard. Düsseldorf 1991, S. 170f.; die Zahl von 20 000 Todesopfern bis Februar 1942 ist deutlich zu niedrig: Lagerja sovetskich voennoplennych v Belarusi, S. 52.
[119] Vernehmung von 1947, in: Deutscher Osten, S. 97. Vgl. BA-MA RH 22/251, Bl. 68–72, Reisebericht Kgf.Bez.Kdt. J, 18. 9. 1941.
[120] Vgl. USHMM RG-53.005, reel 1 (GA Gomel 1345-2-7/8), Protokoll im sogen. Gomel-Prozess, 13.-20. 12. 1947; BA-MA RH 26-221/91, Monatsbericht 221. Sich.Div., Ib, für Juni 1942. Laut dem sowjetischen Kommissionsbericht starben in Gomel 100 000 Kriegsgefangene, eher realistisch scheint eine Opferzahl zwischen 40 000–50 000.

Massengrab im Durchgangslager Gomel, 1941
(Quelle: Bundesarchiv Ludwigsburg B 162 Bild/862)

Zahl der Rotarmisten aber eher noch gering. Im November 1941 lagen jedoch schon Berge von Leichen in dem Lager. Nach dem Dulag 185 kamen noch das Dulag 127 und das Stalag 341 im November 1941 in die Stadt. Im Januar starben dort zwischen 250 und 400 Rotarmisten täglich; insgesamt bewegt sich auch hier die Zahl der Opfer zwischen 30 000 und 40 000[121].

Das Militär in Orša machte frühzeitig von sich reden. Dort wurden erschöpfte Rotarmisten beim Transport vor den Augen der Bevölkerung halb totgeschlagen.

---

[121] „Gott mit uns". Der deutsche Vernichtungskrieg im Osten. Hg. von Ernst Klee, Willi Dreßen. Frankfurt a. M. 1989, S. 186–196; Gerlach, Kalkulierte Morde, S. 806, 822; Lagerja sovetskich voennoplennych v Belarusi, S. 78; Bericht Kgf.-Bez.Kdt. J für Nov. 1941, in: „Lebensraum im Osten", S. 170f.; Vgl. BA-MA RH 49/76, Fragebogen Dulag 127, 11. 4. 1942.

Im Dulag 127 selbst blieb die Zahl der Todesfälle aber bis Ende September 1941 relativ gering. Das Lager beherbergte im Durchschnitt 25 000 Rotarmisten. Doch spätestens mit der Ablösung durch das Stalag 353 im Oktober/November entwickelten sich die Verhältnisse im Lager katastrophal. Im Januar 1942 starben im Lager täglich 100–120 Mann; schließlich mussten hier 14 000, möglicherweise mehr Rotarmisten ihr Leben lassen[122]. Wenig ist vom Kriegsgefangenenlager im ostweißrussischen Vitebsk überliefert. Dort herrschte fallweise schon im August 1941 der Hunger. Allerdings blieb die Todesrate hier noch bis September unterdurchschnittlich. Danach schnellte sie aber auch in Vitebsk nach oben, im Stalag 313 starben 200 bis 250 Gefangene jeden Tag. Schätzungen über die Gesamtzahl der Opfer bewegen sich zwischen 76 000 und 120 000; sie sind bisher kaum zu verifizieren[123].

Innerhalb der Ukraine verblieben nur vergleichsweise wenige Lager unter Militärverwaltung. Dort spielte sich der größte Teil des Massensterbens im Reichskommissariat ab, in Städten wie Kiew, Kirovograd, Nikolaev, Rovno, Slavuta oder Žitomir. Dafür trug vor allem der Wehrmachtbefehlshaber Ukraine und sein Kriegsgefangenenwesen die Verantwortung[124]. Doch auch in der Ost- und Südostukraine, die unter Militärverwaltung blieb, gingen die gefangenen Rotarmisten massenhaft in deutschen Lagern zugrunde. Als eines der schrecklichsten Lager ist hier wohl das Stalag 346 in Kremenčug, dem Standort des Berück, zu nennen. Hier starben seit November 1941 mindestens 20 000 Gefangene, im Winter 1941/42 täglich bis zu 250–300 Menschen[125]. Nicht viel besser erging es den Rotarmisten im Dulag 160 in Chorol, südöstlich von Kiew gelegen. Das Gelände einer Ziegelfabrik erwies sich als viel zu klein für Zehntausende von Gefangenen. Ein großer Teil der Insassen musste im Freien ausharren. Nach sowjetischen Angaben starben in diesem und anderen Lagern der Stadt 57 000 Menschen. Auch im Dulag 152 in Mariupol' starben Zehntausende von Gefangenen, vor allem im Jahre 1942[126].

In Charkow waren mehrere Kriegsgefangenenlager untergebracht. Diese füllten sich zunächst nach der Eroberung der Gegend im Oktober 1941 und während der Sommeroffensive 1942. Im Oktober 1942 wurden dort 21 000 Rotarmisten festgehalten. Nach sowjetischen Schätzungen starben noch im Sommer 1942, als das

---

[122] Gerlach, Kalkulierte Morde, S. 795, 810, 822; BA-MA RH 23/234, Bl. 35, Hgr. Mitte, Ic/AO, 31.8.1941; BA-MA RH 49/76, Dulag 127, Bericht über Kfz.-Kolonne, 11.1.1942. Zeitweise befand sich auch das Dulag 230 in Orša: IfZ MA 900, fr. 99–101, Tätigkeitsbericht Dulag 230, 23.7.1942. Matiello/Vogt, Internierteneinrichtungen, Band 2, S. 46 f., nennen eine Zahl von 10 000 Toten schon Ende November 1941.

[123] Gerlach, Kalkulierte Morde, S. 793, 806, 856 f.; Lagerja sovetskich voennoplennych v Belarusi, S. 72.

[124] V. Korol', Trahedija vijs'kovopolonenych na okupovanij teritoriï Ukraïny v 1941–1944 r. Kyïv 2002, S. 67 ff.

[125] Die Stadt Kremenčug war geteilt zwischen Zivil- und Militärverwaltung, das Stalag befand sich jedoch am Ostufer des Dnjepr und wurde erst im Juni 1942 dem WBU unterstellt. BA-MA RW 41/1, WBU, Bericht Nr. 3, 13.12.1941; Matiello/Vogt, Internierteneinrichtungen, Band 2. Vgl. die sowjetischen Ermittlungsakten in BAL Dok.-Slg. UdSSR 419, Bl. 305–393; Korol', Trahedija vijs'kovopolonenych, S. 83, nennt eine Zahl von 40 000 Opfern bis 1943.

[126] IfZ MA-866, fr. 133, 142–152, Bericht Berück Süd, Qu, 28.2.1942; Reisebericht Kgf.Bez.Kdt. N, 28.2.1942; Korol', Trahedija vijs'kovopolonenych, S. 83 f., 89. Später war in Mariupol' auch das Stalag 368 untergebracht.

Hungersterben in den übrigen Lagern schon im Abklingen war, an die 10 000 Rotarmisten[127].

Im Zentrum der Großstadt Stalino wurde das Dulag 162 stationiert, mit einem
Bestand von 10 000–12 000 Gefangenen. Auch in dieser Stadt grassierte der Massenhunger unter der Bevölkerung, der die Rotarmisten hinter Stacheldraht umso härter
traf. Der Abwehr-Offizier Heinz-Danko Herre besuchte das Dulag in Stalino auf
dem Höhepunkt des Massensterbens im Januar 1942. Er ließ die Tür zur Baracke
für „bedingt Arbeitsfähige" öffnen: „Als sie aufsprang, quoll ihm ein Brodem entgegen, der ihm den Atem verschlug. Die Masse der Gefangenen stand Mann neben
Mann. Sie waren so zusammengepreßt, dass niemand sich ausstrecken oder schlafen
konnte. Aber gleich an der Tür lagen drei auf dem Boden, zusammengekrümmt,
sterbend oder schon tot."[128] Im Sommer 1942 wurde die deutsche Lagermannschaft
vom Dulag 181 abgelöst, dann kam auch das Stalag 397 in die Stadt[129].

Anscheinend entwickelten sich die Verhältnisse auf der Krim ein wenig besser,
obwohl hier die Bevölkerung ganzer Landstriche hungerte. Die 11. Armee hatte
insgesamt etwa 400 000 Gefangene im Raum der Halbinsel gemacht, von denen die
meisten alsbald nach Nordwesten abgeschoben wurden. Je nach Monat verblieben
dann etwa 20 000 bis 36 000 Rotarmisten in den Lagern auf der Halbinsel, vor
allem in Simferopol' (Dulag 241) und Džankoj (Dulag 123). Ab Februar 1942 begann auch hier die Todesrate bei den unterversorgten Gefangenen zu steigen, zeitweilig auf monatlich 5%. Allein bis Ende August 1942 gingen 7 500 Rotarmisten
zugrunde oder wurden von Wachmannschaften erschossen[130].

Die hier kurz charakterisierten Durchgangs- und Stammlager stehen für etwa
die Hälfte der Todesfälle im Operationsgebiet während des Winters und Frühjahrs
1941/42. Insgesamt waren dort jedoch Dutzende von Lagern und ihre Außenstellen disloziert; in den meisten dieser Lager verhungerten und erfroren die Gefangenen in Massen.

Das Massensterben der Kriegsgefangenen im Operationsgebiet, die keine Arbeitsstelle hatten, wurde vom Wirtschaftsstab und vom Generalquartiermeister
verursacht. Während die Kriegsgefangenen-Kommandeure noch über einen gewissen Spielraum bei dieser Vernichtungspolitik verfügten, fiel dieser bei den Lagerkommandanten relativ unterschiedlich aus, je nach Lage am Stationierungsort.

Generell hing es von der Initiative der Lagerleitungen ab, ob sie dem Hungertod
einfach zusahen oder ob sie versuchten, zusätzlich Lebensmittel, Transportmittel,

---

[127] Dulag 201, ab Juli 1942 Stalag 363. Korol', Trahedija vijs'kovopolonennych, S. 87; IfZ MA 870,
fr. 1031f., Monatsbericht Berück B, Qu, 9. 10. 1942.
[128] Matiello/Vogt, Internierteneinrichtungen, Band 2, S. 52; Thorwald, Wen sie verderben wollen,
S. 49 (Zitat); etwas abweichend: IfZ ZS 406/II, Originalbericht Herre, o. D. Im Staatsarchiv
von Doneck befindet sich ein Aktenbestand des Lagers (R-1576), der hier aber nicht ausgewertet werden konnte, vgl. Archivy okupacïï, S. 155.
[129] BA-MA RH 20-17/580, Bl. 54, KTB AOK 17, OQu, 22. 6. 1942.
[130] Kunz, Krim unter deutscher Herrschaft, S. 143-146; BA-MA RH 20-11/422, KTB AOK 11,
OQu, 11. 5. 1942; BA-MA RH 23/99, Bl. 100-101, Korück 553, Lt.San.offz., 1. 5. 1942; IfZ
NOKW-1284, 1286, Kgf.-Monatsmeldungen AOK 11, OQu, Januar-August 1942. Arnold,
Die Wehrmacht und die Besatzungspolitik, S. 412, der die Toten unter den Abtransportierten
nicht einkalkuliert, bezeichnet dies als „normale" Verhältnisse. Ähnlich Hoffmann, Ostlegionen, S. 83f. Sowjetische Stellen schätzten eine Gesamtzahl von 12 000 verstorbenen Kriegsgefangenen, USHMM, RG 22.002M, reel 1 (GARF 7021-9-48). Darin sind auch etwa 2 500 Tote
im Kgf.-Lazarett Sevastopol' enthalten, Korol', Trahedija vijs'kovopolonennych, S. 91f.

Medikamente oder eine bessere Unterkunft zu organisieren. Die Motive hierfür konnten vielfältig sein: trotz der rassistischen Vorgaben eine Fürsorgepflicht für die Kriegsgefangenen, der Erhalt von dringend benötigter Arbeitskraft oder die Angst davor, dass die Epidemien auf die Wachmannschaften überspringen könnten. Es sind einige Beispiele bekannt, in denen Lagerkommandanten sich um eine Verbesserung der erbärmlichen Lebensumstände der ihnen anvertrauten Kriegsgefangenen bemühten[131].

Ob dies jedoch als Regelfall anzusehen ist, darf mit Recht bezweifelt werden. Am ehesten ist dies zu ermessen am Verhalten der Lagerführungen gegenüber den anwohnenden Zivilisten, die Hilfsaktionen für die Gefangenen unternahmen. Hier hatten die Kommandanten den größten Handlungsspielraum. Etwa im Dulag in Roslavl gestattete der erste Lagerleiter den – meist weiblichen – Anwohnern, Lebensmittel über den Zaun zu werfen. Nach einem Personalwechsel in der Lagerleitung wurde dies jedoch brutal eingedämmt, man ließ sogar auf die Frauen schießen[132]. Den deutlichsten Hinweis auf das Verhalten der Lagerkommandanten lieferte Reichsminister Rosenberg, der mittels seiner Verbindungsoffiziere und eigener Kriegsgefangenen-Kommissionen über einen hervorragenden Einblick verfügte: „In der Mehrzahl der Fälle haben jedoch die Lagerkommandanten es der Zivilbevölkerung untersagt, den Kriegsgefangenen Lebensmittel zur Verfügung zu stellen und sie lieber dem Hungertode ausgeliefert."[133]

In Mogilev erließ die Stadtverwaltung auf deutsche Order die Androhung, dass jegliche Hilfe für gefangene Rotarmisten mit der Todesstrafe geahndet werde[134]. Dagegen ließ etwa die Lagerleitung in Čkalov (Region Stalino) die Kriegsgefangenen von der Bevölkerung versorgen. In zahlreichen Städten wurden regelrechte Komitees zur Hilfe für die Gefangenen gebildet, so in Mariupol' oder Gomel. Diese reichten Lebensmittel und Material an die Lagerleitungen weiter, denen dann überlassen blieb, ob sie damit die Gefangenen versorgten[135]. Freilich waren die Mittel der Einheimischen begrenzt, gerade in den Armeegebieten herrschte zur gleichen Zeit Hunger auch unter der Zivilbevölkerung.

Drei Faktoren bestimmten maßgeblich den Tod von Millionen Menschen: die niedrigen und minderwertigen Rationen, die schlechte Unterbringung und schließlich die unzureichende, meist nicht existente medizinische Versorgung. Demgegenüber ist die allgemeine körperliche Schwächung der Soldaten der Roten Armee, in der der Nachschub oft nicht funktionierte und die schon in den Kesseln tagelang nichts mehr Richtiges zum Essen gehabt hatten, eher gering als Ursache zu veranschlagen. Vergleichsweise hoch war der Anteil an sowjetischen Soldaten, die verwundet in Gefangenschaft gerieten. Aber auch diesen gegenüber unterblieb eine adäquate Versorgung; vielmehr glichen die gigantischen Kriegsgefangenen-„Lazarette" eher Sterbelagern.

---

[131] Hartmann, Massensterben, S. 115ff. (Dulag 203).
[132] Golubkov, V fašistskom lagere smerti, S. 41, 46.
[133] Rosenberg an Keitel, 28. 2. 1942, in: Unternehmen Barbarossa, S. 399.
[134] USHMM RG-53.006M, reel 3 (GA Mogilev 276-1-53), Anordnung Stadtverwaltung Mogilev, 11.12.1941.
[135] Šneer, Plen, Band 1, S. 193; Lower, Nazi Empire-Building, S. 64.

Wegen der unzureichenden Planung entwickelte sich die Sterblichkeit unter den sowjetischen Kriegsgefangenen bereits im Spätsommer 1941 höher als bei vorangegangenen Feldzügen der Wehrmacht. Ein Zeuge aus der Abteilung Fremde Heere Ost berichtet, dass nach dort vorgelegenen Statistiken bereits bis Oktober 1941 etwa 600 000 Rotarmisten in deutscher Hand verstorben seien[136]. Propagandaminister Goebbels vermerkte in sein Tagebuch, dass bis Anfang Dezember 1941 etwa 900 000 der Kriegsgefangenen nicht mehr am Leben waren; schließlich sprach man im Februar 1942 in Berlin davon, dass etwa zwei Millionen der Rotarmisten als nicht mehr arbeitsfähig bzw. als tot gerechnet wurden[137]. Es ist nicht bekannt, wie viele von diesen Opfern jeweils auf das Operationsgebiet entfallen; zwischen Dezember 1941 und April 1942 (einschließlich) mussten dort 274 000 registrierte Kriegsgefangene ihr Leben lassen; die Todesstatistik für den gesamten Zeitraum des Massensterbens, also Oktober 1941 bis Juni 1942, liegt deutlich höher, vermutlich in etwa das Doppelte. Selbst im Reich, wo deutlich bessere Rahmenbedingungen gegeben waren, sind, wie Schmidt von Altenstadt mitteilte, bis Anfang April 1942 „von russ. Kgf. in Deutschland an Hunger u. Fleckfieber etwa 47% eingegangen."[138] Im Gegensatz zu den Stalag im Reich wurden die Gefangenen in den Dulag oft nicht namentlich registriert, sodass ihr individuelles Schicksal in den meisten Fällen wohl für immer ungeklärt bleiben wird[139].

Im Winter 1942/43 wiederholte sich das Massensterben vom Vorjahr, wenn auch nicht in dem enormen Ausmaß. Die Verpflegung war zwar besser als während der mörderischen Kürzungen von Oktober bis Dezember 1941[140], generell hatten sich die Lebensbedingungen aber nicht grundlegend verändert. In vielen Lagern grassierte deshalb ab Anfang 1943 wieder der Typhus, es starben jeden Tag Dutzende von Gefangenen. In Bobrujsk waren nicht weniger als 2 600 der 3 500 Rotarmisten erkrankt. Im Stalag 397 in Jasinovataja, nördlich von Stalino gelegen, kehrten Verhältnisse wie im vorhergehenden Winter ein; im Oktober 1942 verstarben dort 80-90 Gefangene täglich[141]. Selbst auf dem – in der Besatzungspolitik bevorzugten – Kaukasus lagen die Todesraten in den Lagern Anfang 1943 noch zwischen 5 und

[136] Kumming über Kinzel, FHO, siehe Süddeutsche Zeitung, 9.11.1945.
[137] Goebbels Tagebücher Band II/2, (Eintrag) 12.12.1941; Wilhelm, Einsatzgruppe A, S.413 (dort auch die Angabe von 500 000 Todesfällen von November 1941 bis Januar 1942); selbst unter Außenstehenden kursierten diese Zahlen in Berlin: Karel C. Berkhoff, The „Russian" Prisoners of War in Nazi-Ruled Ukraine as Victims of Genocidal Massacre, in: Holocaust and Genocide Studies 15 (2001), S. 1–32, hier 1 (Journalist Lev Dudin).
[138] Streit, Keine Kameraden, S.135 (Zitat: Besprechung beim Berück Nord am 17./18.4.1942).
[139] Vgl. BA-MA RH 21-3/627, Bl.126, PzAOK 3, Qu 2, 18.9.1942; Rolf Keller, Reinhard Otto, Das Massensterben der sowjetischen Kriegsgefangenen und die Wehrmachtbürokratie, in: MGM H. 57, 1998, S.149–180; Personalangaben für 1944 Gefangengenommene im Dulag 240 Borisov, in: Vojna i plen, S.53. Für das Stalag 352 (Minsk) im Zivilgebiet konnten bisher ca. 9000 Todesopfer namentlich mit Todesdatum ermittelt werden, ebenda S.174–270.
[140] Vgl. BA-MA RH 26-207/49, OKH GenQu IVa (III,2) Az. 960 Nr.I/50470/42, 24.10.1942.
[141] IfZ MA 911, fr.1243, Tagesmeldung Korück 550, Qu, 14.3.1943; BA-MA RH 26-203/7, 203. Sich.Div., Arzt, 23.4.1943 (Bobrujsk); IfZ MA 865, fr.1191, KTB Berück Süd, 31.10.1942. Anscheinend kam es daraufhin zu einer kriegsgerichtlichen Untersuchung der Verhältnisse in Jasinovataja (Dulag 182/Stalag 397), die möglicherweise sogar mit dem Selbstmord des Lagerkommandanten endete. Allerdings ist die Authentizität der aus dem Privatbesitz des Ic-Offiziers stammenden Dokumentation ungeklärt: BAL Dok.-Slg. Verschiedenes XX, Bl.183–185, Bericht Stalag 397, 29.10.1942.

15% jährlich[142]. Besonders in den ersten Monaten des Jahres 1943 wirkte sich wieder die Unterversorgung der Gefangenen drastisch aus: „Die hohe Mortalität der Kriegsgefangenen ist nur auf die schlechten Ernährungs- und Unterbringungsverhältnisse im Februar-März zurückzuführen, denn im April-Mai war im Dulag 182 die Letalität schon auf 7,9% gefallen"[143].

4. Selektionen und Massenerschießungen

Doch nicht nur der Hungertod bedrohte die Kriegsgefangenen, sondern auch gezielte Morde an einzelnen Personengruppen. Laut Kommissarbefehl sollten die Politfunktionäre der Roten Armee nicht nur durch die Fronttruppe nahe dem Gefechtsgebiet, sondern explizit auch im rückwärtigen Heeresgebiet ermordet werden, dort durch Übergabe an SS/Polizei. Und tatsächlich gelangte ein großer Teil von solchen Rotarmisten, die man für Politfunktionäre hielt, in die Lager der rückwärtigen Gebiete. Dies war auch der Wehrmachtführung bewusst.

Erst vier Wochen nach Feldzugsbeginn, am 16. Juli, regelte sie mit der Sicherheitspolizei das genaue Vorgehen. Dabei bleibt allerdings unklar, ob die Einsatzgruppen auch die Lager im Operationsgebiet „durchkämmen" sollten. In den Aussonderungsrichtlinien wurden diese zwar ausdrücklich erwähnt, allerdings – zumindest nach der vorliegenden Fassung – nur nachrichtlich an die Einsatzgruppen verschickt[144]. Freilich schränkte der Generalquartiermeister eine Woche später das Tätigkeitsfeld der Einsatzgruppen ein. Zumindest bei der Aussortierung von „Verdächtigen" sei die Sicherheitspolizei nicht zu beteiligen[145].

In einer Vielzahl von Fällen erschossen die Kommandos jedoch bereits im August und September Kriegsgefangene aus den Lagern. Erst am 7. Oktober hob der Generalquartiermeister die Beschränkungen für die Einsatzgruppen auf. Nun sollten die Kommandos der Sicherheitspolizei eigenständig auch in den Dulag des rückwärtigen Heeresgebietes Kriegsgefangene aussortieren und erschießen[146]. Offen bleibt hierbei zweierlei: ob die Einsatzkommandos offiziell schon seit Juli 1941 in die *Stamm*lager im Operationsgebiet zugelassen wurden, und ob die Neuregelungen auch für die Dulag im Armeegebiet galten. In der Praxis zeigte sich erneut, dass diese Regelungen von der Wehrmacht flexibel gehandhabt wurden und die Sonderkommandos auch Zugang zu den Lagern im Armeegebiet fanden.

Die Motive für die Heeresführung, nun auch offiziell die Tore für die Mordkommandos zu öffnen, waren vermutlich vielfältig: Im Rahmen der Offensive auf Moskau erwartete man wieder enorme Zahlen an Kriegsgefangenen. Zugleich

---

[142] IfZ MA 867, fr. 470, Berück B, Qu an VII, 4.1.1943
[143] BA-MA RH 23/353, Bl. 12–14, Korück 593, Lt.San.offz., 15.6.1943 (Zitat, Donezbecken). Vgl. die Erinnerungen von Aslanow, Von der Wolga an die Ruhr, S. 20ff.
[144] Einsatzgruppen in der besetzten Sowjetunion, S. 331–340 (S. 333: „Ich bitte die Chefs der Einsatzgruppen, besorgt zu sein, dass möglichst mit eigenen Kräften die Durchgangslager entsprechend gesäubert werden"), Hinweis auf Absprache mit OKW auf S. 336.
[145] BA-MA RH 23/295, Bl. 59–62 (auch NOKW-1518), OKH, GenQu, Kr.Verw. Nr. II/4590/41 geh., 24.7.1941. Dem Wortlaut nach galt dies jedoch nicht für Juden und Asiaten!
[146] OKH, GenQu, Kr.verw., vom 7.10.1941 (Entwurf), Anlage zum Einsatzbefehl CdS Nr. 14, 29.10.1941, in: Einsatzgruppen in der besetzten Sowjetunion, S. 359f., weitere Exemplare in RGVA 500k-1-25, BAL Dok.-Slg. UdSSR 413, Bl. 334f. (GARF 7021-146-101).

herrschte die Hoffnung, es würde einen groß angelegten Abtransport von Gefangenen ins Reich geben. Umso wichtiger erschien es, alle „Verdächtigen" vorher auszusieben. Zudem hatte sich die Zusammenarbeit zwischen Militärverwaltung und Sicherheitspolizei inzwischen gut eingespielt. Auch bei der anlaufenden Partisanenbekämpfung wurden die „Männer vom SD" bevorzugt herangezogen, um Personenüberprüfungen vorzunehmen. Der Berück Mitte, von Schenckendorff, bemühte sich hingegen darum, die Selektionen durch die Sicherheitspolizei weiterhin auf das Zivilverwaltungsgebiet zu beschränken[147].

Die Stoßrichtung dieser Befehle zielte vor allem gegen Juden und gegen vermeintliche „Verdächtige", insbesondere natürlich die Politfunktionäre der Roten Armee. Nachdem diese bereits im Juli 1941 in großer Zahl in die Lager gelangten, zögerten einige Lagerfunktionäre nicht, sie alsbald ermorden zu lassen; so noch im Juli geschehen im Dulag 131 (Slonim), im August und September in den Dulag 155 und 126 (Minsk)[148].

Nach sowjetischen Angaben gelten 42 000 Politoffiziere der Roten Armee als vermisst[149], d. h. größtenteils der Wehrmacht in die Hände gefallen. In der Mehrzahl wurden sie vermutlich ermordet. Einige Indizien deuten darauf hin, dass die versuchsweise Aufhebung des Kommissarbefehls eine ihrer Ursachen darin hat, dass man allmählich erkannte, dass nur ein Bruchteil der Delinquenten jüdischer Herkunft war[150]. Nicht wenig erstaunt die Tatsache, dass die sowjetische Staatsführung ab Herbst 1942 selbst bemüht war, den Anteil der Juden im Politapparat der Roten Armee zu senken[151]. Freilich ging auch nach der Suspendierung des Befehls das Morden an einigen Orten weiter, so etwa im Juli 1942 im Dulag 131 (Bobrujsk). Einzelne militärische Stellen haben bis zum Rückzug 1943 immer wieder Kriegsgefangene direkt an die Einsatzgruppen übergeben, von denen die meisten wohl nicht mit dem Leben davonkamen[152].

Nicht eindeutig geklärt ist, in welchem Ausmaß nicht nur Politfunktionäre und Juden, sondern in vielen Fällen schlichtweg gefangene Offiziere der Roten Armee pauschal herausgesucht und ermordet wurden. Die Weisungen des OKW für die Zivilgebiete enthielten den Passus: „Offiziere werden nicht immer, aber vielfach als ,politisch Unerwünschte' der Aussonderung unterliegen"; Gleichlautendes hatte schon die Sicherheitspolizei verordnet. Dies war jedoch nur möglich, wenn die Lagerleitungen die Sicherheitspolizisten entsprechend gewähren ließen. Vielen Tätern erschien die Suche nach Politruks zu aufwendig, sie sortierten kurzerhand einfach alle Gefangenen mit Offiziersrang aus[153]. Den deutlichsten Hinweis

[147] Gerlach, Kalkulierte Morde, S. 838.
[148] Ebenda, S. 835f.
[149] Rossija i SSSR v vojnach, S. 434. Diese Zahl umfasst anscheinend nicht die Politarbeiter ohne Offiziersrang, die meist ebenso ermordet wurden.
[150] BA R 6/309, Bl. 2–4, HGr. Mitte, Ic/AO, 31.1.1942. Vgl. BA-MA RH 20-2/1093, AOK 2, Ic/VAA, 28.9.1941, über Gespräch mit einem gefangenen sowjetischem General; vgl. BA-MA RH 19 III/483, Bl. 45–49, AOK 18, Ic, 10.7.1942.
[151] Šneer, Plen, Band 2, S. 36f.
[152] Gerlach, Kalkulierte Morde, S. 837ff.; MA 900, fr. 99–101, Tätigkeitsbericht Dulag 230, 23.7.1942; BA-MA RH 23/326, Bl. 190, Korück 585, Qu, Kgf. Monatsmeldung, 7.8.1943.
[153] IfZ NOKW-986, OKW, Az. 2f24.73 AWA/Kgf.Allg. (Ia), 24.2.1942; CdS, Richtlinien für die Aussonderung, (17.7.1941), in: Einsatzgruppen in der besetzten Sowjetunion, S. 335; Verbrechen der Wehrmacht, S. 231 (Dulag Minsk).

findet man in der Suspendierung des „Kommissarbefehls" vom Mai 1942. Dort heißt es wörtlich: „Um die Neigung zum Überlaufen und zur Kapitulation eingeschlossener sowjetrussischer Gruppen zu steigern, befiehlt der Führer, dass den sowjetischen *Kommandeuren*, Kommissaren und Politruks zunächst versuchsweise in solchen Fällen die Erhaltung ihres Lebens zugesichert werden kann."[154] Immerhin wurden Vorschläge wie solche aus dem Generalkommando des XXXXIX. Armeekorps, kurzum alle gefangenen Generäle zu erschießen, nicht verwirklicht[155].

Nach offiziellen Zahlen gerieten etwa 400 000 Offiziere in Kriegsgefangenschaft, mindestens 120 000 von ihnen wurden ab 1944 befreit und repatriiert[156]. Das heißt, dass vermutlich etwa nur 30–35 % der gefangenen Offiziere das Kriegsende erlebten. Damit war, obwohl diese Gruppe nach Völkerrecht eine Vorzugsbehandlung genießen sollte, die Todesquote höher als bei Unteroffizieren oder Mannschaften. Gruppenweise Erschießungen von Offizieren, gelegentlich auch von Kadetten, sind in vielen Fällen nachweisbar[157]. Die meisten Offiziere kamen jedoch in eigens eingerichtete Offizierslager (Oflag), in den Reichskommissariaten oder in Polen gelegen. Dort erging es ihnen nicht viel besser als den übrigen Soldaten, d.h. es drohten Hungersterben oder Selektionen zur Ermordung. Überdurchschnittlich oft deportierte man sie in Konzentrationslager. Erschwerend wirkte sich zudem aus, dass Offiziere offensichtlich erst ab Juni 1942 zu Arbeitseinsätzen herangezogen wurden. In diesem Fall konnte eine nominelle Berufung auf das Kriegsvölkerrecht, das Offiziere von Arbeiten ausnahm, verheerende Folgen zeitigen[158].

Die gefangenen Offiziere, die die deutschen Lager überlebten, hatten anschließend besonders unter stalinistischer Verfolgung zu leiden. Sie gelangten über die Filtrierungslager des NKVD meist in eine zweite Gefangenschaft, direkt in den Gulag oder die Sondersiedlungen der Geheimpolizei[159].

Am meisten bedroht von Morden waren jedoch wieder die Juden, auch unter den Kriegsgefangenen. Frühzeitig stand fest, dass die jüdischen Gefangenen von den anderen zu trennen seien. Dies hatte man schon im Polenfeldzug praktiziert. Vermutlich übernahmen viele Einheiten dieses Vorgehen, schon bevor der Generalquartiermeister es am 24. Juli 1941 für die Kriegsgefangenenlager anordnete. Zumeist sorgten die deutschen Lagerärzte für die Identifizierung der Juden; gelegentlich mussten gefangene Ärzte diese Aufgabe übernehmen. In einem nicht unerheblichen Ausmaß fielen die jüdischen Rotarmisten jedoch den Denunziationen anderer, antisemitisch eingestellter Gefangener zum Opfer. In vielen Lagern

---

[154] KTB OKW 1942/I, S. 341 (Hervorhebung vom Autor). In der Edition wird dem Originalwortlaut eine Verwechslung mit dem Wort „Funktionäre" unterstellt, was angesichts der anderen zwei Kategorien unwahrscheinlich ist.

[155] BA-MA RH 20-17/276, FS AOK 17, Ic/AO an XXXXIX. AK, 12.8.1941.

[156] Rossija i SSSR v vojnach, S. 434, 463. Die gesamte Zahl der Repatriierten lag höher, vermutlich um die 150 000.

[157] Šneer, Plen, Band 1, S. 225f.

[158] Ebenda, S. 226ff.

[159] Jörg Baberowski, Der rote Terror. München 2003, S. 246; Pavel Polian, Stalin und die Opfer des nationalsozialistischen Vernichtungskriegs, in: Stalin und die Deutschen. Neue Beiträge der Forschung. Hg. von Jürgen Zarusky. München 2006, S. 89–109, hier 95ff.; Einzelschicksal: Petr Astachov, Zigzagy sud'by. Iz žizni sovetskogo voennoplennogo i sovetskogo zeka. Moskva 2005, S. 225ff.

gab es periodische Überprüfungen durch die Abwehroffiziere oder durch die (einheimische) Lagerpolizei. Die jüdischen Soldaten, unter ihnen auch Frauen, wurden von den übrigen Kriegsgefangenen isoliert, meist unter schlechteren Bedingungen untergebracht. In manchen Lagern wurde ihnen nun sogar ein großer Davidstern auf den Rücken ihrer Jacke gemalt. Die Lebensbedingungen der Juden in den Lagern waren erbärmlich. Schon vor dem großen Massensterben ab Oktober 1941 wurden sie nur minimal versorgt[160].

Die Sicherheitspolizei plante die systematische Ermordung jüdischer Kriegsgefangener spätestens seit Ende Juni 1941, vermutlich aber reichen diese Überlegungen weiter zurück. Unklar bleibt auch, ob der Generalquartiermeister schon Mitte Juli den Einsatzgruppen Zutritt zu den Lagern verschaffen wollte, damit diese die „unerwünschten" Kriegsgefangenen abholten und ermordeten. Mit Befehl Wagners vom 24. Juli wurde dies, zumindest offiziell, für die Durchgangslager unterbunden. Freilich hatte schon am 12. Juli ein Polizeibataillon vermeldet, dass es jüdische Kriegsgefangene aus dem Dulag 185 erschossen habe[161]. Weitere Massenerschießungen jüdischer Kriegsgefangener im Juli 1941 sind für die Lager in Sluck und Brest bekannt, noch bevor diese Städte unter Zivilverwaltung kamen[162]. Im Dulag 131 Slonim übernahm die Lagermannschaft die Ausführung dieses Verbrechens noch im Juli selbst.

Beim Kriegsgefangenen-Bezirkskommandanten J im Osten Weißrusslands war die Ermordung jüdischer Gefangener offensichtlich bereits Ende Juli Routine, wie eine Anfrage des Lagerkommandanten in Slonim zeigt: „Kommandant des Dulags weist darauf hin, dass in der Erledigung der Juden zweckmäßigere Bearbeitung wünschenswert wäre, z. B. sollten Ärzte nicht ohne weiteres beseitigt werden, da dieselben für den Fall einer Seuchengefahr doch immerhin gewisse Dienste leisten könnten."[163]

Anscheinend blieben dies bei der Heeresgruppe Nord bis September 1941 Einzelfälle. Deutlich verbrecherischer gestaltete sich das Vorgehen bei der Heeresgruppe Süd: Der Berück Süd befahl am 24. August, die Sicherheitspolizei an der Selektion der Kriegsgefangenen zu beteiligen. Schon zuvor hatten die Kommandos der Einsatzgruppe C damit begonnen, jüdische Kriegsgefangene aus den Lagern zu holen und zu ermorden, so Mitte Juli 1941 in Žitomir, Anfang August in Berdičev, im Laufe des August in Kirovograd und etwa 500 jüdische Rotarmisten aus dem Lager in Cherson[164].

Mit der neuen Vereinbarung zwischen Sicherheitspolizei und Generalquartiermeister, die Kommandos auch offiziell in die Durchgangslager zu lassen, nahm

[160] Vgl. Pavel Polian, Soviet-Jewish Prisoners of War in German Captivity, in: Kritika 6 (2005), S. 763–787.
[161] USHMM RG 48.004M, reel 1 (VHA Prag, Kommandostab RFSS, Karton 1), Pol.bat. an Pol. Rgt Mitte, 12.7.1941. Das Dulag befand sich zu diesem Zeitpunkt vermutlich in Stolpce; Gerlach, Kalkulierte Morde, S. 840–842.
[162] Obrečennye pogibnut', S. 35.
[163] IfZ MA 859, fr. 831–832, Bericht Ordonnanzoffizier Kgf.Bez.Kdt.J., 23.7.1941. Einzeltötung in Smolensk: BA R 2104/17, Bl. 11f., Beutemeldung Dulag 240, 31.8.1941.
[164] Streit, Keine Kameraden, S. 100; Šneer, Plen, Band 2, S. 104; Al'tman, Žertvy nenavisti, S. 301; Wiedemann, Führerwille und Eigeninitiative, S. 131f. Einige der Aussortierten aus Žitomir ließ ein Militärmediziner bei grauenhaften Versuchen mit Sprengmunition ermorden, Streim, Behandlung, S. 133–137.

das Ausmaß dieser Verbrechen deutlich zu, nun im Bereich aller Heeresgruppen. Seit der ersten Oktoberwoche 1941 erschoss die Sicherheitspolizei jede Woche mehrere Hundert jüdischer Kriegsgefangener; dies ist dokumentiert für die Dulag 131 (Bobrujsk), 185 (Mogilev), 230 (Vjaz'ma), Kiew-Borispol, Dulag 171 (Lubny), Gomel, Stalag 313 (Vitebsk) und 339 (Kiew-Darnica)[165]. Unter den Ermordeten befanden sich auch Frauen. In Uman übernahm die Ordnungspolizei dieses Mordhandwerk. Das Polizeibataillon erschoss am 1. Oktober 600 jüdische Rotarmisten aus dem dortigen Lager[166].

Vereinzelt lieferten bereits die Armee-Gefangenen-Sammelstellen die Juden unter ihrer Obhut direkt an die Sicherheitspolizei aus. Bei der 11. Armee stiegen die Zahlen an Aussortierten von Ende 1941 bis Juli 1942, als auch Sevastopol in deutsche Hand fiel[167]. Man wird nicht fehlgehen, wenn man vermutet, dass die Aussortierung und Ermordung jüdischer Kriegsgefangener zum Alltag fast eines jeden Kriegsgefangenenlagers zählte.

Nicht alle Lagerkommandanten haben indes den Kommandos zugearbeitet oder sie reibungslos gewähren lassen. Die Einsatzgruppe C beschwerte sich über das Verhalten mancher Lagerkommandanten, so in Vinnica, vor allem aber in Mogilev, wo sich der Kommandant offen weigerte, Kriegsgefangene – auch Juden – zur Erschießung herauszugeben. Letzterer stellte sich damit auch gegen die Haltung des Feldkommandanten, der eine Kooperation mit dem Einsatzkommando 8 befürwortete. Letztlich konnte das Massaker auch hier nicht verhindert werden, da der Lagerkommandant keinerlei Rückendeckung durch die Militärverwaltung erhielt[168].

Während der Kommissarbefehl im Mai 1942 suspendiert wurde, gingen die Morde an jüdischen Kriegsgefangenen im Operationsgebiet unverändert weiter, so beispielsweise in Lagern bei Vorošilovsk oder im Dulag 205[169]. Immerhin sank die Zahl der neu gemachten Kriegsgefangenen ab Spätherbst 1942 deutlich ab. Noch im Juli 1943 dokumentierte das OKH seine antisemitische Haltung: Jüdische Kriegsgefangene dürften nicht nach Westen abgeschoben werden, sondern waren weiterhin an die Sicherheitspolizei zu übergeben, die diese dann ausnahmslos ermordete[170].

Nicht alle Morde an jüdischen Kriegsgefangenen spielten sich im Operationsgebiet ab. Ein erheblicher Teil dieser Gruppe wurde in die Lager in den Reichskommissariaten oder im Generalgouvernement abgeschoben und dort meist ermordet. Kleinere Gruppen kamen jedoch auch bis ins Reich. Dort wurden sie nicht in den Stammlagern umgebracht, sondern in Konzentrationslager überführt, wo sie meist

165 Gerlach, Kalkulierte Morde, S. 842f.; Šneer, Plen, Band 2, S. 105f.; BA R 58/219, EM CdS Nr. 132, 12.11.1941, EM CdS Nr. 148, 19.12.1941; Anvaer, Krovotočit moja pamjat', S. 20 (Vjaz'ma).
166 Aleksandr Kruglov, Katastrofa ukrainskogo evrejstva 1941–1944 gg. Char'kov 2001, S. 322.
167 BA-MA RH 23/78, Bl. 37, FS Korück 553, Befehlsstelle Kgf. an Korück, 16.10.1941; Angrick, Besatzungspolitik, S. 462ff.
168 Streit, Keine Kameraden, S. 101–103.
169 Obrečennye pogibnut', S. 37f.
170 IfZ MA 921, fr. 36, KTB Korück 585, 25.7.1943 (mit Bezug auf OKH, Gen.Qu., Kr.verw. (Qu 5) Nr. II/4515/43 geh. vom 17.7.1943).

nur wenige Tage oder Wochen am Leben blieben. Anfang April 1942 wurden noch ganze 68 jüdische Kriegsgefangene im gesamten OKW-Bereich gezählt[171].

Man schätzt auf der Basis von statistischen Hochrechnungen, dass 60 000–80 000 jüdische Rotarmisten in Gefangenschaft gerieten, die allermeisten von ihnen in deutsche Hand. Anscheinend gelang es jedoch vielen jüdischen Kriegsgefangenen, ihre Herkunft zu verbergen. Es sind aber nur vergleichsweise wenige Überlebende bekannt, deren jüdische Herkunft im Lager identifiziert wurde und denen frühzeitig die Flucht gelang. Manche von diesen gerieten anschließend in die Fänge der sowjetischen Geheimpolizei und mussten Jahre ihres Lebens im Gulag verbringen. Nicht selten galten sie in der stalinistischen Feindparanoia als verdächtig, weil sie trotz ihrer jüdischen Nationalität überlebt hatten. Insgesamt muss man davon ausgehen, dass etwa 50 000 Juden in Kriegsgefangenschaft zu Tode kamen, entweder wie die Nichtjuden verhungert oder direkt erschossen[172]. Erheblich besser erging es den Juden, die in rumänische Kriegsgefangenschaft gerieten oder bei den Finnen, die selbst Juden in den Reihen ihrer Armee zählten[173].

Doch die Massenmorde beschränkten sich nicht auf politisch Verdächtige und Juden. In den ersten Monaten des Feldzuges wurden auch immer wieder asiatisch aussehende Kriegsgefangene von der Wehrmacht aussortiert und von der Sicherheitspolizei erschossen. Hier wurden primitivste rassistische Denkmuster wirksam, das traditionelle Ideologem von der „asiatischen Gefahr", die durch Russland drohe, oder den vermeintlich mongolisch geprägten Charakter der ethnischen Russen[174]. In den allgemeinen Richtlinien für das Verhalten der Truppe in Russland hieß es explizit: „Besonders die asiatischen Soldaten der Roten Armee sind undurchsichtig, unberechenbar, hinterhältig und gefühllos."[175] Die Sicherheitspolizei begann frühzeitig mit der Ermordung asiatisch aussehender Zivilisten, die man in den Durchgangslagern aussortiert hatte; doch auch manche Infanteriedivision hob eine solche Herkunft der Kriegsgefangenen hervor, wenn sie diese erschossen hatte[176].

Die meisten asiatisch aussehenden Kriegsgefangenen, von denen ein erheblicher Teil nicht aus Asien, sondern aus dem europäischen Teil der Sowjetunion stammte, wurden in den Lagern ermordet. Schon nach der Gefangennahme wurden solche Rotarmisten oftmals schlechter behandelt und besonders schikaniert. Vermutlich starben aus diesen Gruppen überprozentual viele Männer im Winter 1941/42, von

---

171 Šneer, Plen, Band 2, S. 107; Streit, Keine Kameraden, S. 105.
172 Polian, Stalin und die Opfer des nationalsozialistischen Vernichtungskriegs, S. 104f.; Shmuel Krakowski, The Fate of Jewish POWs of the Soviet and Polish Armies, in: The Shoah and the War. Hg. von Asher Cohen, Yehoyakim Cochavi, Yoav Gelber. New York u. a. 1992, S. 233–244, vermutet eine Zahl von 85 000 Opfern. Arad, Toledot has-Šo'a, S. 649ff., 1014, gelangt nach neueren Forschungen zu niedrigeren Angaben, etwa 55 000–70 000. Die sowjetische Repatriierungskommission verzeichnete 1945 mindestens 4.457 Juden unter den repatriierten Kriegsgefangenen, Rossija i SSSR v vojnach, S. 463. Vermutlich ist diese Zahl nur als vorläufig anzusehen, die Gesamtziffer also noch höher.
173 Lager' sovetskich voennoplennych-evreev v Finljandii (1942–1944 god). Sbornik vospominanij i dokumentov. Hg. von Simon Jantovskij. Ierusalim 1995, S. 80ff.
174 Explizit bei BA-MA RH 22/60, Berück B, 15.8.1942.
175 Richtlinien, verschickt am 19.5.1941, in: „Unternehmen Barbarossa", S. 312.
176 BA R 58/215, EM CdS Nr. 36, 28.7.1941; BA R 58/216, EM CdS Nr. 73, 4.9.1941; BA-MA RH 26-99/21, 99. le. ID, Ic, 2.7.1941.

den Angehörigen der Turkvölker sollen nur etwa 20% diese Schreckenszeit überlebt haben[177].

Während das OKH eine Separierung der „Asiaten (Ihrer Rasse nach)" anordnete, hatten die Einsatzgruppen anscheinend keinen expliziten Auftrag zu Verbrechen an diesen Ethnien[178]. Dennoch wurden solche Kriegsgefangenen oftmals zusammen mit Juden und Politfunktionären für die Ermordung selektiert, so etwa im Dulag in Mogilev. Selbst Kriegsgefangene mit „südländischem" Aussehen wie Georgier wurden gelegentlich ermordet, weil man sie für Juden hielt, insbesondere wenn die Männer beschnitten waren. Als Stalins Sohn in Kriegsgefangenschaft geriet, stufte man ihn – in Unkenntnis seiner Identität – zunächst als Juden ein. Erst am 12. September griff Heydrich selbst ein und ermahnte die Einsatzgruppen, die genaue Herkunft der Kriegsgefangenen bei den Überprüfungen festzustellen[179]. Während einzelne Verbände weiterhin auf Jagd nach asiatisch aussehenden Gefangenen machten, wurde etwa im November das Massaker an solchen Männern in den Lagern gestoppt, wohl auf Betreiben des Reichsostministeriums, das sich bis dahin selbst an solchen Aussortierungen beteiligt hatte, nun aber seine Besatzungspolitik im Kaukasus vorbereitete[180]. Diese besonders in Mitleidenschaft gezogenen Kriegsgefangenen wurden dann 1942 bevorzugt umworben, als es um die Bildung von „Ostlegionen" ging.

Während diese rassistisch motivierten Verbrechen also an Bedeutung verloren, trat alsbald eine neue Gruppe von Gefangenen in das Visier von Kriegsgefangenenorganisation und Einsatzgruppen: Die sogenannten „Invaliden". Die schwer verwundeten und verstümmelten Kriegsgefangenen waren den meisten Kriegsgefangenen-Funktionären lästig. Sofern sie nicht ohnehin dem Hungersterben 1941/42 zum Opfer fielen, starteten die Lagermanager unterschiedliche Initiativen in Bezug auf diese Gefangengruppe. Grundsätzlich konnten weißrussische Invalide nach Hause entlassen werden, wenn sie nicht zu weit von ihrem Internierungsort entfernt lebten. Oft verbesserte sich ihre Situation dadurch kaum, da sie in Hungergebiete geschickt wurden[181].

Das war freilich nur die eine Seite der Medaille. In vielen anderen Fällen sorgten Polizei und Wehrmacht für die Ermordung arbeitsunfähiger Kriegsgefangener. In Durchgangslagern wie in Gomel, Bobrujsk oder Polock tötete das Lagerpersonal regelmäßig kranke Gefangene durch Erschießen; in den gleichen Lagern wurden solche Männer schlichtweg an Wintertagen in der extremen Kälte ausgesetzt, da-

---

[177] Hoffmann, Ostlegionen, S. 81f.
[178] IfZ NOKW-2423, OKH, GenStdH, Gen. z. b. V. b. ObdH, GenQu, Abt. Kr.verw. Nr. II/4590/41 geh. vom 24.7.1941; sowohl Streit, Keine Kameraden, S. 91, 337, als auch Gerlach, Kalkulierte Morde, S. 843, gehen von zentralen Befehlen in dieser Frage aus. Vgl. aber CdS Richtlinien, 17.7. und 29.10.1941: Einsatzgruppen in der besetzten Sowjetunion, S. 334, 337, 357 (in den Richtlinien vom 17.7. ist vage von einer Trennung nach „Volksgruppen" die Rede, am 29.10. von „Aussonderung [...] nach ihrer Volkstumsangehörigkeit").
[179] Obrečennye pogibnut', S. 32f.; Ergänzende Richtlinien CdS, 12.9.1941 (nachrichtlich an die Einsatzgruppen), in: Einsatzgruppen in der besetzten Sowjetunion, S. 392–395.
[180] Streit, Keine Kameraden, S. 98; Gerlach, Kalkulierte Morde, S. 840, 843; Korpsbefehl XXIX. AK, 7.1.1942, asiatisch aussehende Personen zu töten, in: Vernichtungskrieg (Ausstellungskatalog), S. 180; Rosenberg an Keitel, 28.2.1942, in: „Unternehmen Barbarossa", S. 399. Hier wird der Begriff „Asiaten" zu Recht in Anführungszeichen gesetzt.
[181] BA-MA RH 23/351, Bl. 9, Tätigkeitsbericht Korück PzAOK 4, 3.2.1942; IfZ MA 862/1, fr. 16, KTB Berück Nord, Qu, 14.5.1942.

mit sie erfrieren. Auch dies stellte übrigens eine Praxis dar, die ebenso aus deutschen Konzentrationslagern bekannt ist.

Anfang 1942 diskutierten OKW und RSHA ernsthaft eine Art „Euthanasie" für die arbeitsunfähigen sowjetischen Kriegsgefangenen im Reich, freilich zunächst ohne greifbares Ergebnis[182]. Im September 1942 vereinbarte jedoch Keitel mit Himmler, solche Kriegsgefangenen an die HSSPF bzw. die Sicherheitspolizei abzugeben. Damit war ihr Schicksal jedoch nicht besiegelt, wie man auf den ersten Blick annehmen könnte. Ein Teil dieser Gefangenen wurde nämlich in ein „Aufpäppelungslager" gebracht. Ausgerechnet in einem der übelsten KZs, Lublin-Majdanek, befand sich eines dieser Lager. In Einzelfällen aber erschoss die Sicherheitspolizei solche Rotarmisten kurzerhand[183]. Besonders bedroht waren die arbeitsunfähigen Kriegsgefangenen dann schließlich beim Herannahen der Roten Armee. In nicht wenigen Fällen ermordete die Polizei diese Männer, weil man sie weder evakuieren noch dem Feind überlassen wollte[184].

Der Massenmord durch Erschießung nahm auch in den Lagern des Operationsgebiets erhebliche Ausmaße an. Die bisher genannten Schätzungen von mindestens 20 000 Todesopfern sind sicher als zu niedrig anzusehen, da sie vermutlich nur Übergaben an die Sicherheitspolizei enthalten und selbst diese nicht vollständig erfasst sind[185]. Darin sind ohnehin die Morde am Gefechtsfeld, beim Transport und bei den alltäglichen Erschießungen in den Lagern nicht inbegriffen. Insgesamt wurden bei Massenerschießungen im Operationsgebiet sicher mehrere Zehntausend Kriegsgefangene aus den Lagern ermordet, vor allem von SS- und Polizeieinheiten, in nicht unerheblichem Ausmaß aber ebenso von den Wachmannschaften der Lager selbst. Noch größere Dimensionen nahmen die Massenmorde in Gebieten unter Zivilverwaltung an, sowohl im Reich als auch im besetzten Europa. Mindestens 120 000 sowjetische Kriegsgefangene fielen diesen zum Opfer. Auch wenn dabei die unmittelbaren Tötungen zumeist von SS und Polizei vollzogen wurden, trägt die Wehrmacht doch entscheidenden Anteil auch an diesen Verbrechen. Das Kriegsgefangenenwesen lieferte all diese Rotarmisten zur Ermordung aus. Nicht wenige Lagerkommandanten warteten nicht auf die Einsatzkommandos, sondern ließen die Aussortierten durch eigenes Personal erschießen[186].

Systematische Massenmorde an Kriegsgefangenen sind nicht allein vom nationalsozialistischen Deutschland begangen worden. Vielmehr hat es sie in der Geschichte seit der Antike immer wieder gegeben. Dennoch ragt auch hier wieder der deutsche Fall heraus, wegen der enormen Dimensionen, die noch einmal durch das kalkulierte Hungersterben in den Schatten gestellt wurden. Deshalb war es für die

[182] Gerlach, Kalkulierte Morde, S. 824, 850ff.
[183] BA NS 19/3, Bl. 6, OKW (Keitel) an Himmler, 22. 9. 1942; CAMO 500-12450-113, Bl. 27, OKW/Kriegsgef. Allg. (II/VI), 2. 3. 1943; vgl. RH 21-3/627, Bl. 59, Tätigkeitsbericht PzAOK 3, Qu 2, 29. 11. 1942; Majdanek 1941-1944. Hg. von Tadeusz Mencel. Lublin 1991, S. 88-91; „Gott mit uns", S. 151-154.
[184] Wiedemann, Führerwille und Eigeninitiative, S. 133f. (Černigov September 1943); Gerlach, Kalkulierte Morde, S. 824 (Gomel November 1943).
[185] Streim, Behandlung, S. 243f., der selbst erheblich höhere Zahlen vermutet. Die einzige genauere Angabe ist die Zahl von 5. 329 Kriegsgefangenen, die vom 1. 12. 1941 bis 30. 4. 1942 an die Sicherheitspolizei übergeben wurden, ebenda S. 242. Vgl. Gerlach, Kalkulierte Morde, S. 839.
[186] Verbrechen der Wehrmacht, S. 231, 237 (Minsk, Dulag 203).

deutsche Führung durchaus nicht ohne politisches Risiko, ab April 1943 in einer
groß angelegten Propagandakampagne auf die Erschießung von ca. 4300 polnischen Kriegsgefangenen in Katyn hinzuweisen, die im Jahre 1940 durch das
NKVD begangen worden war. Auch hier handelte es sich im Grunde um die gleiche eiskalte Politik der Vernichtung (echter oder vermeintlicher) gegnerischer Eliten, freilich wiederum in anderen Größenordnungen[187].

5. Spätphase 1943/44

Ab September 1942 begann die Zahl der Neuankömmlinge in Kriegsgefangenschaft deutlich zu sinken; der deutsche Eroberungszug hatte seinen maximalen
Punkt erreicht. Seit Anfang 1943 wurden noch an die 200000 Rotarmisten gefangengenommen. Anfang März lebten 313000 Kriegsgefangene im Operationsgebiet,
im April stieg diese Zahl noch einmal auf 403000. Im September zählte man dann
noch 246000, im November 186000 Gefangene[188]. Dabei ist nicht immer ersichtlich, ob es sich um reguläre Rotarmisten handelte oder um Zivilisten, die während
des Partisanenkrieges gefangengenommen wurden.

Erst nach der Überwindung des Winters 1942/43 besserten sich die Verhältnisse
in den Lagern deutlich. Freilich sollten alle neu gemachten Kriegsgefangenen so
schnell wie möglich zur Zwangsarbeit ins Reich abtransportiert werden, d.h. die
Belegungszahlen in einzelnen Lagern sanken. Ab Juli 1943 sollte jeder Rotarmist,
der neu in deutsche Gefangenschaft geraten war, sofort zur Zwangsarbeit im Bergbau nach Deutschland gebracht werden. Obwohl diese Weisung auf Hitler selbst
zurückging, wurde sie von einzelnen Kommandobehörden umgangen[189].

Denn auch im Operationsgebiet war der Bedarf an Arbeitskräften enorm gewachsen, da Männer im Alter von 17 bis 45 kaum noch verfügbar waren. Immer
noch wurde ein erheblicher Teil des Hilfspersonals aus Kriegsgefangenen rekrutiert, manche Lager komplett auf Hiwi-Tauglichkeit durchgekämmt. Insbesondere
Balten konnten umgehend entlassen werden; sie sollten der SS zur Verfügung gestellt werden[190]. In Einzelfällen konnten die Gefangenen auch zur Arbeit in der
Landwirtschaft entlassen werden[191].

---

[187] Vgl. USHMM RG-53.002M, reel 1 (NARB 378-1-35, Bl.6-8), Sonderdienst Prop.-Abt. W,
14.4.1943. Die zwei anderen Massengräber mit den Leichen von ca. 10000 vom NKVD ermordeten polnischen Kriegsgefangenen bei Kalinin und Charkow blieben bis 1990 unent-
deckt. Möglicherweise befindet sich ein viertes bei Kiew.
[188] BA-MA RH 2/2773, Angaben sowjetischer Kriegsgefangener nach Meldungen der Heeresgruppen; IfZ MA 1710, fr.1320-22, WiStOst/A, Beitrag zum KTB 1.-7.5.1943; IfZ MA 1711,
fr.48-50, WiStOst/A, Beitrag zum KTB 4.-10.9.1943; IfZ MA 1712, fr.137-141, KTB-Beitrag
WiStOst/A, 5.11.1943. Im Mai 1944 verblieben noch 177000 Kgf. im (neuen) Operationsgebiet: OKW Nachweisung sowjetischer Kgf. zum 1.5.1944, in: Verbrechen der Wehrmacht,
S.189.
[189] IfZ MA 1711, fr.18-20, WiStOst/A, Beitrag zum KTB 10.-16.7.1943; BA-MA RH 23/191,
Bl.189, AOK 2, Qu. 2, 26.7.1943; BA-MA RH 20-8/208, Bl.12, KTB Armeeabteilung Kempf,
OQu, 14.7.1943, BA-MA RH 20-8/215, Armeeabteilung Kempf, Qu. 2, 21.7.1943.
[190] BA-MA RH 20-8/217, Bl.11, KTB AOK 8, OQu, 10.10.1943; BA-MA RW 19/1032, Bl.35-
36, OKW/WFSt./Qu (II), 24.6.1943; BA-MA RH 19 III/621, Bl.88, KTB Hgr. Nord, OQu,
19.1.1943.
[191] BA-MA RH 23/50, Bl.273-274, Korück 550, Ic, 15.11.1943.

Eine andere Art von Entlassung hatten die Frauen unter den Kriegsgefangenen zu gewärtigen. Immerhin scheint es nach 1941 kaum mehr systematische Tötungen an Rotarmistinnen gegeben zu haben, die sich im Gewahrsam der Wehrmacht befanden. Das OKH ordnete im März 1943 schließlich an, dass solche Frauen entweder als Sanitätspersonal eingesetzt oder zur Zwangsarbeit ins Reich verschickt werden sollten[192]. Im OKW-Bereich erging es ihnen schlimmer: Auch dort sollten die weiblichen Kriegsgefangenen in einen Zivilstatus überführt werden, um dann als Zwangsarbeiterinnen ausgebeutet zu werden. Nicht wenige von ihnen kamen jedoch ab 1943 in die Konzentrationslager, vor allem nach Ravensbrück. Das OKW verfügte im April 1944, dass die Mehrzahl der Frauen an die Sicherheitspolizei abzugeben waren. Für die meisten bedeutete das die sofortige Ermordung in einem KZ[193].

Im Jahre 1943, also lange nach Suspendierung des Kommissarbefehls, gingen die Selektionen unter den Gefangenen und die sogenannte „Abgabe an den SD" weiter. Wenn es sich auch um erheblich geringere Zahlen an Opfern handelt, pro Armee etwa ein oder mehrere Dutzend Gefangene pro Monat, so blieb die verbrecherische Kooperation doch letztlich unverändert. Vermutlich handelte es sich bei den Opfern vor allem um Juden[194].

Vor rechtliche Schwierigkeiten sah sich das Kriegsgefangenenwesen gestellt, als immer mehr Kriegsgefangene aus anderen Ländern in die besetzten sowjetischen Gebiete kamen. Französische und englische Gefangene, die als besonders renitent galten oder schon Fluchtversuche unternommen hatten, transportierte man bis in den ukrainischen OKW-Bereich. Einige italienische Soldaten, einst als Verbündete mit einmarschiert und nach dem Sturz Mussolinis in deutsche Gefangenschaft geraten, kamen auch in die Lager im Operationsgebiet, so ins Dulag 230. Deshalb musste der Quartiermeister 2 der 3. Panzerarmee gesondert darauf hinweisen, dass für diese das Kriegsgefangenenabkommen von 1929 gelte, allerdings „unter Anpassung an die in den besetzten Ostgebieten gegebenen Verhältnisse."[195] Teilweise wurden die Italiener jedoch genauso schlecht behandelt wie die sowjetischen Kriegsgefangenen[196]. Für die gefangenen Rotarmisten galten bis zum Schluss keinerlei völkerrechtliche Standards.

Während der Rückzüge nahm die Wehrmacht auch die größte Zahl ihrer Kriegsgefangenen mit sich. Wieder standen den Insassen lange Landmärsche bevor, selbst wenn den Lagerleitungen bekannt war, dass nur ein Teil der Gefangenen diese Strapazen körperlich durchhalten würde. Erst weiter westlich wurde sowohl per Eisenbahn als auch zu Fuß evakuiert[197]. Manche Lagerkommandanten ließen „in-

[192] BA-MA RH 22/137, Bl.179–183, OKH, GenQu Nr.II/1700/43 geh., Bes.Ano. für das Kgf. wesen im Op.geb. Nr.6, 19.3.1943.
[193] Freytag, Kriegsbeute „Flintenweib", S.35 (und Katalog S.61); Streim, Behandlung, S.153f.
[194] BA-MA RH 23/326, Bl.190, Korück 585, Qu, Kgf. Monatsmeldung, 7.8.1943; IfZ MA 921, fr.36, KTB Korück 585, 25.7.1943; BAL Dok.-Slg. Versch. 97, Bl.294 (NOKW-2386), KTB PzAOK 3, 6.9.1943.
[195] BA-MA RH 21-3/653, Bl.294–295, PzAOK 3, Qu 2, 16.11.1943 (Zitat); BA-MA RH 19 III/623, Bl.346, KTB Hgr. Nord, OQu, 5.10.1943; BA-MA RH 20-2/1537, KTB AOK 2, OQu, 28.10.1943. Vgl. BA-MA RH 2/2678, OKH, GenQu, Italienische Militärinternierte im Op.gebiet (Osten), 23.7.1944.
[196] Vgl. Vojna i plen, S.98f. (hier Lager in Weißrussland).
[197] BA-MA RH 21-4/392, Bl.27, KTB PzAOK 4, OQu, 1.2.1943; BA-MA RH 21-4/415, Bl.8, KTB PzAOK 4, OQu, 3.12.1943. Vgl. auch Orłowski, „Erschießen will ich nicht!".

valide" Gefangene, die als Last beim Marsch gen Westen angesehen wurden, kurzerhand durch die Wachmannschaften oder durch die Sicherheitspolizei ermorden[198]. In vielen Fällen ließen die Lagerkommandanten Gefangene bei den Evakuierungen zurück, insbesondere wenn diese als arbeits- bzw. marschunfähig angesehen wurden[199]. Vereinzelt gelang es sogar den Partisanen, die Insassen der Lager zu befreien, bevor die Rote Armee diese erreichen konnte[200]. Im Operationsgebiet trafen die sowjetischen Truppen jedoch nur noch auf wenige Tausend ihrer einstmals gefangen genommenen Kameraden, die sich zudem in einem denkbar schlechten Zustand befanden.

Insgesamt starben 2,8–3,0 Mio. Personen, die als sowjetische Kriegsgefangene galten, in deutscher Hand. Nach heutigem Kenntnisstand kann man davon ausgehen, dass davon 15–20% gar keine regulären Angehörigen der Roten Armee gewesen waren, sondern Zivilisten oder Angehörige anderer Institutionen. Etwa jedes dritte Opfer fand im Operationsgebiet den Tod. Nach den Statistiken der Wehrmacht starben dort bis 1944 845 000 Rotarmisten. Darunter sind mit ziemlicher Sicherheit diejenigen nicht enthalten, die schon auf dem Transport zu den Lagern ums Leben kamen. Man wird kaum fehlgehen, wenn man schätzt, dass etwa eine Million sowjetischer Kriegsgefangener unter Obhut des Heeres zu Tode kamen, eine immense Zahl von Opfern. Mindestens 20 000, wahrscheinlich erheblich mehr Rotarmisten aus Lagern im Heeresgebiet wurden erschossen, entweder von der Polizei oder von Einheiten der Wehrmacht.

War dies beabsichtigt und: Wer trägt dafür die Verantwortung? Von den zuständigen Militärs, aber auch von vielen Autoren der Nachkriegszeit wurde immer wieder vorgebracht, dass das Massensterben der sowjetischen Kriegsgefangenen auf Zwangslagen der deutschen Versorgungspolitik zurückging, mithin die Handlungsspielräume hier sehr gering gewesen seien[201]. Eine umfassende Analyse der Vorgänge zeigt jedoch, dass dies nicht einmal die halbe Wahrheit ist.

Schon die Planung des Kriegsgefangenenwesens entsprach nicht den Anforderungen der strategischen Überlegungen. Die Wehrmachtführung projektierte von Anfang an die Umfassung weiter Teile der Roten Armee, also auch die Gefangennahme von Millionen von Rotarmisten. Freilich ging ein Teil der Zuständigen davon aus, dass ein Teil dieser Kriegsgefangenen alsbald ins Reich transportiert würde. Für einen längeren Feldzug hatte man keine Vorkehrungen getroffen. Nun erwies sich, dass die operative Anlage nicht nur dilettantisch, sondern in ihrem Effekt auch kriminell war.

Als die Versorgungswege immer länger wurden und der Feldzug nicht mehr nach Plan verlief, traten tatsächlich Versorgungsschwierigkeiten ein. Ernährungsdiktator Backe entschied eine mörderische Reduzierung der Rationen, der Generalquartiermeister setzte dies im Heeresgebiet um. Verschärft durch die unzurei-

---

[198] Siehe oben S. 236f.
[199] BA-MA RH 20-6/797, KTB AOK 6, OQu, 7.2.1943 (Šachty); BA-MA RH 23/183, Bl.104, FS Korück 580 an AOK 2, Qu. 2, 15.2.1943 (Konotop); BA-MA RH 20-4/918, KTB AOK 4, OQu, 22.2.1943 (Vjaz'ma); BA-MA RH 21-4/415, Bl.96, KTB PzAOK 4, OQu, 22.9.1943.
[200] IfZ MA 867, fr.221, Berück Süd, Qu, an Hgr. Mitte, Ic/AO, 23.2.1943.
[201] Zuletzt ausführlich mit diesem Tenor: Arnold, Die Wehrmacht und die Besatzungspolitik, S. 389ff.

chende Unterbringung und die mangelhafte medizinische Versorgung, war das Massensterben damit vorprogrammiert. Das haben Staats- und Wehrmachtführung schon im *September* 1941 klar gesehen.

Die Kriegsgefangenen-Organisation im Heeresgebiet realisierte dieses mörderische Szenario, die Lagerfunktionäre waren direkt damit konfrontiert. Einige unter ihnen versuchten die verzweifelte Situation zu lindern, in der Mehrheit hielten sie sich jedoch an die Vorgaben. Zwar bemühten sich insbesondere einige Befehlshaber um eine Eindämmung des Massensterbens, doch dabei offenbarte sich erneut der rassistische Charakter des Verbrechens: Nur bestimmte Ethnien sollten aus der Gefangenschaft entlassen werden, die „Großrussen" wollte man ihrem Schicksal überlassen, d. h. in den meisten Fällen dem Tod.

Als sich der Massentod abzeichnete und damit zugleich eine Gefährdung der Wachmannschaften, begann ein vorsichtiges Gegensteuern. Dies hing sicher auch mit der allmählich akut werdenden Arbeitskräftekrise des Reiches zusammen. Doch die Rationserhöhungen wurden nur zum Teil umgesetzt, das Massensterben dauerte bis in das Frühjahr an. Da bis dahin kaum mehr neue Gefangene eingebracht wurden, entleerten sich viele der Lager.

Die Versorgungsprobleme der Wehrmacht, die sich ab September 1941 verschärften, waren nicht Ursache, sondern höchstens Auslöser des Massensterbens. Ursächlich war vielmehr die rassistische Einstellung und die Missachtung des Völkerrechts gegenüber den meisten Gefangenen, die sich von Anfang an, d. h. bereits beim Abtransport vom Gefechtsfeld, in einer miserablen Behandlung niederschlug. Angesichts der unzureichenden Versorgung und Unterbringung schlug die Erhöhung der Gefangenenzahlen Ende September/Anfang Oktober sofort katastrophal durch, ihr folgte der Tod von Millionen. Dass der geographische Zusammenhang mit der Kriegführung nur eine mittelbare Rolle spielte, zeigt ein Vergleich mit der Lage im OKW-Gebiet: Sowohl in den Reichskommissariaten als auch im Generalgouvernement und genauso im Reich starben die sowjetischen Kriegsgefangenen bis Frühjahr 1942 in Massen, obwohl diese Hunderte oder tausende Kilometer von der Front entfernt lagen. Das Hungersterben kann nur auf eine bewusste politische Entscheidung zurückgeführt werden, die vom Kriegsgefangenenwesen der Wehrmacht umgesetzt wurde.

Dass es auch anders ging, zeigt ein Vergleich mit der Situation der Rotarmisten, die in die Hand der Rumänen oder – in geringerem Ausmaß – der Finnen gerieten. Zwar herrschte in Finnland und Karelien ebenfalls ein rauhes Regime, und fast 19 000 der 64 000 Kriegsgefangenen verstarben bis 1944. Hierbei spielten rassistische Vorurteile jedoch eine viel geringere Rolle, als vielmehr die klimatischen Bedingungen und die finnischen Versorgungsprobleme. Die finnische Regierung stand in engem Kontakt mit dem Internationalen Roten Kreuz. Finnische Militärs ermordeten nicht bestimmte Gruppen unter den Kriegsgefangenen wie etwa Juden[202].

[202] Overmans, Kriegsgefangenenpolitik des Deutschen Reiches, S. 821; Lager' sovetskich voenno-plennych-evreev v Finljandii, S. 78ff.

Allerdings lieferten sie 2 800 der Kriegsgefangenen an Deutschland aus, unter ihnen Politarbeiter[203].

In Rumänien galt grundsätzlich die Haager Landkriegsordnung bei der Behandlung der 91 000 sowjetischen Kriegsgefangenen, von denen etwa 5 000 bis Kriegsende starben. Auch hier sind einzelne Morde an Kriegsgefangenen dokumentiert, genauso wie die rumänische Regierung zu dieser Zeit am Massenmord an den Juden beteiligt war[204].

Zweifelsohne war der Mord an den sowjetischen Kriegsgefangenen innerhalb der Wehrmacht umstritten. Während der Kommissarbefehl bald als militärisch kontraproduktiv angesehen wurde, gab es nur wenig Widerstände gegen die Selektionen in den Lagern und die daran anschließenden Morde. Das Massensterben im Winter 1941/42 hingegen traf vielfach auf Ablehnung. Für eine voll völkerrechtskonforme Behandlung der sowjetischen Kriegsgefangenen trat jedoch kaum jemand ein; als einer der wenigen ist Helmut James Graf von Moltke anzuführen.

Die Kriegsverbrechen an den Gefangenen haben auch das Bild der Besatzungsherrschaft bei der Bevölkerung tief geprägt. Bewohner großer Städte konnten das Elend in den Lagern oft mit eigenen Augen sehen, die Todesmärsche im Herbst 1941 waren weithin sichtbar. Viele Einheimische verloren ihre Brüder und Väter in deutscher Kriegsgefangenschaft. Noch nach dem Krieg meinten – mit den Deutschen geflüchtete und in die USA immigrierte – Einwohner des Besatzungsgebietes, dass die Behandlung der Kriegsgefangenen mit Abstand die negativste Erscheinung der deutschen Herrschaft gewesen sei[205].

---

[203] Vgl. die Diskussion um das Buch von Elina Sana, Luovutetut: Suomen ihmisluovutukset Gestapolle. 3. Aufl. Helsinki 2003; Heikki Ylikangas, Jatkosotaa varjonpuolelta. Pakolaisten ja vankien kohtelu Suomessa ja heidän karkottamisensa Saksaan ja Neuvostoliittoon, in: Valtioneuvoston kanslian julkaisusarja 5/2004.

[204] Pavel Poljan, O pravomočii byvšych sovetskich prinuditel'nych rabočich i voennoplennych, ugnannych v Rumyniju. Unveröff. Gutachten für die Stiftung Erinnerung – Verantwortung – Zukunft (2003). Ich danke Pavel Poljan für die Überlassung. Angrick, Besatzungspolitik, S. 190.

[205] Dallin, Deutsche Herrschaft, S. 432 (auf der Basis von Nachkriegsbefragungen).

IX. Mord an den Juden unter Militärhoheit 1941/42

Anscheinend hat das Militär vor Beginn des Feldzugs keine genaueren Regelungen zur Behandlung der Juden in der Sowjetunion getroffen, wahrscheinlich mit Ausnahme der jüdischen Kriegsgefangenen. Dennoch wäre es verfehlt anzunehmen, dass sich die antijüdische Politik, d.h. die Verfolgungsmaßnahmen unterhalb der Schwelle von Morden, quasi erst vor Ort im Laufe des Ostkrieges entwickelt habe. Vielmehr kannten die Militärs, und hier besonders die Militärverwaltung, genau die übliche Vorgehensweise gegen die jüdische Minderheit, wie sie zuerst im Reich und dann in den besetzten Gebieten praktiziert worden war, in vielen Fällen aus der eigenen Praxis.

Ungeklärt war vor allem die Kompetenz in „Judenfragen". Fiel die Behandlung der Minderheit nun unter die „politische Gegnerbekämpfung" der Sicherheitspolizei oder unter die Verwaltungtätigkeit des Militärs? Zwar war bekannt, dass die Polizei „Sonderaufgaben" zugewiesen bekommen hatte, also die Ermittlung, Inhaftierung und Ermordung von „Gegnern", weniger jedoch, inwieweit davon Juden betroffen sein würden.

1. Die ersten Morde

Bereits am ersten Tag des Feldzuges meldete die 454. Sicherungsdivision die Festnahme eines Juden, angeblich wegen Spionageverdachtes[1]. Damit begann eine etwa 15monatige Terror- und Mordkampagne, an deren Ende, zumindest nach offizieller Darstellung, kein Jude mehr unter Militärhoheit am Leben war. Die Massenmorde wurden in ihrer überwiegenden Mehrheit von SS- und Polizeieinheiten verübt, doch konnten diese auf die Unterstützung von vielen Dienststellen und Einheiten der Wehrmacht bauen.

Wenig bekannt ist über individuelle Mordtaten von Soldaten an Juden, die unmittelbar nach der Besetzung eines Ortes stattfanden. Zumeist nach besonders heftigen Kämpfen oder Zwischenfällen, etwa nach dem Verschwinden von Soldaten, wurden wahllos Juden auf der Straße aufgegriffen und erschossen. Über das gesamte Ausmaß und die Verbreitung dieser Verbrechen können jedoch keine präzisen Angaben gemacht werden[2]. Oftmals wurden „die Juden" von Frontkom-

---

[1] IfZ MA 1702, fr. 91, Tätigkeitsbericht 454. Sich.Div., Ic, 22.6.1941.
[2] Gerlach, Verbrechen deutscher Fronttruppen, S. 100; Heer, „Hitler war's", S. 266ff., mit Beispielen aus Weißrussland; Bald, Weiße Rose, S. 100 (252. ID); IfZ NOKW-1293, Bericht 99. ID, 30.7.1941.

mandeuren als besonders verdächtig für Spionage und Freischärlertum einge-stuft[3].

Deutlich systematischeren Charakter bekam die antijüdische Gewalt in den zahlreichen Pogromen, die die jüdischen Gemeinden Ende Juni/Anfang Juli 1941 vor allem in der Westukraine, in Litauen und in Bessarabien heimsuchten. Die militärische Abwehr hatte die Auslösung ethnischer Unruhen vor allem im Rü-cken der Roten Armee geplant, der Sicherheitspolizei hingegen war ausdrücklich die Initiierung von Pogromen beim deutschen Einmarsch aufgegeben. Den Schlüs-sel für diese Gewaltaktionen bildeten die nationalistischen Untergrundmilizen, die ab dem 22. Juni 1941 im Baltikum und in der Westukraine aus dem Boden schossen und sofort versuchten, die Rote Armee beim Rückzug zu behindern und mit einer „Abrechnung" mit dem Sowjetsystem zu beginnen. Diese begann zum Teil noch im Machtvakuum zwischen deutscher und sowjetischer Herrschaft, intensivierte sich jedoch nach der Öffnung der NKVD-Gefängnissen und dem Fund der dort ermordeten Häftlinge in vielen Städten. Letzteres wurde als Anlass genommen, wahllos Juden zu demütigen, zu misshandeln und zu töten. Dabei grassierte der Stereotyp vom vermeintlich „jüdischen Bolschewismus" nicht nur unter den deut-schen Besatzern, sondern auch in der einheimischen Bevölkerung.

Wer konkret für die Gewaltaktionen verantwortlich war, lässt sich nur im Einzelfall feststellen. Generell versuchten die Einsatzgruppen zwar Pogrome aus-zulösen, dabei waren sie jedoch – mangels Sprach- und Ortskenntnis – auf ihre Dolmetscher und den Kontakt zu einheimischen Gruppen angewiesen. Zudem ge-langten die Einsatzgruppen bei ihrem schnellen Vormarsch gerade in der Frühpha-se, also noch vor ihrer Zersplitterung in Teilkommandos, nur an vergleichsweise wenige Orte. Die Wehrmacht war hingegen nahezu flächendeckend im neu er-oberten Gebiet präsent. Hier ergibt sich freilich ein vielfältiges Bild. Für Litauen ordnete die Wehrmachtpropaganda an, dass sofort nach dem Einmarsch anti-semitische Hetzparolen über Radio gesendet werden sollten. In Lemberg forderte das AOK 17 sogar die Sicherheitspolizei auf, Pogrome von Polen gegen Juden in Gang zu setzen[4]. In vielen Städten wurde den einheimischen Milizen offensicht-lich Zeit gegeben, blutige „Abrechnungen" unter der Bevölkerung vorzuneh-men[5].

Grundsätzlich war es allerdings Aufgabe der frisch etablierten Militärverwal-tung, in den eroberten Städten für Ruhe zu sorgen. Viele Feldkommandanturen schritten deshalb, teils verspätet, gegen die Pogrome der Einheimischen ein. So gab das Generalkommando des XXXXIX. Gebirgskorps dem Stadtkommandanten von Lemberg „Verhinderungen von Ausschreitungen jeder Art, auch durch Heeres-angehörige" zur Aufgabe; das Pogrom in der Stadt dauerte jedoch fast drei Tage[6].

---

[3] BA-MA RH 26-22/67, 22. ID, Ic, Feindnachrichtenblatt, 22.6.1941; BA-MA RH 26-299/188, Tagesmeldung 299. ID, 24.6.1941; BA-MA RH 26-50/85, Tätigkeitsbericht, 50. ID, Ic, 6.9.1941.

[4] BA-MA RH 22/271, Bl. 178-179, OKW, WPr., Betreuung der Sender Kowno und Wilna, 27.6.1941; BA R 58/214, Bl. 52, EM CdS Nr. 10, 2.7.1941. Vgl. Verbrechen der Wehrmacht, S. 98.

[5] Vgl. Marko Carynnyk, Zoločiv movčyt, in: Krytyka 10 (2005), H. 96.

[6] BA-MA WF-03/34170, XXXXIX. Geb.AK, 29.6.1941.

In Zloczow wiederum wurde dem Morden von Offizieren der 294. Infanteriedivision Einhalt geboten[7].

Für die Soldaten, die an den Schauplätzen der Pogrome stationiert waren, gerieten die Gewaltaktionen nicht selten zum öffentlichen Spektakel; gelegentlich griff sogar die Propaganda-Kompanie zur Kamera. Nicht wenige deutsche Wehrmachtangehörige beteiligten sich an den Ausschreitungen, so in Lemberg, Tarnopol und Zloczow[8]; noch radikaler gebärdeten sich viele rumänische Soldaten, die die Nordbukowina und Bessarabien an mindestens 50 Orten mit einer Welle von antijüdischen Exzessen überzogen. Deren Gewalttaten richteten sich bisweilen auch gegen nichtjüdische Ukrainer[9]. Allerdings drückten viele Wehrmachtangehörige ihre Abscheu gegenüber solchen Gewaltexzessen aus, manche intervenierten zugunsten der Verfolgten[10].

Erst vergleichsweise spät ergriffen auch die Oberkommandos die Konsequenzen und untersagten Soldaten die Teilnahme an den Pogromen[11]. Wochen nach den großen Ausschreitungen in den Westgebieten fühlte sich vor allem die Militärverwaltung genötigt, solche unsystematischen Gewaltausbrüche, die sich in aller Öffentlichkeit abspielten, einzudämmen. Dabei betonte sie, dass sich dieses Verbot nur auf das rückwärtige Heeresgebiet, nicht aber auf frontnahe Bereiche beziehen würde[12].

Doch mit dem Einmarsch in altsowjetische Gebiete waren kaum mehr „spontane" antijüdische Gewaltexzesse der Einheimischen zu verzeichnen. Während im Raum Bialystok auch einige Polen gewaltsam gegen die jüdische Bevölkerung vorgingen[13], ließ die Bereitschaft zu Ausschreitungen in weißrussischen Siedlungsgebieten deutlich nach, wie die Wehrmachtpropaganda enttäuscht vermerkte: „Versuche, Juden-Progrome [!] hervorzurufen, sind gescheitert. Das hat seinen Grund darin, dass der Jude in den Augen des Durchschnitts-Russen eine proletarische Lebensführung hat und sich daher nicht zum Gegenstand eines Angriffs eignet."[14]

[7] Helmuth Groscurth, Tagebücher eines Abwehroffiziers. Hg. von Helmut Krausnick u. a. Stuttgart 1970, S.536 (Bericht an Hgr. Süd, 21.8.1941); Sigrid Wegner-Korfes, Weimar, Stalingrad, Berlin. Das Leben des deutschen Generals Otto Korfes, Berlin 1994, S.90f.
[8] Vgl. Wokół Jedwabnego. Red. Pawel Machcewicz, Krzysztof Persak. Warszawa 2002, Band 1, S.47; Pohl, Nationalsozialistische Judenverfolgung in Ostgalizien, S.54–67; Verbrechen der Wehrmacht, S.104–106; Hannes Heer, Einübung in den Holocaust: Lemberg Juni/Juli 1941, in: ZfG 49 (2001), S.409–427; Bernd Boll, Zloczow, Juli 1941: Die Wehrmacht und der Beginn des Holocaust in Galizien, in: ZfG 50 (2002), S.899–917.
[9] Aleksandr Kruglov, Anti-Jewish Pogroms in Ukraine in Summer 1941. Unveröff. MS. Charkiv 2003; vgl. BA R 58/214, Bl.123–129, EM CdS 19, 11.7.1941; Halder KTB, Band 3, S.186 (18.8.1941).
[10] BA-MA RH 26-281/25A, 281. Sich.Div., VII, erster Lagebericht an Berück Nord, 10.7.1941 (Litauen); BA-MA WF-03/34170, Batl. 800 an XXXXIX. Geb.AK., 1.7.1941 (Lemberg); Yitzhak Arad, Ghetto in Flames. The Struggle and Destruction of the Jews in Vilna in the Holocaust. Jerusalem 1980, S.68.
[11] Knut Stang, Massenmord und Kollaboration. Die litauische Hilfspolizei, das Rollkommando Hamann und die Ermordung der litauischen Juden. Frankfurt a.M. u. a. 1996, S.19 (AOK 16, 8.8.1941).
[12] BA-MA RH 22/5, Bl.72–73, Anordnung Berück Süd, 29.7.1941; 454. Sich.Div., Divisionsbefehl Nr.49, 20.8.1941, in: Deutsche Besatzungspolitik S.57–62; USHMM RG 53.002M, reel 4 (NARB 389-1-3), Berück Nord, 20.9.1941.
[13] Wokół Jedwabnego, S.39ff.
[14] BA-MA RW 4/v. 252, Bl.296, Hgr. Mitte, Propaganda-Einsatz, 11.8.1941 (Anl. zu Ausl./Abw. an WPr, 18.9.1941),

Nach den ersten Juliwochen 1941 war die „spontane" Gewalt gegen Juden keineswegs beendet, d. h. gänzlich durch systematische Mordaktionen abgelöst. Vielmehr waren auch später noch und weiter östlich die Besetzungen von Städten durch unkontrollierte Ausschreitungen gegen Juden begleitet. So zogen deutsche Soldaten mit Einheimischen durch die ukrainische Stadt Uman, wo der Berück gerade sein Quartier bezogen hatte, und erschlugen dort wahllos solche Juden, derer sie habhaft wurden. Geradezu grotesk mutet eine Beschwerde der Einsatzgruppe C über diese Gewalttaten an. Die Massenmörder monierten, dass ihre eigene Arbeit, also die systematischen Morde, durch diese Ausschreitung erschwert würde, weil die Juden der Stadt nun in Aufruhr seien[15]. Wohl als Reaktion auf diese Vorfälle erneuerte die Heeresgruppe Süd das Verbot von „wilden" antijüdischen Ausschreitungen, das vorher schon auch der Berück zum zweiten Mal erlassen hatte müssen[16].

Bereits diese frühe Welle der Gewalt zeigt deutlich die Grundstrukturen, die für die Integration der Wehrmacht in den Vernichtungskrieg bedeutsam wurden: auf höherer Ebene zunächst die frühzeitige Planung von Gewalt bereits vor dem Feldzugsbeginn; dann aber die Überzeugung, dass Tötungen von Juden unter bestimmten Umständen legitim erscheinen, hier wenn sie von Einheimischen gegen Einheimische in einer Art „Abrechnung" mit dem Bolschewismus verübt wurden. Freilich bevorzugte die Wehrmachtführung eine stärkere Formalisierung der Gewalt. Einerseits drohten Pogrome die öffentliche Sicherheit zu gefährden, deren Gewährleistung in den Aufgabenbereich des Militärs fiel, andererseits sollten diese „weltanschaulichen" Morde an den SS- und Polizeiapparat delegiert bleiben, dem man zwar organisatorische Hilfe leisten wollte, die individuelle Beteiligung von Soldaten jedoch zu unterbinden suchte.

Die Pogrome waren sicherlich nicht die einzigen Verbrechen an den Juden während der ersten Wochen des Feldzuges. Erheblich mehr Opfer forderten die systematischen Massenerschießungen, die von deutschen SS- und Polizeiverbänden verübt wurden. Diese Massenmorde waren weitgehend geplant, sie sollten sich zunächst gegen Funktionäre jüdischer Herkunft, gegen eine imaginäre „jüdische Intelligenz", bald aber gegen alle jüdischen Männer im wehrfähigen Alter richten. Bereits in den ersten Tagen nach dem 22. Juni 1941 verband die Sicherheitspolizei ihr Mordprogramm aber mit Repressalerschießungen, d. h. jegliche Art von Angriffen aus der Zivilbevölkerung gegen die Wehrmacht diente als Vorwand für massenhafte Morde an jüdischen Männern. Schon in den ersten Tagen stand jedoch die Zahl der Opfer in keinem Verhältnis zum (echten oder vermeintlichen) Ausmaß der Anschläge, die „gesühnt" werden sollten.

Spätestens nach der Entdeckung der Massengräber des NKVD erreichten diese nationalsozialistischen Massenmorde Dimensionen, welche es vordem nicht gegeben hatte. Waren es in der letzten Juniwoche noch jeweils Hunderte von Opfern gewesen, so steigerte sich dies ab Anfang Juli in die Tausende. Nur ganz wenige

---

[15] Krausnick/Wilhelm, Truppe des Weltanschauungskrieges, S. 231 f.; vgl. IfZ Fb 101/09, Bl. 726 (RGVA 1275k-3-664), Lagebericht OK I/839 Uman, 30. 8. 1941.
[16] BA-MA RH 24-3/136, Ano. ObKdo. HGr. Süd, Ic/AO, 24. 9. 1941; BA-MA RH 26-454/7, Berück Süd, 1. 9. 1941.

Wehrmachtsstellen legten dagegen Protest ein. Die Formulierungen in den „Ereignismeldungen" der Sicherheitspolizei, die sowohl in kumulierter Form an OKH und OKW als auch in detaillierter Version an die jeweils zuständigen Oberkommandos gingen, deuten darauf hin, dass mit den „Repressalien" ununterbrochen Vorwände gesucht wurden, mit denen auch die Militärführung einverstanden sein konnte.

Tatsächlich haben einzelne militärische Verbände und Dienststellen bereits in dieser frühen Phase tätig bei den ersten Massenerschießungen mitgewirkt, so in den westwolhynischen Städten Luck und Dubno, aber auch an vielen anderen Orten[17]. Von diesen Fällen organisierter Kooperation abgesehen, haben sich immer wieder deutsche Soldaten auf eigene Faust an den frühen Erschießungen beteiligt. Dagegen versuchten jedoch die Kommandobehörden, diese individuelle Form der Hilfe beim Massenmord zu unterbinden. In den einschlägigen Befehlen wurde keineswegs die Legitimität der Tötungen bestritten; deren Ausführung sei jedoch Sache der Polizei[18]. Auch die eigenständigen Morde der Hilfspolizei, die teils der Sicherheitspolizei, teils aber auch den Kommandanturen unterstand, wurden nur halbherzig eingedämmt. Während man die systematischen Aktionen im Auftrag der Sicherheitspolizei tolerierte, sollten autonome Gewaltaktionen der einheimischen Polizei gestoppt werden[19]. Noch schlimmer sah die Lage hingegen im Süden, vor allem in der Nordbukowina und Bessarabien aus, das binnen weniger Tage von der 11. Armee und rumänischen Verbänden erobert wurde. Dort begannen Eliteeinheiten der rumänischen Armee und Trupps rumänischer Gendarmerie am 3. Juli mit Massenerschießungen an Juden. Bereits im Juli wurden so mehrere Zehntausend Juden ermordet, in vielen Fällen in Zusammenarbeit mit der Einsatzgruppe D. Das AOK 11 beschwerte sich zwar hin und wieder über Ausschreitungen und Plünderungen, jedoch ist keine Kritik an den Massenmorden als solchen überliefert. Lediglich in Belcy schritt der Kommandeur der 170. Infanteriedivision gegen ein geplantes Massaker ein[20].

Die einzigen grundsätzlichen Einwände gegen diese frühen Massenverbrechen kamen aus der Wirtschaftsorganisation. Dort fürchtete man, dass gerade die Erschießung erwachsener jüdischer Männer zu einem Verlust von ausgebildeten Arbeitskräften, unter Umständen sogar zur Stilllegung von Betrieben führen würde. So stellte sich schon Anfang Juli die „Grundsätzliche Frage, ob Judenexekutionen deshalb beschränkt werden sollen."[21] Am 15. Juli erließ der Wirtschaftsstab Ost

---

[17] Krausnick/Wilhelm, Truppe des Weltanschauungskrieges, S. 187; Hans Raupach, Mein Leben. Unveröff. MS. München 1992, S. 159; Verbrechen der Wehrmacht, S. 126f.; eine Auflistung von Erschießungen durch die Wehrmacht findet sich in: Curilla, Die deutsche Ordnungspolizei, S. 893–900.

[18] BA-MA RH 20-18/1238, Bl. 128–129, 207. Sich.Div., 5.7.1941; BA-MA RH 26-454/7, Berück Süd, 1.9.1941.

[19] BA-MA RH 26-281/25A, Lagebericht 281. Sich.Div., VII, 27.7.1941; 281. Sich.Div., VII, Bes. Ano. für die innere Verwaltung Nr. 1, 11.8.1941; Ezergailis, Holocaust in Latvia, S. 281f.; USHMM RG 53.002M, reel 4 (NARB 389-1-3), Bl. 6, Ano. Berück Nord, VII, 28.9.1941.

[20] Report of the International Commission on the Holocaust in Romania, S. 140ff., 201; Angrick, Besatzungspolitik und Massenmord, S. 165. Die Gesamtzahl der Opfer bis Ende August 1941 wird auf über 45 000 Personen geschätzt.

[21] BA-MA RW 31/90b, WiStOst/A, Bericht über Erkundungsfahrt im Raum Taurogen-Schaulen, 4.7.1941.

hierzu eine generelle Regelung: „Die Wirtschaftsdienststellen haben sich für die Belassung jüdischer Facharbeiter in Betrieben mit kriegswichtiger Bedeutung dann einzusetzen, wenn Ersatz nicht zur Verfügung steht und die Aufrechterhaltung der Erzeugung davon abhängt."[22] Freilich hing auch das Leben dieser jüdischen Männer davon ab, dass die Wirtschaftsstellen für sie intervenierten. Die Einsatzgruppen ließen meist nur Ärzte oder Handwerker frei, wenn diese sich unter den Juden befanden, welche man für die Massenmorde festgesetzt hatte. Selbst manche der neu eingesetzten Gebietskommissare in den an die Zivilverwaltung abgegebenen Gebieten intervenierten frühzeitig gegen das Ausmaß der Massenerschießungen[23]; solche Stimmen blieben jedoch bei Oberkommandos und Militärverwaltung die Ausnahme.

2. Politik gegen Juden

Allgemeine Verfolgung der Juden und Massenerschießungen liefen in den besetzten Gebieten zeitlich parallel. Das lag in der Tatsache begründet, dass SS- und Polizeieinheiten zunächst vor allem jüdische Männer im wehrfähigen Alter erschossen und die übrige jüdische Bevölkerung bei ihrem Vormarsch bis etwa September 1941 zurückließen. Erst mit der systematischen Ausrottung aller Juden in neu eroberten Städten, die – regional unterschiedlich – zwischen Mitte August und Anfang Oktober 1941 begann, erübrigte sich dort jegliche Form von „Judenpolitik".

Die generelle Verfolgungspolitik gegenüber den Juden, d. h. unterhalb der Schwelle von Tötungen, teilten sich Militärverwaltung und Sicherheitspolizei untereinander auf. Dabei ist kein durchgängiges Muster erkennbar. In vielen, besonders größeren Städten, erließen die Einsatzgruppen Anordnungen über die Entrechtung und Unterdrückung der Juden. Anscheinend war es jedoch Verhandlungssache zwischen Militär und Polizei, wer hier die Federführung übernahm. Anders verhielt es sich auf dem Lande, wo die Kommandos der Einsatzgruppen bis September 1941 zunächst meist nicht hingelangten, weil sie noch kaum in Teilkommandos operierten.

Für die „Judenpolitik" der Militärverwaltung sind bisher keine generellen Regelungen aufgefunden worden, die eine zentrale Steuerung bereits vor Feldzugsbeginn beweisen würden. Statt dessen unternahmen die meisten Herrschaftsträger die antijüdischen Maßnahmen zwar nach einem allgemeinen Muster, regional aber unterschiedlich, was Zeitpunkt und Ausmaße betraf. Lediglich in der Berichterstattung forderte das OKH einen einheitlichen obligatorischen Abschnitt zur „Judenfrage"[24]. Bei allen anderen antijüdischen Maßnahmen schob das OKH eine generelle Regelung erst nach, als diese im besetzten Gebiet längst schon Praxis waren. Anscheinend orientierten sich die Militärs an zwei Vorbildern: Einerseits führten sie die Praxis fort, die Militärverwaltungen bereits 1939 in Polen und seit

---

[22] BA-MA RW 31/138, Bl. 211, WiStOst/Fü, Ia B. Nr. 1383/41, 15. 7. 1941.
[23] BAL Dok.-Slg. Verschiedenes 102, RSHA/IV an Einsatzgruppen A und B, 28. 7. 1941.
[24] Arnold, Die Wehrmacht und die Besatzungspolitik, S. 491.

1940 in Westeuropa praktizierten, andererseits richteten sie ihren Blick auf die sich etablierende Zivilverwaltung, die ja alsbald die militärisch eroberten Gebiete übernehmen sollte. Möglicherweise dienten auch die frühen Festlegungen im besetzten Serbien als Vorbild[25].

Schon in den ersten Verwaltungsrichtlinien, die Anfang Juli 1941 von der Militärverwaltung, den Kommandobehörden und vereinzelt von Fronteinheiten erlassen wurden, war ein Katalog antijüdischer Unterdrückungspolitik enthalten[26]. Zu den ersten Maßnahmen, die die Militärverwaltung flächendeckend ergriff, gehörte die Kennzeichnung der jüdischen Bevölkerung. Diese war im besetzten Polen nicht vom Militär, sondern erst von der nachfolgenden Zivilverwaltung dekretiert worden, in Serbien hingegen vom Militärbefehlshaber. Überall mussten Juden im Alter ab sechs, zum Teil ab 15 Jahren ein Kennzeichen an der Kleidung tragen, meist eine Armbinde mit Davidstern, vereinzelt aber auch einen aufgenähten Davidstern oder Fleck[27]. Für die Durchführung wurden die einheimischen kommunalen Verwaltungen verantwortlich gemacht, ebenso wie für die ersten gesonderten Registrierungen von Juden. Um die jüdische Minderheit leichter unter Kontrolle zu bekommen, aber auch um Verantwortung von sich abzuwälzen, wurde in allen Städten mit größerer jüdischer Bevölkerungszahl die Gestellung sogenannter Judenräte angeordnet[28].

In eigener Regie übernahm das Militär die Einführung der Zwangsarbeit für jüdische Männer. Auch diese gehörte zu den allgemeinen Maßnahmen der Militärverwaltung. Damit schufen sich die militärischen Stellen schnell ein Reservoir an billigen Arbeitskräften, noch bevor die deutschen Arbeitsämter ins Land einfielen. Vielerorts wurden ad hoc Zwangsarbeitskolonnen rekrutiert, die einfache Tätigkeiten für die Wehrmacht, aber auch für die Ingangsetzung des öffentlichen Lebens leisten mussten. Diese Politik war bereits eng mit den ersten Massenmorden verquickt, welche gerade die erwachsenen Männer, also den Kern der Arbeitskräfte, zum Opfer hatten. Die gleichzeitig erfolgte massenhafte Entlassung von Juden aus wirtschaftlichen Betrieben erwies sich bald als zweischneidiges Schwert, wie die Wirtschaftsstellen monierten. Der dadurch und durch die Morde verschärfte Facharbeitermangel drohte die Wiederingangsetzung von Schlüsselbetrieben empfindlich zu stören. So sah man sich gezwungen, viele Juden wieder einzustellen, selbst wenn es sich um Betriebsleiter handelte[29].

---

[25] Vgl. die grundsätzliche Besprechung beim MBF Serbien vom 14.5.1941, Manoschek, Serbien, S.38.

[26] BA-MA RH 22/5, Bl.83–84, Berück Mitte, VII, Nr.3/41, 12.7.1941; BA-MA RH 26-213/21, Vorläufige Verwaltungsrichtlinien 213. Sich.Div., Ib/VIIa, 3.7.1941; BA-MA RH 20-9/357, Bl.234, Bekanntmachung OB (AOK 9), (zwischen 1.–4.7.1941); IfZ MFB 4/42882, fr.492, Aufruf AOK 17 „An die Bevölkerung", o.D.; BA-MA RH 26-87/25, Befehl 87. ID, 8.7.1941. Vgl. Verbrechen der Wehrmacht, S.79–82; Anordnung IR 504, 12.7.1941, in: Einsatz im „Reichskommissariat Ostland", S.119 (291. ID, Raum Kurland).

[27] Beispiele in Arad, Ghetto in Flames, S.55ff.; Margers Vestermanis, Der lettische Anteil an der Endlösung. Versuch einer Antwort, in: Die Schatten der Vergangenheit. Impulse zur Historisierung des Nationalsozialismus. Hg. von Uwe Backes, Eckhard Jesse, Rainer Zitelmann. Berlin 1990, S.426–449, hier 428ff.; IfZ MA 887, fr.1215–16, Kommandanturbefehl OK I/593 Demidow, Nr.6, 6.8.1941 (ab zehn Jahren).

[28] Arad, Ghetto in Flames, S.58ff. (Wilna).

[29] IfZ MA 1707, fr.44, KTB WiStOst, 21.7.1941 (Bericht über Erkundungsfahrt nach Grodno).

Kolonne jüdischer Zwangsarbeiter in Mogilev, 1941
(Quelle: Bundesarchiv 101 I-138/1083/29)

Mit der Übergabe der westlichen Gebiete nahmen hier Zivilverwaltung und Sicherheitspolizei das Heft in die Hand. In den neu eroberten Gebieten wurden, beginnend zwischen Ende August und Anfang Oktober, ohnehin nur noch ein kleiner Teil von jüdischen Arbeitern am Leben gelassen. Das OKW selbst wollte die Zahl der jüdischen Zwangsarbeiter begrenzt wissen und minimierte damit die Überlebenschancen[30].

Direkt war das Militär auch an der Ausplünderung der jüdischen Minderheit beteiligt. Einzelne Kommandanturen erhoben horrende Kontributionen von den ortsansässigen Juden, so beispielsweise in Lemberg, in Stalino und anderen Städten[31]. Damit gedachte sich die Militärverwaltung zunächst einmal vorübergehend selbst zu finanzieren. Generell hatten Juden alle Wertsachen bei den Militärstellen abzuliefern. Meist erklärte sich aber die Sicherheitspolizei hier für zuständig. Zwar plünderten deutsche Soldaten und Polizisten, nicht selten im Verein mit Einheimischen, die Wohnungen von Juden seit den ersten Tagen des Feldzuges[32]. Umfassende Regelungen zur Beraubung verfügte der Generalquartiermeister jedoch erst vergleichsweise spät Anfang Oktober. Demnach war auch hier die Wirtschaftsor-

---

[30] BA-MA RW 4/v. 329, OKW/WFSt./Abt. L (IV/Qu), 12.9.1941; BA-MA RH 26-285/44, Berück Nord, 24.9.1941 (mit Bezug auf OKH Kr.verw. Nr.II/6165/41 geh. vom 18.9.1941); BA-MA RH 22/171, Bl. 145f., Berück Süd, Ic, 27.9.1941.
[31] Doneckij Vestnik, 11.12.1941; Brakel, Baranowicze 1939–1944, S.107; BA R 2104/21, Beutemeldung OK Wlodzimierz, 25.8.1941.
[32] So wurden allein in Riga im Sommer 1941 5800 solcher Wohnungen geplündert, Katrin Reichelt, Profit and Loss: the Economic Dimensions of the Riga Ghetto (1941–1943), in: The Issues of the Holocaust Research in Latvia. Riga 2001, S.168–184, hier 172.

ganisation zuständig[33]. Freilich stritten sich die Besatzungsbehörden fortwährend über ihren Anteil an der Beute. Damit sollte nicht nur die Verwaltung alimentiert und in die eigene Tasche gewirtschaftet werden, man gedachte auch Einheimische beispielsweise mit Wohnraum und Mobiliar zu bedenken, besonders natürlich wenn sie in Hilfsdiensten standen[34]. Den Juden wurde das Leben in jeder Hinsicht schwer gemacht: Sie erhielten formell nur minimale Nahrungsrationen; mancherorts untersagte man sogar den Verkauf von Lebensmitteln an Juden[35].

Dienten diese Maßnahmen zunächst zur Vorbereitung einer indirekten Vernichtungspolitik, so gingen sie auch während der Vernichtung der jüdischen Gemeinden weiter. Immer wieder meldeten die Kommandanturen, wie viele Wohnungen durch die Massenmorde freigeworden seien, gelegentlich auch, wie viel Wäsche man den Mordopfern abgenommen habe. Viele Kommandanturen übernahmen die letzte Beraubung im Zusammenhang mit den Massenmorden als „Nachlass erledigter Juden". Dies ist aus den Einlieferungsbelegen ersichtlich, die sie den Wertsachen beilegten, wenn sie an die Beutestelle der Reichshauptkasse gelangten[36].

Weitgehender Konsens bestand in der Wehrmachtführung, dass die jüdische Minderheit weitgehend isoliert werden müsse; auch hier diente das besetzte Polen als Vorbild, wo gerade neue Ghettos gebildet worden waren, um mittelbar Quartiere für die aufmarschierenden Truppen zu requirieren. Die katastrophalen Lebensumstände, wie sie gerade im Warschauer Ghetto herrschten, waren vielen Militärs dabei nicht verborgen geblieben. Schon in den ersten Tagen des Feldzuges gegen die Sowjetunion wurden Juden in Ghettos oder Lagern interniert[37]. Spätestens seit Mitte Juli war eine breitere Diskussion zwischen Sicherheitspolizei, neuer Zivilverwaltung, Militär und Wirtschaftsstab im Gange, wie in dieser Frage weiter zu verfahren sei. Und wieder wurde vor Ort über Internierung und Ghettoisierung entschieden, in der Regel in Vereinbarung zwischen Kommandantur und Sicherheitspolizei[38].

Besondere Bedeutung kommt dabei der Bildung des Ghettos in Minsk zu, weil sie vergleichsweise früh erfolgte und eine jüdische Gemeinde von enormer Größe traf. Die FK 812 leitete die Einrichtung eines Zwangsbezirks für Juden bereits am 10. Juli ein, als sich Minsk noch im Armeegebiet befand. Am 19. Juli wurde der offizielle Befehl an die jüdische Bevölkerung plakatiert, in ein kleines Areal umzuziehen[39].

---

[33] Yitzhak Arad, Plunder of Jewish Property in the Nazi-Occupied Areas of the Soviet Union, in: Yad Vashem Studies 29 (2001), S. 109-148; BA-MA RH 26-285/45, OKH, Kr.Verw. (W) Nr. II/15844/ 41, 2.10.1941.

[34] Gerlach, Kalkulierte Morde, S. 677ff.

[35] USHMM 1996. A.0150, reel 4 (DA Chmel'nyc'koï Oblasti 434-1-3), Befehl FK Kamenez Podolsk, 4.8.1941.

[36] Martin C. Dean, Jewish Property Seized in the Occupied Soviet Union in 1941 and 1942. The Records of the Reichshauptkasse Beutestelle, in: Holocaust and Genocide Studies 14 (2000), S. 83-101; BA R 2104/14, Bl. 514, Einlieferungsschreiben OK I(V) 256 Mstislavl, 18.12.1941 (Zitat). Für Hinweise auf Meldungen aus diesem Bestand danke ich Martin Dean.

[37] Dieckmann, Der Krieg und die Ermordung der litauischen Juden, S. 297; BA-MA RH 22/271, Bl. 180, 207. Sich.Div. an Berück, 29.6.1941; Gerlach, Kalkulierte Morde, S. 523 (Slonim 28.6.1941); BA-MA RH 26-221/19, Tagesmeldung 221. Sich.Div., 10.7.1941.

[38] BA-MA RW 31/66 11-13, Wochenbericht WiStOst, 16.7.1941.

[39] Gerlach, Kalkulierte Morde, S. 523f.; Arnold, Die Wehrmacht und die Besatzungspolitik, S. 499; Verbrechen der Wehrmacht, S. 80.

Während der Phase des schnellen Vormarsches der Wehrmacht ergingen nun in vielen Städten Anweisungen der Militärverwaltung, Zwangsbezirke für Juden einzurichten, so noch im Juli in Bialystok, Borisov, Šklov, Smolensk und Vitebsk, im August in Kamenec Podol'skij, Mogilev oder Polock[40]. Darüber hinaus begannen Militärverwaltung und Sicherheitspolizei, Juden aus den kleineren Orten in die nächstgelegenen größeren Städte zu vertreiben, um sie dort einer effektiven Kontrolle zu unterwerfen. So waren die Juden, die im Umland von Borisov, Gomel oder Mogilev wohnten, gezwungen, in die Ghettos der regionalen Zentren umzuziehen[41].

Dabei war von einer generellen Ghettoisierung der Juden anfangs gar nicht die Rede. Während Göring und die Wirtschaftsorganisation eine Kombination aus Ghettos und Zwangsarbeitslagern ins Gespräch brachten, plädierten zwar auch die Spitzen der Militärverwaltung für eine Isolierung der Juden, geschlossene Ghettos sollte es jedoch nur fallweise geben[42]. Erst am 19. August sah sich der Generalquartiermeister zu einer generellen Regelung veranlasst. Demnach sollten Ghettos nur dann eingerichtet werden, wenn sie zweckdienlich erschienen und ausreichend Bewachungspersonal zur Verfügung stand. Die Heeresgebiete legten diese Weisung eher zurückhaltend aus und betonten, dass zunächst einmal eine Notwendigkeit solcher Maßnahmen vorliegen müsse[43]. Die Weitergabe des Befehls fiel in eine Zeit, als insbesondere bei der Heeresgruppe Süd die jüdische Minderheit in fast allen neu eroberten Städten komplett vernichtet wurde und Ghettos somit obsolet erschienen. Im Bereich der Heeresgruppe Nord traf man, mit Ausnahme Estlands, kaum noch Juden an, den meisten war die Flucht gelungen. Dort reagierte die Militärverwaltung besonders zurückhaltend auf den OKH-Erlass; Ghettos sollten vom Höheren SS- und Polizeiführer geschaffen werden[44].

Bei der Heeresgruppe Mitte nahm diese Form der Isolierung von Juden jedoch ihren Fortgang, so in Nevel oder Roslavl[45]. Zumeist jedoch wurden die Überlebenden der großen Vernichtungsaktionen, welche seit Anfang Oktober 1941 auch im Heeresgebiet Mitte dominierten, in einzelnen Häusern oder kleinen Wohnblocks zusammengepfercht, die kaum noch mit den großen Ghettos weiter westlich vergleichbar waren[46].

Die Ghettoisierungspolitik der Militärverwaltung ist in erster Linie auf ein antisemitisch pervertiertes Sicherheitsdenken zurückzuführen, in zweiter Linie als Reaktion auf materielle Engpässe, die man auf Kosten der Juden zu lösen suchte. Wurde im Polenfeldzug noch die Politik der Sicherheitspolizei zur Konzentrie-

---

[40] Gerlach, Kalkulierte Morde, S. 526ff.; USHMM 1996. A.0150, reel 4 (DA Chmel'nyc'koï Oblasti 434-1-3), Befehl FK Kamenez-Podolsk, (vor 9.8.1941); USHMM RG 53.006M (GA Mogilev 260-1-15), Bekanntmachung Stadtverwaltung Mogilev, 13.8.1941. Vgl. 281. Sich.Div., VII, 30.7.1941, in: Einsatz im „Reichskommissariat Ostland", S. 122.

[41] Gerlach, Kalkulierte Morde, S. 533.

[42] IfZ MA 1707, fr.73, KTB WiStOst, 8.8.1941; Gerlach, Kalkulierte Morde, S. 524ff.; Arnold, Die Wehrmacht und die Besatzungspolitik, S. 497ff.

[43] Gerlach, Kalkulierte Morde, S. 525f.; Arnold, Die Wehrmacht und die Besatzungspolitik, S. 500f.

[44] BA-MA RH 20-18/1442, Bl. 40–59, Berück Nord, Ia, VII, 18.9.1941; BA-MA RH 26-281/25A, Lagebericht 281. Sich.Div., VII, o.D. (Ende 1941); Birn, Sicherheitspolizei in Estland, S. 159.

[45] BA R 58/219, EM CdS Nr. 92, 23.9.1941; Gerber, Im Dienst des Roten Kreuzes, S. 135.

[46] IfZ MA 887, fr.1152-53, Bericht OK I/532 Toropez, Oktober 1941; IfZ MA 887, fr.1083-84, OK Rshew, 8.11.1941; BA-MA RH 26-281/25A, Tätigkeitsbericht 281. Sich.Div., VII, (14.11.1941) (Opočka); IfZ MA 883, fr. 156–160, Korück 559 an AOK 4, 20.11.1941 (Kaluga).

rung der Juden vom Militär verzögert, so schritt die Militärverwaltung im Krieg gegen die Sowjetunion aus eigener Initiative voran, um den Weg für die nachfolgende Zivilverwaltung zu ebnen. Im Unterschied zum Vorgehen in Polen waren die Ghettos auf sowjetischem Boden keine Übergangsmaßnahme zur Abschiebung der Juden, sondern sollten zugleich zur totalen Isolierung der Juden und zu deren langfristigem Tod führen. Als klar wurde, dass die Sicherheitspolizei die Juden binnen kurzer Zeit restlos auszurotten begann, dienten die Ghettos zur Vorbereitung dieser Mordaktionen[47].

In allen Städten mit größerer jüdischer Minderheit, einerlei ob mit oder ohne Ghetto, ordneten Sicherheitspolizei bzw. Militärverwaltung die Bildung sogenannter Judenräte an, also Zwangsrepräsentationen, die deutsche Befehle auszuführen hatten. In erster Linie sollte ihnen die Rekrutierung von Zwangsarbeitern aufgebürdet werden[48].

Insgesamt unterschied sich die Judenpolitik der Militärverwaltung wenig von der des Reichsministeriums für die besetzten Ostgebiete, ja sie lief Hand in Hand mit den entsprechenden Maßnahmen der Sicherheitspolizei. Während die Ausdehnung der Massenmorde an Juden durchaus zu internen Debatten führte, ist dies bei der allgemeinen Verfolgung der Juden überhaupt nicht zu erkennen. Vielmehr deutet die weitgehend dezentrale Steuerung der antijüdischen Maßnahmen auf ein hohes Maß an Konsens unter den verantwortlichen Militärs hin, dass man die Unterdrückung der jüdischen Minderheit und die allmähliche Entziehung ihrer Lebensgrundlagen als sinnvoll und notwendig betrachtete.

Lediglich in einem Punkt differierte die Militärverwaltung deutlich von Rosenbergs Funktionären: Sie war nicht bereit, Juden aus anderen Territorien in ihr Hoheitsgebiet zu übernehmen. Schon im Vorfeld des „Unternehmens Barbarossa" waren in der NS-Spitze und der Sicherheitspolizei Pläne entwickelt worden, die europäischen Juden ganz oder teilweise in die zu besetzenden sowjetischen Gebiete abzuschieben, vorzugsweise in die weißrussischen Sümpfe. Tatsächlich wurden diese Projekte im Herbst 1941 zunächst obsolet, weil die Rote Armee noch nicht niedergeworfen war und weil in einzelnen Gebieten die Juden nicht abgeschoben, sondern an Ort und Stelle ermordet wurden. Die Deportation der Juden aus dem Reich und dem Protektorat, von der Staatsführung als besonders dringlich angesehen, sollte jedoch realisiert werden. Der größte Teil dieser Transporte gelangte ins Reichskommissariat Ostland, doch wurde immer wieder in Erwägung gezogen, Juden auch ins Militärgebiet, wo gerade die Totalvernichtung der jüdischen Gemeinden im Gange war, zu transportieren.

So war geplant, Juden aus dem Reich bis in die russischen Gebiete zu deportieren, etwa in den Raum Pskov oder anscheinend auch nach Smolensk[49]. Bis auf wenige Ausnahmen scheiterte dies jedoch am Widerstand der Militärverwaltung.

---

[47] Andere Interpretation bei Gerlach, Kalkulierte Morde, S. 526ff.
[48] USHMM RG-11.001, reel 92 (RGVA 1275k-3-666), 444. Sich.Div. an FK 603, 16.7.1941; BA-MA RW 30/65, Bl. 32, KTB WiKdo. Riga 21.7.1941.
[49] Helmuth J. Graf von Moltke, Briefe an Freya. Hg. von Beate Ruhm von Oppen. München 1988, S. 308; Leibbrandt (RMfbO) an Lohse, 4.11.1941, in: Gertrude Schneider, Journey into Terror. Story of the Riga Ghetto. 2. Aufl. Westport 2001, S. 130. Möglicherweise sollten aber auch estnische Juden nach Pskov, vgl. Weiss-Wendt, Murder without Hatred, S. 285f.; dagegen Birn, Sicherheitspolizei in Estland, S. 242f.

Dort war man nicht erpicht darauf, die Zahl der Juden unter eigener Hoheit noch zu erhöhen; selbst die Deportationen ins Zivilgebiet nach Minsk wurden kritisiert, weil sie die Transportengpässe verschärften[50]. Lediglich in zwei Fällen wurden im September 1942 Deportationszüge aus Frankfurt und Theresienstadt nach Raasiku in Estland geleitet[51]. In größerem Ausmaß wurden Juden aus dem besetzten Polen in den Osten Weißrusslands deportiert. Junge Männer aus dem Warschauer Ghetto verschleppte man im Sommer 1942 als Arbeitssklaven zur SS nach Bobrujsk und Smolensk; gelegentlich wurden sie dort auch von Einheiten der Wehrmacht zur Zwangsarbeit eingesetzt[52].

Gescheitert sind hingegen Planungen der SS- und Polizeiführung, im weißrussischen Mogilev ein provisorisches Vernichtungslager für Juden aus ganz Europa einzurichten. Wegen der guten Anbindung über Wasserstraßen erörterten zahlreiche SS- und Polizeistellen, im fernen Mogilev eine Tötungsstätte, ähnlich den improvisierten Vernichtungslagern in Polen, zu installieren. Es gibt jedoch keine Hinweise darauf, dass die Militärverwaltung in dieses Vorhaben eingeweiht wurde. Schließlich kam es auch nicht zustande[53].

3. Antisemitische Propaganda

Während eine zentrale Steuerung der Judenverfolgung in der Militärverwaltung – wegen der Aktenverluste – oft nur punktuell nachweisbar bleibt, gibt es keinen Zweifel daran, dass die antisemitische Wehrmachtpropaganda eindeutig vom OKW aus gelenkt wurde. Antisemitische Schulungsinhalte existierten in der Wehrmacht seit Ende der 1930er Jahre, verstärkt dann seit Kriegsbeginn.

Teilweise wurde die antisemitische Hetze den Wehrmachtpropagandisten vom Goebbels-Ministerium vorgegeben. Schon im Juli 1941 hieß es im Entwurf für die „Weisungen für die Propaganda-Abteilungen im Ostraum" unter Gruppe Kultur: „Juden sind auszumerzen"[54]. Im Feldzug selbst gehörte der Antisemitismus seit den ersten Tagen zum Standardrepertoire der Aufrufe und Flugblätter, die die Armeen verbreiteten[55]. Zwar stand die „Judenfrage" nicht im Vordergrund der Propaganda für den sowjetischen Raum, sie machte aber mit fast 10% der Veröffentlichungen einen nicht unerheblichen Teil aus. Allein hinter den sowjetischen Linien wurden etwa vier Millionen antisemitischer Flugblätter abgeworfen[56].

50 Hartmann, Halder, S.292; Gerlach, Kalkulierte Morde, S.753f.; Generalfeldmarschall Fedor von Bock, S.314–316 (Eintragungen 11./12.11.1941). Der Adjutant des Chefs der Op.abt. im GenStdH, Heusinger, notierte in sein Tagebuch, dass Juden aus Berlin nach Borisov gebracht und dort erschossen worden seien, Meyer, Adolf Heusinger, S.221. Dafür gibt es aber nur schwache Indizien.
51 Buch der Erinnerung. Die ins Baltikum deportierten deutschen, österreichischen und tschechoslowakischen Juden. Bearb. von Wolfgang Scheffler und Diana Schulle. München u.a. 2003, S.865ff.
52 Gerlach, Kalkulierte Morde, S.762f.
53 Vgl. Christian Gerlach, Failure of Plans for an SS Extermination Camp in Mogilev, Belorussia, in: Holocaust and Genocide Studies 11 (1997), H. 1, S.60–78.
54 BA-MA RW 4/253, ProMi an OKW/WPr., 19.7.1941.
55 Vgl. beispielsweise Brakel, Baranowicze 1939-1944, S.105 (Bekanntmachung AOK 2, 24.6.1941).
56 Buchbender, Das tönende Erz, S.279.

Abgesehen von der „Propaganda in den Feind" richtete sie sich beim Ostfeldzug an drei Adressaten: an die eigenen Soldaten, an die einheimische nichtjüdische Bevölkerung, zusehends aber auch an die ausländischen Hilfskräfte der Wehrmacht. Den Soldaten der Wehrmacht war das antisemitische Thema schon im Polenfeldzug 1939 nahegebracht worden; so auch im Vorfeld des „Unternehmens Barbarossa". Dies beschränkte sich nicht auf allgemeine propagandistische Aufrufe. Seit Jahresbeginn 1941 berichteten die Propaganda-Kompanien auch wieder verstärkt in antisemitischen Tönen über die Ghettos in Polen. Mit Beginn des Ostfeldzuges nahm diese Berichterstattung noch einmal deutlich an Aggressivität zu[57].

Einen Höhepunkt fand die antisemitische Hetze mit Hitlers Aufruf zur Operation „Taifun", dem Angriff auf Moskau. Obwohl dieser tausendfach verbreitet wurde, hat ihn die Forschung nach 1945 kaum jemals wieder zitiert. Über die Zustände in der Sowjetunion heißt es dort: „Dies ist das Ergebnis einer nunmehr bald 25jährigen jüdischen Herrschaft, die als Bolschewismus im tiefsten Grund nur der allergemeinsten Form des Kapitalismus gleicht. Die Träger dieses Systems sind aber auch in beiden Fällen die gleichen: Juden und nur Juden."[58] Die Propagandatruppen des Heeres verbreiteten den Judenhass nicht nur in Wort und Bild, sondern halfen den Einsatzgruppen gelegentlich auch bei ihrem Mordhandwerk, so bei den Massakern in Žitomir und Kiew.

Auch die einheimischen Hilfskräfte der Wehrmacht wurden mit antisemitischen Parolen bedacht. So mussten sich Hiwis Schulungen zu Themen wie die „Weltpolitische Bedeutung des Judentums" anhören[59]. Die Bevölkerung unter Besatzung wurde fortwährend mit antisemitischer Propaganda zugeschüttet. Dazu dienten die Millionen von Flugblättern, die verteilt wurden, vor allem aber die neue einheimische Presse, die unter deutscher Kontrolle herausgegeben wurde. Dort spielte der Judenhass durchaus eine hervorgehobene Rolle; allein für die ganze besetzte Ukraine sind etwa 4000 antisemitische Artikel in den Besatzungszeitungen ermittelt worden. Offensichtlich sollten diese zur Legitimierung der Mordmaßnahmen, vor allem aber zur Erweckung von Ängsten vor einer Rückkehr des Bolschewismus dienen[60]. Deshalb kann auch nach der vollständigen Ausrottung der Juden im Militärgebiet nicht von einem Rückgang der antisemitischen Wehrmachtpropaganda die Rede sein[61].

---

[57] Vgl. Daniel Uziel, Wehrmacht Propaganda Troops and the Jews, in: Yad Vashem Studies 29 (2001), S. 28–63.
[58] BA-MA RH 26-56/21a, OKW Hitlers Propagandaaufruf „Soldaten der Ostfront", 2.10.1941; Arnold, Die Wehrmacht und die Besatzungspolitik, S. 227. Vgl. Gerlach, Kalkulierte Morde, S. 619.
[59] BA-MA RH 21-2/720, Bl. 80–87, Tätigkeitsbericht PzAOK 2, Ic/AO, 1.6.1943.
[60] Grundlegend: C. V. Žumar', Okkupacionnaja periodičeskaja pečat' na territorii Belarusi v gody Velikoj Otečestvennoj vojny. Minsk 1996; zum Antisemitismus: Robert Edwin Herzstein, Anti-Jewish Propaganda in the Orel Region of Great Russia 1942-1943. The German Army and Its Russian Collaborators, in: Simon Wiesenthal Center Annual 6 (1989), S. 33-55; Mikhail I. Tyaglyy, The Role of Antisemitic Doctrine in German Propaganda in the Crimea, 1941-1944, in: Holocaust and Genocide Studies 18 (2004), S. 421–459; Raum Voronež: Filonenko/Filonenko, Psichologičeskaja vojna na Donu, S. 184ff., und zahlreiche Beiträge über regionale Zeitungen in: Meždunarodnaja Meždisciplinarnaja Konferencija po Iudaike (8, 2001, Korolëv). 2 Bde., Moskva 2001/2003; Datenbank des Instytut Judaiki, Kiew.
[61] BA-MA RH 20-9/300, AOK 9, Ic/AO, Tätigkeitsbericht Ic/WPr, 9.9.1943 (1000 Broschüren „Juden", 800 „Juden und Bolschewismus").

Über die Effekte dieser Berieselung lassen sich nur begrenzt Aussagen treffen. Anscheinend fiel sie nur teilweise auf fruchtbaren Boden. So beschwerte sich die Propapagandaabteilung für Weißrussland, dass sich die Bauern nicht für die „Judenfrage" interessieren würden; in einigen ukrainischen Städten wurden antisemitische Plakate abgerissen[62]. Insgesamt konstatierten die Propagandisten ernüchtert: „Der Russe - vielleicht mit Ausnahme der Intelligenz - begreift und billigt im allgemeinen die Absonderung der Juden in Ghettos. Er versteht jedoch nicht, in Folge des Mangels jeglicher Aufklärung, die radikalen Maßnahmen zur Beseitigung der Judenfrage. Ihre Durchführung ist weiten Kreisen der Bevölkerung bekannt geworden und hat stimmungsmässige Rückschläge, ja sogar Befürchtungen hinsichtlich des eigenen Schicksals, ausgelöst. [...] Im übrigen ist hierbei mehr Aufklärung als reine Agitation angebracht, da die Bevölkerung bisher der projüdischen Propaganda ausgesetzt war, und sich über die Rolle des Weltjudentums und der eigenen Juden nicht im Klaren ist."[63]

4. Übergang zu Totalvernichtung

Die erste völlige Auslöschung einer jüdischen Gemeinde durch Massenmord unter Hitlers Herrschaft datiert nicht erst auf das Jahr 1941, sondern spielte sich bereits im Polenfeldzug 1939 ab[64]. Dennoch blieb dies anscheinend ein Einzelfall, ebenso wie die Vernichtung der gesamten jüdischen Minderheit am 15. Juli 1941 im lettischen Jelgava (Mitau), die wahrscheinlich auf die Initiative der – gerade eingerichteten – lettischen Sicherheitspolizei zurückging.

Dennoch begannen bereits in der ersten Woche des Feldzuges Massenmorde von gigantischem Ausmaß, die alle bisherigen NS-Verbrechen in den Schatten stellten. In Brest erschossen die Männer des Polizeibataillons 307 etwa 5000 jüdische Männer. Die vorangehende Razzia war von der FK 184 angeordnet worden, die Opfer wurden mit LKWs der 162. Infanteriedivision an die Mordstätte gefahren. Damit offenbarten sich bereits zwei Wochen nach Feldzugsbeginn alle Muster der Kooperation beim Völkermord[65].

In diesem Gebiet, d.h. den polesischen Sümpfen, wurden die Massenverbrechen zusehends von den Sonderverbänden der Waffen-SS, hier der sogenannten Kavalleriebrigade, verübt. Diese erhielt ihre „fachlichen" Weisungen zwar vom HSSPF, koordinierte sich aber eng mit dem Oberkommando der Heeresgruppe Mitte und dem zugehörigen Heeresgebiet. Während das SS-Kavallerieregiment 1 bereits frühzeitig damit begann, ganze jüdische Gemeinden auszurotten, beschränkte sich

---

[62] BA-MA RW 4/v. 254, Bl. 384–385, OKH GenQu Kr.verw. (Qu 4B/Ausw) Nr. II/1211/42 geh. an WFSt., 15.2.1942 (mit einem Bericht des Berück Mitte); BA-MA RH 22/42, Bl. 138–142, Prop.abt. U, Stimmungsbericht, 31.7.1942.

[63] BA-MA RW 4/v. 236, Bl. 22, 25, Bericht Prop.abt. W, o. D. (ca. Dezember 1941).

[64] In Ostrow Mazowiecki: Klaus-Michael Mallmann, „... Mißgeburten, die nicht auf diese Welt gehören". Die deutsche Ordnungspolizei in Polen, in: Genesis des Genozids, S. 71–89, hier 78. Allerdings war die überwiegende Mehrzahl der jüdischen Einwohner vorher nach Osten geflohen.

[65] Klaus-Michael Mallmann, Der Einstieg in den Genozid. Das Lübecker Polizeibataillon 307 und das Massaker in Brest-Litowsk Anfang Juli 1941, in: Archiv für Polizeigeschichte 10 (1999), S. 82–88; Gerlach, Kalkulierte Morde, S. 546–548.

das SS-Kavallerieregiment 2 bei seinen Verbrechen zwar auf Männer im wehrfähigen Alter, ermordete dafür aber umso mehr Personen. Den Höhepunkt
dieser Verbrechen markiert die Erschießung von 9000 Juden, auch Frauen und
Kindern vom 5. bis 7. August in Pinsk. Anscheinend war daran zwar keine Stelle
der Wehrmacht beteiligt, das Massaker sorgte unter den in Pinsk stationierten Soldaten aber für rege Diskussionen[66]. Der Berück von Schenckendorff war über die
Morde der SS-Kavalleriebrigade informiert, wenn diese auch teilweise etwas zu
niedrige Opferzahlen meldete. Von Seiten des Berück ist keinerlei Intervention
bekannt; vielmehr lobte er das Verhältnis zur SS. Unmittelbar nach den größten
Massenmorden meldete er am 10. August 1941 dem OKH, durch „Niederdrück-
ung der Juden dürfte das Gebiet als befriedet angesehen werden." Selbst Oberbefehlshaber von Bock gratulierte dem HSSPF noch am 3. August zu dessen Tätigkeit[67].
    Nicht weniger kooperativ zeigten sich die Kräfte der Heeresgruppe Süd gegen-
über der 1. SS-Brigade, die in ihrem Bereich tätig war. Das AOK 6 wies der Brigade die Einsatzräume zu, auch der Generalstabschef der 6. Armee gratulierte den
Massenmördern zu ihrem „Einsatz", und zumindest beim Massaker in Novograd
Volynskij waren auch Wehrmachtangehörige beteiligt. Lediglich in Ostrog intervenierte die Ortskommandantur am 4. August mitten während der Erschießung,
bei der unter anderem Kleinkinder ermordet wurden. Zumindest im Blick auf die
Verbrechen der SS-Brigaden blieb dies ein Einzelfall[68].
    Den eigentlichen Wendepunkt hin zum totalen Massenmord in präzendenzlosen
Ausmaßen markiert das Massaker in Kamenec Podol'skij. In diese ukrainische
Stadt, nicht fern von der alten polnischen Grenze, gelangten ausschließlich Truppen des deutschen und ungarischen Heeres, nicht jedoch Einheiten der Sicherheitspolizei. In der Stadt selbst lebten etwa 12000 Juden. Dies änderte sich allerdings, als ungarische Stellen damit begannen, Juden aus der Karpato-Ukraine ins
Militärgebiet abzuschieben. So kamen schließlich weitere 10000 Menschen jüdischer Herkunft nach Kamenec. Die Feldkommandantur 183 reagierte empört,
noch Ende Juli 1941 meldete sie an ihre vorgesetztem Behörden: „Die zahlreichen
Juden wurden vermehrt durch Zuzug der aus Ungarn ausgewiesenen Juden, von
welchen etwa 3000 in den letzten Tagen hier ankamen. Ihre Ernährung stößt auf
große Schwierigkeiten; auch besteht Seuchengefahr. Sofortiger Befehl über ihren
Abtransport ist dringend erwünscht."[69] Die Angelegenheit wurde schließlich Gegenstand einer Spitzenbesprechung, die der Übergabe des Gebietes an die Zivilverwaltung diente. Bei dieser Zusammenkunft zwischen dem Generalquartiermeister,
der durch Schmidt von Altenstadt sowie durch Danckwerts vertreten war, und
dem Reichsministerium für die besetzten Ostgebiete am 25. August wurde klar,
wie das Vorgehen der Polizei aussah. HSSPF Jeckeln habe bereits angekündigt,

---

[66] Ebenda, S. 559ff.; im Detail: Cüppers, Wegbereiter der Shoah, S. 142ff., bes. 155–161; möglicherweise gab es am 4.8.1941 eine Vorabsprache mit der OK Pinsk.
[67] Cüppers, Wegbereiter der Shoah, S. 187 (Zitat); Gerlach, Kalkulierte Morde, S. 565; nicht im
(redigierten) Tagebuch: Generalfeldmarschall Fedor von Bock, S. 9, 238.
[68] Cüppers, Wegbereiter der Shoah, S. 168f., 188.
[69] USHMM RG-11.001, reel 92 (RGVA 1275k-3-667, Bl. 49), FK 183 an 444. Sich.Div., 31.7.1941.

„die Liquidation dieser Juden bis zum 1.9.1941 durchgeführt zu haben."[70] Im Grunde verabredeten die Herren hier den Völkermord.

Man muss davon ausgehen, dass sich der HSSPF zunächst mit der Feldkommandantur in Verbindung setzte, bevor er eine so einschneidende Maßnahme an deren Sitz und unter deren Hoheit vornahm. Auf jeden Fall informierte Jeckeln auch ungarische Heeresdienststellen, die sich dann an der Absperrung beteiligten. Am 27. August, also drei Tage vor Übergabe der Stadt an die Zivilverwaltung, begann das Massaker durch ein Polizeibataillon und Jeckelns Stab. Laut Augenzeugen waren hierbei mehrere Wehrmacht-Offiziere anwesend[71]. Der Höhere SS- und Polizeiführer meldete schließlich per Funk den Mord an 23 600 Juden nach Berlin[72], wahrscheinlich über den Berück gelangte diese Information auch an das Oberkommando der Heeresgruppe Süd[73].

Dieser Massenmord zeigt deutlich sowohl den Kenntnisstand in der Heeresführung als auch das Verhalten der Militärverwaltung im Angesicht dieses Menschheitsverbrechens. Die Feldkommandantur forderte den Abtransport der Juden, obwohl klar war, dass dies im Operationsgebiet nur sehr schwer zu bewerkstelligen war. Das OKH war voll informiert, dass ein Völkermord unmittelbar bevorstand; im Gegensatz zum Heeresgebiet Nord sind irgendwelche Einwendungen von Heeresführung oder Berück nicht erkennbar. Vielmehr entfaltete sich damit eine logistische Zusammenarbeit, an deren Ende kein Jude mehr am Leben blieb.

Dies wiederholte sich in Žitomir, westlich von Kiew. Hier hatte es schon unmittelbar nach dem Einmarsch in enger Abstimmung zwischen dem AOK 6, das in der Stadt sein Hauptquartier bezog, und der Einsatzgruppe C Massenmorde an jüdischen Männern gegeben[74]. Bezüglich der Überlebenden kontaktierte das Sonderkommando 4a Wochen später die zuständige Feldkommandantur 197: „Es fand deshalb am 10.9.41 eine diesbezügliche Besprechung mit der Feldkommandantur statt, in deren Ergebnis *beschlossen* wurde, die Judenschaft endgültig und radikal zu liquidieren." Die Feldkommandantur stellte zudem noch einen Teil der benötigten Lastwagen zur Verfügung[75]. Am 19. September erschoss das Sonderkommando 4a bei Žitomir 3 145 Juden. Blobels ursprüngliches Ziel, die ganze jüdische Gemeinde auszurotten, wurde jedoch nicht erreicht. Vermutlich auf Drängen der Militärverwaltung blieben 240 Juden am Leben[76].

[70] IfZ PS-197, Vermerk RMfbO (gez. Labs), 27.8.1941; im Protokoll des Berück Süd (o.D.) heißt es verschleiernd: „Höh. SS Fhr. wird sich dort der Angelegenheit zuwenden. Bfh. verlangt jedoch abstoppen weiteren Judenzuflusses aus Ungarn", IfZ MA 674, fr.773.
[71] Andrej Angrick, The Escalation of German-Rumanian Anti-Jewish Policy after the Attack on the Soviet Union, in: Yad Vashem Studies 26 (1998), S.203–238, hier 228f.
[72] FS HSSPF Russland-Süd an Kommandostab RFSS, 29.8.1941, Verbrechen der Wehrmacht, S.134.
[73] IfZ NOKW-1554, Notiz über eine Besprechung bei der Hgr. Süd am 2.9.1941.
[74] BA R 58/215, EM CdS Nr.38, 30.7.1941; BA R 58/216, EM CdS Nr.58, 20.8.1941; IfZ T-77, r.1114, fr.572, Meldung AOK 6, IV Wi, an WiStOst, 13.8.1941. Zu Soldaten als Gaffern vgl. IfZ USSR-293, Bericht Major Roesler an IX. AK, 3.1.1942.
[75] BA R 58/218, Bl.68, EM CdS Nr.106, 7.10.1941; Hervorhebung vom Autor. Vgl. BA-MA, RH 22/204, Lagebericht FK 197, VII, 20.9.1941.
[76] Vgl. Wila Orbach, The Destruction of the Jews in the Nazi-Occupied Territories of the USSR, in: Soviet Jewish Affairs 6 (1976), H. 2, S.14–51, hier 51.

Als herausragendes Symbol für alle Massenverbrechen unter deutscher Besatzung steht die Ermordung der Juden Kiews Ende September 1941, in der sogenannten Babij Jar Mulde in einem parkähnlichen Gelände am Nordwestrand der Stadt. Dies stellte nicht nur das größte Verbrechen unter der Herrschaft des Militärs dar, sondern überhaupt den Massenmord mit den meisten Opfern unter deutscher Hoheit. Die Vorbereitungen der Polizei, insbesondere des Sonderkommandos 4a, liefen sicher schon seit der Schlacht um Kiew. Auch die Militärs hatten sich vermutlich schon vor der Einnahme der Stadt Gedanken darüber gemacht, wie mit dieser größten jüdischen Gemeinde, die man im Ostfeldzug antraf, umgegangen würde. Hitler hatte im Juli 1941 gegenüber von Brauchitsch erwähnt, dass die Kiewer Bevölkerung zu 35% aus Juden bestehe, welche aus deutscher Sicht ein Risiko darstellen würden. Es war durchaus bekannt, dass 150000 Juden in Kiew lebten. Man rechnete allerdings damit, dass ein Teil der Einwohner die Metropole bereits verlassen habe[77]. Spätestens seit Mitte September erfolgten die konkreten Absprachen über den Einsatz des Sonderkommandos 4a[78]. Nach den Erfahrungen in den bisher eroberten Städten war davon auszugehen, dass Massenerschießungen an Juden zu dessen regulärer Tätigkeit zählen würden. Unter Federführung Blobels waren allein im August 1941 im Raum Žitomir etwa 10000 Menschen umgebracht worden[79].

Am 19. September drangen nicht nur deutsche Truppen, sondern auch das erste Vorkommando Blobels in Kiew ein, das am nächsten Tag mit der „Arbeit" beginnen durfte[80]; tags darauf folgten auch Teile des Stabes der Einsatzgruppe C. Am 19. und 21. September 1941 ordnete das AOK 6 die Internierung der gesamten männlichen Bevölkerung an, was jedoch mangels Einsatzkräften nicht – wie etwa in Minsk – realisiert werden konnte. Das zuständige Generalkommando des XXIX. AK modifizierte die Weisung in dem Sinne, dass nun vor allem jüdische Männer festgenommen werden sollten. Soldaten einzelner Fronteinheiten wie der 99. oder der 299. Infanteriedivision begannen umgehend damit, nicht nur männliche Juden in Lager einzuweisen, sondern auch jüdische Frauen direkt an das Sonderkommando zu übergeben[81]. Welches Schicksal diesen bevorstand, konnte zu diesem Zeitpunkt kaum mehr einem Zweifel unterliegen.

Einen deutlich radikaleren Zuschnitt bekam die Haltung der verantwortlichen Wehrmachtstellen, nachdem am 24. September mehrere Gebäude im Zentrum Kiews durch ferngezündete Minen gesprengt wurden, darunter auch zahlreiche Quartiere von Militärs. Nach den ersten Löscharbeiten fanden am 27. September

[77] Halder KTB Band 3, S.60 (Eintrag 10.7.1941); BA-MA RH 20-6/491, AOK 6, Ic/AO, Feindnachrichtenblatt Nr.36, 31.8.1941.
[78] BA-MA RH 20-6/492, Bl. 173–174, AOK 6, Ic/AO, an XXIX. AK, 14.9.1941, vgl. aber schon ebenda, AOK 6, Ic/AO, Tätigkeitsberichte 8.8. und 2.9.1941.
[79] A. Kruglov, Enciklopedija Cholokosta. Kiev 2000, S.54f.
[80] BA-MA RH 26-454/28, Tätigkeitsbericht 454. Sich.Div., VII, 30.9.1941, vermerkt für den 23.9. ein Treffen mit „Ostubaf. Müller", vermutlich Obersturmführer Müller vom Sk 4a, der Callsen als Verbindungsoffizier zum AOK 6 ablöste, vgl. RH 20-6/493, Bl.240, Tätigkeitsbericht AOK 6, Ic/AO, 3.10.1941.
[81] Arnold, Eroberung, S.50f.; BA R 58/218, Bl. 148, EM CdS Nr. 111, 9.10.1941, spricht von drei Lagern in Kiew: Lager für Zivilgefangene, Kriegsgefangenenlager, Judenlager. Diese Lager bestanden schon bei Arbeitsbeginn der Sicherheitspolizei, dürften also von der Wehrmacht eingerichtet worden sein.

mindestens zwei Besprechungen[82] in „Abwehrangelegenheiten" statt, in denen das weitere Vorgehen konkretisiert wurde. Zumindest während des zweiten Treffens – zwischen Militärs, Polizei und zukünftiger Zivilverwaltung – wurde das bevorstehende Massaker thematisiert. Die anwesenden SS-Führer bemühten sich sogar darum, Soldaten als Absperrungspersonal gestellt zu bekommen. Der Ic-Offizier des XXIX. AK bemerkte nach dem Krieg: „Bei dieser Besprechung wurde von den SS-Führern erklärt, dass die Juden der Stadt evakuiert würden. Es fiel, das weiss ich noch, eine zweideutige Bemerkung, aus der man schließen konnte, dass irgendetwas mit den Juden geplant war. Mir war irgendwie klar geworden, dass diese Juden nicht evakuiert würden, sondern getötet."[83] Offensichtlich nutzten der Kommandierende des XXIX. AK wie auch der neue Stadtkommandant Eberhard die Sabotageanschläge des NKVD, mit denen die Kiewer Juden nichts zu tun hatten[84], um den Massenmord zu rechtfertigen.

Wie auch andernorts, „wurden in Vereinbarung mit dem Stadtkommandanten" die ausersehenen Opfer aufgefordert, sich rechtzeitig zu versammeln[85]. Die Propagandakompanie 637 druckte 2000 Plakate, deren Text das Sonderkommando 4a verfasst hatte und – unter Androhung der Erschießung bei Nichterscheinen – die Juden dazu aufriefen, sich am 29. September an einer Straßenkreuzung im Nordwesten der Stadt zu versammeln[86].

Anscheinend wurden bei der Bewachung der Opfer auch ukrainische Hilfspolizisten eingesetzt, die zu diesem Zeitpunkt der Stadtkommandantur unterstanden[87]. Die Erschießungen selbst nahmen Angehörige des Sonderkommandos 4a vor, unter Absperrung zweier Polizeibataillone. Dazu hatte die Wehrmacht vorher noch extra Munition für die Ausführung des Massenmordes geliefert[88]. Nach den zwei Tage andauernden Massenerschießungen besichtigten Wehrmachtoffiziere die offenen Gräber. Anschließend sprengte das Pionierbataillon 113 die Grubenränder über den Leichen ab und begrub diese[89].

---

[82] Wenig ist über eine dritte Besprechung bekannt, die vermutlich am 26. 9. zwischen HSSPF Jeckeln, Einsatzgruppenchef Rasch, Blobel und Stadtkommandant Eberhard stattfand. Raschs Adjutant Schulte erwähnt mehrere Besprechungen mit Eberhard, „Gott mit uns", S. 119. BA R 58/218, EM CdS Nr. 106, 7. 10. 1941, spricht von „täglichen Besprechungen" mit „den zuständigen Stellen", also wahrscheinlich Militärverwaltung. Es existierten Filmaufnahmen von einem Treffen Eberhards mit Jeckeln, freilich schwer datierbar, vgl. BA-MA RH 20-6/494, Bl. 215f., PK 637 an AOK 6, 10. 11. 1941.

[83] IfZ Gd 01/54, Bd. 52, Bl. 1937 (LG Darmstadt ./. Callsen u. a.), Vernehmung Gerhard Schirmer, 29. 6. 1966; vgl. ders. in „Schöne Zeiten", S. 120.

[84] Die Explosionen wurden durch die NKVD-Offiziere Viktor M. Kartašov und Ivan D. Kudrja organisiert, vgl. Veniamin Glebov, Agent, kotoryj vzorval Kreščatik, in: Obščaja gazeta 16. 7. 1998; Razvedka i kontrrazvedka v licach, S. 264.

[85] So die Formulierung in BA R 58/218, Bl. 66, EM CdS Nr. 106, 7. 10. 1941.

[86] Vgl. Bericht PK (mot.) 637, 27. 9. 1941, Verbrechen der Wehrmacht, S. 162; Plakat ebenda S. 161.

[87] Vgl. BA-MA RH 26-454/7, 454. Sich.Div. Div. Befehl Nr. 64, 19. 9. 1941; BA-MA Film 59103, fr. 462f., KTB 454. Sich.Div., 27. und 29. 9. 1941.

[88] Häfner (Sk 4a) spricht von 60000 Schuss MP-Munition, die die Stadtkommandantur geliefert habe, IfZ Gd 01/54, Bd. 35, Bl. 7227-37, Vernehmung 19. 8. 1966. Die ASt. Süd des Gen.Qu. meldete die Lieferung von 100000 Schuss Pistolenmunition an den HSSPF, BA-MA RH 3/v. 174, Bes.Ano.f.d. Versorgungsbezirk Süd Nr. 132, 27. 9. 1941.

[89] IfZ Gd 01/54, Hauptverhandlung S. 383, Vernehmung Janssen, 7. 11. 1967; BAL Dok.-Slg. Versch. IX, Bl. 58f., 113. ID, Ic, 27. 9. und 3. 10. 1941. Die Zeugen Hennicke und Schulte (Einsatzgruppe C) berichten von der Anwesenheit von Wehrmachtoffizieren während des Massakers, „Schöne Zeiten", S. 119, 122.

Die Militärverwaltung war vor allem an den Wohnungen der Juden, die ermordet worden waren, interessiert. Durch die Sprengungen im Stadtzentrum, aber auch durch Einquartierungen gerieten immer mehr nichtjüdische Kiewer in Obdachlosigkeit. Nach dem grausamen Tod von fast 34 000 Menschen konnte die Stadtkommandantur, die über die Zahl der Opfer genau im Bilde war, deren Wohnungen übernehmen[90]. Selbst im Heeresgruppenkommando war man bestens informiert; es seien „am 29. und 30. September die Juden der Stadt liquidiert, insgesamt (nach Angabe des SS-Einsatzkommandos) rund 35 000 Menschen, zur Hälfte Frauen."[91]

Nicht eindeutig zu klären ist die Frage, ob Kiew zum Zeitpunkt des Massenmordes noch dem Korück 585 und damit dem AOK 6, oder schon dem Berück Süd unterstand. Der Berück selbst beanspruchte diese Kompetenz seit dem 23. September, doch das Generalkommando des XXIX. AK agierte hier bis in die letzten Septembertage[92]. Offensichtlich ist, dass die konkreten Hilfsmaßnahmen für die Polizei noch von den Einheiten der 6. Armee vollbracht wurden. Der Berück hatte jedoch schon die Oberhoheit und die Stadtkommandantur übernommen. Im Gegensatz zum Stadtkommandanten selbst war dessen Personal anscheinend weniger an der Vorbereitung des Verbrechens beteiligt[93]. Während des Massakers, am 30. September, teilte der Berück dem Generalquartiermeister mit, dass sich „grössere Maßnahmen gegen unerwünschte Bevölkerungsteile" für nötig erweisen würden[94]. Nicht zuletzt spielte hierbei eine Rolle, dass das Gebiet nur zwei Wochen später, am 15. Oktober, an die Zivilverwaltung übergeben werden sollte[95]. Nach dem Verbrechen gab die Geheime Feldpolizei bekannt, dass sie ein Büro eingerichtet habe, in dem man unter anderen auch versteckte Juden melden solle. Morde an Juden blieben an der Tagesordnung, nun oft als Repressalien deklariert[96].

Sieht man von Verantwortlichen wie Stadtkommandant Eberhard oder General Obstfelder ab, so lässt sich nur wenig Konkretes über die Haltung des Militärs zum Massenmord in Kiew eruieren. Eher allgemein vermerkte ein Reisebericht des Auswärtigen Amtes[97]: „Eine rücksichtslose Vertilgung der Juden ist gegenwärtig der Wehrmacht noch[98] unerwünscht, da jede Arbeitskraft gebraucht wird und die Juden zu Aufräumungs- und Straßenbauarbeiten herangezogen werden."

---

[90] IfZ Gd 01/54, Bd. 17, Bl. 3704, Vernehmung Janssen, 24.6.1965; Bericht 454. Sich.Div., VII, 2.10.1941, in: Die Ermordung der europäischen Juden. Hg. von Peter Longerich unter Mitarb. von Dieter Pohl. München 1989, S. 122f.

[91] USHMM RG-22.002M, reel 27 (GARF 7445-2-138), Bericht VO RMfbO bei Hgr. Süd, 5.10.1941.

[92] BA-MA RH 26-454/7, FS Berück Süd an 454. Sich.Div., 22.9.1941.

[93] Diesen Eindruck ergeben die Memoiren von Gerhard Kegel, In den Stürmen des Jahrhunderts. Berlin 1983, S. 308–311, der für das AA in Kiew war. Es ist kaum anzunehmen, dass Kegel hier etwas beschönigte, da er damals GRU-Agent und nach dem Krieg Mitarbeiter Ulbrichts war.

[94] BA-MA RH 22/7, Bl. 220–221, Abschrift Zehntagesmeldung Berück Süd an GenQu, 30.9.1941; andere Interpretation bei Arnold, Eroberung, S. 60.

[95] BA-MA RH 22/7, Bl. 96–97, Notiz Berück Süd über Anruf Schmidt von Altenstadt, 23.9.1941.

[96] BA-MA RH 26-113/8, 113. ID, Ic, 13.10.1941; IfZ T-315, r. 2217, fr. 178, Monatsbericht 454. Sich.Div., Ic für Oktober 1941, 2.11.1941

[97] Bericht des VAA bei der Hgr. Süd, 20.10.1941, zit. bei: Herbst 1941 im „Führerhauptquartier": Berichte Werner Koeppens an seinen Minister Alfred Rosenberg. Hg. von Martin Vogt. Koblenz 2002, S. 59.

[98] Handschriftlich am Rand: „Sept".

Das nächste große Massaker in der Ukraine, am 13./14. Oktober 1941 in
Dnepropetrovsk, kam „ohne Kenntnis der Feldkommandantur" 240 zustande.
Freilich gibt es auch hier Indizien dafür, dass Pioniere der Wehrmacht die Verwischung der Spuren bewerkstelligten, indem sie die Ränder der Massengräber
absprengten[99]. Die Militärverwaltung selbst war fünf Tage später im Bilde: „Die
Judenfrage kann, soweit wenigstens die Stadt Dnjepropetrowsk in Frage kommt,
im wesentlichen als gelöst angesehen werden. Zu Beginn der Besetzung waren
etwa 35 000 Juden noch anwesend. Von den Maßnahmen des SD wurden etwa
15 000 Juden erfaßt, ein weiterer Teil von etwa 15 000 Juden flüchtete anläßlich
dieser Maßnahmen und ein Rest von etwa 5 000 Juden ist noch anwesend."[100]

5. Massenmord in den Armeegebieten

In den Armeegebieten standen die Verbrechen an den Juden in einem anderen Zusammenhang: Hier hatte das jeweilige Militärkommando erheblich größere Mit-
spracherechte beim Einsatz von Sicherheitspolizei und SD. Gemäß den Absprachen bei der Vorbereitung des Feldzuges sollten dort nur kleine Sonderkommandos
agieren, die in erster Linie für politische Ermittlungen zuständig waren.

Noch am wenigsten waren die 16. und die 18. Armee von diesen Zusammenhängen berührt, weil in den Operationsräumen, die sie ab Spätsommer 1941 bezogen, kaum mehr Juden lebten. Doch selbst vor Leningrad, im Bereich der 18. Armee, wurden Juden registriert. So erschossen deutsche Einheiten etwa in Puškin
und in Gatčina im Oktober 1941 je etwa 800 Menschen, bis März 1942 Hunderte
in Petergof, Šljussel'burg und Pavlovsk. Im Gebiet der 16. Armee befanden sich
noch Juden vor allem in Čudovo, Novgorod, Staraja Russa und Cholm. Schätzungen zufolge wurden dort insgesamt etwa 2 000 Juden ermordet[101].

Deutlich anders gestaltete sich die Situation zunächst in den Armeegebieten der
Heeresgruppe Mitte, also bei der 2., 4. und 9. Armee, zeitweise auch der Panzerar-
meen. Diese marschierten insbesondere im Juni/Juli 1941 in rasantem Tempo
durch Gebiete, in denen viele Juden lebten. Freilich wurden diese Territorien
ziemlich schnell an das Heeresgebiet Mitte abgegeben. Innerhalb der RSFSR traf
man auf weit weniger Juden, weil hier die Besiedlung schon vor dem Krieg gering
gewesen war und den meisten rechtzeitig die Flucht gelang. Doch in fast allen
Städten verblieben noch Juden, die sich nicht evakuieren lassen wollten oder konnten; auch hier oft ältere Menschen. Meist wurden diese bald nach der Besetzung in

[99] USHMM RG-11.001, reel 92 (RGVA 1275k-3-666), Bericht FK 240, VII, 19.10.1941 (Zitat).
    Vgl. die Ausarbeitung der ZStL 114 AR-Z 67/67, NS-Verbrechen im ehemaligen Generalkom-
    missariat Dnjepropetrowsk, Band 1, S.33ff. Beim General der Pioniere Jacob gingen Be-
    schwerden von zwei Pionierbataillonen ein, dass sie in der Ukraine eine solche Arbeit verrich-
    ten mussten, vgl. Breitman, Nazi Espionage, S.97. Andere Pioniereinheiten boten sich
    hingegen freiwillig an: Curilla, Die deutsche Ordnungspolizei, S.420f. (Suraž).
[100] Krausnick/Wilhelm, Truppe des Weltanschauungskrieges, S.243f. Vgl. USHMM RG-11.001,
    reel 92 (RGVA 1275k-2-661, Bl.59), Lagebericht Dnepropetrowsk, 15.11.1941.
[101] Al'tman, Žertvy nenavisti, S.252–254 (insgesamt ca. 5 000 Opfer); BA R 58/219, EM CdS
    Nr.150, 2.1.1942; BA R 58/220, EM CdS Nr.173, 25.2.1942.

Lager oder improvisierte Gettos gesteckt[102]. In allen Städten wurden zunächst die Juden registriert[103]. Selbst an einem so östlichen Punkt wie der Stadt Kalinin, 150 km nordwestlich von Moskau gelegen, klappte die Zusammenarbeit zwischen Militär und Mordkommandos reibungslos. Auf den wöchentlichen gemeinsamen Sitzungen wurde unter anderem die Ermordung der psychisch Kranken oder der 110 verbliebenen alten Juden besprochen[104]. Vielen hundert Juden retteten die Gegenoffensiven der Roten Armee im Dezember 1941 und Januar 1942 das Leben. Nach der Stabilisierung der Front setzten Wehrmacht und Sicherheitspolizei ihre Jagd auf Juden fort[105].

In den Armeegebieten, die zur Heeresgruppe Süd gehörten, war das Ausmaß der Beteiligung von Wehrmachtstellen am Judenmord vergleichsweise hoch. Allein im Süden wurden noch im Herbst 1941 Städte mit großen jüdischen Gemeinden angetroffen, im Nordkaukasus sogar noch 1942. In Charkow, der einstigen Hauptstadt der Ukrainischen SSR, wiederholten sich die Vorgänge, ähnlich wie sie sich bereits in Kiew abgespielt hatten; die Zusammenarbeit zwischen Militärs und Polizei bei der Ermordung der Juden gestaltete sich sogar noch enger als bisher. Charkow wurde am 25. Oktober 1941 eingenommen und fiel für längere Zeit in die Hoheit der 6. Armee, d.h. unter den Korück 585. Schon eine Woche zuvor begannen die Vorbereitungen für die Besatzung in der Stadt, unter anderem der Einsatz des Sonderkommandos 4a[106]. Am 26. Oktober wurden die ersten konkreten Absprachen mit der Sicherheitspolizei getroffen[107]. Das Generalkommando des LV. AK und die ihm unterstehende FK 878 leiteten sofort nicht nur die üblichen antijüdischen Maßnahmen ein, sondern auch die Errichtung eines „Konzentrationslagers"[108].

Wie deutsche Stellen von vorneherein vermuteten, waren auch in Charkow wichtige Gebäude vermint vorgefunden worden. Trotzdem konnte nicht verhindert werden, dass am 14. November das Hauptquartier der 60. Infanteriedivision in die Luft flog. Daraufhin wurden sofort 50 „Juden und Kommunisten" öffentlich erhängt und 1000 Personen als Geiseln in einem Hotelgebäude interniert[109]. Das Vorkommando der Sicherheitspolizei meldete die Erschießung von 305 Juden[110].

Außer der eigenen Sicherheitssituation machte den Militärs die Versorgungslage der Stadt zu schaffen. Große Teile der Lebensmittel waren von den sowjetischen Behörden abtransportiert worden, die 6. Armee wiederum nutzte die Region als

---

[102] Beispielsweise: BA-MA RH 26-221/21, OK I/827 Rogačev an Korück 580, 5.9.1941.
[103] IfZ MA 883, fr.119–121, Korück 559, 6.11.1941; USHMM RG-22.002M, reel 10 (GARF 7021-47-4), Plakat Stadtkdt. Kaluga, ca. Ende Okt. 1941.
[104] IfZ MA 887, fr.1011, Bericht OK I/302 Kalinin, 24.11.1941; IfZ MA 888, fr.44–45, Besprechungsnotiz OK Kalinin am 29.11.1941; Müller, Wehrmacht und Okkupation, S.118.
[105] IfZ MA 906, fr.1047, Wochenbericht GFP 570 bei Korück 559 für 10.–16.5.1942 (Juden: „Dem S.-D. Roslawl zur Erledigung übergeben.")
[106] BA-MA RH 20-6/493, Bl.70f., 93, AOK 6, Ic/AO, 17./18.10.1941.
[107] BA-MA RH 20-6/494, Bl.365, Tätigkeitsbericht AOK 6, Ic/AO, 26.10.1941.
[108] BA-MA RH 24-55/112, Bl.171-173, GVPl. Stadtkdtur Charkow, 23.10.1941; ebenda, Bl.185, Tagesmeldung LV. AK, Qu, am 6, 27.10.1941; BA-MA RH 26-57/39, Standortkommandanturbefehl Nr.4 LV. AK, 11.11.1941.
[109] Tagebuch LV. AK, IIb (Minzenmay), 4.11.1941, in: Gott mit uns, S.48f.
[110] BA R 58/219, EM CdS Nr.164, 4.2.1942.

„Kahlfraßgebiet", plünderte es also systematisch aus. In der Stadt herrschte bereits Tage nach der Besetzung Hunger. Um Unruhen vorzubeugen, erwogen die Militärs die Evakuierung eines Teils der Bevölkerung. Dies scheiterte jedoch. So drängte das AOK 6 auf eine „Lösung der Judenfrage", wie sie bereits aus Kiew bekannt war: „Alsbaldige Feststellung aller Juden [...]. Festsetzen und weitere Behandlung dieser Elemente wäre Aufgabe des SD, der aber selbst zu schwach ist und deshalb der Unterstützung durch die Truppe bedarf."[111]

Die Ermordung der meisten verbliebenen Juden verzögerte sich noch, weil der Hauptteil des Sonderkommandos 4a wegen der schlechten Straßenverhältnisse erst spät in die Stadt kam: „Von irgendwelchen Maßnahmen gegen Juden wurde bisher Abstand genommen, um diese vorerst aus ihren Schlupfwinkeln zu locken und vor Eintreffen der nötigen Kräfte nicht zu verstören."[112] Den Spitzenmilitärs war klar, was bevorstand: Am 25. November wurde bei einer Besprechung unter anderem die projektierte Ermordung von 30 000–50 000 Juden thematisiert, eine weit übertriebene Zahl[113]. Deshalb musste die einheimische Stadtverwaltung Anfang Dezember eine gesonderte Registrierung aller Juden vornehmen. Als der Hauptteil des Sonderkommandos 4a dann eintraf, begannen sofort intensive Vorbereitungen zusammen mit dem AOK 6 und der Stadtkommandantur Charkow. Am 14. Dezember plakatierte der Stadtkommandant, dass sich alle Juden zu versammeln hatten. Bei Eiseskälte wurden die Menschen an den zwei folgenden Tagen durch Ordnungspolizisten in die Barackensiedlung einer Traktorenfabrik am Stadtrand getrieben, wo sie zwei Wochen unter entsetzlichen Umständen eingepfercht lebten. In den ersten Januartagen erschossen die Männer des Sonderkommandos 4a und des Polizeibataillons 314 die etwa 12 000 Menschen, einige der Opfer wurden in sogenannten Gaswagen erstickt. Die Feldkommandantur sammelte anschließend die Wertsachen der Ermordeten ein[114].

Noch mehr als im Fall Babij Jar lässt sich für Charkow unschwer die reibungslose Zusammenarbeit zwischen Kommandobehörden, Militärverwaltung und Polizei beim Massenmord an den Juden nachweisen. Vordergründig ging es den Militärs dabei um die Beseitigung „unnützer Esser" und einer angeblichen Gefahr für die Sicherheit für die Front, die sich nur wenige Kilometer entfernt befand. In Wirklichkeit waren die verantwortlichen Militärs von einem extremen Antisemitismus getrieben, der im Massenmord inzwischen ein probates und übliches Mittel sah.

Ähnlich gestaltete sich die Konstellation unter der 11. Armee, in deren Hoheit sich der Mord an den Juden an der Schwarzmeerküste und auf der Krim vollzog. Allein in ihrem Armeegebiet operierte nicht nur ein kleines Sonderkommando, sondern gleich eine ganze Einsatzgruppe. Das AOK 11 war bestens über die Tätigkeit der ihr zugeordneten Sicherheitspolizei informiert, ja hatte zeitweise sogar die militärische Steuerungsfunktion wahrgenommen, die ihr gemäß der Absprachen zukam. Im Armeegebiet konnte es nicht verborgen bleiben, dass die Einsatz-

---

[111] AOK 6, Ic/AO, 6. 11. 1941, in: Verbrechen der Wehrmacht, S. 182.
[112] BA-MA RH 24-55/71, Bl. 127, Bericht St.kdtur Charkow, Ic, 19. 11. 1941.
[113] Richter, Handlungsspielräume am Beispiel der 6. Armee, S. 64.
[114] Eine genaue Datierung des Verbrechens ist schwierig, Angaben schwanken zwischen dem 26. 12. 1941 und dem 8. 1. 1942. BA R 2104/25, Wertsachenverzeichnis FK (V) 787, 16. 1. 1942.

gruppe seit Mitte August in jeder größeren Stadt die jüdische Minderheit ausrottete.

Bereits die erste solcher Totalvernichtungsaktionen, im August 1941 durch das Sonderkommando 10b in Berezovka, war durch Listen von der Ortskommandantur (II/939) vorbereitet worden[115]. Während beim nächsten großen Massaker durch das Einsatzkommando 12 in Dubosary keine Kooperation mit der Wehrmacht nachweisbar ist, gilt dies nicht für das bis dahin größte Verbrechen, die Ermordung der Juden in Nikolaev am 14. September. Dort arbeitete das Sonderkommando 11a eng mit Ortskommandantur (I/853) zusammen, welche LKWs und Feldgendarmen für die Durchführung des Verbrechens zur Verfügung stellte. Unter extrem gewalttätigen Begleitumständen erschossen die Sicherheitspolizisten zwischen 4 000 und 5 000 Menschen[116].

In Cherson, der nächsten größeren Stadt, hatte die Sicherheitspolizei bereits gemeinsame Razzien mit der Wehrmacht durchgeführt. Das Sonderkommando lobte die Zusammenarbeit mit dem Kommando der 72. Infanteriedivision und dem Stadtkommandanten, bevor am 24./25. September die 5 000 jüdischen Einwohner am Stadtrand niedergemacht wurden[117]. Ob die Ortskommandantur hierbei eine entscheidende Rolle spielte, ist nicht auszumachen; die Feldgendarmerie hatte allerdings schon zuvor einzelne Juden der Sicherheitspolizei zur Erschießung ausgeliefert oder selbst ermordet. An der Erschießung selbst nahmen Soldaten teil[118]. Auch in Melitopol, dem damaligen Standort des Korück 553, kooperierte die Ortskommandantur I/853 wieder mit der Sicherheitspolizei, diesmal dem Sonderkommando 10a. Letzteres erschoss die 2 000 Juden der Stadt[119].

Nun teilte sich die Einsatzgruppe in zwei Richtungen, nach Süden mit der 11. Armee auf die Krim und nach Osten hinter der 1. Panzerarmee weiter entlang der Schwarzmeerküste. Das nächste und bis dahin größte Massaker der Einsatzgruppe verübte wieder das Sonderkommando 10a ab 18. Oktober 1941 in Mariupol am Schwarzen Meer. Im Beisein von Zuschauern aus Waffen-SS und Wehrmacht ermordeten die Sicherheitspolizisten 8 000 Juden. Im Gegensatz zur Feldkommandantur war die Ortskommandantur zumindest insofern beteiligt, als sie die zurückgelassenen Besitztümer der Opfer beschlagnahmte. Offensichtlich hatte das Verbrechen ein Nachspiel, da der Kommandoleiter Seetzen zum Oberbefehlshaber der dort stationierten 1. Panzerarmee zitiert wurde. Anscheinend beschwerte sich dieser darüber, dass man schwerverletzte jüdische Überlebende der Massen-

---

[115] Angrick, Besatzungspolitik und Massenmord, S. 235. Später beschwerte sich die OK über die Zulassung der Öffentlichkeit zu diesem Massenmord.

[116] Ebenda, S. 242ff.; BA-MA RH 23/71, Bl. 36–38, 67, OK I/853 an Korück 553, 25.6. und 15.9.1941 (ein Abdruck an AOK 11, OQu).

[117] BA-MA RH 20-11/488, Bl. 26–30, 77, Sk 11a an Egr. D, 18.–31.8.1941; Sk 11a an AOK 11, (12.9.1941); BA-MA RH 23/71, Bl. 69–71, OK II/915 (Cherson) an Korück 553, 18.9.1941; Kruglov, Katastrofa, S. 330.

[118] BA-MA RH 26-72/159, Feldgendarmerietrupp (mot.) 172, Tätigkeitsbericht 21.5.1941-15.2.1942; Aussage eines Angehörigen des Sk 10b, in: Deutscher Osten, S. 154.

[119] Angrick, Besatzungspolitik und Massenmord, S. 309f.; BA-MA RH 23/72, Bl. 16–19, OK I/853 an Korück 553, 13.10.1941. Mit der ominösen Formulierung „2000 Juden sind dem SD übergeben": IfZ NOKW-1680, Korück 553, IV Wi, Erkundungsbericht Melitopol, 28.10.1941.

erschießung entdeckt hatte, die sich in ein Wehrmachtlazarett geschleppt hatten[120].

Das letzte große Massaker im Rücken des Vormarsches der 1. Panzerarmee im Jahre 1941 ereignete sich in Taganrog. Hier war es die Ortskommandantur I(V) 253, die die verbliebenen 1 800 Juden veranlasste sich zu versammeln, um sie dann in die Hände der Sicherheitspolizei zu geben, welche sie am 26. Oktober erschoss. Die gleichzeitig eingetroffene Feldkommandantur hielt sich davon jedoch fern[121]. In der nächsten eroberten Großstadt, Rostov am Don, wurde ein derartiges Verbrechen zunächst verhindert, weil die Stadt binnen kurzem von der Roten Armee zurückerobert werden konnte.

Die Krim ist ohne Zweifel eines der Gebiete, wo sich militärische Besatzungspolitik und der Mord an den Juden am engsten verschränkten. Hier entstand eine stabile Kooperation zwischen dem Armee-Oberkommando, das noch bis Mitte 1942 auf der Halbinsel Krieg führte, der Militärverwaltung und dem SS/Polizei-Apparat. Ihren furchtbarsten Ausdruck fand diese Zusammenarbeit in der Ermordung der Juden von Simferopol', der Hauptstadt der Krim. Offensichtlich drängten Armeeoberkommando, Militärverwaltung und Wirtschaftskommando die Einsatzgruppe D dazu, dieses Verbrechen so schnell wie möglich auszuführen, angeblich wegen der schlechten Versorgungslage in der Stadt. Schon Tage vor dem Massaker kursierten in der Stadt Gerüchte, dass alle Juden erschossen würden[122]. Der Oberquartiermeister der 11. Armee stellte Fahrzeuge, Munition, die GFP sogar Mordschützen, als am 9. Dezember 1941 zunächst 1 500 Krimtschaken, die zu „rassischen" Juden erklärt worden waren, vom 11. bis 13. Dezember dann 13 000 Juden erschossen wurden[123].

Die Beteiligung der Feldkommandantur 810, ihrer Ortskommandanturen und der Feldgendarmerie am Judenmord in nahezu allen Gegenden der Krim ist, dank der umfangreichen Aktenüberlieferung, breit dokumentiert[124]. Sollten die Vorgänge auf der Krim repräsentativ auch für andere Gebiete sein, so belegen sie eine nahezu flächendeckende Kooperation von Ortskommandanturen an diesen Massenverbrechen.

Auch innerhalb der Fronttruppe auf der Krim scheint die Kenntnis über die Massenmorde verbreitet gewesen zu sein. Der Kommandeur des Infanterie-Regi-

[120] Angrick, Besatzungspolitik und Massenmord, S. 312ff.; vgl. BA-MA RH 23/72, Bl. 36–38, OK I/853 an Korück 553, 29.10.1941 (die OK war erst nach dem Massaker eingetroffen). Die FK 538 berichtete explizit, dass sie nicht mit der Aktion befasst war: BA-MA RH 20-17/709, Lagebericht FK 538, VII, 13.10.1941.

[121] Angrick, Besatzungspolitik und Massenmord, S. 315ff.; IfZ T-312, roll 744, fr. 893-911, Lagebericht FK 538, 15.11.1941.

[122] Tagebuch Ch. Laškevič, 7.12.1941, in: Moskva – Krym. Istoriko-publicističeskij al'manach. Special'nyj vypusk 5: Krym v Velikoj Otečestvennoj vojne: dnevniki, vospominanija, issledovanija. Moskva 2003, S. 259. Vermutlich hatten Soldaten mit Einheimischen darüber gesprochen.

[123] Oldenburg, Ideologie und militärisches Kalkül, S. 167f.; Angrick, Besatzungspolitik und Massenmord, S. 335ff.; Kunz, Krim unter deutscher Herrschaft, S. 195-197; über ein diesbezügliches Gespräch mit dem Stadtkommandanten vgl. Hans Böckler, Der Entschluss. Die Flucht eines aktiven deutschen Offiziers 1942 von der Krim in die Schweiz. Schaffhausen 2004, S. 165f. (Aufzeichnungen von 1942).

[124] Oldenburg, Ideologie und militärisches Kalkül, S. 169-224; Angrick, Besatzungspolitik und Massenmord, S. 346-361; Kunz, Krim unter deutscher Herrschaft, S. 198-203.

Juden in Simferopol vor ihrer Ermordung, Dezember 1941
(Quelle: Bundesarchiv Ludwigsburg B 162/363, Anhang III, Bild 18)

ments 16, Oberst von Choltitz, kannte nicht nur die Gesamtzahl der ermordeten Juden, nämlich 30000 Personen, sondern gab in britischer Haft insgeheim selbst zu, „die Liquidation der Juden [...] bis zur letzten Konsequenz durchgeführt" zu haben[125]. Die Einsatzgruppe D beschwerte sich hingegen: „Allmählich sickert durch geflüchtete Juden, Russen und auch Redereien deutscher Soldaten Vorgehen gegen Juden durch."[126] In mindestens einem Fall erschossen auch Fronteinheiten, hier ein Feldgendarmerietrupp der 72. Infanterie-Division, auf der Krim Juden, 17 Personen[127].

Die Beteiligung von Einheiten unter dem AOK 17 ist erst kürzlich näher untersucht worden[128]. Im Vergleich zu den anderen Mordeinheiten erschoss das hier eingesetzte Sonderkommando 4b zunächst weniger Menschen, wenngleich sich seit Mitte August auch Frauen und Kinder unter den Opfern befanden. Ab Anfang Oktober begann das Kommando mit Massenerschießungen in erhöhtem Ausmaß, zeitgleich wie andere Einheiten auch. So wurden in Poltava mindestens 1500 Männer, Frauen und Kinder ermordet[129].

---

[125] So in Gesprächen unter Kriegsgefangenen, das von britischen Behörden abgehört wurde: National Archives, London WO 208/4170, Bericht Combined Services Detailed Interrogation Center, 10.-12.3.1945 (für den Hinweis danke ich Stephen Tyas); Zitat: Abhörprotokoll vom 29.8.1944, in: Abgehört. Deutsche Generäle in britischer Kriegsgefangenschaft 1942-1945. Hg. von Sönke Neitzel, München 2005, S.258. Das IR 16 gehörte damals zur 22. ID; Judenmorde durch Angehörige dieser Einheit sind bisher nicht bekannt.
[126] BA R 58/219, EM Nr. 150 CdS, 2.1.1942.
[127] Oldenburg, Ideologie und militärisches Kalkül, S.208. Zur 72. ID vgl. Angrick, Besatzungspolitik und Massenmord, S.228, 230; BAL, Dok.-Slg. Verschiedenes 63, Bl.337–338, Tagesmeldung 72. ID, 8.7.1941.
[128] Oldenburg, Ideologie und militärisches Kalkül, S.251ff.
[129] Ogorreck, Einsatzgruppen der Sicherheitspolizei, S.324f., 330.

Das AOK 17 hatte schon unter seinem Oberbefehlshaber Karl-Heinrich von Stülpnagel gelegentlich Erschießungen von Juden gefordert. Sein Nachfolger Hoth pflegte einen herzlichen Umgang mit den Führern des Sonderkommandos und unterstützte das Morden in noch stärkerem Maße. Im Dezember begannen die Massaker in den Städten des Donezbeckens, nun sowohl vom Sonderkommando 4b als auch vom Einsatzkommando 6. Lediglich in Artemovsk stoppte das AOK eine bereits in Gange befindliche Erschießungsaktion, da die Front durch die sowjetische Gegenoffensive bedrohlich nahe an die Stadt herangerückt war. Im Februar 1942 wurde das Verbrechen sozusagen nachgeholt, mit Unterstützung vieler militärischer Stellen. 4 200 Menschen wurden bei eisigen Temperaturen ermordet[130]. In Konstantinovka übernahm die Militärverwaltung Ende Dezember fast die gesamte Organisation des Massenmordes, dem 240 Menschen zum Opfer fielen. Auch in Gorlovka unterstützten Dienststellen der Wehrmacht einen Massenmord im Januar 1942[131].

Beim Massenmord in den Armeegebieten ist die Verantwortung der Wehrmachtstellen als besonders hoch einzuschätzen, da diese über erweiterte Kompetenzen gegenüber der Sicherheitspolizei verfügten. Folgt man den schriftlichen Vereinbarungen zwischen OKH und RSHA, so waren die Armeegebiete ein Raum, in denen die kleinen Sonderkommandos der Sicherheitspolizei nur ganz eingeschränkt tätig werden konnten, die etwas größeren Einsatzkommandos eigentlich überhaupt nicht. Dass sich die Mordaktionen bis in Frontnähe fortsetzen konnten, haben die Armee-Oberkommandos zu verantworten, ebenso wie die vielen logistischen Hilfestellungen, die sie selbst oder die Militärverwaltung leisteten. Die Sicherheitspolizei war in den Armeegebieten wohlgelitten, der restlose Massenmord auch an Frauen und Kindern wurde von den meisten verantwortlichen militärischen Stellen toleriert oder unterstützt. In einigen Fällen ging die Initiative, die Juden möglichst schnell zu ermorden, vom Militär aus.

6. Massenmord in den Heeresgebieten ab Oktober 1941

Da verwundert es wenig, dass im eigentlichen Aktionsgebiet der HSSPF und der Einsatzgruppen, den rückwärtigen Heeresgebieten, die Zusammenarbeit zwischen SS-Polizeiapparat und Militärverwaltung kaum weniger reibungslos lief. Hier hatten die Einsatzgruppen tatsächlich weitgehende Kompetenzen. Zugleich waren die Heeresgebiete aber auch das Territorium, in dem – nach den ersten Massakern – die jüdische Minderheit zum größten Teil aus Frauen, Kindern und alten Personen bestand.

Die Heeresgruppe Nord marschierte zwar zunächst durch ein Gebiet, in dem vergleichsweise viele Juden lebten. Entsprechend ereigneten sich in ihrem Bereich während der ersten Wochen der Besatzung zahllose Massenmorde an jüdischen

---

[130] Oldenburg, Ideologie und militärisches Kalkül, S. 253–256. Beteiligt waren die FK 243, die 9. ID und das GK des XXXIV. AK; vgl. Artemovskij Babij Jar. Red. D. L. Vigdergrauz. Artemovsk 2000, S. 9ff.

[131] Oldenburg, Ideologie und militärisches Kalkül, S. 256f. (OK I/840); Kruglov, Katastrofa, S. 163; Vermerk StA Dortmund, 20. 7. 1965, Bl. 24.

Männern. In der Phase, als die Polizei zur totalen Vernichtung der jüdischen Minderheit überging, waren die meisten dieser Gebiete aber bereits an die Zivilverwaltung übergeben. Freilich blieben die Juden, die nicht aus Estland oder den russischen Gebieten im Vorfeld von Leningrad evakuiert worden waren, unter Hoheit der Militärs.

Allein im Heeresgebiet Nord ist ein offener Protest gegen die Massaker nachzuweisen. Hatten sich schon frühzeitig Oberbefehlshaber von Leeb und sein Berück, Franz von Roques, abgestoßen über die gewalttätigen Pogrome und Massenmorde durch Litauer geäußert, so diskutierten sie doch, ob eine „Lösung der Judenfrage" nicht durch Sterilisation der ganzen Minderheit zu erreichen sei[132]. Schließlich wandten sich mehrere Angehörige des Berück-Stabes mit Protesten an ihren Verbindungsoffizier zur Einsatzgruppe A. Der Stabschef des Berück „Kriegsheim hat dem SS-Stubaf. Wessel gegenüber erklärt, dass er die Erschießungen von Juden eines Deutschen für unwürdig halte. Ähnliche Erklärungen, wenn auch in weniger scharfer Form, haben fast sämtliche Herren des Befehlshabers für das rückw. Heeresgebiet Nord in den ersten Monaten des Osteinsatzes abgegeben."[133] Kriegsheim, der auch SS-Mitglied war, wurde wegen dieser und anderer – angeblich defaitistischer – Äußerungen aus der Parteiorganisation ausgeschlossen und anschließend in die Führerreserve des Heeres versetzt[134].

Das Sonderkommando 1a konnte jedoch weiterhin ungehindert seinem Mordhandwerk nachgehen. Allein in Estland ermordete es mit tatkräftiger Hilfe der einheimischen Polizei, fast 1 000 Juden[135]. Die Umstände der Massenmorde an den Juden im russischen Teil des Heeresgebietes, besonders in Luga und Pskov, sind bis heute nicht geklärt. In Pskov wurden im Februar 1942 mindestens 1 000 Juden ermordet[136].

Im Heeresgebiet Mitte markierte der Oktober 1941 den Übergang zum unterschiedslosen Völkermord an den Juden. Das erste große Massaker, am 2./3. Oktober 1941 in Mogilev, spielte sich noch ohne weitere Involvierung von Wehrmachtstellen ab[137]. Unklar ist die Rolle der Militärverwaltung bei der Organisation der nächsten großen Massenerschießung, am 8. Oktober in Vitebsk[138]. Ein eindeutiges Bild ergibt sich jedoch für das Großverbrechen in Borisov am 20./21. Oktober 1941, das überregionales Aufsehen erregen sollte. Hier bereitete die GFP-Gruppe 709 die Erschießungsgräben vor, und Einheiten der 339. Infanteriedivision halfen bei der Absperrung des Ghettos[139]. Die zahlreichen Zeugen aus dem Militär, die

[132] Generalfeldmarschall Wilhelm Ritter von Leeb, Tagebuchaufzeichnungen und Lagebeurteilungen aus zwei Weltkriegen. Hg. von Georg Meyer. Stuttgart 1976, S. 288 (Eintrag 8.7.1941).
[133] BA NS 19/2030, Bl. 9, Adjutant CdS an Fälschlein, 13.2.1942; Lumans, Latvia in World War II, S. 164; vgl. Peter Kleist, Zwischen Hitler und Stalin 1939-1945. Aufzeichnungen. Bonn 1950, S. 56.
[134] Der Dienstkalender Heinrich Himmlers 1941/42. Hg. von Peter Witte u. a. Hamburg 1999, S. 426; IfZ Fa 226/28, Berück Nord, ChdSt, an RuSHA, 5.5.1942.
[135] Weiss-Wendt, Murder without Hatred, S. 292ff.
[136] Al'tman, Žertvy nenavisti, S. 251-253; Birn, Sicherheitspolizei in Estland, S. 242f.; Kniga pamjati Pskovskaja oblast', S. 15; weitgehend übersehen bei: Wilhelm, Einsatzgruppe A, S. 257f.
[137] Gerlach, Kalkulierte Morde, S. 587ff. Zur Durchführung weiterer Massenerschießungen im Zwangsarbeitslager Mogilew sprengte LSchB 973 Gruben in die Erde.
[138] Ebenda, S. 596f.
[139] Krausnick/Wilhelm, Truppe des Weltanschauungskrieges, S. 577ff.

die Erschießung von 7 000-8 000 Menschen und deren brutale Begleitumstände mit ansahen, lösten jedoch zugleich interne Proteste beim Heeresgruppenkommando und bei der Abwehr aus[140].

In Orša hingegen arbeitete die FK 683 bei der Ermordung der Juden am 20. oder 26. November eng mit der Sicherheitspolizei zusammen. Bei den weiteren Massakern dieser Größenordnung im weißrussischen Militärgebiet, am 7./8. November in Bobrujsk und im Dezember in Polock, lässt sich die Rolle der jeweiligen Feldkommandantur nicht genau bestimmen[141]. Der Berück Mitte thematisierte die Vorgänge von Borisov und Bobrujsk Mitte November bei seinem HSSPF. Es ist jedoch nicht bekannt, ob er Kritik daran übte[142].

Im großen und ganzen bleibt der Eindruck, dass der Berück Mitte exzellent über den Verlauf der Massenmorde informiert war, und seine nachgeordneten Divisionen und Kommandanturen in zahlreichen Fällen Hand in Hand mit der Polizei zusammenarbeiteten. So waren im Hauptquartier exakt die Zahl der noch lebenden, d. h. registrierten Juden bekannt, Anfang Februar 1942 22 767 Personen[143]. Von Schenckendorff unterstützte den Massenmord in unterschiedlicher Weise; innerhalb der Militärverwaltung ist er als einer der Hauptverantwortlichen anzusehen.

Demgegenüber ist die Rolle des Berück Süd, Karl von Roques, schwieriger zu rekonstruieren. Ein erheblicher Teil der Morde im Süden fiel noch in die Armeegebiete; die Involvierung des Berück in die großen Massaker in Kamenec Podol'skij, Žitomir und Kiew ist als wahrscheinlich anzusehen, aber nur fragmentarisch dokumentiert[144]. Auffällig ist hingegen, dass zahlreiche der Massenmorde direkt am jeweiligen Stationierungsort des Berück abliefen, so am 3. August in Starokonstantinov oder am 4. September in Berdičev. Insbesondere in Krivoj Rog war die Militärverwaltung in den Massenmord involviert. Mitte September erwähnte ein Lagebericht der dortigen FK 538, dass gegen die Juden am Ort eine „negative Behandlung" erforderlich sei. Einen Monat später wurden alle Juden vom HSSPF und dem Polizeibataillon 314 ermordet[145].

Unmittelbar nach der zeitweisen Ablösung von Roques' durch Friderici, am 28. Oktober, wurde die Mehrheit der Juden in Kremenčug, dem neuen Standort des Berück, ermordet. Auch danach lieferten die Kommandanturen den Mördern noch unverdrossen die Opfer zu: „Die wenigen in den übrigen Rayons noch wohnhaften Juden wurden namentlich erfasst und dem Höheren SS- und Polizeiführer in Kre-

---

140 Vgl. Hürter, Auf dem Weg, S. 547f.
141 Gerlach, Kalkulierte Morde, S. 599-601. Die FK in Bobrujsk forderte Berichte über die Juden im Umland an, USHMM RG-53.006M, reel 4 (GA Mogilev 858-1-19), FK 581 an Rajonbürgermeister, 8.10.1941.
142 IfZ MA 855, fr. 214, Notizen für Besprechung Berück Mitte am 14.11.1941: „Angelegenheit Juden Borisow, Bobruisk". Vgl. auch das Treffen zwischen von Bock und Himmler am 24.10., Generalfeldmarschall Fedor von Bock, S. 301; Gerlach, Kalkulierte Morde, S. 593f.
143 BA R 6/51, Bl. 21-23, Bericht Vertreter RMfbO bei Berück Mitte, 10.2.1942.
144 Jörn Hasenclever, Generalleutnant Karl von Roques. Unveröff. MA-Arbeit. Münster 1998, S. 126ff. (ich danke Jörn Hasenclever für die Erlaubnis zur Einsichtnahme); vgl. Steinkamp, General der Infanterie Karl von Roques, S. 196f.
145 Hasenclever, Generalleutnant Karl von Roques, S. 79; Kruglov, Katastrofa, S. 31, 176, 299; IfZ T-312, roll 744, fr. 7867-77, Lagebericht FK 538, 15.9.1941 (Zitat). Vor dem großen Massaker in Berdičev am 15.9.1941 lieferte die ASt. des GenQu 100000 Schuss Munition an den HSSPF; BA-MA RH 3/v. 174, Bes. Ano. für den Versorgungsbezirk GenQu, ASt. Süd Nr. 120, 12.9.1941.

mentschug bekanntgegeben."[146] Nach seiner Rückkehr aus der Kur im Januar 1942 wies von Roques seine unterstellten Dienststellen darauf hin, auch mit einer neu ge- bildeten Mordeinheit, dem sogenannten Sonderkommando Plath, eng zu kooperie- ren. Sollten Juden mit Partisanen zusammenarbeiten, wovon deutsche Stellen pau- schal ausgingen, seien sie der Sicherheitspolizei zu übergeben[147]. Bald darauf konnte der Berück berichten: „Der Befehlshaber-Bereich kann als frei von Juden gelten."[148]

Dies änderte sich jedoch mit der Sommeroffensive 1942, die auch eine Ostver- schiebung des Heeresgebietes zur Folge hatte. Wieder übernahm der offensichtlich radikal eingestellte Friderici das Heeresgebiet Süd, das am 7. Juli 1942 aufgespalten wurde in Heeresgebiet A (Richtung Kaukasus unter von Roques) und B (Richtung Stalingrad unter Friderici). Die Abteilung VII beim Berück A bearbeitete nun expli- zit unter anderen das Sachgebiet „Sondermaßnahmen gegen Juden"[149]. Allerdings spielten sich die Morde an den Juden in den von der Heeresgruppe A neu eroberten Gebieten fast durchweg in den Armeegebieten ab. Im Heeresgebiet B ging hingegen unverdrossen die Zusammenarbeit zwischen Fridericis Apparat und der Sicherheits- polizei weiter: „Juden erfasst und werden festgehalten bis S.D. kommt."[150]

Sieht man die Heeresgebiete im Vergleich, so spielten sie im mittleren und süd- lichen Raum eine wichtige Rolle bei der Vorbereitung und Unterstützung des Ju- denmordes. Zwar war der Berück Mitte von Schenckendorff hier aktiver, denn die Massenmorde im Süden konzentrierten sich auf die Armeegebiete; in der Ukraine lebten jedoch die meisten Juden. Es ist nicht zu erkennen, dass sich die Befehlsha- ber in Mitte und Süd und ihre nachgeordneten Dienststellen bei diesem Mensch- heitsverbrechen bewusst zurückhielten; lediglich die direkte Beteiligung der Ein- heiten an Erschießungen wollte man auf „Partisanenaktionen" beschränkt wissen. Allein der Berück Nord, in dessen Gebiet vergleichsweise wenig Juden unter Be- satzung gerieten, und einige wenige Kommandanturen protestierten gegen den Massenmord an Männern, Frauen und Kindern.

7. Andere rassistische Morde: Roma und Anstaltsinsassen

Weniger systematisch als der Mord an den Juden gestalteten sich die Verbrechen an anderen Bevölkerungsgruppen, die als „minderwertig" abqualifiziert wurden. Sinti und Roma waren im Reich zwar seit 1934/35 verfolgt, z. T. auch deportiert und in Konzentrationslager eingesperrt worden, jedoch noch nicht massenhaft ermordet. Hier ist im Rahmen des „Unternehmens Barbarossa" eine deutliche Radikalisierung festzustellen. Glaubt man der Volkszählung von 1926, so lebten 62 000 „Zigeuner"

---

[146] Kruglov, Katastrofa, S. 175; BA-MA RH 22/201, Monatsbericht FK 239, 24.11.1941 (Zitat). Erschießung von Juden durch Berück-Einheiten: BA-MA RH 22/9, Bl. 69, FS Berück Süd an Hgr., 3.11.1941; IfZ MA 858, fr. 1249, KTB Berück Süd, 13.11.1941.
[147] Berück Süd, 20.3.1942, in: Deutsche Besatzungspolitik S. 91; BA-MA RH 22/204, Bl. 176–177, Berück Süd, VII, an FK 197, 10.5.1942.
[148] IfZ MA 870, fr. 654, Lagebericht Berück Süd an GenQu., Kr.verw., 1.6.1942.
[149] BA-MA RH 22/211b, Bl. 32, Berück A, Diensteinteilung, (20.11.1942).
[150] BA-MA RH 22/98, Bl. 296, Besichtigungsreise des Berück B 6.–16.9.1942 (Raum Vorošilovgrad). Die etwa 1 000 Juden in Vorošilovgrad wurden am 1.11.1942 erschossen, Kruglov, Katastrofa, S. 188f.

in der Sowjetunion; diese Zahl kann aber nur als grober Anhaltspunkt eines Minimums dienen, zumal mit Blick auf die Annexionen von 1940[151]. Personen, die nicht sesshaft waren, hatten schon unter den Auseinandersetzungen des Russischen Bürgerkrieges zu leiden gehabt, besonders aber unter den Wellen des Terrors ab 1937. Es wird sich wohl kaum mehr feststellen lassen, wie viele Roma[152] 1941/42 unter deutsche Herrschaft gerieten. Vergleichsweise hohe Bevölkerungsanteile wies das Moldaugebiet und die Ukraine auf, ähnlich wohl in Ostpolen und im Baltikum.

Die deutsche Besatzungsmacht marschierte in der Sowjetunion zwar ohne genaue Befehle bezüglich dieser Minderheit ein, jedoch mit den radikalisierten Stereotypen und einer langjährigen Erfahrung der Verfolgung. Besonders nicht-sesshafte Roma galten in der Wehrmacht- und Polizeiführung als vermeintlich „arbeitsscheu" und, was gefährlicher für die Opfer war, als potentielle Spione oder als Personen, die angeblich in besonderem Maße Gerüchte verbreiteten. Diese Stereotypen sind kaum als spezifisch nationalsozialistisch anzusehen, sondern reichten Jahrhunderte zurück und waren in ganz Europa verbreitet. Doch im Kontext des gewalttätigen deutschen Feldzuges bereiteten sie den Boden für ein mörderisches Vorgehen.

Die Wehrmachtführung, die spätestens seit 1939 eine antiziganistische Politik betrieb, schloss im Vorfeld des Ostkrieges alle „Zigeuner und Zigeunermischlinge [...] aus rassepolitischen Gründen" aus ihren eigenen Reihen aus[153]. Die Militärverwaltung in Serbien stellte Juden und Roma gleich, d. h. gleich schlecht. Genauso wie gegenüber den Sinti und Roma im ganzen deutsch-beherrschten Europa dieser Zeit, so sind auch in der besetzten Sowjetunion regional unterschiedliche Vorgehensweisen der deutschen Besatzung sichtbar. Dabei ist zu berücksichtigen, dass der deutsche Zigeuner-Begriff unscharf war und, je nach Dienststelle, oftmals beliebig verwendet wurde, so für alle Personen ohne festen Wohnsitz oder für Menschen mit „zigeunerischem Aussehen".

Die Militärverwaltung ergriff bei der Verfolgung der Roma desöfteren die Initiative. Im Nordabschnitt forderte sie Zwangsarbeit und polizeiliche Überwachung für die Minderheit[154].

Eine generelle Regelung zur Behandlung der Roma im Operationsgebiet ist nur vom Berück Mitte überliefert: „wandernde Zigeuner" seien der Sicherheitspolizei zu übergeben. Über deren weitere Behandlung konnte im Oktober 1941 kaum jemand im Unklaren bleiben. Solche Roma, die seit zwei Jahren ansässig waren, seien lediglich zu überwachen[155]. Der Heeresfeldpolizeichef schlug in dieselbe

[151] Michael Zimmermann, Zigeunerpolitik im Stalinismus, im „realen Sozialismus" und unter dem Nationalsozialismus. Eine Untersuchung in vergleichender Absicht, Mannheim 1996, S. 7. Hierunter werden verschiedene ethnische Gruppen gerechnet; zudem entzogen sich viele Roma einer Registrierung. 1989 wurden beim Zensus in der Sowjetunion 262000 Roma erfasst. Eine realistische Größenordnung für 1941 liegt zwischen diesen beiden Werten.

[152] Sinti, die im allgemeinen vor allem in Mittel- und Westeuropa beheimatet sind, lebten nur wenige in der Sowjetunion, meist in der sowjetdeutschen Wolgarepublik.

[153] Zimmermann, Rassenutopie und Genozid, S. 197 (Erlass OKW vom 11.2.1941). Allerdings zogen sich die Ausschlussverfahren über Jahre hin.

[154] Weiss-Wendt, Murder without Hatred, S. 311ff.; Anton Weiss-Wendt, Extermination of the Gypsies in Estonia during World War II. Popular Images and Official Policies, in: Holocaust and Genocide Studies 17 (2003), S. 31–61.

[155] BA-MA RH 23/270, Bl. 35–37, Verwaltungsanordnung Nr. 9, Berück Mitte, VII, 21.10.1941.

Kerbe: „Eine grosse Gefahr für die Befriedung der Gebiete bildet das Auftreten von Zigeunerbanden, deren Angehörige sich bettelnd im Lande herumtreiben und den Partisanen weitgehend Zubringerdienste leisten. Würde nur ein Teil der Verdächtigen und der Partisanenbegünstigung überführten Zigeuner bestraft, so würde der verbleibende Teil der deutschen Wehrmacht nur noch feindlicher gegenüberstehen und sich noch mehr als bisher den Partisanen zur Verfügung stellen. Es ist deshalb notwendig, derartige Banden rücksichtslos auszurotten."[156] Der Kommandeur der 339. Infanteriedivision forderte offen den systematischen Völkermord: Er plädierte dafür, alle Roma als „Schädlinge" umzubringen; sein Kollege von der 707. Infanteriedivision, die im Zivilgebiet disloziert war, gab entsprechende Order an seine Einheiten[157]. Damit gingen beide sogar über die grundsätzlichen Weisungen Himmlers hinaus[158].

Erste Morde von Wehrmachteinheiten an Roma lassen sich bis auf den August 1941 zurückverfolgen[159]. Für eines der größten Massaker zeichnet die 281. Sicherungsdivision verantwortlich; ihre Soldaten erschossen am 6. Juni 1942 128 Roma in Novoržev[160]. Am radikalsten ging die Einsatzgruppe D am Nordrand des Schwarzen Meeres gegen Roma vor; diese wurden systematisch erschossen. Dabei leisteten einzelne Ortskommandanturen Handlangerdienste[161]. Im Frühjahr 1942 schloss sich auch die Einsatzgruppe A dieser extremen Vorgehensweise an[162].

Wegen der lückenhaften Berichterstattung und Überlieferung ist es kaum mehr möglich, die Dimension deutscher Morde an den Roma in der Sowjetunion flächendeckend zu rekonstruieren[163]. Ähnlich wie schon im Reich, galten die Sinti und Roma der Wehrmachtführung zwar nicht – wie die Juden – als politische, jedoch im Kriegsfall als militärische Sicherheitsgefahr. Insbesondere in solchen Gebieten, wo Partisanen agierten oder solche vermutet wurden, war das Leben der Roma in Gefahr. Letztendlich hing es jedoch auch von den jeweils zuständigen Befehlshabern ab, ob sie die Initiative gegen die Roma ergriffen und diese entweder direkt ermorden ließen oder an die Sicherheitspolizei übergaben, damit diese die blutige Aufgabe übernahm.

---

[156] BA-MA RH 19 III/458, Bl. 198, OKH, GenQu., GFP, Nr. 2365/42, Bericht über Partisanen, 31. 7. 1942.
[157] BA-MA RH 26-339/5, 339. ID an Berück Mitte, 5. 11. 1941; USHMM RG 53.002M, reel 2 (NARB 378-1-698), Befehl Wehrmachtkommandant Weißruthenien, 24. 11. 1941.
[158] Vgl. Wolfgang Wippermann, Nur eine Fußnote ? Die Verfolgung der sowjetischen Roma, in: Gegen das Vergessen. Deutsch-sowjetische Historikerkonferenz im Juni 1991 in Berlin über Ursachen, Opfer, Folgen des deutschen Angriffs auf die Sowjetunion. Hg. von Klaus Meyer und Wolfgang Wippermann. Frankfurt a. M. 1992, S. 75–90, hier 88; IfZ Fb 101/07, Bl. 530, Runderlass des Befehlshabers der Ordnungspolizei im GG betr. Zigeuner, 13. 8. 1942.
[159] BA-MA RH 23/71, Bl. 56, OK II/939 an Korück 553, Berezovka, 1. 9. 1941: 30. 8. 1941 sechs Zigeuner erschossen.
[160] IfZ NOKW-2072, 281. Sich.Div., 23. 6. 1942.
[161] Angrick, Besatzungspolitik und Massenmord, S. 252, 342f.; BA-MA RH 26-444/21, Lagebericht OK 882 Michajlovka, 9. 4. 1942 („40 Zigeuner" dem SD Melitopol übergeben, die alle erschossen wurden).
[162] Gerlach, Kalkulierte Morde, S. 1064.
[163] Auf zahlreiche Morde, die offensichtlich nicht in deutschen Akten überliefert sind, deuten die Materialien der sowjetischen Außerordentlichen Staatskommission: z. B. in Pologi 300 Opfer, USHMM RG 22.002M, reel 1 (GARF 7021-61-1), in Stalingrad 30 Opfer, ebenda reel 10 (GARF 7021-45-13).

Ähnlich wie gegenüber den Roma bestand auch gegenüber den sowjetischen Psychiatriepatienten bei Feldzugsbeginn keine genaue Regelung, wie mit ihnen zu verfahren sei. Doch auch hier zeigte sich deutlich, wie sich eugenische Vorstellungen, aber ebenso die Mordaktion „Euthanasie" im Reich seit Anfang 1940 tief in das Bewusstsein der Besatzungskräfte eingefressen hatten. Besonders im Krieg, als alle Ressourcen knapp wurden, galt das Leben eines einheimischen Behinderten wenig. Manches Kommando phantasierte sogar, die Rote Armee habe Geisteskranke aus einer Anstalt entlassen, damit diese später Sabotage begehen[164]. Allerdings ist im Gegensatz zum Reichsgebiet und zum besetzten Polen keine systematische Mordaktion gegen Geisteskranke sichtbar. Vielmehr kamen vergleichbare Massenmorde in den besetzten sowjetischen Gebieten offensichtlich nur unter bestimmten Konstellationen zustande.

Während die psychiatrischen Anstalten dem Militär in den ersten Feldzugswochen nicht besonders auffielen, begann sich dies just zu dem Zeitpunkt zu ändern, als Hitler im Reich die „Euthanasie" vorläufig stoppte. Am 28. August 1941 erschossen SS-Einheiten im lettischen Daugavpils 448 Patienten[165], bereits am 20. August wurde das XXIX. AK aktiv: Der Sanitätsoffizier „IVb und GFP besprechen die Beseitigung der bei der Gruppe Scheele herumlaufenden Irren."[166]. Die eingesetzten Kommandanturen, insbesondere auch die zuständigen Militärmediziner, registrierten alsbald in allen größeren Städten die Existenz solcher Einrichtungen.

Verschiedene Faktoren entschieden nun über das Schicksal der Insassen. Zunächst war die Besatzungsmacht kaum gewillt, diese „unproduktiven" Stadtbewohner ausreichend zu ernähren. Dann reklamierten nicht selten Militärmediziner die Gebäude als geeignet für Lazarette. So hing das Leben der einheimischen Kranken und Behinderten an einem seidenen Faden.

Es war also der Initiative einzelner Dienststellen geschuldet, ob Massenverbrechen in die Wege geleitet wurden. Die Unsicherheit über das allgemeine Vorgehen war es wohl auch, die dazu führte, dass diese Frage ab 21. September 1941 sogar im Generalstab des Heeres diskutiert wurde. Offensichtlich hatte sich ein Konflikt um die psychiatrische Anstalt in Novgorod entzündet. Halders dürre Eintragung vom 26. September über einen Vortrag von Wagner „Irrenanstalten bei Nord. Russen sehen Geistesschwache als heilig an. Trotzdem Tötung notwendig" deutet auf die Komplizenschaft der Heeresführung selbst in diesen dezentral geregelten Fragen[167]. Für eine Involvierung zentraler Instanzen spricht auch, dass eigens ein SS-Kommando mit Spezialisten des Massenmordes aus dem Warthegau angefordert wurde, um die Patienten zu ermorden. In einem weiteren Fall, der sich im Rahmen

164 BA-MA RH 24-29/76, XXIX. AK, Ic, Tagesmeldung, 15.8.1941.
165 Geoffrey Swain, Between Stalin and Hitler. Class war and race war on the Dvina, 1940–46. London, New York 2004, S. 56; das Gebäude war schon vorher von der Wehrmacht als Lazarett genutzt worden: BA-MA RW 46/260, Bl. 34, KTB VO WiRüAmt bei AOK 16, 7.7.1941.
166 BA-MA RH 24-29/76, Tätigkeitsbericht XXIX. AK, Ic, 31.8.1941; Wiedemann, Führerwille und Eigeninitiative, S. 122f. (60 Geisteskranke wurden daraufhin vom Sk 4a erschossen). Gerlach, Kalkulierte Morde, S. 1067, identifiziert als ersten Fall die Anstalt in Choroszcz bei Bialystok im Juli 1941; die Erschießung fand aber Ende August statt: Die Ermordung der Geisteskranken in Polen 1939–1945. Warschau 1993, S. 151.
167 Halder KTB III, S. 243, 252 (Zitat, mit einer peinlich exkulpierenden Fußnote), 262. Vgl. auch BA R 2104/26, Bl. 258–260, Beutemeldung 218. ID, OK 321 über Tote aus der „Irrenanstalt Kolmowo" bei Novgorod, o. D. (ca. März 1942).

der Heeresgruppe Nord abspielte, setzte sich die Führung des XXVIII. Armeekorps dafür ein, dass die SS die Patienten der Anstalt Makarevo ermordet[168].

Im Bereich der Heeresgruppe Mitte ist der Fall der Anstalt für geisteskranke
Kinder von Červen bei Minsk gut dokumentiert. Auch hier ging ein Vorschlag
zum Massenmord von den Militärs aus, von der Ortskommandantur. Freilich entwickelte sich daraus ein monatelanges Hin und Her der Instanzen, dessen Ergebnis leider nicht bekannt ist[169]. Nördlich von Moskau, im nur kurzzeitig besetzten
Kalinin, ließ ein Regimentskommandeur der 6. Panzerdivision 10 Geisteskranke
einer Anstalt erschießen. Die übrigen Psychiatriepatienten wurden zwar freigelas-
sen, im Falle einer Wiederergreifung aber ebenso ermordet[170]. Der Ic-Offizier der
3. Panzerarmee leitete im Juni 1942 die Erschießung von 113 Behinderten in Isa-
kovo bei Vjaz'ma in die Wege: „Dem Panzer-AOK. 3 wurde Meldung erstattet. Es
ordnete die Beseitigung der Krüppel an und beauftragte damit das Kommando der
Sicherheitspolizei und des SD. in Wjasma. Die Durchführung des Befehls erfolgte
am 13. und 14.6."[171]

Eines der größten Massaker richtete das Einsatzkommando 6 in Dnepropetrovsk an, kurz bevor die Stadt der Zivilverwaltung unterstellt wurde. 800 Insassen
der Anstalt Igrin fielen ihm bis zum 12. November 1941 zum Opfer[172]. Der Korück
553 bat um Maßnahmen gegen die desolate Lage der Anstalt in Cherson. Drei
Wochen später waren die etwa 1 000 Insassen tot[173]. In Poltava leistete die Ortskommandantur Schützenhilfe beim Krankenmord, indem sie Ordnungspolizisten
anforderte, die die Sicherheitspolizei bei ihren Verbrechen unterstützen sollten[174].

In der Großstadt Kursk, die von der 2. Armee besetzt wurde, fand sich eine
psychiatrische Anstalt mit 1 500 Insassen. Sowjetischen Ermittlungen zufolge
zwang die Stadtkommandantur das medizinische Personal, alle Insassen, die man
nicht als arbeitsfähig einstufte, zu töten. 400 Menschen verhungerten, etwa 600
wurden durch Giftspritzen getötet[175]. Das Sonderkommando 4a, ab Sommer 1942
in Kursk stationiert, ermordete die meisten der Überlebenden, in mindestens fünf
Massenerschießungen bis in den Herbst hinein. Bei Vorošilovgrad entschied der
Berück über das Schicksal der Geisteskranken: „In Sswatowo grosse Irrenanstalt

---

168 Müller, Wehrmacht und Okkupation, S. 119; Krausnick/Wilhelm, Truppe des Weltanschau-
     ungskrieges, S. 269; Hürter, Wehrmacht vor Leningrad, S. 435ff.; Michael Alberti, Die Verfol-
     gung und Vernichtung der Juden im Reichsgau Wartheland 1939–1945. Stuttgart 2006, S. 415;
     Hürter, Hitlers Heerführer, S. 547f., 566f., mit weiteren Fällen.
169 Gerlach, Kalkulierte Morde, S. 1071f.
170 Müller, Wehrmacht und Okkupation, S. 118f.; BAL Dok.-Slg. Versch. VII, Bl. 140, XXVII.
     AK, 16.11.1941; IfZ MA 887, fr. 1011, Bericht OK 302 Kalinin, 24.11.1941. Zum Massen-
     mord an Geisteskranken im Oktober 1941 in der Anstalt Mikulino 70 km südlich von Kalinin
     vgl. Dokumenty obvinjajut. Sbornik dokumentov Band 1, S. 155f.
171 BA-MA RH 21-3/447, Bl. 46–55, Tätigkeitsbericht GFP 703, 26.6.1942.
172 BA R 58/219, EM CdS Nr. 156, 16.1.1942; sowjetische Behörden vermuteten aber eine ent-
     sprechende Anweisung des Gebietskommissars: YVA M-37/177 (CDAHO 1-23-1062), An-
     klage NKVD-Militärtribunal Ukrainischer Militärbezirk, 8.5.1944.
173 BA-MA RH 23/69, Bl. 122, Vermerk, Korück 553, Qu, 29.9.1941; USHMM, RG-11.001, reel
     92 (RGVA 1275k-3-667), 444. Sich.Div. an Berück Süd, 17.11.1941; Angrick, Besatzungspoli-
     tik und Massenmord, S. 252. Vermutlich beteiligten sich Angehörige einer Luftwaffeneinheit
     an der Mordaktion am 20./21.10.1941.
174 Klemp, Nicht ermittelt, S. 185; BA R 58/219, EM CdS Nr. 135, 19.11.1941.
175 Sokolov, Okkupacija, S. 150f.; USHMM RG-22.002M, reel 9 (GARF 7021-29-22, Bl. 13ff.),
     Anklage Militärstaatsanwalt Zentralfront, 26.3.1943.

500 Irre, davon 200 idiotisch. Entscheidung Befh. erbeten."[176] Selbst im äußersten Osten, im Gebiet der 6. Armee südwestlich von Stalingrad, konnte die Sicherheitspolizei ungehemmten Morden nachgehen. So erschoss das Sonderkommando 4a etwa 50 Kinder im Alter von sechs bis acht Jahren in Nižne-Čirskaja, einzig allein mit der Begründung, dass sie in einer Heilanstalt untergebracht waren[177].

Die Psychiatrieinsassen mussten um ihr Leben fürchten, doch wurden sie nicht systematisch ermordet. Offensichtlich waren sie im besetzten Estland einigermaßen sicher[178]. Mancherorts entschied man, sie zu belassen, oftmals wurden sie aus den Anstalten vertrieben. Wer aber ohne Hilfe von Verwandten oder anderer Fürsorge blieb, dem drohte anschließend der Hunger und damit unter Umständen auch der Tod.

Die Militärs übernahmen bei diesen Massenmorden oftmals die Funktion, die im Reich bei den Gesundheits- und Innenverwaltungen während der Mordaktion „Euthanasie" lag. Sie entschieden darüber, welche Anstalten „geräumt" werden sollten und welche nicht, d.h. faktisch über Leben und Tod der Patienten. Das Töten übernahm dann der SS- und Polizeiapparat. Diese Verschiebung der funktionalen Zuständigkeiten im militärischen Besatzungsgebiet ist auf vielen Feldern zu beobachten, besonders ins Auge sticht sie natürlich bei den Massenverbrechen.

8. Die letzten Juden unter Militärhoheit

Nach der letzten Übergabe von Militärgebieten an die Zivilverwaltung im August 1942 lebten kaum noch Juden unter Hoheit der Wehrmacht. Lediglich in wenigen Städten wurden Facharbeiter und Handwerker am Leben gelassen, so 1 038 Personen in Vorošilovgrad[179]. Freilich brachte die deutsche Sommeroffensive 1942 weitere Juden in deutsche Hand. Selbst im hart umkämpften Stalingrad blieb offensichtlich genügend Zeit, um noch nach jüdischen Einwohnern zu suchen. Zwar gelangte das Sonderkommando 4a nicht bis in die Stadt, jedoch übernahm anscheinend die Militärpolizei die Suche nach den Opfern. Mindestens ein Jude wurde in Stalingrad ermordet[180].

---

[176] BA-MA RH 22/98, Bl. 296, Besichtigungsreise des Berück B, 6.–16.9.1942. Das Schicksal der Patienten ist nicht geklärt. Auf jüdische Insassen wies hin: BA-MA RH 22/204, Bl. 208–213, Lagebericht 403. Sich.Div., VII, an Berück B, 23.10.1942.

[177] Abschlußbericht Exekutionen des Sonderkommandos 4a der Einsatzgruppe C. Zentrale Stelle Ludwigsburg, 30.12.1964, Bl. 275–280; USHMM RG 22.002M, reel 10 (GARF 7021-45-13, Bl. 161f.), Akt AoStKom Nižne-Čirskaja, 25.6.1943.

[178] Weiss-Wendt, Murder without Hatred, S. 317f.

[179] BA-MA RH 22/206, Lagebericht OFK Donez, 24.9.1942.

[180] Bericht UNKVD Stalingrad, 1.4.1943, in: Stalingradskaja ėpopeja, S. 421; A. E. Epifanow, W. S. Lomow, Besatzungsregime der deutschen Wehrmacht und die Kollaborateure während der Stalingrader Schlacht 1942/1943, in: Die Tragödie der deutschen Kriegsgefangenen in Stalingrad von 1942 bis 1956 nach russischen Archivunterlagen. Hg. von A. E. Epifanow, Hein Mayer. Osnabrück 1996, S. 131–145, hier 135f.; BA-MA RW 31/59a, Bl. 279–291, Bericht AWiFü AOK 6, 3.10.1942; „... und die Wolga brannte", S. 269, 273; USHMM RG 22.002M, reel 10 (GARF 7021-45-13), NKVD-Vernehmung des Leiters der Feldgendarmerie in Stalingrad, 5.2.1943. Vgl. Abschlußbericht Exekutionen des Sonderkommandos 4a der Einsatzgruppe C. Zentrale Stelle Ludwigsburg, 30.12.1964, Bl. 90.

Erheblich mehr Juden waren jedoch vom Südschwenk der Heeresgruppe A auf den Kaukasus bedroht. Nicht nur die einheimischen Juden rechneten kaum damit, in dieser abgelegenen Gegend unter die Herrschaft der Wehrmacht zu fallen; auch viele Juden aus anderen Regionen waren hierher vor dem deutschen Vernichtungsfeldzug geflohen. Wieder stand das AOK 17 in enger Verbindung mit der Sicherheitspolizei, diesmal nicht mehr dem Sonderkommando 4b, sondern mit der Einsatzgruppe D. Diese Zusammenarbeit hatte sich inzwischen zur Routine entwickelt, der Informationsaustausch klappte hervorragend.

Die erste größere Stadt, in der die Juden nun um ihr Leben fürchten mussten, war das schon einmal eroberte Rostov am Don. Die Stadtkommandantur ließ bereits einen Tag nach der neuen Besetzung, am 23. Juli 1942, alle Juden registrieren. Das AOK 17 unterhielt unterdessen laufende Besprechungen mit dem Sonderkommando 10a. Drei Wochen später erschossen die Männer dieser Mordeinheit die noch verbliebenen etwa 2 000 jüdischen Menschen[181].

Die Juden sollten keinesfalls Teil des „kaukasischen Experiments" werden. Zwar wollte Generalquartiermeister Wagner Hitler persönlich vorschlagen, die Ermordung der Juden bis zur vollen Beherrschung des Kaukasus auszusetzen, doch sein zuständiger Abteilungsleiter Schmidt von Altenstadt hatte es eiliger: „Hinsichtlich der Judenfrage empfahl er baldige Fühlungnahme mit dem SD."[182] Die Militärverwaltung machte sich unterdessen an die Vorbereitung.

In Vorošilovsk, gelegen im von der 1. Panzerarmee eroberten südöstlichsten Zipfel der deutschen Besatzung, erschoss das Einsatzkommando 12 die letzten 500 Juden am 13. August, anscheinend unter Beteiligung einzelner Soldaten der Wehrmacht. Die FK 676 übernahm anschließend die Kleidungsstücke der Mordopfer[183]. Alle großen Massaker dieser Zeit fielen in das Hoheitsgebiet der 1. Panzerarmee. Dort wurden die Juden in der Stadt Mineralnye Vody konzentriert und in den ersten zwei Wochen des Septembers ermordet. Die örtliche OK II/915 leistete dabei aktive Mithilfe. Sogar Juden, denen die Flucht vor den Massakern gelungen war, wurden von Angehörigen der Ortskommandantur eingefangen und der Sicherheitspolizei zur Ermordung übergeben[184].

Das AOK 17 hatte genaue Kenntnis von den Massenverbrechen in seinem Bereich. Die OK I/920 übernahm in Čerkessk aus eigener Initiative die Festnahme der Juden, die anschließend vom Einsatzkommando 11 in sogenannten Gaswagen erstickt wurden. Danach bereitete das Kommando zusammen mit der OK I/289 die Ermordung von 1 000 Juden in Armavir vor; das Erschießungsgelände wurde von Feldgendarmen abgesperrt[185].

---

[181] Angrick, Besatzungspolitik und Massenmord, S. 560–565; BA-MA RH 20-17/353, AOK 17, Ic/AO, Tätigkeitsbericht 15. 3. – 24. 4., 13. 8. 1942.
[182] Vortragsnotiz Wagners, September 1942, Zeidler, Das „kaukasische Experiment", S. 490, 498, mit einer weitgehend unkritischen Darstellung; BA R 6/66, Bl. 71, Besprechungsniederschrift Abt. Kr.verw., 3. 9. 1942 (Zitat).
[183] Angrick, Besatzungspolitik und Massenmord, S. 577f.
[184] Oldenburg, Ideologie und militärisches Kalkül, S. 305f.; Angrick, Besatzungspolitik und Massenmord, S. 616–619; Pjatigorsk i pjatigorčane v Velikoj Otečestvennoj vojne. Red. A. E. Šljapak u. a. Pjatigorsk, 1995, S. 43ff.
[185] Oldenburg, Ideologie und militärisches Kalkül, S. 298ff.; Angrick, Besatzungspolitik und Massenmord, S. 589f.

Nach den neuesten russischen Schätzungen wurden zwischen August und Dezember 1942 an die 50000 Juden im Nordkaukasus (ohne Raum Rostov) ermordet[186], davon ein erheblicher Teil mit logistischer Unterstützung der Militärverwaltung. Von einer besonderen Zurückhaltung der Militärs im „Experimentiergebiet" Kaukasus bei diesen Verbrechen kann nicht die Rede sein. Vielmehr war die Zusammenarbeit beim Massenmord, wie sie sich im Herbst 1941 entwickelte, zur alltäglichen mörderischen Routine geworden. Lediglich bei den sogenannten Bergjuden entwickelte sich eine Diskussion, wie diese „rassisch" einzustufen seien. Hier bemühte sich das Heeresgruppenkommando darum, diese Gruppe von den Mordaktionen auszunehmen. Dennoch wurden auch Bergjuden Opfer dieser Massenverbrechen[187].

Damit war die Kooperation des Heeres beim Mord an den Juden bei Jahresende 1942 noch keineswegs abgeschlossen. Zwar lebten im Operationsgebiet fortan nur noch Juden im Versteck oder mit „arischen" Papieren, also falscher Identität. Doch selbst nach diesen letzten Überlebenden wurde fieberhaft gefahndet. Bei „Judenverdacht" überstellte das Militär Festgenommene der Sicherheitspolizei[188].

Die ungarischen Verbände führten Ende 1942 immer noch ihre Zwangsarbeiterbataillone mit, die sich aus ungarisch-jüdischen Männern zusammensetzten. Ab Anfang 1943 begann die Sicherheitspolizei damit, auch diese zu ermorden, so in Sumy. Dies war offensichtlich auch dem OKH bekannt, bei dem Beschwerden der ungarischen Regierung eingingen[189]. Das AOK 2 wurde darüber anscheinend erst im Nachhinein informiert und wollte die Massenerschießungen in Zukunft auf solche Juden begrenzt wissen, denen „Bandenunterstützung" nachgesagt wurde. Dagegen gab das Kommando der 75. Infanteriedivision offensichtlich eine regelrechte Genehmigung für den Massenmord[190]. Die Heeresgruppe Mitte hingegen meldete selbst Bedarf an jüdischen Ungarn als Zwangsarbeiter an. Nach der deutschen Besetzung Ungarns bat der Heereswirtschaftsführer Mitte im April 1944 darum, doch 30000 solcher Juden auch in sein Gebiet zu verschicken. Diese gelangten jedoch nur in die Rüstungswirtschaft[191].

Sehr genau wurde von den Militärs weiterhin verfolgt, ob sich unter den Partisanengruppen Juden befanden. Oftmals handelte es sich dabei jedoch nicht um Widerstandskämpfer, sondern um Familien, die ihr Überleben in den Wäldern sichern wollten[192]. Allerdings drängten die Kommandeure darauf, die Morde an

---

[186] Al'tman, Žertvy nenavisti, S.276–285; im Gegensatz zu den Zahlen der AoStKom sind diese allenfalls als leicht überhöht anzusehen.

[187] Ebenda, S.284; Pavel Polian, Viktor Beltran, Deutsche Besatzungspolitik im Nordkaukasus, Paper auf der Konferenz „Expériences d'occupations 1914–1945", Berlin September 2004.

[188] BA-MA RH 26-207/29, 207. Sich.Div., Ic, 25.2.1943. Vgl. 281. Sich.Div., 24.3.1943, in: Deutsche Besatzungspolitik, S.101.

[189] Botschaft Budapest an OKH, 5.4.1943, in: Akten der deutschen auswärtigen Politik, Serie E, Band 5, S.532f.

[190] BA-MA RH 20-2/1275, Tätigkeitsbericht AOK 2, Ic/AO, 9.3.1943 (mit Bezug auf Befehl AOK 4, IIa vom 22.2.1943); BA-MA RH 20-2/1308, Tätigkeitsbericht AOK 2, Ic/AO, 3.4.1943; Befehl KdS Tschernigow, 19.3.1943, in: Deutsche Besatzungspolitik, S.99–101. Vgl. auch die antisemitischen Passagen in BA-MA RH 26-75/131, 75. ID, Ic, Überläuferaussagen, 5.3.1943.

[191] Gerlach, Kalkulierte Morde, S.762.

[192] BA-MA RH 23/187, Bl.44, Korück 580, Bandenmeldung, 3.5.1943 (Selišče); zuletzt noch: BA-MA RH 3/v. 190, Bl.31–38, OKH/GenQu Abt. Kr.verw. (Qu 4) Nr.II/4098/44 g., 22.5.1944.

diesen Menschen doch ganz der Sicherheitspolizei zu überlassen[193]. Das hieß, dass viele Verbände weiterhin in Wäldern aufgegriffene Juden an die Polizei übergaben, im vollen Bewusstsein, welche Folgen das hatte. Der Oberbefehlshaber der 9. Armee, von Vormann, ordnete dies sogar noch an, als er beim Rückzug in Polen mit der Niederschlagung des Warschauer Aufstandes beschäftigt war[194].

Im estnischen Raum lebten auch noch in der Zeit nach Mitte 1943 jüdische Zwangsarbeiter, die sich für die Gewinnung von Ölschiefer oder von der Organisation Todt ausbeuten lassen mussten. Die wirtschaftliche Aufsicht unterstand weiterhin dem Wirtschaftsstab, die Bewachung erfolgte jedoch durch die SS, deren Befehle auch im Militär weitergegeben wurden. Noch in einer der letzten Besprechungen, die Generalquartiermeister Wagner vor seinem Selbstmord führte, wurde diese Frage thematisiert[195].

Es gibt kaum Indizien dafür, dass die Durchführung der Massenmorde an den Juden einen Wandel in der antisemitischen Einstellung in der Wehrmachtführung bewirkt hätte. Beim Generalquartiermeister wurde akribisch Buch darüber geführt, wie viele Juden jeweils umgebracht worden waren: „Es bleibt unvergessen, wenn General Wagner zuhörte oder wenn er die Zahlen der vom SD gemeldeten Ermordeten, in der Sprache der SS ‚Liquidierten‘, addierte und Kenntnis nahm von jenen Gebieten, die als ‚judenfrei‘ gemeldet wurden.“[196] Der Chef der Sicherheitspolizei Heydrich informierte Wagner im November 1941 persönlich darüber, dass Hitler inzwischen die Judenverfolgung in ganz Europa verschärfte[197]. Und Halder bekam bei der Besprechung in Orša im gleichen Monat von einigen Oberkommandierenden ein Loblied auf die Einsatzgruppen zu hören: „Diese Leute sind für uns Goldes wert, denn sie sichern die rückwärtigen Verbindungen“[198].

Deutlich wird aber auch, dass die Ausdehnung der Verbrechen auf Frauen, Kinder und Alte weithin bekannt wurde und auf ein geteiltes Echo innerhalb von Offizierskorps und Mannschaften stieß. Der bekannteste Hinweis stammt von einer Dienstreise des Ic-Offiziers der Heeresgruppe Mitte, von Gersdorff, zur 4. Armee Anfang Dezember 1941, unmittelbar nach dem Schock des sowjetischen Gegenangriffs: „Ich habe den Eindruck gewonnen, dass die Erschießungen der Juden, der Gefangenen und auch der Kommissare fast allgemein im Offizierskorps

---

[193] Befehl der 281. Sich.Div., 24.3.1943, in: Deutsche Besatzungspolitik, S.101; BA-MA RH 23/353, Bl.23–28, Korück 593, Bandenbekämpfung, 31.5.1943.
[194] Beispielsweise IfZ NOKW-2322, 69. ID, Bandenkampf in Litauen 15.–31.8.1944; BAL 211 AR 3315/65 ./. Staedtke (für den Hinweis danke ich Wilhelm Stangl); vgl. Hanns von Krannhals, Der Warschauer Aufstand 1944. Frankfurt a.M. 1962.
[195] Vgl. IfZ MA 1711, fr.25–26, WiStOst/A, Beitrag zum KTB 24.–30.7.1943; BA-MA RW 31/141, WiStOst, Bes. Ano. Nr. 107, 6.9.1943; BA R 6/17, Bl.56–66, Besprechung im RMfbO am 6.7.1944.
[196] Walter Bußmann, Politik und Kriegführung. Erlebte Geschichte und der Beruf des Historikers, in: Fridericiana. Zeitschrift der Universität Karlsruhe H. 32, 1983, S.3–16, hier 11 (für den Hinweis auf diesen Text danke ich Johannes Hürter); über die Reaktionen im Generalstab vgl. auch Meyer, Adolf Heusinger, S.219.
[197] In einem Schreiben vom 6.11.1941 zu den inszenierten Anschlägen auf Synagogen in Paris, Klarsfeld, Vichy, S.369f.
[198] Peter Bor, Gespräche mit Halder. Wiesbaden 1950, S.197f.

abgelehnt wird"[199]. Auch in den Feldpostbriefen einfacher Soldaten trat nun offensichtlich stärker die Kritik an diesem Völkermord zutage[200].

Gegen solche ansatzweise Kritik richteten sich die zahlreichen Befehle, die Oberbefehlshaber ab Oktober 1941 zur Rechtfertigung des Massenmordes erließen, allen voran von Reichenau am 10. Oktober. Sein Aufruf wurde binnen kurzem verbreitet, nicht nur vom Generalquartiermeister an die Armeen, sondern sogar innerhalb der SS[201]. Ähnliche Legitimierungen für den Völkermord gaben die Oberbefehlshaber der anderen Armeen heraus, in deren Hoheit sich die meisten dieser Verbrechen abspielten, von Manstein bei der 11. Armee und Hoth bei der 17. Armee[202].

Das OKW forcierte ab Mitte 1942 sogar noch einmal die antisemitische Propaganda, nicht zuletzt um einen maximalen Konsens über die Verbrechen unter Zivilverwaltung und in ganz Europa zu erreichen[203]. Die Wehrmachtpropaganda ließ unverdrossen antisemitische Hetzbroschüren an Bevölkerung und Soldaten verteilen. Inzwischen dienten diese weniger zur Legitimierung des Massenmordes, sondern sollten in erster Linie Angst vor der Rückkehr der Roten Armee schüren[204]. Gegen Soldaten, die Juden beim Überleben helfen wollten, wurde rigoros vorgegangen. In Fällen von organisierter Flucht verhängten Militärgerichte sogar Todesurteile[205].

Den Generälen, aber auch vielen Offizieren und Soldaten war längst bekannt, dass nicht nur die vermeintlich bolschewistischen Juden der Sowjetunion, sondern alle Juden in Europa umgebracht wurden. Umgekehrt kursierten „Sensationen" wie das Massaker von Babij Jar binnen kurzer Zeit in den Offizierskasinos Europas[206]. Offiziell wurden viele Heeresgeneräle der Ostfront in drei Reden Himmlers im Januar, März und Juni 1944 informiert, die an Deutlichkeit nichts zu wünschen übrig ließen. Dort versuchte der SS-Chef insbesondere die Morde an Kindern

[199] BA-MA RH 19 II/127, Bl. 260, Hgr. Mitte, Stimmungsbericht von Gersdorff, 9.12.1941. Vgl. Krausnick/Wilhelm, Truppe des Weltanschauungskrieges, S. 257f.; kritische Stimme im AOK 11 (VAA): Hürter, Nachrichten aus dem „Zweiten Krimkrieg", S. 380.
[200] Die polnische Untergrundbewegung fing zahlreiche Feldpostbriefe ab und bemerkte die verstärkte Kritik an den Massenmorden ab Ende 1941, Bernard Wiaderny, Der Polnische Untergrundstaat und der deutsche Widerstand 1939-1944. Berlin 2002, S. 126ff.
[201] USHMM RG 48.004M, reel 2 (VHA Prag, Pol.Rgt. Mitte), Rundschreiben HSSPF Russland-Mitte, 14.11.1941.
[202] Zum Kontext Arnold, Die Wehrmacht und die Besatzungspolitik, S. 226ff., der aber die Motivierung der geschwächten Truppe als Hauptmotiv sieht. Überzeugender: Richter, Handlungsspielräume, S. 61ff.
[203] Vgl. die Rede von Schmundt am 17.11.1942, und die Mitteilungen für die Truppe, Nr. 264, Mai 1943: „Europa muss judenrein gemacht werden"; Förster, Wehrmacht, Krieg und Holocaust, S. 962.
[204] BA-MA RH 20-9/300, AOK 9, Ic/AO, Tätigkeitsbericht WPr, 9.9.1943.
[205] IfZ MA 860, fr. 97f., Bericht Berück Nord, IIIO, 3.6.1942; BA-MA RH 31 I/v. 42, Sonderbefehl Deutscher General beim Obkdo. der rumänischen Wehrmacht, 17.6.1944 (in Groß-Ungarn); vgl. den Fall von Anton Schmid, der jüdischen Widerständlern half: Siegwald Ganglmair, Feldwebel Anton Schmid, in: Jahrbuch Dokumentationsarchiv des österreichischen Widerstands 2002, S. 25-40
[206] Ulrich Herbert, Best. Biographische Studien über Radikalismus, Weltanschauung und Vernunft, 1903-1989. Bonn 1996, S. 313. Zum europaweiten Kenntnisstand deutscher Mannschaftssoldaten im Frühjahr 1943 vgl. Zagovec, Gespräche mit der „Volksgemeinschaft", S. 329ff.; vgl. etwa die Kenntnisse von Gen.maj. Georg Neuffer (20. Flakdiv.), in britischer Kriegsgefangenschaft abgehört am 19.12.1943: Abgehört, S. 243; weitere Beispiele im Bericht des britischen Geheimdienstes „Atrocities as seen through German eyes", o. D., National Archives London, WO 208/4172 (für den Hinweis danke ich Steve Tyas).

als legitim hinzustellen. Augenzeugen zufolge sollen die Militärs den Redepassagen über den Massenmord heftigen Beifall gespendet haben[207]. Selbst Befehlshabern der Marine teilte Himmler schon Ende 1943 mit, was sie wahrscheinlich ohnehin schon wussten[208]. Vermutlich brachte der Erste Generalstabsoffizier der Heeresgruppe Südukraine, Otto Wöhler, die Meinung weiter Teile der Generalität auf den Punkt, wenn er noch Ende Mai 1944, also nach fast drei Jahren ununterbrochener Massenmorde, meinte: „Juden müssen verschwinden."[209]

Der Mord an den europäischen Juden ist ohne Zweifel das schwerste Verbrechen des Nationalsozialismus. Obwohl die Vernichtungspolitik von vielen Seiten, besonders von der Staatsführung und von den Besatzungsverwaltungen, vorangetrieben wurde, fiel ihre Ausführung weitgehend in den Aufgabenbereich des SS- und Polizeiapparates. Dabei wirkten Dienststellen und Einheiten der Wehrmacht jedoch in erheblichem Ausmaße mit. Besonders die Militärverwaltung in der Sowjetunion übernahm dabei eine ähnliche Funktion wie ihre zivilen Kollegen in den besetzten Gebieten. Von 2,4 Mio. Ermordeten in den seit Juni 1941 besetzten Gebieten starben 450 000 bis 500 000 unter Hoheit der Wehrmacht. Eine bisher unbekannte Anzahl jüdischer Kriegsgefangener, vermutlich mehrere Zehntausend, sind hinzuzurechnen. Selbst im Zivilverwaltungsgebiet, wo vermeintliche militärische Notwendigkeiten meist nicht vorgeschoben werden konnten, fanden die Morde Unterstützung durch die Wehrmacht, die zugleich für die Tötung jüdischer Kriegsgefangener sorgte.

Die Ermordung der Juden war keine offizielle Aufgabe des Militärs, sondern ist von diesem freiwillig übernommen worden. Grundlage dafür waren die weit verbreiteten antisemitischen Haltungen, vor allem bei den Entscheidungsträgern. Zweifellos unterlag deren Antisemitismus einer großen Varianzbreite, sowohl in seiner Fundierung als auch in seiner Handlungsmotivierung. Aktiviert wurden diese Einstellungen im rassenideologischen Krieg gegen die Sowjetunion, deren jüdische Bevölkerung man weithin mit dem bolschewistischen Regime identifizierte. Große Teile der Armee sahen den Mord an Juden, den SS und Polizei von Anfang an offen praktizierten, als sinnvoll und notwendig an, insbesondere solange er sich gegen erwachsene Männer richtete. Er wurde sowohl als Vergeltung für die Verbrechen des Bolschewismus als auch als Beitrag zur Sicherung des Hinterlandes interpretiert.

Erst an der Ausdehnung der Verbrechen auf Frauen und Kinder schieden sich die Geister. Aber auch hier war es nur eine Minderheit in der Führung und ein kaum zu bestimmender Teil der Soldaten, die sich nicht einverstanden zeigten. Von

---

[207] So am 25. Januar 1944 in Posen: Kunrat Freiherr von Hammerstein, Spähtrupp, Stuttgart 1963, S. 193; Rudolf-Christoph Frhr. v. Gersdorff, Soldat im Untergang. Frankfurt a. M. u. a. 1979, S. 145f.; vgl. Goebbels Tagebücher Teil II, Band 11, S. 151; ebenso in Sonthofen am 24.5.1944: Heinrich Himmler, Geheimreden 1933 bis 1945 und andere Ansprachen. Hg. von Bradley F. Smith und Agnes F. Peterson. Frankfurt a. M. u. a. 1974, S. 201-203. Bei der Tonaufzeichnung der Rede in Sonthofen am 21.6.1944 ist kein solcher Beifall zu hören: Das Verbrechen hinter den Worten – Tondokumente (1930-1964) zum nationalsozialistischen Völkermord. Red. Burkhard Asmuss, Walter Roller. CD. [Berlin] 2001.
[208] Himmler, Geheimreden, S. 201 (16.12.1943).
[209] FS an Hgr. Südukraine, 31.5.1944, in: Die Ermordung der europäischen Juden, S. 138 (mit Bezug auf Juden in Jassy).

der Generalität war kaum ein Zeichen der Ablehnung des Massenmordes zu hören, eher schon im Offizierskorps und bei den Mannschaften[210]. An den meisten
Schlüsselstellen wurde auch die restlose Ermordung der Minderheit mitgetragen,
ja teilweise sogar noch forciert. Nun mussten Argumente wie Nahrungs- oder
Wohnungsknappheit herhalten, deren Zusammenhang mit der kleinen jüdischen
Minderheit eigentlich jedem klar denkenden Menschen als grotesk und zynisch
hätten erscheinen müssen. Schließlich setzte sich ab 1942 der Gedanke durch, dass
kein Jude mehr am Leben gelassen werden dürfe, da jeder einzelne nach der Ermordung der Mehrheit, insbesondere seiner Familienmitglieder, eine Gefahr darstellen würde. Diese Haltung hielt sich offensichtlich bis Kriegsende.

---

[210] So offensichtlich auch die Einschätzung in der SS-Führung, Gerlach, Kalkulierte Morde,
S. 539.

X. Die Behandlung der Bevölkerung und der Kampf gegen die Partisanenbewegung ab 1942

1. Der Partisanenkrieg

Nach dem Abklingen des Winters 1941/42 entwickelte sich allmählich eine sowjetische Partisanenbewegung, die einen solchen Namen auch wirklich verdient. Bis dahin hatte es die Besatzungsmacht vor allem mit einzelnen Grüppchen zu tun, die kaum koordiniert handelten und sich zumeist im ersten Feldzugswinter wieder auflösten. Ab Sommer 1942 machten die Untergrundgruppen vor allem der Heeresgruppe Mitte zu schaffen, insbesondere ihrer Nachschub- und Ausbeutungspolitik. Eine größere militärische Bedeutung erlangten sie jedoch erst mit dem „Schienenkrieg", zunächst in der konzertierten Aktion vom August 1943, vor allem aber bei der sowjetischen Sommeroffensive im Juni 1944.

Die Wehrmacht hatte zwar immer noch zu wenig Soldaten zur „Sicherung des Hinterlandes", doch entwickelte sie im Laufe des Jahres größere taktische Konzepte zur Bekämpfung der Partisanen. Dabei war die Idee des Guerillakrieges den deutschen Militärs nicht fremd. Nicht nur sahen sie sich selbst in der Tradition Lützowscher Freikorps 1813/14; die Freikorps-Erfahrung von 1919 wurde ähnlich interpretiert. Einzelne Experten hatten in der Zeit der Niederlage des Ersten Weltkrieges die Entfachung eines „Volkskrieges" angeregt. Auch im Zweiten Weltkrieg lag ein deutscher Partisanenkrieg nicht völlig außer Betracht. Diese Ideen materialisierten sich vor allem in der SS, zunächst beim Rückzug aus dem Baltikum 1944, als man etwa lettische Untergrundkämpfer zurücklassen wollte; schließlich ist an die rudimentären Versuche zu erinnern, im Reich einen „Wehrwolf" hinter fremden Linien agieren zu lassen[1]. Einzelne Frontverbände haben ihre Partisanenjagdkommandos selbst hinter die feindlichen Linien geschickt, um dort Sabotage zu verüben oder feindliche Einheiten zu attackieren[2]. Aus nationalistischer Perspektive galt dies jedoch nur für die eigene Seite als legitim, nicht für die Länder, die man angegriffen hatte.

Diese nationale Sichtweise hat auch lange die Beurteilung des Partisanenkrieges aus deutscher Sicht geprägt. Demnach sei der bewaffnete Widerstand im sowjetischen Raum illegitim gewesen, was impliziert, dass die Methoden zu seiner Bekämpfung durchaus gerechtfertigt werden könnten. Tatsächlich war ein erheblicher Teil der sowjetischen Partisanenbewegung stalinistisch geprägt, da größten-

---

[1] Vgl. schon Arthur Ehrhardt, Kleinkrieg. Geschichtliche Erfahrungen und künftige Möglichkeiten. Potsdam [1935]; ausführlich zur Kontinuität: Blood, Hitler's Bandit Hunters, S. 4ff.
[2] Rass, Menschenmaterial, S. 342.

teils vom NKVD aufgestellt und geführt, und äußerst gewalttätig gegen deutsche Soldaten und einheimische Bevölkerung. Dies rechtfertigt jedoch mitnichten die Entrechtung der Einheimischen und ihre massenhafte Ermordung oder Vertreibung.

Vielmehr ist schon aus völkerrechtlicher Sicht zu berücksichtigen, dass die Wehrmacht die Sowjetunion nie soweit niederwerfen konnte, dass sie als Staat zu bestehen aufgehört hätte, also eine debellatio. Entscheidend bleibt jedoch, dass die Wehrmacht einen Angriffskrieg gegen das Land und seine Bevölkerung führte, der bewusst von enormer Ausbeutung und Ermordung von Teilen der Bevölkerung begleitet werden sollte. Hier wurde also ein irregulärer Krieg geführt, der auf irregulären Widerstand traf. Den Widerstand gegen eine imperiale und verbrecherische Fremdherrschaft kann man kaum als völlig illegitim einstufen. Das Dilemma für die Bevölkerung unter Besatzung lag darin, dass es für sie kaum Möglichkeiten zur widerständigen Selbstorganisation außerhalb des KP-Monopols gab. Lediglich im Westen existierten ab 1942 größere antikommunistische Untergrundgruppen, kaum aber im Operationsgebiet.

Wer also eine differenzierte Betrachtung der Wehrmacht im Partisanenkrieg anmahnt, muss dies umso mehr für den Widerstand in den besetzten Gebieten einfordern. Besonders deutlich wird dies an den jüdischen Mitgliedern in den Widerstandgruppen, die um ihr nacktes Überleben kämpften und gar keine andere Existenzmöglichkeit als bei den Partisanen fanden; das galt aber auch für die versprengten Rotarmisten, denen bei Gefangennahme bis Frühjahr 1942 mit hoher Wahrscheinlichkeit der Hungertod, unter Umständen sogar die sofortige Erschießung drohte. Dagegen wog die Logik der deutschen Besatzer gering[3].

Im Dezember 1941 war die Tätigkeit der bewaffneten Untergrundgruppen in den meisten Regionen zum Erliegen gekommen. Lediglich punktuell, im Bereich der Heeresgruppe Nord, fanden noch einige Kämpfe statt, ebenso wie bei den ungarischen Sicherungstruppen im Raum Černigov in der Nordostukraine oder auf der Krim[4]. Auf der Halbinsel ging die Besatzungsmacht gegen die Bevölkerung nicht nur beim Anti-Partisanenkampf brutal vor, sondern sogar im Rahmen der Kampfhandlungen. Nach der Landung sowjetischer Truppen in Evpatorija Anfang Januar 1942 behaupteten die Militärs, Einwohner der Stadt hätten auf gegnerischer Seite an den darauf folgenden Kämpfen teilgenommen. Daraufhin ließ das AOK 11, vermutlich auf Initiative von Mansteins selbst, nicht weniger als 1 300 Männer, vor allem Eisenbahner, durch Flaksoldaten und das Sonderkommando 11 b erschießen[5]. Selbst die Ortskommandantur, die schon zuvor an vergleichbaren Massakern beteiligt gewesen war, empfand dieses Vorgehen als zu pauschal: „Nach

---

[3] Vgl. Hans-Heinrich Nolte, Partisan War in Belorussia, 1941–1944, in: A World at Total War. Global Conflicts and the Politics of Destruction, 1937–1945. Hg. von Roger Chickering, Stig Förster, Bernd Greiner. Cambridge 2005, S. 261–276, hier 263f., 275f.

[4] IfZ MA 855, fr. 480, Tagesmeldung Berück Mitte, 19.12.1941; BA-MA RH 22/225, Bl. 251–256, Monatsbericht Berück Mitte an OKH, GenQu, für Dezember 1941, 10.1.1942.

[5] Angrick, Besatzungspolitik und Massenmord, S. 487–494; BA-MA RH 20-11/407, Gefechtsbericht OK I(V) 277, 7.1.1942 (ohne Hinweis auf Beteiligung der Bevölkerung); Einsatzbefehl Sk 11b, 12.1.1942, in: Deutsche Besatzungspolitik, S. 87–90. Vgl. Hürter, Nachrichten aus dem „Zweiten Krimkrieg", S. 379.

Meinung der O.K. hätte trotzdem eine genauere Überprüfung der zum Erschiessen Verurteilten erfolgen sollen."[6]

2. Die Großunternehmen 1942

In den ersten Monaten des Jahres 1942 wurde mit dem systematischen Aufbau einer sowjetischen Partisanenbewegung begonnen. Mehrere Faktoren wirkten hier aus sowjetischer Sicht zusammen: zunächst die mäßigen Erfahrungen mit dem bewaffneten Widerstand 1941; dann die mentale Mobilisierung durch die militärischen Erfolge der Roten Armee um die Jahreswende 1941/42; zugleich aber auch die Aussicht auf eine länger andauernde Besatzung und schließlich das Tauwetter im Frühjahr 1942. Dennoch dauerte es bis zum Sommer des Jahres, bis man von einer regelrechten Partisanenbewegung, nun unter Führung des Zentralen Stabes, sprechen kann[7].

Etwa ab Februar intensivierten sich wieder die bewaffneten Angriffe auf deutsche Einrichtungen, zunächst im Raum Kletnja, dann im Bereich der 2. Panzerarmee[8]. In der Folge entwickelte der Berück Mitte von Schenckendorff nach Aufforderung durch das OKH ein Programm zur Partisanenbekämpfung, das flächendeckend zur Vernichtung der neu entstehenden Untergruppen führen sollte. Dieser forderte ein breit angelegtes militärisches Vorgehen, flankiert von einer massiven propagandistischen Bearbeitung der Bevölkerung[9].

Geradezu paradigmatisch wirkte das erste Großunternehmen Schenckendorffs mit dem Decknamen „Bamberg". Dazu wurde eigens die 707. Infanteriedivision, die kurz zuvor Juden und Roma im Raum Minsk ermordet hatte, aus dem Generalkommissariat Weißruthenien abgezogen. Zusammen mit Teilen der 203. Sicherungsbrigade, dem Polizeibataillon 315 und dem slowakischen Infanterieregiment 102 wurde zwischen dem 26. März und 6. April 1942 ein riesiges Gebiet südlich von Bobrujsk „durchkämmt". In konzentrischer Bewegung gingen die Verbände entlang der Straßen vor und vernichteten zahlreiche „Partisanendörfer", d. h. massakrierten teilweise die gesamte Bevölkerung samt Frauen und Kindern. Rechnet man anschließende Razzien hinzu, so töteten die deutschen Einheiten dabei an die 5000 Personen, von denen nur etwa 650 explizit als Partisanen bezeichnet wurden; unter den Toten befanden sich auch 200 Juden. Offensichtlich gingen die meisten dieser Massaker auf das Konto der Ordnungspolizisten und der slowakischen Soldaten, doch auch die Infanteristen der 707. Infanteriedivision zeichneten wieder für viele Tötungen verantwortlich[10].

[6] BA-MA RH 23/79, Bl.27-30, Tätigkeitsbericht, OK I(V)277 an Korück 553, 14.1.1942 (Zitat); BA-MA RH 23/70, Bl.13, Korück 553, Qu an AOK 11, Qu, 6.12.1941.
[7] Vgl. Soviet Partisans, S.93ff.; Bojarskij, Partizany i armija, S.77ff.; als Überblick: Wegner, Krieg gegen die Sowjetunion 1942/43, hier 911ff. Eine stärkere Kontinuität vermutet Gerlach, Kalkulierte Morde, S.884.
[8] Soviet Partisans, S.414ff.; IfZ MA 906, fr.510, KTB Korück 559, 25.2.1942; BA-MA RH 23/29, Bl.10, Korück PzAOK 2 (532), Ic/AO, 2.4.1942.
[9] Gerlach, Kalkulierte Morde, S.884f.
[10] Ebenda, S.886-892; Lieb, Täter aus Überzeugung, S.552-555, mit niedrigeren Zahlen. Vgl. Verbrechen der Wehrmacht, S.483-485.

Gefangene Zivilisten in Weißrussland
(Quelle: Bayerische Staatsbibliothek, Fotoarchiv Hoffmann 46988)

Während dieses Großunternehmen sich weitgehend in einem Massenmord an der Zivilbevölkerung erschöpfte und militärisch erfolglos blieb, gestaltete sich weiter östlich das Unternehmen „München" im Raum Elnja-Dorogobuž ab 19. März aus Sicht der Militärs erfolgreicher. Wieder unter Führung des Berück Mitte, ging nun die 221. Sicherungsdivision mit der 10. und 11. Panzerdivision gegen Partisanengruppen vor. Sie konnten die Untergrundgruppen weitgehend zerschlagen oder vertreiben. Gegenüber der Zivilbevölkerung verhielten sich die Einheiten nun zurückhaltender als noch 1941[11]. Mit den beiden Anti-Partisanen-unternehmen „Bamberg" und München" waren die Aktivitäten des Berück noch nicht erschöpft, zugleich meldete er die Tötung weiterer 3000 angeblicher Partisanen[12].

Nach diesen ersten Großunternehmen dominierten wieder die kleinen Scharmützel und die tägliche Suche nach Verdächtigen das Geschehen; in seinen Zehntagemeldungen vermerkte der Berück jedesmal eine Zahl von Hunderten Personen, die man erschossen habe. Im Unterschied zum Jahr 1941 wurden die Untergrundkämpfer jedoch allmählich zu einem ernstzunehmenden Gegner. Dies lag freilich weniger an deren Kampfkraft, die auch 1942 noch nicht besonders ausgeprägt war, sondern an der Strategie der Partisanen, die Besatzungswirtschaft empfindlich zu

---

[11] Soviet Partisans, S.425ff.; IfZ MA 676, fr.526, Zehntagemeldung Berück Mitte an GenQu, 15.4.1942; detailliert und differenziert zum Einsatz der 221. Sich.Div.: Shepherd, German Army Security, S.121–144.

[12] BA-MA RH 22/231, Bl.84–90, Tätigkeitsbericht Berück Mitte, 13.4.1942. Diese Zahl dürfte sich mit den oben genannten 5000 Opfern leicht überschneiden.

stören. Damit schadeten sie natürlich nicht nur der deutschen Wirtschaftsorganisation, sondern auch der einheimischen Bevölkerung.

In Folge der Konzeption von Schenckendorffs debattierte die Heeresführung im Frühjahr und Sommer 1942 intensiv über das weitere Vorgehen im Partisanenkrieg. Seit Juni nahm die Tätigkeit des bewaffneten Untergrundes in bedeutendem Ausmaß zu, ja sie bedrohte ernsthaft die Einbringung der Ernte im Bereich der Heeresgruppe Mitte. Das OKH übernahm die Vorstellungen von Schenckendorffs und anderer Strategen weitgehend und forderte eine strikte Trennung der Einwohner in solche, die gutwillig seien und solche, die die Partisanen unterstützen würden. Gegen letztere sollte mit größter Brutalität vorgegangen werden. Faktisch war eine derartige Unterscheidung für die Besatzungskräfte natürlich nicht möglich, und sie entschieden in eigener Regie, wie sie mit der Bevölkerung verfuhren. Das OKH regte wohl auch an, Überläufer unter den Partisanen nicht zu erschießen, sondern als Kriegsgefangene zu behandeln[13].

Gleichzeitig bahnte sich eine gewisse Umorganisation der Partisanenbekämpfung an. Hitler selbst, der seit April 1942 in die Diskussion um die Anti-Partisanenstrategie eingeschaltet war, bestimmte im August, dass im Zivilverwaltungsgebiet der SS- und Polizeiapparat dabei die Führung übernehmen solle; im Operationsgebiet war dies weiterhin Aufgabe der Militärs, insbesondere der Heeresgebiete. Freilich sollte die Leitung nicht mehr – wie bisher – beim Generalquartiermeister liegen, sondern bei der Operationsabteilung und entsprechend den Ia-Abteilungen der Oberkommandos[14]. Diese hatten teilweise schon selbst das Heft in die Hand genommen[15].

Zwar leitete das Militär, insbesondere von Schenckendorff, weiterhin die Großunternehmen im Heeresgebiet, doch dominierte nun die Kooperation mit dem SS- und Polizeiapparat auch im Operationsgebiet. Letzterer hatte allerdings erheblichen eigenen Spielraum bei dem, was er als Partisanenbekämpfung ansah. So trat im Juni 1942 das Sonderkommando Dirlewanger der SS auf den Plan, das eine Blutspur durch das Gebiet zwischen Bobrujsk und Mogilev zog, mit dem Höhepunkt am 15. Juni 1942, als es zusammen mit anderen Polizeieinheiten über 2 000 Einwohner im Dorf Borki und seiner Umgebung massakrierte. In der Folge beschwerte sich sogar Berück von Schenckendorff, der selbst nicht zimperlich beim Umgang mit der Zivilbevölkerung war, bei seinem HSSPF Bach-Zelewski über dieses Blutbad[16].

Die Behandlung der Zivilbevölkerung bei der Partisanenbekämpfung, teils auch gefangener Partisanen selbst, blieb nun Gegenstand andauernder Debatten zwischen SS und Heer, aber auch innerhalb der Wehrmacht. So warnte das OKH vor

13 IfZ MA 859, Bl. 26–28, Korpsbefehl Berück Nord, 24.6.1942 (mit Bezug auf Verfügung des OKH vom 19.5.1942). Der Text der OKH-Verfügung konnte nicht aufgefunden werden. Vgl. BA-MA RH 21-2/489, Bl. 2f., PzAOK 2, 24.1.1942 (eigener Zusatz zur Bandenkampfanweisung).
14 Hitler-Weisung Nr. 46, 18.8.1942, in: Hitlers Weisungen, S. 232–237; BA-MA RH 19 II/153, Bl. 6, Okdo. Hgr. Mitte, 10.8.1942; CAMO 500-12454-396, Bl. 180–184, OKH GenStdH, Op. Abt., Zusammenstellung von Jagdkommandos zur Bandenbekämpfung, 31.8.1942. Vgl. Gerlach, Kalkulierte Morde, S. 921–924.
15 BA-MA RH 23/23, Bl. 7, KTB Korück 532, 23.2.1942 (bezüglich PzAOK 2).
16 Gerlach, Kalkulierte Morde, S. 919–921; Christian Ingrao, Les chasseurs noirs. La brigade Dirlewanger. Paris 2006.

Soldaten und Einheimische vor brennendem Dorf
(Quelle: Bibliothek für Zeitgeschichte)

der pauschalen Einäscherung ganzer Dörfer; dies würde die Einwohner nur in die
Arme der Partisanen treiben[17]. Der Dreh- und Angelpunkt des Vorgehens gegen
die Zivilbevölkerung war letztendlich die Willkürkategorie „Bandenverdächtiger".
Wie sollten sie ermittelt werden, wie war mit ihnen zu verfahren? Während die
SS- und Polizeiverbände schnell mit Massenmorden zur Hand waren, unterschie-
den sich die Weisungen und das Vorgehen innerhalb der Wehrmacht.

Im OKW war seit Frühjahr 1942 eine neue, grundlegende Anweisung für den
„Bandenkampf" in Arbeit. Zeitweise sah es so aus, als würde dabei mehr Gewicht
auf die Schonung der Bevölkerung gelegt. Tatsächlich aber erneuerte und präzi-
sierte das OKW die radikale Gangart, die schon der Kriegsgerichtsbarkeitserlass
vorgegeben hatte. Partisanen und solche Personen, die im Verdacht standen, ihnen
zu helfen, seien nach Vernehmung zu erschießen oder an die Sicherheitspolizei zu
übergeben, gegen die ortsansässige Bevölkerung kollektive Vergeltungsmaß-
nahmen zu üben. Hitler selbst schob noch die Weisung nach, dass Frauen und
Kinder nicht zu schonen seien und dass kein Soldat für seine Taten im „Bandenkampf" Strafe befürchten müsse. Diese Anweisungen wurden ab Mitte Dezember
1942 bis hinunter zu den Kompanien verteilt[18].

---

[17] BA-MA RW 31/145, Bl. 422, OKH GenStdH, GenQu, Abt. Kr.verw. (Qu 4) Nr. II/5426/42
geh., 9.8.1942.
[18] OKW, WFSt., Op. Nr. 1216/42, Kampfanweisung für die Bandenbekämpfung im Osten,
11.11.1942, Befehl OKW, WFSt., Op. (H) Nr. 004870/42 g.Kdos., 16.12.1942, gekürzt in:
Deutsche Besatzungspolitik, S. 136–140; vgl. Hitlers Lagebesprechungen, S. 65ff. (1.12.1942);
BA-MA RH 21-2/489, Bl. 8–10, Berück B, 31.12.1942.

Es ist hier nicht der Ort, alle Großunternehmen zum „Bandenkampf" im Militärgebiet ausführlich im Detail zu beschreiben. Dies ist, insbesondere für die Osthälfte Weißrusslands, bereits andernorts geschehen[19]. Hier sollen nur die Operationen erwähnt werden, in denen vor allem Wehrmachteinheiten eingesetzt waren und die besonders viele Opfer auf Seiten der Einheimischen kosteten. Innerhalb des Operationsgebietes galten weiterhin weite Teile bei Nord und Mitte als „partisanengefährdet", im Süden nur der Raum Černigov-Charkow. Die größten Anti-Partisanen-Unternehmungen des Jahres 1942 wie „Sumpffieber", „Nürnberg" und „Hamburg" spielten sich nicht im Militärgebiet ab, sondern im Generalkommissariat Weißruthenien, gelegentlich in Wolhynien-Podolien. Sie waren regelmäßig von riesigen Massakern an der Zivilbevölkerung begleitet.

Das Unternehmen „Hannover" erstreckte sich südwestlich von Vjaz'ma sowohl auf das Heeresgebiet Mitte als auch im Gebiet der 4. Armee. In zwei Operationen vom 24. bis 30. Mai und vom 3. bis 11. Juni kam es zu heftigen Gefechten mit großen Partisanengruppen, die personell in etwa genauso stark waren wie die deutschen Verbände. Man schätzte schließlich an die 4 000 „Feindtote" und verzeichnete 6 000 Gefangene; auch die Verluste auf deutscher Seite waren erheblich: 468 Tote und etwa 200 Vermisste. 480 Ortschaften bzw. 3 000 qkm seien „gesäubert" worden. Anscheinend wurde die Aktion tatsächlich in erster Linie gegen die Partisanen geführt und weniger gegen die einheimische Bevölkerung[20]. Weiter nördlich, im Bereich der 9. Armee, praktizierte die SS-Kavalleriebrigade ihre Form der „Partisanenbekämpfung", die vom Korück 582 kritisiert wurde: „Es muss hier allerdings erwähnt werden, dass die Behandlung der Zivilisten durch die Gruppe Fegelein während des letzten Einsatzes, indem in den besetzten Dörfern, in denen es nicht mehr zu Kampfhandlungen gekommen ist, bezw. kein Widerstand geleistet wurde, die gesamte Bevölkerung einschliesslich Frauen und Kinder erschossen wurde, sehr abstossend auf die russischen Soldaten gewirkt hat, so dass diese geäussert haben, im Wiederholungsfall derartiger Massnahmen gegen die Zivilbevölkerung sich nicht mehr am Kampfe zu beteiligen."[21]

Die Operation „Vogelsang" im Gebiet der 2. Panzerarmee (5. Juni bis 4. Juli 1942 nördlich Brjansk) richtete sich wieder deutlicher gegen die Zivilbevölkerung. Die Wehrmacht meldete etwa 1 200 tote Partisanen. Gleichzeitig wurden nicht weniger als 20 000 Menschen aus dem Gebiet zwangsweise abtransportiert. Die Dörfer im Partisanengebiet sollten nicht abgebrannt, sondern evakuiert werden[22].

Im Unternehmen „Adler", das vom 15. Juli bis 8. August im Heeresgebiet Mitte zwischen Bobrujsk und Mogilev angesetzt wurde, zeigten sich deutlicher die Mus-

[19] Nacistskaja politika genocida i „vyžžennoj zemli" v Belorussii, 1941-1944. Red. V. E. Lobanok u. a. Minsk 1984, S. 241-258; grundlegend: Gerlach, Kalkulierte Morde, S. 899ff., 943ff.; Antonio Munoz, Oleg V. Romanko, Hitler's White Russians. Collaboration, Extermination and Anti-Partisan Warfare in Byelorussia, 1941-1944. Bayside, NY 2003, S. 197ff., 321ff., für den gesamten Mittelabschnitt, mit Schwerpunkt auf militärischen Aspekten.
[20] Soviet Partisans, S. 438-454; Hürter, Hitlers Heerführer, S. 435f.; Munoz/Romanko, Hitler's White Russians, S. 202f.; BA-MA RH 23/341, Bl. 50-51, XXXXVI. Pzkorps an PzAOK 3, 20. 6. 1942; IfZ MA 906, fr. 649, KTB Korück 559, 25. 6. 1942.
[21] BA-MA RH 23/245, Bl. 59, Gruppe Tietjen an Korück 582, 12. 6. 1942 (Zitat); vgl. Cüppers, Wegbereiter des Shoa, S. 240.
[22] Soviet Partisans, S. 504f.; Hürter, Hitlers Heerführer, S. 436f.; Wegner, Krieg gegen die Sowjetunion, S. 916f.; BA-MA RH 26-339/23, 339. ID, 27. 6. 1942.

Anti-Partisanenkrieg „Ein Dorf wird genommen"
(Quelle: Bayerische Staatsbibliothek, Fotoarchiv Hoffmann 60142)

ter der Wehrmacht-Polizei-Kooperation: Etwa 1100 Personen seien im Kampf erschossen worden, 282 nach Gefangennahme, aber weitere 633 durch die Sicherheitspolizei. Darüber hinaus transportierte man kaum mehr Gefangene ab[23].

Wie es um die Vorgehensweise in manchen Armeegebieten bestellt war, verdeutlicht der Einsatzbefehl des Korück 532 für die Unternehmen „Dreieck und Viereck": „Da mit Verminung zu rechnen ist, ist für die Bereitstellung von Minensuchgerät 42 (Juden oder gefangene Bandenangehörige mit Eggen und Walzen) in ausreichender Zahl zu sorgen. Die Einheiten haben sich selbst mit Stricken auszurüsten, um die Juden oder Bandenangehörigen mit langen Halsstricken zu versehen."[24]

Bei dieser Anti-Partisanenaktion waren zwar keine Polizeiverbände, dafür aber das berüchtigte Infanterieregiment 727 und ungarische Einheiten vertreten, die alle schon Massenerschießungen in großem Ausmaß verübt hatten. Etwa 2200 als feindlich eingestufte Personen wurden erschossen; die 2. Panzerarmee beschwerte sich über summarische Exekutionen: „*Planlose* Erschiessungen treiben die Bevölkerung in die Hände der Banden"[25]. Diesmal jedoch wurde die Taktik geändert

---

[23] Munoz/Romanko, Hitler's White Russians, S. 207f.; BA-MA RH 22/233, Bl. 82, Berück Mitte, Abschlußmeldung Unternehmen „Adler", 10.8.1942. Auf deutscher Seite fielen 25 Mann.
[24] Korück 532, Einsatzbefehl Unternehmen Dreieck und Viereck, 9.9.1942, in: Verbrechen der Wehrmacht, S. 487f.
[25] BA-MA RH 23/26, Bl. 100, FS PzAOK 2 an Korück 532, 11.9.1942 (Hervorhebung vom Autor).

und „18.596 Frauen, Greise und Kinder ausgesiedelt"; alle Männer im wehrfähigen Alter kamen ins Dulag 142. Infrastruktur und Dörfer wurden vernichtet, eine „Wüstenzone" geschaffen[26].

Relativ gering sind bis heute die Erkenntnisse über den Guerillakrieg nahe der Front, der nicht von Sicherungseinheiten, sondern von der Fronttruppe selbst betrieben wurde. Schon im Herbst 1941 bekamen Infanteriedivisionen den Widerstand im Hinterland zu spüren. Von 1942 bis 1944 steigerte sich diese Aktivität soweit, dass ein Teil der Fronttruppen den rückwärtigen Bereich des Divisionsgebietes „sichern" mussten. Brutales Vorgehen gegen die Zivilbevölkerung stand dabei, vor allem im Bereich der Heeresgruppe Mitte, auf der Tagesordnung[27]. Dabei verschärften die Kommandobehörden das Vorgehen im „Bandenkampf" zusehends. So betonte das Generalkommando des XXIII. AK, „der Zivilbevölkerung muss klargemacht werden, dass sie mit uns leben kann, gegen uns aber rücksichtslos vernichtet werden wird."[28]

3. Die Verschärfung des Partisanenkrieges 1943/44

Erst 1943 erlangte die Partisanenbewegung eine größere militärische Bedeutung. Dies lag zunächst an ihrer verbesserten Ausrüstung und Koordination, aber auch am Anschwellen der personellen Stärke. Nach der Wende von Stalingrad orientierten sich immer größere Teil der Bevölkerung auf eine Rückkehr des Bolschewismus; insbesondere aus deutschen Hilfsformationen desertierten die Einheimischen massenhaft, aber auch die Landbevölkerung engagierte sich zusehends im Widerstand. Gleichzeitig schrumpfte sowohl das Operationsgebiet der Wehrmacht als auch die Verfügbarkeit deutscher Sicherungstruppen. Statt dessen sollten nun Ersatzverbände, sogenannte Feldausbildungsdivisionen, im rückwärtigen Gebiet sowohl ihre Ausbildung durchmachen als auch Partisanen bekämpfen. Unter diesen Umständen verstärkten sich die Bemühungen der Besatzungsmacht, so viele Partisanengruppen wie möglich zu zerschlagen. Grundsätzlich galt dabei die radikale „Bandenkampfanweisung", die im Grunde alle Restriktionen außer Kraft gesetzt hatte. Doch errang die Rekrutierung von Zwangsarbeitern, zum Teil auch die Beschlagnahme von Gütern in den Partisanengebieten, eine immer größere Bedeutung. Nicht zuletzt musste aus deutscher Sicht versucht werden, die Bevölkerung von den Partisanen zu trennen, durch Terror, aber auch durch die Eingrenzung von dessen Anwendung.

Diese an sich widersprüchlichen Zielsetzungen fanden ihren Niederschlag in den generellen Weisungen zur Partisanenbekämpfung, vor allem aber in der unterschiedlichen Vorgehensweise einzelner Institutionen. Einerseits forderte Hitler in dem grundlegenden OKH-Befehl vom 27. April ein radikales Vorgehen gegen „Helfer von Banden". Sie waren, einem Wunsch Himmlers entsprechend, verstärkt

[26] BA-MA RH 23/25, Bl. 3–52, Bericht Gruppe Jollasse (Pz.Gren.Brig. 18), 19.10.1942, z.T. auch in: Verbrechen der Wehrmacht, S. 489–491.
[27] Bald, Weiße Rose, S. 105f. (252. ID Raum Gžatsk).
[28] Am Beispiel der 253. ID: Rass, Menschenmaterial, S. 350ff., Zitat 353.

in Konzentrationslager der SS zu deportieren[29]. Andererseits sollten die unmittelbar im Partisanenkrieg gefangenen Männer nicht mehr erschossen werden, sondern den Status von Kriegsgefangenen erhalten. Frauen waren hingegen in Arbeitslager einzuweisen[30]. Am 25. Mai 1943 wurde eine zentrale Konferenz aller Dienststellen zum Thema Partisanenbekämpfung anberaumt, bei der auch Wagner, Schmidt von Altenstadt und Stapf vertreten waren. Nun standen die wirtschaftlichen Einbußen durch die Partisanen im Vordergrund aller Überlegungen. Angesichts des Verlusts der Herrschaftsfähigkeit zeichnete sich Konsens darüber ab, dass man bestimmte Gebiete komplett räumen würde. Schon einige Zeit bevor Hitler hierzu am 10. Juli eine zentrale Weisung gab, war dies auch im OKW, im OKH und bei der Heeresgruppe Mitte diskutiert worden. Insbesondere das Heeresgruppenkommando machte weitreichende diesbezügliche Vorschläge, die auf die Deportation von Hunderttausenden und auf massenhafte Erschießungen „Bandenverdächtiger" hinausgelaufen wären. Diese Überlegungen wurden jedoch nur in modifizierter Form realisiert[31].

Die brutale Art der Partisanenbekämpfung ging auch um die Jahreswende 1942/43 unvermittelt weiter. Im Gegensatz zum Winter 1941/42 steigerten sich die Aktivitäten von Wehrmacht und Polizei während der kalten Witterung diesmal sogar. Gleich drei Großoperationen starteten mit Jahresbeginn im Heeresgebiet Mitte, z. T. geplant durch das OKH. In den Unternehmen „Franz", „Peter" und „Waldwinter" im Raum Minsk-Bobrujsk-Mogilev wurden über 5000 echte oder angebliche Partisanen getötet, gleichzeitig 2000 Personen zur Zwangsarbeit ins Reich deportiert[32]. Nicht ohne Stolz meldete von Schenckendorff seiner Heeresgruppe: „Mit den Januarziffern ist erstmalig die Zahl von 100000 erledigten Banditen überschritten worden."[33]

Unter den größeren Aktionen des Frühjahrs 1943 sind vor allem die Unternehmen „Schneehase", „Kugelblitz" und „Maigewitter" zu nennen, an denen Wehrmachtverbände, insbesondere die 201. Sicherungsdivision, maßgeblich beteiligt waren. Allein diese drei Aktionen kosteten das Leben von an die 8500 Einheimischen. Lediglich bei „Kugelblitz" konnten in nennenswertem Umfang auch Waffen sichergestellt werden[34]. In den Anti-Partisanenaktionen seit Ende 1942 wurde immer mehr dazu übergegangen, ganze Landstriche, hier insbesondere den Raum zwischen Vitebsk und Polock, von Bevölkerung zu räumen. Damit sollte nicht nur

---

[29] OKW, WFSt., Op. (H) Nr. 01212/43 geh., 14.3.1943, Der Führer, OKH, Op.Abt.(I) Nr. 4705/43 gKdos., 27.4.1943, in: Deutsche Besatzungspolitik, S. 145–148; BAL Dok.-Slg. UdSSR 110, Bl. 61, OKW (Jodl) an Hgr. Mitte, 21.3.1943. Vgl. Timm C. Richter, Die Wehrmacht und der Partisanenkrieg in den besetzten Gebieten der Sowjetunion, in: Wehrmacht – Mythos und Realität S. 837–857, hier S. 855f.

[30] BA-MA RH 20-8/215, Armeeabteilung Kempf, Qu. 2, 11.7.1943 (mit Bezug auf OKH, GenQu, Abt. Kr.verw. (Qu. 5) Nr. II/4414/43 geh. vom 11.7.1943); IfZ NOKW-509, OKW, 18.8.1943.

[31] Gerlach, Kalkulierte Morde, S. 1021–1032; Materialien für die Konferenz in: Verbrechen der Wehrmacht, S. 456–458.

[32] Gerlach, Kalkulierte Morde, S. 900, 1012.

[33] BA-MA RH 19 II/153, Berück Mitte an Hgr. Mitte, 2.2.1943.

[34] Gerlach, Kalkulierte Morde, S. 901; Munoz/Romanko, Hitler's White Russians, S. 326ff.; Ben Shepherd, Hawks, Doves and Tote Zonen. A Wehrmacht Security Division in Central Russia, 1943, in: Journal of Contemporary History 37 (2002), S. 349–369, hier 353ff.

den Partisanen ihre Basis entzogen werden, sondern zugleich die stockende Rekrutierung von Zwangsarbeitern wieder in Gang kommen.

Parallel dazu begann die Sicherheitspolizei Anfang 1943 damit, Gefangene aus den „Partisanenaktionen" entweder in eigener Regie zu ermorden oder in Konzentrationslager zu deportieren. Anscheinend stand dies in Zusammenhang mit der allgemeinen Expansion des KZ-Wesens zu dieser Zeit. Jedenfalls vereinbarte die Gestapo in Minsk mit dem Oberkommando der 3. Panzerarmee, „Bandenverdächtige" in Zukunft in Konzentrationslager zu transportieren. Der Quartiermeister 2 kleidete dies in folgende Worte: „Der Dreck wird dem Dulag 230 zugeführt, wo S.D. die Personen überprüft und schnellstens nach Lublin oder Auschwitz abtransportiert."[35]

Im Gebiet unter Militärhoheit ragt im Jahre 1943 das Unternehmen „Cottbus" heraus, wegen des Einsatzes von 17000 Mann, vor allem aber wegen seiner blutigen Bilanz von annährend 20000 „Feindtoten". Hierbei handelte es sich um eine der wenigen Aktionen, die unter Leitung des HSSPF von dem Bach und seines Ia-Offiziers Curt von Gottberg standen, da sie sich sowohl auf das Zivil- als auch auf das Militärverwaltungsgebiet erstreckte. Die taktische Führung schlug sich auch deutlich in der Brutalität des Vorgehens nieder, in erster Linie von Seiten der eingesetzten SS-Truppen, aber auch durch die 286. Sicherungsdivision. Zwischen 25. Mai und 23. Juni durchkämmten diese Einheiten den Bereich nördlich von Borisov. Besonders das Sonderbataillon Dirlewanger massakrierte die Zivilbevölkerung in seinem Einsatzgebiet und meldete allein 14000 Getötete. Darüber hinaus zwangen SS-Einheiten Einheimische immer wieder, über Minenfelder zu laufen; 2000 bis 3000 Menschen sollen dabei zu Tode gekommen sein. Die Gewalttätigkeit des Unternehmens „Cottbus" rief selbst innerhalb der Zivilverwaltung und sogar in der SS Kritiker auf den Plan. Von Seiten des Heeresgebietes ist eine solche Kritik nicht überliefert[36].

Eine ähnliche Struktur wies das Unternehmen „Heinrich" auf, das vom 25. Oktober bis 15. November 1943 im Tiefland von Polock angesetzt wurde. Wieder übernahm HSSPF Bach die Führung und ließ das Gebiet von Norden, Westen und Osten „säubern", während Frontverbände von der Ostseite vordrangen. Im Ergebnis wurden 5452 Tote , aber nur 136 Gefangene gemeldet. Freilich hatte man zusätzlich fast 8000 Einwohner zur Zwangsarbeit ins Reich deportiert und weitere 8000 umgesiedelt. Eine nicht unerhebliche Zahl der Betroffenen kam in die KZ Auschwitz und Majdanek[37].

Wiederum im Raum Polock spielte sich das Unternehmen „Frühlingsfest" im April/Mai 1944 ab. Schon zuvor hatten die 95. Infanteriedivision und die 201. Sicherungsdivision in Frontnähe die Operation „Regenschauer" begonnen, die sich nun quasi nach Nordosten verschob. Nun waren auch verstärkt SS- und Polizeikräfte engagiert. Im Ergebnis beider Aktionen wurden 7000 Menschen getötet, weitere nahezu 7000 gefangengenommen und über 11000 als „Ostarbeiter" abtransportiert. Zwar galt dieses Gebiet anschließend als weitgehend „partisanen-

---

[35] Gerlach, Kalkulierte Morde, S. 1015ff., Zitat 1016f.
[36] Ebenda, S. 948–950, 969f.
[37] Ebenda, S. 1014, 1017.

frei", doch folgte weiter westlich noch eine Anti-Partisanen-Unternehmung von vergleichbaren Ausmaßen. Die Operation „Kormoran" (25. Mai bis 17. Juni 1944) wurde vom Korück 559 geleitet, spielte sich jedoch größtenteils im Generalkommissariat Weißruthenien ab[38]. Anschließend überrannte die Rote Armee die Partisanengebiete.

Die Anti-Partisanenaktionen im Bereich der Heeresgruppe Mitte standen im Westen in enger Verbindung mit den Massenverbrechen des SS- und Polizeiapparates, im Osten waren sie teilweise direkt mit Frontkämpfen verbunden. In bestimmten Regionen war nahezu die gesamte Bevölkerung diesen Gewaltaktionen ausgeliefert. Dabei ist im Verlauf der Jahre 1942 bis 1944 kaum eine verbesserte Behandlung, wie sie verschiedentlich angemahnt wurde, sichtbar. Vielmehr wurden unbeteiligte Zivilisten weiterhin, wenn auch in geringerem Umfang erschossen, zusätzlich aber Zehntausende in Durchgangslager verschleppt, in denen teilweise entsetzliche Bedingungen herrschten. Von dort drohte wiederum entweder der Abtransport zur Zwangsarbeit ins Reich, im Bereich der 3. Panzerarmee sogar zur Einweisung in die schlimmsten Konzentrationslager. Eine Rückkehr erschien undenkbar, waren die Gebäude in den „Partisanengebieten" doch restlos zerstört worden, ja drohte Rückkehrern in „befriedeten Zonen" die Erschießung. Damit war die extremste Form deutscher Herrschaft in Europa erreicht, die Schaffung menschenleerer Gebiete[39].

In der Ukraine, soweit sie dauerhaft unter Militärherrschaft stand, entwickelte sich hingegen nur ein regional begrenzter Partisanenkrieg, vor allem in den nordöstlichen Regionen um Černigov und Sumy. Das OKH schätzte die Partisanenstärke im Bereich der Heeresgruppe Süd auf höchstens 4000 Personen[40]. Die größten Massaker unter Militärverwaltung fanden im März 1943 statt. Verantwortlich zeichnet vor allem das Sonderkommando 4a bzw. der Kommandeur der Sicherheitspolizei in Černigov. Seine Einheit machte seit November 1942 die Bevölkerung in 18 Dörfern und Kleinstädten nieder, vor allem aber radierte das Kommando am 1. März 1943 die Kleinstadt Korjukovka mit mindestens 1500 Einwohnern restlos aus. Die Gegend hatte schon seit Ende 1941 als Partisanengebiet gegolten, hier war es immer wieder zu Anschlägen auf deutsche und ungarische Einheiten gekommen[41].

Diese Gemetzel konnten jedoch weder der Militärverwaltung noch dem Wirtschaftskommando recht sein, welche sich in einer Phase intensiver Rekrutierung von Arbeitern für das Reich befanden. Doch die Kritik, die vor allem vom AOK 2 geäußert wurde, blieb lau. Im Grunde hielt das Wirtschaftskommando das Vorgehen für berechtigt, obwohl eine Beunruhigung der Bevölkerung in der Nordostukraine unerwünscht war[42]. Das Kommando der 75. Infanteriedivision hingegen, das

[38] Munoz/Romanko, Hitler's White Russians, S. 398f. Von Wehrmachtseite waren Teile der 221. Sich.Div. und der 391. Feldausbildungsdivision im Einsatz. Gemeldet wurde die Tötung von 7697 Personen, dazu 5286 Gefangene und 5973 Zwangsarbeiter für das Reich.
[39] Gerlach, Kalkulierte Morde, S. 1034f., mit einem Überblick über solche Gebiete.
[40] BA-MA RH 3/v. 149, Bl. 21, OKH, FHO, Entwicklung der Bandenstärke Februar-Mai 1943.
[41] BAL Dok.-Slg. Versch. IX, Bl. 111, AOK 2, Ic/AO, Aktenvermerk über Gespräch mit Sk 4a, 10.3.1943; USHMM RG 22.002.M, reel 3 (GARF 7021-78-14), Akt AoStKom, 31.5.1944.
[42] IfZ MA 1723, fr. 121, Monatsbericht WiIn Süd, 1.4.1943; BAL Dok.-Slg. UdSSR 404, Bl. 626–629, WiStOst an VJPl., 17.5.1943, mit Bericht Wikdo. Tschernigow; BA-MA RH 23/187,

die Partisanen im Raum Sumy bekämpfen sollte, forderte ein rücksichtsloses Vorgehen und billigte dabei auch die Ermordung von Juden[43]. Nach dem Frühjahr 1943 schwächte sich der Partisanenkrieg in der Ostukraine wieder ab; im Herbst wurde diese Region ohnehin von der Roten Armee zurückerobert.

Im Jahre 1944 befanden sich nur noch wenige Territorien unter ausschließlicher Hoheit der Wehrmacht, im Norden, im Osten Weißrusslands und auf der Krim. Dort tobte der Partisanenkrieg in nie dagewesener Intensität. Im Vorfeld von Leningrad schossen die Personalstärken der Partisanengruppen in die Höhe, von 4200 Personen im Sommer 1943 auf nicht weniger als 24000 zu Jahresbeginn 1944. Dem waren die Sicherungstruppen nicht gewachsen. Erstmals erreichte die Relation der Verluste ein Verhältnis von einem Deutschen auf drei Einheimische[44].

Seit November 1943 waren auch große Teile der Krim der deutschen Herrschaft entglitten und wurden von Partisanen beherrscht. Die militärische Besatzung, die sich ab Oktober 1943 bereits auf die Evakuierung der Halbinsel vorbereitete, griff nun auch hier zur neuen Strategie im „Bandenkampf", zu kombinierten Großunternehmen und zur Schaffung „toter Zonen". Zunächst wurde die Halbinsel Kerč und der Raum um Feodosija komplett evakuiert, ab Dezember sogar der ganze Südteil der Krim. Über 100000 Menschen mussten ihre Heimat verlassen, alle Dörfer wurden anschließend systematisch abgebrannt. Im Effekt schlug diese Gewaltpolitik ins Gegenteil um; massenhaft gingen die Einwohner zu den Partisanen über. Bei den deutsch-rumänischen „Bandenaktionen" wurde denn auch gemeldet, dass nicht nur 1200 angebliche Partisanen erschossen, sondern auch 2900 Gefangene gemacht worden seien, die sich zu drei Vierteln aus Frauen und Kindern zusammensetzten[45]!

Tatsächlich erzielte die Partisanenbewegung ihren größten Erfolg Ende Juni 1944, als sie im Hinterland die Verbindungslinien kappte, während die Rote Armee die Heeresgruppe Mitte zerschlug. Damit war die Zeit der Militärverwaltung ohnehin an ihr Ende gekommen.

Die Partisanenbekämpfung im Operationsgebiet, wie sie sich ab Frühjahr 1942, vor allem mit der Reorganisation ab Juli/August 1942 entwickelte, zeigte einige generelle Strukturen: Stärker als noch 1941 wurde sie als militärischer Auftrag begriffen, der sowohl Kampfhandlungen als auch die „Säuberung" eines Gebietes umfasste. Angesichts der an Größe immer weiter zunehmenden Partisanenverbände konnten Gefechte gar nicht ausbleiben. Manchmal standen sich deutsche Truppen und Partisanengruppen in etwa gleicher Zahlenstärke von mehreren tausend oder gar zehntausend Mann gegenüber, wenn auch die Widerständler bei weitem nicht über eine vergleichbare Logistik und Bewaffnung verfügten. So erlitten die deutschen Truppen immer größere Verluste, die sich gleichermaßen auf Soldaten der Wehrmacht und Angehörige einheimischer Hilfstruppen verteilten. Dazu sind die Angehörigen der verbündeten Armeen zu rechnen, vor allem Ungarn, in gerin-

---

Bl.279, AOK 2, Ic/AO, Abw. III, 21.5.1943. Vgl. die Reaktion: Befehl KdS Tschernigow, 19.3.1943, in: Deutsche Besatzungspolitik, S.99–101.
[43] BA-MA RH 26-75/82, Bl.16f., 75. ID, 24.2.1943; siehe oben S.278.
[44] Hill, War Behind the Eastern Front, S.156ff.; AOK 16, 14.1.1944, Berück Nord, 1.2.1944, in: Deutsche Besatzungspolitik, S.165–168.
[45] Kunz, Krim unter deutscher Herrschaft, S.226ff., 395f.; BA-MA RW 31/755, AOK 17, AWiFü, 15.1.1944 (eigene Tote: 51).

gem Maße aber auch Slowaken und sogar Franzosen. Gesamtschätzungen über Tote und Vermisste auf Seiten der Besatzer liegen zwischen 35 000 und 45 000 Mann, davon weniger als die Hälfte Deutsche. Da sich diese Zahlen auch auf das Zivilgebiet beziehen, dürfte für das Operationsgebiet eine Größenordnung von etwa 20 000–25 000 Mann zu veranschlagen sein[46].

Schon daraus wird sichtbar, wie vielfältig die Einheiten waren, die im Partisanenkampf eingesetzt waren. Meist handelte es sich um kombinierte Unternehmen mehrerer Verbände, die von den Berück, von den Korück oder den Generalkommandos geleitet wurden. SS-Funktionäre nahmen diese Funktion im Operationsgebiet eher selten wahr. Dennoch waren, vor allem im Heeresgebiet, aber auch in den Armeegebieten fast immer Polizeieinheiten beteiligt. Oft handelte es sich nur um kleine Kommandos der Einsatzgruppen, die bis Frühjahr 1942 vor allem den Judenmord exekutierten und nun die Aufklärung und die Selektion der gefangenen „Partisanenverdächtigen" übernehmen sollten[47]. Aber auch andere Formationen des SS- und Polizeiapparates waren im Operationsgebiet aktiv, so besonders das SS-Sonderkommando Dirlewanger, das vom Januar 1942 bis Januar 1943 seine Mordaktionen im Heeresgebiet Mitte fortsetzen konnte und dort einen erheblichen Teil der Massenmorde beging[48]. Die Zusammenarbeit zwischen Militärs und Polizei klappte trotzdem auch hier in den meisten Fällen reibungslos.

Wieviele Einheimische ihr Leben im deutschen Anti-Partisanenkampf lassen mussten, kann man nur noch näherungsweise bestimmen. Im Bereich der Heeresgruppe Mitte wurden von März 1942 bis Juni 1944 etwa 85 000–100 000 „Feindtote" gerechnet, zusammen mit den Zahlen bis dahin etwa 130 000–160 000 Menschen. Allerdings sind dabei anscheinend noch nicht die Gefangenen enthalten, die später erschossen wurden[49]. Im Bereich der Heeresgruppe Nord lässt sich die Zahl auf 6 000–8 000 Personen schätzen, bei den Heeresgruppen im Süden fehlen bisher genauere Angaben. Die Zahl der Opfer dürfte sich in diesem Bereich zwischen 20 000 und 40 000 bewegen, davon ein nicht unerheblicher Anteil durch ungarische Truppen erschossen[50]. Insgesamt wurden also mindestens 160 000, wahrscheinlich aber weit über 200 000 Menschen im Operationsgebiet im Rahmen der Partisanen-

---

[46] Timothy P. Mulligan, Reckoning the Cost of People's War: The German Experience in the Central USSR, in: Russian History 9 (1982), S. 27–48, hier 46f. Die Heeresgruppe Mitte verzeichnete von Januar 1943 bis Juni 1944 ca. 6 000 Tote unter den Deutschen und 5 500 unter den Hilfskräften/Verbündeten. Dazu kommen die Verluste 1942 und die (geringeren) Verluste der Heeresgruppen Nord, Süd, A und B. Nicht enthalten sind die Verluste von SS- und Polizeiverbänden.

[47] Vgl. Klaus-Michael Mallmann, „Aufgeräumt und abgebrannt". Sicherheitspolizei und „Bandenkampf" in der besetzten Sowjetunion, in: Die Gestapo im Zweiten Weltkrieg. Hg. von Gerhard Paul, Klaus-Michael Mallmann. Darmstadt 2000, S. 503–520 (Schwerpunkt GK Weißruthenien); Ruth Bettina Birn, „Zaunkönig" an „Uhrmacher". Große Partisanenaktionen 1942/43 am Beispiel des „Unternehmens Winterzauber", in: MGZ 60, 2001, S. 99–118, bes. S. 118.

[48] Umfassender Überblick über Ordnungspolizei-Einheiten beim Partisanenkampf: Curilla, Die deutsche Ordnungspolizei, S. 707–744; Gerlach, Kalkulierte Morde, S. 928; ebenso die SS-Kavalleriebrigade Dez. 1941 bis Juni 1942, ab September 1942 als SS-Kavalleriedivision, Cüppers, Wegbereiter der Shoa, S. 259f.

[49] Gerlach, Kalkulierte Morde, S. 956f. (insgesamt 200 000 Tote bei Hgr. Mitte); Mulligan, Reckoning, S. 34, 37, 43.

[50] Schätzung für Süd auf Grund der Einzelmeldungen des Berück und der GFP. Auf der Krim sind 5 000–6 000 Opfer zu verzeichnen, Oldenburg, Ideologie und militärisches Kalkül, S. 150.

bekämpfung getötet. Keine dieser Tötungen beruhte auf einem rechtmäßigen Verfahren, etwa durch ein Kriegsgericht wegen Freischärlerei; dem war bereits mit dem Kriegsgerichtsbarkeitserlass ein Riegel vorgeschoben worden. Selbst die international anerkannten Anforderungen für ein Geiselverfahren verschwanden hinter summarischen Massakern. Im Gegensatz zum Zivilgebiet war die Zahl der Juden unter diesen Opfern jedoch vergleichsweise gering; die Ermordung der Juden vollzog sich zumeist in anderem Zusammenhang, in der Regel bereits *vor* der Intensivierung des Anti-Partisanenkriegs.

Ganz erheblich war jedoch der Anteil anderer unbewaffneter Zivilisten unter den Opfern. Dies wird im Allgemeinen an den geringen Zahlen über Waffenbeute abgelesen, geht aber vereinzelt auch unmittelbar aus den Akten hervor. Dabei ist in Rechnung zu stellen, dass viele Partisanen vor allem in der Frühphase 1941/42 tatsächlich nicht über Feuerwaffen verfügten. Dennoch machen die getöteten Partisanen nur eine Minderheit unter den Toten aus.

Einen Anhaltspunkt geben die sowjetischen Angaben über eigene Verluste. Demnach sollen bis Ende 1943 ca. 30 000 Partisanen, bis Kriegsende in der RSFSR ca. 30 000 und in Weißrussland ca. 25 000 Partisanen, letztere zu einem erheblichen Teil im Zivilgebiet, gefallen sein[51]. Dies deutet darauf hin, dass im Durchschnitt etwa 20-30% der Todesopfer bei den deutschen Aktionen auch Partisanen waren, offensichtlich in den frontnahen Gebieten der RSFSR ein höherer Satz und entsprechend im Zivilgebiet ein niedrigerer. Nach mancher Anti-Partisanenaktion meldete das deutsche Oberkommando annähernd genauso viele getötete, gefangene und übergelaufene Feinde wie der Partisanenstab als Verluste registrierte, so nach dem Unternehmen „Zigeunerbaron"[52]. Tatsächlich dürften sich die Unternehmen im Heeresgebiet erheblich gewalttätiger gegen die Zivilbevölkerung gerichtet haben als in den Armeegebieten. Dies galt insbesondere, wenn SS- und Polizeiverbände stärker beteiligt waren. Doch auch in den Armeegebieten wurde mit vielen „Partisanenverdächtigen" kurzer Prozess gemacht, wurden Hunderttausende im Lande deportiert oder ins Reich geschickt. Selbst wer mit dem Leben davonkam, hatte meist alles verloren. Irgendwelchen Schutz genossen die Einwohner von „Partisanengebieten" nicht.

4. Die Behandlung der Bevölkerung: Politik und Debatten Frühjahr 1942 bis Frühjahr 1943

Nachdem es schon seit August 1941 immer wieder Vorschläge zu einer anderen, d. h. weniger rücksichtslosen Behandlung der Bevölkerung gegeben hatte, verdichtete sich diese Diskussion im Frühjahr 1942. Inzwischen war klar geworden, dass der Feldzug auf unabsehbare Zeit andauern würde; zugleich war eine „Befriedung" des besetzten Gebietes nicht erreicht, ab Frühjahr nahm die Tätigkeit des Widerstandes wieder zu. Selbst die optimistischsten deutschen Einschätzungen mussten

---

[51] Sokolov, Okkupacja, S. 103 (zum 1.1.1944 8 300 in Weißrussland, ca. 19 000 RFSFR); Mulligan, Reckoning, S. 47.
[52] Sokolov, Okkupacja, S. 112.

konstatieren, dass die Zeichen prodeutscher Einstellung unter der Bevölkerung, die es im Sommer 1941 gegeben hatte, nun erloschen waren. Vielmehr hatte der Winter 1941/42 das wahre Gesicht der deutschen Herrschaft, mit Massenmorden und Massenhunger, aufgezeigt. Die sowjetische Propaganda wiederum, so schätzte man ein, gewann deutlich an Boden[53].

Die Behandlung der Bevölkerung, auch die meisten Vorschläge zu ihrer Verbesserung, können nur im Rahmen der deutschen Kriegsanstrengung verstanden werden. Sie sollte die Widerstandsgefahr eindämmen, Anreize zur Kollaboration und zu einer freiwilligen Fahrt zur Arbeit nach Deutschland bieten. Da die Militärverwaltung den Einheimischen jedoch weder vollwertige Lebensmittelrationen noch irgendwelche Rechte zubilligen wollte, konzentrierten sich die Anstrengungen auf das Feld der Propaganda und eine Eindämmung der exzessiven Gewalt im Anti-Partisanenkrieg.

Angesichts des wieder aufflammenden Widerstandes schlug das OKH vor, eine Scheinregierung für die Einheimischen zu bilden, wie es schon vor dem Feldzug erwogen worden war[54]. Vor allem aber appellierte die Heeresführung an den deutschen Soldaten: „Wesentlich dafür ist die Art seines Auftretens. Er soll als Herr im Osten empfunden werden. Herrentum darf niemals in Verachtung gegenüber wehrlosen Besiegten ausarten. Der Russe ist folgsam und willig, wenn er hart aber gerecht behandelt wird." Zwangsmaßnahmen wie die Beschlagnahme von Vieh sollten den einheimischen Verwaltungen auferlegt werden, damit die Deutschen damit weniger in Verbindung gebracht würden[55].

Selbst der Wirtschaftsstab, die zentrale Stelle bei Ausbeutung und Aushungerung der Einheimischen, schlug im Sommer 1942 in dieselbe Kerbe. Die Bevölkerung müsse besser ernährt werden, die Arbeiteranwerbung solle ohne Zwang verlaufen, dem Bauern sei seine letzte Kuh zu belassen und ein wenig mehr Land zuzuteilen[56]. Zu den Hauptverfechtern einer „weicheren Linie" zählte die Abteilung Fremde Heere Ost, die einen massiven Ausbau der Kollaboration erhoffte, und wieder das Reichsministerium für die besetzten Ostgebiete, das sich bereits 1941 für das Überleben der meisten Kriegsgefangenen eingesetzt hatte. Schon ein kleiner Fehler bei der Behandlung der Bevölkerung könne das Heer gefährden, meinte Rosenbergs Vertreter Bräutigam zu Schmidt von Altenstadt[57].

Immerhin ist ein Fall anzuführen, bei dem ein Großverbrechen vom Militär verhindert werden konnte. Die NS-Führung hatte nämlich geplant, einen großen Teil der Bevölkerung von der Halbinsel Krim zu deportieren, um in diesem Gebiet den Partisanen den Boden zu entziehen und auf lange Sicht mit der Besiedlung durch Deutschstämmige zu beginnen. Zwar hatte das AOK 11 schon Ende 1941 gefordert, einen erheblichen Teil der Bevölkerung abzutransportieren, um sie nicht ernähren zu müssen; ebenso waren den Militärs die utopischen Siedlungsplanungen für einen „Goten-

[53] IfZ MA 1707, Bl. 290–310, WiStab/W, KTB-Rückblick, 15.4.1942.
[54] BA-MA RW 4/v. 255, Bl. 121-123, OKH, GenQu Kr.verw. (Qu 4B/Ausw) Nr. II/1981/42 geh. an WFSt., Berück Mitte, 15.3.1942.
[55] BA R 6/429, Bl. 9-11, OKH, GenQu, Kr.verw. Nr. II/3033/42 geh., Richtlinien über die Behandlung der einheimischen Bevölkerung, 10.5.1942.
[56] Wegner, Der Krieg gegen die Sowjetunion, S. 920.
[57] BA R 6/66, Bl. 77, Aufzeichnung Bräutigam, 22.9.1942 (wohl auf Kaukasus bezogen).

gau" in Umrissen bekannt. Dennoch kam die Weisung Hitlers Anfang Juli 1942, gerade als die Festung Sevastopol' in deutsche Hände fiel, überraschend. Demnach waren alle Einwohner mit Ausnahme der Krimtataren und der Krimdeutschen zu deportieren. Das hätte den Abtransport von 400 000 bis 700 000 Menschen bedeutet. „Eine völlig unverständliche Anordnung der obersten Stelle", meinte Schmidt von Altenstadt. Sowohl das AOK 11 als auch die Wirtschaftsorganisation wandten sofort ein, dass sich die Sicherheitslage katastrophal verschlechtern und die Wirtschaft zusammenbrechen würde. Wohl auf maßgeblichen Einfluß von Mansteins hin wurde das Vorhaben noch auf einer grundlegenden Besprechung am 3. Juli fallengelassen. Es sollten lediglich „vorbereitende Arbeiten" übernommen werden. Faktisch rettete das die Mehrheit der Bevölkerung vor einem unbekannten Schicksal. In der Deportationsplanung war auch eine Überprüfung der Bevölkerung auf Verdächtige vorgesehen. Diese wurde von Militärverwaltung und Einsatzgruppe ohnehin weitergetrieben[58].

Unterdessen meldeten Wirtschaftsorganisation und Militärverwaltung, dass sich fast überall im besetzten Gebiet die Stimmung der Bevölkerung verschlechtert habe und viele auf die Rückkehr der Roten Armee hofften. Lediglich in Estland und auf dem Kaukasus sei die Einstellung noch einigermaßen deutsch-freundlich. Im Heeresgebiet Mitte geriet die Bevölkerung, die ohnehin schon unter der deutschen Landwirtschaftspolitik zu leiden hatte, zusehends zwischen die Fronten deutscher Gewalt und Zwangsarbeiterjagden einerseits und Rekrutierungen bzw. Beschlagnahmen durch die Partisanen andererseits[59].

So zahlreich die Aufrufe zu einer besseren Behandlung der Bevölkerung seit Frühjahr 1942 waren, so gering waren ihre Wirkungen. Gerade in dieser Phase eskalierten die deutschen Anti-Partisanen-Unternehmungen mit ihren Massenerschießungen und –deportationen. Auch der Zwangscharakter der Arbeiterrekrutierungen trat immer offener zutage. Im Grunde beschränkten sich die Maßnahmen der Militärs auf eine Neustrukturierung der Lebensmittelversorgung, vor allem aber auf die Intensivierung der Propaganda für die Einheimischen[60]. Lediglich in einigen Gebieten des Kaukasus war ein Neuansatz spürbar.

5. Kaukasus-Experiment oder Kaukasus-Legende?

Die deutsche Sommeroffensive 1942 bot die Möglichkeit, in den nunmehr neu eroberten Gebieten auch eine andere Besatzungspolitik auszuprobieren. Hierbei hatten die deutschen Planer schon seit Spätsommer 1941 den Kaukasus im Auge, der laut Fahrplan ja noch in jenem Jahr unter deutsche Herrschaft hätte fallen sollen[61].

[58] Kunz, Krim unter deutscher Herrschaft, S. 41 ff.; Angrick, Besatzungspolitik und Massenmord, S. 533-539; Halder KTB Band 3, S. 478 (Zitat, Eintrag 10.7.1942).

[59] IfZ MA 872, fr. 1025-36, Monatsbericht Berück Mitte, VII, 8.10.1942; IfZ MA 871, fr. 157, Stimmungsbericht Prop.-Abt. U, 1.12.1942.

[60] Vgl. BA R 55/1288, Bl. 291-292, ProMi Ost (Taubert) an Minister, 28.12.1942, über Sitzung mit Heeresgruppen.

[61] Dieter Pohl, Deutsche Militärverwaltung: die bessere Besatzung? Das Beispiel Kaukasus 1942/43, in: Mitteilungen der Gemeinsamen Kommission für die Erforschung der jüngeren Geschichte der deutsch-russischen Beziehungen 2, 2005, S. 51-59.

Der gesamte Kaukasusraum hatte spätestens seit dem Ersten Weltkrieg in den Vorstellungen deutscher Politik und Kriegführung eine geradezu legendenhafte Bedeutung gewonnen, ähnlich den Vorstellungen von der „Kornkammer Ukraine". Zwei Ziele waren es, die den Kaukasus so hervorhoben: Einerseits die kurzfristige Gewinnung von Öl, die für die weitere Kriegführung von eminenter Bedeutung war; andererseits mittelfristig der strategische Übergang nach Asien, also die „Brücke zum Orient". Während ersteres vor allem Hitler und die Wehrmachtführung antrieb, fühlten sich Rosenberg und sein Reichsministerium berufen, ihre älteren Planungen über die Zerschlagung der Sowjetunion in Marionettenstaaten unter deutscher Führung wieder aus der Schublade zu holen. Dabei hatten sie allerdings weniger den Nordkaukasus als vielmehr besonders Georgien im Blick. Insofern versuchten sie frühzeitig auf das Gebiet Einfluss zu nehmen, das dereinst zum Reichskommissariat Kaukasien werden sollte. Als zukünftiger Reichskommissar war der krude Parteijournalist Arno Schickedanz vorgesehen, von dem eine eher weniger flexible Herrschaft zu erwarten war[62].

Obwohl das Reichsministerium bei der Behandlung dieses Gebietes eine besondere Kompetenz, eine Art beratende Funktion erhielt, verblieb der Nordkaukasus doch in der Hand der Militärs. Hier hatte sich eine Gruppe von Generalstäblern dafür ausgesprochen, dem Raum eine besseres Schicksal angedeihen zu lassen als den übrigen besetzten sowjetischen Gebieten[63]. Den Ansatzpunkt hierfür bildeten die zahlreichen nichtrussischen Ethnien, die nördlich des Kaukasusgebirges lebten: Kalmyken, Karačaj, Čerkesen, Balkarier und Oseten, am Rande die Ingušen und Čečenen; dazu die Kosaken an Don, Kuban und Terek. Alle diese Gruppen schätzte man als erheblich höherwertig ein als die Russen, die Weißrussen und sogar die Ukrainer, also die überwiegende Mehrheit der Bevölkerung im gesamten Besatzungsraum. Hier waren die Grenzen zwischen einer Art völkerpsychologischer Betrachtungsweise und den rassistischen Hierarchien der völkischen Denker fließend. Die genannten Ethnien galten als besonders kollaborationswillig, weil sie in erheblichem Maße unter dem bolschewistischen Regime gelitten und vereinzelt sogar schon frühzeitig gegen die sowjetische Herrschaft revoltiert hatten[64]. Vorgesehen war die Bildung von nationalen Komitees für die einzelnen Gruppen, bei den Kosaken eine ethnische Selbstverwaltung. Die genannten Gruppen sollten bei der Reprivatisierung des Kolchossystems bevorzugt werden, geplant war also ein Entgegenkommen in einem ganz zentralen Anliegen der Landbevölkerung.

Diese, von den meisten anderen Gebieten abweichende Konzeption war jedoch nicht nur einer ethnisch-völkischen Betrachtungsweise geschuldet. Der bisherige Kriegsverlauf hätte eigentlich schon längst zum Umdenken zwingen müssen. Der Feldzug vom Sommer 1942 stieß nun an seine Grenzen. Zwar konnte die Wolga erreicht werden, nicht jedoch die Ölfelder von Groznyj oder gar das Kaspische Meer. Die Aufteilung des deutschen Südheeres in zwei Richtungen führte zu hef-

---

[62] Die klassische, in ihrer Interpretation aber einseitige Darstellung: Dallin, Deutsche Herrschaft, S. 255ff. Vgl. bes. Angrick, Besatzungspolitik und Massenmord, S. 591ff.
[63] Zeidler, Das „kaukasische Experiment".
[64] Vgl. Sokolov, Okkupacija, S. 97ff.

tigen Diskussionen und trug schließlich zum nachfolgenden Desaster bei. Eine ruhig gestimmte Bevölkerung, ja ein Maximum an Rekrutierung für Kollaborationsverbände und für die Arbeit im Reich gewannen in dieser Situation erheblich an Bedeutung. Die Negativbeispiele Weißrussland, wo die Verbindungslinien der Heeresgruppe Mitte und die Einbringung der Ernte seit Sommer 1942 durch die Partisanen empfindlich gestört wurden, und Ostukraine, wo die restriktive Ernährungspolitik zu einem Massensterben in mehreren großen Städten geführt hatte, standen vielen Militärs vor Augen[65]. Und die Voraussetzungen für eine weniger brutale Besatzungspolitik standen gut, denn im Kaukasus wurde die Wehrmacht, wie einst im Sommer 1941 im Baltikum, in Ostpolen und in der Ukraine, von Teilen der Bevölkerung freundlich begrüßt[66].

Und tatsächlich richtete die Militärverwaltung alsbald Selbstverwaltungsgebiete bei den Kosaken und den Karačaj ein. An eine echte Selbstbestimmung war freilich nördlich des Kaukasus nicht gedacht, mehr an ein patriarchalisches Modell, das sich eng in den Grenzen deutscher Interessen bewegte, etwa bei der Ausbeutung des Landes. So konnte bei der Rekrutierung von Hilfstruppen auch nicht der gewünschte Erfolg erzielt werden. Lediglich bei den Kosaken und bei den Kalmyken im äußersten Nordosten des Gebietes ließen sich größere Verbände rekrutieren. Ansonsten bewegten sich die Rekrutierungen eher in dem Ausmaß, wie es in den bisher eroberten Gebieten vorzufinden war[67].

Als entscheidend erwies sich erneut, ob den vollmundig gehaltenen Plakaten, Flugblättern und Propaganda-Veranstaltungen auch Taten folgten. Die Reprivatisierungsfrage galt der Mehrheit der Bevölkerung hier als Dreh- und Angelpunkt. Deutsche Dienststellen nahmen es freilich schon äußerst irritiert zur Kenntnis, dass die Kabardino-Balkarier ohne Einholung einer Genehmigung eigenständig mit der Auflösung von Kollektivwirtschaften und der Verteilung von Land begonnen hatten. Die Militärs betonten, dass die Truppenversorgung bei einem solchen Vorgehen erheblich gestört würde[68]. In Militär- und der Wirtschaftsverwaltung tobte der Streit, wieviel vom Hofland überhaupt verteilt werden solle. Gegen die offizielle Ankündigung, 50% aller Kolchozen demnächst aufzulösen, wandten sich sowohl der Wirtschaftsstab Ost als auch Generalfeldmarschall von Manstein. So galt inoffiziell eine Ziffer von 20% Reprivatisierung, und selbst diese wurde innerhalb der kurzen Besatzungszeit nicht erreicht[69].

Doch auch die Ernährungspolitik bewegte sich wieder in den alten Bahnen. Zwar sollten offiziell alle arbeitenden Einwohner ausreichend ernährt werden, doch erfolgten Getreideabgaben oft nur noch im Austausch gegen Waren. In Teilen des Kaukasus herrschte Hunger. Vereinzelt wurde sogar berichtet, Einwohner

[65] Vgl. Oldenburg, Ideologie und militärisches Kalkül, S.259ff.
[66] Vgl. beispielsweise ein Tagebuch aus Pjatigorsk: Elena Skrjabina, After Leningrad. From the Caucasus to the Rhine, August 9, 1942 – March 25, 1945. A Diary of Survival During World War II, Carbondale u.a. 1978, S.49.
[67] Vgl. Hoffmann, Ostlegionen; ders., Deutsche und Kalmyken 1942 bis 1945, 4. Aufl., Freiburg i.Br. 1986; ders., Kaukasien 1942/43. Das deutsche Heer und die Orientvölker in der Sowjetunion. Freiburg i.Br. 1991, mit stellenweise unverhohlener Geschichtsklitterung.
[68] IfZ MA 1725, fr.643–646, AWiFü PzAOK 1, 13.11.1942; vgl. aber Oldenburg, Ideologie und militärisches Kalkül, S.266.
[69] Vgl. Gerlach, Die deutsche Agrarreform.

würden ungewaschenes Gold für Lebensmittel anbieten[70]. Nur 300 gr. Brot für arbeitende und 100 gr. für nichtarbeitende Einwohner gab es täglich in Majkop; jeder Zweite wurde ohnehin als Selbstversorger angesehen. Im Raum Armavir grassierte der Hunger so stark, dass man mit der Umsiedlung von Bewohnern in andere Gebiete begann[71].

Der Hunger war es vor allem, der viele jugendliche Einwohner, vor allem Frauen, zur Meldung bei den Arbeitsdienststellen für das Reich trieb. Dies mussten selbst deutsche Berichterstatter konstatieren, wenn sie von den Erfolgen ihrer vermeintlich „freiwilligen" Werbung sprachen. Der Generalquartiermeister bemühte sich freilich darum, dass nur Russen und Ukrainer deportiert wurden, und die anderen kaukasischen Völker verschont blieben. Dank der kurzen Besatzungszeit und einiger Verzögerungen fuhren schließlich nur vergleichsweise wenige Einwohner zur Zwangsarbeit ins Reich. Im Kaukasus selbst wurde die Bevölkerung aus Sicht der Verwalter oftmals als „faul" und „träge" abgestempelt; Zwangsrekrutierungen zu Arbeitseinsätzen, etwa auf den Kolchosen, waren deshalb nicht eben selten; in Pjatigorsk richtete man ein sogenanntes Arbeitserziehungslager ein[72].

Die vermeintliche „Sicherung" des nördlichen Kaukasus ähnelte bisweilen fatal der Vorgehensweise in anderen Gebieten. Das Auftreten von Partisanen war hier wegen der geografischen Gegebenheiten auf Randgebiete beschränkt, vor allem südlich des Kuban. Doch auch hier wurden sogenannte „Partisanenverdächtige" reihenweise der Einsatzgruppe übergeben[73], ganze Gebiete zu Sperrzonen erklärt und die Bevölkerung nach Norden deportiert. Immerhin vermied die Militärverwaltung bis Ende 1942 Massenerschießungen als Repressalmaßnahmen, da dies aus ihrer Sicht kontraproduktiv gewirkt hätte.

Schon im Januar 1943 begann die Wehrmacht den größten Teil des Gebietes wieder zu räumen. Für die Ethnien, die unter deutsche Herrschaft geraten und bevorzugt behandelt worden waren, hatte der Rückzug bekanntlich verheerende Folgen. Im Kreml tobte die Staatsführung, phantasierte gar, dass es Heiraten zwischen deutschen Soldaten und Kaukasierinnen gegeben habe[74]. Die Ethnien wurden kollektiv Opfer von Stalins Rachepolitik, mit gigantischen Deportationen, die Zehntausenden das Leben kosteten[75]. Im verbliebenen Restteil der deutschen Besatzung, dem Kuban-Brückenkopf, war von einer flexibleren Politik kaum mehr etwas zu spüren. Die Partisanenbekämpfung der Wehrmacht wurde nun stärker mit der Sicherheitspolizei abgestimmt und gestaltete sich immer brutaler. Selbst in den Resten des Kosaken-Versuchsgebietes fielen nun die Hemmungen fort. Nun verkündete der Kommandierende General des V. Armeekorps, dass „der Schrecken vor den eigenen Maßnahmen größer" sein müsse als vor den Partisanen. Das

[70] IfZ MA 1725, fr.593, HeWiFü Hgr. A, 17.12.1942.
[71] IfZ T-312, roll 744, fr.8123–34, Lagebericht FK 538, 16.12.1942.
[72] IfZ MA 1725, fr.643–646, AWiFü PzAOK 1, 13.11.1942; BAL Dok.-Slg. UdSSR, Ordner 245a, Bl. 88–106, Bericht GFP 626, 3.2.1943.
[73] Angrick, Besatzungspolitik und Massenmord, S.654ff.
[74] Dimitrov, Tagebücher, S.677 (Eintrag 12.4.1943).
[75] Poljan, Ne po svoej vole..., S.116–125.

Sonderkommando 10a erschoss bei einer der Strafaktionen sogar Kinder von Kosaken. Die Realität der Besatzung glich sich also zusehends an die in den übrigen Gebieten an[76].

6. Gewalt im deutsch besetzten Europa

Die extrem brutale Widerstandsbekämpfung beschränkte sich nicht auf die besetzten sowjetischen Gebiete, sondern muss im größeren Kontext nationalsozialistischer und militärischer Besatzungspolitik in Europa gesehen werden. Nahezu parallel entwickelte sie sich in Serbien, wo die Wehrmacht bis Jahresende 1941 – auf viel kleinerem Gebiet – etwa 25 000 Menschen erschoss. Auch dort spielten rassistische und antikommunistische Muster eine ganz entscheidende Rolle[77]. Als sich aber der Partisanenkrieg 1942 auf kroatisch-bosnisches Gebiet verlagerte, veränderte das deutsche Militär seine Strategie. Jetzt befand man sich auf dem Gebiet des „Unabhängigen Staates Kroatien", also eines (deutsch-italienisch) besetzten Verbündeten, der selbst kleinere Verbände an die Ostfront geschickt hatte. Nicht mehr die massenmörderische Repressalquote von 1:100 sollte gelten, sondern eher 1:10. Die Bevölkerung sollte weniger massakriert als interniert oder vertrieben werden. Selbst die gigantischen Großoperationen 1942/43 verliefen weit weniger mörderisch als vergleichbare Unternehmen im Gebiet der Heeresgruppe Mitte. Freilich geht auch in Kroatien-Bosnien die Zahl der Todesopfer in die Tausende, und der deutsch-italienische Terror wurde von den Verbrechen des Ustaša-Regimes noch überlagert. Nicht selten übergaben die Wehrmacht-Einheiten „Bandenverdächtige" an die Ustasche, die diese dann massakrierten[78].

Im besetzten Frankreich wiederum fand die „Umlenkung" der Repressalien von der nichtjüdischen auf die jüdische Bevölkerung ihren klarsten Ausdruck. Ab Mitte 1943 wurde die deutsche Praxis aus dem sowjetischen und serbischen Raum auch in andere Besatzungsgebiete exportiert, so zunächst nach Polen und Griechenland, dann aber auch nach Italien und Frankreich.

Die Bekämpfung der Partisanen und die Ermordung „Verdächtiger" war eine der Aufgaben, die sich Militärverwaltung, Feldpolizei, Fronttruppe und SS/Polizeiapparat durchweg teilten, bei der sie besonders eng zusammenarbeiteten. Während dieses Vorgehen in den rückwärtigen Gebieten und auch unter Zivilverwaltung vergleichsweise gut erforscht ist, bleibt der Anti-Partisanenkrieg der Frontverbände weitgehend terra incognita. Erste Untersuchungen zu Frontverbänden lassen nichts Gutes erwarten[79].

Zusammenfassend ist, erstens, festzuhalten: Die Bekämpfung jeglichen Widerstandes war einer völligen Willkür unterworfen, das Ausmaß der Gewalt unter-

[76] Angrick, Besatzungspolitik und Massenmord, S. 680ff., Zitat 680; vgl. Soviet Partisans, S. 557ff.; Kuban' v gody Velikoj Otečestvennoj vojny.
[77] Manoschek, Serbien, S. 186.
[78] Klaus Schmider, Partisanenkrieg in Jugoslawien 1941–1944. Hamburg u.a. 2002, S. 132, 147f., 182; Dulić, Utopias of Nation, S. 245ff.; Gumz, German Counterinsurgency Policy (am Beispiel der 369. ID). Eine Darstellung der Behandlung der Bevölkerung durch die Wehrmacht in diesem Raum steht freilich noch aus.
[79] Rass, Menschenmaterial, S. 340ff., 351ff.

schied sich nach Zeitabschnitten, aber auch nach Einheiten und Regionen. Als einheitliche Grundlage galt lediglich, dass die Einheimischen, insbesondere Russen und Weißrussen, rechtlich völlig ohne Schutz blieben. Unterschiede ergaben sich vielmehr aus rassistischen Mustern, aber auch aus den Diskussionen innerhalb des Militärs bzw. zwischen Militär und SS/Polizeiapparat. Je mehr der Widerstand als echte militärische Bedrohung wahrgenommen wurde, desto mehr kam die Zweigleisigkeit seiner Bekämpfung zum Ausdruck: einerseits möglichst gewalttätige Unterdrückung und andererseits „Gewinnung der Bevölkerung", wie man dies zeitgenössisch ausdrückte. Als weitere entscheidende Faktoren, die vor allem seit Anfang 1943 ins Spiel kamen, war die sich verschlechternde Kriegslage und der erhöhte Bedarf an Arbeitskräften für Besatzung und Reich.

XI. Zwangsarbeit von Zivilisten

Wie in allen anderen Kriegen und Feldzügen so gehörte die Arbeitskraft der Einheimischen zur Beute des Besatzers. Das nationalsozialistische Deutschland, in dem seit 1936/37 Vollbeschäftigung herrschte, rekrutierte frühzeitig Ausländer für die eigene Wirtschaft, seit 1940 in Polen auch unter Zwang. Im sogenannten „Poleneinsatz" wurden bereits die ganzen Mechanismen von Zwangsrekrutierung, Deportation, rassistischer Reglementierung und Arbeitszwang im Reich durchgespielt. Im Vorfeld des „Unternehmens Barbarossa" spielten diese Überlegungen keine besonders hervorstechende Rolle. Das OKW und Vertreter der deutschen Wirtschaft gingen jedoch davon aus, dass zumindest ein gewisser Teil der sowjetischen Kriegsgefangenen zur Zwangsarbeit ins Reich kommen würden. Freilich hing diese begrenzte Planung eng mit der Erwartung zusammen, den Feldzug bis etwa September 1941 abschließen zu können und erst anschließend, quasi als Nachkriegsregelung, die Frage sowjetischer Arbeitskräfte in Angriff zu nehmen.

Das Scheitern der überspannten Erwartungen setzte jedoch einen Mechanismus in Gang, der sich alsbald als stärker erweisen sollte: Mit der Fortdauer der Kampfhandlungen, vor allem aber mit den unerwartet hohen Verlusten der Wehrmacht mussten immer mehr Arbeiter zur Wehrmacht an der Ostfront eingezogen werden, was einen Mangel am deutschen Arbeitsmarkt nach sich zog. Allerdings verzögerten Hitler und das Reichssicherheitshauptamt alle Bestrebungen zur Rekrutierung von sowjetischen Zivilarbeitern, da sie eine bolschewistische Infiltration der „Heimat" befürchteten. Erst im November 1941 wurde eine Grundsatzentscheidung über den „Russeneinsatz" getroffen[1]. Freilich hatten zu diesem Zeitpunkt schon längst regionale Stellen und das Kriegsgefangenenwesen der Wehrmacht die Initiative ergriffen und mit der Verschickung von Arbeitskräften begonnen.

1. Zwangsarbeit im Lande

Die Zwangsarbeit der Einwohner im neu besetzten Gebiet beschränkte sich jedoch nicht auf den Einsatz im Reich. Vielmehr nutzten die deutschen Militärs von Anfang an Einheimische zu Hilfstätigkeiten vor Ort, wie es grundsätzlich auch in anderen Feldzügen üblich und vom Völkerrecht einigermaßen gedeckt war. Vor allem Arbeitslose, also meist Menschen, die ihre Arbeit durch den Krieg verloren hatten, sollten herangezogen werden. Freilich ging die Wehrmacht sofort nach dem Einmarsch über den Rahmen des Üblichen und völkerrechtlich Vertretbaren hinaus. So begannen die Einheiten unverzüglich mit der Einrichtung von Zwangsarbeitsko-

---

[1] Ulrich Herbert, Fremdarbeiter. Politik und Praxis des „Ausländer-Einsatzes" in der Kriegswirtschaft des Dritten Reiches. Berlin, Bonn 1985, S. 135ff.

lonnen aus Juden, die nicht bezahlt und besonders schlecht behandelt wurden. Den jüdischen Zwangsarbeitern durfte allein Verpflegung statt Bezahlung ausgegeben werden[2]. Ende Juli 1941 erließ der Generalquartiermeister eine grundsätzliche Anordnung, Arbeitslose bei der Ernte oder beim Straßenbau einzusetzen, Letzteres eine besonders schwere Tätigkeit[3]. Echten oder vermeintlichen „Arbeitsverweigerern" wurde die Einweisung in ein Konzentrationslager angedroht[4], Bauern, die die Ernte nicht ausreichend einfuhren, die Bildung von Zwangsarbeitseinheiten.

Zu diesem Zeitpunkt ging auch die Gruppe Arbeit des Wirtschaftsstabes Ost, die eigentlich zuständige Organisation, zum systematischen Aufbau des „Arbeitseinsatzes" über[5]. Die Arbeitsämter, oft mit wenigen Deutschen und mehreren Hundert Einheimischen besetzt, wurden relativ frühzeitig und flächendeckend eingerichtet. Auch ihre Tätigkeit basierte weitgehend auf den dürren Richtlinien der „Grünen Mappe"[6]. Noch im August wurde an vielen Stellen mit der Einführung der Arbeitspflicht und damit eines Arbeitspasses für alle im Alter zwischen 14(!) und 65 Jahren begonnen[7]. Ursprünglich hatte man erwartet, dass man einen erheblichen Teil „überflüssiger", also nicht oder nur wenig beschäftigter Bevölkerung anträfe. Dies traf für die Gebiete im Baltikum und Teile der Südukraine tatsächlich auch zu. Je weiter die Wehrmacht nach Osten vordrang, desto mehr Personen im arbeitsfähigen Alter waren jedoch von sowjetischen Behörden evakuiert worden. Es zeichnete sich also in diesen Gebieten frühzeitig ein Arbeitskräftemangel ab. In manchen Regionen ordneten die Besatzer „aus Sicherheitsgründen" die Internierung der gesamten erwachsenen männlichen Bevölkerung, mancherorts nur der Juden und Kommunisten, und deren Einsatz zu Zwangsarbeiten an[8].

Ende August regelte der Generalquartiermeister zusammen mit dem Wirtschaftsstab Ost die Verpflegung, am 9. September dann auch die Entlohnung der sowjetischen Arbeiter, d. h. solcher, die in deutschen Diensten standen[9]. Im Falle einer bezahlten Tätigkeit, von der die Juden ja ausdrücklich ausgenommen wurden, lässt sich nur eingeschränkt von Zwangsarbeit sprechen.

[2] Vgl. IfZ MFB 4/42884, fr. 728, Bericht VO WiRüAmt beim AOK 18 über Besprechung mit einem litauischen Kreishauptmann am 30.6.1941; IfZ MA 856, fr. 170–172, Berück Mitte betr. Straßenausbesserung, 19.7.1941.
[3] Vgl. IfZ MA 1707, fr. 88, KTB WiStOst, 10.8.1941, mit Hinweis auf Befehl GenQu vom 31.7.1941; IfZ MA 858, fr. 108, Bes.Ano. Nr. 50 Berück Süd, Qu, 6.8.1941; geht zurück auf: BA-MA RW 31/138, Bl. 181–184, WiStOst, Bes. Ano. Nr. 13, 23.7.1941.
[4] BA-MA RH 26-281/25A, 281. Sich.Div., VII, Bes. Ano.f.d. innere Verwaltung Nr. 1, 11.8.1941; IfZ MFB 4/42878, fr. 686, Armeebefehl OB AOK 9, 22.8.1941.
[5] Die deutsche Wirtschaftspolitik, S. 297ff.
[6] IfZ MA 1707, fr. 596–617, Dienstanweisung WiStOst/A für Aufbau des Arbeitseinsatzes im Osten, August 1941; entsprechender Auszug aus der Grünen Mappe in: Deutsche Besatzungspolitik, S. 279–281.
[7] IfZ MA 1714, fr. 457, KTB WiKdo Görlitz (Pskov), 26.8.1941. Gerlach, Kalkulierte Morde, S. 452, geht davon aus, dass die entsprechende Verordnung des RMfbO vom 5.8.1941 auch im Operationsgebiet galt.
[8] BA-MA RH 26-11/61, 11. ID, Ic, 7.7.1941; BA-MA RH 26-162/10, Bemerkungen Kommandeur 162. ID, 12.9.1941; Befehl 20. ID(mot.), 17.9.1941, in: Deutsche Besatzungspolitik, S. 281 (Šljussel'burg).
[9] BA-MA RH 26-281/22, OKH, GenQu, IVa Az. I/833/41 (IV, 1), 23.8.1941; IfZ MA 1707, fr. 644–646, Anweisung OKH, GenQu, IVa (III,3) Az. 985 Nr. I/28407/41, 9.9.1941; BA-MA RW 31/310, OKH, GenQu, IVa Nr. I/43171/41, Anordnung betr. Verpflegung russischer Arbeiter und Angestellter, 25.11.1941. Vgl. BA-MA RH 23/270, Bl. 12–15, Richtlinien WiIn Mitte zu Lohn- und Arbeitsbedingungen, 7. und 15.8.1941.

Anders sieht es bei Zwangsrekrutierungen aus. Im Vordergrund stand zunächst die Einbringung der Ernte. Dazu wurden Arbeitslose in großer Zahl auf das Land geschickt. Doch auch auf die Bauern erhöhte sich der Druck, nicht nur durch die hohen Ablieferungskontingente, sondern auch durch den Verlust an Zugkraft. Traktoren und teilweise auch Pferde waren durch sowjetische Stellen mitgenommen worden. Unter deutscher Besatzung wurden die Transportmittel und der Kraftstoff zum Teil nach Süden abgezogen, weil der Ernte in der Ukraine eine höhere Priorität zugesprochen wurde[10].

Seit Spätherbst 1941 wurde die Arbeitskräfterekrutierung, besonders in den Städten, zunehmend von der Hungerpolitik überschattet. So verstärkte der Wirtschaftsstab die Zwangsrekrutierungspraxis in den Städten. Wegen der miserablen Versorgungslage versuchten viele Einwohner, die keine Arbeit und damit auch kaum Rationen erhalten hatten, aufs Land zu fliehen. Um dies zu unterbinden, ordnete der Wirtschaftsstab deren Heranziehung zu Aufräum- und Straßenarbeiten an; die Versorgung sollte über Gemeinschaftsküchen geregelt werden[11]. Die Massen an Flüchtlingen, die vor den Kampfhandlungen, vor Zerstörung oder vor Hunger flohen, sollten ebenfalls systematisch erfasst und in Arbeitskolonnen gesteckt werden.

Ab November 1941 wurde der Straßenbau allmählich reduziert und eingestellt. Nun trat die Zwangsrekrutierung zu Schneeräumarbeiten in den Vordergrund. Die sogenannten „Arbeitslosen", die man dazu heranzog, waren meist Frauen, oft mit ihren Kindern, und alte Leute. Doch auch hier hieß es, dass man einen „rücksichtslosen" Arbeitseinsatz anstrebe. Viele Einwohner wurden zwangsweise zu den Arbeiten gepresst, auch an der Arbeitsstelle geschlagen; Verweigerer wurden erschossen. In Einzelfällen wurden Einheimische sogar dazu gezwungen, Minen auszulegen[12].

Die Arbeitskräftelage begann sich nun allmählich zu ändern. Inzwischen waren immer weniger Kriegsgefangene einsatzfähig. Entweder sie vegetierten unter katastrophalen Umständen in den Lagern, oder sie wurden – soweit noch arbeitsfähig – nach Westen abtransportiert. Die Masse der jüdischen Arbeiter unter Militärherrschaft war ohnehin direkt ermordet worden. Nun sollte Ersatz aus der übrigen Bevölkerung kommen[13]. Einerseits suchten viele Stadteinwohner nun dringend eine Arbeitsstelle, um dem Hunger entfliehen zu können. Andererseits verschlechterten sich auch hier die Bedingungen rapide. Die Verpflegung in den Werksküchen erwies sich oftmals als so unzureichend, dass die Menschen an ihrer Arbeitsstelle zusammenbrachen oder so entkräftet waren, dass sie überhaupt nicht erscheinen konnten. Zudem wurde mancherorts der geringe Lohn, der durch den Zusammenbruch des Warenmarktes weitgehend entwertet war, noch gekürzt[14]. Doch seit Frühjahr 1942 war für die Wirtschaftsbehörden keine Besserung in Sicht, sondern vielmehr eine Verschärfung, da nun auch noch die Transporte von

---

10 Vgl. IfZ T-77, r. 1113, 882, Befehl OB AOK 6, 4.10.1941.
11 BA-MA RW 31/138, fr. 12–17, WiStOst, Gruppe Arbeit, 20.11.1941; BA-MA RW 31/68, Bl. 10–51, Halbmonatsbericht WiStOst für 16.–31.10., 27.11.1941.
12 Ano. Berück Süd, 8.2.1942, in: Deutsche Besatzungspolitik S.285; Oldenburg, Ideologie und militärisches Kalkül, S.241f.; IfZ MA 1714, fr.600, KTB WiKdo Pleskau, 5.1.1942; BA-MA RH 26-281/8, Sonderbefehl 281. Sich.Div., 3.2.1942.
13 Vgl. IfZ MA 1708, fr.46, KTB WiStOst, 10.1.1942.
14 BA-MA RW 4/v. 236, Bl. 101–102, Propagandaabt. W, Stimmungsbericht 1.–15.1., 16.1.1942.

Soldat bewacht einheimische Bäuerinnen beim Schneeräumen
(Quelle: Bayerische Staatsbibliothek, Fotoarchiv Hoffmann 46959)

Zivilisten ins Reich zu rollen begannen. Die geplante Umsiedlung von 400000 Arbeitern aus der hungernden Nordostukraine, die zu landwirtschaftlichen Arbeiten in südliche Gebiete kommen sollten, musste weitgehend abgeblasen werden[15].

Im Sommer 1942 erreichte die Verknappung der Arbeitskraft ihren ersten Höhepunkt. Nicht weniger als 780000 Zivilisten arbeiteten direkt für das Militär, die Hiwis nicht eingerechnet. In der Folgezeit gingen die Armeen dazu über, die Arbeiter in Einheiten zu kasernieren[16]. Selbst Mütter mit Säuglingen waren zur Arbeit heranzuziehen[17]. Bald erreichte die Arbeitskräfte-Verknappung die Südostukraine. So wurden nun auch Zivilarbeiter für den Bergbau im Donezbecken zwangsrekrutiert. Schon drei Monate vor dem OKH führte die OFK 397 Donez die Arbeitspflicht für alle Bewohner ab 14 Jahren ein. Zwar standen nun verstärkt Zwangsmittel wie Lagerhaft zur Verfügung, allerdings kann nicht ermessen werden, in welchem Umfang tatsächlich Zwangseinweisungen in den Bergbau vorgenommen wurden. Im Allgemeinen bevorzugten die Bewohner in ihrer Not den

---

[15] IfZ MA 1708, fr.101, KTB WiStOst, 6.3.1942; BA-MA RW 31/304, Besprechung mit den KVVCh der WiIn am 2./3.3., 14.3.1942. BA-MA RW 31/145, Bl.200–213, RKU, IIIb, 10.4.1942.
[16] IfZ MA 1709, fr.286–292, Rückblick WiStOst/A auf 3. Quartal, 17.10.1942; BA-MA RH 23/251, Bl.231–232, AOK 9, OQu, Qu 2, 22.9.1942; BA-MA RH 21-3/627, Bl.166–171, Lagebericht PzAOK 3, Qu 2, 3.12.1942 (6000 kasernierte Arbeiter); IfZ MA 1709, fr.980, KTB WiStOst, 13.11.1942 (WiIn Nord, bei jeder Armee eine Zivilarbeiter-Abteilung). Vgl. den Vorschlag zu einer flächendeckenden Einführung des „Arbeitsdienstes" in AOK 2 an Hgr. B, o.D. (Herbst 1942), in: Deutsche Besatzungspolitik, S.293–295 (hier fehldatiert).
[17] IfZ MA 905, fr.649, Korück 582, Qu/VII, 3.12.1942.

Arbeitseinsatz vor Ort gegenüber der Deportation zur Zwangsarbeit ins Reich, welche inzwischen gefürchtet war. Der Rückzug an allen Teilen der Front brachte es im Übrigen mit sich, dass auch Facharbeiter, die weiter östlich eingesetzt gewesen waren, nun nach ihrer Evakuierung die Lücken weiter westlich füllten[18]. Generell war die Rückzugsphase von einer allgemeinen Verschärfung der Arbeitskräftepolitik im Operationsgebiet begleitet. Im Februar 1943 erließ das OKH sogar formell eine allgemeine Arbeitspflicht, wie sie seit Monaten vom Wirtschaftsstab gefordert worden war[19]. In vielen Regionen war eine solche Anordnung längst erlassen worden, faktisch galt sie schon längst. Doch mit den Rückzügen der Wehrmacht ließ die Arbeitsdisziplin aus Sicht deutscher Stellen merklich nach; Zwangsmaßnahmen rückten wieder stärker ins Kalkül. Zugleich sollte dieser Erlass die formelle Basis für eine Total-Musterung der Bevölkerung im Alter ab 14 Jahren abgeben. Mancher Korück freilich definierte bereits Kinder im Alter ab 10 Jahren als Arbeitskräfte[20]. Die Registrierung im Bereich der Heeresgruppe Nord ergab, dass von den nur noch 1 275 270 Einwohnern des Gebietes lediglich 220 561 Männer und 407 960 Frauen als arbeitsfähig eingestuft wurden[21].

In einigen Armeegebieten war man ohnehin schon zur Kasernierung eines Teils der arbeitsfähigen Bevölkerung übergegangen. In den geschlossenen Zivilarbeiterkolonnen mussten meist Frauen Zwangsarbeit leisten, oft sogar Jugendliche ab 14 Jahren; auch hier herrschte eine unzureichende Ernährungssituation[22]. Das Heeresgruppenkommando Nord verfügte im März die totale Arbeitskräftemobilisierung aller Männer im wehrfähigen Alter für die sogenannten „Bandengebiete"[23]. Im Raum Sumy in der Nordostukraine, ebenfalls als Partisanengebiet eingestuft, wurden vom Korück binnen kurzem 40 000 Arbeitskräfte zwangsweise rekrutiert[24].

Wieder handelte es sich um schwere Tätigkeiten wie Schneeräumen oder Straßenbau. Immer mehr rückten jedoch Schanzarbeiten für Verteidigungsanlagen der Wehrmacht in den Mittelpunkt der Arbeiten. Dies hatte Hitler selbst angeordnet[25]. Allein für die Front bei Orša und Vitebsk wurden 50 000 Arbeitskräfte zu diesem Zweck benötigt; bei der Heeresgruppe Süd waren es ebenfalls bald an die 66 000 Personen, im Sommer mussten allein 60 000 Personen, meist Frauen und Jugendliche, für die Verteidigung von Charkow Erdarbeiten verrichten[26]. Ende

---

[18] Penter, Zwischen Hunger, S. 452ff.
[19] IfZ T-312, roll 745, fr. 8695–8700, GenQu, Entwurf Verordnung über Arbeitspflicht, 14. 12. 1942; Verordnung des OKH, GenStdH, GenQu, Abt. Kriegsverwaltung (Wi) Nr. II/1066/43, über die Arbeitspflicht der Zivilbevölkerung im Operationsgebiet, 6. 2. 1943, in: Deutsche Besatzungspolitik S. 300–303; IfZ MA 1710, fr. 515, KTB WiStOst, 13. 2. 1943. Dies deutet darauf hin, dass eine solche generelle Verordnung 1941 nicht erlassen worden war.
[20] IfZ MA 905, fr. 565–568, Korück 582, 13. 2. 1943 (im Rahmen der Evakuierung).
[21] IfZ MA 1715, fr. 92, KTB WiIn Nord, 31. 3. 1943.
[22] BA-MA RH 23/148, Bl. 30–35, Monatsbericht Korück 559, Qu, 31. 1. 1943; BA-MA RH 23/261, Bl. 54–55, Korück 582, 16. 2. 1943 (mit Bezug auf Befehl AOK 9 vom 29. 1. 1943).
[23] IfZ MA 1715, fr. 76, KTB WiIn Nord, 6. 3. 1943.
[24] IfZ MA 1710, fr. 604f., KTB WiStOst, 27. 3. 1943.
[25] IfZ MA 1710, fr. 583, KTB WiStOst, 17. 3. 1943.
[26] IfZ MA 1710, fr. 1028–42, Bericht Reise Chef WiStOst zu WiIn Mitte 25.–31. 3., 3. 4. 1943; IfZ MA 1710, fr. 1331–34, WiStOst/A, Beitrag zum KTB, 29. 5.–4. 6. 1943; IfZ MA 1711, fr. 310–324, Bericht über Reise Chef WiStOst zur WiIn Süd vom 31. 5.–9. 6. 1943, 16. 6. 1943. Vgl. den Bericht über die Zustände in den Lagern um Charkow: BA-MA RH 20-8/201, AOK 8 (Armeeabt. Kempf), Qu 2, 24. 6. 1943.

1943 waren über 250 000 Einheimische beim Stellungsbau eingesetzt. Der Wirtschaftsstab Ost bemängelte, dass die Einheimischen bei solchen Schwerstarbeiten nur ein Viertel der Arbeitsleistung eines Deutschen erbringen würden. Dies verwundert wenig bei der Zusammensetzung der Arbeitskräfte und der körperlichen Auszehrung durch die deutsche Besatzungsherrschaft[27]. Wo eklatanter Arbeitermangel herrschte wie etwa im Gebiet der 18. Armee, wurden einfach Tausende aus anderen Regionen herandeportiert[28].

Vermeintlich „Arbeitsscheuen" drohte die Einweisung in eines der vielen Zwangsarbeitslager, die im Frühjahr 1943 überall im Operationsgebiet von den Feld- und Ortskommandanturen eingerichtet wurden. Bei manchen Oberkommandos bemerkte man zufrieden, dass diese Einrichtungen zur Abschreckung funktionierten und die Arbeitsdisziplin im Allgemeinen gehoben hätten[29]. Manchem „säumigen" Arbeitsverpflichteten wurde kurzerhand als Repressalie das Haus abgebrannt[30].

Ab Sommer 1943 löste sich das strukturierte System der Arbeitskräftepolitik allmählich auf. Zwar war die militärische Besatzung inzwischen zu einer Maximalausbeutung der Bevölkerung gelangt, etwa die Hälfte der Einwohner, von denen die meisten wegen ihrer Altersstruktur und ihres körperlichen Allgemeinzustandes kaum noch arbeitsfähig waren, mussten für die Besatzer arbeiten[31]. Die reguläre Zwangsrekrutierung für das Reich war zum Erliegen gekommen, in den Vordergrund trat die Deportation aus den „Bandengebieten" und unter den Evakuierten. Auch in den anderen Regionen entzogen sich immer mehr Einheimische der Arbeitsverpflichtung, stand die Rückkehr der Roten Armee doch unmittelbar bevor. Aus Sicht der Besatzungsmacht ging es nur mehr darum, möglichst viele arbeitsfähige Personen bei den Rückzügen mitzunehmen und somit der sowjetischen Wirtschaft zu entziehen.

2. Deportationen ins Reich 1941/42

Die ersten Zwangsarbeiter aus den besetzten Gebieten kamen nicht erst nach Hitlers grundsätzlicher Entscheidung vom Oktober 1941 ins Reich, sondern schon im

---

[27] Die deutsche Wirtschaftspolitik, S. 309; IfZ MA 1711, fr. 21-24, WiStOst/A, Beitrag zum KTB, 17.-23. 7. 1943.

[28] IfZ MA 1715, fr. 52, KTB WiIn Nord, 12. 2. 1943.

[29] BA-MA RH 23/281, Bl. 72-74, Korück 583, VII, 2. 2. 1943; IfZ MA 1715, fr. 212, KTB WiIn Nord, Übersicht sämtlicher Arbeitslager im Heeresgebiet Nord, 4. 5. 1943; BA-MA RH 21-3/653, Bl. 34-40, PzAOK 3, Qu. 2, (23. 7. 1943); BA-MA RH 20-8/201, AOK 8 (Armeeabt. Kempf), Qu 2 an Stokdtur Charkow, 1. 6. 1943; BA-MA RH 23/18, Bl. 69-77, Lagebericht PzAOK 1, VII, 31. 5. 1943; BA-MA RH 23/19, Bl. 88-96, Lagebericht PzAOK 1, VII, 30. 6. 1943. Vgl. die Lagerlisten in Poljan, Žertvy dvuch diktatur, S. 740-757 (RSFSR), für Weißrussland: Spravočnik o nemecko-fašistskich lagerjach, getto, drugich mestach prinuditel'nogo soderžanija graždanskogo naselenija na vremenno okkupovannoj territorii Belarusi v period Velikoj Otečestvennoj vojny 1941-1945 godov. Red. V. I. Adamuško. Minsk 1998; und für die Ukraine: Handbuch der Lager, Gefängnisse und Ghettos auf dem besetzten Territorium der Ukraine (1941-1944). Bearb. von M. G. Dubyk. Kyïv 2000.

[30] IfZ MA 872, fr. 1238-43, Vortragsnotizen für Berück Süd am 22. 7. 1943.

[31] Vgl. IfZ MA 1715, fr. 648, Wochenbericht zum KTB WiIn Nord, 11. 8. 1943, mit Übersicht des WiStOst.

Sommer 1941. Bereits unmittelbar nach dem Einmarsch begann der Wirtschaftsstab Ost damit, den Transport arbeitsloser Arbeiter aus Lettland und Litauen ins
Reich, wo sie landwirtschaftliche Arbeiten verrichten sollten, vorzubereiten. Zuerst gelangten etwa 1 800 Litauer nach Ostpreußen, bald waren es 15 000 Personen
aus dem ganzen Baltikum, später noch andere aus dem Bezirk Bialystok und Weißrussland[32].

Schon den ganzen Sommer über wurde in den Stellen des Reiches heftig darüber
diskutiert, ob man „russische" Arbeiter in Deutschland einsetzen solle. Dies bezog
sich zunächst vor allem auf Kriegsgefangene, die ohnehin schon in großer Zahl ins
Land transportiert wurden. Hitlers Umschwenken am 31. Oktober 1941 galt jedoch auch für die Zivilarbeiter. Arbeitsministerium und Wirtschaftsorganisation
hatten schon im September vereinbart, zunächst einmal Bergarbeiter aus dem ukrainischen Industriegebiet Krivoj Rog ins Reich zu schaffen. Am 7. November, als
Göring seine Richtlinien für sowjetische Arbeiter im Reich erließ, flog eine Delegation nach Krivoj Rog, das sich noch für wenige Tage unter Militärverwaltung
befand. Geplant war die Verschickung von 10 000-12 000 ukrainischen Bergarbeitern in deutsche Minen; tatsächlich fuhren im Dezember 1941 nur 760 Männer[33].

Dies bedeutete den Startschuss für eine umfassende Rekrutierung von sowjetischen Zivilarbeitern. Ursprünglich waren die Prioritäten anders gesetzt worden,
es sollten vor allem Kriegsgefangene ins Reich kommen. Doch nachdem diese zur
gleichen Zeit massenhaft zugrunde gerichtet wurden und in großer Zahl erst im
Sommer 1942 wieder verfügbar waren, rückten die Zivilisten in den Mittelpunkt
der Erwägungen.

Die organisatorische Federführung lag zunächst bei der Vierjahrplanbehörde,
im Operationsgebiet beim Wirtschaftsstab. Um die Jahreswende 1941/42 liefen die
Vorbereitungen der Wirtschaftsorganisation für die Rekrutierungen an. Auch das
OKH wurde frühzeitig eingeschaltet[34]. Im März trat jedoch die neue Behörde des
Generalbevollmächtigten für den Arbeitseinsatz (GBA) ins Zentrum der Rekrutierungen. Ihm unterstanden die sogenannten Anwerbekommissionen, die von den
Landesarbeitsämtern im Reich gebildet worden waren, um in den besetzten Gebieten auf die Suche nach geeigneten Arbeitern zu gehen. Die Funktionäre wurden
zeitweise zu Sonderführern des Heeres erklärt. Vor Ort übernahmen die lokalen
Arbeitsämter die Rekrutierungen[35].

Zunächst richteten sich die Bemühungen auf die Anwerbung von qualifizierten
Freiwilligen. Diese fanden sich vor allem in den Hungergebieten. Um den 18. Januar 1942 ging der erste Transport von Facharbeitern aus dem hungernden Charkow ab, zahlreiche „Freiwillige" meldeten sich auch in Stalino, wo ebenso miserable Lebensbedingungen herrschten. Während in diesen Städten in erster Linie

[32] IfZ MA 1707, fr. 32, 42, 88, KTB WiStOst, 12.7., 20.7., 10.8.1941; Gerlach, Kalkulierte Morde,
S. 458.
[33] Herbert, Fremdarbeiter, S. 144f.; IfZ MA 1707, fr. 226, KTB WiStOst, 15.12.1941.
[34] IfZ MA 1707, fr. 216, KTB WiStOst, 4.12.1941, USHMM RG-53.006M, reel 4 (GA Mogilev
858-1-21), Bekanntmachung WiIn Mitte, 15.1.1942; BA-MA RW 46/260, Bl. 157, KTB VO
WiRüAmt bei AOK 16, 22.1.1942 (mit Verweis auf OKH, GenQu (W) Nr. II/421/42 geh. vom
20.1.1942).
[35] Gerlach, Kalkulierte Morde, S. 464f.; Erlass OKW, WFSt., Org. (III), 24.4.1942, in: Deutsche
Besatzungspolitik, S. 288f.

Facharbeiter den Weg ins Reich antraten, handelte es sich aus dem Raum Pskov vor allem um ganze Familien von Landarbeitern, die dem Hunger zu entkommen suchten[36].

Im März begannen dann Rekrutierung und Abtransport aus allen Gebieten. Schon Ende Februar war den Ostgebieten ein „Soll" von über 600 000 Arbeitern auferlegt worden, im April erhöhte der GBA diese Vorgaben auf 1,4 bis 1,5 Millionen Menschen, die binnen kürzester Zeit aufgebracht werden sollten[37]. Damit war frühzeitig absehbar, dass von einer „Freiwilligkeit" bald nicht mehr die Rede sein könnte. Der Wirtschaftsstab hatte seit Januar darauf hingewiesen, dass die Kontingente mit allen Mitteln zu erfüllen waren. Im April wurde dann unter der Bevölkerung ein deutliches Nachlassen der Bereitschaft, ins Reich zu gehen, festgestellt[38]. Im Bereich von Pskov waren die verfügbaren Arbeiter ohnehin schon bis Juni 1942 nahezu komplett abtransportiert worden. Aber auch in den anderen Gebieten offenbarte sich im Juni/Juli 1942, dass die Rekrutierung an ihre Grenzen stieß.

Nun war klar, dass alle Stellen im Operationsgebiet in die Jagd auf Arbeiter eingespannt werden mussten. Der Oberbefehlshaber der Heeresgruppe Süd, von Bock, versicherte Sauckel, dass ihm jede Unterstützung zuteil würde[39]. Vor allem aber erließ das OKH am 10. Mai 1942 einen zentralen Befehl, der die Arbeiterrekrutierung auch zur Aufgabe der Militärverwaltung, insbesondere der Kommandanturen machte. Diese sollten die einheimischen Kommunalverwaltungen dazu veranlassen, die Quoten in eigener Regie aufzubringen. Militäreinheiten besorgten Razzien, Bewachung und Transport. Daneben mussten die Kommandanturen sich auch um die Versorgung der Angehörigen kümmern, denen oftmals der Ernährer abhanden gekommen war[40]. Allein im Bereich der Heeresgruppe Süd handelte es sich dabei schon im Juli 1942 um mindestens 400 000 Menschen[41].

Im Sommer 1942 spitzte sich die Jagd nach der Arbeitskraft zu. Die „freiwilligen" Meldungen waren in den bisher besetzten Gebieten an ihr Ende gekommen; zugleich zögerten die Behörden im Heeresgebiet Mitte, Einwohner aus Partisanengebieten zu rekrutieren, da sie dann eine Massenflucht auf die Seite des Widerstandes befürchteten. So verlagerte sich die Rekrutierung immer mehr auf die

[36] BA-MA RH 20-6/611, Bl. 100, Tätigkeitsbericht AOK 6, Ic/AO, 18.1.1942; IfZ MA 1708, fr. 86, KTB WiStOst, 19.2.1942; Herbert, Fremdarbeiter, S. 158f.; IfZ MA 1714, fr. 611, KTB Wikdo Pleskau, 20.2.1942 (Transporte ab 28.1.1942).
[37] Programm des GBA, 20.4.1942, in: IMT Band 25, S. 62f. (PS-016); vgl. Markus Eikel, „Weil die Menschen fehlen". Die deutschen Zwangsarbeitsrekrutierungen und -deportationen in den besetzten Gebieten der Ukraine 1941–1944, in: ZfG 53 (2005), S. 405–433.
[38] Runderlass WiStOst/A, 26.1.1942, in: IMT Band 39, S. 491 (USSR-381); „Ostarbeiter" – „Ostarbajtery". Weißrussische Zwangsarbeiter in Österreich. Dokumente und Materialien. Red. Galina Knat'ko u. a. Graz, Minsk 2003, S. 66; IfZ MFB 4/42886, fr. 422, Monatsbericht VO WiRüAmt beim PzAOK 1 für April 1942; IfZ MA 1714, fr. 773, KTB WiKdo Pleskau, 16.5.1942.
[39] IfZ MA 1708, fr. 588, KTB WiStOst, 4.6.1942. Im Tagebuch fehlt ein Eintrag über ein solches Treffen: Generalfeldmarschall Fedor von Bock, S. 434–439.
[40] Befehl OKH, GenQu, Kr.verw. (Wi) Nr. II/3210/42 geh., 10.5.1942, in: Deutsche Besatzungspolitik, S. 290–293; BA-MA RH 23/341, Bl. 13, Tätigkeitsbericht Korück 590, 6.6.1942 (darin Hinweis auf OKH, GenQu, Kr.verw. (Wi) Nr. II/787/42 geh. vom 27.5.1942); BA-MA RH 26-207/49, OKH, GenQu IVa (III, 1) Az. 928, Nr. I/27114/42, 4.6.1942. Oldenburg, Ideologie und militärisches Kalkül, S. 243f.
[41] IfZ MA 859, fr. 865, Bericht Berück Süd, Intendant, 14.7.1942. Da zu diesem Zeitpunkt bereits fast 400 000 Arbeiter abtransportiert waren, dürfte die Zahl höher liegen.

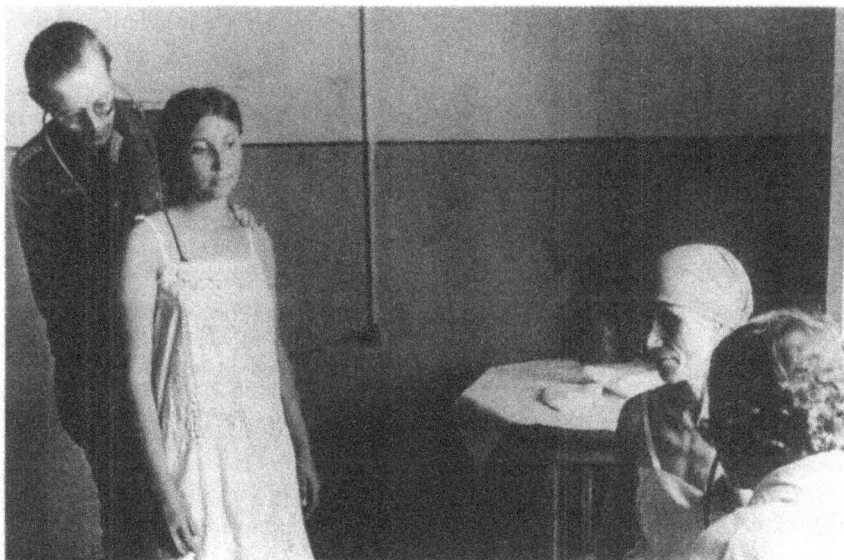

Medizinische Untersuchung eines Mädchens für die Zwangsarbeit, Artemovsk 1942
(Quelle: Bundesarchiv Bild 183-B19889)

Hauptdurchgangsstraßen und die Armeegebiete. Während die 9. Armee die Suche ganz einstellen ließ, bemühte sich das Oberkommando der 3. Panzerarmee, komplette Familien ins Reich zu bekommen[42].

Große Hoffnungen setzte die Wirtschaftsorganisation in den Sommerfeldzug 1942, der erneut Millionen Einheimischer unter ihren Zugriff brachte. Sauckel forderte nun, insbesondere junge Frauen zu mobilisieren, die als Hilfskräfte für deutsche Haushalte vorgesehen waren. Allein im Operationsgebiet erwartete er die Beschaffung von 400 000 solcher billigen Arbeitskräfte. Im September mussten die ersten dieser jungen Frauen, oft Mädchen im Alter von 14 Jahren, ihre Heimat verlassen[43].

Selbst im Donezbecken war inzwischen die massenhafte Arbeitslosigkeit in einen Arbeitskräftemangel umgeschlagen. Zusätzlich sah sich sogar Göring selbst gezwungen, die Rekrutierungen östlich des Don wegen der Erntearbeiten unterbrechen zu lassen[44]. Nichtsdestotrotz sollten die Bemühungen ab November 1942 maximiert werden. Allein aus dem zum zweiten Mal besetzten Rostov hoffte man 30 000–40 000 Personen abtransportieren zu können. Der Vorstoß auf den Kaukasus eröffnete den Funktionären neue Perspektiven. Dort registrierte man bald etwa 100 000 Arbeitslose. Doch war dieses Gebiet auch vergleichsweise dünn besiedelt; bestimmten Bevölkerungsgruppen sollte der Transport ins Reich erspart bleiben,

[42] IfZ MA 1709, fr. 23, KTB WiStOst, 10.7.1942; BA-MA RH 20-9/385, KTB AOK 9, OQu, 26.7.1942; BA-MA RH 21-3/617, KTB PzAOK 3, OQu, 13.7.1942.
[43] IfZ MA 1709, fr.178, KTB WiStOst, 10.9.1942.
[44] IfZ MA 1709, fr.72, KTB WiStOst, 28.7.1942; IfZ MA 1725, fr.318, KTB WiIn Kaukasus, 30.8.1942.

besonders den Kosaken und den Bergvölkern. Freiwillige, die aus diesen Ethnien stammten, waren sogar explizit abzuweisen[45]. Die Übrigen versuchte man mit verbesserter Verpflegung auf dem Transport zu ködern[46].

Noch weniger Arbeiter wurden beim Vorstoß der Heeresgruppe B rekrutiert. In der Annahme, die Großstadt Stalingrad zügig einnehmen zu können, hatte man erwartet, auf etwa 600 000 Einwohner zu treffen. Dazu kam es bekanntlich nicht. Statt dessen wurden aus der Stadt etwa 20 000 Personen evakuiert, von denen 7 300 ins Reich gelangten[47]. Als die Stalingrad-Krise akut wurde, zog die Heeresgruppe B am 22. November schließlich die Notbremse und stoppte alle Rekrutierungen in den Armeegebieten bis Januar. Der Wirtschaftsstab schätzte, dass ihm auf diese Weise 40 000–50 000 Arbeiter entgangen seien[48]. Als die Wirtschaftsinspektion Don ebenfalls eine solche Sperre verhängen wollte, griff der Generalquartiermeister ein und verhinderte dies[49].

Somit blieben die „Erfolge" der Arbeitsbehörden nur von kurzfristiger Natur. Dessen ungeachtet schob Sauckel ständig neue Forderungen nach; bis April 1943 sollten weitere 450 000 Menschen aus dem Operationsgebiet abtransportiert werden. In der bisherigen Verfahrensweise war dies nicht möglich. Deshalb sollte ab November 1942 die Partisanenbekämpfung mit der Arbeitererfassung gekoppelt werden, d. h. bei den „Bandenunternehmen" aufgegriffene Zivilisten waren nach Arbeitsfähigkeit zu selektieren und, sofern einigermaßen geeignet, sofort nach Deutschland zu verschicken. Ihre Kinder sollte man in eigene Lager im rückwärtigen Gebiet einweisen[50].

Bis zur Jahreswende 1942/43 sind aus dem Operationsgebiet über 800 000 Menschen ins Reich gebracht worden[51]. Nur einige Zehntausende von ihnen hatten sich dazu freiwillig gemeldet, zumeist getrieben von den katastrophalen Lebensbedingungen in vielen Gebieten. Mit der Freiwilligkeit war es mit dem Besteigen des Zuges ohnehin vorbei. Denn entgegen den vollmundigen Versprechungen der Propaganda konnten sie nicht mehr zurückkehren und wurden stattdessen unter unwürdigen Bedingungen in Deutschland oder Österreich gehalten. Im Spätherbst 1942 war die Situation der „Ostarbeiter" im Reich weithin auch der Bevölkerung im besetzten Gebiet bekannt, nicht zuletzt durch die ausgeweiteten Möglichkeiten des Briefverkehrs. Nun fand sich kaum mehr jemand, der aus eigenen Stücken die Heimat verließ.

[45] IfZ MA 1725, fr. 300, KTB WiIn Kaukasus, 12. 8. 1942; BA-MA RH 20-17/591, Bl. 64, KTB AOK 17, OQu, 13. 11. 1942. IfZ MA 871, fr. 568-573, Monatsbericht Berück A, 8. 10. 1942, spricht aber von Arbeitskräftemangel.
[46] IfZ MA 1725, fr. 632-634, WiIn Kaukasus/A, 8. 11. 1942.
[47] IfZ MA 1710, fr. 139-148, Aktenvermerk WiSt/Ia über eine Chefbesprechung am 6. 11. 1942, 10. 11. 1942; BA R 6/65, Bl. 138, HGr. A, VII, an OKH, 4. 11. 1942; Die deutsche Wirtschaftspolitik, S. 321; Erinnerungen von Zwangsarbeitern aus Stalingrad in: „... und die Wolga brannte", S. 61ff.
[48] IfZ MA 866, fr. 626, Anruf HGr. B, Qu 2, 22. 11. 1942; IfZ MA 1709, fr. 1005, 1016, KTB WiSt-Ost, 25. 11., 1. 12. 1942.
[49] IfZ MA 1709, fr. 1029, KTB WiStOst, 7. 12. 1942.
[50] Erlass Göring, 26. 10. 1942, in: Deutsche Besatzungspolitik, S. 134f.; parallel: BA NS 19/1671, Bl. 149, RFSS an HSSPF, 3. 11. 1942.
[51] IfZ MA 1710, fr. 434, KTB WiStOst, 8. 1. 1943.

Nicht alle „Ostarbeiter" blieben während des ganzen Krieges im Reich. Schon bald hatte sich herausgestellt, dass viele von ihnen eigentlich gar nicht als arbeitsfähig einzustufen waren oder ihre Arbeitskraft unter den miserablen Umständen im Reich einbüßten. Dort wollten die Dienststellen diese Personen so bald als möglich wieder loswerden, d. h. zurückschicken. Im Regelfall gelangten sie jedoch nicht wieder an ihren Heimatort, sondern in eigens eingerichtete „Rückkehrerlager", einem neuen Typus in der Lagerwelt des besetzten Gebietes[52]. Diese Lager sind bisher kaum ins Blickfeld der Forschung geraten. Sie befanden sich meist in den Reichskommissariaten; einige jedoch auch im Operationsgebiet[53]. Dort herrschten miserable Lebensbedingungen, da die Rationen deutlich beschränkt blieben. Ende 1942 wurde die Rückverschickung kranker „Ostarbeiter" jedoch deutlich eingeschränkt. Nun drohte Invaliden sogar die Ermordung in den Anstalten der „Euthanasie".

3. Im Zeichen von Partisanenkrieg und Zwangsevakuierung

Anfang 1943 war die deutsche militärische Expansion an ihrem maximalen Punkt angelangt und damit auch der Zugriff auf neue potentielle Arbeitskräfte. Deutsche Stellen schätzten gar, dass durch die Rückzüge Anfang 1943 sechs bis sieben Millionen potentielle Arbeitskräfte verloren gegangen seien. Während der Wintermonate Januar/Februar konnten kaum mehr Transporte zusammengestellt werden[54]. Der Generalbevollmächtigte Sauckel forderte dennoch, dass täglich 1 000 Personen aus dem Bereich der Wirtschaftsinspektion Süd und 500 aus dem Mittelabschnitt ins Reich befördert würden. Der Berück Süd hingegen plädierte für eine völlige Einstellung der Rekrutierungen, Oberbefehlshaber Weichs wenigstens für veränderte Methoden bei der „Anwerbung". Tatsächlich untersagte Hitler eine Unterbrechung, und 1943 änderten sich die Methoden der Erfassung, freilich nicht zum Besseren[55].

Nachdem im Februar flächendeckend die Arbeitspflicht im Operationsgebiet verordnet worden war, begann auf Wunsch Sauckels im April die jahrgangsweise Musterung der gesamten Bevölkerung, d. h. vor allem der jungen Frauen. Selbst die Angestellten der Kommunalverwaltungen und Arbeitsämter waren nun bedroht. Während die 1. Panzerarmee den Jahrgang 1923 komplett mobilisieren wollte, war die 6. Armee bereits bei den Folge-Jahrgängen, also den 17 bis 18Jährigen[56]. Der

[52] Vgl. „Wir empfehlen Rückverschickung, da sich der Arbeitseinsatz nicht lohnt". Zwangsarbeit und Krankheit in Schleswig-Holstein 1939-1945. Hg. von Uwe Danker u. a. Bielefeld 2001.

[53] BA-MA RH 21-2/720, Bl. 2-11, Tätigkeitsbericht PzAOK 2, Ic/AO, 16.1.1943; BA R 58/7146, Bl. 1-44, Tätigkeits- und Lagebericht Einsatzgruppe B für die Zeit vom 16.-31.1.1943 (mit Bezug auf Okdo. Hgr. Mitte, Militärverwaltungsano. Nr. 3).

[54] IfZ MA 1710, fr. 1007-1014, Aktenvermerk WiStOst, Ia, über eine Chefbesprechung am 19.3.1943, 4.3.1943; Dietrich Eichholtz, Geschichte der deutschen Kriegswirtschaft 1939-1945. Band 2: 1941-1943. Berlin 1985, S. 238.

[55] IfZ MA 1710, fr. 565, 574, 950-956, KTB WiStOst, 9.3., 13.3.1943, Aktenvermerk WiStOst, Ia, über eine Chefbesprechung am 10.3.1943, 12.3.1943.

[56] BA-MA RH 21-1/341, KTB PzAOK 1, OQu, 22.4.1943; Obkdo. Hgr. Mitte, HeWiFü, 27.6.1943, in: „Ostarbeiter" – „Ostarbajtery", S.144; Befehl AOK 6, OQu, AWiFü, Qu 2, 10.4.1943, Befehl AOK 2, OQu, AWiFü, Qu 2, 24.6.1943, Befehl PzAOK 3, Qu 2, 19.7.1943, in: Deutsche Besatzungspolitik, S.308f., 315f.; BA-MA RH 23/353, Bl. 45-56, Lagebericht Korück 593, VII, 2.6.1943.

Wirtschaftsstab erwartete, auf diese Weise bei den Heeresgruppen Süd und Nord etwa eine halbe Million Menschen zur Musterung zu bringen. Tatsächlich erschien zwar ein erheblicher Teil der Aufgerufenen zu den Musterungen, anschließend jedoch nicht mehr zum Abtransport ins Reich. Man versuchte sich auf jede erdenkliche Weise zu entziehen[57]. Die utopischen Forderungen des Generalbevollmächtigten für den Arbeitseinsatz konnten so nicht erfüllt werden. So fuhren im Juni statt der anvisierten 110 000 Personen nur 17 358 aus dem Operationsgebiet ins Reich[58].

Die Aushebungen glichen wilden Menschenjagden. Die Greifkommandos von Wehrmacht und Polizei holten die jungen Menschen aus ihren Häusern und schleppten sie zu den Sammelstellen, wo sie oft schlecht versorgt oder gar geprügelt wurden. Kommunalverwaltungen und Landbaugenossenschaften versuchten oftmals, aus ihrer Sicht lästige Landsleute auf diese Weise loszuwerden. Personen, die sich widersetzten, wurden oftmals in Zwangsarbeitslager eingewiesen[59].

Je weiter die Rote Armee vorrückte, desto rücksichtsloser wurden die deutschen Methoden. Ab Juli mussten schon die 16Jährigen zur Musterung erscheinen. „Im gesamten Inspektionsbereich rief der z. T. mit schärfsten Massnahmen durchgeführte Abzug von Arbeitskräften erhebliche Beunruhigung hervor. Es wurde festgestellt, dass sich viele junge Mädchen durch Notheiraten dem Abtransport ins Reich zu entziehen versuchen."[60]

Nun konzentrierte sich die Zwangsrekrutierung auf zwei Zusammenhänge: auf Deportationen im Rahmen von Anti-Partisanen-Aktionen und auf die Selektion unter Flüchtlingen bzw. Evakuierten. Ab März wurden in großem Stil aus „Partisanengebieten" ganze Familien von Bauern und Landarbeitern abtransportiert. Noch im Jahre 1942 war man davon ausgegangen, dass dafür nur „voll einsatzfähige" Familien mit Kindern über 14 Jahren in Frage kämen, mit den neuen Deportationen verbreiterten sich die Auswahlkriterien jedoch. Bald sollten auch Familien mit Kindern unter 14 Jahren deportiert werden, schließlich hieß es, dass die Hälfte der Kinder „arbeitsfähig" sein müsse, darunter verstand man ein Alter über zehn Jahre[61]. So wurden aus dem Raum Černigov 5 000 solcher Familien en bloc nach Deutschland verschleppt[62].

Eine der übelsten Aktionen in diesem Zusammenhang reichte noch weiter. Das AOK 9 hatte schon 1942 daran mitgearbeitet, elternlos umherziehende Kinder in Lager, auch „Kinderdörfer" genannt, zu internieren. Zunächst sollten diese von den Partisanen ferngehalten werden; ab 1943 trennte man dann Kinder von solchen Elternteilen, die zum Zwangsarbeitseinsatz im Lande rekrutiert wurden. Im April/Mai 1944 entwickelte das AOK 9 dann die Idee, 30 000 bis 50 000 dieser zehn- bis 14Jäh-

---

[57] IfZ MA 1710, fr. 1323–24, WiStOst/A, Beitrag zum KTB 8.–14. 5. 1943; BA-MA RH 23/300, Bl. 127–131, Monatsbericht Korück 584, Qu, 27. 5. 1943; Cohen, Germans in Smolensk, S. 103f.
[58] BA-MA RW 31/304, Tagung der Chefgruppenleiter La am 2. 7. 1943; IfZ MA 1711, fr. 12–15, WiStOst/A, Beitrag zum KTB, 26. 6.–2. 7. 1943.
[59] Beispielsweise: BA-MA RH 23/154, Bl. 39–41, Zehntagesmeldung Kommandanturen Korück 559, Qu, 20. 7. 1943; vgl. BA-MA RH 26-221/94A, 221. Sich.Div., Ib, 13. 7. 1943. BA-MA RH 21-3/653, Bl. 34–40, PzAOK 3, Qu. 2, (23. 7. 1943).
[60] BA-MA RW 31/62, Bl. 80–101, Monatsbericht WiStOst für Juli 1943, 18. 8. 1943.
[61] BA-MA RW 31/46a, Bl. 219–254, Monatsbericht WiStOst für Jan. 1942, 18. 2. 1942; IfZ MA 1710, fr. 1314–16, WiStOst/A, Beitrag zum KTB, 17.–13. 4. 1943; IfZ MA 1712, fr. 142–144, WiStOst/A, KTB-Beitrag. 12. 11. 1943.
[62] IfZ MA 1723, fr. 895, KTB WiIn Süd, 23. 8. 1943.

rigen ins Reich zu deportieren, deklariert als sogenannte „HEU-Aktion" (Heimatlos – Elternlos – Unterkunftslos). Dabei war allerdings weniger an einen Zwangsarbeitseinsatz gedacht, sondern eher an den Abtransport „lästiger" Einwohner, um deren Eltern gleichzeitig maximal als Zwangsarbeiter ausbeuten zu können. Dank der sowjetischen Sommeroffensive konnte dieses Vorhaben weitgehend verhindert werden; immerhin zwischen 2500 und 4500 Kinder wurden aber abtransportiert[63].

Bis zum weitgehenden Abbruch einer separaten Militärverwaltung, also bis Oktober 1943, wurden etwa 920000 Menschen aus dem Operationsgebiet ins Reich deportiert, im Juni 1944 addierte sich dies zu fast 1,4 Mio. Deportierten auf[64]. Daran hatten Militärverwaltung und Oberkommandos einen entscheidenden Anteil, selbst wenn die Federführung beim Wirtschaftsstab und die Organisation bei seinen Dienststellen lag. In einigen Fällen zog die Militärverwaltung sogar die „Arbeitsvermittlung" an sich[65]. In der Regel sorgten die Kommandanturen für die Rekrutierung, indem sie die Kommunalverwaltungen anwiesen oder selbst Greifkommandos ausschickten. Die Oberkommandos konnten die Menschenjagden aber auch, zumindest zeitweise, schlichtweg unterbinden, wenn ihnen dies zweckmäßig erschien.

Genauere Angaben zur Struktur der „Ostarbeiter" lassen sich vor allem den Repatriierungs-Statistiken entnehmen, da der weit überwiegende Teil der Menschen ab 1945 wieder in die Sowjetunion zurückkehrte. Demnach kamen die meisten Zwangsarbeiter aus der Russischen Föderation und aus der Ukraine. Bei einem Drittel handelte es sich um Männer, fast die Hälfte waren Frauen und etwa 20% noch Kinder. Vor allem die 17- bis 25Jährigen waren deportiert worden, sie stellten 45% der heimgekehrten Zivilisten. Der idealtypische Ostarbeiter war demnach eine junge Ukrainerin, die man 1942 vom Lande zwangsrekrutiert hatte[66].

Die „Ostarbeiter" erfuhren die schlechteste Behandlung aller ausländischen Zivilarbeiter im Reich. Sie wurden meist in Lagern gehalten, unzureichend versorgt und oft auch schlecht behandelt. Man stellte sie de facto den sowjetischen Kriegsgefangenen gleich. Da war es nicht verwunderlich, dass bei ihnen die höchste Todesquote unter den Zwangsarbeitern zu verzeichnen war. Der Wirtschaftsstab Ost meldete jeden Monat eine Zahl zwischen 900 und 1700 „Ostarbeitern", die im Reich gestorben waren[67]. Da es sich meist um jüngere Jahrgänge handelte, ist dies kaum auf „natürliche" Todesursachen zurückzuführen. Permanente physische Überlastung und Unterversorgung, Misshandlungen und Exzessmorde am Arbeitsplatz, Exekutionen an vermeintlich Oppositionellen und die Ermordung schwangerer „Ostarbeiterinnen" sind hier anzuführen. Hinzu kommen die Todesfälle durch alliierte Bombardements und die Endphasenverbrechen. Schätzungen über die Gesamtzahl der im Reich umgekommenen Zwangsarbeiter aus der Sowjetunion bewegen sich zwischen 50000 und 150000 Menschen[68].

63 Gerlach, Kalkulierte Morde, S. 1086–1089.
64 Die deutsche Wirtschaftspolitik, S. 549f.
65 IfZ MA 1710, fr. 119–126, Aktenvermerk WiStOst/Ia, über eine Chefbesprechung am 30.10.1942, 4.11.1942; IfZ MA 1711, fr. 30–34, WiStOst/A, Beitrag zum KTB, 7.–13.8.1943; BA-MA RW 46/6, KTB Verb.stab HeWiFü beim Obkdo. Hgr. B, 12.10.1942 (Charkow).
66 Goeken-Haidl, Weg zurück, S. 524f.
67 Poljan, Žertvy dvuch diktatur, S. 257f.
68 Mark Spoerer, Zwangsarbeit unter dem Hakenkreuz. Ausländische Zivilarbeiter, Kriegsgefangene und Häftlinge im Dritten Reich und im besetzten Europa 1938–1945. Stuttgart 2001, S. 228.

Die Zwangsarbeitspolitik des NS-Regimes und der Wehrmacht in der Sowjetunion, die zu einem sehr späten Zeitpunkt zum Gegenstand von Entschädigungen gemacht worden ist, war eindeutig völkerrechtswidrig[69]. Dies lag nicht nur an der Rekrutierungspraxis, die im Laufe des Sommers 1942 immer gewalttätiger wurde. Es ist vor allem in den Einsatzbedingungen begründet, die sich zumeist unmenschlich gestalteten, und in der Verwendung für Rüstungszwecke oder die Wehrmacht. Die Arbeitskräfte aus dem Operationsgebiet, die (Ost-)Ukrainer, Russen und Weißrussen galten als minderwertig und wurden entsprechend behandelt, sowohl bei der Zwangsarbeit in den besetzten Gebieten als auch bei Rekrutierung und Einsatz fürs Reich. Selbst das Alter schützte davor nicht; auch Zwölfjährige wurden zur Ausbeutung ins Reich deportiert. Dass dies viele Menschen für ihr ganzes Leben schädigte, liegt auf der Hand.

Es ist nicht möglich, die Bedeutung der Zwangsarbeit für die Kriegführung, d.h. für die Tätigkeit der Wehrmacht im Osten, genau zu quantifizieren. Zum einen ersetzten Zwangsarbeiter im Reich deutsche Männer, die dann wiederum eingezogen und an der Front eingesetzt werden konnten. Zum anderen mussten die Einheimischen einen enormen Beitrag für die Versorgung der Wehrmacht mit Nahrung und Ausrüstung leisten, schließlich auch für die Instandhaltung von Straßen und den Bau von Verteidigungsanlagen. Hinzuzurechnen sind schließlich Hunderttausende von Hilfskräften, die, oftmals der Not in Kriegsgefangenschaft oder in Hungergebieten gehorchend, direkt für die Wehrmacht arbeiteten. Alles zusammengerechnet, mussten mindestens fünf Millionen Einheimische direkt für den deutschen Ostkrieg arbeiten, die überwiegende Mehrheit von ihnen unter Zwang; dabei sind die Bauern, die die Wehrmacht im Osten zu versorgen hatten, noch gar nicht mitgerechnet. Ohne alle diese Kräfte wäre die deutsche Kriegführung sicher früher an ihr Ende gelangt.

Anscheinend blieb die Deportation der Zwangsarbeiter die einzige deutsche Besatzungsmaßnahme, die direkt und aktiv von der sowjetischen Führung bekämpft wurde. Stalin erwartete eine baldige Rückeroberung der Gebiete und wollte den Abzug der letzten noch arbeitsfähigen Teile der Bevölkerung verhindern. Die Partisanengruppen waren gehalten, die Verschleppungen um jeden Preis zu verhindern. Konkrete Erfolge wurden erst für Ende 1943 vermeldet. Nach sowjetischer Darstellung wurde die Deportation von etwa 80 000 Menschen, vor allem aus dem Osten Weißrusslands, verhindert[70].

Denen, die ins Reich deportiert worden waren, drohte auch nach Kriegsende weiteres Ungemach. Zwar ließen sich, im Gegensatz zu den sowjetischen Hilfskräften von Wehrmacht und Polizei, die meisten von ihnen freiwillig repatriieren. Die überwiegende Mehrzahl, etwa 90%, kam an ihre Heimatorte zurück, meist in die Zentral- und Ostukraine. Doch auch sie mussten den Prozess der „Filtration" durch die sowjetische Geheimpolizei durchlaufen, an dessen Ende auch eine er-

---

[69] Etwa 840 000 ehemalige Zwangsarbeiter aus der GUS und dem Baltikum haben Entschädigungen durch die Stiftung „Erinnerung, Verantwortung, Zukunft" erhalten; schätzungsweise weniger als die Hälfte von ihnen lebten einst in den Militärverwaltungsgebieten.

[70] Grenkevich, Soviet Partisan Movement, S. 309–311; Yitshak Arad, Stalin and the Soviet Leadership: Responses to the Holocaust, in: Remembering for the Future. The Holocaust in an Age of Genocide. Hg. von Joseph K. Roth, Elisabeth Maxwell. Basingstoke, New York 2002, Band 1, S. 355–370, hier 366, erwähnt hierzu die Tagesbefehle Stalins vom 1.5. und 7.11.1943; M. M. Zagorul'ko, A. F. Judenkov, Krach plana „Ol'denburg". Moskva 1974, S. 345ff.

neute Einweisung zur Zwangsarbeit stehen konnte. Mancher ehemalige „Ostarbeiter" wurde an seinen Heimatort geschickt und erst 1946 oder 1947 unter fadenscheinigen Vorwürfen, etwa in den Westzonen befreit worden zu sein, verhaftet[71].

Die Sowjetunion drehte die Zwangsarbeiterrekrutierung ab Ende 1944 in die andere Richtung um; sie sah die Arbeitskraft Hunderttausender Deutscher nun als Teil der Reparationen für die gigantischen Verluste, die sie durch Deutschland erlitten hatte. Mit der Eroberung des Reichsgebietes und Südosteuropas begann die Deportation von Deutschen zur Zwangsarbeit in der Sowjetunion. Diese Zwangsmaßnahmen stehen in engem Zusammenhang mit der Vertreibung der deutschsprachigen Minderheiten aus Osteuropa bzw. mit der Abtrennung Ostdeutschlands vom Reich. Während die deutschen Kriegsgefangenen Arbeiten zur sowjetischen Wirtschaft und zum Wiederaufbau der zerstörten Infrastruktur leisten mussten, kam der größte Teil der deportierten Zivilisten in den Gulag[72].

[71] Goeken-Haidl, Weg zurück, S. 385 ff, 464ff., 524ff.
[72] Vgl. Pavel Polian, „Westarbeiter". Internierung, Deportation und Ausbeutung deutscher Zivilisten aus Europa in der UdSSR, in: Verführungen der Gewalt, S. 1261-1297, hier 1273ff.; ders., Internierung und Deportation deutscher Zivilisten aus den besetzten deutschen Gebieten in die UdSSR, in: Diktaturdurchsetzung. Instrumente und Methoden der kommunistischen Machtsicherung in der SBZ/DDR 1945-1955. Hg. von Andreas Hilger, Mike Schmeitzner, Ute Schmidt. Dresden 2001, S. 39-53.

XII. Rückzug

Mit der Kapitulation der 6. Armee in Stalingrad begann der Rückzug der Wehrmacht, d. h. auch der Abbruch der militärischen Besatzung, in vier großen Zügen: zunächst die Räumung der meisten Gebiete im Nordkaukasus und im südlichen Russland im März 1943. Von September bis November 1943 erfolgte dann der Rückzug auf breiter Front, aus den Territorien der RSFSR, die die Heeresgruppe Mitte besetzt hatte, und aus dem größten Teil der Ukraine. Insbesondere im Süden drang die Rote Armee immer weiter vor, lediglich die deutschen Kräfte auf der Krim konnten sich bis zum Mai 1944 halten. Im Februar und März 1944 wurde nahezu die gesamte Westukraine genommen, am 28. März betrat der erste sowjetische Soldat altrumänischen Boden. Die sowjetische Sommeroffensive, die am 22. Juni 1944 begann, fegte schließlich fast das ganze Ostheer hinter die Linien zurück, die es zum Angriff genau drei Jahre zuvor, am 22. Juni 1941, eingenommen hatte.

1. Der Abbruch der Militärverwaltung

Mit der Krise der Wehrmacht in Stalingrad ging im Januar 1943 die Neustrukturierung des Operationsgebietes weiter, diesmal Richtung Westen. Dieses wurde zunächst im Süden erweitert um die Gebiete nördlich des Schwarzen Meeres, die gerade erst im August 1942 dem Reichskommissariat Ukraine übertragen worden waren. Während der Rückzüge im September 1943 entschied Hitler auf Wunsch des OKH, die beiden Wehrmachtbefehlshaber Ostland und Ukraine den jeweiligen Heeresgruppen-Kommandos zu unterstellen[1].

Schon seit Frühjahr 1943 begannen sich Militär- und Zivilgebiet in der Ukraine zu überlappen; so konnte der Berück in begrenztem Ausmaße auch Weisungen innerhalb des Reichskommissariates erteilen. Am 6. Oktober 1943 wurde das rückwärtige Heeresgebiet Süd dem Wehrmachtbefehlshaber Ukraine übergeben[2]. Damit wurden beide Gebiete quasi vereinigt. Der Berück übte kaum noch Funktionen aus, zumal sich das ursprüngliche Operationsgebiet bis Oktober 1943 wieder in Händen der Roten Armee befand; seine Tätigkeit ist noch bis in den Dezember 1943 hinein nachweisbar.

Das rückwärtige Heeresgebiet Mitte blieb zwar formal weiter bestehen, wurde jedoch ab 15. Oktober in Personalunion vom Kommandierenden General der

---

[1] Vgl. BA-MA RW 4/v. 731, Bl. 55–59, Vortragsnotiz WFSt./Op. (H) Nr. 0026/44 g.Kdos., 1.1.1944 (mit Bezug auf grundlegenden Führerbefehl vom 24.9.1943). Vgl. BA R 6/17, Bl. 19–31, Niederschrift über die Chefbesprechung im RMfbO am 11.12.1943. Vgl. Zellhuber, „Unsere Verwaltung treibt einer Katastrophe zu ...", S. 352ff.
[2] USHMM RG 48.004M, reel 3 (VHA Prag, HSSPF Russland-Süd), RKU an HSSPF, 6.7.1943; IfZ T-501, r. 29, fr. 823, FS Berück Süd an OKH, GenQu, 5.10.1943.

Sicherungstruppen und Wehrmachtbefehlshaber in Weißruthenien geführt. Das eigentliche Operationsgebiet war im September 1943 auf Teile von Ost-Weißrussland geschrumpft[3]. Allein der Berück Nord bestand offensichtlich bis Juni 1944 noch eigenständig, obwohl auch hier im Januar/Februar erhebliche Gebietsteile verloren gegangen waren.

2. Evakuierungen bis Frühjahr 1944

Während des ganzen deutsch-sowjetischen Krieges wurden permanent große Gruppen von Einwohnern zwangsweise evakuiert, oder sie entschlossen sich auf eigene Faust zu einer Flucht ins Ungewisse. Es lässt sich grob schätzen, dass so etwa 20 Millionen Menschen ihre Heimat verlassen mussten, von denen viele nicht mehr zurückgekehrt sind. Unter deutscher Herrschaft waren Zwangsevakuierungen gang und gäbe. Schon der unerwartete Rückzug nach der sowjetischen Offensive vor Moskau im Dezember 1941 traf die Zivilbevölkerung hart. Bisweilen noch bei minus 40 Grad wurde versucht, ganze Dörfer abzubrennen, um sie nicht in die Hände der Roten Armee fallen zu lassen[4]. Dabei gehen die systematischen Zerstörungen allein auf das Konto der Heereseinheiten, da Hitler erst im Januar 1942 einen geordneten Rückzug befahl[5]. Um die Jahreswende 1941/42 versuchte die Militärverwaltung zudem, die Folgen ihrer Ernährungspolitik in vielen Städten in Frontnähe dadurch zu umgehen, dass man ihre Einwohner aufs Land verschickte. Ab Frühjahr 1942 wurde jedoch zusehends die Evakuierung ganzer Landstriche in Frontnähe erwogen, teilweise auch durchgeführt. So ließ die 2. Panzerarmee ab April 60 000–70 000 Einwohner aus dem Raum Brjansk-Orel vertreiben[6].

Die erst im Juli 1942 eroberte Stadt Voronež sollte nahezu komplett von Bevölkerung geräumt werden; lediglich einige Arbeiter durften am Ort bleiben. Mindestens 61 000 Einwohner mussten ihre Heimat verlassen, viele von ihnen kamen auf direktem Wege zur Zwangsarbeit ins Reich[7]. Eher schon der Räumung des Gefechtsfeldes diente die Evakuierung des rechtsufrigen Teils von Stalingrad, der im August 1942 von deutschen Truppen erreicht worden war. Entgegen ursprünglichen Annahmen schätzten deutsche Stellen schließlich, dass noch etwa 20 000 Menschen, unter ihnen viele Kinder, in den Kellern vor allem der südlichen Stadtteile ausharrten. Sie wurden systematisch in Leerzügen der Wehrmacht evakuiert. Der Generalquartiermeister ordnete auch hier eine Sichtung dieser Menschen nach

3 BA-MA RW 4/v. 731, Bl. 51-52, WBO, 9. 10. 1943. Zum Berück Rothkirch vgl. Graf Rothkirchs Krieg: Private Filmaufnahmen eines deutschen Wehrmachtsgenerals. Von Karsten Rau. DVD Polar Film Dortmund 2005.
4 August Freitag, Aufzeichnungen aus Krieg und Gefangenschaft. (1941-1949). Hg. von Karl Sattler. Bochum 1997, S. 74f. (6. ID).
5 Armin Nolzen, „Verbrannte Erde“: Die Rückzüge der Wehrmacht in den besetzten sowjetischen Gebieten, in: Besatzung. Funktion und Gestalt militärischer Fremdherrschaft, S. 161-175, hier 163.
6 IfZ T-77, r. 1142, fr. 519, KTB Wikdo Orel, 5. 4. 1942.
7 IfZ T-77, r. 1110, fr. 340, AOK 2, Qu 2, 16. 7. 1942; IfZ MA 1709, fr. 129, KTB WiStOst, 17. 8. 1942; IfZ T-77, r. 1110, 390ff., AOK 2, AWiFü, 28. 8. 1942.

Zivilbevölkerung auf der Flucht aus Stalingrad, 1942
(Quelle: Bayerische Staatsbibliothek, Fotoarchiv Hoffmann 45440)

Arbeitsfähigkeit an, um möglichst viele von ihnen alsbald zur Zwangsarbeit ins Reich bringen zu lassen. Die vermeintlich nicht-arbeitsfähige Bevölkerung sollte man in unwirtliches Gebiet abschieben, also ihrem Schicksal überlassen[8]. Die Flüchtlingskolonnen aus Stalingrad boten ein erbarmungswürdiges Bild, wie ein deutscher Soldat notierte: „Zivilpersonen vom kleinsten, nur ein paar Wochen alten Kind bis zum Greis, der sich kaum noch auf den Beinen halten kann. Mit ihren wenigen Habseligkeiten, auf Karren ziehend oder selbst tragend, so wandern sie die Straße zurück. Kein Haus bietet Schutz für die Nacht. 50 bis 100 Kilometer ohne jede Ansiedlung. Bei Nacht die Kälte, bei Tag die Hitze und unheimlicher Staub in dieser ewigen Sandwüste. Mit etwas Hirse fristen diese Wanderer ihr Leben."[9] Ein Teil der Evakuierten wurde in ein Internierungslager nach Nižne-Čirskaja gebracht und musste dort unter entsetzlichen Bedingungen vegetieren. Es

[8] IfZ MA 1709, fr.900, KTB WiStOst, 1.10.1942; BA-MA RW 31/59a, Bericht AOK 6, AWiFü, 3.10.1942; BA-MA RH 20-16/805, AOK 16, OQu-Besprechung, 8.10.1942. Vgl. Gert C. Lübbers, Die 6. Armee und die Zivilbevölkerung von Stalingrad, in: VfZ 54 (2006), S.87-123; dagegen aus Sicht der Betroffenen: „... und die Wolga brannte", bes. S.241ff., und das Tagebuch in: A. I. Boroznjak, Vozvraščennaja pamjat'. Dnevnik stalingradskoj učitelnicy. Avgust – sentjabr' 1942-go, in: Ženščina i vojna. 1941-1945. Rossija i Germanija. Materialy Meždunarodnoj naučnoj konferencii g. Volgograd, 12-13 maja 2005 g. Red. N. E. Vaškau u.a. Volgograd 2006, S.94-99.
[9] Tagebucheintrag Xaver Kößl, 11.10.1942, in: „Verflucht sei der Krieg". Tagebuch eines deutschen Soldaten 1941-1943. Bearb. von Christian Hermann. Dresden 2002, S.34.

ist nicht bekannt, wie viele Einwohner Stalingrads bei der Evakuierung umkamen. In der Endphase der Schlacht verharrten immer noch etwa 5 000 Einwohner in der einstigen Halbmillionenstadt[10].

Mit der Schlacht von Stalingrad begann freilich auch ein neues Kapitel von Zwangsevakuierungen durch die Wehrmacht. Diese waren nun mit dem Rückzug auf breiter Front verbunden. Schon im Dezember 1941 hatte es während der sowjetischen Offensive überhastete Versuche gegeben, möglichst viele Zivilisten mitzunehmen. Die Motive hinter den groß angelegten Evakuierungen waren vielfältig: zunächst die Räumung des Gefechtsfeldes, oft bis zu einer Tiefe von 20 Kilometer. Zugleich wollten viele Kommandeure auch keine Landeseinwohner „im Rücken" ihrer Truppe belassen, da sie Widerstandsaktionen befürchteten. Insgesamt war jedoch in Berlin und bei der Wirtschaftsorganisation das Bestreben dominierend, der sowjetischen Seite möglichst viele Einwohner, vor allem potentielle Rotarmisten und Arbeiter im Falle der Rückeroberung vorzuenthalten.

Mit der Jahreswende 1942/43 nahm dieses Bestreben neue Dimensionen an. Nachdem aus dem Raum Stalingrad kein Rückzug mehr möglich war, konzentrierte sich die Wehrmacht auf die Evakuierung des eroberten Gebietes im Kaukasus. Laut Hitlers Anordnung waren alle Männer im wehrfähigen Alter als Zwangsarbeiter mitzunehmen, nach Möglichkeit aber auch die Masse der übrigen Bevölkerung. Dies unterstrich auch der Generalquartiermeister. Der Berück Don weigerte sich jedoch zunächst, die Bevölkerung von Rostov nach Westen zu treiben[11]. Die Wirtschaftsstellen setzten etwa 100 000 Menschen in Marsch, von denen etwa ein Drittel aus den Trecks in der taurischen Steppe flüchtete[12]. Immerhin war ein Teil der Evakuierten noch mehr oder weniger freiwillig mitmarschiert, insbesondere natürlich die Russlanddeutschen und die Hilfskräfte der Wehrmacht samt ihren Familien. Doch schon beim Rückzug aus dem Don-Donezbogen versuchte die verbliebene Bevölkerung, sich einer Evakuierung zu entziehen. Nach dem Fehlschlag der Schlacht von Kursk begann die Heeresgruppe Süd damit, das ganze Donezbecken zu räumen. Die Kräfte der 6. Armee vertrieben allein bis Ende Juli 1943 58 000 Menschen; zwei Monate später meldete die Korück die Verschleppung von 218 000 Einwohnern, die fast durchweg unter Zwang erfolgte. In ihrer Verzweiflung versuchten immer mehr Menschen, in die südlichen Steppen auszuweichen[13].

Mit dem weiteren Rückzug nahmen auch die Verschleppungen ihren Fortgang. In den ersten Monaten des Jahres 1944 setzte die Wehrmacht 420 000 Einwohner der

[10] „... und die Wolga brannte", S. 256; Stalingrad: čemu russkie i nemcy naučilis' za 60 let. Materialy meždunarodnoj konferencii g. Volgograd, 3–5 aprelja 2003 g. Red. N. É. Vaškau u. a. Volgograd 2003, S 106.
[11] Führerbefehl Nr. 4, hier in PzAOK 3, 28. 2. 1943, in: Deutsche Besatzungspolitik, S. 334f.; IfZ MA 1725, fr. 939–940, WiIn Kaukasus/A, 2. 1. 1943 (mit Bezug auf Telefonat mit GenQu vom Vortag); IfZ MA 865, fr. 403, Berück Don, 3. 1. 1943. Vgl. schon IfZ NOKW-1174, Obkdo. Hgr. B, HeWiFü, 13. 2. 1943.
[12] Rolf-Dieter Müller, Es begann am Kuban. Flucht- und Deportationsbewegungen in Osteuropa während des Rückzugs der deutschen Wehrmacht 1943/44, in: Flucht und Vertreibung. Zwischen Aufrechnung und Verdrängung. Hg. von Robert Streibel. Wien 1994, S. 42–76, hier 47f.; Josef Werpup, Ziele und Praxis der deutschen Kriegswirtschaft in der Sowjetunion, dargestellt an einzelnen Industriezweigen. Diss. phil. Bremen 1992, S. 208ff.
[13] BA-MA RH 23/355, Bl. 20, 70, 229, Korück 593, Qu, an AOK 6, 24. 7., 30. 8., 22. 9. 1943.

Ukraine nach Westen in Marsch. Nur ein Bruchteil von ihnen erreichte die Durchgangslager in Ostungarn. Die meisten flüchteten aus den Trecks oder wurden von den Offensiven der Roten Armee überrollt. Lediglich die Ukrainedeutschen und die Hilfskräfte von Wehrmacht und Polizei wurden mehrheitlich abtransportiert[14].

Im März begann die Evakuierung nicht nur in Südrussland, sondern auch im Bereich der Heeresgruppe Mitte. Bei der sogenannten „Büffelbewegung", einem Ausweichmanöver der 9. Armee aus dem Raum Ržev, wurden nicht weniger als 190 000 von 300 000 Einwohnern zum Marsch nach Westen gezwungen[15]. Noch größere Dimensionen nahm die Vertreibung im September 1943 an. Zur Errichtung eines riesigen „Ostwalles" sollte eine Zone von 60 km Breite in den Bereichen der Heeresgruppen Nord und Mitte komplett geräumt und die Bevölkerung zur Zwangsarbeit an diesem Projekt herangezogen werden. Das OKH schlug die Bildung von Zwangsarbeitsbataillonen aus Frauen vor. Für den Rückzug auf die „Pantherstellung" trieb man mindestens 300 000 Menschen aus ihren Häusern. Freilich zeigten sich, bei aller Brutalität im Vorgehen, bald die Grenzen dieser Maßnahmen: Es fehlte an Bewachungspersonal. Nach deutschen Schätzungen erreichten nur ein Viertel der Marschierer ihr vorgegebenes Ziel, die Übrigen entzogen sich dem Zwang[16]. Bis Ende 1943 waren von der Wehrmacht 885 000 Menschen aus dem Mittelabschnitt vertrieben worden, von denen etwa 541 000 auch bei den Auffangstellen registriert wurden. Es sollten ganze Dorfgemeinschaften überführt werden, mit Ausnahme von solchen Familien, die – laut Besatzerjargon – zu weniger als 20% arbeitsfähig seien. Ein erheblicher Teil dieser Menschen wurde in Zwangsarbeitskolonnen gesteckt, um für Verteidigungsarbeiten verfügbar zu sein. In den „Zivilarbeitsdienstabteilungen", die ab Ende 1943 eingerichtet wurden, fristeten zwischen 60 000 und 95 000 Menschen ihr Leben. Sie wurden nicht nur von ihren Familien, d. h. meist von ihren Kindern getrennt, sondern auch unter erbärmlichen Bedingungen kaserniert gehalten[17].

Bei der Heeresgruppe Nord wurde schon frühzeitig erwogen, die gesamten Armeegebiete räumen zu lassen. Motiv hierfür war weniger die Bedrohung durch die Rote Armee, sondern der allmähliche Kollaps der deutschen Herrschaft infolge der Ausbreitung der Partisanen. Im September 1943 beabsichtigte man, nicht weniger als 900 000 Menschen, d. h. drei Viertel der noch verbliebenen Einwohner, zwangsweise nach Westen zu schaffen[18]. Doch alsbald meldeten sich die Stimmen, die die Unmöglichkeit dieses Vorhabens betonten. Fluchtartig verließen die Bewohner ihre Häuser, um nicht deportiert zu werden. Der Berück beschwerte sich,

---

[14] Müller, Es begann am Kuban, S. 55ff.
[15] IfZ MA 1710, fr. 1028-42, 1311-13, Bericht Reise Chef, WiStOst zu WiIn Mitte 25.–31.3., 3.4.1943; WiStOst/A, Beitrag zum KTB, 10.–16.4.1943. Dazu ausführlich: Terry, German Army Group Centre, S. 202ff.
[16] BA-MA RW 4/v. 708, Bl. 67, OKH, Op. Abt. (I) Nr. 430585/43 g.Kdos.Chefs., 4.9.1943; IfZ MA 1715, fr. 846, Befehl WiIn Nord, Stab Abt. I/Ia, 25.9.1943; IfZ MA 1712, fr. 124–126, KTB-Beitrag WiStOst/A, 8.10.1943.
[17] Müller, Es begann am Kuban, S. 65f.; Gerlach, Kalkulierte Morde, S. 496ff.; BA-MA RH 23/150, Bl. 87–90, Korück 559, Qu, 17.9.1943.
[18] BA-MA RH 19 III/621, 130, KTB HGr. Nord, 4.2.1943; BA-MA RH 19 III/388, Bl. 154, FS Okdo. Hgr. Nord an AOK 16 und 18, 22.9.1943; Berück Nord, 21.9.1943, in: Deutsche Besatzungspolitik, S. 348–350.

Zivilbevölkerung beim Rückzug der Wehrmacht
(Quelle: Bayerische Staatsbibliothek, Fotoarchiv Hoffmann 63660)

dass deshalb oftmals nur die Einwohner vertrieben würden, die zur Arbeit nicht
geeignet seien: „Diese Leute stellen für uns nur eine Belastung dar."[19]
    Federführend bei den Räumungen waren die Oberbefehlshaber der Heeres-
gruppen, denen zu diesem Zwecke auch die Wirtschaftsorganisation unterstellt
wurde[20]. Die genauen Selektionsregelungen, etwa welche Gruppen zu evakuieren
waren, trafen jedoch die Armee-Oberkommandos mit ihren Korück. In den ehemaligen Zivilverwaltungsgebieten mussten die Maßnahmen natürlich mit den dortigen Besatzern abgesprochen werden. Doch insgesamt zeigte sich die Zivilverwaltung hier völlig überfordert. Bei der Evakuierung wurde wieder Wert auf eine enge
Zusammenarbeit mit den kleinen Kommandos der Sicherheitspolizei gelegt. Doch
die eigentliche Vertreibung stand und fiel mit dem Einsatz von Truppen. Während
die Städte oft durch Feldgendarmerie evakuiert wurden, spielten mit der Zwangs-
evakuierung auf dem Lande die Fronttruppen wieder eine größere Rolle in der
Besatzungspolitik. Diese entwickelten dabei erstaunliche Initiativen. So zwang die
167. Infanteriedivision die gesamte Bevölkerung ab 14 Jahre in ihrem Bereich,
Schilder mit durchlaufenden Nummern um den Hals zu tragen[21]. Generell waren

---

[19] BA-MA RH 20-18/1628, Bl. 2–5, AOK 18, Ic, 7.10.1943; Berück Nord, 16.10.1943, in: Deutsche Besatzungspolitik, S.361; BA-MA RH 26-285/40, Berück Nord, 28.10.1943 (Zitat).
[20] OKH, Chef GenStdH, Nr.II/1960/43 geh., 30.3.1943, in: Verbrechen der Wehrmacht, S.390.
[21] Gerlach, Kalkulierte Morde, S.1092; ähnliche Vorgänge aus den frontnahen Gebieten der Ukraine: YVA M-37/421 (CDAHO 62-1-207, Bl.46, 52), Partisanenberichte aus dem Donbass, 3.
und 10.6.1943.

die Divisionen für die Zerstörung der Infrastruktur und die Evakuierung in ihrem Bereich selbst verantwortlich. Nicht selten beschränkte sich die Zerstörung nicht nur auf allgemeine Einrichtungen, sondern entwickelte sich zur Totalvernichtung ganzer Dörfer durch Abbrennen. Die letzte Habe wurde den Einwohnern noch abgenommen, widersetzliche Personen kurzerhand erschossen. Das Ausmaß dieser Verbrechen liegt noch im Dunkeln. Bisher ist man dazu weitgehend auf sowjetische Untersuchungen angewiesen, die als wenig zuverlässig gelten[22].

Die Evakuierung der Zivilbevölkerung setzte den Schlusspunkt unter die verbrecherische Besatzungspolitik. Nach Angaben des Wirtschaftsstabes wurden seit Frühjahr 1943 etwa 2,3 Millionen Menschen evakuiert, wegen der „wilden Vertreibungen" durch die Fronttruppe ist dies jedoch eher als Mindestzahl anzusehen[23]. Selbst nach Schätzungen der Militärs wollten sich 10, höchstens 15% der Bewohner freiwillig den Trecks anschließen. So blieb das Ziel einer Totalräumung meist illusorisch und die Truppen konzentrierten sich auf die Verschleppung der Männer und Frauen im arbeitsfähigen Alter. Dabei spielten sich oft schreckliche Szenen ab; Mütter wurden von ihren Kindern getrennt, Familien auseinandergerissen. Männer, die sich weigerten mitzukommen, wurden zumeist als Gefangene behandelt, nicht selten aber an Ort und Stelle erschossen[24]. Möglicherweise wurde generell Weisung gegeben, solche Personen, die sich der Evakuierung widersetzten, einfach umzubringen. General Nagel vom Wirtschaftsstab berichtete, „er habe bei den O.B. der AOK eine Anordnung erbeten, wonach Menschen, die dem Befehl zum Rückmarsch nicht Folge leisteten und Vieh, das nicht mitgenommen werden könne, zu erschießen sei. Chef Wi Stab Ost vertrat die Auffassung, dass eine derartige Anordnung Sache der Heeresgruppe sei." Bei mancher Armee sprach man nicht nur von „schärfsten Mitteln", sondern praktizierte auch Tötungen in großer Zahl[25]. Gleichzeitig nutzte die Sicherheitspolizei die Gelegenheit, um „unsichere Elemente" ausfindig zu machen und von der übrigen Bevölkerung zu trennen[26].

Auch die Märsche gestalteten sich teilweise unter extremen Bedingungen, nicht selten über 25 km täglich. Oft fehlten Panjewagen zum Transport, manchmal gab es tagelang nichts zum Essen. Genauso mangelte es an Unterbringungsmöglichkeiten; man musste unter freiem Himmel übernachten: „Säuglinge und Kinder schreien vor Kälte und Hunger. Frauen weinen, weil ihre Männer zum Arbeitseinsatz geschickt wurden."[27] Es sind Fälle überliefert, in denen Soldaten solche Zivi-

22 Beispielsweise: Berichte Kriegsstaatsanwalt Feldpostnr. 39958, 7., 11.7.1944 (über 212. ID im Raum Lepel), Bericht Operativabteilung der GUPVI, 22.4.1948 (über 383. ID im Raum Orel), in: Velikaja Otečestvennaja, Band 13/3, S. 290–292, 319f.
23 Die deutsche Wirtschaftspolitik, S. 326–332; die Schemata in Verbrechen der Wehrmacht, S. 387–389, ergeben eine Gesamtzahl von mindestens 2,7 Mio. Vertriebenen, enthalten aber wahrscheinlich Doppelzählungen mehrfach Verschleppter.
24 BA-MA RH 23/353, Bl. 15, Korück 593, 14.6.1943; BA-MA RH 23/355, Bl. 183–186, Korück 593, Qu, 20.8.1943; BA-MA RH 23/286, Bl. 108, Tagesmeldung, Korück 583, 9.11.1943.
25 IfZ MA 1711, fr. 1051, Bericht über Reise Chef WiStOst zur WiIn Süd 2.–6.9., 8.9.1943; BA-MA RH 19 V/113 VII, Bl. 148, AOK 17, OQu/Qu 2, VII, ca. 30.8.1943; KTB AOK 6 meldete am 16.9.1943 die Erschießung von 105 Evakuierungs-Unwilligen, in: Verbrechen der Wehrmacht, S. 428; BA-MA RH 20-8/208, Bl. 45, KTB AOK 8, OQu, 20.8.1943, stoppte einen entsprechenden Befehl der Hgr.
26 BA-MA RH 21-2/720, Bl. 64–71, Tätigkeitsbericht PzAOK 2, Ic/AO, 1.5.1943.
27 Bericht PK K an Hgr. A, (Oktober 1943), in: Deutsche Besatzungspolitik, S. 365.

listen, die in den Trecks nicht mehr weiterlaufen konnten, kurzerhand erschossen, ähnlich wie die Kriegsgefangenen 1941[28].

Die zwangsweise Evakuierung war die eine Seite der Medaille. Doch gleichzeitig musste sich die Wehrmacht um eine Bevölkerungsgruppe kümmern, die selbst ein gesteigertes Interesse an ihrer Evakuierung hatte. Weit über eine Million Einheimischer stand in deutschen Diensten, Zehntausende Russlanddeutscher wollten nicht wieder unter sowjetische Herrschaft kommen. Viele der Hilfskräfte hatten Familie und fürchteten nicht zu Unrecht, dass sich das stalinistische Regime nach der Rückeroberung furchtbar an ihnen oder ihren Angehörigen rächen würde. Etwa 700 000 Einheimischer waren bei der Wehrmacht beschäftigt, weitere ca. 400 000 bei der Polizei, vor allem in den Gebieten unter Zivilverwaltung. Allerdings nicht jeder von ihnen wollte sich mit der Wehrmacht zurückziehen. Tausende Hilfskräfte desertierten ab 1943, um durch einen rechtzeitigen Systemwechsel ihre Loyalität zur Sowjetunion zu dokumentieren.

3. Rückzug und Massenverbrechen

Der Rückzug der Wehrmacht war nicht nur von der zwangsweisen Evakuierung von Millionen Einwohnern begleitet, die man als Arbeitskräfte in den Westen schaffen und somit der Sowjetunion entziehen wollte. Zugleich stellte sich die Frage, was mit den Personen geschehen sollte, die entweder nicht für Arbeiten eingesetzt werden konnten oder solchen, die weiterhin als „gefährlich" galten, also in Haft lebten. Mangels detaillierter Forschungen lässt sich hier noch kein einheitliches Bild gewinnen. Offen zutage treten jedoch einige Initiativen, die als besonders verbrecherisch hervorstechen. So betrieb das AOK 9 zusammen mit der Sicherheitspolizei die „Sammlung und Hinüberschleusung von etwa 20 000 kranken und gebrechlichen russischen Zivilisten über die Front im Raum Bobrujsk im März 1944."[29]

Das AOK ging aber noch weiter. In seinem Bereich ereignete sich im März eines der schwersten Verbrechen der Wehrmacht gegen Zivilisten überhaupt. Im März 1944 ordnete das AOK 9 im Zuge einer Rückzugsbewegung die Evakuierung der nicht arbeitsfähigen Bevölkerung an, inklusive der kranken Bewohner eines Gebietes, in dem eine Typhus-Epidemie herrschte. Die beteiligten Infanteriedivisionen und das Sonderkommando 7a eskortierten nun Zehntausende dieser Menschen in improvisierte Lager im Raum Ozariči, südlich von Bobrujsk. Obwohl für die Verschleppungen Eisenbahnwaggons zur Verfügung standen, starben bereits auf dem Transport zahlreiche Menschen; mindestens 500 von ihnen, darunter Kinder, wurden von den Begleitmannschaften erschossen, weil sie nicht mehr weiterlaufen konnten.

Schließlich gelangten nicht weniger als 40 000 Menschen in drei Lager. Dort starb ein erheblicher Teil der Insassen binnen kurzem an den elenden Lebensbedingungen; weitere fielen gezielten Erschießungen der Wachmannschaften zum

---

[28] BA-MA RH 23/355, Bl. 73–75, AOK 6, VII, an Korück 593, 17. 10. 1943; Gerlach, Kalkulierte Morde, S. 1093.
[29] BA-MA RH 20-9/621, AOK 9, Ic/AO, Tätigkeitsbericht für 1. 1.–10. 7. 1944, o. D.

Opfer. 8 000 bis 9 000 Menschen waren ermordet worden[30]. Offensichtlich blieb dies zwar ein eklatant verbrecherischer Einzelfall, doch wurde auch danach wieder die Einrichtung von Lagern für „Arbeitsunfähige" organisiert[31].

Besonders bedroht waren die Insassen von Internierungslagern und Gefängnissen während der Rückzugsphase. Wie bereits erwähnt, wurde die Mehrzahl der Kriegsgefangenen evakuiert, Invalide meist zurückgelassen, in vielen Fällen aber auch vor dem Abzug ermordet. Vor allem die Sicherheitspolizei ermordete Häftlinge, um ihre Befreiung durch die Rote Armee zu verhindern.

In Bobrujsk und Borisov erschoss die Sicherheitspolizei seit Mai 1944 die Häftlinge der Gefängnisse und Lager. Das Gefängnis in Roslavl wurde am 21. September 1943 in Brand gesetzt, sodass die Insassen darin einen grausamen Tod starben[32]. Doch nicht nur die Sicherheitspolizei, sondern auch ihre Kollegen von der Geheimen Feldpolizei verübten solche Massenverbrechen. So ermordete die GFP-Gruppe 580 Ende Juli 1943 vor dem Abzug aus Brjansk und Orel 350 bzw. 450 Häftlinge[33]. Eher im Unklaren bleibt das Schicksal der zivilen Insassen von Wehrmachtlagern. Die Heeresgruppe Nord, die selbst über 15 Straflager verfügte, übergab ihre Zivilinternierten an die Sicherheitspolizei. Über deren weiteres Schicksal ist nichts bekannt[34].

Nimmt man die brutalen Begleitumstände der Zwangsevakuierungen im Allgemeinen und diese Großverbrechen im Besonderen zusammen, so ist kaum zu bezweifeln, dass in der Endphase der deutschen Militärherrschaft noch einmal Zehntausende Einheimischer ihr Leben lassen mussten. Freilich fehlt es hier noch an flächendeckenden Forschungen, um hier ein detailliertes Bild gewinnen zu können. Zweifelsohne endete die deutsche Gewaltherrschaft, je nach Gebiet zwischen Frühjahr 1943 und Sommer 1944, mit einem schrecklichen Finale. Die schwach entwickelten Initiativen zu einer besseren Behandlung der Bevölkerung wurden, unter dem Primat vorgeblicher militärischer Notwendigkeit, kurzerhand wieder über Bord geworfen. Dass es sich auch hierbei um eine Form subjektiver Rationalisierung handelte, zeigt erneut ein Blick auf andere Gebiete unter deutscher Herrschaft. Im Angesicht des westalliierten Vormarsches hätte man einen derartig gewalttätigen Abzug nicht gewagt.

Der Rückzug aus den besetzten Ostgebieten hatte für die deutschen Militärs noch eine unangenehme Nebenerscheinung: Nun drohten die Verbrechen der Besatzungsmacht in ganzer Breite aufgedeckt zu werden. Auch in Wehrmachtkreisen wurde darüber spekuliert, ob die vorrückenden sowjetischen Einheiten und

---

[30] Rass, Menschenmaterial, S.386–402; Gerlach, Kalkulierte Morde, S.1097–1099; Terry, Army Group Centre, S.249ff.; Založniki vermachta (Ozariči – lager' smerti). Dokumenty i materialy. Hg. von G. D. Knat'ko u.a. Minsk 1999; Hans Perau, Priester im Heere Hitlers. Erinnerungen 1940–1945. Essen 1962, S.157ff. Beteiligt waren Einheiten der 35., 110., 129. und 253. ID, vermutlich aber noch weitere.
[31] Rass, Menschenmaterial, S.402 (292. ID).
[32] Gerlach, Kalkulierte Morde, S.1101; BAL Dok.-Slg. UdSSR 416, Bl.527, Zeugenvernehmung, 26.2.1944.
[33] Geßner, Geheime Feldpolizei, S.98; vgl. Urteil Bezirksgericht Leipzig, 1.11.1977, in: DDR-Justiz und NS-Verbrechen, Sammlung ostdeutscher Strafurteile wegen nationalsozialistischer Tötungsverbrechen. Hg. von C .F. Rüter. Band 1. München u.a. 2002, Nr.1019.
[34] BA-MA RH 19 III/623, Bl.45, KTB Hgr. Nord, OQu, 7.7.1943; BAL Dok.-Slg. UdSSR 403, Bl.147–148 (RGVA 504k-2-8), Hgr. Nord, Qu., 1.2.1944 (Anl. zu Ek 2 an Egr. A, 11.2.1944).

Dienststellen die Spuren der NS-Verbrechen finden würden. Bekannt wurden solche Fälle immer bei kurzzeitigen Rückeroberungen, wie schon 1942 in Feodosija oder aber 1943 in Charkow. Aber auch darüber hinaus drangen Nachrichten über die Aufdeckung der Verbrechen durch die Frontlinien, so aus dem befreiten Taganrog: „In der Judenschlucht wurden Erschossene durch ehemalige Polizeibeamte freigelegt. Sie sollen feierlich beigesetzt werden."[35]

Seit Sommer 1943 begann die Sicherheitspolizei damit, die Massengräber mit NS-Opfern zu lokalisieren und durch Zwangsarbeiter öffnen zu lassen. Diese „Sonderkommandos 1005" waren auch unweit der Ostfront tätig. Trotz der strengen Geheimhaltungspflicht wurde 1944 auch einigen militärischen Stellen bekannt, dass die Sicherheitspolizei die Spuren der Massengräber zu beseitigen versuchte. In einem Fall öffnete die Sicherheitspolizei ein Grab, das sich *mitten in einer Kaserne* in Nikolaev befand; schwer vorstellbar, dass diese Vorgänge den zuständigen Militärs entgangen sind[36]. Das AOK 2 kannte sogar den internen Decknamen dieser Aktion: „Auf Grund eines Sonderbefehls des Reichsführers SS ist das Sdr.Kdo. 1005 zu besonderen Aufgaben im Armeegebiet eingesetzt."[37] Wahrscheinlich leisteten Militärs bei dieser entsetzlichen Tätigkeit infrastrukturelle Hilfe, etwa durch Lieferung von Material oder Gestellung von Kriegsgefangenen[38].

Lange vor Kriegsende war einigen Militärs bewusst geworden, dass eine Entdeckung dieser Verbrechen und der Beteiligung der Wehrmacht daran im Falle einer Niederlage schwere Konsequenzen haben würde. Schon bei der sowjetischen Gegenoffensive vom Dezember 1941 waren belastende Dokumente, unter anderem der Reichenau-Befehl, in die Hände der Roten Armee gefallen[39]. Manche Offiziere versuchten frühzeitig, die Spuren der Massaker in den Akten zu verschleiern oder diese zu vernichten. Dennoch gelangte eine Vielzahl belastender Hinweise in die Hände des Feindes, nach den massenhaften Gefangennahmen deutscher Soldaten ab Anfang 1943 bot sich dem NKVD die Möglichkeit, auch aus Zeugenaussagen Informationen zur deutschen Besatzungsherrschaft zu gewinnen. Bei kriegsgefangenen oder gefallenen deutschen Soldaten fanden die sowjetischen Behörden im-

---

[35] BA-MA RH 20-6/688, Bl. 122, Tätigkeitsbericht PK 695, 15.10.1943. Am 26.10.1941 hatte das Sonderkommando 10a 1 800 Juden in der sogenannten Petrušina Balka erschossen. Die Leichen hatten damals von Dorfbewohnern begraben werden müssen, vgl. Angrick, Besatzungspolitik und Massenmord, S.315f.

[36] BAL 449 AR 1062/69, Bl.7-12, Vern. Gustav Herold, 21.9.1969. Für den Hinweis danke ich Wilhelm Stangl, Sachsenheim. Vgl. auch den Bericht von General d. Kav. von Rothkirch, der zeitweise als Berück Mitte fungierte, (13.-16.3.1945), in: Abgehört, S.297.

[37] BA-MA RH 20-2/1358, S.227, Tätigkeitsbericht AOK 2, Ic/AO, 25.4.1944. Die 2. Armee befand sich zu diesem Zeitpunkt in Polesien im Bereich der Pripjat'-Sümpfe.

[38] BA-MA RH 21-4/419, Monatsbericht Dulag 102 Kustowoje an Kgf.Bez.Kdt. W Achtyrka, 3.8.1943, vermerkt Tagesarbeitskommandos an fremde Bedarfsträger, u.a. „SS (Friedhofskdo.)". Vgl. die Zusammenarbeit mit dem AOK 4 in Orša etwa im Juni 1944, Andrej Angrick, Zur Rolle der Militärverwaltung bei der Ermordung der sowjetischen Juden, in: „Wir sind die Herren des Landes", S.104-123, hier 122. Unklar bleibt, ob das AOK 4 schon am 17./18.9.1943 einem solchen Sonderkommando Flammenwerfer zur Verfügung gestellt hat.

[39] Nicholas Terry, Conflicting Signals: British Intelligence on the „Final Solution", in: Yad Vashem Studies 32 (2004), S.351-396, hier 371-373. Offensichtlich manipulierte Übersetzung des Reichenau-Befehls in: Dokumenty obvinjajut. Sbornik dokumentov Band 1, S.137f. Frühe Hinweise schon in: BA-MA RW 4/v. 252, Bl.265-272, AA, Feindliche Hetzpropaganda Nr.24, 1.8.1941.

mer wieder Fotos von Massenmorden oder Tagebücher, welche solche dokumentierten[40].
In westlicher Kriegsgefangenschaft hingegen bewahrten die meisten Offiziere und Generale Stillschweigen gegenüber alliierten Vernehmungsoffizieren. Umso offener gestalteten sich die internen Gespräche unter den hochrangigen Gefangenen, die freilich nicht wussten, dass von den Gewahrsamsmächten abgehört wurden. Mancher Divisionskommandeur bedauerte, dass nicht mehr Menschen umgebracht worden seien, um möglichst alle Zeugen deutscher Verbrechen zu beseitigen. Schon in der Endphase des Krieges begannen deutsche Generäle vereint damit, am Mythos von der „sauberen Wehrmacht" zu arbeiten[41], um Strafverfolgung abzuwehren, um das Ansehen in der Öffentlichkeit zu wahren und mancher schließlich in der trügerischen Hoffnung, gleich noch einmal zum Kampf gegen den Bolschewismus antreten zu können.

4. Folgen

Nach der Befreiung durch die Rote Armee konnte die Bevölkerung einen Moment lang aufatmen, für die meisten hatten die Schrecken des Krieges ein Ende. Doch viele der jungen Männer, die unter deutscher Herrschaft verblieben waren, wurden nun ebenfalls zur Roten Armee eingezogen. Die Lebensgrundlagen waren vielfach zerstört worden, nicht zuletzt durch die Taktik der „Verbrannten Erde", die durch die Wehrmacht rücksichtslos praktiziert worden war. Mancher Auslandskorrespondent, der 1944/45 durch die Ukraine reiste, musste feststellen, dass die Einwohner bisweilen in Erdhöhlen leben mussten, weil Gebäude restlos zerstört worden waren. Mancherorts grassierte noch Ende 1945 eine schwere Hungersnot. In den meisten Familien fehlten Angehörige, die im Krieg gefallen, von der Besatzungsmacht getötet oder verschleppt worden waren. Die zurückkehrenden Juden, denen 1941 die Evakuierung gelungen war, trafen kaum mehr auf überlebende Verwandte[42].
Zur Zerstörung und zum menschlichen Verlust gesellte sich die Rückkehr des stalinistischen Terrorregimes. NKVD und der Militärgeheimdienst Smerš machten sich auf die Suche nach echten oder vermeintlichen Kollaborateuren und ihren

---

[40] Kathrin Hoffmann-Curtius, Trophäen und Amulette. Die Wehrmachts- und SS-Verbrechen in den Brieftaschen der Soldaten, in: Fotogeschichte 20 (2000), H. 78, S.63–76 (mit der Veröffentlichung solcher Fotos in der Pravda vom 6.2.1942); vgl. die frühen Ermittlungsakten der Politabteilungen der Roten Armee in YVA M-40 (aus CAMO, GlavPURKKA, u.a. 32. und 37. Armee, 2. Gardearmee).
[41] Vgl. Abgehört; Norman J.W. Goda, Allied Intelligence, German Prisoners, Nazi Murders, in: Secret Intelligence and the Holocaust. Hg. von David Bankier. Jerusalem 2006, S.157–170, hier 162ff.
[42] Vgl. die bisher beste Darstellung zu einem (teilweise) besetzten Oblast unmittelbar nach der Befreiung: Kees Boterbloem, Life and Death Under Stalin: Kalinin Province, 1945–1953. Montreal u.a. 1999, S.46ff.; vgl. Karl D., Qualls: Local-Outsider Negotiations in Postwar Sevastopol's Reconstruction, 1944–53, in: Provincial Landscapes: Local Dimensions of Soviet Power, 1917–1953. Hg. von Donald Raleigh. Pittsburgh 2001, S.276–298, hier 277ff.; Jeffrey W. Jones, „In my opinion this is all a fraud": Class, Concrete, and Culture in the Reconstruction of Rostov-on-the-Don, 1943–1948. PhD. Diss. University of North Carolina at Chapel Hill 2000; Katrin Boeckh, Die Rekonstruktion des sowjetischen Systems nach dem Zweiten Weltkrieg. Unveröff. Habil. Univ. München 2003.

Familienangehörigen. Bis heute ist unklar, inwieweit solche Personen unmittelbar nach dem Eintreffen sowjetischer Truppen summarisch erschossen wurden. Ansonsten gerieten sie aber in die Mühlen von Geheimpolizei und Militärgerichtsbarkeit, anschließend zumeist in die Lager des Gulag. Regionale Stichproben ergeben, dass etwa die Hälfte des Personals, das ehedem Hilfsdienste für die Besatzungsmacht geleistet hatte, am Ort verblieb und von diesen wiederum etwa zwei Drittel vom NKVD bzw. NKGB verhaftet und verurteilt wurden.

Erste Todesurteile wegen Kollaboration ergingen bereits im Juni 1942. Allein im Jahre 1943, also bei der Rückeroberung des „stabilen" Operationsgebietes der Wehrmacht, wurden etwa 40 000 Einheimische unter dem Vorwurf der Kollaboration vom NKVD verhaftet. Insgesamt dürfte die Zahl der wegen „Verrats" verhafteten Personen bei über 300 000, die der Verurteilten bei über 100 000 liegen, viele davon aufgrund summarischer Anschuldigungen und erpresster Geständnisse[43].

Von den sowjetischen Kriegsgefangenen wurden nur vergleichsweise wenige auf dem ehemals besetzten Gebiet befreit. Zumeist waren sie schon früher ins Reich deportiert oder in letzter Minute evakuiert worden. Ebenso wie die „Ostarbeiter" mussten sie nach der Befreiung einen sogenannten Filtrationsprozess über sich ergehen lassen, wurden in besonderen NKVD-Lagern verhört. Ein Teil der Männer wurde wiederum sofort in die Rote Armee rekrutiert, ein Teil nach Hause geschickt. Viele gelangten jedoch an andere Orte zur „Arbeitseinweisung", insbesondere Offizieren drohte der Abtransport in den Gulag[44].

Aber auch die übrige Bevölkerung, die unter deutscher Besatzung gelebt hatte, wurde nach der Rückkehr der Roten Armee diskriminiert. KP-Mitglieder mussten eine besondere Überprüfung durchlaufen, manchmal wurden 80% von ihnen aus der Staatspartei ausgeschlossen. Fast alle Bewohner, die unter deutscher Besatzung gelitten hatten, trugen später ein Stigma und wurden von sowjetischen Behörden nach dem Krieg benachteiligt. Lediglich die einstigen Partisanen erfuhren öffentliche Anerkennung, sofern sie immer auf der Seite der KP gestanden hatten[45].

Die Leiden der Besatzungszeit wurden nach 1945 in der sowjetischen Öffentlichkeit fast völlig verdrängt; erst Ende der 1950er, Anfang der 1960er konnten sie thematisiert werden, um in der Ära Breschnew wieder hinter dem Heldenmythos von Partei, Roter Armee und Partisanen zurückzutreten. Allerdings wurden in den 1970er Jahren erstmals in großem Stil Gedenkstätten an den Orten deutscher Besatzungsverbrechen errichtet[46]. Mit dem politischen Wandel Ende der 1980er Jahre kam diese Erinnerung allmählich zu ihrem Recht.

---

[43] Chiari, Alltag hinter der Front, S. 174; M. M. Gorinov, Zoja Kosmodem'janskaja (1923–1941), in: Otečestvennaja istorija 2003, H. 1, S. 77–92; Lubjanka. Stalin i NKVD-NKGB-GUKR „Smerš". 1939 – mart 1946. Red. A. Jakovlev. Moskva 2006, S. 406 (Sondermeldung Berija an Stalin, 8. 1. 1944); Dean, The „Local Police", S. 427. In der Ukraine wurden bis 1953 über 57 000 Personen wegen „Kollaboration" verhaftet, davon 54 000 verurteilt, Čajkovskij, Plen, S. 539. Vgl. Kuromiya, Freedom and Terror in the Donbas, S. 283ff., 299.
[44] Poljan, Žertvy dvuch diktatur, S. 385ff.
[45] Sokolov, Okkupacija, S. 329; Goeken-Haidl, Weg zurück, S. 532ff. Bisher ist nicht geklärt, wie mit den Angehörigen des Untergrunds verfahren wurde, die im Krieg aus deutschen Hilfsdiensten zu den Partisanen gewechselt waren.
[46] Vgl. das Handbuch der Kriegsdenkmäler in Belarus: Pamjac' Belarus'. Rèspublikanskaja kniha. Red. B. I. Sačanka u. a. Minsk 1995.

Ganz unterschiedlich gestalteten sich die weiteren Lebenswege des Besatzungspersonals. Wer in sowjetische Kriegsgefangenschaft geriet, dem drohte ein hartes Schicksal. Die sowjetische Geheimpolizei verfügte über relativ gute Kenntnisse, welche Einheiten und Dienststellen besonders an Besatzungsverbrechen beteiligt waren, jedoch nur über pauschale Informationen zur Verantwortung Einzelner. So verurteilten Militär- und Geheimpolizeigerichte Tausende von deutschen Kriegsgefangenen unter dem Vorwurf der Kriegsverbrechen. Insbesondere seit Ende der 1940er Jahre diente dies kaum noch der Bestrafung von Verbrechen, sondern immer mehr politischen Interessen. Das Innenministerium ermittelte noch Ende 1949 gegen 824 gefangene ehemalige Angehörige der Militärver-

General d. I. Karl von Roques als Häftling im Nürnberger Kriegsverbrechergefängnis
(Quelle: Bayerische Staatsbibliothek, Fotoarchiv Hoffmann 61100)

waltung, 1 300 Lagerbewacher und 14 500 Angehörige von Einheiten, die besonders im Verdacht standen, an Kriegsverbrechen beteiligt gewesen zu sein[47]. In sowjetischer Kriegsgefangenschaft starben zahlreiche hohe Funktionäre der Militärverwaltung; einige waren von Militärtribunalen verurteilt worden[48].

Im Westen hingegen hatten die militärischen Besatzer kaum Bestrafung zu befürchten. Zwar saßen die hauptverantwortlichen Keitel und Jodl auf der Anklagebank des Nürnberger Hauptkriegsverbrecherprozesses. Das Gericht sah auch hinreichend Beweise für die verbrecherische Tätigkeit von OKW und Generalstab, betrachtete beide aber nicht als „Organisation" im vorher festgelegten Sinne und erklärte sie somit auch nicht zur „Verbrecherischen Organisation". Beim einschlägigen amerikanischen Folgeverfahren, dem sogenannten OKW-Prozeß, musste sich 1948 lediglich ein einziger Spitzenfunktionär der Militärverwaltung im Osten, Karl von Roques, verantworten. Neben ihm saßen einige Oberbefehlshaber und

[47] Hilger, Deutsche Kriegsgefangene, S. 283ff.; Bericht MVD an Politbüro, 23. 9. 1949, in: Voennoplennye v SSSR, S. 776f.; einzelne Ermittlungsakten in: Velikaja Otečestvennaja, Band 13/3, S. 272ff.
[48] In Kriegsgefangenschaft starben u. a. Gen.lt. Hans Knuth (Korück 583), Gen.lt. Hellmuth Koch (Kdr. 454. Sich.Div.), Gen.lt. Curt von Oesterreich (Chef Kgf.wesen im Op.geb. II), wahrscheinlich Wolfgang Freiherr von Plotho (Kdr. 285. Sich.Div.), Gen.maj. Wolfgang von Schweinitz (FK 240 Borisov); hingerichtet wurden u. a. Gen.lt. Friedrich Bernhard (Korück 532), Gen. lt. Karl Burkhard (Korück 585), Gen.lt. Adolf Hamann (Kdt. von Orel, Brjansk und Bobrujsk), Gen.maj. Bronislaw Pawel (Korück 559), Gen.lt. Johann-Georg Richert (Kdr. 286. Sich.Div.), Gen.lt. Eckart von Tschammer und Osten (Kdr. 213. Sich.Div.); Keilig, Das Deutsche Heer, Band 3; Voennoplennye Vtoroj Mirovoj vojny. Generaly Vermachta v plenu. Hg. von I. V. Bezborodova. Moskva 1998.

weitere OKW-Angehörige vor dem Richter[49]. Die Urteile fielen erheblich milder aus als in anderen amerikanischen Verfahren, in denen die Ermordung von Soldaten der US-Army Gegenstand war[50]. Die übrigen Generäle und hohen Offiziere, soweit sie das Kriegsende im Westen überlebten, gelangten zwar zumeist in Kriegsgefangenschaft, wurden danach aber weiter nicht behelligt. Die deutsche Justiz ermittelte demgegenüber gegen vergleichsweise niedrige Chargen. In der Bundesrepublik, wo die meisten Verantwortlichen ihren Wohnsitz hatten, gelangte die Strafverfolgung jedoch kaum über das Ermittlungsstadium hinaus. Von den über 2300 einschlägigen Ermittlungsverfahren, die in der Bundesrepublik geführt wurden, betrafen etwa 500 Fälle die besetzten sowjetischen Gebiete; kaum eines kam bis zur Anklageerhebung. Lediglich etwa 87 ehemalige Angehörige der Wehrmacht wurden nach den Untersuchungen der Staatsanwaltschaften verurteilt, und dies nur zu einem Teil wegen Verbrechen in den besetzten Gebieten in Osteuropa. In der DDR, wo erheblich weniger Verantwortliche lebten, sind 88 Verurteilungen zu verzeichnen, welche allerdings unter wenig rechtsstaatlichen Bedingungen zustande kamen[51].

Für die Fortsetzung der militärischen Karriere in der Bundesrepublik waren die meisten Besatzungsoffiziere zu alt, die Einrichtung der Bundeswehr kam für sie zu spät. Lediglich einige Verantwortliche aus dem operativen Dienst schafften den Sprung in die neue westdeutsche Armee, allen voran Adolf Heusinger, der als Leiter der Operationsabteilung im OKH ab Sommer 1942 für die Koordination des Anti-Partisanen-Kampfes zuständig gewesen war. Wilhelm Krichbaum, der Feldpolizeichef, kam bei der Organisation Gehlen unter[52]. Mancher Ic-Offizier, der einst eng mit der Sicherheitspolizei kooperiert hatte, gelangte erneut in Staatsdienste[53]. Weitgehend ungebrochen verliefen die Karrieren der Militärverwaltungsbeamten, die wieder in die öffentliche Verwaltung oder in die Wirtschaft zurückkehrten.

Der verbrecherische Charakter der deutschen Besatzungsherrschaft in der Sowjetunion war zwar in Westdeutschland nach dem Krieg allgemein bekannt, wurde jedoch von den 50er bis in die 70er Jahre kaum näher in der Öffentlichkeit diskutiert. Erst in den achtziger Jahren begann sich dies zu ändern. 1981 wurde erstmals

---

[49] Trials of War Criminals, Bde. 10/11. Von den Berück vor September 1943 war Schenckendorff bereits 1943 verstorben, Friderici, Hartmann und Franz von Roques wurden nicht belangt, ebenso die Leiter des WiStOst, Schubert und Stapf.

[50] Vgl. etwa das Todesurteil gegen Gen. Anton Dostler in Caserta, 12.10.1945, wegen Erschießung von US-Soldaten, Law Reports of Trials of War Criminals. Band 1. London 1949. Angehörige von Dostlers 57. ID erschossen in der Sowjetunion Kommissare, zumindest in Charkow auch Zivilisten.

[51] Alfred Streim, Saubere Wehrmacht? Die Verfolgung von Kriegs- und NS-Verbrechen in der Bundesrepublik und der DDR, in: Vernichtungskrieg, S.569–597; Ruth Bettina Birn, Wehrmacht und Wehrmachtangehörige in den deutschen Nachkriegsprozessen, in: Wehrmacht Mythos und Realität, S.1081–1099; Statistik in: Verbrechen der Wehrmacht, S.663; Information von Dr. Andreas Eichmüller, München. Die Urteile aus der DDR wurden nach 1990 übernommen und trotz entsprechender Ersuchen nicht aufgehoben.

[52] Materialreich, aber unkritisch: Meyer, Adolf Heusinger, S.552ff.; Paul B. Brown, Edwardsville „Wilhelm Krichbaum and his Geheime Feldpolizei: A Career in Counterintelligence, 1915–1957. Unveröff. Paper Tutzing 1998.

[53] So etwa der Organisator des Antipartisanenkrieges (Id) bei der 11. Armee auf der Krim, Konrad Stephanus; Kunz, Krim unter deutscher Herrschaft, S.329; vgl. Hürter, Hitlers Heerführer, S.426f.

in größerem Rahmen des Jahrestages des deutschen Angriffs am 22. Juni 1941 gedacht, mit einem deutlichem inhaltlichen Schwerpunkt auf den Schrecken der Besatzungszeit. Das Engagement von Medien und von Kirchenvertretern oder die sich anbahnenden Städtepartnerschaften sorgten für einen allmählichen Wandel im öffentlichen Bewusstsein. Dass die Wehrmacht eine zentrale Rolle in der verbrecherischen Besatzungspolitik spielte, war schon bei Kriegsende vielen Zeitgenossen bewusst gewesen[54] und gehörte zum gedanklichen Arsenal der Gegner der Wiederbewaffnung. Seit den sechziger Jahren blieb es jedoch vor allem Historikern vorbehalten, dies näher zu untersuchen. Trotz aller Bemühungen der Historiographie brachen sich deren Erkenntnisse erst 1997 in der Öffentlichkeit Bahn, als sich die heftige Diskussion an der Ausstellung „Vernichtungskrieg" entzündete und das Thema sogar ins Forum des Bundestages brachte. In den letzten 25 Jahren hat sich auf der Grundlage der gewandelten Erinnerung ein intensiver Austausch mit Russland entwickelt, der seit dem Zusammenbruch der Sowjetunion von politischen Verbiegungen zunehmend befreit wurde und sich inzwischen auf alle betroffenen Staaten, also auch im Baltikum, auf Belarus und die Ukraine erstreckt.

---

[54] Vgl. den vielzitierten Brief Konrad Adenauers vom 23. 2. 1946, in: Verbrechen der Wehrmacht, S. 655.

Schlussbetrachtung

Die Wehrmacht des Jahres 1941 war die Armee der Diktatur Adolf Hitlers. Sie überfiel in Osteuropa Land um Land, um dort die Hegemonie Deutschlands zu erringen und damit den Nationalsozialismus zu exportieren. Die größte Kraftanstrengung erforderte dabei der Krieg gegen die Sowjetunion, den die Wehrmacht 1941 nicht gewinnen konnte und an dem sie schließlich gescheitert ist. So kam es zwar nicht zur Errichtung einer dauerhaften nationalsozialistischen Hoheit, dafür jedoch zur Etablierung einer Herrschaft des Militärs in weiten Teilen der besetzten sowjetischen Gebiete.

Zwischen Juni 1941 und Oktober 1943, mit Abstrichen bis Juni 1944, entfaltete sich die brutalste militärische Besatzungsherrschaft, die die Geschichte bis dahin gekannt hatte, selbst wenn man als Vergleichsgegenstand das Vorgehen der japanischen Armee in China ab 1937 berücksichtigt. Mindestens zwei Millionen Menschen starben dort während dieser vergleichsweise kurzen Zeitspanne unter Hoheit des deutschen Militärs: Kriegsgefangene, Juden und andere Zivilisten. Dafür war die Wehrmacht nicht allein verantwortlich, doch hatte sie einen erheblichen Anteil daran.

1. Der Weg zum Vernichtungskrieg

Nicht alles war neu an der Radikalität des Krieges gegen die Sowjetunion. Vielmehr lassen sich einige Elemente der Kontinuität bis in den Ersten Weltkrieg, vor allem aber in dessen Endphase und die frühe Nachkriegszeit zurückverfolgen. Die kontinentalimperialistische Politik des kaiserlichen Deutschland fand im Osten ihre spezifische Ausprägung, zunächst mit der Siedlungs- und Transformationspolitik im Land Ober Ost, dann 1918 mit der Besetzung weiter Teile Südrusslands zum Zwecke der wirtschaftlichen Ausbeutung. Auch war den Mittelmächten eine ethnisch strukturierte Massengewalt als Repressalie für echten oder eingebildeten Widerstand bzw. Kollaboration mit dem Feind nicht fremd. Einen hohen Grad an Ideologisierung lassen bereits die Kämpfe der Freikorps im Osten erkennen: insbesondere im Antibolschewismus, z.T. aber auch in einem aggressiven, vor Tötungen nicht zurückschreckenden Antisemitismus.

Diese Muster traten in der Weimarer Republik wieder zurück, wurden jedoch schon ab 1930 in der Öffentlichkeit allmählich wieder aktualisiert. Das Dritte Reich schuf dann völlig neue Rahmenbedingungen für die deutsche Politik. Entscheidend war, dass eine extremistische Staatsführung mit weitreichenden, letztendlich unbegrenzten Zielen an die Macht kam. Sie ermöglichte der neuen Armee einen homogenen extrem nationalistischen Diskurs, wie er im Ersten Weltkrieg nicht möglich gewesen war[1]. Schon zu Friedenszeiten entwickelten sich die Handlungsmuster, die später auch den Krieg gegen die Sowjetunion bestimmten: zunächst die völlige Externalisierung von Lasten, die die Aufrüstung, später die Expansion erforderte; dann die enthemmte Reaktion auf jegliche Form von Widerstand; und schließlich die sich immer weiter radikalisierenden Überlegungen zur „Lösung der Judenfrage".

Kennzeichnend für das politisch-militärische System des Nationalsozialismus war eine gegenseitige Durchdringung der Institutionen, d.h. eine Nazifizierung der Armee, aber auch eine Militarisierung der Polizei. Traditionelle Politikstrukturen waren bis zum Krieg zerschlagen worden, ebenso das Rechtssystem und das traditionelle rechtlich-moralische Denken weiter Teile der Eliten und der Bevölkerung ausgehöhlt. Gewalt im Inneren wie Expansion nach außen erschienen weithin legitim, ja notwendig.

Insofern war es gar nicht nötig, dass ein Krieg gegen die Sowjetunion kontinuierlich auf die Tagesordnung gesetzt oder gar in der Öffentlichkeit thematisiert wurde. Intern dominierten Überlegungen zu militärischen Schlägen gegen die unmittelbar benachbarten Länder, nach außen hin herrschte ohnehin meist die Friedenspropaganda vor. Schon der Polenfeldzug zeigte, wie zwischenstaatliche Beziehungen, die auf einem offiziellen Nichtangriffspakt und durchaus vorhandenen Gemeinsamkeiten autoritärer Staaten beruhten, binnen kurzem in extreme Gewalt umschlagen konnten.

Die Wehrmacht erlebte seit Mitte der 1930er Jahre eine verblüffend dynamische Entwicklung der personell-institutionellen Expansion einerseits und der Integration in das Dritte Reich andererseits. Dabei zeigte sie die Muster vieler anderer Institutionen unter dem Nationalsozialismus: eine relativ hohe Binnenautonomie mit einer durchaus breiten Meinungsvielfalt innerhalb des konservativen bis rechtsextremistischen Spektrums, wobei die überzeugten Nationalsozialisten sich auf dem Vormarsch durch die Institutionen befanden. Gleichzeitig machte das Militär einen Prozess der Entmachtung bzw. Selbstentmachtung durch, unter dem Druck des Regimes und unter dem gemeinsamen Ziel von Hochrüstung und nationaler Größe.

Im Moment der größten Siegeseuphorie, im Sommer 1940, entschied Hitler grundsätzlich den Krieg gegen die Sowjetunion, bis Jahresende 1940 auch dessen Terminierung. Trotz einiger Bedenken ist ihm die Wehrmachtführung hierin gefolgt, weit mehr als bei den Angriffsplanungen bis Anfang 1940. Dies erstaunt umso mehr, als 1941 die schwierigste Aufgabe anstand, die die Wehrmacht je erfüllen sollte. Die Lösung aus dem Dilemma, einen Zweifrontenkrieg zu führen und gleichzeitig einen quantitativ-räumlich überlegenen Gegner anzugreifen, schien eine neuartige Feldzugsplanung zu weisen: einerseits ein „Blitzkrieg" von nur zehn bis zwölf Wochen, andererseits ein Konzept der weitgehenden Ausplünderung des Landes und der Zerschlagung seiner politisch-personellen Strukturen, d.h. Ermordung seiner Eliten.

Die letztgenannte Planung sollte die Besatzungspolitik grundlegend bestimmen. Sie entwickelte sich zwischen Februar und Juni 1941 und war zwar von Hitler

[1] Vgl. Müller, Nationalismus in der deutschen Kriegsgesellschaft.

vorgegeben, aber von den Militärs ausgearbeitet. Selbst die Autonomie im Militärischen, wie sie bis dahin weitgehend bestanden hatte, wurde damit aufgegeben. Gleichzeitig löste sich das Militär völlig aus den Bindungen des Kriegsvölkerrechts; dies war eine Tendenz, die in der preußisch-deutschen Armee durchaus Tradition hatte.

Die Besatzungsrealität wurde durch die vorbereitenden Maßnahmen weitgehend vorherbestimmt. Damit sind nicht nur die konkreten Mordbefehle, die Absprachen mit dem SS- und Polizeiapparat und dessen Sonderkompetenzen in einer neuen militärischen Besatzungsform, den rückwärtigen Heeresgebieten, gemeint. Vielmehr musste den Logistikern klar sein, dass mit einem Scheitern des Blitzkriegskonzeptes auch die Besatzungspolitik unter neuen Prämissen stehen würde. Die Radikalisierung, wie sie dann im September/Oktober 1941 eintrat, war also in Grundzügen vorhersehbar.

Militär und Polizei eröffneten den Feldzug sofort mit maximaler Gewalt, mit frühzeitigen Massenerschießungen von Kriegsgefangenen und Zivilisten, vor allem an Juden. Die Verbrechen sowjetischer Soldaten an deutschen Kriegsgefangenen wie auch die Welle von NKVD-Morden Ende Juni 1941 beförderten zweifellos die Radikalisierung; doch sah man sich nun in einer Einschätzung des Gegners bestärkt, die man ohnehin schon hatte. Eher schon überraschte die Militärs das Ausmaß der Massenmorde, die die SS- und Polizeieinheiten begingen und die alles bis dahin Bekannte in den Schatten stellten. In den meisten Oberkommandos und Dienststellen der Militärverwaltung akzeptierte man jedoch auch diese, ja sah sie als rassistisches Mittel zur Lösung militärischer Probleme.

Die Mehrheit der Verantwortlichen trug auch die Politik zur Aushungerung der Stadtbevölkerung und der Kriegsgefangenen ab Herbst 1941 mit, auch wenn sich über diese Punkte – im Gegensatz zum Mord an den Juden – größere Diskussionen entwickelten. Nun wähnten sich die Militärs selbst als Opfer von Nachschub- und Transportschwierigkeiten und waren schnell bereit, die Einheimischen dafür teuer bezahlen zu lassen. Freilich entfaltete sich hier der gleiche Zielkonflikt wie bei der Partisanenbekämpfung, die sich ab August 1941 allmählich entwickelte. Einerseits sollte ohne Rücksicht auf die Einheimischen maximale Sicherheit und Versorgung für die Truppe erreicht werden, andererseits war gerade für die Ruhe in den rückwärtigen Gebieten ein Mindestmaß von Entgegenkommen nötig. Angesichts der rassistischen Bewertung der Bevölkerung, vor allem der Russen, sollte es aber wirklich bei einem Mindestmaß bleiben, einheimische Hilfskräfte (meist) ausgenommen.

Seit Herbst 1941, als der Feldzug nicht mehr nach Plan lief, kursierten überall die neuen Denkschriften der Militärs, die Verbesserungsvorschläge machten. Auch die Ausweitung der Massenmorde an Juden auf Frauen und Kindern stieß vielfach auf Ablehnung. Tatsächlich änderte sich bis zum Sommer 1942 jedoch nur wenig: Die Ernährung der Bevölkerung verbesserte sich vor allem jahreszeitlich bedingt, jeder zweite Kriegsgefangene war tot, die Juden im Militärgebiet nahezu komplett ausgerottet. Erst der Marsch auf den Kaukasus im Hochsommer sollte einen Wandel im kleinen Maßstab bringen: ein „Versuchsgebiet" für die nichtrussischen Ethnien, die in der Tat etwas besser behandelt wurden, freilich nie auf dem Niveau der Westeuropäer. Dieses Experiment blieb nur von kurzer Dauer und schloss die Juden faktisch aus. Auch auf dem Kaukasus wurden sie kurz vor dem übereilten Abzug – mit aktiver Hilfe der Militärverwaltung – nahezu restlos ermordet. Während dessen verschärfte sich die Partisanenbekämpfung im Mittelabschnitt zu großen kombinierten Wehrmacht-Polizei-Unternehmungen mit Tausenden von Toten unter der Bevölkerung; und die Zwangsrekrutierung von Arbeitskräften nahm immer größere Dimensionen und brutalere Formen an.

Auch der zweite Feldzugswinter forderte Zehntausende von Hungeropfern unter Kriegsgefangenen und Zivilbevölkerung. Zwar wurden ab Anfang 1943 Personen, die man bei den Anti-Partisanenunternehmen einfing, nicht mehr durchweg ermordet, sondern in größerem Ausmaß zur Arbeit deportiert; die Zwangsarbeit breitete sich aber auch in den anderen Gebieten massiv aus. Der Rückzug der Wehrmacht war wieder von extremer Brutalität gekennzeichnet, nicht nur durch die weitgehende Zerstörung der Infrastruktur, sondern auch durch Zwangsevakuierungen mit teilweise drastischen Vorgehensweisen bis hin zur massenhaften Ermordung angeblich Arbeitsunfähiger.

2. Struktur und Logik

In den besetzten sowjetischen Gebieten existierte nur eine unvollständige Militärverwaltung. Einerseits fehlte dort ein zentraler militärischer Besatzungsbefehlshaber wie beispielsweise in Frankreich. Deshalb nahm der Generalquartiermeister hier eine Leitungs- und Koordinierungsfunktion wahr. Andererseits war die militärische Besatzung geteilt, in die eigentliche Militärverwaltung, in die Ausbeutungsorganisation Wirtschaftsstab Ost, die im Operationsgebiet dem Militär zuzurechnen ist, und in die frontnahen Zonen der Divisions- und Korpsgebiete, die ihre eigene Besatzungsherrschaft ausübten. Daneben agierte der SS- und Polizeiapparat als Teil der Exekutive, der zwar den Militärs zugeordnet war und in den Armeegebieten formell nur ganz eingeschränkte Kompetenzen inne hatte, seine generellen Weisungen aber von Himmlers Führung erhielt. Darüber hinaus konnten auch andere Instanzen in die Politik intervenieren, so etwa die Apparate Speers in der Rüstung und Sauckels in der Zwangsarbeiter-Rekrutierung, begrenzt auch das Ostministerium.

Die Aufteilung der Kompetenzen wurde auch im Besatzungsgebiet im Großen und Ganzen beibehalten. So lehnte es die Mehrheit der militärischen Stellen ab, die Ermordung der Juden in eigener Regie auszuführen, wie es Teile der 707. Infanteriedivision im Zivilgebiet betrieben. Dennoch zeigt gerade diese extremste Form der Besatzungspolitik, wie eng die Zusammenarbeit jenseits der Erschießungen blieb und dass Einheiten oder Soldaten sich in zahlreichen Fällen direkt an der Tötung beteiligten. Auch bei der Ermordung anderer Gruppen arbeiteten Polizei und Wehrmacht Hand in Hand. Hier erwies sich als entscheidend, dass ein weitgehender Konsens hinsichtlich des „Gegnerbildes" und der Ausübung von Gewalt bestand, wenn auch Differenzen über das Ausmaß.

Zwei grundlegende Pfeiler hielten diese Besatzungspolitik zusammen: der allgegenwärtige Rassismus und die selbst konstruierte militärische Notwendigkeit. Beides war in der deutschen Besatzungspolitik unauflöslich verwoben, es erleichterte die Zusammenarbeit zwischen Militär und Polizei, erschwerte aber zugleich jegliche Vorstöße zugunsten der bedrohten Einheimischen. Zumeist hielten die zuständigen Wehrmachtstellen solche Maßnahmen, die sich gegen die Bevölkerung richteten, für notwendig; durch diese Brille gesehen, erschien etwa die Hungerpolitik in den Armeegebieten als Mittel, um die eigene Truppe zu ernähren, oder die Massentötungen, um so vermeintlich die eigene Sicherheit zu erhöhen. Zugleich erachteten die Verantwortlichen diese Verbrechen meist deswegen für vertretbar, weil das Leben der Einheimischen, insbesondere der Russen, als geringwertig betrachtet wurde und die Juden gänzlich verschwinden sollten, sei es durch unmittelbaren Massenmord, Vertreibung oder durch Sterilisierung.

Freilich eröffneten sich in der Besatzungspolitik auch unausweichlich Dilemmata, wenn es um die Bevölkerung ging. Solange der Feldzug wie erwartet verlief, galten Rücksichtnahmen auf die Bevölkerung nicht als notwendig, ja eine maximale Gewaltanwendung schien den militärischen Erfolg gerade zu begünstigen. Als der Fahrplan nicht mehr eingehalten werden konnte, waren neue Überlegungen unumgänglich. Zahlreich waren nun die Initiativen zur Änderung der Besatzungspolitik, zur Erhöhung der Rationen und zur Begrenzung des Terrors bei der Anti-Partisanenpolitik. Doch galten diese Vorstöße vor allem einer Verbesserung der militärischen Situation. Eine vollwertige Behandlung der Bevölkerung nach dem geltenden Völkerrecht, wie sie in den besetzten Gebieten West- und Nordeuropas, wenn auch mit Einschränkungen, betrieben wurde, stand in der Sowjetunion nicht zur Diskussion. Dies galt selbst für die Millionen von Kollaborateure. Lediglich die Esten, bei denen die Militärverwaltung nur eingeschränkte Kompetenzen hatte, wurden als „rassisch" einigermaßen gleichwertig anerkannt.

Letztendlich war die Wehrmachtführung nicht in der Lage, einen grundlegenden Wandel in ihrer Besatzungspolitik herbeizuführen. Als der Sieg immer weiter in die Ferne rückte, wollte man ein begrenztes Entgegenkommen in Richtung Einheimische zeigen; gleichzeitig jedoch verstärkte sich nun wieder die Ressourcenknappheit durch die Gebietsverluste und damit die Tendenz zur Externalisierung aller Defizite. Nicht nur die Intransigenz Hitlers, sondern sowohl die mentale Enge als auch die militärisch-logistischen Zwänge, in die man sich selbst manövriert hatte, verhinderten ein Herumreißen des Steuers.

Dies zeigt sich deutlich in der Endphase der Wehrmachts-Herrschaft. Sie war von einer Total-Mobilisierung der Bevölkerung zur Zwangsarbeit gekennzeichnet, begleitet zunächst von der Räumung ganzer Gebiete im Rahmen des Anti-Partisanenkrieges, dann beim Rückzug vor der Roten Armee. Ähnlich wie schon 1941 fielen nun alle Hemmungen fort, als man glaubte, alles aus dem Land herausholen zu müssen, um den Krieg nicht zu verlieren.

3. Auswirkungen

Die Härte, mit welcher die Bevölkerung von der Besatzung getroffen wurde, hing im Grunde von mehreren Faktoren ab: 1. davon, welche Bevölkerungsteile ins Visier der Besatzer gerieten; Juden galten faktisch als vogelfrei, Kommunisten in begrenztem Ausmaß auch. Gegen Russen ging man im Allgemeinen brutaler vor als

gegen Ukrainer; Esten und „Kaukasier" sollten im Regelfall nicht getötet werden;
2. die regionale bzw. funktionale Konstellation der Besatzung, also ob es sich um
ein Partisanengebiet bzw. um eine „Kahlfraßzone" handelte, ob gegen städtische
oder ländliche Bevölkerung vorgegangen wurde; 3. im Regelfall agierte der SS-
und Polizeiapparat, insbesondere die Sicherheitspolizei und das Sonderbataillon
Dirlewanger, erheblich brutaler als Wehrmachtdienststellen und –einheiten. Dies
galt jedoch nicht im autonomen Bereich der Wehrmacht, in erster Linie im Kriegsgefangenenwesen; 4. innerhalb der Wehrmacht lässt sich zwar tendenziell ein Unterschied zwischen Wirtschaftsorganisation, Sicherungs- und Fronttruppen im
Vorgehen gegenüber der Zivilbevölkerung erkennen, dieser war jedoch zunächst
in den oben genannten funktionalen Zusammenhängen begründet; 5. im konkreten
Geschehen unterschied sich das Verhalten der Wehrmachtstellen durchaus. Dies
lag zumeist in der Einstellung ihres Führungspersonals begründet. Feld- und Ortskommandanten, Kommandeure von der Divisions- bis zur Kompanieebene konnten in einem erheblichen Ausmaß entscheiden, wie die Bevölkerung bzw. die
Kriegsgefangenen jeweils behandelt wurden.

Die Auswirkungen der deutschen militärischen Besatzungspolitik in der Sowjetunion waren verheerend. Ein Teil der Einwohnerschaft hatte schon zuvor schwer
unter der stalinistischen Herrschaft zu leiden gehabt. Unter deutsche Besatzung
gerieten dann 1941 vor allem Frauen, Kinder und ältere Menschen. Für die Bevölkerung brachte der deutsche Feldzug Zerstörung, Hunger und Tod, für viele Hilfskräfte die moralische Korrumpierung. Die dürren Zahlen der Statistik können dies
kaum angemessen wiedergeben. Etwa eine Million gefangener Rotarmisten starb
im Operationsgebiet in der Obhut der Wehrmacht, Zehntausende davon beim
Marsch in die Lager, oder wurden als „Unerwünschte" erschossen. Unter Militärverwaltung wurden bis zu 500 000 Juden aus rassistischen Motiven ermordet; in
einer Unzahl von Fällen haben dabei Stäbe und Kommandanturen „Amtshilfe"
geleistet, oftmals haben sich Soldaten an Erschießungen beteiligt oder Militäreinheiten sogar eigenständig Massenmorde durchgeführt. Die allgemeine Unterdrückung der Juden im Operationsgebiet, also Entrechtung, Enteignung und oftmals
Zwangsarbeit, lag ohnehin weitgehend in den Händen der Militärverwaltung. Nur
schwierig zu erstellen ist eine Statistik der Opfer deutscher Partisanenbekämpfung
unter Militärhoheit. Sie dürfte sich auf 160 000–200 000 Tote belaufen, davon nur
eine Minderheit an bewaffneten Partisanen. Ging bei den kombinierten Großunternehmen noch ein großer Teil der Morde auf das Konto von SS und Polizei, so
nahmen Sicherungseinheiten und besonders die Geheime Feldpolizei eigenständig
Erschießungen von „Partisanenverdächtigen" in großer Zahl vor. Tausende Roma,
aber auch Insassen psychiatrischer Anstalten wurden im Operationsgebiet ermordet; dabei wirkten Dienststellen der Wehrmacht in noch größerem Ausmaß mit als
bei den Verbrechen an Juden. Kaum mehr ist die Zahl derer zu eruieren, die der
Hungerpolitik zum Opfer fielen, die vor allem vom Wirtschaftsstab Ost und den
Oberkommandos zu verantworten ist. Millionen Einheimischer hungerten, besonders unter der Stadtbevölkerung und in den Armeegebieten. Massenhaft starben die Zivilisten am Hunger und seinen Folgen, d. h. der Schwächung gegenüber
Krankheiten. Zusammengenommen mit dem Verlust an Wohnraum, Heizmaterial
und der deutlichen Verknappung der medizinischen Versorgung, hat dies sicher

mehreren Hunderttausenden das Leben gekostet. Weitgehend unbekannt ist die Zahl der Todesopfer bei den Zwangsevakuierungen. Über 2,3 Millionen Menschen wurden, zum allergrößten Teil gegen ihren Willen, in Marsch gesetzt, Arbeitsfähige kaserniert oder abtransportiert, die übrigen oft ihrem Schicksal überlassen. Zieht man schließlich die allgemeine Erhöhung der Sterblichkeit in Betracht, so gehen wahrscheinlich weit über zwei Millionen Todesfälle direkt oder indirekt auf das Konto der deutschen Besatzungspolitik im Operationsgebiet.

Besonders erschreckend ist das Ausmaß, in welchem Kinder Opfer der Besatzungsherrschaft wurden. Unter den Juden und Roma handelte es sich bei jedem dritten Mordopfer um ein Kind. In Einzelfällen wurden behinderte Kinder oder Insassen von Kinderheimen ermordet. Dem „Bandenkampf" fielen in nicht wenigen Fällen Kinder zum Opfer, vor allem wenn er von SS und Polizeieinheiten geführt wurde. Die Wehrmacht zeichnete verantwortlich für die Deportation von Einwohnern ab zwölf Jahren zur Arbeit ins Reich, oftmals für die Verschleppung von Kindern aus „Partisanengebieten" und schließlich für ihre Vertreibung beim Rückzug. In einigen der „Bandengebiete", so bei der 9. Armee, wurden eigene Kinderlager eingerichtet. Minderjährige waren überdurchschnittlich von der Hungerpolitik betroffen, in manchen Gegenden starb jeder zweite Säugling an den Folgen der Unterversorgung, die Überlebenden trugen dauerhafte Schädigungen davon. Das Ausbildungssystem wurde deutlich heruntergefahren[2].

Einige Regionen wurden durch sowjetische Evakuierungen und die anschließende deutsche Gewaltpolitik regelrecht entvölkert. So schätzte die Wirtschaftsinspektion Nord, dass die Zahl der Einwohner in ihrem Bereich innerhalb eines Jahres auf weniger als ein Viertel des Vorkriegsniveaus geschrumpft sei[3]. Ähnliches gilt für einige Landstriche östlich des Dnjepr, insbesondere soweit sie noch 1941 erobert wurden. Besonders schwer betroffen war also das Vorfeld von Leningrad, bis Mitte 1942 ein Hungergebiet. In Ostweißrussland tobte der Anti-Partisanenkrieg, der auf dem Rücken der Bevölkerung ausgefochten wurde. Vor allem in diesen Regionen und am Mittelabschnitt der Front war die Bevölkerung existentiell von deutschen Gewaltmaßnahmen bedroht, die in diesem Kontext stehen. Während für Weißrussland noch einigermaßen zuverlässige Schätzungen über Opferzahlen vorliegen, lassen sich solche im Zentralbereich der besetzten RSFSR kaum mehr treffen. In der Ukraine wurden, beschränkt man sich auf die Militärgebiete, vor allem die nordöstlichen Landesteile schwer von deutschen und ungarischen Anti-Partisanen-Maßnahmen heimgesucht. Das Donezbecken und Charkow wiederum entwickelten sich zu Schwerpunkten des Hungersterbens, lokal bis Mitte 1943. Das Vorfeld von Stalingrad war während des Krieges 1942/43 weitgehend entvölkert, ebenso wie die umkämpften Teile der Stadt selbst. Weniger hingegen hatte die Bevölkerung auf dem Nordkaukasus unter der Gewalt und dem Hunger zu leiden, nicht zuletzt deshalb, weil die deutsche Besatzung dort nur vergleichsweise kurz andauerte.

---

[2] Ausführlich zu Weißrussland: Gerlach, Kalkulierte Morde, S. 1075 ff.; für die Ukraine: H. M. Holyš, U vyri vijny. Stanovyšče nepovnolitnych hromadian Ukraïny v 1941-1945 rr. Čerkasy 2005.
[3] IfZ MA 1714, fr. 843, KTB WiIn Nord, 15.7.1942.

Sortiert man die Folgen der Besatzungspolitik nach Ethnien, so sind an allererster Stelle natürlich die Juden zu nennen, die, sofern ihnen nicht die Flucht gelungen war, im Militärgebiet der nahezu kompletten Ermordung anheimfielen. Von
den Roma wurde ein nicht unerheblicher Anteil ermordet, genauere Zahlen liegen
nicht vor. Die ethnischen Russen, auch als „Großrussen" apostrophiert, waren
durch umfangreiche Evakuierungen der sowjetischen Behörden bereits strukturell
geschwächt. Sie stellten wohl die Hauptopfer unter den Hungertoten, sowohl in
der RSFSR als wohl auch in der Ostukraine. Freilich sind sowjetische Angaben
über die Verluste der Zivilbevölkerung in der RSFSR, angeblich an die zwei Millionen Menschen, kaum zu verifizieren und erscheinen überhöht. Das Massensterben unter den Kriegsgefangenen richtete sich ebenfalls in erster Linie gegen die
Russen, da die Entlassungen sich – von Ausnahmen abgesehen – bis Mitte 1942 auf
andere ethnische Gruppen beschränkten. Den Ukrainern galt zwar die Bevorzugung in der Besatzungsrethorik, sie konnten daraus jedoch im Militärverwaltungsgebiet kaum Kapital schlagen. Ukrainer wurden Opfer des Hungersterbens in der
Ostukraine; daneben stellten sie einen überproportionalen Anteil an den Zwangsarbeitern, die ins Reich deportiert wurden.

Für viele kleinere Völker wurde die deutsche Besatzung zum kollektiven Verhängnis. Anfangs wurden Kriegsgefangene mit asiatischem oder turkvölkischem
Hintergrund gezielt ermordet, doch bald galten sie als bevorzugter Ansprechpartner für die Kollaboration. So konnten sie später von einer vergleichsweise besseren
Behandlung profitieren. Die Kooperation von Kommunalverwaltungen und vielen
Männern bei den bewaffneten Einheiten dienten dann Stalin als Vorwand für kollektive Deportationen mit horrenden Verlusten an Menschenleben. Ein ähnliches
Schicksal drohte auch den Sowjetdeutschen, die in die Hände der Roten Armee
fielen. Von der Besatzungsmacht eindeutig bevorzugt, blieben sie doch Deutsche
zweiter Klasse.

Die Zusammenarbeit der Einheimischen mit dem Besatzungsregime, sei es in
Wehrmacht, Polizei oder Kommunalverwaltung, war eine logische Folge sowohl
der deutschen Politik als auch des eigenen Überlebenswillens. Nicht wenige derer,
die in deutsche Dienste traten, wurden jedoch zu Mittätern bei den Massenverbrechen. Pauschale Urteile sind hier nicht am Platz. Kollektive Strafen wurden nach
der Rückeroberung von der sowjetischen Geheimpolizei ausgesprochen. Die
Kollaborateure, gleich welcher Couleur oder Funktion, wurden somit zum Hauptopfer der Strafpolitik, die nach der Rückeroberung über die einstmals besetzten
Gebiete hinwegrollte.

Die Masse der Bevölkerung hatte nicht nur oftmals Familienmitglieder verloren,
sondern blieb auch in der Nachkriegszeit von den Jahren der Besatzung gezeichnet. Unterversorgung und Terror haben dauerhafte körperliche und psychische
Schäden bei Zivilisten und den Überlebenden der Kriegsgefangenschaft hinterlassen. Zudem wurden viele der Einwohner für Jahrzehnte vom Sowjetregime stigmatisiert; ihre Erfahrungen spielten bis in die achtziger Jahre hinein keine Rolle in
der Öffentlichkeit der Sowjetunion.

Dagegen haben Krieg und Besatzung das stalinistische Regime auf Dauer gestärkt, seine Expansion ermöglicht, ihm sogar im In- wie im Ausland einen deutlichen Schub an Legitimation verliehen. Die stalinistische Verfolgungspraxis in der

Sowjetunion richtete sich nun immer deutlicher nach national-ethnischen Kriterien, wie es sich schon seit Mitte der 1930er Jahre angebahnt hatte. Zudem wurde die kollektive Stigmatisierung von Gruppen als durch die deutsche Besatzung belastet bzw. als Kollaborateure zur neuen Kategorie in der Terrorpolitik des NKVD und seiner Nachfolgeorganisationen. Der Krieg und die gewalttätige Besatzung stiegen in der nachstalinistischen Zeit zu zentralen Mustern der Propaganda auf[4].

4. Gesamtwehrmacht und Besatzungspolitik

Die Rolle der Wehrmacht in der nationalsozialistischen Besatzungspolitik verschob sich auf mehreren Ebenen: Übernahm sie noch bis Frühjahr 1939 eine Expansionsfunktion ohne größere politische Aufgaben, so fiel ihr bereits im Polenfeldzug und unmittelbar danach die Aufgabe zu, massive Gewalt auch im Hinterland auszuüben und die rassistischen Ausgrenzungsmaßnahmen gegen Juden vorzubereiten. Im „Unternehmen Barbarossa" hingegen sah es auf den ersten Blick so aus, als zöge sich die Wehrmacht nun aus den politischen Aufgaben wieder zurück. In Wirklichkeit bewegte sie sich aber ins Zentrum der rassistischen Kriegsführung und Besatzungspolitik; sie übernahm dauerhaft eine Besatzungshoheit wie in Westeuropa und Serbien, gleichzeitig jedoch auch einen Teil der geplanten Massenverbrechen. Bis Herbst 1941 war sie voll in die Verbrechen des Regimes integriert worden bis hin zur Ermordung von Geisteskranken, die im Reich von ganz anderen Stellen betrieben wurde. Mit der massenhaften Tötung bzw. Aushungerung ihrer Kriegsgefangenen hatte auch der ureigenste Bereich des Militärs einen mörderischen Charakter bekommen.

Selbst nach der Abgabe von Territorien in die Obhut der Zivilverwaltung hörte diese Systemintegration nicht auf. Die Wehrmachtbefehlshaber in den Reichskommissariaten organisierten die Massenmorde und Hungersterben bei den dort gefangenen Rotarmisten und spielten eine bedeutende Rolle bei der exzessiven Partisanenbekämpfung, teilweise auch bei der Ermordung der Juden. So hat die 707. Infanterie-Division, die zugleich Verwaltungsaufgaben im Generalkommissariat Weißruthenien übernahm, im Spätherbst 1941 etwa 19000 Zivilisten, meist Juden, selbst ermordet oder umbringen lassen[5]. Im Zivilgebiet wie auch weiter westlich im besetzten Polen waren aber auch andere Konstellationen denkbar: Gerade im Kontext der Arbeit in Rüstungs- und Wehrmachtbetrieben haben dort Wehrmachtangehörige oftmals bedrohten Einheimischen, insbesondere Juden, geholfen oder sogar das Leben gerettet. Hier herrschten bisweilen andere Rahmenbedingungen als im Operationsraum[6].

[4] Amir Weiner, Making Sense of War. The Second World War and the Bolshevik Revolution. Princeton 2001, S. 366ff.; Nina Tumarkin, The Living and the Dead. The rise and fall of the cult of World War II in Russia. New York 1994, S. 107ff.
[5] Gerlach, Kalkulierte Morde, S. 609–622; Lieb, Täter aus Überzeugung, S. 535–544; Verbrechen der Wehrmacht, S. 136–149. Dass dies kein Einzelfall war, zeigt die Geschichte der 717. ID, deren Soldaten 5300 Zivilisten in Südosteuropa erschossen: Meyer, Von Wien nach Kalavryta, S. 53.
[6] Vgl. Retter in Uniform. Handlungsspielräume im Vernichtungskrieg der Wehrmacht. Hg. von Wolfram Wette. Frankfurt a. Main 2002; am dichtesten bei: Wilm Hosenfeld, „Ich versuche jeden zu retten". Das Leben eines deutschen Offiziers in Briefen und Tagebüchern. Hg. von Thomas Vogel. München 2004 (in Warschau).

Dass die massenhafte Gewalt gegen Zivilisten kein spezifisches Problem der militärischen Besatzung in der Sowjetunion war, zeigt der Blick in andere Gebiete unter deutscher Herrschaft. Nahezu synchron wird dies sichtbar bei den Wehrmachtverbrechen in Jugoslawien, insbesondere in Serbien. Auch hier spielten eine antislawische und eine antikommunistische Komponente zusammen, wenn auch letztere weit weniger bedeutend blieb als im Kampf gegen den Bolschewismus. Frappant gleichen sich die Morde an Juden in beiden Gebieten, wobei die Wehrmacht in Serbien bis Anfang 1942 sogar noch eine Führungsrolle einnahm. Offen zutage tritt hier auch die exzessive Form der Widerstandsbekämpfung durch Massenmord. Sie wurde nach der Verschiebung der Kämpfe auf Bosnien/Kroatien zwar etwas zurückgenommen, Massenvertreibungen und -inhaftierungen galten jedoch weiterhin als gebräuchliches Mittel zur Terrorisierung der Bevölkerung. Demgegenüber verhielt sich die militärische Besatzung in Westeuropa zunächst weit weniger gewalttätig.

In den gleichen Mustern wie in der Sowjetunion entwickelte sich dort hingegen die antisemitische Politik der Militärverwaltungen. Juden galten als bevorzugtes Opfer von Repressalien, an der Deportation in die Vernichtungslager wirkten die Militärverwalter aktiv mit; im besetzten Frankreich sogar kam der „Judenreferent" der Sicherheitspolizei, also der Hauptorganisator der Judenmorde, aus der Militärverwaltung[7]! In Griechenland sorgte die Militärverwaltung teilweise in eigener Regie für die Deportationen nach Auschwitz[8].

Deutliche Unterschiede lassen sich jedoch in anderen Feldern feststellen, so bei der Behandlung der Kriegsgefangenen. Eine systematische Politik der schlechten Behandlung und der Aushungerung sowie direkte Massenerschießungen betrieb die Wehrmacht nur gegenüber Rotarmisten. Ein Blick in die großen Stammlager im Reich, in denen westliche und sowjetische Kriegsgefangene nebeneinander eingesperrt waren, führt die krasse Diskrepanz deutlich vor Augen. Selbst die jüdischen Kriegsgefangenen aus anderen Ländern wurden besser behandelt, allerdings sind hier Einschränkungen für Polen und Jugoslawien angebracht. Für diese Asymmetrie ist nicht nur die hohe ideologische Aufladung des deutsch-sowjetischen Krieges verantwortlich, sondern auch die Rücksichtnahme auf die internationale Politik, wohl mit Blick auf die deutschen Kriegsgefangenen in westalliierter Hand.

Erst mit der Aktivierung des Widerstandes in ganz Europa Ende 1943/Anfang 1944 begann sich die Praxis der Wehrmacht im Osten auch gegenüber Nichtjuden allmählich auf die anderen besetzten Ländern auszudehnen. Dabei ist durchaus eine Art „Wissenstransfer" zu beobachten, nicht zuletzt durch die Versetzung von Verbänden weg von der Ostfront in andere Besatzungsgebiete. Zwar fehlte hier eine flächendeckende Terrorherrschaft, wie sie in den besetzten sowjetischen Gebieten vorherrschte. Auf bewaffneten Widerstand konnten deutsche Truppen je-

[7] Meyer, Die deutsche Besatzung in Frankreich, S. 55ff.; Wolfram Weber, Die innere Sicherheit im besetzten Belgien und Nordfrankreich 1940–44. Düsseldorf 1978, S. 80ff. Heinz Röthke war 1941 Kriegsverwaltungsrat in Brest, seit Juni 1942 Stellvertreter des „Judenreferenten" beim BdS Frankreich, ab August 1942 dessen Nachfolger; Claudia Steur, Theodor Dannecker. Ein Funktionär der „Endlösung". Essen 1997, S. 81.

[8] Vgl. Dieter Pohl, Das deutsche Militär und die Verbrechen an den Juden im Zweiten Weltkrieg, in: Wehrmacht – Verbrechen – Widerstand. Hg. von Clemens Vollnhals. Dresden 2003, S. 45–61.

doch mit äußerster Gewalt reagieren. In Italien, Griechenland und Frankreich zeichnen Einheiten der Wehrmacht für zahlreiche Massaker verantwortlich[9]. Auch hier ist generell das Muster zu beobachten, dass SS- und Polizeiverbände noch radikaler vorgingen. Freilich sind auch Ausnahmen von dieser Regel zu verzeichnen. Das Ausmaß der Verbrechen tritt deutlich hinter die Geschehnisse in der Sowjetunion zurück. Dies lag nicht nur an der geringeren Ausdehnung der „Partisanengebiete", sondern auch an der schwächeren ideologischen Motivierung, d. h. einer erheblich größeren Rücksichtnahme auf die Bevölkerung. Außerhalb der Sowjetunion fehlte die Erfahrung ununterbrochener Kriegführung und Gewalt, sowohl an der Front als auch im Hinterland.

Innerhalb der Wehrmacht kommt für die militärische Besatzungspolitik in der Sowjetunion eine zentrale Bedeutung dem OKW, noch mehr aber dem OKH zu. Zwar ist zu Recht vielfach auf die unterschiedlichen politischen Ausrichtungen beider Organisationen verwiesen worden, das OKW als hitlerhörig und das OKH mit einer breiteren konservativen Prägung. Entscheidend ist jedoch, dass das OKH die Steuerungsfunktion für die Besatzung im Operationsgebiet innehatte und dabei erhebliche kriminelle Energie entwickelte, allen voran durch General z.b.V. Müller und Generalquartiermeister Wagner. Selbstverständlich trägt auch der Generalstabsschef, insbesondere Franz Halder bis September 1942, eine erhebliche Verantwortung für das Tun seiner Institution.

Diffuser bleibt das Bild der anderen Spitzeninstanzen, allen voran des Wirtschaftsrüstungsamtes und des Amtes Ausland/Abwehr. Im Operationsgebiet trugen die Hauptverantwortung für die Besatzungspolitik die Armee-Oberkommandos zusammen mit den Kommandanten der rückwärtigen Armeegebiete, und daneben die Befehlshaber der rückwärtigen Heeresgebiete. Sowohl die Militärverwaltung als auch die Oberkommandos waren in erheblichem Ausmaß für die Massenverbrechen verantwortlich bzw. an ihnen beteiligt[10]. Die Ausbeutungspolitik und damit sowohl die Unterversorgung als auch die Zwangsarbeiterrekrutierung fielen zum großen Teil in das Ressort des Wirtschaftsstabes Ost. Dieser stellte zwar in der Spitze eine militärisch-zivile Mischkonstruktion dar, ist im besetzten Gebiet jedoch eindeutig als Teil der Wehrmacht anzusehen.

Sieht man sich das Spitzenpersonal bis hinunter zu den territorialen Einheiten an, also Sicherungsdivisionen, Feldkommandanturen, Wirtschaftsinspektionen und -kommandos, so haben wir es mit einem Querschnitt aus den konservativen Eliten des Reiches zu tun. Die bekennenden Nationalsozialisten blieben hier sicher in der Minderheit. Sie alle agierten auf der Basis eines nationalistisch-rassistischen Grundkonsenses, vor allem aber im Rahmen der kriminellen Planung und Befehlsgebung. Freilich eröffneten sich auch nicht unerhebliche Handlungsspiel-

---

[9] Für Italien ist die Aktivität der Wehrmacht vorzüglich rekonstruiert in der Datenbank: Die Präsenz deutscher militärischer Verbände in Italien 1943-1945. Bearb. von Carlo Gentile, Rom 2004 (http://www.dhi-roma.it/ortdb.html); vgl. Gerhard Schreiber, Deutsche Kriegsverbrechen in Italien. Täter, Opfer, Strafverfolgung. München 1997; als direkten Vergleich: Lutz Klinkhammer, Der Partisanenkrieg der Wehrmacht, in: Wehrmacht – Mythos und Realität, S. 815-836. Zu Griechenland vgl. Mark Mazower, Military Violence and National Socialist Values: the Wehrmacht in Greece, in: Past and Present 134 (1992), S. 129-158. Zu Frankreich vgl. jetzt Lieb, Konventioneller Krieg.
[10] Zu den Oberkommandos vgl. Hürter, Hitlers Heerführer, S. 359ff.

räume durch formale Kompetenzregelungen und den Diskurs militärischer Notwendigkeiten. Gerade an den umstrittenen Grenzbereichen wie der Aushungerung von Stadtbewohnern und Kriegsgefangenen, aber auch der Massengewalt gegen Zivilisten im Partisanenkrieg lässt sich das Spektrum der Handlungskonstellationen und der persönlichen Einstellungen abmessen. Obwohl diese Spielräume bisweilen durchaus genutzt wurden, wurde die militärische Besatzungspolitik insgesamt im Sinne der NS-Führung ausgeübt. Dies lässt sich allein schon daran erkennen, dass es zu einem oktroyierten Personalaustausch – wie etwa bei den Oberbefehlshabern – nicht gekommen ist.

Der größte Bedarf an Forschung bleibt ohne Zweifel auf das gerichtet, was man gemeinhin das Offizierskorps nennt. Angesichts der enormen Expansion dieser Rangstufen und der ungeheuren personellen Dynamik der Kriegsjahre wird man hier kaum noch pauschale Aussagen treffen können. Von den etwa 250 000 Offizieren der Wehrmacht war ein erheblicher Teil in der Sowjetunion eingesetzt. Insbesondere die oberen Ränge hatten eine Reihe bedeutsamer Kompetenzen und Handlungsspielräume, so beim Kommissarbefehl, bei Repressalien, in den Kommandanturen und Kriegsgefangenenlagern. Sie entschieden über das Leben und Sterben von vielen Zivilisten und Gefangenen. Auch hier zeigen die bisher vorliegenden fragmentarischen Erkenntnisse, dass die Masse der Offiziere sich innerhalb der vorgegebenen Logik bewegte; ab Herbst 1942 nahmen die Bemühungen um eine Nazifizierung des Offizierskorps deutlich zu. Freilich lassen sich aus diesen Rängen erheblich mehr humanitäre Einwände gegen eine barbarische Besatzungspolitik finden, wie sie unter der Generalität eher Seltenheitswert haben. Ob die jüngere Generation der Offiziere nicht nur höher nazifiziert, sondern auch in stärkerem Maße an Verbrechen beteiligt war, ist bisher noch nicht eindeutig geklärt. Dies trifft wohl eher für Fronteinheiten zu und weniger für die Militärverwaltung; sie machte Besatzungspolitik nämlich mit einer überalterten Personaldecke.

Entgegen früheren Annahmen praktizierten auch die Fronttruppen ihre eigene Besatzungspolitik und verübten in erheblichem Ausmaß Kriegsverbrechen. Besonders traf dies für solche Einheiten zu, die kurzzeitig zur „Sicherung" im Hinterland eingesetzt waren, oder solche, die den Abtransport von sowjetischen Kriegsgefangenen aus den großen Kesselschlachten 1941/42 zu besorgen hatten. In erheblichem Maße waren aber auch Fronteinheiten, die größere Städte eroberten und zeitweise kontrollierten, an Verbrechen beteiligt. Bekannt ist darüber hinaus, dass in 60 bis 80% aller Divisionen der verbrecherische Kommissarbefehl zur Ausführung kam. Neuere Detailforschungen zeigen, dass Fronttruppen im vordersten Gebiet über ihre eigenen kleinen Besatzungsräume verfügten und dort nicht selten die einheimische Bevölkerung terrorisierten, insbesondere Juden oder politisch Verdächtige. Schließlich eskalierte die Gewalt von Fronteinheiten gegen Zivilisten wieder bei den Rückzügen ab Herbst 1943. All dies zusammen genommen deutet klar darauf hin, dass die Zahl der Divisionen, in denen *keine* Kriegsverbrechen, d. h. widerrechtliche Tötungen von Zivilisten und Kriegsgefangenen verübt wurden, eher gering zu veranschlagen ist. Dies gilt selbstverständlich auch für Plünderungen und Vergewaltigungen, welche als üble Kennzeichen fast aller Kriege angesehen werden müssen. Eine solche Einschätzung wirft natürlich einen dunklen Schatten auf das gesamte Ostheer *als Institution*, sagt jedoch immer noch wenig über die Gesamtheit der Soldaten aus.

Die Soldaten des Ostheeres müssen als repräsentativ für alle Männer im Reich im Alter zwischen 18 und 45 Jahren angesehen werden, d.h. in erheblichem Ausmaß als nazifiziert, führergläubig und in ihrem überwiegenden Teil vom Antisemitismus infiziert. Zugleich heißt das aber auch, dass unter den Soldaten eine große Bandbreite an politischer Sozialisation, religiöser Bindung und kultureller Prägung vorhanden war. Neben den überzeugten Nationalsozialisten marschierten also beispielsweise auch ehemalige KPD-Mitglieder, die ihre Einstellung freilich nur im kleinen Kreise kundtun konnten. Genau in diesem Rahmen war es auch einigermaßen möglich, die Massenverbrechen zu kritisieren. Beim Verfassen der Feldpost musste man allerdings schon fürchten, dass die Zensur Abweichler aussortierte. Dennoch zeigt ein Blick in diese Briefwechsel, wie es um das Meinungsspektrum bestellt war. Ohne genaue quantitative Aussagen treffen zu können, lässt sich doch festhalten, dass ein erheblicher Teil der Soldaten die Verbrechen befürwortete und ein erheblicher Teil sie ablehnte.

Sucht man den Anteil der Soldaten aufzuspüren, die an Kriegs- und Besatzungsverbrechen beteiligt waren, so reicht es nicht aus, auf die überzeugten Nationalsozialisten zu verweisen. Es waren vielmehr die funktionalen und hierarchischen Zusammenhänge, die den einzelnen Wehrmachtangehörigen in die verbrecherischen Situationen brachte; also ob er in größeren Städten oder in Partisanengebieten eingesetzt war, ob er mit jüdischen Gemeinden oder mit der Kriegsgefangenen-Organisation in Berührung kam usw. Lediglich für die Geheime Feldpolizei, die Kommandanturen, die Kriegsgefangenenlager und für einen großen Teil des Personals aus Sicherungseinheiten kann man a priori einen erheblichen Prozentsatz an beteiligtem Personal annehmen. Doch die Fronteinheiten betrieben ihre eigene Besatzungspolitik, insbesondere bei einem fortdauernd stabilen Frontverlauf waren sie für die Behandlung der Zivilbevölkerung verantwortlich. Gerade hier machte sich bemerkbar, ob die jeweiligen Vorgesetzten radikale Gewaltmaßnahmen tolerierten, förderten oder gar selbst in Gang setzten. Diese komplexe Mischung aus Faktoren macht es schwierig, eine quantitative Schätzung der „Täter" herauszudestillieren. Bei dem fragmentarischen Kenntnisstand, der die Forschung bezüglich der Besatzungstätigkeit der Fronteinheiten noch kennzeichnet, lassen sich genauere Eingrenzungen nicht vornehmen.

Gemessen am Gesamtpersonal der Wehrmacht im Zweiten Weltkrieg, über die Jahre immerhin an die 18 Millionen Männer, ist der Anteil dieser Soldaten gering. Doch sollte man nicht unterschätzen, dass ähnliche Aussagen wie über das Ostheer auch über das militärische Besatzungspersonal in Jugoslawien, eingeschränkt auch in anderen Ländern, gemacht werden können. Allein in Kroatien und Bosnien war annähernd so viel deutsches Sicherungspersonal eingesetzt wie in der Sowjetunion[11]! Sieht man sich die Akteure bei den Massenverbrechen des Deutschen Reiches in toto an, so stellen die Angehörigen der Wehrmacht quantitativ einen erheblichen Teil, wenn nicht sogar die Mehrheit der Verantwortlichen.

[11] Schmider, Partisanenkrieg in Jugoslawien, S.587.

5. Vergleichende Perspektiven

Für eine größere analytische Einordnung der militärischen Besatzungspolitik in der Sowjetunion erscheint es unabdingbar, einige komparatistische Überlegungen anzustellen. Es ist nicht zu übersehen, dass bereits der Polenfeldzug 1939 Kennzeichen trug, die dem deutschen Vorgehen während der ersten Wochen ab Juni 1941 ähnelten. Dies meint insbesondere die mörderische Tätigkeit von SS- und Polizeieinheiten, aber auch die generelle Bereitschaft zur Gewalt gegen Kriegsgefangene und gegen Zivilisten, insbesondere solche jüdischer Herkunft. Trachteten SS und Polizei 1939 nach der Vernichtung der polnischen Eliten, so zielten sie 1941 gegen die sowjetischen Eliten. Und doch offenbaren sich auch markante Unterschiede in der Gewaltpolitik, allen voran zwei: gegenüber den Polen fehlte das Element des Antibolschewismus und es fehlte das strategische Kalkül, dass der Feldzug wirtschaftlich auf Kosten der Einheimischen geführt werden würde. Zudem war die Gewalt gegen Juden 1941 auch ein Ergebnis der Radikalisierung der Verfolgung in den vorangegangenen eineinhalb Jahren: Binnen sechs Wochen schälte sich im Ostfeldzug heraus, dass man eine „Endlösung der Judenfrage" auf dem neu eroberten Territorium anstrebte. Die Position der Wehrmacht gegenüber dem SS-und Polizeiapparat hatte sich seit 1939 deutlich verschoben: Hatte es 1939 noch Proteste gegen Kompetenzüberschreitungen und exzessive Gewalt an Zivilisten gegeben, so basierten die Massenmorde 1941 auf einer geregelten Arbeitsteilung. Während der ersten zwei Monate, also bis August 1941, trafen sie kaum auf Kritik auf Seiten der Generalität. Man zeigte sich zwar überrascht über das Ausmaß der Massenmorde, aber Bedenken wurden erst laut, als der Völkermord in seiner maximalen Breite erkennbar wurde. Der entscheidende Rahmen für die unterschiedliche Entwicklung unter Militärverwaltung in Polen und in der Sowjetunion war zweifellos deren unterschiedliche Dauer, sechs Wochen 1939 und über drei Jahre 1941-1943/44. Und dennoch sollte man nicht vergessen, dass auch im besetzten Polen bis 1944 Millionen von Opfern zu beklagen waren; freilich waren Dienststellen der Wehrmacht daran nur peripher beteiligt, insbesondere bei der maßlosen Widerstandsbekämpfung.

Auf der Hand liegt der Vergleich mit der anderen Form der Besatzung in der Sowjetunion, der Zivilverwaltung. Hier war eindeutig eine nationalsozialistische Elite am Werk, relativ homogen rekrutiert aus der „baltischen Mafia" Rosenbergs und mehreren NSDAP-Gauleitungen im Reich. Allein das Ostministerium verfügte über einen relativ autonomen *politischen* Apparat. Rosenbergs Beamte entwickelten im Gegensatz zum Militär, das weitgehend durch operative und logistische Probleme absorbiert war, weitgehende Pläne zur „rassischen" Umgestaltung der Ostgebiete. Vor allem aber fehlte ihm eine derart umfassende Exekutive, wie die Wehrmacht sie hatte; er war also in noch höherem Ausmaß auf die Kooperation mit SS und Polizei verwiesen. Darüber hinaus finden sich durchaus eine erhebliche Zahl von Parallelen zur Militärherrschaft, vor allem in der Judenverfolgung, aber auch in den „Reformvorstellungen" zur Besatzungspolitik. Es lässt sich kaum überzeugend argumentieren, dass die Herrschaft des Militärs für die Bevölkerung besser gewesen sei als die der Zivilverwaltung. Hier wie dort wurden die Einheimischen terrorisiert, Zwangsarbeiter rekrutiert, Juden fast vollständig ermordet.

Die Ernährungssituation war in den Reichskommissariaten besser, wenn dort auch noch etwas mehr Kriegsgefangene – unter Aufsicht der Wehrmacht – ausgehungert wurden als im Operationsgebiet. Vielmehr zeigten sich Unterschiede nicht zwischen den Besatzungstypen, sondern innerhalb derselben. Dem „kaukasischen Experiment" der Wehrmacht, das ohnehin stark durch das Ostministerium beeinflusst war, standen die Kollaborationsangebote im Baltikum gegenüber. Offensichtlich waren es also nicht die Zusammensetzung des Besatzungspersonals und die Struktur der Herrschaft, die über das Schicksal der Einheimischen entschieden[12].

Betrachtet man die Wehrmacht unter dem Blickwinkel ihres allgemeinen Besatzungs- und Kampfpersonals, so kann auch ein Vergleich mit den anderen Truppen im Besatzungsgebiet erhellend wirken, mit der Waffen-SS und der Ordnungspolizei. Beide waren sowohl an der Front wie auch im Hinterland eingesetzt, wenn sie auch unterschiedliche Dimensionen hatten, die Waffen-SS überwiegend zu Kampfaufgaben und die Ordnungspolizei im Osten zumeist in der Besatzung tätig war. Mit Blick auf die Wehrmacht ist eingangs von Bedeutung, dass Waffen-SS und Ordnungspolizei direkt dem Apparat Himmlers unterstanden, der mit den Massenverbrechen zentral beauftragt war. Offiziere der Waffen-SS wie auch der Ordnungspolizei waren hochgradig nazifiziert, beide Apparate verstanden sich als weltanschauliche Kampforganisationen. Die gesamte Ordnungspolizei im Osten, aber auch erhebliche Teile der Waffen-SS, vor allem deren Brigaden, waren im Gegensatz zur Wehrmacht zunächst vor allem zu Massenverbrechen eingesetzt. Im übrigen aber bestanden Waffen-SS und Ordnungspolizei in viel höherem Maße aus Freiwilligen als die Verbände der Wehrmacht. Wurden Letztere in die Gewaltpolitik voll integriert, wie etwa manche Sicherungseinheiten oder das Infanterie-Regiment 727, so zeigten sie auf unterster Ebene oftmals die gleiche Dynamik der Brutalisierung wie die SS- und Polizeieinheiten. Insgesamt entwickelte sich also eine gewisse Annäherung sowohl in ideologischer Einstellung als auch Praxis zwischen diesen beiden Säulen des NS-Staates. Dennoch blieben die Unterschiede in Rekrutierung, Integration in den Exekutivapparat, Aufgabenstellung, weltanschaulicher Homogenität und somit auch Beteiligung an Massenverbrechen offensichtlich[13].

Eine synchrone Vergleichsmöglichkeit bietet die Besatzungspolitik der deutschen Verbündeten im Ostfeldzug an. Dabei zeigen sich ganz eigentümliche Unterschiede und Parallelen. Zu berücksichtigen ist, dass allein Rumänien ein Besatzungsgebiet unter eigener Hoheit führte, die anderen Verbündeten jedoch nur in kleineren Regionen über eigene Kommandanturen verfügten, die weiterhin im Rahmen der deutschen Wehrmacht agieren mussten. Allen gemeinsam war die rücksichtslose Ausplünderung der besetzten Gebiete. Die deutsche Besatzungsmacht handelte dabei freilich im Rahmen eines gigantischen Ausbeutungsprogramms, während die verbündeten Armeen eher kurz entschlossen zur Selbstbedienung griffen. Eine gezielte Aushungerung der städtischen Bevölkerung,

---

[12] Vgl. dazu Gerlach, Kalkulierte Morde, passim; Pohl, Deutsche Militärverwaltung.
[13] Vgl. Curilla, Die deutsche Ordnungspolizei, S. 916ff.; Bernd Wegner, Hitlers Politische Soldaten: Die Waffen-SS 1933–1945. 4. Aufl. Paderborn 1990.

insbesondere in russisch dominierten Gebieten, lässt sich jedoch für die Verbündeten nicht nachweisen[14].

Deutliche Ähnlichkeit zeigt die extrem brutale Bekämpfung des Widerstandes, die erhebliche Teile der Zivilbevölkerung in Mitleidenschaft zog, durch die Besatzungstruppen verschiedener Länder. Wegen ihrer Einsatzräume, die als besonders „partisanengefährdet" galten, machten hier vor allem die ungarischen Sicherungsverbände den deutschen Konkurrenz. Als deutsches Spezifikum tritt hier jedoch die enge Zusammenarbeit mit dem SS- und Polizeiapparat zu Tage, der für eine deutlich radikalere Repressalpolitik eintrat als die meisten Heeresstellen. Im Rahmen der Partisanenbekämpfung waren auch verbündete Einheiten schnell bereit, Juden zu ermorden. Freilich hielt sich dies, vermutlich auch wegen der unterschiedlichen Einsatzräume, bei den Verbündeten in einem sehr engen Rahmen[15].

Die rumänische Regierung verfolgte hingegen, wenn auch unter deutscher Hegemonie, bis Sommer 1942 eine ähnliche Vernichtungspolitik gegen die jüdische Minderheit wie die deutsche. Hierbei hat die rumänische Armee eine unterstützende Funktion übernommen, ähnlich wie die Wehrmacht[16]. Eine weite Verbreitung des Antisemitismus ist für alle verbündeten Armeen, wahrscheinlich mit Ausnahme der finnischen, zu konstatieren. Freilich fehlte es meist, wie von Berlin und Bukarest aus gegeben, an den Möglichkeiten und dem Willen zu einer umfassenden Vernichtungsstrategie. Und selbst die rumänische Regierung nahm im Spätsommer 1942 Abstand von ihrer Mordpolitik. Anders der deutsche Fall: Sowohl von der NS-Führung als auch von der Militärverwaltung wurde hingegen 1942 angestrebt, keinen Juden mehr im Operationsgebiet am Leben zu lassen. Noch deutlichere Unterschiede zeigt die Behandlung der Kriegsgefangenen auf. Weder ein direkt geplanter Massenmord an bestimmten Gruppen von Rotarmisten noch ein organisiertes Hungersterben wie 1941/42 ist bei den Verbündeten nachzuweisen, obwohl auch diese über ähnliche logistische Probleme zu klagen hatten.

Eine interessante Perspektive bietet auch der vergleichende Blick auf das Vorgehen der „Achsen"-Armeen in solchen Gebieten, in denen die Wehrmacht nicht oder kaum präsent war, quasi deren eigenständige Kriegs- und Besatzungspolitik. Die Forschung der letzten zehn Jahre hat deutlich gemacht, dass extreme Formen der Widerstandsbekämpfung auch in der weitgehend autonomen Besatzung durch Italien in Jugoslawien und Griechenland, durch Ungarn in der Bačka und durch Bulgarien in Thrakien und Ostmazedonien zutage traten.

Insbesondere der berüchtigte Befehl 3 C des italienischen Oberkommandierenden in Jugoslawien, Mario Roatta, vom 1. März 1942 zeigt eine offensichtliche Verwandtschaft mit der deutschen Befehlsgebung im Osten. Roatta forderte zu Massenerschießungen und zur Einäscherung ganzer Dörfer auf, gewährte gleichzeitig

---

[14] Unklar bleibt, ob diese Frage eine Rolle bei der finnischen Beteiligung an der Belagerung Leningrads spielte.

[15] Vgl. Ungváry, Das Beispiel der ungarischen Armee, S. 100ff.; Thomas Schlemmer, Das königlich-italienische Heer im Vernichtungskrieg gegen die Sowjetunion, in: Faschismus in Italien und Deutschland. Hg. von Armin Nolzen, Sven Reichardt. Göttingen 2005, S. 148–175, hier 163ff.

[16] Jean Ancel, Transnistria 1941–1942. The Romanian Mass Murder Campaigns. 3 Bde. Tel-Aviv 2003, Band 1, S. 30–39.

Straffreiheit für alle Exzesse. Italienische Truppen gingen ähnlich wie die Wehrmacht in Bosnien/Kroatien vor, richteten jedoch keine Massaker von vergleich-
barem Ausmaß wie deutsche Verbände in der besetzten Sowjetunion an[17]. Deutliche Unterschiede lassen sich, trotz der antijüdischen Politik im allgemeinen,
bezüglich der Teilnahme der Achsen-Streitkräfte am Judenmord in diesen Gebieten konstatieren. Dabei ist freilich der Anteil der jeweiligen Armeen an der Besatzung noch einer näheren Prüfung zu unterziehen[18].

Die verbündeten Armeen waren zweifellos von einem ähnlichen Rassismus und
Antisemitismus durchdrungen wie die Masse der deutschen Soldaten. Ihnen fehlten jedoch – mit Einschränkungen im Fall Rumänien – die extremistischen Son-
derapparate und die Völkermordstrategen an den Schaltstellen. Das verwundert
nicht, handelte es sich doch um eher autoritäre als totalitäre Staatswesen. Wie die
Diktatur, so entwickelte sich meist auch die dazugehörige Armee. Eher im Raum
der Spekulation müssen Annahmen verbleiben, ob der deutschen kulturellen und
militärischen Tradition eine herausragende Bedeutung zukommt, wenn man das
Verhalten der Wehrmacht mit dem anderer verbündeter Armeen vergleicht, d. h.
die hohe Professionalität. Aus Sicht des deutschen Militärs erschienen die Soldaten
der Achsenstaaten hingegen oft als undiszipliniert und unzuverlässig.

Deutlich schwieriger gestaltet sich der Vergleich, wenn man einen komparativen
Blick auf die Rote Armee wagt. Das sowjetische Militär war schon viel länger in
die totalitäre Diktatur integriert und verfügte dementsprechend über weniger politische und sozialkulturelle Autonomie. Ein erheblicher Teil der stalinistischen
Repressionen richtete sich gegen die Armee selbst, sowohl bei der „Großen Säuberung" als auch während des Krieges, d. h. die Handlungsspielräume der Offiziere
waren vermutlich erheblicher geringer als bei der Wehrmacht. Und doch war die
Rote Armee weit weniger ein Apparat, dem Besatzung und Terror übertragen
wurde, als die Wehrmacht. Hier spielten KP und Geheimpolizei immer die erste
Geige. Die Besatzungspolitik der Armee in Kriegszeiten war deshalb stark eingeschränkt. Erst in der Nachkriegszeit konnte sie, unter enger Anleitung durch die
Staatspartei, dauerhaft Gebiete in Deutschland und Österreich verwalten. Bei den
stalinistischen Massenverbrechen ab 1939 spielte die Rote Armee, im Gegensatz
etwa zur Zeit des Bürgerkriegs und der Kollektivierung[19], nur noch eine periphere
Rolle. Es war dem NKVD gelungen, eine fast allumfassende Exekutive auszubil-
den; so blieb diesem etwa das Kriegsgefangenenwesen wie auch die Bekämpfung
bewaffneter Untergrundgruppen weitgehend vorbehalten[20]. Ersteres musste die

---

[17] Vgl. Davide Rodogno, Il nuovo ordine mediterraneo. Le politiche di occupazione dell'Italia Fascista in Europa (1940-1943). Torino 2003, S. 397ff.; H. James Burgwyn, General Roatta's War
against the Partisans in Yugoslavia: 1942, in: Journal of Modern Italian Studies 9 (2004), S. 314-
329; Lidia Santarelli, Muted Violence: Italian war crimes in occupied Greece, ebenda S. 280-299;
Opfer, Im Schatten des Krieges, S. 306ff.; Fleischer, Griechenland im Kreuzschatten.
[18] Die Deportation der Juden aus den rein bulgarisch besetzten Gebieten in die Vernichtungslager
erfolgte durch Polizei und Militär, Opfer, Im Schatten des Krieges, S. 278ff.
[19] Roger R. Reese, Stalin's Reluctant Soldiers. A Social History of the Red Army, 1925-1941.
Lawrence 1996, S. 84ff.
[20] Die Rote Armee war 1944 nur kurzzeitig in den annektierten Westgebieten bei der Bekämpfung
des antikommunistischen Untergrundes eingesetzt, vgl. S. N. Tkačenko, Povstančeskaja armija:
Taktika bor'by, in: Antipartizanskaja vojna v 1941-1945 gg. Red. A. E. Taras. Moskva, Minsk
2005, S. 246-285, hier 246-249.

Wehrmacht erst spät 1944 an die SS abtreten, die „Bandenbekämpfung" entwickelte sich im Operationsgebiet zu einer arbeitsteiligen Angelegenheit zwischen deutscher Armee und SS/Polizei. Dennoch zeichnete auch die sowjetische Armee beim Vormarsch über die Grenzen von 1941 hinaus für erhebliche Gewalt gegen Zivilisten verantwortlich, vor allem gegen die Deutschen, aber auch in anderen Ländern. Massenerschießungen sind jedoch nur in Ausnahmefällen bekannt, neben den bekannten Fällen Nemmersdorf und Metgethen etwa in Allenstein oder in Treuenbrietzen[21]. Deutliche Ähnlichkeiten zur Geheimen Feldpolizei entwickelte Smerš, die „Abwehr" der Roten Armee. Ihre Tätigkeit richtete sich freilich vor allem gegen „verdächtige" Landsleute.

Was das Ausmaß an Gewalt gegen Zivilisten und Kriegsgefangene angeht, so lässt sich als Parallelfall zur Wehrmacht nur die kaiserlich japanische Armee bei der Besetzung Ost- und Südostasiens seit 1937 heranziehen. Hier ist zu berücksichtigen, dass die japanische Armee tatsächlich über die höchste Autonomie im Vergleich aller Großdiktaturen der 1930er/40er Jahre verfügte und somit die Planung und Durchführung der Besatzung weitgehend selbst bestimmte. Die japanische Herrschaft in Asien offenbarte, vor allem zwischen 1937 und 1941, ähnliche Ausmaße an exzessiver Gewalt wie die deutsche Besatzung in der Sowjetunion, unter anderem auch organisierte Hungersnöte. Das brutale Vorgehen gegen Kriegsgefangene im „Rassenkrieg" war beiden Armeen gemeinsam, von Seiten der Japaner wurde er auch gegen Westalliierte praktiziert[22]. Dennoch ist auf die unterschiedlichen Rahmenbedingungen zu verweisen: Vor allem fehlen in Japan offensichtlich die zentralen Elemente einer totalitären Diktatur, die Weichenstellungen für Massenverbrechen durch die Politiker und der Einfluss paralleler Polizeiapparate. Zudem zeigte sich die japanische Politik in der Lage, 1942/43 eine tendenzielle Wende in ihrer Besatzungspolitik herbeizuführen. Unter ähnlichen Ausgangsbedingungen wie im deutschen Fall, nämlich der Ausnutzung antiimperialer Bewegungen, hier gegen Frankreich/Großbritannien gerichtet, gelang es den Japanern, das Ruder einigermaßen herumzureißen. Die deutsche Besatzungsmacht blieb bei ihren zaghaften Ansätzen, die Nichtrussen gegen die Russen zu mobilisieren, förderte dann aber auch die Kollaboration der Russen selbst[23].

Deutlich anders gerierten sich die Armeen der demokratischen Westalliierten. Selbst wenn auch in deren Reihen einzelne Einheiten für Kriegsverbrechen, etwa die Erschießung von Kriegsgefangenen, verantwortlich waren, so blieben dies doch Ausnahmefälle, die zudem oft militärgerichtlich geahndet wurden[24]. Der

[21] Vgl. Manfred Zeidler, Kriegsende im Osten. Die Rote Armee östlich von Oder und Neiße 1944/45. München 1996; Stanisław Piechocki, Olsztyn styczeń 1945. Portret miasta. Olsztyn 2000, S. 130ff.; Ulrich Gansert, Erinnerungen an Treuenbrietzen. Gedächtnis und Geschichte. Frankfurt a. M. u. a. 2003. Erster Ansatz eines Vergleichs: Gennadij Bordjugow, Wehrmacht und Rote Armee – Verbrechen gegen die Zivilbevölkerung. Charakter, Grundlagen und Bewußtsein von Menschen unter Kriegsbedingungen, in: Verführungen der Gewalt, S. 1213-1260.
[22] Vgl. Bernd Martin, Japanische Kriegsverbrechen und Vernichtungspraktiken während des Pazifischen Krieges (1937-1945), in: Lager, Zwangsarbeit, Vertreibung und Deportation. Dimensionen des Massenverbrechens in der Sowjetunion und in Deutschland 1933 bis 1945. Hg. von Dittmar Dahlmann, Gerhard Hirschfeld. Essen 1999, S. 133-151; Yuji Ishida, Der „totale" Krieg und die Verbrechen des japanischen Militärs 1931-1945, in: ZfG 48 (2000), S. 525-540.
[23] Vgl. Mulligan, Politics of Illusion and Empire, S. 40f.
[24] De Zayas, Wehrmacht-Untersuchungsstelle, S. 254ff., 366ff.

Krieg der US Army gegen das kaiserliche Japan zeichnete sich durch eine hohe rassistische Aufladung gegen die „Gelben" aus, jedoch kaum durch Massenverbrechen an japanischen Soldaten oder gar Zivilisten[25]. Deutlich radikaler verhielten sich die Demokratien bekanntlich im Kontext kolonialer oder postkolonialer Guerillakriege, die nicht zum Zweiten Weltkrieg zu zählen sind.

Welche Schlüsse lassen sich aus diesen kurzen komparatistischen Überlegungen ziehen? Die Wehrmacht zeigte Kennzeichen vieler Armeen von Diktaturen der 1930er und 1940er Jahre. Extreme nationalistische und imperialistische Haltungen prägten die Führungsschicht fast aller dieser Streitkräfte. Ein ideologisch definierter Feindbegriff, der sowohl das gegnerische Militär als auch die Zivilbevölkerung umfasste, bündelte und förderte weit verbreitete Vorurteile, die im militärischen Konflikt leicht mobilisiert werden konnten. In dieser Konstellation sollten die Regelungen des Völkerrechts nicht gelten, so explizit im Falle der japanischen und der deutschen Armee[26]. Das Zusammentreffen des imperialen Anspruchs mit der rassistischen Grundeinstellung entfaltete unter den Bedingungen des modernen Krieges eine verheerende Wirkung für die Zivilisten und die Kriegsgefangenen des Gegners. So erschienen Ausbeutung, zumal für die eigene Kriegsmaschinerie, und äußerste Gewalt gegen jede Art Widerstand als legitim. Entscheidend für die Wehrmacht war jedoch ihre Einbindung in die nationalsozialistische Diktatur und die von dieser gestellte Aufgabe, den ideologischen „Todfeind" mit allen Mitteln niederzuwerfen. So sorgte die Wehrmachtführung in Zusammenarbeit mit der NS-Spitze für die Konstruktion der Feldzugsarchitektur, sowohl durch die militärische Planung als auch durch die kriminelle „Strukturpolitik" zur Absicherung der militärischen Operationen. Anders als das japanische Militär war die Wehrmacht dabei nur noch begrenzt autonom; ihren Anspruch auf politische Mitsprache hatte sie ja 1938/39 aufgegeben. Sie unterlag sowohl der Führung durch Hitler als auch der Arbeitsteilung mit dem Wirtschafts- und dem SS-Polizeiapparat.

Die Verbündeten der Achsenstaaten spielten in der Planung und Politik keine wichtige Rolle, sie erfüllten eher Hilfsfunktionen. Näherer Betrachtung bedarf noch eine vergleichende Analyse der Handlungsspielräume von Militärs in allen Systemen, sowohl was die politische Einbindung als auch das kulturelle Selbstverständnis betrifft. Wirkte sich die deutsche Tradition der Auftragstaktik, die ja einen operativen Sinn hatte, auch auf das Vorgehen gegen Zivilisten und Kriegsgefangene aus? Wie stand es um die Möglichkeit zur Umgehung oder gar Verweigerung von Befehlen in solchen Fällen bei den einzelnen Armeen? Zumindest innerhalb der Roten Armee waren innere Disziplinierung und Repression extrem ausgeprägt[27].

Der deutsche militärische Besatzungsapparat trug einen Teil der Massenverbrechen mit, so besonders die Tötung von Kommunisten, von jüdischen Männern,

---

[25] John W. Dower, War Without Mercy. Race and Power in the Pacific War. New York 1986, S. 66ff., 330f. (auch zu Verbrechen französischer Einheiten in Indochina 1941); expliziter Vergleich: James Weingartner, War against Subhumans: Comparisons between German War against the Soviet Union and American War against Japan, in: The Historian 58 (1996), S. 557–573, hier 572f.

[26] Auch bulgarische Oberkommandos setzten am 6.10.1941 die Gültigkeit der Genfer Konvention für die Kriegführung außer Kraft, Opfer, Im Schatten des Krieges, S. 309.

[27] Plastisch: Merridale, Iwans Krieg, S. 126ff.

oftmals von Anstaltsinsassen und Roma. Über die darüber hinausgehenden Morde, also die großen Massaker im Rahmen der Partisanenbekämpfung, das Hungersterben eines großen Teils der Kriegsgefangenen und der urbanen Bevölkerung in den Armeegebieten, entspannen sich längere Debatten, in begrenztem Ausmaß auch über die Totalvernichtung der Juden. Freilich setzte sich in der Regel die radikalere Seite durch, sowohl im Sinne der NS-Führung als auch mit dem Argument vermeintlicher oder echter militärischer Notwendigkeit.

Im Vergleich wird deutlich, dass der ausschlaggebende Faktor für die Sonderrolle der Wehrmacht darin liegt, dass allein sie wichtige Aufgaben im Kontext einer extremen Diktatur übernahm, d. h. sie sollte nicht nur die Sowjetunion erobern, sondern im Operationsgebiet die Funktion dieser Diktatur weitgehend übernehmen, wenn ihr auch in der „Gegnerbekämpfung" der SS- und Polizeiapparat zur Seite stand.

Wie in den anderen Armeen, die radikale Besatzungspolitik betrieben, machten sich nur die wenigsten der zuständigen Militärs zur Gänze klar, auf was für ein aussichtsloses und monströses Unterfangen sie sich da eingelassen hatten. Befangen in schrankenlosem Nationalismus und in der Überzeugung, einen legitimen Kampf zu führen, galten die Massenverbrechen eher als unerfreuliche Begleiterscheinungen des militärischen Ringens. Als Letzteres schiefzugehen drohte, wurde der Mythos geboren, dass man mit den Verbrechen nichts zu tun gehabt habe. Ohne Zweifel sind aber nicht allen Soldaten die moralischen Maßstäbe entglitten. Es waren vor allem einfache Mannschaftsdienstgrade oder Offiziere, die frühzeitig erkannten, dass sie sich in einem gigantischen verbrecherischen Unternehmen befanden, und die sich trotzdem ihre Menschlichkeit zu bewahren suchten. Davon gab es leider viel zu wenige.

Abkürzungen

A	Gruppe Arbeit
AA	Auswärtiges Amt
Abt.	Abteilung
Abw.	Abwehr
ADAP	Akten zur deutschen auswärtigen Politik
AGSSt.	Armee-Gefangenen-Sammelstelle
AK	Armeekorps
Ano.	Anordnung
AO	Abwehroffizier
AOK	Armee-Oberkommando
AoStKom	Außerordentliche Staatskommission zur Untersuchung der deutsch-faschistischen Verbrechen
ASt.	Außenstelle
Ausl./Abw.	Amt Ausland/Abwehr
AWiFü	Armee-Wirtschaftsführer
BA	Bundesarchiv Berlin-Lichterfelde
BAL	Bundesarchiv, Abt. Ludwigsburg
BA-MA	Bundesarchiv, Abt. Militärarchiv, Freiburg i. Br.
Batl.	Bataillon
BB	Berufsförderung und Berufserziehung
BdE	Befehlshaber des Ersatzheeres
BdS	Befehlshaber der Sicherheitspolizei und des SD
Berück	Befehlshaber des rückwärtigen Heeresgebietes
Bes.Ano.	Besondere Anordnung(en)
BMdI	Bundesministerium des Innern
CAMO	Central'nyj Archiv Ministerstva Oborony [Zentralarchiv des Verteidigungsministeriums]
CDAHO	Central'nyj deržavnyj archiv hromads'kych ob'jednan' Ukraïny [Zentrales Staatsarchiv der gesellschaftlichen Organisationen der Ukraine]
CDAVO	Central'nyj deržavnyj archiv vyščych orhaniv vlady ta upravlinnja Ukraïny [Zentrales Staatsarchiv der obersten Staatsorgane und Verwaltungen der Ukraine]
CdO	Chef der Ordnungspolizei
CdS	Chef der Sicherheitspolizei und des SD
CdZ	Chef der Zivilverwaltung
ChdSt.	Chef des Stabes

DA	Deržavnyj Archiv [Staatsarchiv]
DDR	Deutsche Demokratische Republik
Div.bef.	Divisionsbefehl
Dok.-Slg.	Dokumenten-Sammlung
DRZW	Das Deutsche Reich und der Zweite Weltkrieg
Egr.	Einsatzgruppe
Ek	Einsatzkommando
EM	Ereignismeldung
FHO	Fremde Heere Ost
FK	Feldkommandantur
fr.	frame
FS	Fernschreiben
g.K.Chefs.	Geheime Kommandosache/Chefsache
g.Kdos.	Geheime Kommandosache
GA	Gosudarstvennyj Archiv [Staatsarchiv]
GARF	Gosudarstvennyj Archiv Rossijskoj Federacii
GBA	Generalbevollmächtigter für den Arbeitseinsatz
Geb.div.	Gebirgsdivision
Gen.	General
Gen.d.I.	General der Infanterie
Gen.lt.	Generalleutnant
Gen.maj.	Generalmajor
Gen.ob.	Generaloberst
GenQu	Generalquartiermeister
GenSt	Generalstab
GenStH	Generalstab des Heeres
Gestapo	Geheime Staatspolizei
GFP	Geheime Feldpolizei
GPU	Glavnoe Političeskoe Upravlenie [bis 1934 Geheimpolizei der UdSSR]
Gr.R.Wes.	Gruppe Rechtswesen
GUPVI	Glavnoe Upravlenie po delam voennoplennych i internovannych [Hauptverwaltung für Kriegsgefangene und Internierte des NKVD]
GVPl.	Geschäftsverteilungsplan
H.Dv.	Heeres-Druckvorschrift
H.Geb.	Heeresgebiet
Hgr.	Heeresgruppe
Hipo	Hilfspolizei
Hptm.	Hauptmann
HRü	Heeresrüstung
HSSPF	Höherer SS- und Polizeiführer

ID	Infanteriedivision
IfZ	Institut für Zeitgeschichte, München
IMT	Der Prozeß gegen die Hauptkriegsverbrecher. 42 Bde., Nürnberg 1947–49.
IR	Infanterieregiment
KdO	Kommandeur der Ordnungspolizei
Kdo.	Kommando
KdS	Kommandeur der Sicherheitspolizei und des SD
Kdt.	Kommandant
Kdturbefehl	Kommandanturbefehl
Kgf.	Kriegsgefangene(n)
Kgf.Bez.Kdt.	Kriegsgefangenen-Bezirkskommandant
Korück	Kommandant des rückwärtigen Armeegebietes
KPdSU	Kommunistische Partei der Sowjetunion
Kr.verw.	Kriegsverwaltung
KTB	Kriegstagebuch
KV	Kriegsverwaltung
KVVChef	Kriegsverwaltungsvizechef
La	Gruppe Landwirtschaft
LG	Landgericht
LSchB	Landesschützenbataillon
Lt.San.offz.	Leitender Sanitätsoffizier
m.d.W.d.G.b.	mit der Wahrnehmung der Geschäfte beauftragt
MBF	Militärbefehlshaber
MGM	Militärgeschichtliche Mitteilungen
Mil.verw.	Militärverwaltung
MinRat	Ministerialrat
NARB	Nacional'nyj Archiv Respubliki Belarus' [Nationalarchiv der Republik Belarus]
NKGB	Narodnyj Komissariat Gosudarstvennoj Bezopasnosti [Volkskommissariat für Staatssicherheit]
NKVD	Narodnyj Komissariat Vnutrennych Del [Volkskommissariat für Inneres]
NSDAP	Nationalsozialistische Deutsche Arbeiterpartei
OB	Oberbefehlshaber
ObdH	Oberbefehlshaber des Heeres
ObKdo.	Oberkommando
OFK	Oberfeldkommandantur
OK	Ortskommandantur
OKH	Oberkommando des Heeres
OKW	Oberkommando der Wehrmacht

Op.abt.	Operationsabteilung
Op.geb.	Operationsgebiet
OQu	Oberquartiermeister
Org. Abt.	Organisationsabteilung
Orpo	Ordnungspolizei
OT	Oberst
OTL	Oberstleutnant
OUN	Orhanizacija Ukraïns'kych Nacionalistiv [Organisation Ukrainischer Nationalisten]
PAAA	Politisches Archiv des Auswärtigen Amtes
Pers.Stab	Persönlicher Stab
PK	Propaganda-Kompanie
Pol.bat.	Polizeibataillon
Pol.rgt.	Polizeiregiment
ProMi	Reichsministerium für Propaganda und Volksaufklärung
Prop.Abt.	Propaganda-Abteilung
Pz.Gr.	Panzergruppe
PzAOK	Panzer-Armeeoberkommando
PzDiv.	Panzerdivision
PzK	Panzerkorps
Qu	Quartiermeister
RFSS	Reichsführer-SS
Rgt.	Regiment
RGVA	Rossijskij Gosudarstvennyj Voennyj Archiv
RMdI	Reichsministerium des Innern
RMfbO	Reichsministerium für die besetzten Ostgebiete
RSHA	Reichssicherheitshauptamt
RüInsp.	Rüstungsinspektor
Schupo	Schutzpolizei
SD	Sicherheitsdienst der SS
Sdf.	Sonderführer
Sich.Div.	Sicherungsdivision
Sipo	Sicherheitspolizei (Gestapo/Kripo)
Sk	Sonderkommando
SS	Schutzstaffel
StA	Staatsanwaltschaft
Stadtkdtur	Stadtkommandantur
Stokdtur	Standortkommandantur
UNKVD	Upravlenie Narodnoj Kommissariata Vnutrennych Del [Oblastverwaltung des NKVD]
USHMM	United States Holocaust Memorial Museum

VAA	Vertreter des Auswärtigen Amtes
Verw.	Verwaltung
VfZ	Vierteljahrshefte für Zeitgeschichte
VHA	Vojenský historický archiv, Prag
VIŽ	Voenno-istoryčnyj žurnal
VO	Verbindungsoffizier
WBO	Wehrmachtbefehlshaber Ostland
WBU	Wehrmachtbefehlshaber Ukraine
WFSt.	Wehrmachtführungsstab
WiIn	Wirtschaftsinspektion
Wikdo.	Wirtschaftskommando
WiRüAmt	Wirtschaftsrüstungsamt im OKW
WiStOst	Wirtschaftsstab Ost
WPr	Wehrmachtpropaganda
YVA	Yad Vashem Archives
z.b.V.	zur besonderen Verwendung
ZfG	Zeitschrift für Geschichtswissenschaft
ZStL	Zentrale Stelle der Landesjustizverwaltungen, Ludwigsburg
Ia	Führungs-Abteilung
Ib	Quartiermeister-Abteilung
Ic	Aufklärungs-Abteilung
IIa	1. Adjutant
III	Gericht
IVa	Intendant
IVb	Arzt
IV Wi	Verbindungsoffizier zum WiRüAmt
VII	Abteilung Kriegsverwaltung

Quellen- und Literaturverzeichnis

Unveröffentlichte Quellen

Bundesarchiv, Abt. Militärarchiv, Freiburg i. Br. (BA-MA)

RW 2	Oberkommando der Wehrmacht (Rechtsabteilung)
RW 4	OKW/Wehrmachtführungsstab
RW 5	Amt Ausland/Abwehr
RW 6	OKW/Allgemeines Wehrmachtamt
RW 19	Wehrwirtschafts-Rüstungsamt
RW 30	Rüstungsdienststellen in den Reichskommissariaten
RW 31	Wirtschaftsstab Ost
RW 41	Territoriale Befehlshaber in der Sowjetunion
RW 46	Nachgeordnete Dienststellen des Wirtschaftsrüstungsamts
RW 49	Dienststellen und Einheiten der Abwehr
RH 2	Oberkommando des Heeres
RH 3	Generalquartiermeister des Heeres
RH 4	Chef des Transportwesens
RH 12-23	Heeressanitätsinspektion
RH 19 I	Heeresgruppe Süd, B
RH 19 II	Heeresgruppe Mitte
RH 19 III	Heeresgruppe Nord
RH 19 V	Heeresgruppe A, Südukraine
RH 19 VI	Heeresgruppe Don, Süd, Nordukraine
RH 20	Armeen (AOK 2, 4, 6, 9, 11, 16, 17, 18)
RH 21	Panzer-Armeeoberkommandos (1-4)
RH 22	Befehlshaber rückwärtige Heeresgebiete
RH 23	Kommandanten rückwärtige Armeegebiete
RH 24	Generalkommandos (III., XXIV., XXIX, XXX., LI., LV. AK)
RH 26	Divisionen (8., 11., 22., 44., 46., 50., 57., 60., 62., 68., 72., 73., 75., 87., 95., 99., 113., 137., 162., 170., 252., 255., 339., 707. ID, 201., 203., 207., 213, 221., 281., 285., 286., 403., 444., 454. Sich.div.)
RH 28	Gebirgsdivisionen (1.)
RH 31 I	Deutsche Heeresmission Rumänien
RH 36	Kommandanturen
RH 37	Verbände der Infanterie
RH 48	Ordnungstruppen, Geheime Feldpolizei
RH 49	Kriegsgefangenenlager
N 76	Nachlass Auleb
N 441	Nachlass Gullmann
N 510	Nachlass Eduard Wagner
N 532	Nachlass Mittermaier
RHD	Drucksachen

Mikrofilme M-819, WF-01/18990, WF-02/9121, WF-03/9119-23

Bundesarchiv Berlin (BA)

NS 19	Persönlicher Stab Reichsführer-SS
R 6	Reichsministerium für die besetzten Ostgebiete
R 19	Hauptamt Ordnungspolizei
R 20	Einheiten und Schulen der Ordnungspolizei
R 43 II	Reichskanzlei
R 55	Reichsministerium für Propaganda und Volksaufklärung
R 58	Reichssicherheitshauptamt
R 70	Polizeidienststellen in den besetzten Gebieten
R 2104	Reichshauptkasse

Bundesarchiv, Abteilung Ludwigsburg (BAL)

449 AR 1062/69
Dokumentensammlung: CSSR, UdSSR, USA, Verschiedenes

Politisches Archiv des Auswärtigen Amtes, Berlin (PAAA)

Pol.Abt. XIII, Nr. 25 Berichte der VAA bei den AOK
Kult.pol.: Akten der VAA bei den Armeen

Institut für Zeitgeschichte, München (IfZ)

Drucksachensammlung: Da 34.08, 40.01
Kopiensammlung: F, Fa, Fb
Gerichtssachensammlung: Gd 05.22, Gd 07.54, Gy 10
Mikrofilmsammlung: MA, vorläufige Signaturen MFB, T-77, T-501
Nürnberger Dokumente
Zeugenschrifttum: ZS

US Holocaust Memorial Museum, Washington (USHMM)

Mikrofilmkopien folgender Archive:
RG-06.025M FSB-Archiv Moskau (Archiv Federalnoj Služby Bezopasnosti Rossijskoj Federacii)
RG-11.001M Russisches Staatliches Militärarchiv (RGVA)
RG-18.002M Lettisches Zentrales Staatsarchiv (Latvijas Centralais Valsts vestures arhivs)
RG-22.002M Staatliches Archiv der Russischen Föderation (GARF)
RG-31.002M Zentrales Staatsarchiv der Ukraine (CDAVO)
RG-31.010M Oblastarchiv Charkow (Deržavnyj archiv Charkivs'koï Oblasti)
RG 48.004M Kriegshistorisches Archiv Prag (VHA)
RG-53.002M Nationalarchiv Republik Belarus (NARB)
RG-53.006M Oblastarchiv Mogilev (Gosudarstvennyj Archiv Mogilevskoj Oblasti)
1996.A.0150 Oblastarchiv Chmel'nyc'kyj (Deržavnyj archiv Chmel'nyc'koï Oblasti)

National Archives, London

HW 16 German Police Decodes
WO 208 Combined Services Detailed Interrogation Center

Yad Vashem Archives, Jerusalem (YVA)

M-37 Archive Ukraine
M-40 CAMO
M-62 Archive RSFSR

Zentrales Archiv des Verteidigungsministeriums, Podol'sk (CAMO)
Fond 500 Beuteakten

Einzelstücke
Deutsches Rundfunkarchiv, Frankfurt a. M., Hitler-Rede, 18.12.1940

Literaturverzeichnis

Abgehört. Deutsche Generäle in britischer Kriegsgefangenschaft 1942–1945. Hg. von Sönke Neitzel, München 2005
Abramson, Henry: A Prayer for the Government. Jews and Ukrainians in Revolutionary Times, 1917–1920. Cambridge 1999
Absolon, Rudolf: Das Offizierskorps des deutschen Heeres 1935–1945, in: Das deutsche Offizierskorps, 1860–1960. Hg.von Hanns Hubert Hofmann. Boppard a. Rh. 1980, S.247–262
Absolon, Rudolf: Die Wehrmacht im Dritten Reich. Band 5. Boppard a. Rh. 1988
Actes et documents du Saint Siège relatifs à la seconde Guerre Mondiale. Hg. von Pierre Blet u. a. Band 8: Le Saint Siège et les victimes de la guerre (Janvier 1941–Décembre 1942), Cittá del Vaticano 1974
Akten zur deutschen auswärtigen Politik. Serie D, Band 12. Göttingen 1969; Serie E, Band 5. Göttingen 1979
Alberti, Michael: Die Verfolgung und Vernichtung der Juden im Reichsgau Wartheland 1939–1945. Stuttgart 2006
Al'tman, Il'ja: Žertvy nenavisti. Cholokost v SSSR 1941–1945 gg. Moskva 2002
Aly, Götz: Hitlers Volksstaat. Raub, Rassenkrieg und nationaler Sozialismus. Frankfurt 2005
Ancel, Jean: Transnistria 1941–1942. The Romanian Mass Murder Campaigns. 3 Bde. Tel Aviv 2003
Anderson III, Truman Oliver: The Conduct of Reprisals by the German Army of Occupation in Southern USSR, 1941–1943. Diss. phil. Univ. of Chicago 1995
Anderson, Truman O.: Die 62. Infanterie-Division, in: Vernichtungskrieg, S.297–322
Anderson, Truman O.: Germans, Ukrainians, and Jews: Ethnic Politics in Heeresgebiet Süd, June–December 1941, in: War in History 3 (2000), S.325–351
Anderson, Truman O.: Incident at Baranivka: German Reprisals and the Soviet Partisan Movement in Ukraine, October–December 1941, in: Journal of Modern History 71 (1999), S.585–623
Angrick, Andrej: Besatzungspolitik und Massenmord. Die Einsatzgruppe D in der südlichen Sowjetunion 1941–1943. Hamburg 2003
Angrick, Andrej: The Escalation of German-Rumanian Anti-Jewish Policy after the Attack on the Soviet Union, in: Yad Vashem Studies 26 (1998), S.203–238
Angrick, Andrej: Zur Rolle der Militärverwaltung bei der Ermordung der sowjetischen Juden, in: „Wir sind die Herren des Landes", S.104–123
Anisimov, Oleg: The German Occupation in Northern Russia During World War II: Political and Administrative Aspects. New York 1954
The Anti-Soviet Resistance in the Baltic States. Hg. von Arvydas Anušauskas, Vilnius 1999
Anvaer, Sofija: Krovotočit moja pamjat'. Iz zapisok studentki-medički. Moskva 2005

Arad, Yitzhak: Ghetto in Flames. The Struggle and Destruction of the Jews in Vilna in the Holocaust. Jerusalem 1980

Arad, Yitzhak: Plunder of Jewish Property in the Nazi-Occupied Areas of the Soviet Union, in: Yad Vashem Studies 29 (2001), S. 109-148

Arad, Yitzhak: Stalin and the Soviet Leadership: Responses to the Holocaust, in: Remembering for the Future. The Holocaust in an Age of Genocide. Hg. von Joseph K. Roth und Elisabeth Maxwell. Basingstoke, New York 2002, Band 1, S. 355-370

Arad, Yitzhak: Toledot has-So'a: Berit ham-Moa-sot we-has-setahim ha-mesuppahim. 2 Bde. Yerušalayim 2004

Archivy okupacïï 1941-1944. Band 1. Bearb. von Natalija Makovs'ka. Kyïv 2006

Armstrong, John A.: The Soviet Bureaucratic Elite. A Case Study of the Ukrainian Apparatus. New York 1959

Armstrong, John A.: Ukrainian Nationalism 1939-1945. 3.Aufl. New York 1990

Arnold, Klaus Jochen: „Einfaches Rechnen bis höchstens 500"? Die deutsche Militärverwaltung und das Schulwesen in den besetzten sowjetischen Gebieten 1941-1944, in: Kontrapunkt, S. 71-82

Arnold, Klaus Jochen: Die Eroberung und Behandlung der Stadt Kiew durch die Wehrmacht im September 1941, in: MGM H. 58, 1999, S. 23-63

Arnold, Klaus Jochen: Die Wehrmacht und die Besatzungspolitik in den besetzten Gebieten der Sowjetunion: Kriegführung und Radikalisierung im „Unternehmen Barbarossa". Berlin 2005

Artemovskij Babij Jar. Red. D. L. Vigdergrauz. Artemovsk 2000

Aslanow, Anatolij: Von der Wolga an die Ruhr. Begegnungen mit Deutschen in Krieg und Frieden. Köln 1987

Astachov, Petr: Zigzagy sud'by. Iz žizni sovetskogo voennoplennogo i sovetskogo zeka. Moskva 2005

Audoin-Rouzeau, Stéphane/Annette Becker, 14-18, retrouver la guerre. Paris 2000

Die Aufzeichnungen des Generalmajors Max Hoffmann. Hg. von Karl Friedrich Nowak. Berlin 1929

Aus dem Kriegstagebuch des Diplomaten Otto Bräutigam. Hg. von H. D. Heilmann, in: Biedermann und Schreibtischtäter. Materialien zur deutschen Täter-Biographie. Von Götz Aly u. a. Berlin 1987, S. 123-187

Ausbeutung, Vernichtung, Öffentlichkeit. Neue Studien zur nationalsozialistischen Lagerpolitik. Hg. von Norbert Frei, Sybille Steinbacher, Bernd C. Wagner. München 2000

Baberowski, Jörg: Der rote Terror. Die Geschichte des Stalinismus. München 2003

Bacon, Edwin: The Gulag at War. Stalin's Forced Labor System in the Light of the Archives. London 1994

Bald, Detlev: Die „Weiße Rose". Von der Front in den Widerstand. München 2003

Barth, Boris: Dolchstoßlegenden und politische Desintegration. Das Trauma der deutschen Niederlage im Ersten Weltkrieg 1914-1933. Düsseldorf 2003

Bartov, Omer: The Eastern Front 1941-45. German Troops and the Barbarisation of Warfare. London 1986

Bartov, Omer: Hitlers Wehrmacht. Soldaten, Fanatismus und die Brutalisierung des Krieges. Reinbek 1995

Baumgart, Winfried: Deutsche Ostpolitik 1918. Von Brest-Litowsk bis zum Ende des Ersten Weltkrieges. München, Wien 1966

Baumgart, Winfried: General Groener und die deutsche Besatzungspolitik in der Ukraine 1918, in: Geschichte in Wissenschaft und Unterricht 21 (1970), S. 325-340

Baur, Johannes: Die Revolution und die „Weisen von Zion". Zur Entwicklung des Russlandbildes in der frühen NSDAP, in: Deutschland und die russische Revolution, S. 165-190

Beck, Birgit: Wehrmacht und sexuelle Gewalt. Sexualverbrechen vor deutschen Militärgerichten 1939-1945. Paderborn u. a. 2004

Becker, Annette: Life in an Occupied Zone: Lille, Roubaix, Tourcoing, in: Facing Armageddon. The First World War Experienced. Hg. von Hugh Cecil u. a. London 1996, S. 630-641

Becker, Felicitas/Jigal Beez, Der Maji-Maji-Krieg in Deutsch-Ostafrika 1905–1907, Berlin 2005
Bergien, Rüdiger: Vorspiel des „Vernichtungskrieges"? Die Ostfront des Ersten Weltkriegs und das Kontinuitätsproblem, in: Die vergessene Front. Der Osten 1914/15. Hg. von Gerhard P. Groß. Paderborn u. a. 2006, S. 393–408
Der Bericht der Internationalen Historikerkommission [zum Fall Waldheim]. Wien 1988
Berkhoff, Karel C.: Harvest of Despair. Life and Death in Ukraine under Nazi Rule. Cambridge, Mass. 2004
Berkhoff, Karel C.: The „Russian" Prisoners of War in Nazi-Ruled Ukraine as Victims of Genocidal Massacre, in: Holocaust and Genocide Studies 15 (2001), S. 1–32
Berkhoff, Karel C.: Was There a Religious Revival in Soviet Ukraine under the Nazi Regime?, in: Slavonic and East European Review 78 (2000), S. 536–567
Bernheim, Robert: The Commissar Order and the 17th German Army. Diss. phil. McGill University Montreal 2005
Besatzung. Funktion und Gestalt militärischer Fremdherrschaft von der Antike bis ins 20. Jahrhundert. Hg. von Günther Kronenbitter, Markus Pöhlmann, Dierk Walter. Paderborn u. a. 2006
Bezsmertja. Knyha Pam'jati Ukraïny 1941–1945. Red. I.O. Herasymov u. a. Kyïv 2000
Biess, Frank: „Russenknechte" und „Westagenten". Kriegsheimkehrer und die (De)legitimierung von Kriegsgefangenschaftserfahrungen in Ost- und Westdeutschland nach 1945, in: Nachkrieg in Deutschland. Hg. von Klaus Naumann. Hamburg 2001, S. 59–89
Birn, Ruth Bettina: Die Höheren SS- und Polizeiführer. Himmlers Vertreter im Reich und in den besetzten Gebieten. Düsseldorf 1986
Birn, Ruth Bettina: Die Sicherheitspolizei in Estland 1941–1944. Eine Studie zur Kollaboration im Zweiten Weltkrieg. Paderborn u. a. 2006
Birn, Ruth Bettina: Wehrmacht und Wehrmachtangehörige in den deutschen Nachkriegsprozessen, in: Wehrmacht. Mythos und Realität, S. 1081–1099
Birn, Ruth Bettina: „Zaunkönig" an „Uhrmacher". Große Partisanenaktionen 1942/43 am Beispiel des „Unternehmens Winterzauber", in: Militärgeschichtliche Zeitschrift 60, 2001, S. 99–118
Blood, Philip H.: Hitler's Bandit Hunters. The SS and the Nazi Occupation of Europe. Washington, D.C. 2006
Bodea, Gh. I. / Vasile T. Suciu, Ilie I. Puscas, Administratia militara horthysta în nord-vestul României septembrie – noiembrie 1940. Cluj 1988
Boeckh, Katrin: Die Rekonstruktion des sowjetischen Systems nach dem Zweiten Weltkrieg. Unveröff. Habil. Univ. München 2003
Boeckh, Kathrin: Die Religionsfront. Ukrainische Kirchen unter deutscher Militärverwaltung 1941/42, in: Slavica Tarnopolensia 8 (2001), S. 60–85
Böckler, Hans: Der Entschluss. Die Flucht eines aktiven deutschen Offiziers 1942 von der Krim in die Schweiz. Schaffhausen 2004
Böhler, Jochen: „Tragische Verstrickung" oder Auftakt zum Vernichtungskrieg? Die Wehrmacht in Polen 1939, in: Genesis des Genozids, S. 36–56
Böhler, Jochen: Auftakt zum Vernichtungskrieg. Die Wehrmacht in Polen 1939. Frankfurt a. M. 2006
Bojarskij, Vjačeslav I.: Partizany i armija. Istorija uterjannych vozmožnostej. Minsk 2003
Boll, Bernd: Generalfeldmarschall Walter von Reichenau, in: Hitlers militärische Elite, S. 195–202
Boll, Bernd: Zloczow, Juli 1941: Die Wehrmacht und der Beginn des Holocaust in Galizien, in: ZfG 50 (2002), S. 899–917
Bor, Peter [d.i. Paul Lüth]: Gespräche mit Halder. Wiesbaden 1950
Bordjugow, Gennadij: Wehrmacht und Rote Armee – Verbrechen gegen die Zivilbevölkerung. Charakter, Grundlagen und Bewußtsein von Menschen unter Kriegsbedingungen, in: Verführungen der Gewalt, S. 1213–1260
Borowsky, Peter: Sowjetrussland in der Sicht des deutschen Auswärtigen Amts und der Reichswehrführung 1918–1923, in: Der Westen und die Sowjetunion. Einstellungen und Politik gegenüber der UdSSR in Europa und in den USA seit 1917. Hg. von Gottfried Niedhart. Paderborn 1983

Boroznjak, A. I.: Vozvraščennaja pamjat'. Dnevnik stalingradskoj učitelnicy. Avgust – sentjabr' 1942-go, in: Ženščina i vojna. 1941–1945. Rossija i Germanija. Materialy Meždunarodnoj naučnoj konferencii g. Volgograd, 12–13 maja 2005 g. Red. N. E. Vaškau u. a. Volgograd 2006, S. 94–99

Boterbloem, Kees: Life and Death Under Stalin: Kalinin Province, 1945–1953. Montreal u. a. 1999

Braham, Randolph L.: The Politics of Genocide. The Holocaust in Hungary. New York 1981

Brakel, Alexander: Baranowicze 1939–1944. Eine Region der kresy wschodnie unter sowjetischer und deutscher Besatzung. Diss. phil. Univ. Mainz 2006

Brammer, Uwe: Spionageabwehr und „Geheimer Meldedienst". Die Abwehrstelle X im Wehrkreis Hamburg 1935–1945. Freiburg 1989

Bräutigam, Otto: So hat es sich zugetragen ... Ein Leben als Soldat und Diplomat. Würzburg 1968

Bräutigam, Otto: Überblick über die besetzten Ostgebiete während des Zweiten Weltkrieges. Tübingen 1954

Breitman, Richard: Nazi Espionage: The Abwehr and SD Foreign Intelligence, in: U.S. Intelligence and the Nazis. Von Richard Breitman u. a. Washington 2004, S. 93–120

Breyer, Wolfgang: Dr. Max Merten – ein Militärbeamter der deutschen Wehrmacht im Spannungsfeld zwischen Legende und Wahrheit. Diss. phil. Univ. Mannheim 2003

Brovkin, Vladimir N.: Behind the Front Lines of the Civil War. Political parties and social movements in Russia, 1918–1922. Princeton, NJ 1994

Brown, Paul B.: The Senior Leadership Cadre of the Geheime Feldpolizei, 1939–1945, in: Holocaust and Genocide Studies 17 (2003), S. 278–304

Buch der Erinnerung. Die ins Baltikum deportierten deutschen, österreichischen und tschechoslowakischen Juden. Bearb. von Wolfgang Scheffler und Diana Schulle. München u. a. 2003

Buchbender, Ortwin: Das tönende Erz. Deutsche Propaganda gegen die Rote Armee im Zweiten Weltkrieg. Stuttgart 1978

Buchsweiler, Meir: Volksdeutsche in der Ukraine am Vorabend und Beginn des zweiten Weltkrieges – ein Fall doppelter Loyalität? Gerlingen 1984

Burds, Jeffrey: The Soviet War Against „Fifth Columnists": The Case of Chechnya, 1942–1944, in: Journal of Contemporary History 42 (2007), S. 267–314

Burgwyn, H. James: Empire On The Adriatic: Mussolini's Conquest of Yugoslavia, 1941–1943. New York 2005

Burgwyn, H. James: General Roatta's War against the Partisans in Yugoslavia: 1942, in: Journal of Modern Italian Studies 9 (2004), S. 314–329

Bußmann, Walter: Die innere Entwicklung des deutschen Widerstandes gegen Hitler, in: ders., Wandel und Kontinuität in Politik und Geschichte. Hg. von Werner Pöls. Boppard a. Rhein 1973, S. 213–228

Bußmann, Walter: „Notizen" aus der Abteilung Kriegsverwaltung beim Generalquartiermeister (1941/42), in: Deutsche Frage und europäisches Gleichgewicht. Hg. von Klaus Hildebrand u. a. Köln u. a. 1985, S. 229–240

Bußmann, Walter: Politik und Kriegführung. Erlebte Geschichte und der Beruf des Historikers, in: Fridericiana. Zeitschrift der Universität Karlsruhe H. 32, 1983, S. 3–16

Čajkovskij, Anatolij: Plen. Za čužie i svoi grechi. (Voennoplennye i internirovannye v Ukraine 1939–1953 gg.) 2. erhebl. erw. Aufl. Kiev 2005

Chiari, Bernhard: Alltag hinter der Front. Besatzung, Kollaboration und Widerstand in Weißrussland 1941–1944. Düsseldorf 1998

Chiari, Bernhard: Geschichte als Gewalttat. Weißrussland als Kind zweier Weltkriege, in: Erster Weltkrieg – Zweiter Weltkrieg, Ein Vergleich. Krieg, Kriegserlebnis, Kriegserfahrung in Deutschland. Hg. von Bruno Thoß, Hans-Erich Volkmann. Paderborn u. a. 2002, S. 615–633

Cohen, Laurie: Germans in Smolensk: Everyday Life under Nazi Occupation, 1941–1943. Diss. phil. Univ. Wien 2002

Connelly, John: Nazis and Slavs: From Racial Theory to Racist Practice, in: Central European History 32 (1999), S. 1–33

Conze, Susanne/ Beate Fieseler, Soviet Women as Comrades-in-Arms, in: The People's War. Responses to World War II in the Soviet Union. Hg. von Robert W. Thurston, Bernd Bonwetsch. Urbana, Chicago 2001, S. 211–234

Cooper, Matthew: The Phantom War. London 1979

Corni, Gustavo: Die Bevölkerung von Venetien unter der österreichisch-ungarischen Besetzung 1917/1918, in: Zeitgeschichte 17 (1989/90), S. 311–329

Corum, James S.: The Roots of Blitzkrieg. Hans von Seeckt and German Military Reform. Lawrence, Kan. 1992

Cottam, Kazimiera Janina: Women in War and Resistance. Selected biographies of Soviet women soldiers. Nepean 1998

Čuev, Sergej Gennad'evič: Specslužby Tret'ego Rejcha. Moskva 2003

Cüppers, Martin: Wegbereiter der Shoah. Die Waffen-SS, der Kommandostab Reichsführer-SS und die Judenvernichtung 1939–1945. Darmstadt 2005

Curilla, Wolfgang: Die deutsche Ordnungspolizei und der Holocaust im Baltikum und in Weißrussland 1941–1944. Paderborn 2006

Dallin, Alexander: Deutsche Herrschaft in Russland 1941–1945. Eine Studie über Besatzungspolitik. Düsseldorf 1958 (engl. 1957)

Dallin, Alexander: Odessa 1941–1944. A Case Study of Soviet Territory under Foreign Rule. Santa Monica, CA. 1957

Dallin, Alexander: The Kaminsky Brigade, in: Revolution and Politics in Russia. Hg. von Alexander und Janet Rabinowitch. Bloomington, Ind. 1973, S. 243–280

Datner, Szymon: 55 dni Wehrmachtu w Polsce. Zbrodnie dokonane na polskiej ludności cywilnej w okresie 1 IX – 25 X 1939. Warszawa 1967

Datner, Szymon: Wehrmacht a ludobójstwo (przyczynek do dziejów drugiej wojny światowej), in: Biuletyn Żydowskiego Instytutu Historycznego H. 4, 1952, S. 86–155

Datner, Szymon: Zbrodnie Wehrmachtu na jeńcach wojennych armii regularnych w II wojnie światowej. Warszawa 1961

Davies, Sarah: Popular Opinion in Stalin's Russia. Terror, Propaganda and Dissent, 1934–1941. Cambridge 1997

DDR-Justiz und NS-Verbrechen, Sammlung ostdeutscher Strafurteile wegen nationalsozialistischer Tötungsverbrechen. Hg. von C .F. Rüter. Band 1. München u. a. 2002

Dean, Martin C.: Jewish Property Seized in the Occupied Soviet Union in 1941 and 1942. The Records of the Reichshauptkasse Beutestelle, in: Holocaust and Genocide Studies 14 (2000), S. 83–101

Dean, Martin: The „Local Police" in Nazi-occupied Belarus and Ukraine as „Ideal Type" of Collaboration, in: „Kollaboration" in Nordosteuropa. Erscheinungsformen und Deutungen im 20. Jahrhundert. Hg. von Joachim Tauber. Wiesbaden 2006, S. 414–433

Demianova, Genia: Comrade Genia: The Story of a Victim of German Bestiality in Russia Told by Herself. London 1941

Demm, Eberhard: Das deutsche Besatzungsregime in Litauen im Ersten Weltkrieg: Generalprobe für Hitlers Ostfeldzug und Versuchslabor des totalitären Staates, in: Zeitschrift für Ostmitteleuropa-Forschung 51 (2002), S. 64–74

Deportation, Sondersiedlung, Arbeitsarmee. Deutsche in der Sowjetunion 1941 bis 1956. Hg. von Alfred Eisfeld, Viktor Herdt. Köln 1996

Deutsche Greuel in Russland. Gerichtstag in Charkow. Wien [1945]

Das Deutsche Reich und der Zweite Weltkrieg. Hg. vom Militärgeschichtlichen Forschungsamt. Band 1: Ursachen und Voraussetzungen der deutschen Kriegspolitik. Von Wilhelm Deist u. a. Stuttgart 1979; Band 4: Der Angriff auf die Sowjetunion. Von Horst Boog u. a. Stuttgart 1983; Band 5: Bernhard R. Kroener, Rolf-Dieter Müller, Hans Umbreit: Organisation und Mobilisierung des deutschen Machtbereichs. Kriegsverwaltung, Wirtschaft und personelle Resourcen. 2 Teilbde., Stuttgart 1988/1999; Band 6: Der globale Krieg. Die Ausweitung zum Weltkrieg und der Wechsel der Initiative 1941–1943. Von Horst Boog u. a. Stuttgart 1990; Band 9/1-2: Die deutsche Kriegsgesellschaft 1939–1945. Hg. von Jörg Echternkamp. München 2004/5 (zit. als DRZW)

Die deutsche Wirtschaftspolitik in den besetzten sowjetischen Gebieten 1941-1943. Der Abschlußbericht des Wirtschaftsstabes Ost und Aufzeichnungen eines Angehörigen des Wirtschaftskommandos Kiew. Hg. von Rolf-Dieter Müller. Boppard 1991

Deutschbalten, Weimarer Republik und „Drittes Reich". Hg. von Michael Garleff. 2 Bde. Köln 2001/2

Deutsche Besatzungspolitik in der UdSSR. Dokumente. Hg. von Norbert Müller. Köln 1980

Deutscher Osten 1939-1945. Der Weltanschauungskrieg in Photos und Texten. Hg. von Klaus-Michael Mallmann, Volker Rieß, Wolfram Pyta. Darmstadt 2003

Dieckmann, Christoph: Der Krieg und die Ermordung der litauischen Juden, in: Nationalsozialistische Vernichtungspolitik. Hg. von Ulrich Herbert. Frankfurt a. M. 1998, S. 292-329

Dieckmann, Christoph: Deutsche Besatzungspolitik und Massenverbrechen in Litauen 1941-1944: Täter, Zuschauer, Opfer. Diss. phil. Univ. Freiburg 2002

Der Dienstkalender Heinrich Himmlers 1941/42. Hg. von Peter Witte u. a. Hamburg 1999

Diewerge, Wolfgang: Deutsche Soldaten sehen die Sowjetunion. Berlin 1941

Dimitrov, Georgi: Tagebücher 1933-1943. Berlin 2000

Dinkel, Christoph: German Officers and the Armenian Genocide, in: Armenian Review 44 (1991), H. 1, S. 77-133

Dirks, Carl/Karl-Heinz Janßen, Der Krieg der Generäle. Hitler als Werkzeug der Wehrmacht. Berlin 1999

Dmitrów, Edmund: Die Einsatzgruppen der deutschen Sicherheitspolizei und des Sicherheitsdienstes zu Beginn der Judenvernichtung im Gebiet von Lomza und Bialystok im Sommer 1941, in: ders., Pawel Machcewicz, Tomasz Szarota, Der Beginn der Vernichtung. Zum Mord an den Juden in Jedwabne und Umgebung im Sommer 1941. Osnabrück 2004, S. 95-208

Dokumente zur Geschichte des Zweiten Weltkrieges in den Staatsarchiven der Republik Belarus. Erw. Neuaufl. Dresden u. a. 2003

Dokumenty obvinjajut. Cholokost: Svidetel'stva Krasnoj Armii. Hg. von F. D. Sverdlov. Moskva 1996

Dokumenty obvinjajut. Sbornik dokumentov o cudovišcnych zverstvach germanskich vlastej na vremenno zachvacennych imi sovetskich territorijach. 2 Bde. Moskva 1943/45

Dower, John W.: War Without Mercy. Race and Power in the Pacific War. New York 1986

Drobjazko, S. I.: Pod znamenem vraga. Antisovetskie formirovanija v sostave germanskich vooruzennych sil 1941-1945 gg. Moskva 2004

Dubina, K.: 778 trahičnych dniv Kyjeva. Kyiv 1945

Dubina, K.: Zlodejanie nemcev v Kieve. Moskva 1945

Dubson, Wadim: On the Problem of Evacuation of the Soviet Jews in 1941 (New Archival Sources), in: Jews in Eastern Europe 40 (1999), H. 3, S. 37-55

Dülffer, Jost: Weimar, Hitler und die Marine. Reichspolitik und Flottenbau 1920-1939. Düsseldorf 1973

Dulić, Tomislav: Utopias of Nation. Local Mass Killing in Bosnia and Herzegovina, 1941-42. Uppsala 2005

Echternkamp, Jörg: Wut auf die Wehrmacht? Vom Bild der deutschen Soldaten in der unmittelbaren Nachkriegszeit, in: Wehrmacht. Mythos und Realität, S. 1058-1080

Eckart, Wolfgang J.: Medizin und Kolonialimperialismus: Deutschland 1884-1945. Paderborn u. a. 1997

Ehrhardt, Arthur: Kleinkrieg. Geschichtliche Erfahrungen und künftige Möglichkeiten. Potsdam [1935]

Eichenberger, Elsi: Als Rotkreuzschwester in Lazaretten an der Ostfront: Smolensk, Kriegswinter 1941/42. Ein Erlebnisbericht. Hg. von Reinhold Busch. 2. Aufl. Berlin 2004

Eichholtz, Dietrich: Geschichte der deutschen Kriegswirtschaft 1939-1945. Band 2: 1941-1943. Berlin 1985

Eikel, Markus: „Weil die Menschen fehlen". Die deutschen Zwangsarbeitsrekrutierungen und -deportationen in den besetzten Gebieten der Ukraine 1941-1944, in: ZfG 53 (2005), S. 405-433

Ein deutscher General an der Ostfront. Die Briefe und Tagebücher des Gotthard Heinrici 1941/42. Hg. von Johannes Hürter. Erfurt 2001

Ein General im Zwielicht. Die Erinnerungen Edmund Glaises von Horstenau. Hg. von Peter Broucek. Band 3, Wien 1988

Einsatz im „Reichskommissariat Ostland". Dokumente zum Völkermord im Baltikum und in Weißrussland 1941–1944. Hg. von Wolfgang Benz, Konrad Kwiet, Jürgen Matthäus. Berlin 1998

Die Einsatzgruppen in der besetzten Sowjetunion. Die Tätigkeits- und Lageberichte des Chefs der Sicherheitspolizei und des SD 1941/42. Hg. von Peter Klein. Berlin 1997

Eismann, Gaël: L'escalade d'une répression aux apparences légales. Les pratiques judiciaires des tribunaux du Militärbefehlshaber in Frankreich, 1940/44, in: Occupation et répression militaire allemandes 1939–1945. Hg. von Gaël Eismann und Stefan Martens. Paris 2007, S. 127–167

Eizenbach, A./A. Rutkowski, Di remilitarizatzie in Mairev-Daitšland un di rol fun hitleristiše generaln. Varše 1955

The Encyclopedia of Jewish Life Before and During the Holocaust. Hg. von Shmuel Spector, Geoffrey Wigoder. New York 2001

Epifanov, Aleksandr E.: Čresvyčajnaja gosudarstvennaja komissija po ustanovleniju i rassledovaniju zlodejanij nemecko-fašistskich zachvatčikov i ich soobščnikov i pričinnogo imi učerba graždanam, kolchozam, obščestvennym organizacijam, gosudarstvennym predprijatijam i učreždenijam SSSR. Istoriko-pravovoj aspekt. Diss. (A) Volgograd 1995

Epifanow, A. E./W. S. Lomow, Besatzungsregime der deutschen Wehrmacht und die Kollaborateure während der Stalingrader Schlacht 1942/1943, in: Die Tragödie der deutschen Kriegsgefangenen in Stalingrad von 1942 bis 1956 nach russischen Archivunterlagen. Hg. von A. E. Epifanow, Hein Mayer. Osnabrück 1996, S. 131–145

Die Erfahrung des Krieges. Erfahrungsgeschichtliche Perspektiven von der Französischen Revolution bis zum Zweiten Weltkrieg. Hg. von Nikolaus Buschmann, Horst Carl. Paderborn u. a. 2001

Ermakov, Aleksandr M., Germanskaja armija i Cholokost. Monografija. Jaroslavl' 2004

Die Ermordung der europäischen Juden. Hg. von Peter Longerich unter Mitarb. von Dieter Pohl. München 1989

Die Ermordung der Geisteskranken in Polen 1939–1945. Warschau 1993

Erster Weltkrieg – Zweiter Weltkrieg: Ein Vergleich. Krieg, Kriegserlebnis, Kriegserfahrung in Deutschland 1914–1945. Hg. von Bruno Thoß, Hans-Erich Volkmann, Paderborn u. a. 2002

Estonia 1940–1945. Reports of the Estonian International Commission for the Investigation of Crimes Against Humanity. Tallinn 2006

Europa unterm Hakenkreuz. Analysen, Quellen, Register. Hg. von Werner Röhr. Heidelberg 1996

Europa unterm Hakenkreuz. Die faschistische Okkupationspolitik in den zeitweilig besetzten Gebieten der Sowjetunion (1941–1944). Hg. von Norbert Müller. Berlin 1991

Ezergailis, Andrew: The Holocaust in Latvia 1941–1944. Riga, Washington 1996

Falk, Barbara: Sowjetische Städte in der Hungersnot 1932/33. Staatliche Ernährungspolitik und städtisches Alltagsleben. Köln, Berlin 2005

Fall Barbarossa. Dokumente zur Vorbereitung der faschistischen Wehrmacht auf die Aggression gegen die Sowjetunion. Hg. von Erhard Moritz. Berlin 1970

Die faschistische Okkupationspolitik in Belgien, Luxemburg und den Niederlanden (1940–1945). Hg. von Ludwig Nestler. Berlin 1990

Fattig, Richard: Reprisal: The German Army and the Execution of Hostages during the Second World War. San Diego 1980

Feferman, Kiril: Soviet Investigation of Nazi Crimes in the USSR: Documenting the Holocaust, in: Journal of Genocide Research 5 (2003), S. 587–602

Fervers, Kurt: Vernichtungskrieg. Düsseldorf 1941

Fes'kov, V I./K. A. Kalašnikov, V. I. Golikov, Krasnaja Armija v pobedach i poraženijach 1941-1945. Tomsk 2003

Filonenko, S. I./N.V. Filonenko: Krach fašistskogo „novogo porjadka" na Verchnem Donu (ijul' 1942 – fevral' 1943). 2. Aufl. Voronež 2003

Filonenko, S. I./N.V. Filonenko: Psichologičeskaja vojna na Donu. Mify fašistskoj propagandy 1942 – 1943. Voronež 2006

Fireside, Harvey: Icon and Swastica. The Russian Orthodox Church under Nazi and Soviet Control. Cambridge 1971

Fischer, Kurt: Deutsche Truppen und Entente-Intervention in Südrussland 1918/19. Boppard am Rhein 1973

Fischer, Rolf: Entwicklungsstufen des Antisemitismus in Ungarn 1867-1939. Die Zerstörung der magyarisch-jüdischen Symbiose. München 1988

Fleischer, Hagen: Im Kreuzschatten der Mächte: Griechenland 1941-1944 (Okkupation, Resistance, Kollaboration). Frankfurt am Main, New York 1986

Fleischhauer, Ingeborg: Das Dritte Reich und die Deutschen in der Sowjetunion. Stuttgart 1983

Förster, Jürgen: „Aber für die Juden wird dann auch noch die Stunde schlagen, und dann wehe ihnen!" Reichswehr und Antisemitismus, in: Deutsche, Juden, Völkermord. Der Holocaust als Geschichte und Gegenwart. Hg. von Jürgen Matthäus und Klaus-Michael Mallmann. Darmstadt 2006, S. 21-38

Förster, Jürgen: Die Entscheidungen der „Dreierpaktstaaten", in: DRZW 4, S. 883-901

Förster, Jürgen: Die geistige Kriegführung, in: DRZW 9/1, S. 469-640

Förster, Jürgen: Die Sicherung des Lebensraumes, in: DRZW 4, S. 1030-1078

Förster, Jürgen: Das Unternehmen „Barbarossa" als Eroberungs- und Vernichtungskrieg, in: DRZW 4, S. 413-447

Förster, Jürgen: Die Wehrmacht im NS-Staat. Eine strukturgeschichtliche Analyse. München 2007

Förster, Jürgen: Wehrmacht, Krieg und Holocaust, in: Wehrmacht. Mythos und Realität, S. 948-963

Freitag, August: Aufzeichnungen aus Krieg und Gefangenschaft. (1941-1949). Hg. von Karl Sattler, Bochum 1997

Friedrich, Jörg: „Das Gesetz des Krieges". Das deutsche Heer in Russland 1941 bis 1945. Der Prozeß gegen das Oberkommando der Wehrmacht. München 1993

„Führer-Erlasse" 1939-1945. Edition sämtlicher überlieferter, nicht im Reichsgesetzblatt abgedruckter, von Hitler während des Zweiten Weltkrieges schriftlich erteilter Direktiven aus den Bereichen Staat, Partei, Wirtschaft, Besatzungspolitik und Militärverwaltung. Hg. von Martin Moll. Stuttgart 1997

Galadžev, S.: Čto proizchodit v okkupirovannych oblastjach Ukrainy. O.O. 1942

Ganglmair, Siegwald: Feldwebel Anton Schmid, in: Jahrbuch Dokumentationsarchiv des österreichischen Widerstands 2002, S. 25-40

Gansert, Ulrich: Erinnerungen an Treuenbrietzen. Gedächtnis und Geschichte. Frankfurt a. M. u. a. 2003

Ganzenmüller, Jörg: Das belagerte Leningrad 1941-1944. Die Stadt in den Strategien von Angreifern und Verteidigern. Paderborn u. a. 2005

Gartenschläger, Uwe: Die Stadt Minsk während der deutschen Besetzung (1941-1944). Dortmund 2001

Gatrell, Peter: A Whole Empire Walking. Refugees in Russia during World War I. Bloomington u. a. 1999

Generalfeldmarschall Fedor von Bock. Zwischen Pflicht und Verweigerung. Das Kriegstagebuch. Hg. von Klaus Gerbet. München, Berlin 1995

Der Generalquartiermeister. Briefe und Tagebuchaufzeichnungen des Generalquartiermeister des Heeres, General der Artillerie Eduard Wagner. Hg. von Elisabeth Wagner, München, Wien 1963

Genesis des Genozids. Polen 1939-1941. Hg. von Klaus-Michael Mallmann und Bogdan Musial. Darmstadt 2004

Gerber, Ernst: Im Dienst des Roten Kreuzes. Ein Tagebuch 1941/42. Hg. von Reinhold Busch. Berlin 2002

Gerlach, Christian: Die Ausweitung der deutschen Massenmorde in den besetzten sowjetischen Gebieten im Herbst 1941. Überlegungen zur Vernichtungspolitik gegen Juden und sowjetische Kriegsgefangene, in: ders., Krieg, S. 10–84

Gerlach, Christian: Die deutsche Agrarreform und die Bevölkerungspolitik in den besetzten sowjetischen Gebieten, in: Besatzung und Bündnis. Deutsche Herrschaftsstrategien in Ost- und Südosteuropa. Von Christian Gerlach u. a. Berlin, Göttingen 1995, S. 9–60

Gerlach, Christian: Failure of Plans for an SS Extermination Camp in Mogilev, Belorussia, in: Holocaust and Genocide Studies 11 (1997), H. 1, S. 60–78

Gerlach, Christian: I responsabili degli stermini, le motevazioni e la politica d'occupazione: Il caso dell' occupazione tedesca in Bielorussia dal 1941 al 1944, in: L'umanita offesa: Stermini e memoria nell'Europa del Novecento. Hg. von Gustavo Corni, Gerhard Hirschfeld. Bologna 2003, S. 137–162

Gerlach, Christian: Kalkulierte Morde. Die deutsche Wirtschafts- und Vernichtungspolitik in Weißrußland. Hamburg 1999

Gerlach, Christian: Krieg, Ernährung, Völkermord. Forschungen zur deutschen Vernichtungspolitik im Zweiten Weltkrieg. Hamburg 1998

Gerlach, Christian: Militärische „Versorgungszwänge", Besatzungspolitik und Massenverbrechen: die Rolle des Generalquartiermeisters des Heeres und seiner Dienststellen im Krieg gegen die Sowjetunion, in: Ausbeutung, Vernichtung, Öffentlichkeit, S. 175–208

Gerlach, Christian: Verbrechen deutscher Fronttruppen in Weißrussland 1941-1944. Eine Annäherung, in: Wehrmacht und Vernichtungspolitik. Hg. von Karl-Heinrich Pohl, Göttingen 1999, S. 89–114

Gersdorff, Rudolf-Christoph Frhr. v.: Soldat im Untergang. Frankfurt a. M. u. a. 1979

Gertjejanssen, Wendy Jo: Victims, Heroes, Survivors. Sexual Violence on the Eastern Front During World War II. Diss. Univ of Minnesota 2004

Geßner, Klaus: Geheime Feldpolizei. Zur Funktion und Organisation des geheimpolizeilichen Exekutivorgans der faschistischen Wehrmacht, Berlin 1986

Geyer, Michael: Aufrüstung oder Sicherheit. Die Reichswehr in der Krise der Machtpolitik 1924-1936. Wiesbaden 1980

Geyer, Michael: Gewalt und Gewalterfahrung im 20. Jahrhundert. Der Erste Weltkrieg, in: Der Tod als Maschinist. Der industrialisierte Krieg 1914-1918. Hg. von Rolf Spilker, Bernd Ulrich. Bramsche 1998, S. 241–257

Geyer, Michael: Insurrectionary Warfare. The German Debate about a „Levée en Masse" in October 1918, in: The Journal of Modern History 73 (2001), S. 459–527

Giziowski, Richard: The Enigma of General Blaskowitz. London u. a. 1997

Glantz, David M.: Colossus Reborn. The Red Army at War. Lawrence 2005

Gnatowski, Michał: Białostocczyzna w latach wojny i okupacji hitlerowskiej. Białystok 1979

Goda, Norman J.W.: Allied Intelligence, German Prisoners, Nazi Murders, in: Secret Intelligence and the Holocaust. Hg. von David Bankier. Jerusalem 2006, S. 157–170

[Goebbels, Joseph:] Die Tagebücher von Joseph Goebbels. Teil II: Diktate 1941-1945. Hg. von Elke Fröhlich. Band 2 und 10. München u. a. 1994/96

Goeken-Haidl, Ulrike: Der Weg zurück. Die Repatriierung sowjetischer Zwangsarbeiter und Kriegsgefangener während und nach dem Zweiten Weltkrieg. Essen 2006

Görtz, Adolf: Stichwort Front. Tagebuch eines jungen Deutschen 1938-1942. Halle, Leipzig 1987

Golczewski, Frank: Local Government in German-Occupied Ukraine, in: Local Government in Occupied Europe (1939-1945). Hg. von Bruno de Wever, Herman Van Goethem, Nico Wouters. Gent 2006, S. 241–257

Golubkov, S. V.: V fašistkom lagere smerti. Vospominanija byvšego voennoplennogo. Smolensk 1963

Gorinov, M. M.: Zoja Kosmodem'janskaja (1923-1941), in: Otečestvennaja istorija 2003, H. 1, S. 77–92

Gosztony, Peter: Hitlers fremde Heere. Das Schicksal der nichtdeutschen Armeen im Ost-feldzug. Düsseldorf, Wien 1976

„Gott mit uns". Der deutsche Vernichtungskrieg im Osten. Hg. von Ernst Klee, Willi Dreßen. Frankfurt a. M. 1989

Graf, Daniel William: The Reign of the Generals. Military Government in Western Russia, 1914–1925. Ann Arbor 1972

Grelka, Frank: „Jüdischer Bolschewismus". Zur Tradition eines Feindbildes in der Ukraine unter deutscher Militärverwaltung 1918 und 1941, in: Besatzung. Funktion und Gestalt militärischer Fremdherrschaft, S. 177–189

Grelka, Frank M.: Selbständigkeitsbestrebungen und Besatzungsherrschaft. Eine verglei-chende Studie zur Geschichte der ukrainischen Nationalbewegung im Kontext der deut-schen Besatzung 1918 und 1941/42. Diss. phil. Univ. Bochum 2003

Grenkevich, Leonid D.: The Soviet Partisan Movement, 1941–1944. A Critical Historio-graphical Analysis. London, Portland 1999

Gromaire, Georges: L'occupation allemande en France (1914–1918). Paris 1925

Groscurth, Helmuth: Tagebücher eines Abwehroffiziers. Mit weiteren Dokumenten zur Militäropposition gegen Hitler. Hg. von Helmut Krausnick u. a. Stuttgart 1970

„Größte Härte...". Verbrechen der Wehrmacht in Polen September/Oktober 1939. Red. Jo-chen Böhler. Osnabrück 2005

Gubernatorov, N. V.: „Smerš" protiv „Bussarda". Reportaž iz archiva tajnoj vojny. Moskva 2005

Gumz, Jonathan: German Counterinsurgency Policy in Independent Croatia, 1941–1944, in: The Historian 61 (1998), S. 33–50

Gumz, Jonathan E.: Wehrmacht Perceptions of Mass Violence in Croatia 1941–1942, in: The Historical Journal 44 (2001), S. 1015–1038

Die Haager Landkriegsordnung. Hg. von Rudolf Laun. 5. Aufl., Hannover 1950

[Halder, Franz:] Generaloberst Halder: Kriegstagebuch. Tägliche Aufzeichnungen des Chefs des Generalstabs des Heeres 1939–1942. Bearb. von Hans-Adolf Jacobsen. 3 Bde. Stutt-gart 1962–64

Hammerstein, Kunrat Freiherr von: Spähtrupp, Stuttgart 1963

Handbuch der Lager, Gefängnisse und Ghettos auf dem besetzten Territorium der Ukraine (1941–1944). Bearb. von M. G. Dubyk. Kyïv 2000

Hansen, Ernst Willi: „Moderner Krieg" im Schatten von Versailles. Die „Wehrgedanken des Auslandes" und die Reichswehr, in: Politischer Wandel, organisierte Gewalt und nationale Sicherheit. Beiträge zur neueren Geschichte Deutschlands und Frankreichs. Festschrift für Klaus-Jürgen Müller. Hg. von Ernst Willi Hansen u. a. München 1995, S. 193–210

Harten, Hans-Christian, De-Kulturation und Germanisierung. Die nationalsozialistische Rassen- und Erziehungspolitik in Polen 1939–1945. Frankfurt u. a. 1996

Hartmann, Christian: Massensterben oder Massenvernichtung? Sowjetische Kriegsgefange-ne im „Unternehmen Barbarossa". Aus dem Tagebuch eines deutschen Lagerkomman-danten, in: VfZ 49 (2001), S. 97–158

Hartmann, Christian: Verbrecherischer Krieg – verbrecherische Wehrmacht? Überlegungen zur Struktur des deutschen Ostheeres 1941–1944, in: VfZ 52 (2004), S. 1–75

Hartmann, Christian u. a., Wehrmacht in der nationalsozialistischen Diktatur. Ein For-schungsprojekt des Instituts für Zeitgeschichte München, in: Zeitgeschichte 30 (2003), S. 192–206

Hasenclever, Jörn: Die Befehlshaber der rückwärtigen Heeresgebiete in der besetzten Sow-jetunion 1941–1943. Diss. phil. Münster 2006

Hasenclever, Jörn: Generalleutnant Karl von Roques. Unveröff. MA-Arbeit. Münster 1998

Hayalim Yehudim mi-Yugoslavyah ki-shevuye milhamah be-Germanyah ha-Natsit. Albom zikaron bi-melot yovel la-shihrur, 1945–1995. Bearb von G'eni Lebel. Tel-Aviv 1995

Hebestreit, Wilhelm: Die unsichtbaren Helden. Russisches Tagebuch. Freiburg i. Br. u. a. 1986

Heer, Hannes: Einübung in den Holocaust: Lemberg Juni/Juli 1941, in: ZfG 49 (2001), S. 409–427

Heer, Hannes: Gustav Freiherr von Mauchenheim, genannt Bechtolsheim – ein Wehrmachtsgeneral als Organisator des Holocaust, in: Karrieren der Gewalt. Nationalsozialistische Täterbiographien. Hg. von Klaus Michael Mallmann, Gerhard Paul. Darmstadt 2004, S. 33–46

Heer, Hannes: „Hitler war's". Die Befreiung der Deutschen von ihrer Vergangenheit. Berlin 2005

Heer, Hannes: Tote Zonen. Die deutsche Wehrmacht an der Ostfront. Hamburg 1999

Heer, Hannes: Vom Verschwinden der Täter. Der Vernichtungskrieg fand statt, aber keiner war dabei. Berlin 2004

Heeresadjutant bei Hitler 1938–1943. Aufzeichnungen des Majors Engel. Hg. von Hildegard von Kotze. Stuttgart 1974

Herbert, Ulrich: Best. Biographische Studien über Radikalismus, Weltanschauung und Vernunft, 1903–1989. Bonn 1996

Herbert, Ulrich: Fremdarbeiter. Politik und Praxis des „Ausländer-Einsatzes" in der Kriegswirtschaft des Dritten Reiches. Berlin, Bonn 1985

Herbert, Ulrich: Geschichte der Ausländerpolitik in Deutschland: Saisonarbeiter, Zwangsarbeiter, Gastarbeiter, Flüchtlinge. München 2001

Herbst 1941 im „Führerhauptquartier": Berichte Werner Koeppens an seinen Minister Alfred Rosenberg. Hg. von Martin Vogt. Koblenz 2002

Herzog, Leon: Die verbrecherische Tätigkeit der Wehrmacht im Generalgouvernement in den Jahren 1939 bis 1945, in: Zeitschrift für Militärgeschichte 6 (1967), S. 445–458

Herzog, Robert: Grundzüge der deutschen Besatzungsverwaltung in den ost- und südosteuropäischen Ländern während des zweiten Weltkrieges. Tübingen 1955

Herzstein, Robert Edwin: Anti-Jewish Propaganda in the Orel Region of Great Russia 1942–1943. The German Army and Its Russian Collaborators, in: Simon Wiesenthal Center Annual 6 (1989), S. 33–55

Heyer, Friedrich: Die orthodoxe Kirche in der Ukraine von 1917 bis 1945. Köln 1953

Hilberg, Raul: The Destruction of the European Jews. Chicago 1961

Hilberg, Raul: Die Vernichtung der europäischen Juden. Die Gesamtgeschichte des Holocaust. 3 Bde. Frankfurt a. M. 1990

Hildebrand, Klaus: Das deutsche Ostimperium 1918. Betrachtungen über eine historische „Augenblickserscheinung", in: Gestaltungskraft des Politischen. Festschrift für Eberhard Kolb. Hg. von Wolfgang Pyta, Ludwig Richter. Berlin 1998, S. 109–124

Hildebrand, Klaus: Das vergangene Reich. Deutsche Außenpolitik von Bismarck bis Hitler, 1871–1945. Stuttgart 1995

Hildebrand, Klaus: Vom Reich zum Weltreich. Hitler, NSDAP und koloniale Frage 1919–1945. München 1969

Hilger, Andreas: Deutsche Kriegsgefangene in der Sowjetunion, 1941–1956. Kriegsgefangenenpolitik, Lageralltag und Erinnerung. Essen 2000

Hill, Alexander: The Partisan War in North-West Russia 1941-44: A Re-Examination, in: Journal of Strategic Studies 25 (2002), H. 2, S. 37–55

Hill, Alexander: War Behind the Eastern Front. Soviet Partisans in North-West Russia. London 2005

Hillgruber, Andreas: Hitlers Strategie. Politik und Kriegführung 1940–1941. Frankfurt a. M. 1965

Himmler, Heinrich: Geheimreden 1933 bis 1945 und andere Ansprachen. Hg. von Bradley F. Smith, Agnes F. Peterson. Frankfurt a. M., Berlin, Wien 1974

Hitlerowski terror na wsi polskiej 1939–1945. Zestawienie większych akcji represyjnych. Bearb. von Czesław Madajczyk. Warszawa 1965

Hitlers Lagebesprechungen. Die Protokollfragmente seiner militärischen Konferenzen 1942–1945. Hg. von Helmut Heiber. Stuttgart 1962

Hitlers militärische Elite. Hg. von Gerd R. Ueberschär. Band 2. Darmstadt 1998

Hoffmann, Joachim: Deutsche und Kalmyken 1942 bis 1945, 4. Aufl. Freiburg i. Br. 1986

Hoffmann, Joachim: Kaukasien 1942/43. Das deutsche Heer und die Orientvölker in der Sowjetunion. Freiburg i. Br. 1991

Hoffmann, Joachim: Die Ostlegionen 1941 bis 1943. Turkotataren, Kaukasier und Wolgafinnen im deutschen Heer, 3. Aufl. Freiburg i. Br. 1986

Hoffmann, Peter: Widerstand – Staatsstreich – Attentat. 3. Aufl. München 1979

Hoffmann-Curtius, Kathrin: Trophäen und Amulette. Die Wehrmachts- und SS-Verbrechen in den Brieftaschen der Soldaten, in: Fotogeschichte 20 (2000), H. 78, S. 63–76

Holocaust. Der nationalsozialistische Völkermord und die Motive seiner Erinnerung. Hg. von Burkhard Asmuss. Berlin 2002

Holod 1932–1933 rokiv v Ukraini. Pryčyny ta naslidky. Red. Valerij Andrijovyč Smolij u. a. Kyïv 2003

Holquist, Peter: To Count, to Extract, and to Exterminate. Population Statistics and Population Politics in Late Imperial and Soviet Russia, in: A State of Nations. Empire and Nation-Making in the Age of Lenin and Stalin. Hg. von Ronald Grigor Suny, Terry Martin. Oxford 2001, S. 111–144

Holyš, H.M.: U vyri vijny. Stanovyšče nepovnolitnych hromadian Ukraïny v 1941–1945 rr. Monohrafija. Čerkasy 2005

Der horthystisch-faschistische Terror im Nordwesten Rumäniens. September 1940–Oktober 1944. Hg. von Mihai Fatu, Mircea Musat. Bukarest 1986

Horne, John/Alan Kramer, German Atrocities 1914. A History of Denial. New Haven u. a. 2001

Hosenfeld, Wilm: „Ich versuche jeden zu retten". Das Leben eines deutschen Offiziers in Briefen und Tagebüchern. Hg. von Thomas Vogel. München 2004

Hough, Jerry F.: The Changing Nature of the Kolkhoz Chairman, in: The Soviet Rural Community. A Symposium. Hg. von James R. Millar. Urbana u. a. 1971, S. 103–120

Hrycak, Jarosław: Historia Ukrainy 1772–1999. Narodziny nowoczesnego narodu. Lublin 2000

Hryciuk, Grzegorz: Polacy we Lwowie 1939–1944. Życie codzienne, Warszawa 2000

Hull, Isabel V.: Absolute Destruction: Military Culture and the Practices of War in Imperial Germany. Ithaca 2005

Hürter, Johannes: Auf dem Weg zur Militäropposition. Tresckow, Gersdorff, der Vernichtungskrieg und der Judenmord. Neue Dokumente über das Verhältnis der Heeresgruppe Mitte zur Einsatzgruppe B im Jahr 1941, in: VfZ 52 (2004), S. 527–562

Hürter, Johannes: Hitlers Heerführer. Die deutschen Oberbefehlshaber im Krieg gegen die Sowjetunion 1941/42. München 2. Aufl. 2007

Hürter, Johannes: Nachrichten aus dem „Zweiten Krimkrieg" (1941/42). Werner Otto v. Hentig als Vertreter des Auswärtigen Amtes bei der 11. Armee, in: Internationale Beziehungen im 19. und 20. Jahrhundert. Hg. von Wolfgang Elz, Sönke Neitzel. Paderborn u. a. 2003, S. 361–387

Hürter, Johannes: Die Wehrmacht vor Leningrad. Krieg und Besatzungspolitik der 18. Armee im Herbst und Winter 1941/42, in: VfZ 49 (2001), S. 377–440

Hürter, Johannes/Felix Römer, Alte und neue Geschichtsbilder von Widerstand und Ostkrieg, in: VfZ 54 (2006), S. 301–322

Ingrao, Christian: Les chasseurs noirs. La brigade Dirlewanger. Paris 2006

Ioanid, Radu: The Holocaust in Romania. The Destruction of Jews and Gypsies Under the Antonescu Regime, 1940–1944. Chicago 2000

Isberg, Alvin: Zu den Bedingungen des Befreiers. Kollaboration und Freiheitsstreben in dem von Deutschland besetzten Estland 1941 bis 1944. Stockholm 1992

Ishida, Yuji: Der „totale" Krieg und die Verbrechen des japanischen Militärs 1931–1945, in: ZfG 48 (2000), S. 525–540.

Istorija stalinskogo Gulaga. Band 1. Red. N. Vert, S. V. Mironenko. Moskva 2004

Die Italiener an der Ostfront 1942/43. Dokumente zu Mussolinis Krieg in der Sowjetunion. Hg. von Thomas Schlemmer. München 2005

Jacobmeyer, Wolfgang: Henryk Dobrzanski ("Hubal"). Ein biographischer Beitrag zu den Anfängen der polnischen Résistance im Zweiten Weltkrieg, in: VfZ 20 (1972), S. 63–74

Jacobsen, Hans-Adolf: Kommissarbefehl und Massenexekutionen sowjetischer Kriegsgefangener, in: Martin Broszat u. a.: Anatomie des SS-Staates. München 1967, Band 2, S. 135–232
Jahn, Peter: „Russenfurcht" und Antibolschewismus: Zur Entstehung und Wirkung von Feindbildern, in: Erobern und vernichten. Der Krieg gegen die Sowjetunion 1941–1945. Essays. Hg. von Peter Jahn, Reinhard Rürup. Berlin 1991, S. 47–64
Jerabek, Blanka: Das Schulwesen und die Schulpolitik im Reichskommissariat Ukraine 1941–1944. Im Lichte deutscher Dokumente. München 1991
Jones, Jeffrey W.: „In my opinion this is all a fraud": Class, Concrete, and Culture in the Reconstruction of Rostov-on-the-Don, 1943–1948. PhD. Diss. University of North Carolina at Chapel Hill 2000

Kadelbach, Ulrich: Schatten ohne Mann. Die deutsche Besetzung Kretas 1941–1945. Mähringen 2002
Kaiser, Johann: Die Politik des Dritten Reiches gegenüber der Slowakei 1939–1945. Ein Beitrag zur Erforschung der nationalsozialistischen Satellitenpolitik in Südosteuropa. Diss. phil. Bochum 1970
Kangeris, Karlis: Kollaboration vor der Kollaboration?, in: Okkupation und Kollaboration (1938–1945). Beiträge zu Konzepten und Praxis der Kollaboration in der deutschen Okkupationspolitik. Hg. von Werner Röhr. Heidelberg, Berlin 1994, S. 165–190
Kangeris, Kalis: Die nationalsozialistischen Pläne und Propagandamassnahmen im Generalbezirk Lettland 1941–1942, in: Collaboration and Resistance during the Holocaust. Hg. von David Gaunt, Paul A. Levine, Laura Palosuo. Bern u. a. 2004, S. 161–186
Kay, Alex J.: Exploitation, Resettlement, Mass Murder. Political and Economic Planning for German Occupation Policy in the Soviet Union 1940–1941. New York u. a. 2006
Kegel, Gerhard: In den Stürmen des Jahrhunderts. Berlin 1983
Keilig, Wolf: Das Deutsche Heer, 1939–1945: Gliederung, Einsatz, Stellenbesetzung. 3 Bde. Bad Nauheim 1956
Keller, Rolf/Reinhard Otto, Das Massensterben der sowjetischen Kriegsgefangenen und die Wehrmachtbürokratie. Unterlagen zur Registrierung der sowjetischen Kriegsgefangenen 1941–1945 in deutschen und russischen Institutionen, in: MGM 57, 1998, S. 149–180
Kellogg, Michael: The Russian Roots of Nazism. White Émigrés and the Making of National Socialism, 1917–1945. Cambridge, New York 2005
Kern, Wolfgang: Die innere Funktion der Wehrmacht 1933–1939. Berlin 1979
Kitchen, Martin: The Political Ideas of Colonel Max Bauer 1916–18. Militarism and the development of fascist ideology, in: Central European History 8 (1975), S. 199–220
Klarsfeld, Serge: Vichy-Auschwitz. Die Zusammenarbeit der deutschen und französischen Behörden bei der Endlösung der Judenfrage in Frankreich. Nördlingen 1989
Klee, Ernst: „Euthanasie" im NS-Staat. Frankfurt a. M. 1983
Klee, Ernst: Personenlexikon zum Dritten Reich. Frankfurt a. M. 2003
Klein, Peter: Zwangsarbeit im Ghetto Lodz. Die Wehrmacht als Auftraggeber, in: Mitteilungen aus dem Bundesarchiv 11, 2003, H. 1, S. 23–28
Kleist, Peter: Zwischen Hitler und Stalin 1939–1945. Aufzeichnungen. Bonn 1950
Klemp, Stefan: „Nicht ermittelt". Polizeibataillone und die Nachkriegsjustiz – ein Handbuch. Essen 2005
Klink, Ernst: Die militärische Konzeption des Krieges gegen die Sowjetunion. Die Landkriegführung, in: DRZW 4, S. 190–277
Klinkhammer, Lutz: Der Partisanenkrieg der Wehrmacht, in: Wehrmacht. Mythos und Realität, S. 815–836
Klukowski, Zygmunt: Diary From the Years of Occupation 1939–44. Urbana u. a. 1993
Kniga pamjati. Pskovskaja oblast'. Istoriko-dokumental'naja chronika k 50-letiju pobedy v Velikoj Otečestvennoj vojne. Red. Ju. A. Smatov u. a. Pskov 1993
Koenen, Gerd: Der Russland-Komplex. Die Deutschen und der Osten 1900–1945. München 2005
Koenen, Gerd: Vom Geist der russischen Revolution. Die ersten Augenzeugen und Interpreten der Umwälzungen im Zarenreich, in: Deutschland und die russische Revolution 1917–1924. Hg. von Gerd Koenen u. a. München 1998, S. 49–98

378 Quellen- und Literaturverzeichnis

Kohl, Paul: „Ich wundere mich, dass ich noch lebe". Sowjetische Augenzeugen berichten. Gütersloh 1990

Konstantinow, Sergej: Konzept und Wirklichkeit. Die Schulpolitik des Dritten Reichs in den besetzten Gebieten, in: Verführungen der Gewalt, S. 887–913

Kontrapunkt. Vergangenheitsdiskurse und Gegenwartsverständnis. Festschrift für Wolfgang Jacobmeyer zum 65. Geburtstag. Hg. von Sabine Mecking, Stefan Schröder. Essen 2005

Kopówka, Edward: Stalag 366 Siedlce. Siedlce 2004

Kopp, Roland: Die Wehrmacht feiert. Kommandeurs-Reden zu Hitlers 50. Geburtstag am 20. April 1939, in: Militärgeschichtliche Zeitschrift 62 (2003), S. 471–534

Korol', V.: Trahedija vijs'kovopolonenych na okupovanij teritorii Ukraïny v 1941–1944 r. Kyïv 2002

Koselleck, Reinhart: Der Einfluß der beiden Weltkriege auf das soziale Bewußtsein, in: Der Krieg des kleinen Mannes. Eine Militärgeschichte von unten. Hg. von Wolfram Wette. München, Zürich 1992, S. 324–343

Kovalev, B. N.: Nacistskaja okkupacija i kollaboracionizm v Rossii, 1941–1944. Moskva 2004

Krakowski, Shmuel: The Fate of Jewish POWs of the Soviet and Polish Armies, in: The Shoah and the War. Hg. von Asher Cohen, Yehoyakim Cochavi, Yoav Gelber. New York u. a. 1992, S. 233–244

Krannhals, Hanns von: Der Warschauer Aufstand 1944. Frankfurt a. M. 1962

Krausnick, Helmut: Hitler und die Morde in Polen. Ein Beitrag zum Konflikt zwischen Heer und SS um die Verwaltung der besetzten Gebiete, in: VfZ 11 (1963), S. 196–209

Krausnick, Helmut: Kommissarbefehl und „Gerichtsbarkeitserlaß Barbarossa" in neuer Sicht, in: VfZ 25 (1977) S. 682–738

Krausnick, Helmut/Hans-Heinrich Wilhelm, Die Truppe des Weltanschauungskrieges. Die Einsatzgruppen der Sicherheitspolizei und des SD 1938–1942. Stuttgart 1981

Krieg und Vernichtung 1941–1945. Sowjetische Zeitzeugen erinnern sich. Hg. von Andrea Gotzes. Darmstadt 2006

Kroener, Bernhard R.: Die personellen Ressourcen des Dritten Reiches im Spannungsfeld zwischen Wehrmacht, Bürokratie und Kriegswirtschaft 1939–1942, in: DRZW 5/1, S. 693–1001

Kruglov, A.: Enciklopedija Cholokosta. Kiev 2000

Kruglov, Aleksandr: Katastrofa ukrainskogo evrejstva 1941–1944 gg. Ėnciklopedičeskij slovar. Char'kov 2001

Krumpelt, Ihno: Das Material und die Kriegführung. Frankfurt a. M. 1969

Kuban' v gody Velikoj Otečestvennoj vojny 1941–1945. Chronika sobytij. Band 1: 1941–1942. Hg. von A. M. Beljaev u. a. Krasnodar 2000

Kühne, Thomas: Kameradschaft. Die Soldaten des nationalsozialistischen Krieges und das 20. Jahrhundert. Göttingen 2006

Kunz, Norbert: Die Krim unter deutscher Herrschaft 1941–1944. Germanisierungsutopie und Besatzungsrealität, Darmstadt 2005

Kunz, Rudibert/Rolf-Dieter Müller, Giftgas gegen Abd-el-Krim. Deutschland, Spanien und der Gaskrieg in Spanisch-Marokko 1922–1927. Freiburg 1990

Kuromiya, Hiroaki: Freedom and Terror in the Donbas. An Ukrainian-Russian Borderland. Cambridge 1998

Kuss, Susanne: Vernichtungskrieg in Polen 1939: Vernichtung als Kontinuität in der deutschen Militärgeschichte, in: Deutschland und Polen in den schweren Zeiten 1933–1990. Red. Bernd Martin, Arkadiusz Stemplin. Poznań 2004, S. 69–86

Kwiet, Konrad: Vorbereitung und Auflösung der deutschen Militärverwaltung in den Niederlanden, in: MGM 3 (1969), H. 1, S. 121–153

Kyïv u dni nacysts'koï navaly (za dokumentamy radjans'kych specslužb). Red. S. A. Kokin u. a. Kyïv, L'viv 2003

Lager' sovetskich voennoplennych – evreev v Finljandii (1942–1944 god). Sbornik vospominanij i dokumentov. Hg. von Simon Jantovskij. Ierusalim 1995

Lagerja sovetskich voennoplennych v Belarusi 1941–1944. Spravočnik. Von V. I. Adamuško u. a. Minsk 2003

Łapiński, Piotr: Zbrodnie wojenne w powiecie bielskim w końcu czerwca 1941 roku, in: Początek wojny niemiecko-sowieckiej i losy ludności cywilnej. Red. Jan Jerzy Milewski u. a. Warszawa 2003, S. 98–102

Latzel, Klaus: Deutsche Soldaten – nationalsozialistischer Krieg? Kriegserlebnis, Kriegserfahrung 1939–1945. Paderborn u. a. 1998

Law Reports of Trials of War Criminals. Band 1. London 1949

Lebedev, V. A.: Kak Vermacht „inspektiroval" Ukrainu, in: Voenno-istoričeskij žurnal 1994, H. 2, S. 73–78

„Lebensraum im Osten". Deutsche in Belorussland. Hg. von Hartmut Lenhard. Düsseldorf 1991

Leeb, Generalfeldmarschall Wilhelm Ritter von: Tagebuchaufzeichnungen und Lagebeurteilungen aus zwei Weltkriegen. Hg. von Georg Meyer. Stuttgart 1976

Leont'ev, A.: „Zelenaja papka Geringa". Moskva 1942

Levene, Mark: Frontiers of Genocide: Jews in the Eastern War Zones, 1914 to 1920 and 1941, in: Minorities in Wartime. Hg. von Panikos Panayi, Oxford 1993, S. 83–117

Leyen, Ferdinand von der: Rückblick zum Mauerwald. Vier Kriegsjahre im Oberkommando des Heeres. München 1965

Liber, George O.: Soviet Nationality, Policy, Urban Growth, and Identity Change in the Ukrainian SSR 1923–1934. Cambridge u. a. 1992

Lieb, Peter: Konventioneller Krieg oder NS-Weltanschauungskrieg? Kriegführung und Partisanenbekämpfung in Frankreich 1943/44. München 2007

Lieb, Peter: Täter aus Überzeugung? Oberst Carl von Andrian und die Judenmorde der 707. Infanteriedivision 1941/42, in: VfZ 50 (2002), S. 523–557

Liulevicius, Vejas Gabriel: Kriegsland im Osten. Eroberung, Kolonisierung und Militärherrschaft im Ersten Weltkrieg. Hamburg 2002

Ljudskie poteri SSSR v period Vtoroj Mirovoj vojny. S.-Peterburg 1995

Lohr, Eric: The Russian Army and the Jews: Mass Deportations, Hostages, and Violence during World War I, in: Russian Review 60 (2001), S. 404–419

Longerich, Peter: Politik der Vernichtung. Eine Gesamtdarstellung der nationalsozialistischen Judenverfolgung. München, Zürich 1998

Lower, Wendy: Nazi Empire-Building and the Holocaust in Ukraine. Chapel Hill 2005

Lübbers, Gert C.: Die 6. Armee und die Zivilbevölkerung von Stalingrad, in: VfZ 54 (2006), S. 87–123

Lubjanka. Stalin i NKVD-NKGB-GUKR „Smerš". 1939 – mart' 1946. Red. A. Jakovlev. Moskva 2006

Lumans, Valdis O.: Latvia in World War II. New York 2006

Luther, M.: Die Krim unter deutscher Besetzung im Zweiten Weltkrieg, in: Forschungen zur osteuropäischen Geschichte 3 (1956), S. 28–98

M.d.B. Volksvertretung im Wiederaufbau 1946–1961. Bundestagskandidaten und Mitglieder der westzonalen Vorparlamente. Eine biographische Dokumentation. Hg. von Martin Schumacher. Düsseldorf 2000

Maclean, Pam: Control and Cleanliness. German-Jewish Relations in Occupied Eastern Europe during the First World War, in: War & Society 6 (1988), H. 2, S. 47–69

MacQueen, Michael: Massenvernichtung im Kontext. Täter und Voraussetzungen des Holocaust in Litauen, in: Judenmord in Litauen. Studien und Dokumente. Hg. von Wolfgang Benz, Marion Neiss. Berlin 1999, S. 15–34

Madajczyk, Czesław: Faszyzm i okupacje 1938–1945. Wykonywanie okupacji przez państwa Osi w Europie. 2 Bde. Poznań 1983–1984

Majdanek 1941–1944. Hg. von Tadeusz Mencel. Lublin 1991

Mallmann, Klaus-Michael: „Aufgeräumt und abgebrannt". Sicherheitspolizei und „Bandenkampf" in der besetzten Sowjetunion, in: Die Gestapo im Zweiten Weltkrieg: „Heimatfront" und besetztes Europa. Hg. von Gerhard Paul, Klaus-Michael Mallmann. Darmstadt 2000, S. 503–520

Mallmann, Klaus-Michael: Der Einstieg in den Genozid. Das Lübecker Polizeibataillon 307 und das Massaker in Brest-Litowsk Anfang Juli 1941, in: Archiv für Polizeigeschichte 10 (1999), S. 82–88

Mallmann, Klaus-Michael: „... Mißgeburten, die nicht auf diese Welt gehören". Die deutsche Ordnungspolizei in Polen, in: Genesis des Genozids, S. 71–89

Mallmann, Klaus-Michael/Martin Cüppers, Halbmond und Hakenkreuz. Das Dritte Reich, die Araber und Palästina. Darmstadt 2006

Manoschek, Walter/Hans Safrian, Österreicher in der Wehrmacht, in: NS-Herrschaft in Österreich. Ein Handbuch. Hg. von Emmerich Tálos u. a. Wien 2001, S. 125–158

Manoschek, Walter: „Serbien ist judenfrei!". Militärische Besatzungspolitik und Judenvernichtung in Serbien 1941/42. München 1993

Mantelli, Brunello: Die Italiener auf dem Balkan 1941–1943, in: Europäische Sozialgeschichte. Festschrift für Wolfgang Schieder. Hg. von Christof Dipper, Lutz Klinkhammer, Alexander Nützenadel. Berlin 2003, S. 57–74

Maripuu, Meelis/Indrek Paavle: Die deutsche Zivilverwaltung in Estland und die estnische Selbstverwaltung, in: Vom Hitler-Stalin-Pakt bis zu Stalins Tod. Estland 1939–1953. Hg. von Olaf Mertelsmann. Hamburg 2005, S. 96–129

Martin, Bernd: Japanische Kriegsverbrechen und Vernichtungspraktiken während des Pazifischen Krieges (1937–1945), in: Lager, Zwangsarbeit, Vertreibung und Deportation. Dimensionen der Massenverbrechen in der Sowjetunion und in Deutschland 1933 bis 1945. Hg. von Dittmar Dahlmann, Gerhard Hirschfeld. Essen 1999, S. 133–151

Mascha, Nina und Katjuscha. Frauen in der Roten Armee 1941–1945. Hg. von Peter Jahn. Berlin 2002

Matiello, Gianfranco/Wolfgang Vogt, Deutsche Kriegsgefangenen- und Internierteneinrichtungen 1939–1945, Koblenz 1986

Matthäus, Jürgen: German Judenpolitik in Lithuania during the First World War, in: Leo Baeck Institute Yearbook 43 (1998), S. 155–174

Mazower, Mark: Inside Hitler's Greece. The Experience of Occupation 1941–44. New Haven, London 1993

Mazower, Mark: Military Violence and National Socialist Values: the Wehrmacht in Greece, in: Past and Present 134 (1992), S. 129–158

Megargee, Geoffrey P.: Inside Hitler's High Command. Lawrence 2000

Megargee, Geoffrey P.: War of Annihilation: Combat and Genocide on the Eastern Front, 1941. Lanham 2006

Meier-Welcker, Hans: Aufzeichnungen eines Generalstabsoffiziers 1939–1942. Freiburg 1982

Meinen, Insa: Wehrmacht und Prostitution während des Zweiten Weltkriegs im besetzten Frankreich. Bremen 2002

Meinl, Susanne: Nationalsozialisten gegen Hitler. Die nationalrevolutionäre Opposition um Friedrich Wilhelm Heinz. Berlin 2000

Mentzel, Walter: Kriegsflüchtlinge in Cisleithanien im Ersten Weltkrieg. Diss. phil. Univ. Wien 1997

Merl, Stephan: Bauern unter Stalin. Die Formierung des sowjetischen Kolchossystems 1930–1941. Berlin 1990

Merridale, Catherine: Iwans Krieg. Die Rote Armee 1939–1945. Frankfurt a. M. 2006

Messerschmidt, Manfred: Außenpolitik und Kriegsvorbereitung, in: DRZW 1, S. 535–701

Messerschmidt, Manfred: Völkerrecht und „Kriegsnotwendigkeit" in der deutschen militärischen Tradition seit den Einigungskriegen, in: German Studies Review 6 (1983), S. 237–269

Messerschmidt, Manfred: Die Wehrmacht im NS-Staat. Zeit der Indoktrination. Hamburg 1969

Messerschmidt, Manfred: Die Wehrmachtjustiz 1933–1945. Paderborn u. a. 2005

Meyer, Georg: Adolf Heusinger: Dienst eines deutschen Soldaten 1915 bis 1964. Hamburg u. a. 2001

Meyer, Hermann Frank: Von Wien nach Kalavryta. Die blutige Spur der 117. Jäger-Division durch Serbien und Griechenland. Mannheim, Möhnesee 2002

Meyer, Winfried: Unternehmen Sieben. Eine Rettungsaktion für vom Holocaust Bedrohte aus dem Amt Ausland/Abwehr im Oberkommando der Wehrmacht, Frankfurt a.M. 1993

Meždunarodnaja Meždisciplinarnaja Konferencija po Iudaike (8, 2001, Korolëv). 2 Bde. Moskva 2001/2003

Milow, Caroline: Die ukrainische Frage 1917–1923 im Spannungsfeld der europäischen Diplomatie. Wiesbaden 2002

Mößle, Erich: „Unsere Division bekommt den Befehl, keine Gefangenen zu machen." Tagebuch eines Konstanzer Soldaten im Russlandfeldzug, Juni–Dezember 1941. Konstanz 2003

Moll, Martin: Die Abteilung Wehrmachtpropaganda im Oberkommando der Wehrmacht: Militärische Bürokratie oder Medienkonzern?, in: Beiträge zur Geschichte des Nationalsozialismus 17 (2001), S. 151–188

The Molotov Notes on German Atrocities. London 1942

Moltke, Helmuth J. Graf von: Briefe an Freya. Hg. von Beate Ruhm von Oppen. München 1988

Mommsen, Wolfgang J.: Der „polnische Grenzstreifen", in: ders., Der Erste Weltkrieg. Frankfurt a.M. 2004, S. 118–136

Moskoff, William: The Bread of Affliction: The Food Supply in the USSR during World War II. Cambridge u.a. 1990

Moskva – Krym. Istoriko-publicističeskij al'manach. Special'nyj vypusk 5: Krym v Velikoj Otečestvennoj vojne: dnevniki, vospominanija, issledovanija. Moskva 2003

Mühlhäuser, Regina: Between Extermination and Germanization: Children of German Men in the ‚Occupied Eastern Territories' 1942-1945, in: Children of World War II: The Hidden Enemy Legacy. Hg. von Kjersti Ericsson, Eva Simonsen. Oxford, New York 2005, S. 167–189

Müller, Klaus-Jürgen: Armee und Drittes Reich 1933–1939. Darstellung und Dokumentation. Paderborn 1987

Müller, Klaus-Jürgen: Das Heer und Hitler. Armee und nationalsozialistisches Regime 1933-1940. Stuttgart 1969

Müller, Norbert: Massenverbrechen von Wehrmachtsorganen an der sowjetischen Zivilbevölkerung im Sommer/Herbst 1941, in: Zeitschrift für Militärgeschichte 8 (1969), S. 537–553

Müller, Norbert: Wehrmacht und Okkupation 1941-1944. Zur Rolle der Wehrmacht und ihrer Führungsorgane im Okkupationsregime des faschistischen deutschen Imperialismus auf sowjetischem Territorium. Berlin 1971

Müller, Norbert/Margers Vestermanis, Verbrechen der faschistischen Wehrmacht an sowjetischen Kriegsgefangenen 1941-1945, in: Militärgeschichte 16 (1977), S. 15-27

Müller, Rolf-Dieter: Es begann am Kuban. Flucht- und Deportationsbewegungen in Osteuropa während des Rückzugs der deutschen Wehrmacht 1943/44, in: Flucht und Vertreibung. Zwischen Aufrechnung und Verdrängung. Hg. von Robert Streibel. Wien 1994, S. 42-76

Müller, Rolf-Dieter: Liebe im Vernichtungskrieg. Geschlechtergeschichtliche Aspekte des Einsatzes deutscher Soldaten im Russlandkrieg 1941-1944, in: Politische Gewalt in der Moderne. Festschrift für Hans-Ulrich Thamer. Hg. von Frank Becker u.a. Münster 2003, S. 239-268

Müller, Rolf-Dieter: Hitlers Ostkrieg und die deutsche Siedlungspolitik. Die Zusammenarbeit von Wehrmacht, Wirtschaft und SS. Frankfurt a.M. 1991

Müller, Rolf-Dieter: Kriegsrecht oder Willkür? Helmut James Graf von Moltke und die Auffassung des Heeres über die Aufgabe der Militärverwaltung vor Beginn des Russlandfeldkrieges, in: MGM 42, 1987, S. 125-151

Müller, Rolf-Dieter: Das Scheitern der wirtschaftlichen „Blitzkriegsstrategie", in: DRZW 4, S. 936-1029

Müller, Rolf-Dieter: Das Tor zur Weltmacht. Die Bedeutung der Sowjetunion für die deutsche Wirtschafts- und Rüstungspolitik zwischen den Weltkriegen. Boppard am Rhein 1984

Müller, Rolf-Dieter/Gerd R. Ueberschär, Hitlers Krieg im Osten 1941-1945. Ein Forschungsbericht. Erw. und vollst. überarb. Neuausg. Darmstadt 2000

382 Quellen- und Literaturverzeichnis

Müller, Sven Oliver: Nationalismus in der deutschen Kriegsgesellschaft 1939-1945, in: DRZW 9/2, S. 9-92

Müller-Hillebrand, Burkhart: Das Heer 1933-1945. Entwicklung des organisatorischen Aufbaus. Band 3: Der Zweifrontenkrieg. Das Heer vom Beginn des Feldzuges gegen die Sowjetunion bis zum Kriegsende. Frankfurt a. M. 1969

Mulligan, Timothy P.: The Politics of Illusion and Empire. German Occupation Policy in the Soviet Union, 1942-1943. New York 1988

Mulligan, Timothy P.: Reckoning the Cost of People's War: The German Experience in the Central USSR, in: Russian History 9 (1982), S. 27-48

Munoz, Antonio/Oleg V. Romanko, Hitler's White Russians. Collaboration, Extermination and Anti-Partisan Warfare in Byelorussia, 1941-1944. Bayside, NY 2003

Na okkupirovannych territorijach, in: Vlast: Kommersant 2001, H. 29-31

Nacistskaja politika genocida i „vyžžennoj zemli" v Belorussii, 1941-1944. Red. V. E. Lobanok u. a. Minsk 1984

Naumann, Andreas: Freispruch für die Deutsche Wehrmacht. „Unternehmen Barbarossa" erneut auf dem Prüfstand. Tübingen 2005

Nawrocki, Stanisław: Hitlerowska okupacja Wielkopolski w okresie zarządu wojskowego, wrzesień – październik 1939 r. Poznań 1966

Nemecko-fašistskij okkupacionnyj režim (1941-1944). Moskva 1966

Nesterenko, V. A.: Ahrarni peretvorennja okupacijnych vlastej u vijskovij zoni Ukraïny, 1941-1943, in: Storinky vojennoï istoriï Ukraïny 8 (2004), H. 1, S. 279-298

Nikitin, M.N./P.I. Vagin, The Crimes of the German Facists in the Leningrad Region. London 1943

Nolte, Hans-Heinrich: Partisan War in Belorussia, 1941-1944, in: A World at Total War. Global Conflicts and the Politics of Destruction, 1937-1945. Hg. von Roger Chickering, Stig Förster, Bernd Greiner. Cambridge 2005, S. 261-176.

Nolzen, Armin: Die NSDAP, der Krieg und die deutsche Gesellschaft, in: DRZW 9/1, S. 99-193

Nolzen, Armin: „Verbrannte Erde": Die Rückzüge der Wehrmacht in den besetzten sowjetischen Gebieten, in: Besatzung. Funktion und Gestalt militärischer Fremdherrschaft, S. 161-175

Nove, Alec/J.A. Newth, The Jewish Population: Demographic Trends and Occupational Patterns, in: The Jews in Soviet Russia Since 1917. Hg. von Lionel Kochan. Oxford u. a. 1978, S. 132-167

Obrečennye pogibnut'. Sud'ba sovetskich voennoplennych-evreev vo Vtoroj Mirovoj vojne. Vospominanija i dokumenty. Hg. von Pavel Poljan, Aron Šneer. Moskva 2006

Ognennaja duga. Kurskaja bitva glazami Lubjanki. Red. A. V. Vasil'ev u. a. Moskva 2003

Ogorreck, Ralf: Die Einsatzgruppen der Sicherheitspolizei und des SD im Rahmen der „Genesis der Endlösung". Diss. phil. TU Berlin 1992

Ogorreck, Ralf: Die Einsatzgruppen und die Genesis der „Endlösung". Berlin 1996

Die Okkupationspolitik des deutschen Faschismus in Jugoslawien, Griechenland, Albanien, Italien und Ungarn (1941-1945). Hg. von Martin Seckendorf u. a. Berlin u. a. 1992

Oldenburg, Manfred: Ideologie und militärisches Kalkül. Die Besatzungspolitik der Wehrmacht in der Sowjetunion 1942. Köln, Wien 2004

Olshausen, Karl: Zwischenspiel auf dem Balkan. Die deutsche Politik gegenüber Jugoslawien und Griechenland von März bis Juli 1941. Stuttgart 1973

Opfer, Björn: Im Schatten des Krieges. Besatzung oder Anschluss – Befreiung oder Unterdrückung? Eine komparative Untersuchung über die bulgarische Herrschaft in Vardar-Makedonien 1915-1918 und 1941-1944. Münster 2005

Orbach, Wila: The Destruction of the Jews in the Nazi-Occupied Territories of the USSR, in: Soviet Jewish Affairs 6 (1976), H. 2, S. 14-51

Orłowski, Hubert: „Erschießen will ich nicht!" Als Offizier und Christ im totalen Krieg – zum Kriegstagebuch von Dr. August Töpperwien 1939-1945, in: Orbis Linguarum 9 (1998)

Osokina, Elena: Za fasadom „stalinskogo izobilija". Raspredelenie i rynok v snabženii nase-lenija v gody industrializacii, 1927–1941. Moskva 1998

„Ostarbeiter" – „Ostarbajtery". Weißrussische Zwangsarbeiter in Österreich. Dokumente und Materialien. Red. Galina Knat'ko u. a. Graz, Minsk 2003

Osterloh, Jörg: Ein ganz normales Lager. Das Kriegsgefangenen-Mannschaftsstammlager 304 (IV H) Zeithain bei Riesa/Sa. 1941 bis 1945. Leipzig 1997

Osterloh, Jörg: Sowjetische Kriegsgefangene 1941–1945 im Spiegel nationaler und internationaler Untersuchungen. Forschungsüberblick und Bibliographie. Dresden 1995

Otto, Reinhard: Wehrmacht, Gestapo und sowjetische Kriegsgefangene im deutschen Reichsgebiet 1941/42. München 1998

Overmans, Rüdiger: Deutsche militärische Verluste im Zweiten Weltkrieg. München 1999

Overmans, Rüdiger: „Hunnen" und „Untermenschen" – deutsche und russisch/sowjetische Kriegsgefangenschaftserfahrungen im Zeitalter der Weltkriege, in: Erster Weltkrieg – Zweiter Weltkrieg, S. 335–365

Overmans, Rüdiger: Die Kriegsgefangenenpolitik des Deutschen Reiches, in: DRZW 9/2, S. 729–875

Pamjac' Belarus'. Réspublikanskaja kniha. Red. B. I. Sačanka u. a. Minsk 1995

Patryljak, I.K.: Vijskova dijal'nist' OUN(B) u 1940–1942 rokach. Kyїv 2004

Penter, Tanja: Die lokale Gesellschaft im Donbass unter deutscher Okkupation 1941–1943, in: Kooperation und Verbrechen. Formen der »Kollaboration« im östlichen Europa 1939–1945. Hg. von Babette Quinkert, Christoph Dieckmann, Tatjana Tönsmeyer. Göttingen 2003, S. 183–223

Penter, Tanja: Zwischen Hunger, Terror und einer „glücklichen Zukunft". Der Arbeitseinsatz im Steinkohlenbergbau des Donezbeckens unter deutscher Besatzung, in: Zwangsarbeit im Bergwerk. Der Arbeitseinsatz im Kohlenbergbau des Deutschen Reiches und der besetzten Gebiete im Ersten und Zweiten Weltkrieg. Hg. von Klaus Tenfelde, Hans-Christoph Seidel. Essen 2005, Band 1, S. 433–466

Perau, Hans: Priester im Heere Hitlers. Erinnerungen 1940–1945. Essen 1962

Peršina, T. S.: Fašistskij genocid na Ukraine 1941–1944. Kiev 1985

Peter, Roland: General der Artillerie Eduard Wagner, in: Hitlers militärische Elite Band 2, S. 263–269

Piechocki, Stanisław: Olsztyn styczeń 1945. Portret miasta. Olsztyn 2000

Piętrzykowski, Jan: Stalag 367. Obóz jeńców radzieckich w Czestochowie. Katowice 1976

Pinchuk, Ben-Cion: Soviet Media on the Fate of Jews in Nazi-Occupied Territory (1939–1941), in: Yad Vashem Studies 11 (1976), S. 221–233

Pjatigorsk i pjatigorčane v Velikoj Otečestvennoj vojne. Red. A. E. Šljapak u. a. Pjatigorsk 1995

Pohl, Dieter: Das deutsche Militär und die Verbrechen an den Juden im Zweiten Weltkrieg, in: Wehrmacht – Verbrechen – Widerstand. Vier Beiträge zum nationalsozialistischen Weltanschauungskrieg. Hg. von Clemens Vollnhals. Dresden 2003, S. 45–61

Pohl, Dieter: Deutsche Militärverwaltung: die bessere Besatzung? Das Beispiel Kaukasus 1942/43, in: Mitteilungen der Gemeinsamen Kommission für die Erforschung der jüngeren Geschichte der deutsch-russischen Beziehungen 2, 2005, S. 51–59

Pohl, Dieter: Nationalsozialistische Judenverfolgung in Ostgalizien. Organisation und Durchführung eines staatlichen Massenverbrechens. München 1996

Pohl, Dieter: Schauplatz Ukraine: Der Massenmord an den Juden im Militärverwaltungsgebiet und im Reichskommissariat 1941–1943, in: Ausbeutung, Vernichtung, Öffentlichkeit, S. 135–173

Pohl, Dieter: Ukrainische Hilfskräfte beim Mord an den Juden, in: Die Täter der Shoah. Fanatische Nationalsozialisten oder ganz normale Deutsche? Hg. von Gerhard Paul. Göttingen 2002, S. 205–234

Pohl, Dieter: Verfolgung und Massenmord in der NS-Zeit, Darmstadt 2003

Pöhlmann, Markus: Kriegsgeschichte und Geschichtspolitik: Der Erste Weltkrieg. Die amtliche deutsche Militärgeschichtsschreibung 1914–1956. Paderborn u. a. 2002

Pöhlmann, Markus: Von Versailles nach Armageddon. Totalisierungserfahrung und Kriegserwartung in deutschen Militärzeitschriften, in: An der Schwelle zum Totalen Krieg. Die militärische Debatte über den Krieg der Zukunft 1919–1939. Hg. von Stig Förster. Paderborn u.a. 2002, S.323–392

Poliakov, Leon: Geschichte des Antisemitismus. Band 7. Worms u.a. 1988

Polian, Pavel: Ego-Dokumente sowjetischer Kriegsgefangener: Tagebücher und Erinnerungen, in: Der Zweite Weltkrieg im deutschen und russischen Gedächtnis. Hg. von Olga Kurilo. Berlin 2006, S.233–250

Polian, Pavel: Soviet-Jewish Prisoners of War in German Captivity, in: Kritika 6 (2005), S.763–787

Polian, Pavel: Stalin und die Opfer des nationalsozialistischen Vernichtungskriegs, in: Stalin und die Deutschen. Neue Beiträge der Forschung. Hg. von Jürgen Zarusky. München 2006, S.89–109

Polian, Pavel: „Westarbeiter". Internierung, Deportation und Ausbeutung deutscher Zivilisten aus Europa in der UdSSR, in: Verführungen der Gewalt, S.1261–1297

Politika Tret'ego rejcha po otnošeniju k Russkoj pravoslavnoj cerkvi v svete archivnych materialov. Sbornik dokumentov. Hg. von M. V. Škarovskij. Moskva 2003

Poljan, Pavel: Internierung und Deportation deutscher Zivilisten aus den besetzten deutschen Gebieten in die UdSSR, in: Diktaturdurchsetzung. Instrumente und Methoden der kommunistischen Machtsicherung in der SBZ/DDR 1945–1955. Hg. von Andreas Hilger, Mike Schmeitzner, Ute Schmidt. Dresden 2001, S.39–53

Poljan, Pavel: Ne po svoej vole... Istorija i geografija prinuditel'nych migracij v SSSR. Moskva 2001

Poljan, Pavel: O roslavl'skom lagere dlja voennoplennych i o kategorijach ego uznikov, in: Bor'ba antifašistskich organizacii protiv nacizma v period Vtoroj Mirovoj vojny. Istorija i sovremennost'. Moskva 2003, S.152–170

Poljan, Pavel: Žertvy dvuch diktatur. Žizn', trud, uniženie i smert' sovetskich voennoplennych i ostarbajterov na čužbine i na rodine. 2. erw. Aufl. Moskva 2002

Polski ruch oporu. Von Andrzej Chmielarz u.a. Warszawa 1988

Popov, Aleksej: NKVD i partizanskoe dviženie, Moskva 2003

Der Prozeß gegen die Hauptkriegsverbrecher vor dem Internationalen Militärgerichtshof, Nürnberg 14. November 1945 – 1. Oktober 1946. 42 Bände. Nürnberg 1947–1949 (zit. als: IMT)

Qualls, Karl D.: Local-Outsider Negotiations in Postwar Sevastopol's Reconstruction, 1944–53, in: Provincial Landscapes: Local Dimensions of Soviet Power, 1917–1953. Hg. von Donald Raleigh. Pittsburgh 2001, S.276–298

Ramanouski, V. P.: Saudžel'niki u zlačynstvach. Minsk 1964

Rass, Christoph: „Menschenmaterial": Deutsche Soldaten an der Ostfront. Innenansichten einer Infanteriedivision 1939–1945. Paderborn u.a. 2003

Rauchensteiner, Manfried: Der Tod des Doppeladlers. Österreich-Ungarn und der Erste Weltkrieg. Graz u.a. 1993

Raupach, Hans: Mein Leben. Unveröff. MS. München 1992

Razvedka i kontrrazvedka v licach. Ènciklopedičeskij slovar' rossijskich specslužb. Hg. von Anatolij Dienko. Moskva 2002

Reese, Roger R.: Stalin's Reluctant Soldiers. A Social History of the Red Army, 1925–1941. Lawrence 1996

Reichelt, Katrin: Profit and Loss: the Economic Dimensions of the Riga Ghetto (1941–1943), in: The Issues of the Holocaust Research in Latvia. Riga 2001, S.168–184

Reitlinger, Gerald: Ein Haus auf Sand gebaut. Hitlers Gewaltpolitik in Russland 1941–1944. Hamburg 1962

Report of the International Commission on the Holocaust in Romania. Bucharest 2004

Repressii protiv poljakov i pol'skich graždan. Hg. von A. E. Gurianov. Moskva 1997

Retter in Uniform. Handlungsspielräume im Vernichtungskrieg der Wehrmacht. Hg. von Wolfram Wette. Frankfurt a. Main 2002

Richter, Timm C.: Handlungsspielräume am Beispiel der 6. Armee, in: Verbrechen der Wehrmacht Bilanz, S.60–68

Richter, Timm C.: September 1939 – Die 10. Armee und die SS, in: Kontrapunkt, S. 47-55

Richter, Timm C.: Die Wehrmacht und der Partisanenkrieg in den besetzten Gebieten der Sowjetunion, in: Wehrmacht – Mythos und Realität S. 837-857

Rieß, Volker: Die Anfänge der Vernichtung „lebensunwerten Lebens„ in den Reichsgauen Danzig-Westpreußen und Wartheland 1939/40. Frankfurt u. a. 1995

Rigby, T. H.: Communist Party Membership in the U.S.S.R. 1917-1967. Princeton, NJ 1968

Ringelblum, Emanuel: Kronika getta warszawskiego wrzesień 1939 – styczeń 1943. Warszawa 1983

Rodogno, Davide: Il nuovo ordine mediterraneo. Le politiche di occupazione dell'Italia Fascista in Europa (1940-1943). Torino 2003

Roman'ko, Oleg: Sovetskij legion Gitlera. Graždane SSSR v rjadach vermachta i SS. Moskva 2006

Romanovsky, Daniel: The Soviet Person as a Bystander of the Holocaust: The Case of Eastern Belorussia, in: Nazi Europe and the Final Solution. Hg. von David Bankier, Israel Gutman. Jerusalem 2003, S. 275-306

Römer, Felix: Das Heeresgruppenkommando Mitte und der Vernichtungskrieg, in: VfZ 53 (2005), S. 451-460

Roschke, Carsten: Der umworbene „Urfeind". Polen in der nationalsozialistischen Propaganda 1934-1939. Marburg 2000

Rossija i SSSR v vojnach XX veka. Statističeskoe issledovanie. Red. G. F. Krivošeev. Moskva 2001

Rossino, Alexander B.: Hitler Strikes Poland: Blitzkrieg, Ideology and Atrocity. Lawrence, Kan. 2003

Rozsekrečeni dokumenty periodu nacists'koï okupaciï Sums'koï oblasti 1941-1943: ohljad dokumentiv. Hg. von V. A. Marčenko. Sumy 2003

Ruck, Michael: Korpsgeist und Staatsbewußtsein. Beamte im deutschen Südwesten 1928-1972. München 1996

Das Russland-Bild im Dritten Reich. Hg. von Hans-Erich Volkmann. Köln, Wien 1994

Šajkan, V. O.: Kolaboracionizm na teritoriï rejchskomisariatu „Ukraïna" ta vijs'kovoï zony v roky Druhoï svitovoï vijny. Monohrafija. Kryvyj Rih 2005

Sana, Elina: Luovutetut: Suomen ihmisluovutukset Gestapolle. 3. Aufl. Helsinki 2003

Santarelli, Lidia: Muted Violence: Italian war crimes in occupied Greece, in: Journal of Modern Italian Studies 9 (2004), S. 280-299

Sauer, Bernhard: Vom „Mythos eines ewigen Soldatentums". Der Feldzug deutscher Freikorps im Baltikum im Jahre 1919, in: ZfG 43 (1995), S. 869-902

Scheck, Raffael: Hitler's African Victims. The German Army Massacres of Black French Soldiers in 1940. Cambridge u. a. 2006

Scheck, Raffael: „They Are Just Savages". German Massacres of Black Soldiers from the French Army in 1940, in: Journal of Modern History 77 (2005), S. 325-344

Scheffler, Wolfgang: Die Einsatzgruppe A 1941/42, in: Einsatzgruppen in der besetzten Sowjetunion, S. 29-51

Schlemmer, Thomas: Das königlich-italienische Heer im Vernichtungskrieg gegen die Sowjetunion. Kriegführung und Besatzungspraxis einer vergessenen Armee 1941-1943, in: Faschismus in Italien und Deutschland. Studien zu Transfer und Vergleich. Hg. von Armin Nolzen, Sven Reichardt. Göttingen 2005, S. 148-175

„Schöne Zeiten". Judenmord aus der Sicht der Täter und Gaffer. Hg. von Ernst Klee, Willi Dreßen, Volker Rieß. Frankfurt a. M. 1988

Schmider, Klaus: Partisanenkrieg in Jugoslawien 1941-1944. Hamburg u. a. 2002

Schneider, Gertrude: Journey into Terror. Story of the Riga Ghetto. 2. Aufl. Westport 2001

Scholz, Hans: Am grünen Strand der Spree. So gut wie ein Roman. Hamburg 1955

Schottelius, Herbert/Gustav-Adolf Caspar, Die Organisation des Heeres 1933-1939, in: Deutsche Militärgeschichte in sechs Bänden 1648-1939. Nachdr. Herrsching 1983. Band 4, S. 289-399

Schreiber, Gerhard: Deutsche Kriegsverbrechen in Italien. Täter, Opfer, Strafverfolgung. München 1997

Schüler, Klaus A. Friedrich: Logistik im Russlandfeldzug. Die Rolle der Eisenbahn bei Planung, Vorbereitung und Durchführung des deutschen Angriffs auf die Sowjetunion bis zur Krise vor Moskau im Winter 1941/42. Frankfurt a. M. u. a. 1987

Schulte, Jan Erik: SS-Mentalität und Karrierismus, in: Vom Funktionieren der Funktionäre. Politische Interessenvertretung und gesellschaftliche Integration in Deutschland nach 1933. Hg. von Till Kössler, Helke Stadtland. Essen 2004, S. 77-108

Schulte, Theo J.: The German Army and Nazi Policies in Occupied Russia. Oxford, New York, Munich 1989

Schulze, Hagen: Freikorps und Republik 1918-1920. Boppard am Rhein 1969

Schuster, Frank M.: Zwischen allen Fronten. Osteuropäische Juden während des Ersten Weltkrieges (1914-1919). Köln u. a. 2004

Schustereit, Hartmut: Deutsche Militärverwaltung im Umbruch. Berlin u. a. 2000

Segbers, Klaus: Die Sowjetunion im Zweiten Weltkrieg. Die Mobilisierung von Verwaltung, Wirtschaft und Gesellschaft im „Großen Vaterländischen Krieg" 1941-1943. München 1987

Shepherd, Ben: German Army Security Units in Russia, 1941-1943. A Case Study. Diss. phil. Univ. Birmingham 2000

Shepherd, Ben: Hawks, Doves and Tote Zonen. A Wehrmacht Security Division in Central Russia, 1943, in: Journal of Contemporary History 37 (2002), S. 349-369

Shepherd, Ben: War in the Wild East: The German Army and Soviet Partisans, Cambridge 2004

Škarovskij, Michail V.: Nacistskaja Germanija i Pravoslavnaja cerkov'. Nacistskaja politika v otnošenii Pravoslavnoj Cerkvi i religioznoe vozroždenie na okkupirovannoj territorii SSSR. Moskva 2002

Skorobohatov, A. V.: Charkiv u časi nimec'koï okupaciï (1941-1943). Charkiv 2004

Skrjabina, Elena: After Leningrad. From the Caucasus to the Rhine, August 9, 1942 – March 25, 1945. A Diary of Survival During World War II. Carbondale u. a. 1978

Slepyan, Kenneth D.: «The People's Avengers»: Soviet partisans, Stalinist society and the politics of resistance, 1941-1944. PhD diss. Univ. of Michigan 1994

Šneer, A.: Plen. 2 Bde. Ierusalim 2003

Snyder, David A.: The Prosecution and Punishment of Sex Offenders in the Wehrmacht. PhD Diss. Univ. of Nebraska Lincoln 2002

Snyder, Timothy: Sketches from a Secret War. A Polish Artist's Mission to Liberate Soviet Ukraine. New Haven 2006

Sokolov, Boris V.: Okkupacija: pravda i mify. Moskva 2002

Die Soldaten der Wehrmacht. Hg. von H. Poeppel u. a. München 1998

Soobščenija Sovetskogo Informbjuro. 8 Bde. Moskva 1944-45

Soviet Government Statements on Nazi Atrocities. London 1946

Soviet Partisans in World War II. Hg. von John A. Armstrong. Madison, Wisc. 1964

Spoerer, Mark: Zwangsarbeit unter dem Hakenkreuz. Ausländische Zivilarbeiter, Kriegsgefangene und Häftlinge im Dritten Reich und im besetzten Europa 1938-1945. Stuttgart 2001

Spravočnik o nemecko-fašistskich lagerjach, getto, drugich mestach prinuditel'nogo soderžanija graždanskogo naselenija na vremenno okkupovannoj territorii Belarusi v period Velikoj Otečestvennoj vojny 1941-1945 godov. Red. V. I. Adamuško. Minsk 1998

Staatsmänner und Diplomaten bei Hitler. Hg. von Andreas Hillgruber. Band 1, Frankfurt a. M. 1967

Stahl, Friedrich-Christian: Generaloberst Kurt Zeitzler, in: Hitlers militärische Elite Band 2, S. 282-292

Stalingrad: čemu russkie i nemcy naučilis' za 60 let. Materialy meždunarodnoj konferencii g. Volgograd, 3-5 aprelja 2003 g. Red. N. È. Vaškau u. a. Volgograd 2003

Stalingradskaja èpopeja. Red. A. T. Zadobin. Moskva 2000

Stang, Knut: Massenmord und Kollaboration. Die litauische Hilfspolizei, das Rollkommando Hamann und die Ermordung der litauischen Juden. Frankfurt a. M. u. a. 1996

Stankeras, Petras: Lietuvių policija 1941-1944 metais. Vilnius 1998

Statiev, Alexander: The Nature of Anti-Soviet Armed Resistance, 1942-44. The North Caucasus, the Kalmyk Autonomous Republic, and Crimea, in: Kritika 6 (2005), S. 285-318

Stein, George H.: Geschichte der Waffen-SS. Düsseldorf 1967
Stein, Marcel: Die 11. Armee und die „Endlösung" 1941/42. Eine Dokumentensammlung mit Kommentaren. Bissendorf 2006
Steinkamp, Peter: General der Infanterie Karl von Roques, in: Hitlers militärische Elite Band 2, S. 194–200
„Stets zu erschießen sind Frauen, die in der Roten Armee dienen". Geständnisse deutscher Kriegsgefangener über ihren Einsatz an der Ostfront. Hg. von Hannes Heer. Hamburg 1995
Steur, Claudia: Theodor Dannecker. Ein Funktionär der „Endlösung". Essen 1997
Strazhas, Abba: Deutsche Ostpolitik im Ersten Weltkrieg. Der Fall Ober-Ost 1915–1917. Wiesbaden 1993
Strazhas, Abba: Die Tätigkeit des Dezernats für jüdischen Angelegenheiten in der „Deutschen Militärverwaltung Oberost", in: Die baltischen Provinzen Russlands zwischen den Revolutionen von 1905 und 1917. Hg. von Andrew Ezergailis und Gert von Pistohlkors. Köln, Wien 1982, S. 315–329
Streim, Alfred: Die Behandlung sowjetischer Kriegsgefangener im „Fall Barbarossa". Eine Dokumentation. Heidelberg, Karlsruhe 1981
Streim, Alfred: Saubere Wehrmacht? Die Verfolgung von Kriegs- und NS-Verbrechen in der Bundesrepublik und der DDR, in: Vernichtungskrieg, S. 569–597
Streit, Christian: Keine Kameraden. Die Wehrmacht und die sowjetischen Kriegsgefangenen 1941–1945. Stuttgart 1978
Streit, Christian: Sowjetische Kriegsgefangene – Massendeportationen – Zwangsarbeiter, in: Der Zweite Weltkrieg. Analysen, Grundzüge, Forschungsbilanz. Hg. von Wolfgang Michalka. München, Zürich 1989, S. 747–760
Swain, Geoffrey: Between Stalin and Hitler. Class war and race war on the Dvina, 1940–46. London, New York 2004
Sydnor, Charles W.: Soldiers of Destruction. The SS Death's Head Division, 1933–1945. Princeton, NJ 1977

Teich, Gerhard: Völker, Volksgruppen und Volksstämme auf dem ehemaligen Gebiet der UdSSR, Leipzig 1942
Terry, Nicholas: Conflicting Signals: British Intelligence on the „Final Solution", in: Yad Vashem Studies 32 (2004), S. 351–396
Terry, Nicholas: Enforcing German Rule in Russia, 1941–1944: Policing the Occupation, in: Conflict and Legality: Policing Mid-Twentieth Century Europe. Hg. von Gerard Oram. London 2003, S. 121–148
Terry, Nicholas Myles: The German Army Group Centre and the Soviet Civil Population 1942–1944. Forced Labour, Hunger and Population Displacement on the Eastern Front. Diss. phil. King's College London 2005
Teschler-Nicola, Maria/Margit Berner, Die anthropologische Abteilung des Naturhistorischen Museums in der NS-Zeit. Berichte und Dokumentation von Forschungs- und Sammlungsaktivitäten 1938–1945, in: Untersuchungen zur Anatomischen Wissenschaft in Wien 1938–1945. Hg. vom Senat der Universität Wien. Wien 1998, S. 333–358
Teschner, Gerhard J.: Die Deportation der badischen und saarpfälzischen Juden am 22. Oktober 1940. Frankfurt am Main u. a. 2002
Tessin, Georg: Verbände und Truppen der deutschen Wehrmacht und Waffen-SS im Zweiten Weltkrieg 1939–1945. Band 14. Osnabrück 1980
Theweleit, Klaus: Männerphantasien. Frankfurt a. M. 1977/78
Thomas, Georg: Geschichte der deutschen Wehr- und Rüstungswirtschaft. Boppard 1966
Thorwald, Jürgen [d.i. Heinz Bongartz]: Wen sie verderben wollen. Bericht des großen Verrats. Stuttgart 1952
Thoss, Bruno: Der Ludendorff-Kreis 1919–1923. München als Zentrum der mitteleuropäischen Gegenrevolution zwischen Revolution und Hitler-Putsch. München 1978
Thoß, Bruno: Die Zeit der Weltkriege – Epochen- als Erfahrungseinheit?, in: Erster Weltkrieg – Zweiter Weltkrieg, S. 7–30

Tkačenko, S.N.: Povstančeskaja armija: Taktika bor'by, in: Antipartizanskaja vojna v 1941–1945 gg. Red. A. E. Taras. Moskva, Minsk 2005, S. 246–285

Tomasevich, Jozo: War and Revolution in Yugoslavia, 1941–1945. Occupation and Collaboration. Stanford 2001

Toppe, Andreas: Militär und Kriegsvölkerrecht. Rechtsnorm, Fachdiskurs und Kriegspraxis in Deutschland 1899–1940. München 2008

Trials of War Criminals Before the Nuernberg Military Tribunals Under Control Council Law No. 10, Nuernberg, October 1946 – April 1949. Band 10/11: „The High Command Case", „The Hostage Case". Washington 1950

Tumarkin, Nina: The Living and the Dead. The rise and fall of the cult of World War II in Russia. New York 1994

Tyaglyy, Mikhail I., The Role of Antisemitic Doctrine in German Propaganda in the Crimea, 1941–1944, in: Holocaust and Genocide Studies 18 (2004), S. 421–459

Ueberschär, Gerd R.: Der militärische Widerstand, die antijüdischen Maßnahmen, „Polenmorde" und NS-Kriegsverbrechen in den ersten Kriegsjahren (1939–1941), in: NS-Verbrechen und der militärische Widerstand gegen Hitler. Hg. von Gerd R. Ueberschär. Darmstadt 2000, S. 31–43

Ueberschär, Gerd R.: Hitlers Entschluß zum „Lebensraum"-Krieg im Osten, in: „Unternehmen Barbarossa", S. 83–110

Uhlig, Heinrich: Der verbrecherische Befehl, in: Aus Politik und Zeitgeschichte B27/57 vom 17.7.1957

Uhlig, Heinrich: Der verbrecherische Befehl, in: Vollmacht des Gewissens. Hg. von der Europäischen Publikation e. V. Frankfurt a. M., Berlin 1965, S. 287–410

Ukraïna u Druhij svitovij vijni. Von V. I. Kučer u. a. Kyïv 2003

Ukraïns'ke deržavotvorennja. Akt 30 červnja 1941. Zbirnyk dokumentiv i materialiv. Hg. von Orest Dzjuban. L'viv, Kyïv 2001

Umbreit, Hans: Auf dem Weg zur Kontinentalherrschaft, in: DRZW 5/1, S. 3–345

Umbreit, Hans: Die deutsche Besatzungsverwaltung: Konzept und Typisierung, in: Der Zweite Weltkrieg. Analysen, Grundzüge, Forschungsbilanz. Hg. von Wolfgang Michalka. München, Zürich 1989, S. 710–727

Umbreit, Hans: Die deutsche Herrschaft in den besetzten Gebieten 1942–1945, in: DRZW 5/2, S. 3–272

Umbreit, Hans: Deutsche Militärverwaltungen 1938/39, Stuttgart 1977

Umbreit, Hans: Strukturen deutscher Besatzungspolitik in der Anfangsphase des deutsch-sowjetischen Krieges, in: Zwei Wege nach Moskau, S. 237–250

„… und die Wolga brannte." Überlebende aus Stalingrad erinnern sich. Hg. vom Verein zur Förderung der Städtepartnerschaft Köln-Wolgograd. 2. Aufl. Köln 2003

Ungváry, Krisztián: Das Beispiel der ungarischen Armee, in: Verbrechen der Wehrmacht Bilanz, S. 98–116

Ungváry, Krisztián: Ungarische Besatzungskräfte in der Ukraine 1941–1942, in: Ungarn-Jahrbuch 26 (2002/2003), S. 125–163

„Unternehmen Barbarossa". Der deutsche Überfall auf die Sowjetunion 1941. Berichte, Analysen, Dokumente. Hg. von Gerd R. Ueberschär, Wolfram Wette. Paderborn u. a. 1984

Uziel, Daniel: Wehrmacht Propaganda Troops and the Jews, in: Yad Vashem Studies 29 (2001), S. 28–63

Vegesack, Siegfried von: Als Dolmetscher im Osten. Ein Erlebnisbericht aus den Jahren 1942–43. Hannover 1965

Velikaja Otečestvennaja vojna 1941–1945. Voenno-istoričeskie očerki. Red. V. A. Zolotarev u. a. Moskva 1999

Velikaja Otečestvennaja. Red. V. A. Zolotarev. Band 13/3: Nemeckie voennoplennye v SSSR 1941–1955 gg. Moskva 2002

Verbrechen der Wehrmacht. Eine Bilanz. Hg. von Christian Hartmann, Johannes Hürter, Ulrike Jureit. München 2005

Verbrechen der Wehrmacht: Dimensionen des Vernichtungskrieges 1941–1944. Katalog zur Ausstellung. Hg. vom Hamburger Institut für Sozialforschung. Hamburg 2002

Das Verbrechen hinter den Worten – Tondokumente (1930–1964) zum nationalsozialistischen Völkermord. Red. Burkhard Asmuss, Walter Roller. CD. [Berlin] 2001

„Verflucht sei der Krieg". Tagebuch eines deutschen Soldaten 1941–1943. Bearb. von Christian Hermann. Dresden 2002

Verführungen der Gewalt. Russen und Deutsche im Ersten und Zweiten Weltkrieg. Hg. von Karl Eimermacher, Astrid Volpert u. a. München 2005

Vernichtungskrieg. Verbrechen der Wehrmacht 1941–1944. Hg. von Hannes Heer, Klaus Naumann. Hamburg 1995

Vernichtungskrieg. Verbrechen der Wehrmacht 1941–1944. Ausstellungskatalog. Hg. vom Hamburger Institut für Sozialforschung. Hamburg 1996

Vestermanis, Margers: Der lettische Anteil an der Endlösung. Versuch einer Antwort, in: Die Schatten der Vergangenheit. Impulse zur Historisierung des Nationalsozialismus. Hg. von Uwe Backes, Eckhard Jesse, Rainer Zitelmann. Berlin 1990, S. 426–449

Vestermanis, Margers: Tã rīkojãs vērmahts. Vãci militãristu loma nacisticko okupantu noziegumos Latvijã 1941–1945. Rīga 1973

Vetter, Matthias: Antisemiten und Bolschewiki. Zum Verhältnis von Sowjetsystem und Judenfeindschaft 1917–1939. Berlin 1995

Voennoplennye Vtoroj Mirovoj vojny. Generaly Vermachta v plenu. Hg. von I. V. Bezborodova. Moskva 1998

Vojna i plen. Martirolog. Hg. von Jurij Popov. Minsk 2005

Völkermord in Deutsch-Südwestafrika. Der Kolonialkrieg (1904–1908) in Namibia und seine Folgen. Hg. von Jürgen Zimmerer u. a. Berlin 2003

Vom Generalplan Ost zum Generalsiedlungsplan. Hg. von Czesław Madajczyk u. a. München u. a. 1994

Wachs, Philipp-Christian: Der Fall Theodor Oberländer (1905–1998). Ein Lehrstück deutscher Geschichte. Frankfurt u. a. 2000

Wagner, Gerhard: Deutschland und der polnisch-sowjetische Krieg 1920. Wiesbaden 1979

Warth, Julia: Verräter oder Widerstandskämpfer? Wehrmachtgeneral Walther von Seydlitz-Kurzbach. München 2006

Weber, Wolfram: Die innere Sicherheit im besetzten Belgien und Nordfrankreich 1940–44. Ein Beitrag zur Geschichte der Besatzungsverwaltungen. Düsseldorf 1978

Wegner, Bernd: Der Krieg gegen die Sowjetunion 1942/43, in: DRZW 6, S. 761–1102

Wegner, Bernd: Hitlers Politische Soldaten: Die Waffen-SS 1933–1945. Leitbild, Struktur und Funktion einer nationalsozialistischen Elite. 4. Aufl. Paderborn 1990

Wegner-Korfes, Sigrid: Weimar, Stalingrad, Berlin. Das Leben des deutschen Generals Otto Korfes, Berlin 1994

Die Wehrmacht. Mythos und Realität. Hg. von Rolf-Dieter Müller, Hans-Erich Volkmann. München 1999

Weindling, Paul Julian: Epidemics and Genocide in Eastern Europe 1890–1945. Oxford u. a. 2000

Weiner, Amir: Making Sense of War. The Second World War and the Bolshevik Revolution. Princeton 2001

Weingartner, James: War against Subhumans: Comparisons between German War against the Soviet Union and American War against Japan, in: The Historian 58 (1996), S. 557–573

Weiss-Wendt, Anton: Extermination of the Gypsies in Estonia during World War II. Popular Images and Official Policies, in: Holocaust and Genocide Studies 17 (2003), S. 31–61

Weiss-Wendt, Anton: Murder without Hatred: Estonians, the Holocaust, and the Problem of Collaboration. Ph.D. Diss. Brandeis University 2005

Werpup, Josef: Ziele und Praxis der deutschen Kriegswirtschaft in der Sowjetunion, dargestellt an einzelnen Industriezweigen. Diss. phil. Bremen 1992

Westermann, Edward B.: Hitler's Police Battalions. Enforcing Racial War in the East. Lawrence 2005

Wette, Wolfram: Ideologien, Propaganda und Innenpolitik als Voraussetzungen der Kriegspolitik des Dritten Reiches, in: DRZW 1, S.25–173
Wette, Wolfram: Die Wehrmacht. Feindbilder, Vernichtungskrieg. Frankfurt/Main 2002
Wiaderny, Bernard: Der Polnische Untergrundstaat und der deutsche Widerstand 1939–1944. Berlin 2002
Wieczorkiewicz, Paweł: Łańcuch śmierci. Czystka w Armii Czerwonej 1937–1939. Warszawa 2001
Wiedemann, Martin: Führerwille und Eigeninitiative: Der Vernichtungskrieg in der Sowjetunion am Beispiel der Tätigkeit des Sonderkommandos 4a. Unveröff. M.A.-Arbeit Universität München 1990
Wierzbicki, Marek: Polacy i Żydzi w zaborze sowieckim. Stosunki polsko-żydowskie na ziemiach północno-wschodnich II RP pod okupacją sowiecką (1939–1941). Warszawa 2001
Wildt, Michael: Generation des Unbedingten. Das Führungskorps des Reichssicherheitshauptamtes. Hamburg 2002
Wiley, William Harry: „Onward to New Deeds". The German Field Army and War Crimes during the Second World War. PhD Diss. York University 1996
Wilhelm, Hans-Heinrich: Die Einsatzgruppe A der Sicherheitspolizei und des SD 1941/42. Frankfurt a.M. u.a. 1996
Wilhelm, Hans-Heinrich: Die „nationalkonservativen Eliten" und das Schreckgespenst vom „jüdischen Bolschewismus", in: ZfG 43 (1995), S.333–350
Wilhelm, Hans-Heinrich: Personelle Kontinuitäten in baltischen Angelegenheiten auf deutscher Seite von 1917/19 bis zum Zweiten Weltkrieg?, in: The Baltic in International Relations Between the Two World Wars. Hg. von John Hiden u.a. Stockholm 1988, S.157–170
Wilhelm, Hans-Heinrich: Rassenpolitik und Kriegführung: Sicherheitspolizei und Wehrmacht in Polen und in der Sowjetunion 1939–1942. Passau 1991
Wilhelm, Hans-Heinrich: Der SD und die Kirchen in den besetzten Ostgebieten 1941/42, in: MGM 29, 1981, S.55–99
Wippermann, Wolfgang: Nur eine Fußnote ? Die Verfolgung der sowjetischen Roma, in: Gegen das Vergessen. Deutsch-sowjetische Historikerkonferenz im Juni 1991 in Berlin über Ursachen, Opfer, Folgen des deutschen Angriffs auf die Sowjetunion. Hg. von Klaus Meyer, Wolfgang Wippermann. Frankfurt a.M. 1992, S.75–90
„Wir sind die Herren des Landes". Ursachen, Verlauf und Folgen des deutschen Überfalls auf die Sowjetunion. Hg. von Babette Quinkert, Hamburg 2002
Wirsching, Andreas: „Man kann nur Boden germanisieren". Eine neue Quelle zu Hitlers Rede vor den Spitzen der Reichswehr am 3.Februar 1933, in: VfZ 49 (2001), S.517–551
Wokół Jedwabnego. Red. Paweł Machcewicz, Krzysztof Persak. Warszawa 2002

Xylander, Marlen von: Die deutsche Besatzungsherrschaft auf Kreta 1941–1945. Freiburg i. Br. 1989
Ylikangas, Heikki: Jatkosotaa varjonpuolelta. Pakolaisten ja vankien kohtelu Suomessa ja heidän karkottamisensa Saksaan ja Neuvostoliittoon, in: Valtioneuvoston kanslian julkaisusarja 5/2004

Zagorul'ko, M. M./A. F. Judenkov, Krach plana „Ol'denburg". Moskva 1974
Zagovec, Rafael A.: Gespräche mit der „Volksgemeinschaft". Die deutsche Kriegsgesellschaft im Spiegel westalliierter Frontverhöre, in: DRZW Band 9/2, S.289–381
Založniki vermachta (Ozariči – lager' smerti). Dokumenty i materialy. Hg. von G. D. Knat'ko u.a. Minsk 1999
Zayas, Alfred de: Die Wehrmacht-Untersuchungsstelle. Deutsche Ermittlungen über alliierte Völkerrechtsverletzungen im Zweiten Weltkrieg. Frankfurt a.M., Berlin 1984
Zeidler, Manfred: Das Bild der Wehrmacht von Russland und der Roten Armee, in: Russlandbild im Dritten Reich, S.105–123
Zeidler, Manfred: Das „kaukasische Experiment". Gab es eine Weisung Hitlers zur deutschen Besatzungspolitik im Kaukasus?, in: VfZ 53 (2005), S.475–500

Zeidler, Manfred: Kriegsende im Osten. Die Rote Armee östlich von Oder und Neiße 1944/45. München 1996

Zeidler, Manfred: Der Minsker Kriegsverbrecherprozeß vom Januar 1946. Kritische Anmerkungen zu einem sowjetischen Schauprozeß gegen deutsche Kriegsgefangene, in: VfZ 52 (2004), S. 211-244

Zeidler, Manfred: Reichswehr und Rote Armee 1920-1933. Wege und Stationen einer ungewöhnlichen Zusammenarbeit. München 1993

Zel'cer, Arkadij: Evrei sovetskoj provincii: Vitebsk i mestečki 1917-1941. Moskva 2006

Zellhuber, Andreas: „Unsere Verwaltung treibt einer Katastrophe zu ...". Das Reichsministerium für die besetzten Ostgebiete und die deutsche Besatzungsherrschaft in der Sowjetunion 1941-1945. München 2006

Zima, V.I.: Mentalitet narodov Rossii v vojne 1941-1945 godov. Moskva 2000

Zimmerer, Jürgen: Die Geburt des „Ostlandes" aus dem Geiste des Kolonialismus. Die nationalsozialistische Eroberungs- und Beherrschungspolitik in (post-)kolonialer Perspektive, in: Sozial.Geschichte 19 (2004), H. 1, S. 10-43

Zimmermann, Michael: Rassenutopie und Genozid. Die nationalsozialistische „Lösung der Zigeunerfrage". Hamburg 1996

Zimmermann, Michael: Zigeunerpolitik im Stalinismus, im „realen Sozialismus" und unter dem Nationalsozialismus. Eine Untersuchung in vergleichender Absicht, Mannheim 1996

Žumar', C.V.: Okkupacionnaja periodičeskaja pečat' na territorii Belarusi v gody Velikoj Otečestvennoj vojny. Minsk 1996

Zwei Wege nach Moskau. Vom Hitler-Stalin-Pakt zum Unternehmen „Barbarossa". Hg. von Bernd Wegner. München, Zürich 1991

Register

Personenregister

Wagner, Elisabeth   19, 70, 93
Weichs, Maximilian von   78, 315
Wessel, Robert   269
Wilhelm II.   30

Witthöft, Joachim   100
Wöhler, Otto   281

Zeitzler, Kurt   92

Ortsregister
(in Klammern abweichende heutige Ortsnamen)

Einheiten und Dienststellen im Operationsgebiet